新编常用
企业管理制度
全书

肖胜方（法律专家）◎主编

实用珍藏版

增订4版

中国法制出版社
CHINA LEGAL PUBLISHING HOUSE

前　言

　　市场经济中充满着激烈与残酷的竞争，拥有健全的企业管理制度，不仅可以使企业的运作效率大大提高、明确企业发展方向、树立企业形象，还能规范企业资金管理、充分发挥员工的潜能以及更好地满足客户的需要，从而使企业做大做强做优。

　　那么，如何进行企业管理呢？从各大企业多年来的实践可以得出，用建立健全制度的方式来管理企业，对规范企业管理具有很大的成效。用建立健全制度的方式来管理企业，换句话说，就是企业制度化管理模式，即按照一定的已经确定的规则来推动企业管理。企业管理的目标模式是以制度化管理模式为基础，适当地吸收和利用其他几种管理模式的某些有用的因素。可见，企业制度化管理模式在现今企业管理中的重要地位。

　　《新编常用企业管理制度全书》这本书，正是适应企业制度化管理模式的要求，在分析、对比、综合的基础上，力求穷尽企业管理过程中所涉及的所有规章制度而编写的。如果您在企业管理过程中想了解或者制定某一个规章制度，那么，翻开本书，相信能找到您想要的内容。

　　本书的主要内容与特点如下：

　　一、制度收录全面：您想要的都涵盖在内

　　本书收录了各类企业管理制度，广泛而全面。范围涉及组织机构管理、行政管理、财务管理、人力资源管理、营销管理、企业策划管理、品质管理等各大领域。各领域中囊括了实际工作中所需要的各种常见管理规章制度，无论您需要哪方面的管理制度，都能在本书中找到。

　　此外，本书也是一本实用手册，一本管理制度方面的实用工具书。拥有本书，您就相当于拥有了一位兼具行政管理、法律、营销、人力资源、策划等能力的高级助手。

　　二、读者检索快捷：您一定能轻松找到

　　本书汇编了大量的企业管理规章制度，这些制度在您需要的时候即可信手拈来，相当的便捷，无需您自己去找寻、去收集。并且，各个制度在设计时都注意贴近企业实际，可以说是专门为大多数企业，尤其是中小企业量身打造。

三、参考制作方便：让您在最短的时间内完美制作

在现实生活中，由于各个企业实际情况不同，一些企业在使用本书的制度时难免会根据需要对制度进行修补增删，对此，我们特意推出了制作提示，提醒您在撰写各类企业制度文本时应当注意的问题，确保您在处理企业事务的过程中更加妥当，更加保险，更有效率。

《新编常用企业管理制度全书》是一本有用的书，它是中小企业的行政部门、人力资源部门的工作人员，抑或总经理、董事长等企业主要负责人的得力助手。无论企业需要什么制度，只要拿着书中的范本，结合自己企业的实际情况，再对照每个范本后面的制作提示，稍加整理就可以很快地为自己的企业制定各种规章制度。无论是创设企业，还是管理企业，从这本书中都能找到自己需要的东西。

希望本书能给读者朋友带来更大的帮助，更恳请读者朋友批评、指正！

目　　录

第一章　公司章程 / 001

　　一、股份有限公司（发起设立）章程（示范文本）/ 003

　　二、有限责任公司章程（示范文本）/ 012

　　三、有限责任公司章程（设董事会、不设监事会）/ 018

第二章　企业股权管理制度 / 047

　　一、公司股权管理办法 / 049

　　二、股权转让管理细则 / 053

　　三、公司股权转让协议 / 056

　　四、增资扩股协议书 / 060

第三章　议事规则 / 065

　　一、股东大会议事规则 / 067

　　二、董事会议事规则 / 070

　　三、监事会议事规则 / 075

　　四、会议室管理制度 / 079

第四章　人力资源综合管理制度 / 081

　　一、公司人事管理制度 / 083

　　二、人力资源管理办法 / 089

三、集体合同 / 109

四、劳动合同范本 / 125

五、各行业简易劳动合同范本 / 133

  1. 建筑业简易劳动合同 / 133

  2. 制造业简易劳动合同 / 137

  3. 餐饮业简易劳动合同 / 141

  4. 采掘业简易劳动合同 / 145

  5. 非全日制用工简易劳动合同 / 150

第五章　招聘、录用、培训制度 / 153

一、企业招聘管理制度 / 155

二、人员录用管理制度 / 160

三、管理人员录用规定 / 162

四、员工培训管理规定 / 164

五、新员工培训办法 / 168

六、管理人员培训规定 / 170

第六章　考核、考勤管理制度 / 175

一、公司人事考核制度 / 177

二、员工绩效考评制度 / 181

三、员工考勤管理办法 / 184

四、员工休假管理办法 / 190

第七章　薪资、福利管理制度 / 195

一、薪资管理规定 / 197

二、员工健康安全福利制度 / 213

三、员工工伤管理规定 / 217

四、相关保险法律法规 / 221

第八章　行政办公综合管理制度 / 263

一、行政办公规范管理制度 / 265

二、企业文化管理制度 / 269

三、员工守则 / 274

四、员工上下班遵守细则 / 280

五、员工着装规范 / 282

六、员工出差规定 / 284

七、员工保密纪律规定 / 287

八、办公室主任工作责任制度 / 290

九、计算机使用管理规定 / 293

十、印章使用和管理办法 / 295

十一、合同审定管理规定 / 297

十二、法律纠纷处理办法 / 300

第九章 文书档案管理制度 / 303

一、文书管理办法 / 305

二、文书收发办法 / 309

三、文书处理制度 / 310

四、文档立卷归档制度 / 313

五、档案管理制度 / 318

六、档案借阅规定 / 320

七、声像档案管理制度 / 322

八、资料室管理制度 / 325

第十章 总务后勤管理制度 / 339

一、后勤部岗位职责 / 341

二、员工食堂管理制度 / 352

三、员工宿舍管理规定 / 353

四、卫生管理制度 / 356

五、办公室布置要点 / 360

六、办公物品采购制度 / 362

七、办公用品管理制度 / 364

八、办公设备管理办法 / 368

九、电梯管理制度 / 371

第十一章　公关事务管理制度 / 375

一、前台接待管理制度 / 377

二、前台接待相关表格 / 379

三、危机管理制度 / 382

四、对外接待管理办法 / 388

第十二章　安全管理制度 / 391

一、安全管理办法 / 393

二、保安管理制度 / 420

三、门卫管理制度 / 439

四、值班管理制度 / 441

五、出入管理制度 / 443

六、办公室安全管理制度 / 447

七、消防安全管理制度 / 449

八、信息安全保密制度 / 472

九、企业突发事件应急预案 / 496

第十三章　车辆管理制度 / 501

一、车辆管理制度 / 503

二、司机管理规定 / 505

三、车辆肇事处理办法 / 508

四、私车公用管理办法 / 510

五、通勤车管理办法 / 511

六、车辆维修保养管理制度 / 515

七、车辆燃油使用管理制度 / 519

第十四章　综合财务管理制度 / 523

一、公司财务管理制度 / 525

二、出纳管理制度 / 537

三、资金预算管理办法 / 541

四、货币资金管理办法 / 545

五、借款和费用开支审批程序 / 555

　　六、应收账款管理办法 / 559

　　七、固定资产管理办法 / 563

第十五章　市场营销内部管理制度 / 605

　　一、企业销售管理制度 / 607

　　二、销售人员管理制度 / 615

　　三、促销活动管理办法 / 620

　　四、促销员管理制度 / 628

　　五、市场调查管理制度 / 633

　　六、销售动态调查管理办法 / 644

　　七、个人调查实施办法 / 646

　　八、代理店（商）管理制度 / 650

　　九、特约店（商）管理制度 / 654

　　十、加盟店（连锁店）管理制度 / 658

　　十一、专卖店管理制度 / 665

　　十二、客服人员管理制度 / 672

第十六章　市场营销客户管理制度 / 677

　　一、售后服务管理办法 / 679

　　二、客户投诉管理办法 / 681

　　三、客户档案管理制度 / 683

　　四、客户信息管理办法 / 687

　　五、客户关系管理制度 / 690

第十七章　企业策划管理制度 / 695

　　一、年度销售计划管理办法 / 697

　　二、战略企划管理制度 / 701

　　三、公关企划管理制度 / 703

　　四、广告宣传管理办法 / 706

　　五、公司提案管理制度 / 726

第十八章　企业活动管理制度 / 729

一、员工文体活动管理制度 / 731

二、员工活动室管理规定 / 732

三、企业文化活动宣传管理制度 / 734

第十九章　品质管理制度 / 737

一、产品质量管理制度 / 739

二、质量成本管理办法 / 795

三、产品质量管理培训办法 / 806

四、产品检验管理制度 / 807

第一章　公司章程

　　公司章程是指由设立公司的股东制定，对公司、股东、公司经营管理人员具有约束力的调整公司内部组织关系和经营行为的自治规则，是公司发起人和股东意思表示一致的结果。其主要特征体现为法定性、真实性、自治性和公开性四个方面。其中，法定性主要强调公司章程的法律地位、主要内容及修改程序、效力都由法律强制规定，任何公司都不得违反；真实性主要强调公司章程记载的内容必须是客观存在的、与实际相符的事实；自治性主要体现在公司章程是公司股东意思表示一致的结果，由公司自己来执行；公开性是指公司章程的内容不仅要对投资人公开，还要对包括债权人在内的一般社会公众公开。公司章程是公司组织和活动的基本准则，是公司的宪章，是公司设立的条件之一，是公司组织与行为的基本准则。公司章程对公司的成立及运营具有十分重要的意义，它既是公司成立的基础，也是公司赖以生存的灵魂。

一、股份有限公司（发起设立）章程（示范文本）[①]

_____股份有限公司章程

依据《中华人民共和国公司法》（以下简称《公司法》）及其他有关法律、行政法规的规定，由_____、_____和_____出资，发起设立_____股份有限公司（以下简称"公司"），并制定本章程。

第一章　公司的名称和住所

第一条　公司名称：_____股份有限公司

第二条　公司住所：_____

第二章　公司经营范围

第三条　公司经营范围：_____
_____
_____

【企业经营涉及行政许可的，凭许可证件经营】

公司经营范围中属于法律、行政法规或者国务院决定规定在登记前须经批准的项目的，应当在申请登记前报经国家有关部门批准。

第三章　公司设立方式

第四条　本公司系依照《公司法》和其他有关法律、行政法规的规定以发起方式设立的股份有限公司。

[①] 来源于原上海市工商局。制作章程时，可以根据本范本中"注"的内容修改相关条款，并应当删除"注"的内容。

第四章 公司股份总数、每股金额和注册资本

第五条 公司注册资本：人民币_____万元。

第六条 公司的股份总数为_____万股，每股金额为_____（注：可约定）元人民币。

第五章 发起人的姓名或者名称、认购的股份数、出资方式和出资时间

第七条 公司发起人的姓名或者名称、认购的股份数、出资方式和出资时间如下：

发起人的姓名或者名称	认购的股份数	出资方式	出资时间
	万股		
	万股		
	万股		
	万股		
	万股		

第八条 发起人认足公司章程规定的出资后，应当选举董事会和监事会，由董事会向公司登记机关报关公司章程以及法律、行政法规规定的其他文件，申请设立登记。

第六章 股东大会、董事会的组成、职权和议事规则

第九条 公司股东大会由全体股东组成。

第十条 股东大会是公司的权力机构，依法行使下列职权：

（一）决定公司的经营方针和投资计划；

（二）选举和更换非由职工代表担任的董事、监事，决定有关董事、监事的报酬事项；

（三）审议批准董事会的报告；

（四）审议批准监事会的报告；

（五）审议批准公司的年度财务预算方案、决算方案；

（六）审议批准公司的利润分配方案和弥补亏损方案；

（七）对公司增加或者减少注册资本作出决议；

（八）对发行公司债券作出决议；

（九）对公司合并、分立、解散、清算或者变更公司形式作出决议；

（十）修改公司章程；

（十一）为公司股东或实际控制人提供担保作出决议。

……（注：可以约定其他不违反公司法的职责）

第十一条 股东大会分为股东大会年会和临时股东大会。股东年会每年召开一次（注：可约定，不少于一次）

有下列情形之一的，应当在两个月内召开临时股东大会：

（一）董事人数不足本法规定人数或者公司章程所定人数的三分之二时；

（二）公司未弥补的亏损达实收股本总额三分之一时；

（三）单独或者合计持有公司百分之十以上股份的股东请求时；

（四）董事会认为必要时；

（五）监事会提议召开时；

……（注：可以约定其他不违反公司法的情形）

第十二条 股东大会会议由董事会召集，董事长主持；董事长不能履行职务或者不履行职务的，由副董事长主持；副董事长不能履行职务或者不履行职务的，由半数以上董事共同推举一名董事主持。

董事会不能履行或者不履行召集股东大会会议职责的，监事会应当及时召集和主持；监事会不召集和主持的，连续九十日以上单独或者合计持有公司百分之十以上股份的股东可以自行召集和主持。

第十三条 召开股东大会会议，应当将会议召开的时间、地点和审议的事项于会议召开二十日前通知各股东；临时股东大会应当于会议召开十五日前通知各股东。

单独或者合计持有公司百分之三以上股份的股东，可以在股东大会召开十日前提出临时提案并书面提交董事会；董事会应当在收到提案后二日内通知其他股东，并将该临时提案提交股东大会审议。临时提案的内容应当属于股东大会职权范围，并有明确议题和具体决议事项。

股东大会不得对前两款通知中未列明的事项作出决议。

第十四条 股东出席股东大会会议，所持每一股份有一表决权。但是，公司持有的本公司股份没有表决权，股东大会作出决议，必须经出席会议的股东所持表决权过半数通过。

但是，股东大会作出修改公司章程、增加或者减少注册资本的决议，以及公司合并、分立、解散或者变更公司形式的决议，必须经出席会议的股东所持表决权的三分之二以上通过。

第十五条 股东大会选举董事、监事，可以实行累积投票制，即每一股份拥有与应选董事或者监事人数相同的表决权，股东拥有的表决权可以集中使用。

股东可以委托代理人出席股东大会会议，代理人应当向公司提交股东授权委托书，并在授权范围内行使表决权。

股东大会应当对所议事项的决定作成会议记录，主持人、出席会议的董事应当在会议记录上签名。会议记录应当与出席股东的签名册及代理出席的委托书一并保存。

第十六条 公司向其他企业投资或者为他人提供担保，由_____（注：此处填写董事会或者股东大会）作出决定。（注：此处还可以约定对投资或者担保的总额及单项投资或者担保的数额的限额）

其中为公司股东或者实际控制人提供担保的，必须经股东大会决议。该项表决由出席会议的其他股东所持表决权的过半数通过，该股东或者实际控制人支配的股东不得参加。

第十七条 公司设董事会，其成员为_____人（注：五至十九人），任期三年，由股东大会选举产生。董事任期届满，可以连任。

董事任期届满未及时改选，或者董事在任期内辞职导致董事会成员低于法定人数的，在改选出的董事就任前，原董事仍应当依照法律、行政法规和公司章程的规定，履行董事职务。

第十八条 董事会对股东大会负责，行使下列职权：

（一）召集股东会会议，并向股东会报告工作；

（二）执行股东会的决议；

（三）决定公司的经营计划和投资方案；

（四）制订公司的年度财务预算方案、决算方案；

（五）制订公司的利润分配方案和弥补亏损方案；

（六）制订公司增加或者减少注册资本以及发行公司债券的方案；

（七）制订公司合并、分立、解散或者变更公司形式的方案；

（八）决定公司内部管理机构的设置；

（九）决定聘任或者解聘公司经理及其报酬事项，并根据经理的提名决定聘任或者解聘副经理《财务负责人及其报酬事项》；

（十）制定公司的基本管理制度。

……（注：可以约定其他不违反公司法的职责）

第十九条 董事会设董事长一人，副董事长＿＿＿＿＿人（注：可以不设副董事长）。董事长和副董事长由董事会以全体董事的过半数产生。

董事长召集和主持董事会会议。检查董事会决议的实施情况。副董事长协助董事长工作，董事长不能履行职务或不履行职务的，由副董事长履行职务；副董事长不能履行职务或者不履行职务的，由半数以上董事共同推举一名董事履行职务。

第二十条 董事会每年度至少召开两次会议，每次会议应当于会议召开十日前通知全体董事和监事。

第二十一条 代表十分之一以上表决权的股东、三分之一以上董事或者监事会，可以提议召开董事会临时会议。董事长应当自接到提议后十日内，召集和主持董事会会议。

董事会召开临时会议，应当于会议召开<u>十五日</u>（注：可约定）前通知全体董事和监事。

第二十二条 董事会会议应有过半数的董事出席方可举行。董事会作出决议，必须经全体董事的过半数通过。

董事会决议的表决，实行一人一票。

第二十三条 董事会会议，应由董事本人出席；董事因故不能出席，可以书面委托其他董事代为出席，委托书中应载明授权范围。

董事会应当对会议所议事项的决定作成会议记录，出席会议的董事应当在会议记录上签名。

第二十四条 公司股东大会、董事会的决议内容违反法律、行政法规的无效。

股东大会、董事会的会议召集程序、表决方式违反法律、行政法规或者公司章程,或者决议内容违反公司章程的,股东可以自决议作出之日起六十日内,请求人民法院撤销。

公司根据股东大会、董事会决议已办理变更登记的,人民法院宣告该决议无效或者撤销该决议后,公司应当向公司登记机关申请撤销变更登记。

第七章 经 理

第二十五条 公司设经理,由董事会决定聘任或解聘。

第二十六条 经理对董事会负责,行使下列职权:

(一)主持公司的生产经营管理工作,组织实施董事会决议;

(二)组织实施公司年度经营计划和投资方案;

(三)拟订公司内部管理机构设置方案;

(四)拟订公司的基本管理制度;

(五)制定公司的具体规章;

(六)提请聘任或者解聘公司副经理、财务负责人;

(七)决定聘任或者解聘除应由董事会决定聘任或者解聘以外的负责管理人员;

(八)董事会授予的其他职权。

(注:股东对于上述八项职权可另行约定)

经理列席董事会会议。

第八章 公司法定代表人

第二十七条 公司法定代表人由_____(注:可由董事长或经理)担任。

第九章　监事会的组成、职权和议事规则

第二十八条　公司设监事会，其成员为_____人（注：不少于三人），其中职工代表_____人（注：比例不得低于三分之一）。监事会中的职工代表由公司职工通过职工大会选举产生。监事任期每届三年，任期届满，可以连任。

第二十九条　监事会设主席一人，副主席_____人（注：可以不设副主席）。由全体监事过半数选举产生。监事会主席召集和主持监事会会议；监事会主席不能履行职务或者不履行职务的，由监事会副主席召集和主持监事会会议；监事会副主席不能履行职务或者不履行职务的，由半数以上监事共同推举一名监事召集和主持监事会会议。

董事、高级管理人员不得兼任监事。

第三十条　监事会行使下列职权：

（一）检查公司财务；

（二）对董事、高级管理人员执行公司职务的行为进行监督，对违反法律、行政法规、公司章程或者股东会决议的董事、高级管理人员提出罢免的建议；

（三）当董事、高级管理人员的行为损害公司的利益时，要求董事、高级管理人员予以纠正；

（四）提议召开临时股东会会议，在董事会不履行《公司法》规定的召集和主持股东会会议职责时召集和主持股东会会议；

（五）向股东会会议提出草案；

（六）依法对董事、高级管理人员提起诉讼。

……（注：可以约定其他不违反公司法的职责）

第三十一条　监事可以列席董事会会议，并对董事会决议事项提出质询或者建议。

第三十二条　监事会发现公司经营情况异常，可以进行调查；必要时，可以聘请会计师事务所等协助其工作，费用由公司承担。

第三十三条　监事会每六个月至少召开一次会议。监事可以提议召开临时监事会会议。

监事会决议的表决，实行一人一票。监事会决议应当经半数以上监事通过，监事会应当对所议事项的决定作成会议记录，出席会议的监事应当在会议记录上签名。

第十章 公司的财务、会计及利润分配办法

第三十四条 公司应当依照法律、行政法规和国务院财政部门的规定建立本公司的财务、会计制度。

第三十五条 公司应当在每一会计年度终了时编制财务会计报告，并依法经会计师事务所审计。

第三十六条 财务会计报告应当在召开股东大会年会的二十日前置备于本公司，供股东查阅。

第三十七条 公司分配当年税后利润时，应当提取利润的百分之十列入公司法定公积金。公司法定公积金累计额为公司注册资本的百分之五十以上的，可以不再提取。

公司的法定公积金不足以弥补以前年度亏损的，在依照前款规定提取法定公积金之前，应当先用当年利润弥补亏损。

第三十八条 公司从税后利润中提取法定公积金后，经股东大会决议，还可以从税后利润中提取任意公积金。

第三十九条 公司按照股东持有的股份比例（注：章程可另行约定）分配利润。

第四十条 法定公积金转为资本时，所留存的该项公积金不得少于转增前公司注册资本的百分之二十五。

公司聘用、解聘承办公司审计业务的会计师事务所，由_____（注：股东大会或董事会）决定。

第十一章 公司的解散事由与清算办法

第四十一条 公司的营业期限为_____年，从《企业法人营业执照》签发之日起计算。

第四十二条 公司有下列情形之一，可以解散：

（一）公司营业期限届满；

（二）股东大会决议解散；

（三）因公司合并或者分立需要解散；

（四）依法被吊销营业执照、责令关闭或者被撤销；

（五）人民法院依照公司法的规定予以解散。

公司营业期限届满时，可以通过修改公司章程而存续。

第四十三条 公司经营管理发生严重困难，继续存续会使股东利益受到重大损失，通过其他途径不能解决的，持有公司全部股东表决权百分之十以上的股东，可以请求人民法院解散公司。

第四十四条 公司因本章程第四十二条第（一）项、第（二）项、第（四）项、第（五）项规定解散时，应依《公司法》的规定成立清算组对公司进行清算。清算组应当自成立之日起十日内向登记机关申请清算组成员及负责人备案、通知债权人，并于六十日内在报纸公告。清算结束后，清算组应当制作清算报告；报股东大会或者人民法院确认，并报送公司登记机关，申请注销公司登记，公告公司终止。

第四十五条 清算组由_____（注：股东大会或董事会）确定的人员组成。

第十二章　公司的通知和公告办法

第四十六条 公司可采用以下通知方式：

（一）直接送达；

（二）邮寄送达；

（三）法律、行政法规允许的其他送达方式

第四十七条 公司召开股东大会、董事会、监事会的会议通知，以书面方式进行。

第四十八条 公司通知以直接送达的，由被送达人在送达回执上签名（或盖章），被送达人签收日期为送达日期；公司通知以邮寄送达的，以回执上注明的收件日期为送达日期。

第四十九条 公司指定_____报纸为刊登公司公告和其他需要披露信

息的报刊。

第十三章 股东大会会议认为需要规定的其他事项

第五十条 本章程中的各项条款与法律、法规、规章不符的，以法律、法规、规章的规定为准。

第五十一条 公司登记事项以公司登记机关核定的为准。公司根据需要修改公司章程而未涉及变更登记事项的，公司应将修改后的公司章程送公司登记机关备案；涉及变更登记事项的，同时应向公司登记机关作变更登记。

第五十二条 本章程自全体发起人盖章、签字之日起生效。

第五十三条 本章程一式_____份，公司留存_____份，并报公司登记机关备案一份。

全体发起人签字（法人盖章）：

年　月　日

注：本章程中股东自行约定的事项不得违反有关法律、行政法规的规定。

二、有限责任公司章程（示范文本）[①]

_____有限（责任）公司章程

（参考格式）

第一章 总　　则

第一条 依据《中华人民共和国公司法》（以下简称《公司法》）及有关法

[①] 来源：北京市市场监督管理局（2021年第一版）。制作章程时，可以根据本范本中"注"的内容修改相关条款并应当删除"注"的内容。

律、法规的规定，由_____等_____方共同出资，设立_____有限（责任）公司（以下简称公司），特制定本章程。

第二条 本章程中的各项条款与法律、法规、规章不符的，以法律、法规、规章的规定为准。

第二章 公司名称和住所

第三条 公司名称：_____。

第四条 公司住所：_____。

第三章 公司经营范围

第五条 公司经营范围：_____（注：根据实际情况具体填写。最后应注明"以登记机关核定的经营范围为准"。）

第四章 公司注册资本及股东的姓名（名称）、出资额、出资时间、出资方式

第六条 公司注册资本：_____万元人民币。

第七条 股东的姓名（名称）、认缴的出资额、出资时间、出资方式如下：

股东姓名或名称	认缴情况		
	认缴出资额	出资时间	出资方式
合计			

第五章 公司的机构及其产生办法、职权、议事规则

第八条 股东会由全体股东组成，是公司的权力机构，行使下列职权：

（一）决定公司的经营方针和投资计划；

（二）选举和更换非由职工代表担任的董事、监事，决定有关董事、监事的

报酬事项；

（三）审议批准董事会（或执行董事）的报告；

（四）审议批准监事会（或监事）的报告；

（五）审议批准公司的年度财务预算方案、决算方案；

（六）审议批准公司的利润分配方案和弥补亏损的方案；

（七）对公司增加或者减少注册资本作出决议；

（八）对发行公司债券作出决议；

（九）对公司合并、分立、解散、清算或者变更公司形式作出决议；

（十）修改公司章程；

（十一）其他职权。（注：由股东自行确定，如股东不作具体规定应将此条删除）

第九条 股东作出的公司经营方针和投资计划的决定，应当采用书面形式，并由股东签字后置备于公司。

第十条 公司设董事会，成员为_____人，由_____产生。董事任期_____年（注：每届不得超过三年），任期届满，可连选连任。

董事会设董事长一人，由_____产生。（注：股东自行确定董事长的产生方式）

（注：有限公司不设董事会的，此条应改为：公司不设董事会，设执行董事一人，由股东__选举__产生。执行董事任期_____年，任期届满，可连选连任。）

第十一条 董事会行使下列职权：

（一）负责向股东报告工作；

（二）执行股东的决议；

（三）审定公司的经营计划和投资方案；

（四）制订公司的年度财务预算方案、决算方案；

（五）制订公司的利润分配方案和弥补亏损方案；

（六）制订公司增加或者减少注册资本以及发行公司债券的方案；

（七）制订公司合并、分立、变更公司形式、解散的方案；

（八）决定公司内部管理机构的设置；

（九）决定聘任或者解聘公司经理及其报酬事项，并根据经理的提名决定聘任或者解聘公司副经理、财务负责人及其报酬事项；

（十）制定公司的基本管理制度。

（注：股东人数较少或者规模较小的有限责任公司，可以设一名执行董事，不设董事会。执行董事的职权由股东自行确定。）

第十二条 公司设经理，由董事会决定聘任或者解聘。经理对董事会负责，行使下列职权：

（一）主持公司的生产经营管理工作；

（二）组织实施公司年度经营计划和投资方案；

（三）拟订公司内部管理机构设置方案；

（四）拟订公司的基本管理制度；

（五）制定公司的具体规章；

（六）提请聘任或者解聘公司副经理、财务负责人；

（七）决定聘任或者解聘除应由股东决定聘任或者解聘以外的负责管理人员。

（注：以上内容也可由股东自行确定）

第十三条 公司设监事会，成员＿＿＿＿＿＿人，监事会设三席一人，由全体监事过半数选举产生。监事会中股东代表监事与职工代表监事的比例为＿＿＿＿＿：＿＿＿＿＿。（注：由股东自行确定，但其中职工代表的比例不得低于三分之一）

监事的任期每届为三年，任期届满，可连选连任。

（注：股东人数较少规格较小的公司可以设一至二名监事，此条应改为：公司不设监事会，设监事＿＿＿＿＿人，由股东会选举产生。监事的任期每届为 ＿3＿ 年，任期届满，可连选连任。）

第十四条 监事会或者监事行使下列职权：

（一）检查公司财务；

（二）对执行董事、高级管理人员执行公司职务的行为进行监督，对违反法律、行政法规、公司章程或者股东会决议的执行董事、高级管理人员提出罢免的建议；

（三）当执行董事、高级管理人员的行为损害公司的利益时，要求执行董事、高级管理人员予以纠正；

（四）向股东提出提案；

（五）依照《公司法》第一百五十二条的规定，对执行董事、高级管理人员提起诉讼。

第六章　公司的法定代表人

第十五条　董事长为公司的法定代表人。

（注：也可是执行董事或者经理，由股东自行确定。）

第七章　股东会会议认为需要规定的其他事项

第十六条　公司的营业期限_____年，自公司营业执照签发之日起计算。

第十七条　有下列情形之一的，公司清算组应当自公司清算结束之日起30日内向原公司登记机关申请注销登记：

（一）公司被依法宣告破产；

（二）公司章程规定的营业期限届满或者公司章程规定的其他解散事由出现，但公司通过修改公司章程而存续的除外；

（三）股东决定解散；

（四）依法被吊销营业执照、责令关闭或者被撤销；

（五）人民法院依法予以解散；

（六）法律、行政法规规定的其他解散情形。

第十八条　一人有限责任公司的股东不能证明公司财产独立于自己的财产的，应当对公司债务承担连带责任。

（注：本章节内容除上述条款外，股东可根据《公司法》的有关规定，将认为需要记载的其他内容一并列明。）

第八章　附　　则

第十九条　公司登记事项以公司登记机关核定的为准。

第二十条 本章程一式＿＿＿＿＿＿＿＿份，并报公司登记机关一份。

全体股东亲笔签字、盖公章：

（注：自然人股东应亲笔签字，法人股东应加盖公章且法人股东的法定代表人亲笔签字。）

年　　月　　日

附：

制定有限责任公司章程须知

一、为方便投资人，北京市市场监督管理局制作了有限责任公司（包括一人有限公司）章程参考格式。股东可以参照章程参考格式制定章程，也可以根据实际情况自行制定，但章程中必须记载本须知第二条所列事项。

二、根据《中华人民共和国公司法》第二十五条规定，有限责任公司章程应当载明下列事项：

（一）公司名称和住所；

（二）公司经营范围；

（三）公司注册资本；

（四）股东的姓名或者名称；

（五）股东的出资方式、出资额和出资时间；

（六）公司的机构及其产生办法、职权、议事规则；

（七）公司法定代表人；

（八）股东会会议认为需要规定的其他事项。

三、章程中应当载明"本章程与法律法规不符的，以法律法规的规定为准"。经营范围条款中应当注明"以登记机关核定的经营范围为准"。

四、股东应当在公司章程上签名、盖章，自然人股东应亲笔签字，法人股东应加盖公章且法人股东的法定代表人亲笔签字。

五、公司章程应提交原件，并应使用 A4 规格纸张打印。

三、有限责任公司章程（设董事会、不设监事会）①

_____有限责任公司章程

第一章　总　　则

第一条　为规范公司的组织和行为，根据《中华人民共和国公司法》（以下简称《公司法》）和有关法律法规及规范性文件的规定，制定本章程。

第二条　公司类型：有限责任公司（自然人独资）。

第三条　本章程为本公司行为准则，公司、股东、董事、监事和高级管理人员应当严格遵守。

第四条　股东只能投资设立一个一人有限责任公司。本公司不能投资设立新的一人有限责任公司。

第二章　公司的名称、住所、经营范围、营业期限及注册资本

第五条　公司名称为：_____。

（注：公司名称应当经公司登记机关预先核准。）

第六条　公司住所：_____；邮政编码：_____。

---

① 本章程来源于广东省市场监督管理局网站。
请注意：
(1) 本范本仅供参考，适用于设董事会、不设监事会的一人有限公司（自然人独资）。
(2) 范本中有下画线的，应当填写。
(3) 制作章程时，可以根据本范本中"注"的内容修改相关条款，并应当删除"注"的内容。
(4) 公司章程有违反法律、行政法规的内容的，公司登记机关有权要求申请人作相应修改。

（注：1. 住所应当是公司主要办事机构所在地，并与公司住所证明的记载一致。公司住所只能有一个。

2. 地方人民政府对"一照多址"有具体规定的，且公司决定不采用办理分支机构登记的方式在住所以外增设经营场所的，增设的经营场所应记载于本条，记载于本条，记载方式如下：

经营场所1：_____；

经营场所2：_____；

……)

第七条 公司经营范围：_____
_____（依法须经批准的项目，经相关部门批准后方可开展经营活动。）

（注：1. 公司经营范围以公司登记机关登记为准。

2. 经营范围涉及《广东省工商登记①前置审批事项目录》所列事项的，应当按照相关批准文件、证件表述；批准文件、证件没有表述或者表述不规范的，参照有关法律、行政法规、国务院决定或者《国民经济行业分类》表述。

不涉及上述事项的，参照国家标准《国民经济行业分类》表述；《国民经济行业分类》中没有规范的新兴行业或者具体经营项目，参考政策文件、行业习惯或者专业文献表述。)

第八条 公司的营业期限为长期，自公司营业执照签发之日起计。

（注：营业期限也可以是"__年"或者"至__年__月__日"，按需选择其一并修改本条。采用上述方式记载营业期限的，营业期限届满后公司需存续的，应当在营业期限届满前修改本条，并向公司登记机关办理变更登记手续。)

第九条 公司注册资本为人民币_____万元。

（注：1. 依法实行注册资本实缴登记制的公司，应当将本条修改为："公司注册资本为人民币_____万元，已实缴。"

2. 公司设立或成立后减少注册资本时，法律、行政法规或者国务院决定对公司注册资本最低限额另有规定的，注册资本数额不得低于其规定的最低限额。

3. 因合并、分立而存续或者新设的公司的注册资本，应当依照国家工商行

---

① 现为市场管理登记。

政管理总局①印发的《关于做好公司合并分立登记支持企业兼并重组的意见》确定。）

第三章　公司的股东

第十条　公司股东姓名：_____，证件名称：_____，证件号码：_____，住所：_____。

（注：股东的姓名应当与公司股东名册的记载一致。）

第十一条　公司应当按照《公司法》的规定置备股东名册。股东名册记载信息发生变化的，公司应当及时更新。

记载于股东名册的股东，可以依股东名册主张行使股东权利。

（注：可以就股东名册的管理部门及其管理、更新、使用规则制定相关规定，并记载于本条。）

第十二条　公司成立后，股东缴纳出资的，公司向其签发出资证明书，出资证明书的记载事项应当符合《公司法》的规定。

第十三条　股东享有下列权利：

（一）依法享有资产收益、作出重大决策和选择管理者等权利。

（二）要求公司为其签发出资证明书。

（三）依据法律和本章程的规定转让、质押所持有的股权。

（四）对公司的业务、经营和财务管理工作进行监督，提出建议或质询。有权查阅、复制公司章程、股东决定记录、董事会会议记录和财务会计报告。有权要求查阅公司会计账簿，公司拒绝提供查阅的，股东可以请求人民法院要求公司提供查阅。

（五）在公司清算完毕并清偿公司债务后，享有剩余财产。

（六）董事会的决议内容或者会议召集程序、表决方式违反法律、行政法规或者公司章程的，股东可以依法请求人民法院撤销。

（注：可以根据需要依法规定股东的其他权利，并记载于本条。）

第十四条　股东履行下列义务：

---

①　现为国家市场监督管理总局。

（一）以其认缴的出资额为限对公司承担责任。

（二）应当按期足额缴纳所认缴的出资额；以货币出资的，应当将货币出资足额存入公司在银行开设的账户；以非货币财产出资的，应当依法办理其财产权转移到公司名下的手续。

（三）遵守公司章程，保守公司秘密。

（四）支持公司的经营管理，促进公司业务发展。

（五）不得抽逃出资。

（六）不得滥用股东权利损害公司利益。

（七）不得滥用公司法人独立地位和股东有限责任损害公司债权人的利益。

第十五条　股东不能证明公司财产独立于股东自己的财产的，应当对公司债务承担连带责任。

第四章　股东的出资额、出资时间和出资方式

第十六条　股东的出资额、出资时间和出资方式：

股东姓名（名称）：_____，认缴出资_____万元，在____年____月____日前缴足，其中，以货币出资_____万元，以_____（其他出资方式）作价出资_____万元。

（注：1. 其他出资方式包括：实物、知识产权、土地使用权、股权、债权转股权等可以用货币估价并可以依法转让的非货币财产。

2. 实行注册资本实缴登记制的公司，应当将本条中的"在____年____月____日前缴足"修改为"已于____年____月____日缴足"。

3. 实行注册资本认缴登记制的公司，在股东缴纳出资后应当依法公示；可以将缴纳情况记载于本条，并依法向公司登记机关备案本章程。

4. 注册资本分期缴付的，可以将股东分期出资的期数和每一期的出资额、出资时间、出资方式记载于本条。

5. 公司变更注册资本的，应当将本条修改为注册资本变更后对应的股东认缴的出资额、出资时间和出资方式。

6. 因公司合并、分立而存续或者新设的公司，其股东认缴的出资额，由合并协议、分立决议或者决定约定。

7. 非公司企业法人改制为一人有限公司的，本公司章程应当载明股东的出资额、出资时间和出资方式，出资额等于原非公司企业法人的净资产，出资方式为原非公司企业法人净资产对应的货币或者非货币财产，出资时间为原出资人的出资时间。）

第十七条 股东以非货币财产出资的，对出资的非货币财产须评估作价，核实财产，不得高估或者低估作价。法律、行政法规对评估作价有具体规定的，从其规定。

（注：股东不得以劳务、信用、自然人姓名、商誉、特许经营权或者设定担保的财产等作价出资。）

第十八条 股东应当以自己的名义出资。

第十九条 股东的出资期限不得超过本章程规定的公司营业期限。

（注：股东约定的出资期限应当具有合理性及可行性。公司章程规定了明确的营业期限的，出资期限应当在营业期限内；股东为自然人的，其出资期限应当在人类寿命的合理范围内。）

第二十条 公司成立后，发现作为设立公司出资的非货币财产的实际价额显著低于公司章程所定价额的，应当由交付该出资的股东补足其差额。公司设立时有其他股东的，其他股东承担连带责任。

第二十一条 公司发生债务纠纷或者依法解散清算时，如资不抵债，股东未缴足出资的，应先缴足出资。

第五章　公司的股权转让

第二十二条 股东可以转让其全部或者部分股权。

转让股权后，公司应当注销原股东的出资证明书，向新股东签发出资证明书，并相应修改本章程和股东名册中有关股东及其出资的记载。

第二十三条 股东未履行或者未全面履行出资义务即转让股权的，受让人应当承继转让人的出资义务。

第二十四条 自然人股东死亡后，其合法继承人可以继承股东资格。股东未履行或者未全面履行出资义务的，继承人应当承继股东的出资义务。

（注：对股权继承另有约定的，应按约定修改本条内容。）

第六章 公司的法定代表人

第二十五条 公司法定代表人由董事长担任。

（注：公司法定代表人也可以由经理担任，由经理担任的，应当修改本条。）

第二十六条 法定代表人的职权：

（一）法定代表人是法定代表公司行使职权的签字人；

（二）法定代表人在法律、行政法规以及本章程规定的职权范围内行使职权，代表公司参加民事活动，对企业的生产经营和管理全面负责；

（三）公司法定代表人可以委托他人代行职权，委托他人代行职权时，应当出具《授权委托书》。法律、行政法规规定必须由法定代表人行使的职权，不得委托他人代行。

第二十七条 法定代表人应当遵守法律、行政法规以及本章程的规定，不得滥用职权，不得作出违背公司股东决定、董事会决议的行为，不得违反对公司的忠实义务和勤勉义务。

法定代表人违反上述规定，损害公司或者股东利益的，应当承担相应的责任。

第二十八条 法定代表人出现下列情形的，应当解除其职务，重新产生符合法律、行政法规和本章程规定的任职资格的法定代表人：

（一）法定代表人有法律、行政法规或者国务院决定规定不得担任法定代表人的情形的；

（二）法定代表人由董事长或经理担任，但其丧失董事长或经理资格的；

（三）正在被执行刑罚或者正在被执行刑事强制措施，无法履行法定代表人职责的；

（四）正在被公安机关或者国家安全机关通缉的；

（五）其他导致法定代表人无法履行职责的法定情形。

第七章 公司的组织机构及其产生办法、职权、议事规则

第二十九条 公司不设股东会。股东行使下列职权：

（一）决定公司的经营方针和投资计划；

（二）任命和更换董事、非由职工代表担任的监事，决定有关董事、监事的报酬事项；

（三）审定董事会的报告；

（四）审定监事的报告；

（五）审定公司的年度财务预算方案、决算方案；

（六）审定公司的利润分配方案和弥补亏损方案；

（七）对公司增加或者减少注册资本作出决定；

（八）对发行公司债券作出决定；

（九）对公司合并、分立、解散、清算或者变更公司形式作出决定；

（十）修改公司章程。

股东作出上述决定时，应采用书面形式，并由股东签名后置备于公司。

（注：可以依法规定股东的其他职权，并记载于本条。）

第三十条 公司设董事会，成员_____人，由股东任命产生。

（注：1. 董事会人数应为确定数，根据需要在三人至十三人之间选择一个具体数字，董事会成员可以有职工代表。

2. 董事会有职工代表的，职工代表可由职工代表大会、职工大会或者其他形式民主选举产生，在公司设立登记时可以空缺，待公司成立后选举产生，再向公司登记机关备案。）

第三十一条 董事每届任期_____年。任期届满，经股东任命可以连任。

（注：董事每届任期不得超过三年。）

第三十二条 董事会设董事长一人，由董事会从董事中选举产生。

（注：1. 董事会可以设副董事长，设副董事长的，应当修改本条；

2. 董事长、副董事长也可以由股东任命产生，并修改本条。）

董事任期届满未及时改选，或者董事在任期内辞职导致董事会成员低于法定人数的，在改选出的董事就任前，原董事仍应当依照法律、行政法规和公司章程的规定，履行董事职务。

第三十三条 董事会对股东负责，行使下列职权：

（一）向股东报告工作，并执行股东的决定；

（二）决定公司的经营计划和投资方案；

（三）制订公司的年度财务预算方案、决算方案；

（四）制订公司的利润分配方案和弥补亏损方案；

（五）制订公司增加或减少注册资本的方案；

（六）制订公司合并、分立、变更公司形式、解散的方案；

（七）决定公司内部管理机构的设置；

（八）聘任或者解聘公司经理、财务负责人，决定其报酬事项；

（九）制定公司的基本管理制度。

（注：可以规定董事会的其他职权，并记载于本条。）

第三十四条 董事会的议事方式和表决程序：

（一）召开董事会会议应当于会议召开_____日前通知全体董事。

（二）董事会会议由董事长召集和主持。董事长不能履行职务或者不履行职务的，由副董事长召集和主持。副董事长不能履行职务或者不履行职务的，由半数以上董事共同推举一名董事召集和主持。

（三）董事会应当对所议事项的决定作成会议记录，出席会议的董事应当在会议记录上签名。

（四）董事会决议的表决，实行一人一票。

（五）董事会作出决议，必须经全体董事过半数通过。

[注：可约定董事会的其他表决方式，并修改本条第（五）项。]

第三十五条 公司设经理，由董事会聘任或者解聘。

经理对董事会负责，行使下列职权：

（一）主持公司的生产经营管理工作，组织实施董事会的决议；

（二）组织实施公司年度经营计划和投资方案；

（三）拟订公司内部管理机构设置方案；

（四）拟订公司的基本管理制度；

（五）制定公司的具体规章；

（六）提请聘任或者解聘公司副经理、财务负责人；

（七）决定聘任或者解聘除应由董事会决定聘任或者解聘以外的负责管理人员；

（八）董事会授予的其他职权。

（注：公司可以不设经理，不设经理的，应当删除本条。）

第三十六条 公司设监事＿＿＿＿＿＿人，由股东任命，每届任期三年。任期届满，经股东任命可以连任。

（注：监事为1-2人。监事为职工代表的，可由职工代表大会、职工大会或者其他形式民主选举产生，并修改本条。）

董事、高级管理人员以及财务负责人不得兼任监事。

第三十七条 监事行使下列职权：

（一）检查公司财务；

（二）对董事、高级管理人员执行公司职务的行为进行监督，对违反法律、行政法规、公司章程或者股东决定的董事、高级管理人员提出罢免的建议；

（三）当董事、高级管理人员的行为损害公司的利益时，要求董事、高级管理人员予以纠正；

（四）向股东提出提案；

（五）依照《公司法》第一百五十一条的规定，对董事、高级管理人员提起诉讼。

（注：可以规定监事的其他职权，并修改本条。）

第三十八条 监事可以列席董事会会议，并对董事会决议事项提出质询或者建议。

第三十九条 有下列情形之一的，不得担任公司的董事、监事、高级管理人员：

（一）无民事行为能力或者限制民事行为能力；

（二）因贪污、贿赂、侵占财产、挪用财产或者破坏社会主义市场经济秩序，被判处刑罚，执行期满未逾五年，或者因犯罪被剥夺政治权利，执行期满未逾五年；

（三）担任破产清算的公司、企业的董事或者厂长、经理，对该公司、企业的破产负有个人责任的，自该公司、企业破产清算完结之日起未逾三年；

（四）担任因违法被吊销营业执照、责令关闭的公司、企业的法定代表人，并负有个人责任的，自该公司、企业被吊销营业执照之日起未逾三年；

（五）个人所负数额较大的债务到期未清偿。

公司违反前款规定任命董事、监事或者聘任高级管理人员的，该任命或者聘任无效。

董事、监事、高级管理人员在任职期间出现本条第一款所列情形的，公司应当解除其职务。

第四十条 董事、监事、高级管理人员应当遵守法律、行政法规和公司章程的规定，对公司负有忠实义务和勤勉义务：

（一）谨慎、认真、勤勉地行使股东、公司赋予的权利，以保证公司的商业行为符合国家法律、行政法规以及国家各项政策的要求，商业活动符合公司章程规定的业务范围；

（二）及时了解公司业务经营管理状况；

（三）对公司定期报告签署书面确认意见；

（四）如实向监事提供有关情况和资料，不得妨碍监事行使职权；

（五）保证公司所披露的信息真实、准确、完整；

（六）法律、行政法规和公司章程规定的其他义务。

第四十一条 董事、高级管理人员不得有下列行为：

（一）挪用公司资金；

（二）将公司资金以其个人名义或者以其他个人名义开立账户存储；

（三）违反公司章程的规定，未经股东同意，将公司资金借贷给他人或者以公司财产为他人提供担保；

（四）违反公司章程的规定或者未经股东同意，与本公司订立合同或者进行交易；

（五）未经股东同意，利用职务便利为自己或者他人谋取属于公司的商业机会，自营或者为他人经营与所任职公司同类的业务；

（六）接受他人与公司交易的佣金归为己有；

（七）擅自披露公司秘密；

（八）违反对公司忠实义务的其他行为。

董事、高级管理人员违反前款规定所得的收入应当归公司所有。

第四十二条 董事、监事、高级管理人员执行公司职务时违反法律、行政法规或者公司章程的规定，给公司造成损失的，应当承担赔偿责任。

　　第四十三条　公司依照法律、行政法规和国家财政主管部门的规定建立财务、会计制度。公司应当在每一个会计年度终了时制作财务会计报告，并依法经会计师事务所审计。

　　公司聘用、解聘承办公司审计业务的会计师事务所，应当由股东决定。

　　（注：可以约定由董事会决定公司聘用、解聘承办公司审计业务的会计师事务所，并相应修改本款。）

　　公司依法律规定在分配当年税后利润时，提取利润的百分之十列入公司法定公积金，法定公积金累计额为公司注册资本的百分之五十以上的，可不再提取。

　　公司从税后利润中提取法定公积金后，经股东决定，可以从税后利润中提取任意公积金。

　　公司弥补亏损和提取公积金所余税后利润，由股东分配。

　　公司的公积金用于弥补亏损，扩大公司生产经营或者转为增加公司资本。

　　公司除法定的会计账册外，不得另立会计账册。

　　对公司的资产，不得以任何个人名义开立账户存储。

　　任何个人不得挪用公司资金或者将公司资金借贷给他人；不得侵占公司的财产。

　　第四十四条　公司应当在下一会计年度开始之后____个月前将公司财务会计报告送交股东。

　　第四十五条　公司的____部门负责保管公司的公章、营业执照。

　　（注：可以规定公章、营业执照的使用规则以及其遗失、毁坏、被非法占有时申请更换或者补领的程序，并记载于本条。）

第八章　公司的解散、清算

　　第四十六条　公司因下列原因解散：

　　（一）公司章程规定的营业期限届满；

　　（二）股东决定解散；

　　（三）因公司合并或者分立需要解散；

（四）依法被吊销营业执照、责令关闭或者被撤销。

（注：可以规定公司的其他解散事由。）

第四十七条 公司出现除上一条第（三）项以外的解散事由时，应当在解散事由出现之日起十五日内成立清算组，开始清算。清算组由股东组成。

第四十八条 清算组在清算期间行使下列职权：

（一）清理公司财产，分别编制资产负债表和财产清单；

（二）通知、公告债权人；

（三）处理与清算有关的公司未了结的业务；

（四）清缴所欠税款以及清算过程中产生的税款；

（五）清理债权、债务；

（六）处理公司清偿债务后的剩余财产；

（七）代表公司参与民事诉讼活动。

第四十九条 清算组应当自成立之日起十日内通知债权人，并于六十日内在报纸上进行公告。

第五十条 清算组在清算公司财产、编制资产负债表和财产清单后，应当制定清算方案，并报股东或者人民法院确认。

公司财产在分别支付清算费用、职工工资、社会保险费用和法定补偿金，缴纳所欠税款，清偿公司债务后的剩余财产，由股东分配。

清算期间，公司存续，但不得开展与清算无关的经营活动。公司财产在未依照前款规定清偿前，不得分配给股东。

第五十一条 公司清算结束后，清算组应当制作清算报告，报股东或者人民法院确认，并向公司登记机关申请注销公司登记，公告公司终止。

第九章　公司的其他规定

第五十二条 股东、董事、监事应当把联系方式（包括通信地址、电话、电子邮箱等）报公司置备，发生变动的，应及时报公司予以更新。

第五十三条 本章程涉及的董事会会议可以采取口头、电子邮件、书面等方式通知。

第五十四条 公司可以向其他企业投资或者为他人提供担保，并由董事会决议。

（注：1. 可以规定由股东决定公司对外投资和担保事项，并修改本款内容。

2. 可以规定对投资或者担保的总额及单项投资或者担保的数额的限额，并记载于本条。）

公司不得为公司股东或者其实际控制人提供担保。

公司向其他企业投资的，除法律另有规定外，不得成为对所投资企业的债务承担连带责任的出资人。

第五十五条 公司应当通过企业信用信息公示系统向社会公示章程、年度报告、股东缴纳出资情况等信息，具体公示内容按国家相关规定执行。

第五十六条 本章程于____年____月____日订立。

股东签名、盖章：

_____有限责任公司章程

（设董事会、监事会）

第一章 总　　则

第一条 为规范公司的组织和行为，根据《中华人民共和国公司法》（以下简称《公司法》）和有关法律、行政法规以及规范性文件的规定，制定本章程。

第二条 公司类型：有限责任公司。

第三条 本章程为本公司行为准则，公司、股东、董事、监事和高级管理人员应当严格遵守。

第二章 公司的名称、住所、经营范围、营业期限及注册资本

第四条 公司名称为：_____。

（注：公司名称应当经公司登记机关预先核准。）

第五条 公司住所：_____；

邮政编码：_____。

（注：1. 住所应当是公司主要办事机构所在地，并与公司住所证明的记载一致。公司住所只能有一个。

2. 地方人民政府对"一照多址"有具体规定的，且公司决定不采用办理分支机构登记的方式在住所以外增设经营场所的，增设的经营场所应记载于本条，记载方式如下：

经营场所1：＿＿＿＿＿＿＿＿＿＿＿＿＿＿＿＿＿；

经营场所2：＿＿＿＿＿＿＿＿＿＿＿＿＿＿＿＿＿；

……）

第六条　公司经营范围：＿＿＿＿＿＿＿＿＿＿＿＿＿＿＿＿＿＿＿
＿＿＿＿＿＿＿＿（依法须经批准的项目，经相关部门批准后方可开展经营活动。）

（注：1. 公司经营范围以公司登记机关登记为准。

2. 经营范围涉及《广东省工商登记前置审批事项目录》所列事项的，应当按照相关批准文件、证件表述；批准文件、证件没有表述或者表述不规范的，参照有关法律、行政法规、国务院决定或者《国民经济行业分类》表述。

不涉及上述事项的，参照国家标准《国民经济行业分类》表述；《国民经济行业分类》中没有规范的新兴行业或者具体经营项目，参考政策文件、行业习惯或者专业文献表述。）

第七条　公司的营业期限为长期，自公司营业执照签发之日起计。

（注：营业期限也可以是"＿＿＿年"或者"至＿＿＿年＿＿＿月＿＿＿日"，按需选择其一并修改本条。采用上述方式记载营业期限的，营业期限届满后公司需存续的，应当在营业期限届满前修改本条，并向公司登记机关办理变更登记手续。）

第八条　公司注册资本为人民币＿＿＿＿＿＿＿＿万元。

（注：1. 依法实行注册资本实缴登记制的公司，应当将本条修改为："公司注册资本为人民币＿＿＿＿＿＿＿＿万元，已实缴。"

2. 公司设立时或减少注册资本时，法律、行政法规或者国务院决定对公司注册资本最低限额另有规定的，注册资本数额不得低于其规定的最低限额。

3. 因合并、分立而存续或者新设的公司的注册资本，应当依照国家工商行政管理总局印发的《关于做好公司合并分立登记支持企业兼并重组的意见》

确定。）

第九条 公司可以增加注册资本和减少注册资本。公司增加注册资本时，股东有权优先按照实缴的出资比例认缴新增资本的出资。全体股东另有约定的除外。

（注：可以约定按照其他方式认缴新增注册资本，并修改本条。）

第三章 公司的股东

第十条 公司股东共_____个，分别是：

1. 姓名（名称）：_____，证件名称：_____，证件号码：_____，住所：_____；

2. 姓名（名称）：_____，证件名称：_____，证件号码：_____，住所：_____；

……

（注：股东的姓名或者名称应当与公司股东名册的记载一致。）

第十一条 公司应当按照《公司法》的规定置备股东名册。股东名册记载信息发生变化的，公司应当及时更新。

记载于股东名册的股东，可以依股东名册主张行使股东权利。

（注：可以就股东名册的管理部门及其管理、更新、使用规则制定相关规定，并记载于本条。）

第十二条 公司成立后，应当向已缴纳出资的股东签发出资证明书。出资证明书的记载事项应当符合《公司法》的规定。

第十三条 股东享有下列权利：

（一）依法享有资产收益、参与重大决策和选择管理者等权利；

（二）要求公司为其签发出资证明书；

（三）按照本章程规定的方式分取红利；

（四）有依法律和本章程的规定转让股权、优先购买其他股东转让的股权以及优先认缴公司新增注册资本的权利；

（五）按有关规定质押所持有的股权；

（六）对公司的业务、经营和财务管理工作进行监督，提出建议或质询。有权查阅、复制公司章程、股东会会议记录、董事会会议记录和财务会计报告。有权要求查阅公司会计账簿，公司拒绝提供查阅的，股东可以请求人民法院要求公司提供查阅；

（七）在公司清算完毕并清偿公司债务后，按照本章程规定的方式分配剩余财产；

（八）参加股东会，并按本章程规定的方式行使表决权；

（九）有选举和被选举为董事或者监事的权利；

（十）股东会、董事会的决议内容或者会议召集程序、表决方式违反法律、行政法规或者公司章程的，股东可以依法请求人民法院撤销。

（注：可以根据需要依法约定股东的其他权利，并记载于本条。）

第十四条 股东履行下列义务：

（一）以其认缴的出资额为限对公司承担责任。

（二）应当按期足额缴纳本章程载明的各自所认缴的出资额；以货币出资的，应当将货币出资足额存入公司在银行开设的账户；以非货币财产出资的，应当依法办理其财产权转移到公司名下的手续。

（三）遵守公司章程，保守公司秘密。

（四）支持公司的经营管理，促进公司业务发展。

（五）不得抽逃出资。

（六）不得滥用股东权利损害公司或者其他股东的利益。

（七）不得滥用公司法人独立地位和股东有限责任损害公司债权人的利益。

第四章　股东的出资额、出资时间和出资方式

第十五条 股东的出资额、出资时间和出资方式：

1. 股东姓名（名称）：_____，认缴出资_____万元，在____年____月____日前缴足，其中，以货币出资_____万元，以_____（其他出资方式）作价出资_____万元。

2. 股东姓名（名称）：_____，认缴出资_____万元，在____年____月____日前缴足，其中，以货币出资_____万元，以_____（其他出资方式）作价出资_____万元。

……

（注：1. 其他出资方式包括：实物、知识产权、土地使用权、股权、债权转股权等可以用货币估价并可以依法转让的非货币财产。

2. 实行注册资本实缴登记制的公司，应当将本条中的"在＿＿＿年＿＿＿月＿＿＿日前缴足"修改为"已于＿＿＿年＿＿＿月＿＿＿日缴足"。

3. 实行注册资本认缴登记制的公司，在股东缴纳出资后应当依法公示；可以将缴纳情况记载于本条，并依法向公司登记机关备案本章程。

4. 注册资本分期缴付的，可以将全体股东约定的出资期限内各股东分期出资的期数和每一期的出资额、出资时间、出资方式记载于本条。

5. 公司变更注册资本的，应当将本条修改为注册资本变更后对应的股东认缴的出资额、出资时间和出资方式。

6. 因公司合并、分立而存续或者新设的公司，其股东认缴的出资额，由合并协议、分立决议或者决定约定。

7. 非公司企业法人改制为公司的，本章程应当载明全体股东约定的各自的出资额、出资时间和出资方式，全体股东的出资总额等于原非公司企业法人的净资产，出资方式为原非公司企业法人净资产对应的货币或者非货币财产，出资时间为原出资人的出资时间。）

第十六条 股东以非货币财产出资的，对出资的非货币财产须评估作价，核实财产，不得高估或者低估作价。法律、行政法规对评估作价有具体规定的，从其规定。

（注：股东不得以劳务、信用、自然人姓名、商誉、特许经营权或者设定担保的财产等作价出资。）

第十七条 股东应当以自己的名义出资。

第十八条 股东的出资期限不得超过本章程规定的公司营业期限。

（注：股东约定的出资期限应当具有合理性及可行性。公司章程规定了明确的营业期限的，出资期限应当在营业期限内；股东为法人或者其他组织且其主体资格证明载明存续期限的，其出资期限应当在该存续期限内；股东为自然人的，其出资期限应当在人类寿命的合理范围内。）

第十九条 股东不按照本章程规定缴纳出资的，除应当向公司足额缴纳外，还应当向已按期足额缴纳出资的股东承担违约责任。

（注：股东承担违约责任的具体方式可记载于本条。）

第二十条　公司成立后，发现作为设立公司出资的非货币财产的实际价额显著低于公司章程所定价额的，应当由交付该出资的股东补足其差额；公司设立时的其他股东承担连带责任。

第二十一条　公司发生债务纠纷或者依法解散清算时，如资不抵债，未缴足出资的股东应先缴足出资。

第五章　公司的股权转让

第二十二条　股东之间可以相互转让其全部或者部分股权。

股东向股东以外的人转让股权，应当经其他股东过半数同意。股东应就其股权转让事项书面通知其他股东征求同意，其他股东自接到书面通知之日起满三十日未答复的，视为同意转让。其他股东半数以上不同意转让的，不同意的股东应当购买该转让的股权；不购买的，视为同意转让。

经股东同意转让的股权，在同等条件下，其他股东有优先购买权。两个以上股东主张行使优先购买权的，协商确定各自的购买比例；协商不成的，按照转让时各自的实缴出资比例行使优先购买权。

本条第二款规定的"视为同意转让"，可由公司出具书面证明。

（注：对股权转让另有约定的，应按约定修改本条内容。）

第二十三条　人民法院依照法律规定的强制执行程序转让股东的股权时，其他股东在同等条件下有优先购买权，其他股东自人民法院通知之日起满二十日不行使优先购买权的，视为放弃优先购买权。

第二十四条　转让股权后，公司应当注销原股东的出资证明书，向新股东签发出资证明书，并相应修改本章程和股东名册中有关股东及其出资的记载。

第二十五条　股东可以依照《公司法》的规定，请求公司按照合理的价格收购其股权。股东与公司不能达成股权收购协议的，股东可以依法向人民法院提起诉讼。

公司收购本公司股权后，应当办理减资登记。

第二十六条　股东未履行或者未全面履行出资义务即转让股权的，受让人应当承继转让人的出资义务。

第二十七条　自然人股东死亡后，其合法继承人可以继承股东资格。股东未履行或者未全面履行出资义务的，继承人应当承继股东的出资义务。

（注：对股权继承另有约定的，应按约定修改本条内容。）

第六章　公司的法定代表人

第二十八条　公司法定代表人由董事长担任。

（注：公司法定代表人也可以由经理担任，确定由经理担任的，应当修改本条。）

第二十九条　法定代表人的职权：

（一）法定代表人是法定代表公司行使职权的签字人。

（二）法定代表人在法律、行政法规以及本章程规定的职权范围内行使职权，代表公司参加民事活动，对企业的生产经营和管理全面负责。

（三）公司法定代表人可以委托他人代行职权，委托他人代行职权时，应当出具《授权委托书》。法律、行政法规规定必须由法定代表人行使的职权，不得委托他人代行。

第三十条　法定代表人应当遵守法律、行政法规以及本章程的规定，不得滥用职权，不得作出违背公司股东会、董事会决议的行为，不得违反对公司的忠实义务和勤勉义务。

法定代表人违反上述规定，损害公司或者股东利益的，应当承担相应的责任。

第三十一条　法定代表人出现下列情形的，应当解除其职务，重新产生符合法律、行政法规和本章程规定的任职资格的法定代表人：

（一）法定代表人有法律、行政法规或者国务院决定规定不得担任法定代表人的情形的；

（二）法定代表人由董事长或者经理担任，但其丧失董事或者经理资格的；

（三）正在被执行刑罚或者正在被执行刑事强制措施，无法履行法定代表人职责的；

（四）正在被公安机关或者国家安全机关通缉的；

（五）其他导致法定代表人无法履行职责的法定情形。

第七章 公司的组织机构及其产生办法、职权、议事规则

第三十二条 公司股东会由全体股东组成，股东会是公司的最高权力机构。

第三十三条 股东会行使下列职权：

（一）决定公司的经营方针和投资计划；

（二）选举和更换非由职工代表担任的董事、监事，决定有关董事、监事的报酬事项；

（三）审议批准董事会的报告；

（四）审议批准监事会的报告；

（五）审议批准公司的年度财务预算方案、决算方案；

（六）审议批准公司的利润分配方案和弥补亏损方案；

（七）对公司增加或者减少注册资本作出决议；

（八）对发行公司债券作出决议；

（九）对公司合并、分立、解散、清算或者变更公司形式作出决议；

（十）修改公司章程。

（注：可以依法规定股东会的其他职权，并记载于本条。）

上述事项股东以书面形式一致表示同意的，可以不召开股东会会议，直接作出决定，并由全体股东在决定文件上签名、盖章。

第三十四条 股东会会议分为定期会议和临时会议。

定期会议在每会计年度期末召开一次。

（注：可以自行约定股东会定期会议召开的频次及时间，并相应修改本条。）

代表十分之一以上表决权的股东，三分之一以上的董事，监事会提议召开有限责任公司股东会临时会议的，应当召开临时会议。

第三十五条 股东会会议由董事会召集，董事长主持；董事长不能履行职务或者不履行职务的，由副董事长主持；副董事长不能履行职务或者不履行职务的，由半数以上董事共同推举一名董事主持；董事会不能履行或者不履行召集股东会会议职责的，由监事会召集并主持；监事会不召集的，代表十分之一以上表决权的股东可以自行召集并主持。

第三十六条　召开股东会会议，应当于会议召开十五日前通知全体股东；但是，全体股东另有约定的除外。

会议通知的内容应当包括：股东会召开的时间、地点、议题等。

（注：可以约定十五日以外的期限，并修改本条。）

第三十七条　股东会应当对股东会会议通知情况、股东出席情况、表决情况以及所议事项的决定作成会议记录，出席会议的股东应当在会议记录上签名。

第三十八条　股东按照认缴出资比例行使表决权。

（注：可以约定按实缴出资比例或者其他方式行使表决权，并相应修改本条。约定按实缴出资比例行使表决权的，本章程第十五条应当载明股东实缴信息。）

第三十九条　股东会会议作出修改公司章程、增加或者减少注册资本的决议，以及公司合并、分立、解散或者变更公司形式的决议，必须经代表三分之二以上表决权的股东通过。

股东会会议作出的其他决议，应当经代表过半数表决权的股东通过。

（注：可以另行约定股东会会议通过其他决议的表决权比例，并根据约定修改本条第二款。）

股东会会议作出公司合并、分立以及减少注册资本决议的，公司应当自作出决议之日起十日内通知债权人，并于三十日内在报纸上公告。

第四十条　公司设董事会，成员_____人，由股东会选举产生。

（注：1. 董事会人数应为确定数，根据需要在三人至十三人之间选择一个具体数字。

2. 两个以上的国有企业或者两个以上的其他国有投资主体作为股东的公司，其董事会成员应当有公司职工代表，并记载于本条。其他公司的董事会成员可以有职工代表。

3. 董事会有职工代表的，职工代表可以由职工代表大会、职工大会或者其他形式民主选举产生，在公司设立登记时可以空缺，待公司成立后选举产生，再向公司登记机关备案。）

第四十一条　董事每届任期_____年。董事任期届满，可以连选连任。

（注：董事每届任期不得超过三年。）

董事任期届满未及时改选，或者董事在任期内辞职导致董事会成员低于法定人数的，在改选出的董事就任前，原董事仍应当依照法律、行政法规和公司章程的规定，履行董事职务。

第四十二条 董事会设董事长一人，由董事会从董事中选举产生。

（注：1. 董事会可以设副董事长，设副董事长的，应当修改本条；

2. 董事长、副董事长也可以由股东各方委派产生或者股东约定的其他方式产生，并修改本条。）

第四十三条 董事会对股东会负责，行使下列职权：

（一）负责召集和主持股东会，并向股东会报告工作；

（二）执行股东会的决议；

（三）决定公司的经营计划和投资方案；

（四）制订公司的年度财务预算方案、决算方案；

（五）制订公司的利润分配方案和弥补亏损方案；

（六）制订公司的增加或减少注册资本的方案；

（七）制订公司合并、分立、变更公司形式、解散的方案；

（八）决定公司内部管理机构的设置；

（九）聘任或者解聘公司经理、财务负责人，决定其报酬事项；

（十）制定公司的基本管理制度。

（注：可以约定董事会的其他职权，并记载于本条。）

第四十四条 董事会的议事方式和表决程序：

（一）召开董事会会议应当于会议召开_____日前通知全体董事。

（二）董事会会议由董事长召集和主持。董事长不能履行职务或者不履行职务的，由副董事长召集和主持。副董事长不能履行职务或者不履行职务的，由半数以上董事共同推举一名董事召集和主持。

（三）董事会应当对所议事项的决定作成会议记录，出席会议的董事应当在会议记录上签名。

（四）董事会决议的表决，实行一人一票。

（五）董事会作出决议，必须经全体董事过半数通过。

［注：可以约定董事会的其他表决方式，并修改本条第（五）项。］

第四十五条 公司设经理，由董事会聘任或者解聘。

经理对董事会负责，行使下列职权：

（一）主持公司的生产经营管理工作，组织实施董事会决议；

（二）组织实施公司年度经营计划和投资方案；

（三）拟订公司内部管理机构设置方案；

（四）拟订公司的基本管理制度；

（五）制定公司的具体规章；

（六）提请聘任或者解聘公司副经理、财务负责人；

（七）决定聘任或者解聘除应由董事会决定聘任或者解聘以外的负责管理人员；

（八）董事会授予的其他职权。

（注：公司可以不设经理，不设经理的，应当删除本条。）

第四十六条 公司设监事会，成员_____人，其中股东代表_____人，职工代表_____人。

（注：监事会成员不少于三人，其中职工代表的比例不得低于三分之一。）

第四十七条 监事会的股东代表由股东会选举产生；职工代表通过_____方式选举产生。

（注：职工代表可以由职工代表大会、职工大会或者其他形式民主选举产生，在有限责任公司设立登记时可以空缺，待公司成立后选举产生，再向公司登记机关备案。）

第四十八条 监事每届任期三年。监事任期届满，可以连选连任。

第四十九条 董事、高级管理人员以及财务负责人不得兼任监事。

第五十条 监事会设主席一人，由全体监事过半数选举产生。

第五十一条 监事会行使下列职权：

（一）检查公司财务；

（二）对董事、高级管理人员执行公司职务的行为进行监督，对违反法律、行政法规、公司章程或者股东会决议的董事、高级管理人员提出罢免的建议；

（三）当董事、高级管理人员的行为损害公司的利益时，要求董事、高级管理人员予以纠正；

（四）提议召开临时股东会会议，在董事会不履行本章程规定的召集和主持股东会会议职责时召集和主持股东会会议；

（五）向股东会会议提出提案；

（六）依照《公司法》第一百五十一条的规定，对董事、高级管理人员提起诉讼。

（注：可以约定监事会的其他职权，并修改本条。）

第五十二条 监事可以列席董事会会议，并对董事会决议事项提出质询或者建议。

第五十三条 监事会每年度召开_____次会议，监事可以提议召开临时监事会会议。

（注：监事会每年度召开会议至少一次。）

第五十四条 监事会决议应当经半数以上监事通过。监事会应当对所议事项的决定作成会议记录，出席会议的监事应当在会议记录上签名。

第五十五条 有下列情形之一的，不得担任公司的董事、监事、高级管理人员：

（一）无民事行为能力或者限制民事行为能力；

（二）因贪污、贿赂、侵占财产、挪用财产或者破坏社会主义市场经济秩序，被判处刑罚，执行期满未逾五年，或者因犯罪被剥夺政治权利，执行期满未逾五年；

（三）担任破产清算的公司、企业的董事或者厂长、经理，对该公司、企业的破产负有个人责任的，自该公司、企业破产清算完结之日起未逾三年；

（四）担任因违法被吊销营业执照、责令关闭的公司、企业的法定代表人，并负有个人责任的，自该公司、企业被吊销营业执照之日起未逾三年；

（五）个人所负数额较大的债务到期未清偿。

公司违反前款规定选举董事、监事或者聘任高级管理人员的，该选举或者聘任无效。

董事、监事、高级管理人员在任职期间出现本条第一款所列情形的，公司应当解除其职务。

第五十六条 董事、监事、高级管理人员应当遵守法律、行政法规和公司章程的规定，对公司负有忠实义务和勤勉义务：

（一）谨慎、认真、勤勉地行使股东、公司赋予的权利，以保证公司的商业行为符合国家法律、行政法规以及国家各项政策的要求，商业活动符合公司章程规定的业务范围；

（二）公平对待所有股东；

（三）及时了解公司业务经营管理状况；

（四）对公司定期报告签署书面确认意见；

（五）如实向监事会提供有关情况和资料，不得妨碍监事会或者监事行使职权；

（六）保证公司所披露的信息真实、准确、完整；

（七）法律、行政法规和公司章程规定的其他义务。

第五十七条 董事、高级管理人员不得有下列行为：

（一）挪用公司资金；

（二）将公司资金以其个人名义或者以其他个人名义开立账户存储；

（三）违反公司章程的规定，未经股东会或者董事会同意，将公司资金借贷给他人或者以公司财产为他人提供担保；

（四）违反公司章程的规定或者未经股东会同意，与本公司订立合同或者进行交易；

（五）未经股东会同意，利用职务便利为自己或者他人谋取属于公司的商业机会，自营或者为他人经营与所任职公司同类的业务；

（六）接受他人与公司交易的佣金归为己有；

（七）擅自披露公司秘密；

（八）违反对公司忠实义务的其他行为。

董事、高级管理人员违反前款规定所得的收入应当归公司所有。

第五十八条 董事、监事、高级管理人员执行公司职务时违反法律、行政法规或者公司章程的规定，给公司造成损失的，应当承担赔偿责任。

第五十九条 公司依照法律、行政法规和国家财政主管部门的规定建立财务、会计制度。公司应当在每一个会计年度终了时制作财务会计报告，并依法经会计师事务所审计。

公司聘用、解聘承办公司审计业务的会计师事务所，应当由股东会决定。

（注：可以约定由董事会决定公司聘用、解聘承办公司审计业务的会计师事务所，并相应修改本款。）

公司依法律规定在分配当年税后利润时，提取利润的百分之十列入公司法定公积金，法定公积金累计额为公司注册资本的百分之五十以上的，可不再提取。

公司从税后利润中提取法定公积金后，经股东会决议，可以从税后利润中提取任意公积金。

公司弥补亏损和提取公积金后所余税后利润，按照股东的实缴出资比例分配。不按实缴的出资比例分取红利的，应经全体股东同意。

（注：可以约定按其他方式分取红利，并修改本款。）

公司的公积金用于弥补亏损，扩大公司生产经营或者转为增加公司资本。

公司除法定的会计计账册外，不得另立会计账册。

对公司的资产，不得以任何个人名义开立账户存储。

任何个人不得挪用公司资金或者将公司资金借贷给他人；不得侵占公司的财产。

第六十条 公司应当在下一会计年度开始之后_____个月前将公司财务会计报告送交各股东。

第六十一条 公司的_____部门负责保管公司的公章、营业执照。

（注：公章、营业执照的使用规则以及其遗失、毁坏、被非法占有时申请更换或者补领的程序可自行约定，并记载于本条。）

第八章　公司的解散、清算

第六十二条 公司因下列原因解散：

（一）公司章程规定的营业期限届满；

（二）股东会决议解散；

（三）因公司合并或者分立需要解散；

（四）依法被吊销营业执照、责令关闭或者被撤销；

（五）人民法院依公司法第一百八十二条的规定予以解散。

（注：可以规定公司的其他解散事由。）

第六十三条 公司出现除上一条第（三）项以外的解散事由时，应当在解散事由出现之日起十五日内成立清算组，开始清算。清算组由股东组成，其中非自然人股东应当指定人员行使相应权利。

第六十四条　清算组在清算期间行使下列职权：

（一）清理公司财产，分别编制资产负债表和财产清单；

（二）通知、公告债权人；

（三）处理与清算有关的公司未了结的业务；

（四）清缴所欠税款以及清算过程中产生的税款；

（五）清理债权、债务；

（六）处理公司清偿债务后的剩余财产；

（七）代表公司参与民事诉讼活动。

第六十五条　清算组应当自成立之日起十日内通知债权人，并于六十日内在报纸上公告。

第六十六条　清算组在清算公司财产、编制资产负债表和财产清单后，应当制定清算方案，并报股东会或者人民法院确认。

公司财产在分别支付清算费用、职工工资、社会保险费用和法定补偿金，缴纳所欠税款，清偿公司债务后的剩余财产，按照股东实缴的出资比例分配。

（注：可以约定按照股东认缴的出资比例分配剩余财产，并修改本款。）

清算期间，公司存续，但不得开展与清算无关的经营活动。公司财产在未依照前款规定清偿前，不得分配给股东。

第六十七条　公司清算结束后，清算组应当制作清算报告，报股东会或者人民法院确认，并向公司登记机关申请注销公司登记，公告公司终止。

第九章　公司的其他规定

第六十八条　股东、董事、监事应当把联系方式（包括通信地址、电话、电子邮箱等）报公司置备，发生变动的，应及时报公司予以更新。

第六十九条　本章程涉及的股东会会议、董事会会议、监事会会议，可以采取口头、电子邮件、书面等方式通知。

第七十条　公司可以向其他企业投资或者为他人提供担保，并由董事会决议。

（注：1. 可以约定由股东会决议公司对外投资和担保事项，并修改本款内容。

2. 可以约定对投资或者担保的总额及单项投资或者担保的数额的限额规定，并记载于本条。）

公司向其他企业投资的，除法律另有规定外，不得成为对所投资企业的债务承担连带责任的出资人。

公司为公司股东或者实际控制人提供担保的，必须经股东会决议。

前款规定的股东或者受前款规定的实际控制人支配的股东，不得参加前款规定事项的表决。该项表决由出席会议的其他股东所持表决权的过半数通过。

第七十一条 公司应当通过企业信用信息公示系统向社会公示章程、年度报告、股东缴纳出资情况等信息，具体公示内容按国家相关规定执行。

第七十二条 本章程于＿＿＿＿年＿＿＿＿月＿＿＿＿日订立。

股东签名、盖章：

☞ 制作提示

（制作章程时应当删除本方框提示内容）

---

1. 本范本仅供参考，适用于2—50个股东并设董事会、监事会的有限责任公司。

2. 范本中有下画线的，应当填写。

3. 制作章程时，可以根据本范本中"注"的内容修改相关条款，并应当删除"注"的内容。

4. 公司章程有违反法律、行政法规的内容的，公司登记机关有权要求申请人作相应修改。

第二章　企业股权管理制度

股权管理工作贯穿在公司成立到终止的全过程，内容涵盖了出资人权益变化的动态过程及公司资本运营的全过程，在公司经营运转过程中具有重要作用。逐步建立和完善股权管理的配套制度，有针对性地推进股权管理各个环节的基本任务，既是《中华人民共和国公司法》的必然要求，也是优化公司治理结构、维护股东权益，促进公司持续健康发展的应然举措。

一、公司股权管理办法

股权管理工作贯穿在公司成立到终止的全过程，内容涵盖了出资人权益变化的动态过程及公司资本运营的全过程，在公司经营运转过程中具有重要作用。逐步建立和完善股权管理的配套制度，有针对性地推进股权管理各个环节的基本任务，既是《中华人民共和国公司法》的必然要求，也是优化公司治理结构，维护股东权益，促进公司持续健康发展的应然举措。

公司股权管理办法范本

第一章 总 则

第一条 为加强本公司股权管理，完善法人治理结构，维护股东权益，促进公司健康发展，根据《中华人民共和国公司法》《公司章程》，特制定此办法。

第二条 本办法适用于对公司股权关系的执行管理。

本制度对公司股权管理所作规定，是公司处理股权关系工作的依据。

第三条 本办法所指股权是本公司所有实际履行出资义务的股东所依法享有的收益、重大决策权等股东权利。

第四条 股权管理内容为公司与其股东之间的权利义务关系及其行使。

第五条 公司股权管理遵循合法、公开、公正、高效原则，切实维护股东和公司的合法权益。

第二章 股东的权利

第六条 记载于公司股东名册上的股东为公司股东。公司作出会议通知、分配红利、分配剩余财产、确认表决权、确认新股认购权等需要确权的行为时，由董事会确定股权登记日，登记结束后记载于股东名册的股东为公司股东。

第七条 本公司股东依法享有股权权益，包括但不限于知情权、收益权、表决权、处分权、诉权。

第八条 股东享有知情权。股东有权查阅、复制公司章程、股东会会议记录、董事会会议记录、监事会会议决议和财务会计报告。股东提出查阅、复制前述有关信息的，应当向公司提供证明其持有公司股份的种类以及持股数量的书面文件，经核实后公司按照股东的要求予以提供。

第九条 股东享有收益权。股东按照实缴的出资比例分取红利。

第十条 股东享有表决权。公司股东会会议由股东按照出资比例行使表决权。

第十一条 股东享有处分权。依照法律、行政法规及公司章程的规定，股东可以转让、赠与或质押其所持有的股份。

第十二条 股东享有诉权。股东大会、董事会的决议违反法律、行政法规，侵犯股东合法权益的，股东有权向人民法院提起要求停止该违法行为和侵害行为的诉讼。

第三章　股东的义务

第十三条 按照权利与义务对等的原则，实际股东应承担出资、合理风险承担等义务。

第十四条 股东的出资义务。股东应当按期足额缴纳公司章程中规定的各自所认缴的出资额。股东以货币出资的，应当将货币出资足额存入公司银行账户；以非货币财产出资的，应当依法办理其财产权的转移手续。公司成立后，股东不得抽逃出资。

第十五条 股东的合理风险承担义务。股东应承担合理的经营和管理风险。

公司经营出现亏损或因不可抗力造成资产损失的，股东以其出资额为限承担有限责任。

兼为公司内部职工的实际股东因违反公司管理规定或个人违纪造成公司资产损失的，除按公司相关规定给予经济或行政处分外，违纪股东应以其所持股份承担损失赔偿责任。

第四章　股权证管理

第十六条 公司董事会秘书处为股权管理职能部门，负责股权管理的日常事务。具体履行如下职责：

（1）股权证的制作、发放、签证、登记工作，建立股权管理档案和制度。

（2）审查办理股权转让、继承手续。

（3）股权管理的其他工作。

第十七条 股权证需载明以下事项：公司名称；公司登记日期；公司注册资本；股东姓名或名称；缴纳的出资额和出资日期；出资证明书的编号和核发日期。

第十八条 股权证是证明股东身份的唯一凭证，只作为实际股东个人持股凭证，不得交易或作为抵押凭证。如有遗失应及时通知公司，声明作废，并重新按程序申请补办证书。

第五章 股权转让管理

第十九条 公司股东有权依法将自己的股份让渡给他人，使他人成为公司股东。该转让行为包括有偿转让和无偿转让两种，其中，无偿转让包括股权的赠与和继承。

第二十条 股权转让程序。股东之间的股权转让，当事人双方应向董事会秘书处提交股权转让申请、股权转让协议书；向股东以外第三人转让的，应由董事会提交股东代表大会表决。

股权依法转让后，由财务管理部门将受让人的姓名或名称、住所以及受让的出资额记载于股东手册，并收回原股东股权证，再向受让方签发新的股权证。

第六章 股权信托管理

第二十一条 以委托投资代理人持股的方式行使股东权益的，委托人享有实际股权，受托人履行代理义务，是代理部分股权的名义股东。信托双方签订合同并在市场监督管理部门完成登记的，即视为委托人履行了信托财产的交付义务。

第二十二条 受托人有权根据合同取得信托股权，成为公司的名义股东，除合同和本办法另有约定外，依法享有代理股东的权利。

第二十三条 受托人除应承担相应的股东义务与责任外，还必须恪尽职守，履行诚实、信用、谨慎、有效管理的义务，维护受益人的最大利益。未经委托人同意，受托人不得擅自转让信托股权。

  第二十四条　信托的终止。经信托双方当事人协商一致或存在法律法规规定的其他终止情形的，信托终止。信托财产维持信托终止时财产原状的形式归委托人所有。

第七章　其他规定

  第二十五条　本办法未尽事宜由董事会提出方案交由股东代表大会讨论通过后执行。

  第二十六条　其他规定与本办法冲突时，以本办法为准，解释权归公司董事会享有。

  第二十七条　本办法自股东会通过之日起执行。

☞ 制作提示

  1. 明确交代制度的制定目的和适用范围。如规定本制度适用于对公司股权关系的执行管理。参见上文第一、二条。

  2. 明确股权管理的范畴。可从股权及股权管理的内涵和外延两方面进行界定。如规定股权管理是指对公司和股东之间权利义务关系的管理。参见上文第三、四条。

  3. 明确股权管理的基本原则。如规定管理行为合法原则、股东利益最大化原则等。参见上文第五条。

  4. 明确股权登记事宜。如规定在登记日记载于股东名册的股东为公司股东。参见上文第六条。

  5. 明确股东权利。如规定股东享有收益权、表决权、处分权等主要权能，详见上文第七条至第十二条。

  6. 明确股东义务。如根据对等原则，列举实际股东应承担出资、合理风险承担等义务，并将义务内容加以具体阐述。详见上文第十三条至第十五条。

  7. 明确股权证的管理。如规定股权证的所载内容、制作主体及使用注意事项。参见上文第十六条、第十七条、第十八条。

  8. 明确股权转让的管理。如规定股权转让的两种方式和转让应遵循的具体程序。参见上文第十九条、第二十条。

9. 明确股权信托的内涵。如规定实际股东以委托投资代理人持股的方式行使股东权益，受托人作为名义股东行使代理权的股权信托概念。参见上文第二十一条。

10. 明确股权信托中受托人的权利和义务。如规定受托人享有股权代理权的同时还需履行维护受益人的最大利益等义务。参见上文第二十二条、第二十三条。

11. 明确信托的终止情形。如规定信托终止的约定事由和法定条件及信托终止后的财产归属。参见上文第二十四条。

12. 明确其他事项以及制度的解释主体和施行时间。具体参见上文第二十五条、第二十六条、第二十七条。

二、股权转让管理细则

我国《公司法》中股权转让制度的确立，体现了市场经济条件下现代公司制度的极大成功。随着市场经济参与主体的多元化、竞争的激烈化、经营风险的复杂化，资源优化配置功能日益凸显，而股权转让制度就能够有效实现市场资本架构重组，募集资本以赢取规模效益。正因如此，公司股权自由转让制度与有限责任制度共同构成了现代公司企业的灵魂。但自由不应是无限度的，在其转让行为损害其他股东合法权益或公司的整体利益时，必须加以限制。这就要求公司明确股权转让具体流程，将自由转让行为规范在制度框架之内。

股权转让管理细则

第一章　总　　则

第一条　为规范公司股权转让行为，完善股东退出机制，维护公司及其他股东的合法权益，依据《中华人民共和国公司法》和《公司章程》相关规定，特制定本细则。

第二条 本细则所指股权是本公司所有实际股东所依法享有的股东权利，包括但不限于收益、处置、重大决策权。

本细则所称股权转让包括有偿转让和无偿转让两种方式。

第三条 本细则坚持公开、公平、合法、民主的原则，切实维护股东的合法权益，维护公司的公共利益和社会利益。

第二章 有偿转让

第四条 有偿转让是指股东依法将自己在公司中的股东权益让与他人，受让人支付相应价款并取得该股东权的法律行为。

第五条 有偿转让包括股东之间的股权转让和股东向公司之外的第三人转让股权两种类型。

第六条 有限责任公司的股东之间可以相互转让全部或者部分股权。

有限责任公司的股东向股东以外的人转让股权，需向公司董事会提出转让股权的申请，通报与转让事项有关的信息（包括但不限于受让方的情况、拟转让股权比例、转让价格）。由董事会提交股东会讨论表决或书面通知其他股东征求同意。

第七条 下列情况视为有限责任公司其他股东同意转让股权：

（1）股东会全体股东过半数同意的；

（2）其他股东自收到书面通知之日起满三十日未答复的；

（3）不同意转让的股东不予购买该转让的出资的。

第八条 股份有限公司的股权转让须在证券交易所进行。

第九条 转让行为通过转让股票完成。记名股票采用背书方式进行转让，无记名股票采用直接交付给受让人的方式进行转让。

第十条 转、受让双方的资金的收付均由董事会秘书处经手办理，并对股权重新进行认证登记。资金未经董事会秘书处经办的，董事会秘书处不得签证，其转让行为无效。

第三章 无偿转让

第十一条 本细则所称无偿转让包括股权赠与和股权继承两种方式。

第十二条　股东单方以赠与的方式转让其股权的，受赠人可以根据自己的意思作出接受或放弃的意思表示。受赠人接受股权赠与，股权发生转让；受赠人放弃股权赠与，股权未发生转让。

股东（赠与人）与受赠人达成《股权赠与协议》，并经公证机构办理公证的，双方必须履行协议内容。

第十三条　自然人股东死亡后，其合法继承人可以继承其股东资格。

（1）申请继承：被继承人死亡后，符合继承条件的继承人以书面形式向董事会秘书处提出申请，经董事会审查、批准后，由董事会秘书处办理继承手续。

（2）遗嘱继承：被继承人以书面形式设立遗嘱，处理其股权继承事宜，并将遗嘱副本交董事会秘书处备案。

第四章　转让的禁止

第十四条　发起人持有的股份自公司成立之日起一年内不得转让，公开发行股份前已发行的股份，自公司股票在证券交易所上市交易之日起一年内不得转让。

第十五条　董事、监事、高级管理人员应当申报其所持股份的变动情况，在任职期间内，每年转让的股份不得超过其所持公司股份总数的25%，且在离职后半年内，不得转让其所持的公司股份。

第五章　其他规定

第十六条　股权转让后，公司收回原股东的出资证明，发给新股东出资证明，对公司股东名册进行变更登记，注销原股东名册，将新股东的姓名或名称，住所地及受让的出资额记载于股东名册，并相应地修改公司章程。

第十七条　本细则由公司企管部负责解释，公司董事会享有修订权。

第十八条　本细则自发布之日起生效并开始执行。

☞ 制作提示

1. 明确细则的制定目的及适用范围。如旨在规范公司股权转让行为，维护公司及其他股东的合法权益，适用于有偿转让和无偿转让股权的两种方式。参见上文第一条、第二条。

2. 明确细则适用原则。如规定本细则坚持公开、公平、合法、民主的原则。参见上文第三条。

3. 明确股权有偿转让定义及种类。如规定有偿转让以受让方支付价金为条件，存在股东之间、股东向公司之外的第三人转让股权两种类型。参见上文第四条、第五条。

4. 明确有限责任公司股权有偿转让流程。如规定有限责任公司股权对内、对外转让的程序，重点阐明"视为同意转让"的几种情形。参见上文第六条、第七条。

5. 明确股份有限公司股权有偿转让的流程。如规定转让地点限制、转让方式及价金的办理等内容。参见上文第八条、第九条、第十条。

6. 明确股权无偿转让的方式。如规定无偿转让包括股权赠与和股权继承两种方式。参见上文第十一条。

7. 明确股权赠与的处理。从普通赠与和公证赠与两方面进行规定，区别处理。参见上文第十二条。

8. 明确股权继承的处理。从申请继承和遗嘱继承两方面进行规定，区别处理。参见上文第十三条。

9. 明确股权转让禁止的情形。如规定公司发起人、董事、监事、高管人员的转让限制，既有时间限制，又存在转让比例限制。参见上文第十四条、第十五条。

10. 明确股权转让后的权证处理。如规定收发股权出资证明、变更股东名册、修改公司章程等处理手续。参见上文第十六条。

11. 明确细则的解释、修订主体和施行时间等。参见上文第十七条、第十八条。

三、公司股权转让协议

股权转让是指公司股东依法将自己的股份转让给他人，使他人成为公司股东的民事法律行为。相应地，股权转让协议是以股权转让为内容的合同，股权转让是合同项下债的履行。一份内容合格的股权转让协议，不仅是股权转让的证明，还是规范和调整协议双方当事人行为的有效手段。

公司股权转让协议范本

转让方（以下简称甲方）：

地址：

法定代表人：　　　　　　　　　　职务：

委托代理人：　　　　　　　　　　职务：

受让方（以下简称乙方）：

地址：

法定代表人：　　　　　　　　　　职务：

委托代理人：　　　　　　　　　　职务：

甲乙双方通过友好平等协商，就乙方收购甲方_____%的股权事宜达成如下协议：

第一条　股权转让的价格、期限及方式

1. 价格：_____

2. 期限：_____

3. 方式：_____

第二条　有无质押的情形

如：甲方保证对其拟转让给乙方的股权拥有完全、有效的处分权，保证该股权没有被质押，并免遭第三人追索，否则应由甲方承担由此引起的一切经济和法律责任。

如：存在质押，写明具体的质押情况，以及责任的分担。

第三条　盈亏负担情形

1. 本协议生效后，乙方按股份比例分享利润和分担风险及亏损（含转让前该股份应享有和应分担的公司债权债务）。

2. _____

3. _____

第四条　双方承诺

甲方承诺：

1. 甲方保证其提供的文件和权利证书是真实、合法、有效的。

2. 甲方保证其提供的财务数据和债权债务的情况是真实的、完整的，没有任何遗漏。

3. _____

4. _____

乙方承诺：

1. 乙方保证按约支付股权转让款。

2. 乙方保证配合甲方，提供办理股权变更工商登记备案以及其他报批手续所需乙方提供的必要文件。

3. _____

4. _____

第五条　税费安排

本次并购涉及的有关税费按照中华人民共和国法律、法规之规定，由甲方、乙方和相关股权转让方各自承担。

第六条　违约责任

1. 如乙方不能按期支付股权价款，每逾期一天，应支付逾期部分总价款千分之_____的逾期违约金。如因违约给甲方造成经济损失，违约金不能补偿的部分，还应支付赔偿金。

2. _____

3. _____

第七条　保密

1. 本协议、股权转让协议以及有关本协议和股权转让协议的任何资料、文件和信息均属于双方的商业秘密，双方均负有保密义务。

2. 双方应要求其所聘请的披露本协议和股权转让协议以及有关本协议和股权转让协议的资料、文件和信息的中介机构承担保密义务。

第八条　不可抗力

1. 如遇战争、地震、台风、火灾、水灾等不可抗力，致使本次协议或股权转让协议不能履行、不能全部履行或不能按时履行时，遇有不可抗力一方应立即通知对方当事人，并应在事件发生之日起15日内，提供有效证明文件。

2. 不可抗力发生后,可由各方协商是否解除协议或者部分免除履行协议一方的责任,或延期履行协议。

第九条　解决纠纷的方式

因履行本协议所发生的争议,甲乙双方应友好协商解决。如协商不成,可以从以下两种方式中任选一种:

1. 向_____人民法院起诉;

2. 提请_____仲裁委员会仲裁。

第十条　费用负担

在转让过程中,发生的与转让有关的费用(如公证、审计、变更登记等),由_____方承担。

第十一条　其他

经过公证的:

1. 本协议由甲乙双方签订,经_____公证处公证后,报政府主管部门批准后生效,双方应于三十天内到市场监督管理机关办理变更登记手续。

2. 本协议一式_____份,甲乙双方各执_____份,公证处执一份,其余报有关部门。

如未经公证,可写成:

1. 本协议正本一式_____份,甲乙双方各执_____份,具有同等法律效力。

2. 本协议自双方代表签署之日起生效。

转让方:
受让方:
签订地点:
　　年　　月　　日

☞ 制作提示

在签订股权转让协议时,应注意:

1. 应就被转让公司的股权结构作详尽了解。如审阅被收购公司的营业执照、税务登记证、合同、章程、董事会、股东会决议等必要的文件。

2. 应请国家认可的资产评估所对被收购公司的资产及权益进行评估，出具评估报告，并将评估结果报国家有关资产评审机构批准确认。

3. 明确股权转让总价款。

4. 确保出让方的主体资格合法（其能独立承担受让股权所产生的合同义务或法律责任）、确保与本次转让股权有关的活动中所提及的文件合法有效、确保股权利益的完整等。

5. 确保受让方主体资格合法（其能独立承担受让股权所产生的合同义务或法律责任）、确保受让方支付股权转让的资金来源合法，有充分的履约资金及资产承担所转让的价款。

6. 明确股权转让的条件和方式等。

7. 明确因涉及股权转让过程中产生的税费及其他费用的承担。

8. 明确违约责任与不可抗力条款。

四、增资扩股协议书

增资扩股，顾名思义，即增加企业资本的行为。现实中，企业往往通过向社会募集股份、发行股票、新股东投资入股或原股东增加投资等途径进行增资扩股。相应地，增资扩股协议书作出规范和调整增资扩股行为的书面约定，对增资扩股目的的实现有着至关重要的意义。

增资扩股协议书范本

甲方：（名称、住所、法定代表人等基本情况）
乙方：（名称、住所、法定代表人等基本情况）
丙方：（名称、住所、法定代表人等基本情况）

甲、乙双方均为_____有限公司（以下简称"公司"）的股东；其中甲方持有公司_____%的股份，乙方持有公司_____%的股份；而丙方是一家_____的公司；丙方欲对公司进行投资，参股公司。甲、乙两方愿意对公司进行增资扩股，接受丙方作为新股东对公司进行投资。各方经充分协商，根据国家相关法律法规，就_____有限公司（以下简称"公司"）增资扩股事宜，达成如下协议：

第一条 公司的名称及住所

（1）名称：_____

（2）住所：_____

第二条 公司的组织形式：有限责任公司。

第三条 公司宗旨与经营范围

（1）公司的经营宗旨为：_____

（2）公司的经营范围为：_____

第四条 公司的财务与分配

（1）公司执行国家相关的企业财务会计制度。

（2）利润分配：公司的税后利润在弥补亏损和依法提取法定公积金、盈余公积金、法定公益金后，按股东的出资比例进行分配。

第五条 公司增资前的注册资本为_____万元。股本总额为：_____万股，每股面值人民币_____元。

第六条 公司增资前的股本结构：_____

第七条 审批与认可情况：此次丙方对公司的增资扩股的各项事宜，已经分别获得甲、乙、丙方相应权力机构的批准。

第八条 各方的保证

（1）甲、乙、丙方是依法成立并有效存续的企业法人，并已获得本次增资扩股所要求的一切授权、批准及认可。

（2）甲、乙、丙方在本协议中承担的义务是合法、有效的，其履行不会与各方承担的其他协议义务相冲突，也不会违反任何法律。

（3）保证公司将按照正常及合理方式维持并保证生产经营活动的正常进行，公司的所有资产处于良好状态。

（4）公司的主营业务不违反国家有关环境保护法律、法规的规定。

（5）_____

（6）_____

第九条 公司增资后的注册资本：_____

第十条 公司增资后的股本结构：_____

第十一条 新股东的权利与义务

（1）新股东享有法律规定股东应享有的一切权利，包括但不限于资产受益、重大决策、选择管理者的权利。

（2）新股东于本协议签订之日起三个月内，按本协议足额认购股份，并承担公司股东的其他义务。

第十二条 保密

（1）本协议以及有关本协议签订的任何资料、文件和信息属于各方商业秘密的，各方均负有保密义务。

（2）_____

第十三条 不可抗力

（1）遇战争、地震、台风、火灾、水灾等不可抗力，致使本次协议或股权转让协议不能履行、不能全部履行或不能按时履行时，遇有不可抗力一方应立即通知对方，并应在事件发生之日起15日内，提供有效证明文件。

（2）不可抗力发生后可由各方协商是否解除协议或者部分免除履行协议的责任，或延期履行协议。

（3）_____

第十四条 违约责任

（1）任何一方违反保证义务致使公司债转股未能完成或在公司债转股完成后对资产管理公司的权益造成损害，违约方应负责赔偿资产管理公司由此导致的一切损失。

（2）任何一方违反了其在本协议项下的任何一项义务，则违约方应对其违约行为向守约方承担相应的违约责任，守约方有权要求违约方赔偿因其违约行为遭受的任何损失。

第十五条 解决纠纷的方式

因履行本协议所发生的争议，各方应友好协商解决。如协商不成，可以从以下两种方式中任选一种：

（1）向_____人民法院起诉；

（2）提请_____仲裁委员会仲裁。

第十六条 本协议执行过程中的其他未尽事宜，由各方友好协商解决。

第十七条 本协议正本一式四份，各方各执一份，各份具有同等法律效力。本协议经各方授权代表签署后生效。

甲方：

名称：（加盖法人章）

住所：

法定代表人（签名）

乙方：

名称：（加盖法人章）

住所：

法定代表人（签名）

丙方：

名称：（加盖法人章）

住所：

法定代表人（签名）

签订地点：

年　　月　　日

☞ 制作提示

增资扩股协议书的主要内容应包括：原公司的基本情况、增资前后的注册资本与股本结构、新股东的权利义务、各方的承诺保证等。

此外，公司增加注册资本，还需要办理变更登记。办理登记手续时应当提交以下材料：

1. 公司法定代表人签署的《公司变更登记申请书》（公司加盖公章）。

2. 公司签署的《公司股东（发起人）出资情况表》（公司加盖公章）。

3. 公司签署的《指定代表或者共同委托代理人的证明》（公司加盖公章）及指定代表或委托代理人的身份证复印件（本人签字）；应标明具体委托事项、

被委托人的权限、委托期限。

4. 有限责任公司提交股东会决议，股份有限公司提交股东大会会议记录，内容应当包括：增加/减少注册资本的数额、各股东具体承担的增加/减少注册资本的数额、各股东的出资方式、出资日期；有限责任公司由代表三分之二以上表决权的股东签署（股东为自然人的由本人签字；自然人以外的股东加盖公章）；股份有限公司股东大会会议记录由代表三分之二以上表决权的发起人加盖公章或会议主持人及出席会议的董事签字。

一人有限责任公司应提交股东的书面决定，内容应当包括：增加/减少注册资本的数额和出资方式、出资日期（股东为自然人的由本人签字，法人股东加盖公章）。

国有独资公司提交国有资产监督管理机构的批准文件，内容应当包括：增加/减少注册资本的数额和出资方式、出资日期。

5. 公司章程修正案（公司法定代表人签署）。

6. 依法设立的验资机构出具的验资证明。

7. 股份有限公司以募集方式增加注册资本的还应提交国务院证券监督管理机构的核准文件。

8. 法律、行政法规和国务院决定规定变更注册资本必须报经批准的，提交有关的批准文件或者许可证书复印件。

9. 公司减少注册资本的，提交刊登减资公告的报纸报样。

10. 公司营业执照副本。

第三章　议事规则

　　议事规则是明确会议如何召开、如何讨论、议题的选择、如何表决等事项的规范性文件。在会议召开之前，如果有相应的议事规则，不仅可以使会议的程序更清晰，会议的事务运作更规范，还会尽量避免不当会议准备而导致的瑕疵。甚至有些时候，议事规则直接关系到会议决议是否有效、是否存在瑕疵等问题。总之，议事规则对于规范会议的召开和进行都具有十分重要的意义。

一、股东大会议事规则

_____公司股东大会议事规则

第一条 为促进公司规范运作，提高股东大会议事效率，保障股东合法权益，保证大会程序及决议内容的合法有效性，根据《中华人民共和国公司法》（以下简称《公司法》）和《公司章程》的规定，并结合公司实际情况，特制订本规则。

第二条 公司股东大会由全体股东组成，是公司最高权力机构。出席股东大会的还可包括：非股东的董事、监事及公司高级管理人员；公司聘请的会计师事务所会计师、律师事务所律师及法规另有规定或会议主持人同意的其他人员。

第三条 股东大会依照《公司法》和《公司章程》行使以下权利：

（一）决定公司经营方针和投资计划，授权董事会不超过公司净资产的百分之二十的单个项目投资；

（二）选举和更换董事，决定有关董事的报酬事项；

（三）选举和更换由股东代表出任的监事，决定有关监事的报酬事项；

（四）审议批准董事会的报告；

（五）审议批准监事会的报告；

（六）审议批准公司的年度财务预算方案、决算方案；

（七）审议批准公司的利润分配方案和弥补亏损方案；

（八）对公司增加或者减少注册资本作出决议；

（九）对发行公司债券作出决议；

（十）对公司合并、分立、解散和清算等事项作出决议；

（十一）修改公司章程；

（十二）对公司聘用、解聘会计师事务所作出决议；

（十三）审议代表公司发行在外有表决权股份总数的百分之五以上的股东的提案；

（十四）审议变更募集资金投向；

（十五）审议需股东大会审议的关联交易；

（十六）审议需股东大会审议的收购或出售资产事项；

（十七）审议法律、法规和公司章程规定应当由股东大会决定的其他事项。

第四条 股东大会分为年度股东大会（即年度股东大会）和临时股东大会，每年1月中旬，召开公司股东年会，审议决定公司重大事项。《公司章程》规定的事项由年度股东大会讨论。

第五条 有下列情形之一的，公司在事实发生之日起两个月以内召开临时股东大会。

（一）董事人数不足《公司法》规定的法定最低人数，或者少于本章程所定人数的三分之二时，或者独立董事少于五人时；

（二）公司未弥补的亏损达股本总额的三分之一时；

（三）单独或者合并持有公司有表决权股份总数百分之十以上的股东书面请求时；

（四）董事会认为必要时；

（五）监事会提议召开时；

（六）公司章程规定的其他情形。

前述第（三）项持股股数按股东提出书面要求日计算。

第六条 股东大会会议由董事会召集，董事长主持；董事长不能履行职务或者不履行职务的，由副董事长主持；副董事长不能履行职务或者不履行职务的，由半数以上董事共同推举一名董事主持。

董事会不能履行或者不履行召集股东大会会议职责的，监事会应当及时召集和主持；监事会不召集和主持的，连续九十日以上单独或者合计持有公司百分之十以上股份的股东可以自行召集和主持。

第七条 召开股东大会会议，应当将会议召开的时间、地点和审议的事项于会议召开二十日前通知各股东；临时股东大会应当于会议召开十五日前通知各股东；发行无记名股票的，应当于会议召开三十日前公告会议召开的时间、地点和审议事项。

单独或者合计持有公司百分之三以上股份的股东，可以在股东大会召开十日前提出临时提案并书面提交董事会；董事会应当在收到提案后二日内通知其他股东，并将该临时提案提交股东大会审议。临时提案的内容应当属于股东大会职权范围，并有明确议题和具体决议事项。

股东大会不得对前两款通知中未列明的事项作出决议。

无记名股票持有人出席股东大会会议的，应当于会议召开五日前至股东大会闭会时将股票交存于公司。

第八条 以通讯表决方式召开股东大会，公司应将大会议题全文进行公告，并注明有权参加表决股东的股权登记日、参加表决的时间和方式及通讯表决单的格式等。通讯表决单至少应具备下列内容：股东账号、股东姓名、身份证号、通信地址、联系电话、表决结果（同意、反对或弃权）。以通讯表决方式召开股东大会，有权参加表决的股东应按公告的表决时间将表决结果用电子邮件传至指定的地址。没有按规定填制的表决单、字迹模糊难以辨认的表决单、不在规定的时间内送达的或因任何其他意外原因不能在规定时间内送达的表决单视为无效表决单。

第九条 股东出席股东大会会议，所持每一股份有一表决权。但是，公司持有的本公司股份没有表决权。

股东大会作出决议，必须经出席会议的股东所持表决权过半数通过。但是，股东大会作出修改公司章程、增加或者减少注册资本的决议，以及公司合并、分立、解散或者变更公司形式的决议，必须经出席会议的股东所持表决权的三分之二以上通过。

股东大会选举董事、监事，可以依照公司章程的规定或者股东大会的决议，实行累积投票制。所称累积投票制，是指股东大会选举董事或者监事时，每一股份拥有与应选董事或者监事人数相同的表决权，股东拥有的表决权可以集中使用。

第十条 股东可以委托代理人出席股东大会会议，代理人应当向公司提交股东授权委托书，并在授权范围内行使表决权。

第十一条 股东大会应当对所议事项的决定作成会议记录，主持人、出席会议的董事应当在会议记录上签名。会议记录应当与出席股东的签名册及代理出席的委托书一并保存。

第十二条 本规则自生效之日起,即成为规范股东大会、股东、董事、监事、董事会秘书、经理和其他高级管理人员的具有约束力的文件。

☞ 制作提示

该规则的主要内容包括:股东会的召集,即规则应明确谁有权召集股东开会,如董事长可以提请股东开会、部分股东可以提出召开临时会议等;股东会议题的范围主要是股东会职权范围内的事项,不属于股东会决策的事项不应列入股东会议题;召开股东会议的程序;表决结果等。在制作时既要保证股东充分行使出资人的权利,又要保证公司经营者能够依法正确行使经营权的原则。另外还要注意"因地制宜",不同规模和性质的公司,议事规则也应该有所不同。

二、董事会议事规则

_____公司董事会议事规则

第一章 总 则

第一条 为了进一步规范_____股份有限公司(以下简称公司)董事会的议事方式和决策程序,促使董事和董事会有效地履行其职责,提高董事会规范运作和科学决策水平,根据国家有关法律法规以及《公司章程》制订本规则。

第二条 董事会对股东大会负责,在《中华人民共和国公司法》《公司章程》和股东大会赋予的职权范围内行使决策权。

第二章 董事会的职权

第三条 董事会对股东会负责,行使下列职权:

(一)召集股东会会议,并向股东会报告工作;

（二）执行股东会的决议；

（三）决定公司的经营计划和投资方案；

（四）制订公司的年度财务预算方案、决算方案；

（五）制订公司的利润分配方案和弥补亏损方案；

（六）制订公司增加或者减少注册资本以及发行公司债券的方案；

（七）制订公司合并、分立、解散或者变更公司形式的方案；

（八）决定公司内部管理机构的设置；

（九）决定聘任或者解聘公司经理及其报酬事项，并根据经理的提名决定聘任或者解聘公司副经理、财务负责人及其报酬事项；

（十）制定公司的基本管理制度；

（十一）公司章程规定的其他职权。

第四条 董事长还行使下列职权：

（一）主持股东大会和召集、主持董事会会议；

（二）与公司各股东、董事及总经理等高级管理人员就公司生产经营过程中的有关问题及时进行协商及沟通；

（三）必要时，列席总经理办公会议；

（四）向公司董事会下设委员会等工作机构了解有关情况并提出有关课题；

（五）审定年度经济责任制、公司内部改革方案、管理机构设置方案；

（六）签署公司股票、公司债券和其他有价证券，签署董事会生效文件和其他应由公司法定代表人签署的文件；

（七）在发生不可抗力的情况下，在维护公司利益的基础上，可依法对公司事务做出特别处理，并向公司董事会和股东大会报告；

（八）公司章程授予的其他职权。

第五条 董事会秘书作为公司的高级管理人员，负责公司的对外信息披露和董事会日常事务性工作，对董事会负责。其职责与权限为：

（一）依法准备和递交国家有关部门所要求董事会会议、股东大会出具的报告和文件；

（二）筹备股东大会和董事会会议，并负责会议的记录工作，保管会议文件和记录；

（三）依法负责公司有关信息披露事宜，建立并完善信息披露制度，并保证公司信息披露的及时性、合法性、真实性、完整性；

（四）协助董事处理董事会的日常工作，协助董事及经理在行使职权时切实履行法律、法规、公司章程及其他有关规定；

（五）办理公司与董事、证券管理部门、证券交易所、各中介机构和投资人之间的有关事宜；

（六）接待来访，回答咨询；

（七）保管股东名册和董事会印章；

（八）参与组织资本市场融资。

第三章 董事会的议事范围

第六条 凡下列事项，须经董事会讨论并提请公司股东大会讨论通过、做出决议后方可实施：

（一）公司经营方针和投资计划；

（二）选举和更换非由职工代表担任的董事，决定有关董事的报酬事项；

（三）选举和更换非由职工代表担任的监事，决定有关监事的报酬事项；

（四）公司董事会的报告；

（五）公司的年度财务预算方案、决算方案；

（六）公司的利润分配方案和弥补亏损方案；

（七）公司增加或者减少注册资本；

（八）发行公司债券；

（九）公司合并、分立、解散、清算或者变更公司形式；

（十）修改本章程；

（十一）公司聘用、解聘会计师事务所；

（十二）公司及公司控股子公司的对外担保总额，达到或超过最近一期经审计净资产的50%以后提供的任何担保；

（十三）公司的对外担保总额，达到或超过最近一期经审计总资产的30%以后提供的任何担保；

（十四）为资产负债率超过70%的担保对象提供的担保；

（十五）单笔担保额超过最近一期经审计净资产10%的担保；

（十六）对股东、实际控制人及其关联方提供的担保；

（十七）公司在一年内购买、出售重大资产超过公司最近一期经审计总资产30%的事项；

（十八）变更募集资金用途事项；

（十九）股权激励计划；

（二十）法律、行政法规、部门规章或本章程规定应当由股东大会决定的其他事项。

第四章 董事会会议通知

第七条 董事会召开定期会议，董事会秘书及相关工作人员应在会议召开前十个工作日采用书面形式将会议通知送达各参会人员。会议通知应载明的事项依照《公司章程》规定执行。

第八条 董事会召开临时会议，董事会秘书及相关工作人员应当在会议召开前三天通知参会人员，但是遇有紧急事由时，可按董事留存于公司的电话等通信方式随时通知召开董事会临时会议。在保障董事充分表达意见的前提下，临时会议可以采取书面、电话、网络视频或借助所有董事能进行交流的通信设备等形式召开。

第九条 董事会会议应由董事本人出席，董事因故不能出席会议时，应以书面形式委托其他董事代理出席。代理董事出席会议时，应出具委托书，并在授权范围内行使权利。委托书应载明代理人的姓名、代理事项、代理权限和有效期限，并由委托人签名或盖章。

第五章 会议的进行

第十条 会议主持人应当提请出席董事会会议的董事对各项提案发表明确的意见。对于根据规定需要独立董事事前认可的提案，会议主持人应当在讨论有关提案前，指定一名独立董事宣读独立董事达成的书面认可意见。

除征得全体与会董事的一致同意外，董事会会议不得就未包括在会议通知中的提案进行表决。董事接受其他董事委托代为出席董事会会议的，不得代表其他董事对未包括在会议通知中的提案进行表决。

第十一条 董事应当认真阅读有关会议材料，在充分了解情况的基础上独立、审慎地发表意见。

董事可以在会前向会议承办部门、会议召集人、总经理和其他高级管理人员、各专门委员会、会计师事务所和律师事务所等有关人员和机构了解决策所需要的信息，也可以在会议进行中向主持人建议请上述人员和机构与会代表解释有关情况。

第十二条 每项提案经过充分讨论后，主持人应当适时提请与会董事进行表决。会议表决实行一人一票，以记名和书面方式进行。

列席董事会会议的公司监事、正副经理和其他高级管理人员对董事会讨论的事项，可以充分发表自己的建议和意见，供董事决策时参考，但没有表决权。

董事会董事兼任董事会秘书的，如某一行为需由董事、董事会秘书分别做出时，该兼任董事和董事会秘书的人不得以双重身份做出。

第十三条 董事会审议通过会议提案并形成相关决议，必须有超过公司全体董事人数之半数的董事对该提案投赞成票。法律、行政法规和本公司《公司章程》规定董事会形成决议应当取得更多董事同意的，从其规定。

董事会根据《公司章程》和本议事规则的规定，在其权限范围内对担保事项作出决议，除公司全体董事过半数同意外，还必须经出席会议的三分之二以上董事同意。

第六章　会议记录

第十四条 董事会会议应指定专人就会议的情况进行会议记录，会议记录应包括以下内容：

（一）会议召开的时间、地点、召集人的姓名；

（二）出席董事的姓名以及委托他人出席董事会会议的董事及其代理人的姓名；

（三）会议议程；

（四）董事发言要点；

（五）每一表决事项的表决方式和结果（表决结果应载明赞成、反对或弃权的票数）。

第十五条 对董事决议的事项，出席会议的董事（包括未出席董事委托代理人）和董事会秘书或记录员必须在会议记录上签名。董事会会议记录不得进行修改，如因记录错误需要更正的，由发表该意见的人员和会议记录人员现时进行更正，并签名。

第七章 附 则

第十六条 本规则所表述的"以上"包括本数，"以下"则不包括本数。

第十七条 本规则没有规定或与《公司法》等法律法规及《公司章程》规定不一致的，以上述法律法规及《公司章程》的规定为准。

第十八条 本规则自公司股东大会批准之日起生效。

第十九条 本规则由董事会负责解释。

☞ 制作提示

董事会是依照有关法律、行政法规和政策规定，按公司或企业章程设立并由全体董事组成的业务执行机关。其也是股东会或企业职工股东大会这一权力机关的业务执行机关，负责公司或企业和业务经营活动的指挥与管理，对公司股东会或企业股东大会负责并报告工作。

在制作董事会议事规则时，要注意明确董事会的议事范围、明确董事会的职权、董事会成员的职权以及会议的程序。

三、监事会议事规则

_____公司监事会议事规则

第一章 总 则

第一条 为了规范公司监事会的议事程序和行为，确保监事会公平、公正、高效运作和有效履行监督职能，根据《中华人民共和国公司法》（以下简称《公司法》）和公司章程的有关规定，特制订本规则。

第二条　本规则对公司全体监事具有约束力。

第二章　监事会的职权与义务

第三条　公司设监事会，监事会对股东会负责。

第四条　根据《公司章程》规定，监事会由_____名监事组成，其中至少要有_____人职工代表监事。

第五条　监事会行使下列职权：

（一）随时了解公司的财务状况，定期审查账册文件，并有权要求董事会向其提供情况；

（二）审核董事会编制的提供给股东大会的各种报表，并将审核意见向股东会报告；

（三）当董事、总经理执行公司职务时，对违反法律、法规或《公司章程》以及从事登记营业范围之外的业务，有权通知停止其行为；

（四）当董事、总经理的行为损害公司利益时，要求董事和总经理予以纠正；

（五）必要时（公司出现重大问题时）提议召开临时股东大会；

（六）监事列席公司董事会会议；

（七）当公司与董事间发生诉讼时，除法律另有规定外，代表公司作为诉讼一方处理有关法律事宜；

（八）当董事自己或他人与本公司有交涉时，代表公司与董事进行交涉；

（九）当调查公司业务及财务状况、审核账册报表时，代表公司委托律师、会计师或其他中介机构；

（十）《公司章程》规定的其他职权。

第六条　监事会必须对公司履行以下义务：

（一）遵守国家法律、行政法规和《公司章程》；

（二）对公司承担不得逾越权限的义务；

（三）监事不得从事与公司竞争或损害利益的活动。

第七条　监事享有以下权利：

（一）知情权。监事有权了解公司决策、经营情况。

（二）审查权。有权检查公司财务、账簿和文件，要求董事及公司有关人员提供相关资料。

（三）出席权。有权出席监事会会议、股东大会，列席公司董事会会议。

（四）提议召开监事会临时会议。

（五）《公司章程》规定的其他职权。

第三章　议事范围

第八条　监事会的议事范围主要包括以下几项：

（一）检查公司财务状况，查阅公司财务账簿及其他会计资料，审查公司财务活动情况。

（二）审查公司经营活动，检查公司重大投资决策，以及执行股东会决议的情况。

（三）检查公司董事、总经理等高级管理人员是否违反法律、法规、《公司章程》以及股东会决议的行为。

（四）审查公司重大关联交易情况、公司收购、购买、兼并、破产的重大事项。

（五）检查公司劳动工资计划、职工福利待遇等是否侵犯职工合法权益。

（六）代表公司与董事交涉或者对董事起诉；向股东大会提出独立董事候选人。

（七）公司章程规定或股东大会授予的其他事项。

第四章　会议的召开

第九条　监事会议事方式包括监事会会议和监事会临时会议两种形式。监事会每年至少召开二次监事会会议。

第十条　当公司出现以下情况时，监事会主席应在五个工作日内召集监事会临时会议：

（一）公司财务违规操作、财务会计信息失真，要求公司予以改正但公司不予改正时；

（二）董事、总经理和其他高级管理人员执行公司职务时出现违法、违规或者违反公司章程的行为，要求董事会采取措施但不予采纳时；

（三）当董事、总经理和其他高级管理人员的行为损害公司的利益时，要求其予以纠正但实际上拒绝执行时。

监事行使本条赋予的提议召开监事会临时会议的权利应征得全体监事二分之一以上的同意。

第十一条 前条提议召开监事会临时会议者，应签署一份书面要求提议召开监事会临时会议，提出会议议题和内容完整的议案。

第十二条 监事会会议由监事会主席召集并主持。监事会主席因特殊原因不能履行职务时，由监事会主席指定一名监事召集和主持；监事会主席未指定人选时，由监事会半数以上监事推举一名监事担任会议主持人。

第十三条 监事会会议的召集，应在会议召开三日前通知各监事，但遇紧急事情时，可以随时召集。通知必须以书面形式进行，并载明召集事由和开会时间、地点。

第十四条 监事开会时，原则上监事应出席。若因特殊原因不能履行职务时，监事可以委托其他监事代理出席。委托时应出具委托书，委托书要明确授权范围，一个代理人以受一人委托为限。

第十五条 监事会会议实行合议制，每个监事享有一票表决权。监事会会议决议，应有出席监事二分之一以上同意。赞成票与反对票相等时，会议主席可增加一票表决票。

第十六条 监事会会议应做成议事记录。议事记录应记载会议的时间、场所、出席者姓名、决议方法、议事经过及表决结果，出席监事应于记录上签字。议事记录应在会后三日内分发给各监事。

第十七条 议事记录应与出席会议的监事签名簿及代理出席委托书一并保存。由监事会指定专人保管，十年内任何人不得销毁。

第五章　附　　则

第十八条 本规则经公司股东大会批准后生效。

第十九条 本规则未尽事宜，依照《公司法》等有关法律、行政法规和《公司章程》办理。

第二十条 本规则由公司监事会负责解释。

☞ 制作提示

监事会对公司的经营行为进行监督，特别是对公司高级管理人员的行为进行监督。其目的是维护公司股东的权益。因此，监事会是对股东负责的。为保证监事会正常开展工作，应当有相应的议事规则。

监事会议事规则的主要内容包括监事会的权利义务、监事的职责、监事会议事程序、监事会决议的执行等。

制定该规则的要求是：要考虑充分保障监事行使监督公司管理活动的权利；明确监事在监督检查公司活动时的权利，包括检查权、建议权、督促权等；对于重大的违法违纪行为随时可以提出监督意见；必要时，可以向股东大会提出报告。

四、会议室管理制度

会议室管理制度范本

会议室是公司举行会议、接待来宾的场所，制定完善的会议室管理制度，对保障会议室的有效使用和会议的正常举行，提高各部门会议效率，节约公司的资源都具有十分重要的作用。

第一条 会议室是公司举行会议、接待来宾的场所，为了加强管理，特制定本规定。

第二条 会议室由公司行政部门负责管理。

第三条 本公司各部门使用会议室须经办公室同意并办理相关手续，才可领取会议室钥匙。外单位借用会议室须经行政部经理批准，并办理相关借用手续，其他各部门无权将会议室借给外单位使用。

第四条 使用会议室的各部门，必须爱护会议室的设施，保持会议室清洁。

使用后应及时打扫会议室的卫生，检查安全，将门窗锁好，把钥匙还给办公室。

第五条 每次使用会议室之前，会议室管理人员应进行电源检查、配备饮用水和水果等工作。重要的会议，还需要按照规定做好绿化布置。

第六条 会议室应保持干净、整洁，每周至少要清洁一次卫生，会议室管理人员必须认真负责会议室的物品的管理和维护。

第七条 与会人员要自觉维护会议室的公共设施，因人为原因造成损坏的，公司有权索取赔偿。任何部门和个人未经行政部门同意，均不得将会议室内的各种设施拿出或将会议室转作他用。

第八条 本规定经审批后自颁布之日起执行，本规定的解释权归公司行政部。

☞ 制作提示

该制度的内容应包含会议室的管理部门，会议室使用的程序、注意事项，会议室的安全、卫生及公共设施的保护等内容。

制定会议室管理制度时应充分考虑公司的性质和规模，不同性质和规模的公司，制定的会议室管理制度的内容和侧重点不尽相同。

第四章 人力资源综合管理制度

　　人力资源管理是指根据企业发展战略的要求，有计划地对人力资源进行合理配置，通过对企业中员工的招聘、培训、使用、考核、激励、调整等一系列过程，调动员工的积极性，发挥员工的潜能，为企业创造价值，确保企业战略目标的实现。简单来讲，人力资源管理即企业的一系列人力资源政策以及相应的管理活动。而一部完善的人力资源管理制度，对规范企业人力资源管理意义深远。

一、公司人事管理制度

人事管理是有关人事方面的计划、组织、指挥、协调、信息和控制等一系列管理工作的总称。是通过科学的方法、正确的用人原则和合理的管理制度，调整人与人、人与事、人与组织的关系，谋求对工作人员的体力、心力和智力作最适当的利用与最高的发挥，并保护其合法的利益。公司人事管理制度是规范人事管理工作的文件、是人事管理工作的行为准则。在公司人事管理制度的规范和调整下，公司的人事工作一定能够有条不紊地进行。

公司人事管理制度范本

第一章　总　　则

第一条　为加强公司的人事管理，明确人事管理权限及人事管理程序，使公司人事管理工作有所遵循，特制定本制度。

第二条　适用范围：本规定适用公司全体职员，即公司聘用的全部从业人员。

第二章　人才招聘

第三条　在经营年度结束前，人力资源部将下一年度的《人员需求计划表》发放给各部门，部门主管须根据实际情况，认真填写后，上报总经理审批。

第四条　总经理根据部门所上报的人数，以及公司的投资、经营方案，来确定公司下一年度人员的规模和部门设置。

第五条　经总经理所确定的人力资源计划，由人力资源部负责办理招聘事宜。

第三章　录　　用

第六条　本公司员工的甄选，以学识、能力、品德、体格及适合工作所需要条件为准。采用考试和面试两种方式，依实际需要任择其中一种实施或两种并用。

第七条 新进人员经考试或面试合格和审查批准后，由人事部门办理试用手续。原则上员工试用期三个月，期满合格后，方得正式录用。但成绩优秀者，可适当缩短其试用时间。

第八条 试用人员报到时，应向人事部送交以下证件：

（一）毕业证书、学位证书原件及复印件。

（二）技术职务任职资格证书原件及复印件。

（三）身份证原件及复印件。

（四）一寸半身免冠照片两张。

（五）试用同意书。

（六）其他必要的证件。

第九条 凡有下列情形者，不得录用：

（一）剥夺政治权利尚未恢复者。

（二）被判有期徒刑或被通缉，尚未结案者。

（三）吸食毒品或有其他严重不良嗜好者。

（四）贪污、拖欠公款，有记录在案者。

（五）患有精神病或传染病者。

（六）因品行恶劣，曾被政府行政机关惩罚者。

（七）体格检查不合格者。

（八）其他经本公司认定不适合者。

第四章 待 遇

第十条 本公司依照兼顾企业的维持与发展和工作人员生活安定及逐步改善的原则，以贡献定报酬、凭责任定待遇，给予员工合理的报酬和待遇。

第十一条 员工的基本待遇有工资、奖金和补贴。

第十二条 月薪工资在次月15日前发放或存入员工在内部银行的账户。新进人员从报到之日起薪，离职人员自离职之日停薪，按日计算。

第五章 福　利

第十三条　试用人员试用期间不享受意外医疗保险。

第十四条　公司为一般员工办理意外医疗保险，其费用由公司支付。

第十五条　公司依据有关劳动法的规定，发给员工年终奖金，年终奖金的评定方法及额度由公司根据经营情况确定。

第六章 休　假

第十六条　员工除周六日外，还享有以下有薪假日：新年元旦（1月1日放假1天）、春节（农历正月初一、初二、初三放假3天）、清明节（放假1天）、劳动节（5月1日放假1天）、端午节（放假1天）、国庆节（10月1日、2日、3日放假3天）和中秋节（放假1天）。由于业务需要，公司可临时安排员工于法定的公休日、休假日加班。

第十七条　一般员工连续工龄满一年时间后，每年可获得探亲假一次，假期为6天，工龄每增加一年假期延长2天，最长15天。员工探亲假期间，原待遇不变。

第十八条　春节休假或探亲的员工，不在15天休假以外再增加春节假，在公司工作的职工按国家定假安排休息。需安排加班或值班的按规定发给加班工资或值班补贴，如安排补休，则不计发加班工资和值班补贴。

第七章 培　训

第十九条　为提高公司员工的知识技能及发挥其潜在智能，使公司人力资源能适应本公司日益迅速发展的需要，公司将举行各种教育培训活动，被指定员工，不得无故缺席，确有特殊原因，应按有关请假制度执行。

第二十条　新员工进入公司后，须接受公司概况与发展的培训以及不同层次、不同类别的岗前专业培训，培训时间应不少于20小时，合格者方可上岗。新员工培训由公司根据人员录用的情况安排，在新进公司的前三个月内进行，培训不合格者不再继续留用。

第二十一条　对于培训中成绩优秀者，除通报表彰外，可根据情况给予适当物质奖励，未能达到者，可适当延长其培训期。

第二十二条 公司所有员工的培训情况均应登记在相应的《员工培训登记卡》上，《员工培训登记卡》由人事部保存在员工档案内。

第八章 考 核

第二十三条 公司人事部每年底组织年终综合考核。

第二十四条 年终考核采取个人书面述职（总结）、口试、笔试等多种形式进行，考核结果作为本年度评选优秀员工、下年度干部聘任的重要依据。

第二十五条 对考核不适任的员工可以按照有关规定终止劳动合同，也可以进行内部岗位调整，如不服从调整或调整后仍不适任应按照有关规定终止劳动合同。

第九章 调 职

第二十六条 本公司基于业务上的需要，可以随时调动员工的工作部门或工作地点，被调员工应遵守。

第二十七条 人员调动应遵守"人尽其才，才尽其用，才职相称"的原则。

第二十八条 奉调员工接到调任通知后，应于30日内办妥移交手续就任新职。

第十章 解 聘

第二十九条 员工有正当理由可申请辞职，要求辞职的员工应提前一个月向所在部门负责人提交书面申请，经公司人事部批准后，办理离职清单及其他手续。

第三十条 对不能胜任现职工作又无法安排其他岗位的员工以及严重违反公司规章制度的员工，用人部门应提出书面报告，经主管部门签署意见，人事部批准后予以辞退。

第三十一条 辞职、辞退员工必须在离开公司前交清工作和办妥离职清单及其他手续方可离开公司，否则公司将追究其经济责任直至法律责任。

第三十二条 公司因经营情况变化辞退员工，应提前一个月通知员工。

第十一章 工作守则和行为准则

第三十三条 员工工作守则包括：

（一）每位员工都要有高度的责任心和事业心，处处以公司的利益为重，为公司的发展努力工作。

（二）员工要具备创新能力，通过培养学习新知识使个人素质与公司发展保持同步。

（三）要有敬业和奉献精神，满负荷、快节奏、高效率是对所有员工提出的敬业要求。

（四）具有坚韧不拔的毅力，要有信心有勇气战胜困难、挫折。

（五）明确公司的奋斗目标和个人工作目标。

第三十四条 员工应遵守的行为准则包括：

（一）员工应遵守公司一切规章制度。

（二）员工应服从公司的组织领导与管理，对未经明示事项的处理，应请示上级，遵照指示办理。

（三）员工应严格保守公司的经营、财务、人事、技术等机密。

（四）员工不得利用工作时间从事第二职业或与工作无关的活动。

（五）在公众面前做到仪表整洁，举止端庄，行为检点，谈吐得体。切记每位员工的言行是公司形象和风貌的体现。

（六）公司内员工之间要团结合作，互相信任，互相学习，沟通思想，交流感情。

第十二章 附 则

第三十五条 本制度应用中的问题，由公司人事部负责解释。

第三十六条 本制度未尽事宜，由公司在适当时间再作补充规定。

☞ 制作提示

1. 明确制度制定目的、适用范围。如规定为加强公司的人事管理，明确人事管理权限及人事管理程序，使公司人事管理工作有所遵循，特制定本制度。

参见上文第一、二条。

2. 明确人才招聘有关事项。如规定总经理根据部门所上报的人数，以及公司的投资、经营方案，来确定公司下一年度人员的规模和部门设置。参见上文第三、四、五条。

3. 明确录用的有关事项。如规定本公司员工的甄选，以学识、能力、品德、体格及适合工作所需要条件为准。采用考试和面试两种，依实际需要任择其中一种实施或两种并用。参见上文第六、七、八、九条。

4. 明确员工有关待遇规定。如规定本公司依照兼顾企业的维持与发展和工作人员生活安定及逐步改善的原则，以贡献定报酬、凭责任定待遇，给予员工合理的报酬和待遇。参见上文第十、十一、十二条。

5. 明确员工福利规定。如规定公司依据有关劳动法的规定，发给员工年终奖金，年终奖金的评定方法及额度由公司根据经营情况确定。参见上文第十三、十四、十五条。

6. 明确员工休假制度。如规定一般员工连续工龄满一年时间后，每年可获得探亲假一次，假期为6天，工龄每增加一年假期延长2天，最长15天。参见上文第十六、十七、十八条。

7. 明确员工培训制度。如规定为提高公司员工的知识技能及发挥其潜在智能，使公司人力资源能适应本公司日益迅速发展的需要，公司将举行各种教育培训活动。参见上文第十九、二十、二十一、二十二条。

8. 明确员工考核规定。如规定年终考核采取个人书面述职（总结）、口试、笔试等多种形式进行，考核结果作为本年度评选优秀员工、下年度干部聘任的重要依据。参见上文第二十三、二十四、二十五条。

9. 明确员工调职、解聘事项。如规定本公司基于业务上的需要，可以随时调动员工的工作部门或工作地点，被调员工应遵守。参见上文第二十六、二十七、二十八、二十九、三十、三十一、三十二条。

10. 明确员工工作守则和行为准则。如规定每位员工都要有高度的责任心和事业心，处处以公司的利益为重，为公司的发展努力工作。参见上文第三十三、三十四条。

11. 明确制度的施行时间等。参见上文第三十五、三十六条。

二、人力资源管理办法

人力资源管理是指根据企业发展战略的要求,有计划地对人力资源进行合理配置,通过对企业中员工的招聘、培训、使用、考核、激励、调整等一系列过程,调动员工的积极性,发挥员工的潜能,为企业创造价值,确保企业战略目标的实现。即企业的一系列人力资源政策以及相应的管理活动。而一部完善的人力资源管理制度,对规范企业人力资源管理,意义深远。

人力资源管理办法范本

第一章 总 则

第一条 为了适应社会主义市场经济发展的需要,建立健全公司劳动力管理制度,科学配置公司人力资源、促进人力资源开发,充分发挥广大管理人员的积极性,不断提高工作质量和工作效率,满足公司扩大再生产的需要,根据《中华人民共和国劳动法》(以下简称《劳动法》)和《中华人民共和国劳动合同法》(以下简称《劳动合同法》)以及有关法律政策文件精神,结合公司实际,制定本办法。

第二条 本办法所称管理人员是指依照本办法规定经公司批准从事各项专职管理工作的人员。包括行政业务管理、专业技术、党务群团等岗位上工作的人员。

第三条 公司人力资源管理包括两方面内容,一是资源配置,二是资源开发。

资源配置的目标是合理配置使用现有人力资源,人适其才,人尽其才,双向选择、共同发展。

资源开发的目标是立足于市场扩张和内部生产的需要,致力于紧缺稀有人才的培养,同时丰富其他各类人力资源,加快公司人才储备,促进人才资本自身的增值增效。

第四条 人力资源是公司生存发展的第一资源,公司人力资源管理坚持以人为本的原则。主要任务是:

（一）认真贯彻执行党的干部路线、方针、政策；

（二）搞好公司人事制度和干部队伍的改革与建设，按照有关规定做好各级管理干部的选拔、录用、任免、调配、培训、考核、奖惩等工作，提高广大管理人员的思想业务素质和工作能力，充分发挥他们的积极性和聪明才智，保证各项任务的顺利完成，促进公司物质文明和精神文明建设的共同发展。

第五条 公司逐步确立和完善人力资源管理战略，建立科学的用人机制，尊重人才、培养人才、用好人才、激励人才，为公司各类人才提供适合自身发展的平台，发挥人力资源整体的积极性和能动性，提高人力资源管理效能。

第六条 在管理体制和机构改革的同时，各单位、各部门管理人员的配备，要本着精干高效和在定岗定责的前提下进行，严格控制非生产人员，未经公司批准，不得随意聘用管理人员。

第七条 公司人力资源管理实行公司、分公司、项目三级管理体制，分级实施人力资源管理。工作必须坚持党的群众路线，在充分发扬民主的基础上，实行集中统一领导与分级管理相结合的原则。

第八条 公司人力资源管理职责：

（一）负责贯彻执行国家和上级部门有关干部、员工管理政策；

（二）负责公司行政中层干部的考察、考核和公示工作；

（三）负责专业技术人员职称评定工作、招聘和培训；

（四）负责大中专学生、新招工人的接受和录用工作；

（五）负责干部人事档案的传递、查阅和归档材料的审查工作；

（六）负责干部、专业技术干部和员工的统计报表工作；

（七）负责其他人力资源需求、考评、竞聘、调配、培训等工作；

第二章 人力资源配置

第一节 机构设置与人员配置

第九条 公司部门负责人、分公司领导班子成员、项目领导班子成员任职应具备下列基本条件：

（一）坚持四项基本原则，贯彻执行党的方针、政策，勇于开拓，自觉遵守企业的各项规章制度，热爱公司，具有高度的责任心和良好的职业道德；

（二）作风正派，廉洁奉公，遵纪守法，服从组织分配，密切联系群众，团结同志，敢于抵制腐败行为和不良现象；

（三）具有大专以上文化程度或同等学力，有从事本职工作的专业技术和业务能力；

（四）具有中级以上职称；

（五）具有本岗位所需要的其他特殊理论水平和专业技能；

（六）中层以上干部除具备以上条件外，还必须具有能独立负责一个单位或部门的组织领导能力和较高的业务水平，具有大专以上文化程度，年龄一般在50岁以下，并在下一级管理岗位经过两年以上实践锻炼，成绩显著的干部。

根据工作需要，公司可任命学历、职称低于上述条件的人员担任相应职务。

第十条 公司常设管理机构包括：

（一）公司机关设置办公室、人力资源部、经营部、工程管理部、物资设备部、财务部、安全保卫部、技术质量部、纪检监察审计部等十个部门；

（二）分公司机关设置综合办公室、经营处、财务处、工程管理处、技术质量处、物资设备处、安全保卫处等七个处室；

（三）公司各单位在组建机构前，需进行工作分析，通过岗位职责等方式对该岗位人员任职条件作出说明。岗位职责是公司招聘、考核的参考依据。

第二节 员工录用

第十一条 人力资源部具体负责完成应届大学毕业生的招聘录用。

第十二条 各级干部的聘任

公司各级管理人员，按照公开、平等、择优的原则进行选拔、聘用、任免。

（一）公司级行政副职，按集团总公司的规定要求，由总经理提名，报经集团总公司批准后由集团总公司任命；

（二）公司中层干部的聘任，严格按照干部管理程序，由总经理提名，人力资源部负责考察，写出书面考察材料，填写《干部任免呈报表》，由经理聘任；

（三）各项目部的项目经理，由公司经理聘任，并签订工程项目管理目标责任书；

（四）各单位、各部门管理人员的聘用由部门负责人、项目经理提名并形成书面报告，送公司人力资源部，经公司人力资源部考察同意后，由部门负责人或项目经理聘用。

第十三条 加强后备干部的选拔、培养、管理。公司选拔干部采取领导与群众相结合的办法进行推荐，由公司人力资源部门考察，经有关负责部门讨论同意后，方能列为后备干部。

第十四条 公司内各单位需引进成熟型管理技术人员或技术工人的，应向人力资源部提出书面申请。经公司总经理批准后，统一由人力资源部实施。

招聘上述人员均应签订书面劳动合同，明确双方权利义务。

第三节 员工调配

第十五条 管理人员调配：

（一）要本着工作需要，发挥特长，改善结构，相对稳定，充分调动管理人员的积极性、创造性和有利于促进人才成长的原则，在定员定编范围内进行。

（二）公司行政中层干部的调动（包括项目经理）由总经理提名，经公司领导班子讨论后，由人力资源部办理调动手续。一般管理人员的调动，由部门负责人、项目经理提名，经人力资源部征求业务主管部门意见后，由人力资源部办理调动手续。

（三）公司内部人才流动和工作调动。管理人员接到调动通知后，必须按规定时间，办好移交工作手续并到指定的单位或部门报到，调出调入单位不得拒调或拒绝接收以及无故拖延。如违反者，属单位或部门领导责任的，扣发责任人当月奖金，并做出检查，情节严重的要给予纪律处分；属于管理人员本人责任的除扣发全月奖金外，所拖延的时间一律按旷工处理，所在单位或部门不得安排工作，纳入公司待岗职工管理。

（四）凡被调动的人员必须按规定办妥工作移交和公物移交手续，人力资源部方能办理手续。

（五）各单位领导和部门负责人，发现未经批准擅离岗位的管理人员，应在三日内报告公司，否则责任由各单位、各部门自负。对擅离岗位的管理人员，一律按旷工处理，经教育不改的，视其情节轻重给予相应纪律处分，直至开除。

第十六条　普通员工调配

员工申请调出本公司，按照下列程序办理：

（一）员工本人向所在分公司或部门提出书面申请、提供调入单位的商调函件；

（二）员工所在分公司或部门审批后，将上述资料报送人力资源部，经公司总经理审批后，由人力资源部向商调单位发函联系；

（三）商调单位同意正式调入后，由人力资源部通知分公司办理正式调出手续。

员工申请在公司内部单位之间的正式调动，按以下程序办理：

（一）员工提出书面申请，调出、调入单位双方负责人签批后，员工所在单位向人力资源部提交调动函件，申请书原件作为附件。

（二）公司总经理批准后，人力资源部发函通知办理调动手续。

（三）各单位之间临时借调员工，借调双方单位自行协商一致后，由借出单位向人力资源部开具调函，人力资源部转介绍员工到借用单位。临时借调员工的社会保险、住房公积金关系保留在原单位，费用由调入单位与借出单位定期结算一次。单位之间借用员工一律不计付管理费。

（四）根据工作需要，公司可以直接决定公司内部的员工调动，各单位应严格执行。

第三章　人力资源开发

第一节　人才培养与选拔

第十七条　公司逐步建立人才考察培养的动态管理机制，加大对综合管理型人才、项目应用型人才、大学毕业生等后备人才的培养力度。

公司总经理、公司部门负责人、分公司总经理、项目经理是所在单位人才考察培养的第一责任人，其他负责人是相关责任人。

第十八条　公司每年不定期组织由公司总经理主持，分公司总经理、分公司支部书记、工会主席等有关责任人员参加的人才培养专题工作会议，分析研究人才成长中存在的实际困难与问题，并寻求积极的解决措施。

第十九条 公司由人力资源部对分公司、项目人才培养情况、人才流失控制情况、大学毕业生跟踪考察情况、员工培训率等指标进行业务考核。

第二十条 公司、分公司、项目应建立本单位综合管理型人才、项目应用型人才、大学毕业生等后备人才的电脑信息库，实行公司、分公司、项目人才的同步动态管理。

第二十一条 公司人力资源部每年至少组织一次协同分公司进行的人才成长、培养情况考察活动，深入生产一线了解管理技术人员的基本情况，并及时将基本信息向公司领导做出汇报，帮助解决管理技术人才的实际困难，努力营造人才成长的良好环境，促进人才资源储备，帮助人才实现职业生涯规划。

第二十二条 公司通过以下基本途径考察、选拔人才到合适的岗位工作：

（一）公司领导决定；

（二）公司各级管理层推荐；

（三）员工毛遂自荐；

（四）单位指定工作组考察了解；

（五）其他员工推荐。

第二十三条 分公司班子成员和公司部门负责人的任前考核，由公司主管领导负责，公司人力资源部牵头实施。

根据工作需要，公司可组织分公司主要领导和公司部门负责人公开述职，或进行民主测评。公开述职、民主测评活动由人力资源部按照公司要求组织实施。

第二节 员工培训

第二十四条 培训计划：

（一）每年年底，公司各部门根据工作需要，编制培训需求计划，部门负责人批准后，报人力资源部；

（二）每年12月人力资源部门根据各部门报送的培训需求计划，制订次年度"员工教育培训计划"，经主管领导批准。

第二十五条 培训内容：

（一）现代化管理、工程技术及安全知识；

（二）新颁布的法律、法规、标准、规范；

（三）新材料、新设备、新技术、新工艺；

（四）特殊工种人员的培训；

（五）转岗人员的技术培训；

（六）新进员工的入场培训；

（七）企业需要的与标准化、质量、环境、职业健康安全管理活动有关的其他知识；

（八）团队精神、沟通技能、创新意识的培训；

（九）公司员工培训以岗位培训为主体，以继续教育和学历培训为补充。

第二十六条　培训可采取内部培训和委外培训等形式。

第二十七条　培训对象包括：

（一）各级管理人员；

（二）专业技术人员、质量验证人员；

（三）特种作业人员、一般作业人员；

（四）新录用人员；

（五）其他相关人员。

第二十八条　培训实施：

（一）人力资源部门根据批准的年度员工教育培训计划，与主办部门共同实施；

（二）通过培训，使员工意识到所从事活动的重要性以及如何为实现公司的目标做出贡献；

（三）当培训需求发生变化时，对培训计划进行适当调整。

第二十九条　培训效果验证：

（一）培训结束后，通过书面考试、培训班小结、征求学员意见和建议等方式，对培训工作的有效性进行评价；

（二）对没有达到培训效果的要定期整改，执行《纠正和预防措施程序》；

（三）公司根据对各单位人力资源管理业务工作考核评比结果，结合员工培训的完成情况，对分公司有关负责人、业务经办人分别进行奖励；

（四）对未完成培训指标单位的责任人、经办人及其他有关人员，公司可分别给予通报批评。

第三十条 员工经分公司和公司批准的学历培训期间的待遇为：

（一）员工考试和面授期间，享受本人特殊情况下的工资标准，由各单位支付，不享受津贴和奖金；待岗期间参加学历培训的，仍然执行待岗生活费标准。

（二）员工参加学历培训的有关费用由个人承担。

（三）员工参加公司安排的其他培训，视同正常出勤，培训费按事前核定的标准报销，住宿费、交通费由所在编制单位在出差标准内报销。

第四章 职称管理与绩效考核

第一节 职称管理

第三十一条 公司为员工申报职称创造有利条件，鼓励员工按照规定申报职称。

第三十二条 公司员工的专业技术职称报考、报评由人力资源部统一安排，公司各部门、各分公司负责通知其编制范围内的人员及时参加考评。

各单位因经营和生产管理需要通过其他途径取得的职称资格证书，由人力资源部集中保管使用，未经聘任，本人不享受相应待遇。

公司员工的中级及以上职称证书、部分关键岗位证书由公司集中保管。出借、使用此类证书，需经公司领导同意。

员工通过公司统一申报以外的途径取得职称证书的，公司根据工作需要决定是否聘任。

第三十三条 公司对员工的职称评聘分开。员工通过公司统一申报取得职称资格后，由各单位根据工作需要决定是否聘任。

公司内取得高级、中级职称的人员由公司统一聘任；初级职称人员由所在分公司聘任。

第二节 绩效考核

第三十四条 根据员工的业绩和所从事工作对员工能力的要求，人力资源部每年组织对员工进行考核，评价员工的表现，将考核成绩作为人力资源调整和提供培训的依据。

第三十五条 员工的年度绩效考核结论，主要用于以下方面：

（一）所在单位评选本年度先进个人的基本依据；

（二）作为本年度分配效益奖金的基本依据；

（三）作为是否续聘职称的基本依据；

（四）考核结论进入个人档案。

（五）作为公司对员工进行其他评价、奖惩的依据。

第三十六条 考评的办法：职工的考评办法按现行的职工考评办法执行。

第三十七条 员工若无正当理由回避考核、不提交专业技术考核表，则公司为其办理职称晋升的时间顺延。

第五章 劳动关系管理

第一节 劳动合同

第三十八条 公司实行全员劳动合同制，与员工定期签订、续签劳动合同。公司与员工建立劳动关系后，自员工工作之日起 30 日内签订劳动合同。

第三十九条 公司与员工之间的劳动合同期限标准另行规定。

第四十条 劳动合同经员工本人、公司法定代表人或法定代表人书面授权的人签字，并加盖公司公章后生效。

劳动合同签订后，由公司、员工各执一份。

第四十一条 公司与员工协商一致可以变更劳动合同的内容，包括变更合同期限、工作岗位、劳动报酬等。

变更劳动合同，应当采用书面形式。变更后的劳动合同文本由公司和员工各执一份。

第四十二条 公司与员工协商一致可以解除劳动合同。

员工有下列情况之一的，公司可以解除劳动合同：

（一）在试用期间被证明不符合录用条件的；

（二）严重违反公司规章制度的；

（三）严重失职，营私舞弊，给公司造成重大损害的；

（四）同时与其他用人单位建立劳动关系，对完成本单位的工作任务造成严重影响，或者经公司提出，拒不改正的；

（五）员工以欺诈、胁迫的手段与公司订立或者变更劳动合同的；

（六）被依法追究刑事责任的。

公司依本条规定解除劳动合同，不支付员工经济补偿金。

第四十三条　有下列情形之一，公司提前30日以书面形式通知员工或者额外支付员工一个月工资后，可以解除劳动合同：

（一）员工患病或非因工负伤，在规定的医疗期满后不能从事原工作，也不能从事由公司另行安排的工作的；

（二）员工不能胜任工作，经过培训或者调整工作岗位，仍不能胜任工作的；

（三）劳动合同订立时所依据的客观情况发生重大变化，致使原劳动合同无法履行，经协商不能达成一致的。

第四十四条　员工有下列情形之一的，公司不得依据本办法第四十五条的规定解除劳动合同：

（一）从事接触职业病危害作业的员工未进行离岗前职业健康检查，或者疑似职业病病人在诊断或者医学观察期间的；

（二）在本单位患职业病或因工负伤并被确认丧失或者部分丧失劳动能力的；

（三）患病或者非因工负伤，在规定的医疗期内的；

（四）女员工在孕期、产假、哺乳期的；

（五）在本公司连续工作满十五年，且距法定退休年龄不足五年的；

（六）法律、行政法规规定的其他情形。

第四十五条　非因公司过错，员工提出解除劳动合同的，应当提前30日以书面形式通知公司。

（一）员工给公司造成经济损失尚未处理完毕的，须在相关事项处理完毕后，才能解除劳动合同。

（二）员工自动离职，给公司造成经济损失的，须按相关规定进行赔偿，并按有关规定解除劳动合同。

第四十六条 有下列情形之一的，劳动合同终止：

（一）劳动合同期满的；

（二）员工开始依法享受基本养老保险待遇的；

（三）员工死亡或被人民法院宣告死亡或者宣告失踪的；

（四）法律、行政法规规定的其他情形。

第四十七条 员工在规定的医疗期内，女员工在孕期、产假和哺乳期内劳动合同期满的，劳动合同的期限自动延续至医疗期、孕期、产假和哺乳期满为止。

第四十八条 劳动合同期满公司需要续签劳动合同的，应提前30日通知员工，并在30日内重新签订劳动合同。不再续签的，在合同期满前7日内书面通知员工终止劳动合同。

依法解除、终止劳动合同的经济补偿标准按《劳动合同法》相关规定执行。

第四十九条 公司与员工解除或者终止劳动合同时，应当出具解除或者终止劳动合同的证明，在15日内办理档案和社会保险关系转移手续。

第五十条 公司为员工提供技术、业务培训的费用，单次达到当地社会月平均工资的三倍以上或当年在相近技术培训方面达到当地社会月平均工资的六倍以上的，应与该员工订立劳动合同的补充协议，约定服务期。

服务期的长短根据培训费用多少、培训类别确定，一般约定为二至五年。

第五十一条 公司为员工提供技术、业务培训后，员工违反服务期约定的，应当按照约定向公司支付违约金，违约金不超过服务期尚未履行部分按月分推的培训费用。

培训费用的计算，应包括已报销的培训费、资料费及差旅费、脱产培训期间领取的工资、奖金等。

第二节 劳 动 保 护

第五十二条 公司为员工提供符合国家规定的劳动安全条件和必要的劳动防护用品，员工体检由人力资源部统一安排。

第五十三条 公司坚持夏季防暑降温费和冬季取暖费两费发放、传染病和职业病两病防治制度。

公司对女员工实施相应的特殊劳动保护。

第三节　工作时间与休息休假

第五十四条　公司两级机关原则上实行周五工作制，项目实行以年为周期的综合计算工时制，日平均工作时间、周平均工作时间应与法定标准工作时间基本相同。

第五十五条　与公司签订了劳动合同的员工，依法享有以下休息休假的权利：

（一）病假

员工休病假，超过1天要出具医院开具的假条。

员工休病假的时限，应以假条上的时间为准，遇节假日不顺延。

从员工转正开始，员工每年可享受5天带薪病假。

员工带薪病假休满之后，如果因病仍不能上班，则应申请进入医疗期。公司将根据病情决定是否批准其进入医疗期，员工只有在患难以治愈的病或非常严重的慢性病时方可进入医疗期，进入医疗期的，其待遇按公司医疗期制度执行。不批准进入医疗期的，员工又确实不能上班，按无薪病假待遇，员工连续休经公司批准的无薪病假超过15天以后，公司按照国家有关规定，每月发给全市最低工资60%的基本生活费、按其基本生活费的标准缴纳养老保险。并按规定报销医药费，其他待遇不再享受。待合同期满，不再续签劳动合同。

员工无论休何种病假，必须按时递交有效的医生论断证明，请部门经理批准。否则按旷工处理。

（二）年假

员工符合以下条件的可以享受年休假：

1. 累计工作已满1年不满10年的，年休假5天；
2. 已满10年不满20年的，年休假10天；
3. 已满20年的，年休假15天。国家法定休假日、休息日不计入年休假的假期。

员工享受年休假应首先满足工作需要，由所在单位安排。因工作需要未享受年休假的，享受法定假期间工作待遇。

员工有下列情形之一的，不享受当年的年休假：

1. 员工依法享受寒暑假，其休假天数多于年休假天数的；
2. 因项目工作不连续，休息天数超过年休假天数的；
3. 员工请事假累计达 20 天以上且单位按照规定不扣工资的；
4. 累计工作满 1 年不满 10 年的员工，请病假累计 2 个月以上的；
5. 累计工作满 10 年不满 20 年的员工，请病假累计 3 个月以上的；
6. 累计工作满 20 年以上的员工，请病假累计 4 个月以上的。

（三）工伤假

员工在工作期间发生工伤事故，直接主管应立即到现场调查受伤情况，并立即作出处理，并进行报告至 CEO 和人力资源部。

公司根据医生的诊断确定是否需要给予工伤假。

员工休工伤假享受全薪。

员工休工伤假期间，应按照公司的要求定期到指定医院进行检查。

（四）婚假

1. 男女职工凭半年内结婚证可享受婚假 3 天。
2. 男、女职工婚前体检可享受半天全薪假。

（五）产假①

1. 产假所涉及的假期，均应包含节假日，即遇节假日不顺延。
2. 员工妊娠期间每月可享受半天全薪假以供月检。
3. 员工生育可享受 98 天全薪产假。
4. 如遇难产，可凭医院证明增加有薪产假 15 天。
5. 多胞胎生育的，每多生一个婴儿，增加产假 15 天。
6. 男员工可以在妻子生育后享有一天陪产假。
7. 怀孕未满 4 个月流产的，享受 15 天产假；怀孕满 4 个月流产的，享受 42 天产假。

（六）丧假

职工的父母、配偶、子女去世，给丧假 3 天，公司给予慰问假 2 天，共计 5 天，路途占用时间除外；职工公婆、岳父母去世，公司给丧假 3 天。丧假和路途

---

① 本条可根据所在地人口与计划生育条例进行修改。

天数包括节假日。

（七）调休假

1. 员工在休息日加班后，经部门经理批准，可以享受因休息日加班产生的调休假。

2. 员工休调休假时，须考虑部门工作的安排，并应提前两周申请，经主管同意。

3. 员工休调休假时，应在请假单后附有部门经理批准调休的加班申请单（参见加班制度）。

4. 调休假只限当年有效。

（八）事假

1. 事假系无薪假，公司根据工作安排决定是否批准员工休无薪假。

2. 申请假期在1天以内的，由班组或部门负责人批准；

3. 申请假期在1天以上3天以内的，由项目或分公司、公司分管领导、项目经理批准；

4. 申请假期在3天以上的，由项目、分公司、公司主管领导批准。

5. 公司员工请事假一次不能超过15天，一年累计不能超过30天。未经批准事假、擅自离开工作岗位的，按旷工处理。

（九）探亲假

探亲假包括已婚员工探配偶、未婚员工探父母、已婚员工探父母三种。职工休探亲假，由本人提出书面申请，探亲假的申请条件和假期均按国家规定执行。员工探亲假期间的待遇分别如下：

1. 探配偶假和未婚探父母假：假期工资执行特殊情况下的工资标准（员工个人的基础工资＋工龄工资＋岗位工资×50%）；车船费在合理的范围内（普通公共汽车、高铁二等座、轮船普通仓等）据实报销，也可实行定额包干办法。

2. 已婚探父母假：假期工资待遇同上。车船费在本人结构工资（基础工资＋岗位工资＋工龄工资）的30%以内的自负，超出部分在合理的范围内（普通公共汽车、高铁二等座、轮船普通仓等）据实报销。

3. 探亲假的假期包含了法定节日和假日的，节假日计算在假期内。探亲假的日平均工资统一按30天计算。

第四节　劳动奖励与处分

第五十六条　本公司设立以下奖励方法：

（一）大会表扬；

（二）奖金奖励；

（三）晋升提级。

第五十七条　对下列表现之一的员工，应当给予奖励：

（一）遵纪守法，执行公司规章制度，思想进步，文明礼貌，团结互助，事迹突出；

（二）一贯忠于职守、积极负责、廉洁奉公，全年无出现事故；

（三）完成计划指标，经济效益良好；

（四）积极向公司提出合理化建议，为公司采纳；

（五）全年无缺勤，积极做好本职工作；

（六）维护公司利益，为公司争得荣誉，防止或挽救事故与经济损失有功；

（七）维护财经纪律，抵制歪风邪气，事迹突出；

（八）节约资金，节俭费用，事迹突出；

（九）领导有方，带领员工良好完成各项任务；

（十）其他对公司做出贡献，董事会或总经理变为应当给予奖励的。

员工有上述表现符合《晋升制度》规定的，给予晋升提级。

第五十八条　奖励程序如下：

（一）员工推荐、本人自荐或单位提名；

（二）监察委员会或监察部会同劳动人事部审核；

（三）董事会或总经理批准。其中，属董事会聘任的员工，其获奖由监察委员会审核，董事会批准；属总经理聘任的员工，其获奖由监察部审核，总经理批准。

第五十九条　员工有下列行为之一，经批评教育不改的，视情节轻重，分别给予扣除一定时期的奖金、扣除部分工资、警告、记过、降级、辞退、开除等处分：

（一）违反国家法规、法律、政策和公司规章制度，造成经济损失或不良影响的；

（二）违反劳动法规，经常迟到、早退、旷工、消极怠工，没完成生产任务或工作任务的；

（三）不服从工作安排和调动、指挥，或无理取闹，影响生产秩序、工作秩序的；

（四）拒不执行董事会决议及总经理、经理或部门领导决定，干扰工作的；

（五）工作不负责，损坏设备、工具，浪费原材料、能源，造成经济损失的；

（六）玩忽职守，违章操作或违章指挥，造成事故或经济损失的；

（七）滥用职权，违反财经纪律，挥霍浪费公司资财，损公肥私，造成经济损失的；

（八）财务人员不坚持财经制度，丧失原则，造成经济损失的；

（九）贪污、盗窃、行贿受贿、敲诈勒索、赌博、流氓、斗殴，尚未达到刑事处分的；

（十）挑动是非，破坏团结，损害他人名誉或领导威信，影响恶劣的；

（十一）泄露公司秘密，把公司客户介绍给他人或向客索取回扣、介绍费的；

（十二）散布谣言，损害公司声誉或影响股价稳定的；

（十三）利用职权对员工打击报复或包庇员工违法乱纪行为的；

（十四）有其他违章违纪行为，董事会或总经理应予以处分的。

员工有上述行为，情节严重，触犯刑律的，提交司法部门依法处理。

第六十条 员工有上述行为造成公司经济损失的，责任人除按上条规定承担应负的责任外，按以下规定赔偿公司损失：

（一）造成经济损失五万元以下（含五万元），责任人赔偿10%—50%；

（二）造成经济损失五万元以上的，由监察部或监察委员会报总经理或董事会决定责任人应赔偿的金额。

第六十一条 给予员工行政处分和经济处分，应当慎重决定。必须弄清事实，取得证据，经过一定会议讨论，征求有关部门意见，并允许受处分人进行申辩。

第六十二条 调查、审批员工处分的时间,从证实员工犯错误之日起,开除处分不得超过二个月,其他处分不得超过一个月。

第六十三条 对员工进行处分,应书面通知本人,并记入档案。

第六十四条 员工对处分决定不服的,允许按监察制度规定提请复议;对复议决定不服的,允许向上级主管机关申诉。

第六十五条 受处分的员工,在处分事项未了结之前,不得调离公司(公司宣布辞退、开除的除外)。

第六十六条 受处分的员工,能改正错误,积极工作,在一年内弥补经济损失或完成利润指标的,经所在单位提议或本人要求,监察部或监察委员会审核后呈报总经理或董事会批准,可酌情减轻或免除处分。

第五节 待岗管理

第六十七条 待岗人员的界定

项目竣工后,满6个月(6个月内的工资由项目部发放)未安排上岗的人员;多次安排工作又不能胜任工作的人员;公司安排工作,不服从安排的人员;经考核不合格的人员和其他情况人员。

第六十八条 待岗人员由人力资源部提出,经公司领导审查批准后,正式作为待岗人员,人力资源部应通知劳务公司和职工本人。

第六十九条 待岗人员的待遇

从待岗之日起的前3个月,只发岗位工资,第4个月至第6个月,发放岗位工资的70%,待岗第7个月起,按成都市最低生活标准发放,同时,社会保险等按市平均工资的60%缴纳。

第七十条 待岗人员的安排和处理

对待岗人员,公司采取安排转岗培训等再就业,鼓励职工自谋职业,职工愿意退养、辞职、内部离岗和买断工龄的,公司根据规定积极办理。

第六节 社会保险和退休管理

第七十一条 公司依法为员工办理养老、医疗、工伤、生育和失业等社会保险,缴纳住房公积金。

员工因病、非因公受伤、因公伤亡、患职业病、失业、女工计划内生育等，按国家有关规定享受社会保险待遇。

工伤事故的调查、内部认定由安全保卫部办理，工伤待遇的申报由人力资源部办理。

第七十二条　退休管理

（一）职工年满法定退休年龄，由人力资源部按国家规定妥善及时办理退休手续。

（二）职工年老体弱多病或不胜任本职工作，且接近退休年龄的（按国家现行有关规定确定），经本人申请，公司批准，可提前离岗。休息期间工资和各种补贴，按有关规定执行，待满退休年龄后再办理正式退休手续，执行退休待遇，严禁任何人擅自越权批准退职退休或离职长休。

（三）管理人员辞职必须以书面申请报公司人力资源部，但必须严格执行有关政策规定，办理本人档案转移等手续。其中脱聘的管理人员愿意离开企业自谋职业者，经公司领导批准后可按国家政策规定执行。

（四）职工保留公职、内部离岗人员，应按规定提交书面申请，填写离岗协议，办理离岗手续。必须以一年为单位，一次性全额向公司缴纳全年社会保险金和公积金，否则，公司有权停止代缴社会养老保险金和住房公积金，按自动离职处理。保留公职内部离岗人员到法定退休年龄，由公司办理退休手续。

（五）在特殊情况下，职工自愿申请，经公司批准后，职工可买断工龄。工龄补偿参照相关政策规定可以协商，最高补偿年限为12年。买断工龄应按公司规定办理手续，工龄买断后15天内办理本人人事档案转移手续，职工与公司脱离一切关系。

（六）管理人员退休后（包括提前退休）由人力资源部统一管理。

第六章　薪酬制度

第七十三条　公司按月以人民币向员工结算薪酬。员工每月薪酬为基础工资、岗位工资、工龄工资之和。

第七十四条　公司内招聘的特殊人才的薪酬标准按照双方协议执行，可以执行与公司内其他员工不同的薪酬标准。

除职称津贴、流动施工津贴、有毒有害津贴、高寒补贴外，不再发放其他工资性津贴。该类津贴标准，由人力资源部根据相关规定通知执行。

第七十五条　各部门应于每月前三个工作日内将本部门人员上月的考勤表报送人力资源部门。人力资源部门计算制作工资表后，报请本单位领导审批，交财务部门支付上月薪酬。

第七十六条　各单位应严格执行本办法规定的工资原则，分公司、项目制定薪酬实施细则的，应报公司批准后执行。

第七章　人事档案资料管理

第七十七条　公司人力资源部负责全司管理人员人事资料的收集、整理和归档，对人事资料的质量进行把关，并按规定的时间和程序报公司综合档案室。

第七十八条　对公司的人事档案，未经有关负责人批准，不得查抄和借阅。

第八章　附　　则

第七十九条　本办法如有违国家法律、法规、政策的，以国家法律、法规、政策为准。

第八十条　本办法解释权属公司人力资源部。

第八十一条　本办法自发文之日起执行。

☞ 制作提示

1. 明确制度的制定目的。如为了适应社会主义市场经济发展的需要，建立健全公司劳动力管理制度，科学配置公司人力资源、促进人力资源开发等，特制订本制度。

2. 明确公司人力资源管理的内容与作用等。如规定公司人力资源管理包括两方面内容，一是资源配置，二是资源开发。

3. 明确机构设置与人员配置。如规定公司部门负责人、分公司领导班子成员、项目领导班子成员任职应具有大专以上文化程度或同等学力，有从事本职工作的专业技术和业务能力。

4. 明确员工录用制度。如规定公司内各单位需引进成熟型管理技术人员或技术工人的，应向人力资源部提出书面申请。经公司总经理批准后，统一由人力资源部实施。

5. 明确员工调配制度。如规定对于管理人员的调配，要本着工作需要，发挥特长，改善结构，相对稳定，充分调动管理人员的积极性、创造性和有利于促进人才成长的原则，在定员定编范围内进行。

6. 明确人才培养与选拔制度。如规定公司逐步建立人才考察培养的动态管理机制，加大对综合管理型人才、项目应用型人才、大学毕业生等后备人才的培养力度。

7. 明确员工培训制度。如规定每年年底，公司各部门根据工作需要，编制培训需求计划，部门负责人批准后，报人力资源部。

8. 明确职称管理制度。如规定公司员工的专业技术职称报考、报评由人力资源部统一安排，公司各部门、各分公司负责通知其编制范围内的人员及时参加考评。

9. 明确绩效考核制度。如规定根据员工的业绩和所从事工作对员工能力的要求，人力资源部每年组织对员工进行考核，评价员工的表现，将考核成绩作为人力资源调整和提供培训的依据。

10. 明确劳动合同制度。如规定劳动合同经员工本人、公司法定代表人或法定代表人书面授权的人签字，并加盖公司公章后生效。

11. 明确劳动保护制度。如规定公司为员工提供符合国家规定的劳动安全条件和必要的劳动防护用品，员工体检由人力资源部统一安排。

12. 明确劳动奖励与处分制度。如规定给予员工行政处分和经济处罚，应当慎重决定。必须弄清事实，取得证据，经过一定会议讨论，征求有关部门意见，并允许受处分人进行申辩。

13. 明确待岗管理制度。如规定对待岗人员，公司采取安排转岗培训等再就业，鼓励职工自谋职业，职工愿意退养、辞职、内部离岗和买断工龄的，公司根据规定积极办理。

14. 明确薪酬制度。如规定公司按月以人民币向员工结算薪酬。员工每月薪酬为基础工资、岗位工资、工龄工资之和。

15. 明确人事档案资料管理。如规定公司人力资源部负责全司管理人员人事资料的收集、整理和归档，对人事资料的质量进行把关，并按规定的时间和程序报公司综合档案室。

16. 明确其他事项以及制度的解释主体和施行时间等。

三、集体合同

集体合同是指企业职工一方与用人单位就劳动报酬、工作时间、休息休假、劳动安全卫生、保险福利等事项，通过平等协商达成的书面协议。集体合同草案应当提交职工代表大会或者全体职工讨论通过。集体合同由工会代表企业职工一方与用人单位订立；尚未建立工会的用人单位，由上级工会指导劳动者推举的代表与用人单位订立。

京津冀集体合同参考文本[①]

（用人单位版）

用人单位：　　　　　　　　　　职工方：

_____　　　　_____

首席代表姓名：　　　　　　　　首席代表姓名：

_____　　　　_____

根据国家及京津冀三地相关法律法规政策规定，_____（用人单位）和本单位工会（以下简称工会）/职工方为构建和谐稳定的劳动关系，促进互利共赢、共同发展，经协商一致签订本合同。

第一章　总　　则

第一条　用人单位依法建立健全集体协商和集体合同制度，认真履行本合

[①] 北京市人力资源和社会保障局、天津市人力资源和社会保障局、河北省人力资源和社会保障厅制。

同各项约定，尊重并支持工会依法独立自主地开展工作，保障职工的合法权益。

职工一方依法与用人单位开展集体协商，签订集体合同。工会依法维护职工合法权益，对用人单位履行集体合同的情况进行监督；教育引导职工履行本合同各项约定，努力完成各项生产、工作任务。

第二条 双方承诺，当发生突发事件如疫情影响、停工停产等情形时，应就共同关心且直接涉及职工切身利益的新增事项及本合同未尽事宜及时开展协商，寻求双方利益平衡点，妥善解决影响劳动关系的突出问题，维护劳动关系的和谐稳定。

第三条 用人单位应严格落实内部疫情防控责任，推动做好疫情防控常态化及职工在京津冀三地通勤或出差等情形下的健康码互认等工作，提供必要的消杀用品，建立职工隔离期管理、消杀岗位职责等相关制度。工会协助用人单位做好防控工作，对职工进行必要的健康知识培训和相关政策宣讲。

第四条 本合同对用人单位和本单位全体职工具有法律约束力。用人单位与职工个人订立的劳动合同中劳动报酬和劳动条件等标准，不得低于本合同约定的标准。用人单位规章制度与本合同不一致的，职工要求优先适用本合同约定的，应当按照本合同约定执行。

第二章 劳动合同管理

第五条 用人单位招用职工，应落实国家及京津冀三地政策，打破区域壁垒，平等对待职工在不同地区合法合规取得的职业资格和职称资格，优化人才在京津冀三地的配置和流动。

第六条 用人单位与职工建立劳动关系，订立、履行、变更、解除或者终止劳动合同，应当遵循法律法规和政策规定及本合同的有关约定。双方就劳动合同具体内容进行协商，妥善处理劳动合同履行中出现的问题和突发事件。

第七条 用人单位招用职工，第一次劳动合同期限不少于____年，试用期不超____个月。

第八条 劳动合同期限届满时，职工在规定的医疗期内或者女职工在孕期、产期、哺乳期等情形的，劳动合同应续延至相应的情形消失时终止。

第九条 工会应当帮助、指导职工与用人单位依法订立和履行劳动合同。

用人单位单方解除劳动合同，应当事先通知工会并说明解除原因。用人单位违反法律、行政法规规定或者劳动合同约定的，工会有权要求用人单位纠正。

第三章 劳动报酬

第十条 用人单位应将涉及工资分配的规章制度或方案等提交职工代表大会或全体职工讨论，与工会或职工代表平等协商确定。

双方协商一致，可以订立工资专项集体合同。

第十一条 用人单位实行以_____工资制为主体的工资制度。具体为：

1. _____人员实行_____工资制；
2. _____人员实行_____工资制；
3. _____人员实行_____工资制。

第十二条 劳动定额标准应是大多数职工在法定工作时间或者劳动合同约定的时间内能够完成的工作量。双方经协商，约定劳动定额标准为_____。

对实行计件工资制的职工，用人单位应当依法合理确定劳动定额和计件报酬标准。计件报酬标准为_____。

第十三条 在本合同期限内，当用人单位出现_____情形时，全体职工的_____工资项目或职工工资总额在下年度增长幅度为_____%；当用人单位经营出现_____情形时，全体职工的_____工资项目或职工工资总额不增长或下降幅度不超过_____%。

第四章 工作时间和休息休假

第十四条 用人单位依法实行标准工时制。因生产和工作特点，需要在_____岗位实行综合计算工时工作制或不定时工作制，应按照国家和地方有关规定取得特殊工时许可后执行。

第十五条 对于实行标准工时制岗位的职工，用人单位因生产经营需要，确需安排职工加班的，应按照国家和地方有关规定进行协商，一般每日不得超过一小时；因特殊原因需要延长工作时间的，在保障职工身体健康的条件下延长工作时间每日不得超过三小时，但是每月不得超过三十六小时。

第十六条　依法保障职工休息休假权利。职工依法享受带薪年休假、婚丧假、产假等国家和地方规定的假期。职工享受年休假的具体时间安排由用人单位考虑职工本人意愿统筹安排。

第十七条　用人单位经职工同意不安排年休假或者安排职工休假天数少于应休年休假天数的，应当在本年度内对职工应休未休年休假天数，按照不低于其日工资收入的 300% 支付未休年休假工资报酬，其中已包含用人单位支付职工正常工作期间的工资收入。

计算未休年休假工资报酬的日工资收入按照职工本人的月工资除以月计薪天数（21.75 天）进行折算。月工资是指职工在用人单位支付其未休年休假工资报酬前 12 个月剔除加班工资后的月平均工资。在本用人单位工作时间不满 12 个月的，按实际月份计算月平均工资。

第五章　劳动安全与卫生

第十八条　用人单位按照国家和地方的有关规定，提供安全生产环境，建立健全劳动安全卫生管理组织和安全生产责任制。职工在劳动过程中应当严格执行用人单位制定的各项劳动安全生产制度。

双方协商一致，可以订立劳动安全卫生专项集体合同。

第十九条　职工发生因工伤亡事故，用人单位应及时通知工会参与调查处理，双方按国家和地方有关规定报有关部门。对于符合《生产安全事故报告和调查处理条例》（国务院令 2007 年第 493 号）规定的一般事故及以上等级的生产安全事故，应当在 1 小时内向事故发生地县级以上人民政府应急管理部门（安全生产监督管理部门）和负有安全生产监督管理职责的有关部门报告。

第二十条　工会依法支持用人单位强化劳动安全管理，协助用人单位进行安全检查和防暑降温、防寒保暖检查，依法组织职工参加本单位安全生产工作的民主管理和民主监督，协助落实相关安全措施。

第二十一条　用人单位要做好各项劳动保护工作，定期为职工发放或更换劳动保护用品。高温季节应按照国家和地方有关规定，做好防暑降温物品保障、安排特殊高温时段作业时间和发放防暑降温津贴等工作。

第二十二条　用人单位和工会应密切配合，加强职工的安全教育，提高职工的安全意识和素质。对特种作业职工必须进行专门培训，取得特种作业资格，做到持证上岗。职工有权对用人单位安全生产工作中存在的问题提出批评、检举、控告；有权拒绝违章指挥和强令冒险作业。用人单位不得因此降低其工资、福利等待遇或者与其解除劳动合同。

第六章　保险福利

第二十三条　用人单位应按时足额为职工缴纳社会保险，确保职工依法享受社会保险待遇。工会有权对用人单位参保情况进行监督。

第二十四条　职工出现因工负伤、致残、死亡以及患病或非因工负伤等情形的，用人单位应按照国家和地方有关规定，保障职工享受相关待遇。

第二十五条　用人单位每_____年为职工进行一次体检（含女职工妇科检查），职工体检费用标准为/不低于_____。

第二十六条　用人单位依据职工福利费使用范围，与工会协商确定以下事项及执行标准：

1. _____；
2. _____；
3. _____；
4. _____。

第七章　女职工和未成年工特殊保护

第二十七条　用人单位依法对女职工和未成年工实行特殊劳动保护。建立健全女职工和未成年工特殊劳动保护制度及协商机制，保障女职工和未成年工在生产过程中的人身安全与健康。

第二十八条　用人单位依法维护和保障女职工的合法权益，保障女职工享有与男职工平等的劳动权、发展权和受教育权，预防和制止对女职工的性骚扰。工会应鼓励和帮助女职工自尊、自爱、自信、自立、自强，调动女职工的积极性和创造性，在用人单位改革发展中建功立业。

双方协商一致，可以订立女职工权益保护专项集体合同。

第二十九条　用人单位不得安排未成年工从事国家规定的第四级体力劳动

强度的劳动和其他禁忌从事的劳动，并对未成年工定期进行健康检查。

第三十条 用人单位禁止使用童工。工会有权对用人单位招用人员进行监督，对符合国家规定使用未成年工的，督促用人单位向当地人力资源社会保障行政部门办理招用未成年工登记备案。

第八章 职工培训

第三十一条 用人单位积极落实国家和当地政府职业培训政策，提升职业技能；工会鼓励职工积极参与各类、各层次职业技能培训，配合用人单位落实培训要求。

第三十二条 用人单位应有计划地开展职业技能培训和各种专业培训。每年按照职工工资总额的_____% 提取教育经费用于职工的培训，用于一线职工的教育经费比例不少于_____% 。

第三十三条 用人单位鼓励职工自学成才、岗位成才，符合职业技能提升培训补贴申领条件的职工，可根据当地人力资源社会保障行政部门规定，自行办理相关手续。用人单位对取得专业等级证书的职工可按不同等级给予奖励或支付专项津贴，具体标准按照_____执行。

第九章 考核制度和裁减人员

第三十四条 用人单位按照法律法规和政策规定制定本单位的规章制度。对遵守劳动纪律、完成生产和工作任务成绩显著的职工予以奖励；对不能胜任工作的职工，组织开展培训或者调整工作岗位；对违反用人单位规章制度的，视严重程度进行批评教育、扣减奖金、解除或终止劳动合同等。因职工个人原因给用人单位造成经济损失的，用人单位可按劳动合同约定要求其赔偿经济损失。工会要充分发挥监督作用，维护职工的合法权益。

第三十五条 用人单位生产经营困难，如受疫情等因素影响无法正常运营，双方可通过平等协商，采取适度调整职工工资水平、灵活安排工作时间、轮岗轮休、稳岗培训等方式稳定工作岗位，尽量不裁员或少裁员。用人单位不得不裁减人员时，裁减二十人以上或裁减不足二十人但占职工总数百分之十以上的，应按《劳动合同法》规定提前三十日向工会或全体职工说明情况，听取工会或职工的意见，向当地人力资源社会保障行政部门报告后方可裁减人员。

第三十六条 裁减人员时，用人单位应积极对接当地人力资源社会保障行政部门，使符合条件的人员可按规定享受再就业培训相关政策，或通过公共就业服务机构举办的招聘活动实现再就业。用人单位依照《劳动合同法》第四十一条裁减人员，在六个月内重新招用人员的，应当通知被裁减人员，并在同等条件下优先招用。

第十章　其他约定

第三十七条 双方约定的其他内容：
1. _____；
2. _____；
3. _____；
4. _____。

第十一章　集体合同履行及争议的协调处理

第三十八条 本合同期满前_____日内，任何一方均可向对方提出重新签订或续订的要求。

第三十九条 本合同自生效之日起，双方应积极全面履行，非因法定事由或双方协商同意，任何一方不得擅自修改、变更或解除。对本合同未列事项，应按照法律法规的规定执行；法律法规无明文规定的，须由双方协商解决。

第四十条 集体合同的订立、变更、解除或终止，双方应按照国家和地方有关规定执行。若订立本合同所依据的法律法规发生变化，双方应按照新颁布的法律法规，经协商一致，对有关条款作相应修订，并依法报有关部门审查备案。

第四十一条 双方应加强沟通联系，就重大事项和职工权益相关问题进行通报、协商，保障本合同的履行。

第四十二条 因当事人一方的过错，造成本合同不能履行或不能完全履行的，有过错的一方应承担违约责任。

第四十三条 因履行本合同发生争议，双方应通过协商方式解决。经协商解决不成的，可依法申请仲裁、提起诉讼。

第十二章 附 则

第四十四条 本合同期限_____年。经职工代表大会或全体职工讨论通过，双方首席代表签字后，用人单位报_____局（厅）审查备案。若该局（厅）自收到文本之日起十五日内未提出异议的，本合同即行生效。

用人单位应当自本合同生效之日起_____日内以适当的形式向全体职工公布。

第四十五条 本合同一式_____份，双方各执一份，报_____局（厅），_____总工会各_____份。

用人单位方首席代表（签字）　　　职工方首席代表（签字）

用人单位（盖章）　　　　　　　　工会（盖章）
　年　　月　　日　　　　　　　　　年　　月　　日

使用说明

一、本合同书可作为京津冀地区用人单位与职工一方签订综合性集体合同时参考使用。

二、集体合同由工会代表职工一方与用人单位订立；尚未建立工会的用人单位，由上级工会指导劳动者推举的代表与用人单位订立。

三、京津冀地区用人单位与职工一方使用本合同书签订综合性集体合同时，可根据用人单位实际对合同条款进行增减或修改，但不得违反国家和地方相关法律法规。

（提示：第三章劳动报酬可协商条款包括工资制度、工资标准、工资水平调整、工资结构、本单位最低工资标准、加班工资基数、特殊情形支付的工资等详细内容，以上内容也可以在专项集体合同中予以明确。）

四、双方协商约定的其他内容，在本合同书第十章第三十七条中写明。

五、签订集体合同，用人单位与工会应加盖公章，双方首席代表应本人签字；未建工会的用人单位，职工一方由首席代表签字即可。

集体合同规定[①]

第一章 总 则

第一条 为规范集体协商和签订集体合同行为，依法维护劳动者和用人单位的合法权益，根据《中华人民共和国劳动法》和《中华人民共和国工会法》，制定本规定。

第二条 中华人民共和国境内的企业和实行企业化管理的事业单位（以下统称用人单位）与本单位职工之间进行集体协商，签订集体合同，适用本规定。

第三条 本规定所称集体合同，是指用人单位与本单位职工根据法律、法规、规章的规定，就劳动报酬、工作时间、休息休假、劳动安全卫生、职业培训、保险福利等事项，通过集体协商签订的书面协议；所称专项集体合同，是指用人单位与本单位职工根据法律、法规、规章的规定，就集体协商的某项内容签订的专项书面协议。

第四条 用人单位与本单位职工签订集体合同或专项集体合同，以及确定相关事宜，应当采取集体协商的方式。集体协商主要采取协商会议的形式。

第五条 进行集体协商，签订集体合同或专项集体合同，应当遵循下列原则：

（一）遵守法律、法规、规章及国家有关规定；

（二）相互尊重，平等协商；

（三）诚实守信，公平合作；

（四）兼顾双方合法权益；

（五）不得采取过激行为。

第六条 符合本规定的集体合同或专项集体合同，对用人单位和本单位的全体职工具有法律约束力。

用人单位与职工个人签订的劳动合同约定的劳动条件和劳动报酬等标准，

[①] 2004年1月20日劳动和社会保障部令第22号公布，2004年5月1日起施行。

不得低于集体合同或专项集体合同的规定。

第七条　县级以上劳动保障行政部门对本行政区域内用人单位与本单位职工开展集体协商、签订、履行集体合同的情况进行监督，并负责审查集体合同或专项集体合同。

第二章　集体协商内容

第八条　集体协商双方可以就下列多项或某项内容进行集体协商，签订集体合同或专项集体合同：

（一）劳动报酬；

（二）工作时间；

（三）休息休假；

（四）劳动安全与卫生；

（五）补充保险和福利；

（六）女职工和未成年工特殊保护；

（七）职业技能培训；

（八）劳动合同管理；

（九）奖惩；

（十）裁员；

（十一）集体合同期限；

（十二）变更、解除集体合同的程序；

（十三）履行集体合同发生争议时的协商处理办法；

（十四）违反集体合同的责任；

（十五）双方认为应当协商的其他内容。

第九条　劳动报酬主要包括：

（一）用人单位工资水平、工资分配制度、工资标准和工资分配形式；

（二）工资支付办法；

（三）加班、加点工资及津贴、补贴标准和奖金分配办法；

（四）工资调整办法；

（五）试用期及病、事假等期间的工资待遇；

（六）特殊情况下职工工资（生活费）支付办法；

（七）其他劳动报酬分配办法。

第十条 工作时间主要包括：

（一）工时制度；

（二）加班加点办法；

（三）特殊工种的工作时间；

（四）劳动定额标准。

第十一条 休息休假主要包括：

（一）日休息时间、周休息日安排、年休假办法；

（二）不能实行标准工时职工的休息休假；

（三）其他假期。

第十二条 劳动安全卫生主要包括：

（一）劳动安全卫生责任制；

（二）劳动条件和安全技术措施；

（三）安全操作规程；

（四）劳保用品发放标准；

（五）定期健康检查和职业健康体检。

第十三条 补充保险和福利主要包括：

（一）补充保险的种类、范围；

（二）基本福利制度和福利设施；

（三）医疗期延长及其待遇；

（四）职工亲属福利制度。

第十四条 女职工和未成年工的特殊保护主要包括：

（一）女职工和未成年工禁忌从事的劳动；

（二）女职工的经期、孕期、产期和哺乳期的劳动保护；

（三）女职工、未成年工定期健康检查；

（四）未成年工的使用和登记制度。

第十五条 职业技能培训主要包括：

（一）职业技能培训项目规划及年度计划；

（二）职业技能培训费用的提取和使用；

（三）保障和改善职业技能培训的措施。

第十六条 劳动合同管理主要包括：

（一）劳动合同签订时间；

（二）确定劳动合同期限的条件；

（三）劳动合同变更、解除、续订的一般原则及无固定期限劳动合同的终止条件；

（四）试用期的条件和期限。

第十七条 奖惩主要包括：

（一）劳动纪律；

（二）考核奖惩制度；

（三）奖惩程序。

第十八条 裁员主要包括：

（一）裁员的方案；

（二）裁员的程序；

（三）裁员的实施办法和补偿标准。

第三章　集体协商代表

第十九条 本规定所称集体协商代表（以下统称协商代表），是指按照法定程序产生并有权代表本方利益进行集体协商的人员。

集体协商双方的代表人数应当对等，每方至少3人，并各确定1名首席代表。

第二十条 职工一方的协商代表由本单位工会选派。未建立工会的，由本单位职工民主推荐，并经本单位半数以上职工同意。

职工一方的首席代表由本单位工会主席担任。工会主席可以书面委托其他协商代表代理首席代表。工会主席空缺的，首席代表由工会主要负责人担任。未建立工会的，职工一方的首席代表从协商代表中民主推举产生。

第二十一条 用人单位一方的协商代表，由用人单位法定代表人指派，首席代表由单位法定代表人担任或由其书面委托的其他管理人员担任。

第二十二条 协商代表履行职责的期限由被代表方确定。

第二十三条 集体协商双方首席代表可以书面委托本单位以外的专业人员作为本方协商代表。委托人数不得超过本方代表的三分之一。

首席代表不得由非本单位人员代理。

第二十四条 用人单位协商代表与职工协商代表不得相互兼任。

第二十五条 协商代表应履行下列职责：

（一）参加集体协商；

（二）接受本方人员质询，及时向本方人员公布协商情况并征求意见；

（三）提供与集体协商有关的情况和资料；

（四）代表本方参加集体协商争议的处理；

（五）监督集体合同或专项集体合同的履行；

（六）法律、法规和规章规定的其他职责。

第二十六条 协商代表应当维护本单位正常的生产、工作秩序，不得采取威胁、收买、欺骗等行为。

协商代表应当保守在集体协商过程中知悉的用人单位的商业秘密。

第二十七条 企业内部的协商代表参加集体协商视为提供了正常劳动。

第二十八条 职工一方协商代表在其履行协商代表职责期间劳动合同期满的，劳动合同期限自动延长至完成履行协商代表职责之时，除出现下列情形之一的，用人单位不得与其解除劳动合同：

（一）严重违反劳动纪律或用人单位依法制定的规章制度的；

（二）严重失职、营私舞弊，对用人单位利益造成重大损害的；

（三）被依法追究刑事责任的。

职工一方协商代表履行协商代表职责期间，用人单位无正当理由不得调整其工作岗位。

第二十九条 职工一方协商代表就本规定第二十七条、第二十八条的规定与用人单位发生争议的，可以向当地劳动争议仲裁委员会申请仲裁。

第三十条 工会可以更换职工一方协商代表；未建立工会的，经本单位半数以上职工同意可以更换职工一方协商代表。

用人单位法定代表人可以更换用人单位一方协商代表。

第三十一条 协商代表因更换、辞任或遇有不可抗力等情形造成空缺的，应在空缺之日起 15 日内按照本规定产生新的代表。

第四章 集体协商程序

第三十二条 集体协商任何一方均可就签订集体合同或专项集体合同以及相关事宜，以书面形式向对方提出进行集体协商的要求。

一方提出进行集体协商要求的，另一方应当在收到集体协商要求之日起 20 日内以书面形式给以回应，无正当理由不得拒绝进行集体协商。

第三十三条 协商代表在协商前应进行下列准备工作：

（一）熟悉与集体协商内容有关的法律、法规、规章和制度；

（二）了解与集体协商内容有关的情况和资料，收集用人单位和职工对协商意向所持的意见；

（三）拟定集体协商议题，集体协商议题可由提出协商一方起草，也可由双方指派代表共同起草；

（四）确定集体协商的时间、地点等事项；

（五）共同确定一名非协商代表担任集体协商记录员。记录员应保持中立、公正，并为集体协商双方保密。

第三十四条 集体协商会议由双方首席代表轮流主持，并按下列程序进行：

（一）宣布议程和会议纪律；

（二）一方首席代表提出协商的具体内容和要求，另一方首席代表就对方的要求作出回应；

（三）协商双方就商谈事项发表各自意见，开展充分讨论；

（四）双方首席代表归纳意见。达成一致的，应当形成集体合同草案或专项集体合同草案，由双方首席代表签字。

第三十五条 集体协商未达成一致意见或出现事先未预料的问题时，经双方协商，可以中止协商。中止期限及下次协商时间、地点、内容由双方商定。

第五章 集体合同的订立、变更、解除和终止

第三十六条 经双方协商代表协商一致的集体合同草案或专项集体合同草案应当提交职工代表大会或者全体职工讨论。

职工代表大会或者全体职工讨论集体合同草案或专项集体合同草案，应当有三分之二以上职工代表或者职工出席，且须经全体职工代表半数以上或者全体职工半数以上同意，集体合同草案或专项集体合同草案方获通过。

第三十七条 集体合同草案或专项集体合同草案经职工代表大会或者职工大会通过后，由集体协商双方首席代表签字。

第三十八条 集体合同或专项集体合同期限一般为1至3年，期满或双方约定的终止条件出现，即行终止。

集体合同或专项集体合同期满前3个月内，任何一方均可向对方提出重新签订或续订的要求。

第三十九条 双方协商代表协商一致，可以变更或解除集体合同或专项集体合同。

第四十条 有下列情形之一的，可以变更或解除集体合同或专项集体合同：

（一）用人单位因被兼并、解散、破产等原因，致使集体合同或专项集体合同无法履行的；

（二）因不可抗力等原因致使集体合同或专项集体合同无法履行或部分无法履行的；

（三）集体合同或专项集体合同约定的变更或解除条件出现的；

（四）法律、法规、规章规定的其他情形。

第四十一条 变更或解除集体合同或专项集体合同适用本规定的集体协商程序。

第六章　集体合同审查

第四十二条 集体合同或专项集体合同签订或变更后，应当自双方首席代表签字之日起10日内，由用人单位一方将文本一式三份报送劳动保障行政部门审查。

劳动保障行政部门对报送的集体合同或专项集体合同应当办理登记手续。

第四十三条 集体合同或专项集体合同审查实行属地管辖，具体管辖范围由省级劳动保障行政部门规定。

中央管辖的企业以及跨省、自治区、直辖市的用人单位的集体合同应当报送劳动保障部或劳动保障部指定的省级劳动保障行政部门。

第四十四条 劳动保障行政部门应当对报送的集体合同或专项集体合同的下列事项进行合法性审查：

（一）集体协商双方的主体资格是否符合法律、法规和规章规定；

（二）集体协商程序是否违反法律、法规、规章规定；

（三）集体合同或专项集体合同内容是否与国家规定相抵触。

第四十五条 劳动保障行政部门对集体合同或专项集体合同有异议的，应当自收到文本之日起 15 日内将《审查意见书》送达双方协商代表。《审查意见书》应当载明以下内容：

（一）集体合同或专项集体合同当事人双方的名称、地址；

（二）劳动保障行政部门收到集体合同或专项集体合同的时间；

（三）审查意见；

（四）作出审查意见的时间。

《审查意见书》应当加盖劳动保障行政部门印章。

第四十六条 用人单位与本单位职工就劳动保障行政部门提出异议的事项，经集体协商重新签订集体合同或专项集体合同的，用人单位一方应当根据本规定第四十二条的规定将文本报送劳动保障行政部门审查。

第四十七条 劳动保障行政部门自收到文本之日起 15 日内未提出异议的，集体合同或专项集体合同即行生效。

第四十八条 生效的集体合同或专项集体合同，应当自其生效之日起由协商代表及时以适当的形式向本方全体人员公布。

第七章　集体协商争议的协调处理

第四十九条 集体协商过程中发生争议，双方当事人不能协商解决的，当事人一方或双方可以书面向劳动保障行政部门提出协调处理申请；未提出申请的，劳动保障行政部门认为必要时也可以进行协调处理。

第五十条 劳动保障行政部门应当组织同级工会和企业组织等三方面的人员，共同协调处理集体协商争议。

第五十一条 集体协商争议处理实行属地管辖，具体管辖范围由省级劳动保障行政部门规定。

中央管辖的企业以及跨省、自治区、直辖市用人单位因集体协商发生的争议，由劳动保障部指定的省级劳动保障行政部门组织同级工会和企业组织等三方面的人员协调处理，必要时，劳动保障部也可以组织有关方面协调处理。

第五十二条 协调处理集体协商争议，应当自受理协调处理申请之日起 30 日内结束协调处理工作。期满未结束的，可以适当延长协调期限，但延长期限不得超过 15 日。

第五十三条 协调处理集体协商争议应当按照以下程序进行：

（一）受理协调处理申请；

（二）调查了解争议的情况；

（三）研究制定协调处理争议的方案；

（四）对争议进行协调处理；

（五）制作《协调处理协议书》。

第五十四条 《协调处理协议书》应当载明协调处理申请、争议的事实和协调结果，双方当事人就某些协商事项不能达成一致的，应将继续协商的有关事项予以载明。《协调处理协议书》由集体协商争议协调处理人员和争议双方首席代表签字盖章后生效。争议双方均应遵守生效后的《协调处理协议书》。

第八章 附　　则

第五十五条 因履行集体合同发生的争议，当事人协商解决不成的，可以依法向劳动争议仲裁委员会申请仲裁。

第五十六条 用人单位无正当理由拒绝工会或职工代表提出的集体协商要求的，按照《工会法》及有关法律、法规的规定处理。

第五十七条 本规定于 2004 年 5 月 1 日起实施。原劳动部 1994 年 12 月 5 日颁布的《集体合同规定》同时废止。

四、劳动合同范本

对于企业来说，与劳动者签订相应的劳动合同是一项法定义务。劳动合同在明确用人单位和劳动者的权利义务方面具有重要的意义。一般地，各省会出台相应的劳动合同范本供企业参考使用。当然，企业也可以针对自己的实际情况而量身定制劳动合同。

京津冀劳动合同参考文本[①]

一　签约人基本情况

（一）用人单位基本情况

甲方（用人单位）名称：_____

法定代表人（或主要负责人）：_____

注　册　地：_____

住　所　地：_____

联系电话：_____

（二）劳动者基本情况

乙方（劳动者）姓名：_____

经常居住地（通信地址）：_____

户籍所在地：_____

居民身份证号码：_____

（或者其他有效证件名称_____证件号码：_____）

联系电话：_____

二　合同期限

（三）甲乙双方按以下第_____种方式确定本合同期限：

1. 固定期限：自_____年_____月_____日起至_____年_____月_____日止，试用期自_____年_____月_____日起至_____年_____月_____日止。试用期包含在劳动合同期限内。

[①] 北京市人力资源和社会保障局、天津市人力资源和社会保障局、河北省人力资源和社会保障厅制。

2. 无固定期限：自＿＿＿年＿＿＿月＿＿＿日起至法律规定的终止条件出现时止，试用期自＿＿＿年＿＿＿月＿＿＿日起至＿＿＿年＿＿＿月＿＿＿日止。试用期包含在劳动合同期限内。

3. 以完成一定工作任务为期限：自＿＿＿年＿＿＿月＿＿＿日起至＿＿＿＿＿工作任务完成时止。无试用期。

三　工作内容和工作地点

（四）甲方根据工作需要和任职要求，经协商一致，安排乙方在（管理性/操作性）岗位上工作，具体岗位（工种）为＿＿＿＿＿，工作内容为＿＿＿＿＿。根据甲方的工作需要，经双方协商一致，可以变更工作内容。

（五）乙方的具体工作地点为＿＿＿市（省、自治区）＿＿＿区（地区、市、州、盟）＿＿＿（县、区、旗）；或因工作地点无法明确，工作区域为＿＿＿＿＿。

（六）甲方对乙方的具体工作要求为：

1. ＿＿＿＿＿＿＿＿＿＿＿＿＿＿＿＿＿＿＿＿＿＿＿；
2. ＿＿＿＿＿＿＿＿＿＿＿＿＿＿＿＿＿＿＿＿＿＿＿；
3. ＿＿＿＿＿＿＿＿＿＿＿＿＿＿＿＿＿＿＿＿＿＿＿。

四　工作时间和休息休假

（七）根据乙方所在工作岗位的特点，甲乙双方按以下第＿＿＿种方式确定乙方的工时制度：

1. 标准工时工作制；

2. 经行政许可，实行以＿＿＿为综合计算周期，周期内总工时为＿＿＿小时的综合计算工时工作制；

3. 经行政许可，实行不定时工作制。

（八）甲方确因生产经营需要安排乙方加班加点的，应符合有关规定，不得强迫或者变相强迫乙方加班加点。

（九）甲方保障乙方依法享受休息休假待遇（包括休息日、法定节假日、带薪年休假、婚假、产假、丧假等）。

五 劳动报酬

（十）甲乙双方就工资报酬及有关内容约定如下：

1. 试用期内，乙方工资为_____元/月，或者按照_____执行，且工资不低于本单位相同岗位最低档工资的80％，或者不低于劳动合同约定的试用期满后工资的80％；

2. 试用期满，乙方工资为_____元/月，或者按照_____执行；

3. 甲方支付乙方工资应符合最低工资标准有关规定；

4. _____；

5. _____。

（十一）乙方的工资支付周期为_____，_____（日期）之前支付。

（十二）甲方安排乙方加班加点的，应依法安排补休或支付加班加点工资。

（十三）经双方协商，劳动关系存续期间，甲方可以从乙方工资中扣除以下费用：_____。

六 社会保险和福利待遇

（十四）甲乙双方按国家及单位注册地有关规定参加社会保险，甲方为乙方办理有关社会保险手续，并承担相应社会保险义务；乙方应积极配合甲方提供相应的材料。

（十五）乙方应当缴纳的社会保险费，由甲方从乙方的工资中代扣代缴。

（十六）甲方为乙方提供的福利待遇有：_____。

七 劳动保护、劳动条件和职业危害防护

（十七）甲方应当严格执行劳动安全卫生规程和标准及相关法律法规规定，建立、健全劳动安全卫生制度，对乙方进行劳动安全卫生教育和操作规程培训，努力改善劳动条件，防止劳动过程中的事故，减少职业危害。

（十八）甲方必须为劳动者提供符合规定的劳动安全卫生条件和必要的劳动防护用品，对从事有职业危害作业的劳动者应当定期进行健康检查。

（十九）乙方在劳动过程中应当严格遵守安全操作规程。乙方对甲方管理人员违章指挥、强令冒险作业，有权拒绝执行；对危害生命安全和身体健康的行为，有权提出批评、检举和控告。

（二十）乙方因工作原因受到事故伤害或者患职业病，经工伤认定的，依法享受相关待遇。

八　劳动合同的解除、终止

（二十一）甲乙双方解除或终止本合同，应当按照《中华人民共和国劳动合同法》《中华人民共和国劳动合同法实施条例》等法律法规和有关政策规定执行。甲方应当在解除或终止劳动合同时出具解除或者终止劳动合同的证明，并在十五日内为乙方办理档案和社会保险关系转移手续。

（二十二）乙方应在本合同解除或终止（前/后）_____日内办理完毕工作交接手续。

双方解除或终止本合同时乙方需办理工作交接明细如下：

1. _____；
2. _____；
3. _____。

甲方依法应当向乙方支付经济补偿的，应在办结工作交接时足额支付。

九　违约责任及违约金

（二十三）甲方为乙方提供专项培训费用，对其进行专业技术培训的，就有关服务期和违约金等事项双方约定如下（或见双方签订的专项协议书）：

_____
_____
_____。

（二十四）乙方为甲方的高级管理人员、高级技术人员和其他负有保密义务的人员，双方就竞业限制的范围、地域、期限、经济补偿和违约责任等事项约定如下（或见双方签订的专项协议书）：

_____

十　双方补充约定事项

（二十五）甲乙双方本着合法、公平、平等自愿的原则，经协商约定如下事项：

1. _____；
2. _____；
3. _____。

十一　劳动争议处理

（二十六）甲乙双方因本合同发生争议时，可以按照《中华人民共和国劳动争议调解仲裁法》等相关法律、法规的规定，进行协商、申请调解和仲裁。对仲裁裁决不服的，除《中华人民共和国劳动争议调解仲裁法》另有规定的外，可以向有管辖权的人民法院提起诉讼。

十二　其他事项

（二十七）双方应当仔细阅读合同条款，以明确其权利和义务。

（二十八）本合同的条款如违反有关法律、法规或政策规定，则按照有关法律、法规和政策规定执行。

（二十九）本合同未尽事宜，按照有关法律、法规和政策规定执行，无规定的双方应协商解决。

（三十）本合同自甲乙双方签字（盖章）之日起生效，双方应严格遵照执行。本合同一式两份，甲乙双方各执一份。

甲方（盖章）　　　　　　　　　　乙方（签字）

法定代表人（负责人）

或委托代理人

（签字或盖章）

　年　月　日　　　　　　　　　　　年　月　日

续订劳动合同（一）

经甲乙双方协商同意，续订本合同。

（一）甲乙双方按以下第_____种方式确定续订合同期限：

1. 固定期限：合同期限_____年（月），自_____年_____月_____日起至_____年_____月_____日止；

2. 无固定期限：自_____年_____月_____日起至法律规定的终止条件出现时止。

（二）双方就有关事项约定如下：

1. _____；
2. _____；
3. _____。

甲方（盖章）　　　　　　　　　乙方（签字）

法定代表人（负责人）

或委托代理人

（签字或盖章）

年　　月　　日　　　　　　　　年　　月　　日

续订劳动合同（二）

经甲乙双方协商同意，续订本合同。

（一）甲乙双方按以下第_____种方式确定续订合同期限：

1. 固定期限：合同期限_____年（月），自_____年_____月_____日起至_____年_____月_____日止；

2. 无固定期限：自_____年_____月_____日起至法律规定的终止条件出现时止。

（二）双方就有关事项约定如下：

1. _____；

2. _____；
3. _____。

甲方（盖章）　　　　　　　　　　乙方（签字）

法定代表人（负责人）

或委托代理人

（签字或盖章）

　年　　月　　日　　　　　　　　　年　　月　　日

变更劳动合同

经甲乙双方协商同意，自_____年_____月_____日起，对本合同作如下变更：

1. _____；
2. _____；
3. _____。

甲方（盖章）　　　　　　　　　　乙方（签字）

法定代表人（负责人）

或委托代理人

（签字或盖章）

　年　　月　　日　　　　　　　　　年　　月　　日

签约须知

1. 根据《中华人民共和国劳动法》《中华人民共和国劳动合同法》等法律法规的规定，用人单位应当与建立劳动关系的劳动者，遵循合法、公平、平等自愿、协商一致、诚实信用的原则订立书面劳动合同。

2. 用人单位不得招用未满16周岁的未成年人。

3. 劳动合同双方可以约定试用期，试用期限按照《中华人民共和国劳动合同法》第十九条规定执行。

4. 用人单位有未及时足额支付劳动报酬或未依法为劳动者缴纳社会保险等违反劳动保障法律、法规或者规章的行为，劳动者可以依法向相关部门举报投诉，并可依法解除本合同。

5. 用人单位依法建立的劳动规章制度，可以作为劳动合同的附件，双方应当认真遵守。

6. 劳动合同一律使用钢笔或签字笔填写，字迹应清楚、工整，确需涂改的，双方应在涂改处签字或盖章确认。

7. 签订劳动合同时，必须由双方签字（盖章），劳动者不得由他人代签。

8. 用人单位与劳动者经协商一致签订的劳动合同具有法律效力，用人单位与劳动者应当按照劳动合同的约定全面履行各自的义务。

9. 变更劳动合同，应当采取书面形式。除法律法规规定情形外，双方应当协商一致。

五、各行业简易劳动合同范本

为了稳步实施《劳动合同法》和《劳动合同法实施条例》，指导和帮助农民工等流动性较大的劳动者与用人单位签订劳动合同，进一步提高劳动合同签订率，国家印发了建筑业、制造业、餐饮业、采掘业、非全日制用工五种类型《简易劳动合同（参考文本）》，供各级协调劳动关系三方向用人单位推荐使用。

1. 建筑业简易劳动合同

编号＿＿＿＿＿＿＿＿

建筑业简易劳动合同
（参考文本）

甲方（用人单位）名称：＿＿＿＿＿＿＿＿＿＿＿＿＿＿＿＿＿＿＿

法定代表人（主要负责人）或者委托代理人：＿＿＿＿＿＿＿＿＿＿＿＿

注册地址：_____

联系电话：_____

乙方（劳动者）姓名：_____

居民身份证号：_____

户口所在地_____省（自治区、直辖市）_____市（区）_____县（市、区）_____街道（乡、镇）

邮政编码：_____

现住址：_____联系电话：_____

根据《劳动法》《劳动合同法》及有关规定，甲乙双方遵循平等自愿、协商一致的原则签订本合同。

一、合同期限

第一条 甲、乙双方选择以下第_____种形式确定本合同期限：

（一）有固定期限：自_____年___月___日起至_____年___月___日止。其中试用期自_____年___月___日起至_____年___月___日止。

（二）无固定期限：自_____年___月___日起至依法解除、终止劳动合同时止。其中试用期自_____年___月___日起至_____年___月___日止。

（三）以完成一定工作（任务）为期限：自_____年___月___日起至_____工作（任务）完成时终止。

二、工作内容和工作地点

第二条 甲方招用乙方在_____（项目名称）工程中，从事_____岗位（工种）工作。

乙方的工作地点为_____。

经双方协商一致，可以变更工作岗位（工种）和工作地点。

乙方应认真履行岗位职责，遵守各项规章制度，服从管理，按时完成工作任务。

乙方违反劳动纪律，甲方可依据本单位依法制定的规章制度，给予相应处理。

三、工作时间和休息休假

第三条 甲方安排乙方执行以下第_____种工时制度：

（一）执行标准工时制度。乙方每天工作时间不超过 8 小时，每周工作不超过 40 小时。每周休息日为_____。

（二）经当地劳动行政部门批准，执行以_____为周期的综合计算工时工作制度。

（三）经当地劳动行政部门批准，执行不定时工作制度。

甲方保证乙方每周至少休息一天。乙方依法享有法定节假日、产假、带薪年休假等假期。

甲方因施工建设需要，商得乙方同意后，可安排乙方加班。日延长工时、休息日加班无法安排补休、法定节假日加班的，甲方按《劳动法》第四十四条规定支付加班工资。

四、劳动报酬

第四条 甲方采用以下第_____种形式向乙方支付工资：

（一）月工资_____元，试用期间工资_____元。甲方每月_____日前向乙方支付工资。

（二）日工资_____元，试用期间工资_____元。甲方向乙方支付工资的时间为每月_____日。

（三）计件工资。计件单价约定为_____。

甲方生产经营任务不足，乙方同意待岗的，甲方向乙方支付的生活费为_____元。待岗期间乙方仍需履行除岗位工作外的其他义务。

五、社会保险

第五条 甲乙双方按国家规定参加社会保险。甲方为乙方办理有关社会保险手续，并承担相应的社会保险义务。乙方应缴的社会保险费由甲方代扣代缴。

乙方患病或非因工负伤的医疗待遇按国家有关规定执行。

乙方因工负伤或患职业病的待遇按国家有关规定执行。

乙方在孕期、产期、哺乳期等各项待遇，按国家有关生育保险政策规定执行。

六、劳动保护和劳动条件

第六条 甲方应当在乙方上岗前进行安全生产培训，乙方从事国家规定的特殊工种，应当经过培训并取得相应的职业资格证书方可上岗。

甲方根据生产岗位的需要，按照国家劳动安全卫生的有关规定为乙方配备必要的安全防护设施，发放必要的劳动保护用品。其中建筑施工现场要符合《建筑施工现场环境与卫生标准》（JGJ146－2004）。对乙方从事接触职业病危害作业的，甲方应按国家有关规定组织上岗前和离岗时的职业健康检查，在合同期内应定期对乙方进行职业健康检查。

甲方依法建立安全生产制度。乙方严格遵守甲方依法制定的各项规章制度，不违章作业，防止劳动过程中的事故，减少职业危害。

乙方有权拒绝甲方的违章指挥，对甲方及其管理人员漠视乙方安全健康的行为，有权提出批评并向有关部门检举控告。

七、解除和终止

第七条 本劳动合同的解除或终止，依《劳动合同法》规定执行。

八、劳动争议处理

第八条 甲乙双方发生劳动争议，可以协商解决，也可以依照《劳动争议调解仲裁法》的规定通过申请调解、仲裁和提起诉讼解决。

九、其他

第九条 甲乙双方约定的其他事项

_____
_____
_____。

第十条 本劳动合同一式二份，甲乙双方各执一份。

本劳动合同自甲乙双方签字、盖章之日起生效。

甲方（公　章）　　　　　　　　　　　　乙方（签字或盖章）

法定代表人或委托代理人

（签字或盖章）

签订日期：　　　　　年　　月　　日

使用说明

一、本劳动合同（参考文本）供建筑施工企业与生产操作类岗位的劳动者签订劳动合同时参考使用，主要适用流动性较大的劳动者。

二、企业与劳动者签订劳动合同时，双方的情况应如实填写，凡需要双方约定的内容，经协商一致后填写在相应的空格内。双方约定的增加事项填写在第九条内，但双方约定的内容不得违反国家法律法规。

劳动合同期限三个月以上不满一年的，试用期不得超过一个月；劳动合同期限一年以上不满三年的，试用期不得超过二个月；三年以上固定期限和无固定期限的劳动合同，试用期不得超过六个月。双方约定的试用期工资不得低于甲方相同岗位最低档工资或者合同约定工资的百分之八十，并不得低于乙方工作地的最低工资标准。

甲方安排乙方延长工作时间的，支付不低于工资的百分之一百五十的工资报酬；休息日安排乙方工作又不能安排补休的，支付不低于工资的百分之二百的工资报酬；法定休假日安排乙方工作的，支付不低于工资的百分之三百的工资报酬。

三、签订劳动合同，甲方应加盖单位公章，法定代表人、委托代理人或负责人及乙方应亲自签字或盖章，其他人不得代为签字。

四、本合同应使用钢笔或签字笔填写，字迹清楚，文字简洁、准确，不得涂改。

2. 制造业简易劳动合同

编号_____

制造业简易劳动合同

（参考文本）

甲方（用人单位）名称：_____

法定代表人（主要负责人）或者委托代理人：_____

注册地址：_____

联系电话：_____

乙方（劳动者）姓名：_____

居民身份证号：_____

户口所在地_____省（自治区、直辖市）_____市（区）_____县（市、区）_____街道（乡、镇）

邮政编码：_____

现住址：_____联系电话：_____

根据《劳动法》《劳动合同法》及有关规定，甲乙双方遵循平等自愿、协商一致的原则签订本合同。

一、合同期限

第一条 甲、乙双方选择以下第_____种形式确定本合同期限：

（一）有固定期限：自_____年___月___日起至_____年___月___日止。其中试用期自_____年___月___日起至_____年___月___日止。

（二）无固定期限：自_____年___月___日起至依法解除、终止劳动合同时止。其中试用期自_____年___月___日起至_____年___月___日止。

（三）以完成一定工作（任务）为期限：自_____年___月___日起至_____工作（任务）完成时终止。

二、工作内容和工作地点

第二条 乙方从事_____岗位（工种）工作。

乙方的工作地点为_____。

经双方协商一致，可以变更工作岗位（工种）和工作地点。

乙方应认真履行岗位职责，遵守各项规章制度，服从管理，按时完成工作任务。

乙方违反劳动纪律，甲方可依据本单位依法制定的规章制度，给予相应处理。

三、工作时间和休息休假

第三条 甲方安排乙方执行以下第_____种工时制度：

（一）执行标准工时制度。乙方每天工作时间不超过 8 小时，每周工作不超过 40 小时。每周休息日为_____。

（二）经当地劳动行政部门批准，执行以_____为周期的综合计算工时工作制度。

（三）经当地劳动行政部门批准，执行不定时工作制度。

甲方保证乙方每周至少休息一天。乙方依法享有法定节假日、产假、带薪年休假等假期。

甲方因生产需要，商得乙方同意后，可安排乙方加班。日延长工时、休息日加班无法安排补休、法定节假日加班的，甲方按《劳动法》第四十四条规定支付加班工资。

四、劳动报酬

第四条　甲方采用以下第_____种形式向乙方支付工资：

（一）月工资_____元，试用期间工资_____元。甲方每月_____日前向乙方支付工资。

（二）日工资_____元，试用期间工资_____元。甲方向乙方支付工资的时间为每月_____日。

（三）计件工资。计件单价约定为_____。

甲方生产经营任务不足，乙方同意待岗的，甲方向乙方支付的生活费为_____元。待岗期间乙方仍需履行除岗位工作外的其他义务。

五、社会保险

第五条　甲乙双方按国家规定参加社会保险。甲方为乙方办理有关社会保险手续，并承担相应的社会保险义务。乙方应缴的社会保险费由甲方代扣代缴。

乙方患病或非因工负伤的医疗待遇按国家有关规定执行。

乙方因工负伤或患职业病的待遇按国家有关规定执行。

乙方在孕期、产期、哺乳期等各项待遇，按国家有关生育保险政策规定执行。

六、劳动保护和劳动条件

第六条　甲方负责对乙方进行职业道德、业务技术、劳动安全卫生及有关规章制度的培训。

甲方按照国家劳动安全卫生的有关规定为乙方提供必要的安全防护设施，发放必要的劳动保护用品。对乙方从事接触职业病危害作业的，甲方应按国家有关规定组织上岗前和离岗时的职业健康检查，在合同期内应定期对乙方进行职业健康检查。

甲方依法建立安全生产制度。乙方严格遵守甲方依法制定的各项规章制度，不违章作业，防止劳动过程中的事故，减少职业危害。

乙方有权拒绝甲方的违章指挥，对甲方及其管理人员漠视乙方安全健康的行为，有权提出批评并向有关部门检举控告。

七、解除和终止

第七条　本劳动合同的解除或终止，依《劳动合同法》规定执行。

八、劳动争议处理

第八条　甲乙双方发生劳动争议，可以协商解决，也可以依照《劳动争议调解仲裁法》的规定通过申请调解、仲裁和提起诉讼解决。

九、其他

第九条　甲乙双方约定的其他事项

_____
_____
_____。

第十条　本劳动合同一式二份，甲乙双方各执一份。

本劳动合同自甲乙双方签字、盖章之日起生效。

甲方（公　章）　　　　　　　　　　　　乙方（签字或盖章）

法定代表人或委托代理人

（签字或盖章）

签订日期：　　　　年　　月　　日

使用说明

一、本劳动合同（参考文本）供加工制造业企业与生产操作类岗位的劳动者签订劳动合同时参考使用，主要适用于流动性较大的劳动者。

二、企业与劳动者签订劳动合同时，双方的情况应如实填写，凡需要双方约定的内容，经协商一致后填写在相应的空格内。双方约定的增加事项填写在第九条内，但双方约定的内容不得违反国家法律法规。

劳动合同期限三个月以上不满一年的，试用期不得超过一个月；劳动合同期限一年以上不满三年的，试用期不得超过二个月；三年以上固定期限和无固定期限的劳动合同，试用期不得超过六个月。双方约定的试用期工资不得低于甲方相同岗位最低档工资或者合同约定工资的百分之八十，并不得低于乙方工作地的最低工资标准。

甲方安排乙方延长工作时间的，支付不低于工资的百分之一百五十的工资报酬；休息日安排乙方工作又不能安排补休的，支付不低于工资的百分之二百的工资报酬；法定休假日安排乙方工作的，支付不低于工资的百分之三百的工资报酬。

三、签订劳动合同，甲方应加盖单位公章，法定代表人、委托代理人或负责人及乙方应亲自签字或盖章，其他人不得代为签字。

四、本合同应使用钢笔或签字笔填写，字迹清楚、文字简洁、准确，不得涂改。

3. 餐饮业简易劳动合同

编号_____

餐饮业简易劳动合同
（参考文本）

甲方（用人单位）名称：_____

法定代表人（主要负责人）或者委托代理人：_____

注册地址：_____

联系电话：_____

乙方（劳动者）姓名：_____

居民身份证号：_____

户口所在地_____省（自治区、直辖市）_____市（区）_____县（市、区）_____街道（乡、镇）

邮政编码：_____

现住址：_____ 联系电话：_____

根据《劳动法》《劳动合同法》及有关规定，甲乙双方遵循平等自愿、协商一致的原则签订本合同。

一、合同期限

第一条 甲、乙双方选择以下第_____种形式确定本合同期限：

（一）有固定期限：自_____年___月___日起至_____年___月___日止。其中试用期自_____年___月___日起至_____年___月___日止。

（二）无固定期限：自_____年___月___日起至依法解除、终止劳动合同时止。其中试用期自_____年___月___日起至_____年___月___日止。

（三）以完成一定工作（任务）为期限：自_____年___月___日起至_____工作（任务）完成时终止。

二、工作内容和工作地点

第二条 乙方从事_____岗位（工种）工作。

乙方患有岗位工种及行业禁忌的疾病，应及时向甲方报告，并即时脱离工作岗位。

乙方的工作地点为_____。

经双方协商一致，可以变更工作岗位（工种）和工作地点。

乙方应认真履行岗位职责，遵守各项规章制度，服从管理，按时完成工作任务。

乙方违反服务规范和劳动纪律，甲方可依据本单位依法制定的规章制度，给予相应处理。

三、工作时间和休息休假

第三条 甲方安排乙方执行以下第_____种工时制度：

（一）执行标准工时制度。乙方每天工作时间不超过8小时，每周工作不超过 40 小时。每周休息日为_____。

（二）经当地劳动行政部门批准，执行以_____为周期的综合计算工时工作制度。

（三）经当地劳动行政部门批准，执行不定时工作制度。

甲方保证乙方每周至少休息一天。乙方依法享有法定节假日、产假、带薪年休假等假期。

甲方因顾客服务需要，商得乙方同意后，可安排乙方加班。日延长工时、休息日加班无法安排补休、法定节假日加班的，甲方按《劳动法》第四十四条规定支付加班工资。

四、劳动报酬

第四条 甲方采用以下第_____种形式向乙方支付工资：

（一）月工资_____元，试用期间工资_____元。甲方每月_____日前向乙方支付工资。

（二）日工资_____元，试用期间工资_____元。甲方向乙方支付工资的时间为每月_____日。

甲方生产经营任务不足，乙方同意待岗的，甲方向乙方支付的生活费为_____元。待岗期间乙方仍需履行除岗位工作外的其他义务。

甲乙双方对工资支付的其他约定_____

五、社会保险

第五条 甲乙双方按国家规定参加社会保险。甲方为乙方办理有关社会保险手续，并承担相应社会保险义务。乙方应缴的社会保险费由甲方代扣代缴。

乙方患病或非因工负伤的医疗待遇按国家有关规定执行。

乙方患职业病或因工负伤的待遇按国家有关规定执行。

乙方在孕期、产期、哺乳期等各项待遇，按国家有关生育保险政策规定执行。

六、劳动保护和劳动条件

第六条 甲方应在乙方上岗前对乙方进行职业安全卫生、食品安全卫生、服务规范、职业道德、职业技能、甲方规章制度方面的培训。

甲方每年必须按国家规定组织对乙方进行健康检查。

甲方按照国家劳动安全卫生的有关规定为乙方提供必要的安全防护设施，发放必要的劳动保护用品。

甲方加强安全生产管理，建立、健全安全生产责任制度，完善安全生产经营条件；健全内部服务和食品质量管理制度，严格实施岗位质量规范、质量责任以及相应的考核办法。

七、解除和终止

第七条 本劳动合同的解除或终止，依《劳动合同法》规定执行。

乙方患岗位工种及行业禁忌的疾病，在医疗期满后不符合国家和本市从事有关行业、工种岗位规定，甲方无法另行安排工作的，可以提前30日以书面形式通知乙方解除本合同，并依法向乙方支付经济补偿金。

八、劳动争议处理

第八条 甲乙双方发生劳动争议，可以协商解决，也可以依照《劳动争议调解仲裁法》的规定通过申请调解、仲裁和提起诉讼解决。

九、其他

第九条 甲乙双方约定的其他事项

_____

_____

_____。

第十条 本劳动合同一式二份，甲乙双方各执一份。

本劳动合同自甲乙双方签字、盖章之日起生效。

甲方（公　章）　　　　　　　　　　乙方（签字或盖章）

法定代表人或委托代理人

（签字或盖章）

签订日期：　　　　年　　月　　日

使用说明

一、本劳动合同（参考文本）供餐饮业企业与生产操作服务类岗位的劳动者签订劳动合同时参考使用，主要适用于流动性较大的劳动者。

二、企业与劳动者签订劳动合同时，双方的情况应如实填写，凡需要双方约定的内容，经协商一致后填写在相应的空格内。双方约定的增加事项填写在第九条内，但双方约定的内容不得违反国家法律法规。

劳动合同期限三个月以上不满一年的，试用期不得超过一个月；劳动合同期限一年以上不满三年的，试用期不得超过二个月；三年以上固定期限和无固定期限的劳动合同，试用期不得超过六个月。双方约定的试用期工资不得低于甲方相同岗位最低档工资或者合同约定工资的百分之八十，并不得低于乙方工作地的最低工资标准。

甲方安排乙方延长工作时间的，支付不低于工资的百分之一百五十的工资报酬；休息日安排乙方工作又不能安排补休的，支付不低于工资的百分之二百的工资报酬；法定休假日安排乙方工作的，支付不低于工资的百分之三百的工资报酬。

三、签订劳动合同，甲方应加盖单位公章；法定代表人、委托代理人或负责人及乙方应亲自签字或盖章，其他人不得代为签字。

四、本合同应使用钢笔或签字笔填写，字迹清楚，文字简练、准确，不得涂改。

4. 采掘业简易劳动合同

编号＿＿＿＿＿＿＿＿

采掘业简易劳动合同

（参考文本）

甲方（用人单位）名称：＿＿＿＿＿＿＿＿＿＿＿＿＿＿＿＿
法定代表人（主要负责人）或者委托代理人：＿＿＿＿＿＿＿＿＿＿

注册地址：_____

联系电话：_____

乙方（劳动者）姓名：_____

居民身份证号：_____

户口所在地_____省（自治区、直辖市）_____市（区）_____县（市、区）_____街道（乡、镇）

邮政编码：_____

现住址：_____联系电话：_____

根据《劳动法》《劳动合同法》及有关规定，甲乙双方遵循平等自愿、协商一致的原则签订本合同。

一、合同期限

第一条 甲、乙双方选择以下第_____种形式确定本合同期限：

（一）有固定期限：自_____年____月____日起至_____年____月____日止。其中试用期自_____年____月____日起至_____年____月____日止。

（二）无固定期限：自_____年____月____日起至依法解除、终止劳动合同时止。其中试用期自_____年____月____日起至_____年____月____日止。

（三）以完成一定工作（任务）为期限：自_____年____月____日起至_____工作（任务）完成时终止。

二、工作内容和工作地点

第二条 乙方从事_____岗位（工种）工作。

乙方的工作地点为_____。

经双方协商一致，可以变更工作岗位（工种）和工作地点。

乙方应认真履行岗位职责，遵守各项规章制度，服从管理，按时完成工作任务。

乙方违反劳动纪律，甲方可依据本单位依法制定的规章制度，给予相应处理。

三、工作时间和休息休假

第三条 甲方安排乙方执行以下第_____种工时制度：

（一）执行标准工时制度。乙方每天工作时间不超过 8 小时，每周工作不超过 40 小时。每周休息日为＿＿＿＿＿＿＿＿。

（二）经当地劳动行政部门批准，执行以＿＿＿＿＿＿为周期的综合计算工时工作制度。

（三）经当地劳动行政部门批准，执行不定时工作制度。

甲方保证乙方每周至少休息一天。乙方依法享有法定节假日、产假、带薪年休假等假期。

甲方因生产需要，商得乙方同意后，可安排乙方加班。日延长工时、休息日加班无法安排补休、法定节假日加班的，甲方应按《劳动法》第四十四条规定支付加班工资。

四、劳动报酬

第四条　甲方采用以下第＿＿＿＿＿种形式向乙方支付工资：

（一）计时或岗位工资，工资额为＿＿＿＿元/月，试用期工资为＿＿＿＿元/月。

（二）计件工资。计件单价约定为＿＿＿＿＿＿＿＿＿＿＿＿＿＿＿。

（三）其他工资形式。具体约定在本合同第＿＿＿＿＿条中明确。

甲方安排乙方每日 22 时到次日 6 时工作的，每个工作日夜班补贴为＿＿＿＿＿＿元；从事井下作业的，每个工作日井下津贴为＿＿＿＿＿＿元。

甲方应按月支付乙方工资，发薪日为每月＿＿＿＿＿＿日，不得克扣或拖欠。甲方支付乙方的工资，不得违反国家和地方有关最低工资的规定。

甲方生产经营任务不足，乙方同意待岗的，甲方向乙方支付的生活费为＿＿＿＿＿＿元。待岗期间乙方仍需履行除岗位工作外的其他义务。

五、社会保险

第五条　甲乙双方按国家规定参加社会保险。甲方为乙方办理有关社会保险手续，并承担相应的社会保险义务。乙方应缴的社会保险费由甲方代扣代缴。

乙方患病或非因工负伤的医疗待遇按国家有关规定执行。

乙方因工负伤或患职业病的待遇按国家有关规定执行。

乙方在孕期、产期、哺乳期等各项待遇，按国家有关生育保险政策的规定执行。

六、劳动保护和劳动条件

第六条　甲方应依法建立健全生产工艺流程，制定操作规程、工作规范和劳动安全卫生制度及其标准。

甲方应对乙方进行安全生产培训，保证乙方具备必要的安全生产知识，熟悉有关的安全生产规章制度和安全操作规程，掌握本岗位的安全操作技能。乙方未经安全生产培训，不得上岗作业。乙方从事国家规定的特殊工种，应当经过培训并取得相应的职业资格证书方可上岗。

甲方应当督促乙方严格执行安全生产规章制度和安全操作规程，并向乙方如实告知作业场所和工作岗位存在的危险因素、防范措施以及事故应急措施。

甲方必须为乙方提供符合国家标准或者行业标准的劳动防护用品，并监督、培训乙方按照使用规则佩戴、使用。

乙方从事接触职业病危害作业的，甲方应按国家有关规定组织上岗前和离岗时的职业健康检查，在合同期内应定期对乙方进行健康检查。

乙方有权了解其作业场所和工作岗位存在的危险因素、防范措施及事故应急措施，有权对甲方安全生产工作提出建议，有权拒绝甲方的违章指挥，对甲方及管理人员漠视乙方健康的行为，有权提出批评，并向有关部门检举控告。甲方不得因此而降低乙方的工资、福利等待遇或者解除与乙方订立的劳动合同。

乙方在作业过程中，应当严格遵守甲方依法制定的安全生产规章制度和操作规程，服从管理，正确佩戴和使用劳动防护用品。

七、解除和终止

第七条 本劳动合同的解除或终止，依《劳动合同法》规定执行。

八、劳动争议处理

第八条 甲乙双方发生劳动争议，可以协商解决，也可以依照《劳动争议调解仲裁法》的规定通过申请调解、仲裁和提起诉讼解决。

九、其他

第九条 甲乙双方约定的其他事项

_____

_____

_____。

第十条 本劳动合同一式二份，甲乙双方各执一份。

本劳动合同自甲乙双方签字、盖章之日起生效。

甲方（公　　章）　　　　　　　　　　　　乙方（签字或盖章）

法定代表人或委托代理人

（签字或盖章）

签订日期：　　　　　年　　　月　　　日

使用说明

一、本劳动合同（参考文本）供采掘业企业与生产操作类岗位的劳动者签订劳动合同时参考使用，主要适用于流动性较大的劳动者。

二、企业与劳动者签订劳动合同时，双方的情况应如实填写，凡需要双方约定的内容，经协商一致后填写在相应的空格内。双方约定的增加事项填写在第九条内，但双方约定的内容不得违反国家法律法规。

劳动合同期限三个月以上不满一年的，试用期不得超过一个月；劳动合同期限一年以上不满三年的，试用期不得超过二个月；三年以上固定期限和无固定期限的劳动合同，试用期不得超过六个月。双方约定的试用期工资不得低于甲方相同岗位最低档工资或者合同约定工资的百分之八十，并不得低于乙方工作地的最低工资标准。

甲方安排乙方延长工作时间的，支付不低于工资的百分之一百五十的工资报酬；休息日安排乙方工作又不能安排补休的，支付不低于工资的百分之二百的工资报酬；法定休假日安排乙方工作的，支付不低于工资的百分之三百的工资报酬。

三、签订劳动合同，甲方应加盖单位公章；法定代表人、委托代理人或负责人及乙方应亲自签字或盖章，其他人不得代为签字。

四、本合同应使用钢笔或签字笔填写，字迹清楚，文字简练、准确，不得涂改。

5. 非全日制用工简易劳动合同

编号＿＿＿＿＿＿＿＿＿＿

非全日制用工简易劳动合同

（参考文本）

甲方（用人单位）名称：＿＿＿＿＿＿＿＿＿＿＿＿＿＿＿＿
法定代表人（主要负责人）或者委托代理人：＿＿＿＿＿＿＿＿＿＿＿＿
注册地址：＿＿＿＿＿＿＿＿＿＿＿＿＿＿＿＿＿＿＿＿＿＿＿
联系电话：＿＿＿＿＿＿＿＿＿＿＿＿＿＿＿＿＿＿＿＿＿＿＿
乙方（劳动者）姓名：＿＿＿＿＿＿＿＿＿＿＿＿＿＿＿＿＿
居民身份证号：＿＿＿＿＿＿＿＿＿＿＿＿＿＿＿＿＿＿＿＿
户口所在地＿＿＿＿＿＿省（自治区、直辖市）＿＿＿＿＿＿市（区）＿＿＿＿＿＿县（市、区）＿＿＿＿＿＿街道（乡、镇）
邮政编码：＿＿＿＿＿＿＿＿＿＿＿＿＿＿＿＿＿＿＿＿＿
现住址：＿＿＿＿＿＿＿＿＿＿＿＿＿＿＿＿联系电话：＿＿＿＿＿＿＿＿

根据《劳动法》《劳动合同法》及有关规定，甲乙双方遵循平等自愿、协商一致的原则签订本合同。

一、合同期限

第一条　甲乙双方可以随时终止本合同。

二、工作内容

第二条　乙方同意根据甲方工作需要，担任＿＿＿＿＿＿工作。
甲方根据工作要求对乙方进行必要的职业技能培训。
乙方应当努力提高职业技能，按岗位要求完成工作任务。

三、工作时间

第三条　乙方每周工作＿＿＿＿＿＿日，分别为周＿＿＿＿＿；每日工作＿＿＿＿＿＿小时。

四、劳动报酬

第四条　甲方按小时计酬方式支付乙方工资，标准为每小时＿＿＿＿＿＿元。

甲方向乙方支付工资形式为_____（直接发放/委托银行代发）。支付周期不得超过 15 日。

五、社会保险

第五条　甲方应当依法为乙方缴纳工伤保险费。

六、劳动保护和劳动条件

第六条　甲方根据生产岗位需要，按照国家有关劳动安全卫生规定对乙方进行安全卫生培训和职业培训，为乙方提供如下劳动保护条件和劳动防护用品：

_____

_____。

七、劳动争议处理

第七条　甲乙双方发生劳动争议，可以协商解决，也可以依照《劳动争议调解仲裁法》的规定通过申请调解、仲裁和提起诉讼解决。

八、其他

第八条　甲乙双方约定的其他事项

_____

_____。

第九条　本劳动合同一式二份，甲乙双方各执一份。

本劳动合同自甲乙双方签字、盖章之日起生效。

甲方（公　章）　　　　　　　　　　乙方（签字或盖章）

法定代表人（主要负责人）或委托代理人
（签字或盖章）

签订日期：　　　年　　月　　日

使用说明

一、本劳动合同（参考文本）供用人单位与从事非全日工作的劳动者签订劳动合同时参考使用，主要适用于流动性较大的劳动者。非全日制用工也可不签订书面劳动合同。

二、企业与劳动者签订劳动合同时，双方的情况应如实填写，凡需要双方约定的内容，经协商一致后填写在相应的空格内。双方约定的增加事项填写在第八条内，但双方约定的内容不得违反国家法律法规。

三、签订劳动合同，甲方应加盖单位公章；法定代表人、委托代理人或负责人及乙方应亲自签字或盖章，其他人不得代为签字。

四、本合同应使用钢笔或签字笔填写，字迹清楚，文字简练、准确，不得涂改。

第五章　招聘、录用、培训制度

　　人员招聘涉及规划、途径、组织和实施等许多方面。它是组织获取人力资源的第一环节，也是人员选拔的基础。建立完善的招聘管理制度，不仅可以规范招聘工作的进行，也能促进企业的快速发展。

　　人员录用关系到公司的稳定、发展、壮大。一部完善的公司人员录用制度，不仅可以使公司人员的录用及管理工作规范化、统一化和制度化，还能为公司团队的发展与壮大增添活力。

　　企业员工培训，可直接提高经营管理者能力水平和员工技能，是为企业提供新的工作思路、知识、信息、技能，增长员工才干和敬业、创新精神的根本途径和极好方式，是最为重要的人力资源开发。

一、企业招聘管理制度

招聘管理指用人单位通过制订招聘计划，并且通过一定方式录取新员工的活动。其一般由企业的人事部门或者人力资源管理部门负责。人员招聘涉及规划、途径、组织和实施等许多方面。它是组织获取人力资源的第一环节，也是人员选拔的基础。建立完善的招聘管理制度，不仅可以规范招聘工作的进行，也能促进企业的快速发展。

企业招聘管理制度范本

第一章 总 则

第一条 目的

（一）明确各部门在招聘活动中的职责与分工；

（二）明确招聘工作规范；

（三）优化招聘流程，加快招聘进度，提高招聘效果；

（四）及时补充企业人力资源，弥补岗位空缺，满足企业用人需求，促进企业经营发展战略的实现。

第二条 适用对象

本制度适用于企业所有的员工招聘工作。

第三条 原则

（一）人员招聘必须坚持计划性原则，必须制订人员招聘计划来指导员工的招聘工作；

（二）人员招聘必须坚持贯彻任人唯贤、能位对应的原则，充分配合公司各机构、部门的工作需要，为公司提供可靠、及时的人力资源保障；

（三）招聘员工的程序要坚持科学化原则，制订一套科学而实用的操作程序，使招聘工作有条不紊地进行，保证为公司挑选出高质量的合格人选；

（四）公司招聘录用员工按照"公开、平等、竞争、择优"的原则；

（五）对公司内符合招聘职位要求及表现卓越的合适员工，将优先给予选拔、晋升；其次再考虑面向社会公开招聘。

第二章 招聘职责

第四条 人事行政部职责

（一）制订公司中长期人力资源规划；

（二）制定、完善公司招聘管理制度，规范招聘流程；

（三）核定公司年度人力需求，确定人员编制，制定年度招聘计划；

（四）分析公司人员职位职责及任职资格，制订并完善职位说明书；

（五）决定获取候选人的形式和渠道；

（六）设计人员选拔测评方法，并指导用人部门使用这些方法；

（七）主持实施人员选拔测评，并为用人部门提供录用建议；

（八）定期进行市场薪酬水平调研，核定招聘职位薪酬待遇标准；

（九）提供各类招聘数据统计及分析。

第五条 用人部门职责

本职能工作由人力资源部人事部招聘负责人负责组织实施，其他相关部门配合。

招聘负责人应具备的条件：

（一）本公司人力资源部门工作人员为面试初试考官，面试人员本身需要给人一种好感，能够很快地与应职者交流意见，因此面试人员在态度上、表情上必须表现得十分开朗，使应征者愿意将自己想说的话充分表达出来；

（二）面试人员自己本身必须培养极为客观的个性，理智地去判断一些事务，绝不能因某些非评价因素而影响了对应聘者的客观评价；

（三）不论应聘者的出身、背景之高低，面试人员都必须尊重应聘者所表现出来的人格、才能和品质；

（四）面试人员必须对整个公司组织情况、各部门职能、部门与部门间的协调情形、人事政策、薪资制度、员工福利政策，有深入的了解，能应对应聘者随时提出的问题；

（五）面试人员必须彻底了解该应聘职位的工作职责和必须具备的学历、经历、人格条件与才能。

第三章　招聘流程管理

第六条　确定招聘需求

（一）人力资源部于每年末制订企业下一年度的整体招聘计划及费用预算；

（二）企业各用人部门于每季度末的第一周向人力资源部提交下一季度的招聘计划；

（三）人力资源部负责制订应届毕业生的招聘计划。

第七条　确定招聘形式

人事行政部根据公司现有人力资源状况，确定内部招聘或外部招聘，合理、有效地配置人力资源。

第八条　选择招聘渠道

本公司招聘活动可依据招聘对象不同通过以下渠道开展：

（一）报纸、杂志招聘；

（二）网络传媒招聘；

（三）校园现场、专场招聘；

（四）人才市场现场、专场招聘；

（五）公司内部招聘、竞岗；

（六）中介、猎头介绍；

（七）公司内部员工推荐；

（八）广播、电视媒体招聘。

第九条　确定候选人

人事行政部在收到应聘资料后，应于两个工作日内对应聘者进行初步筛选，确认初试人选和时间后，通知用人部门作好面试准备，未及时提交，则推迟几天，预招聘到岗时间相应推迟。

第十条　面试（初试和复试）

管理中心与用人部门协商面试事宜，包括面试时间、面试官、面试形式（素质测评、笔试、面谈）。

面试通知：管理中心电话通知初试人选参加面试，内容包括面试时间、地点、需要携带的证件；原则上是30分钟安排一位面试者。

面试实施：管理中心预定面试地点，按确定的面试形式展开。

（一）前台核对面试者信息，安排应聘人员座位、倒水，发《应聘人员登记表》，确认信息完整后通知人事；

（二）人事对其证件进行初步审核，进行面试后在《招聘评价表》上写面试评价；

（三）人事初试合格人选推荐给用人部门，由用人部门安排复试，并于简历接收五个工作日内将结果反馈管理中心；

（四）用人部门确定录用人选，应同时将有相应负责人签字和意见的《新员工工资核定单》《招聘评价表》提交管理中心。

面试形式：一般包括素质测评、笔试、面谈三种方式。

第十一条　录用

（一）复试结束后，测评小组成员就复试情况进行综合讨论及评定，确定候选人最终排名，提出初步录用意见。

（二）对拟录用人员作背景调查。

（三）应聘人员的《录用决定》按权限由领导签署后，人事行政部负责通知员工报到。

（四）对于有意向录用的人选，由人事行政部以邮件或电话的形式发出《员工录用通知》。

（五）人事行政部确定意向录用人员报到时间后，填制《拟录用员工信息汇总表》，通知相关部门做好新员工入职前准备工作。

第四章　人员入职程序

第十二条　新员工入职

经批准录用人员须按公司规定的时间统一到人事行政部报到，办理入职手续。

报到需提供材料：

（一）身份证原件、毕业证、学位证原件及复印件；

（二）英语/计算机/等级证书/专业证书原件及复印件；

（三）体检报告；

（四）彩色一寸照片 3 张；

（五）与原单位离职证明或解除劳动合同证明。

应聘人员必须保证向公司提供的资料真实无误，若发现虚报或伪造，公司有权将其辞退。

人事行政部引导新进人员根据新员工入职手续清单办理入职。

第十三条　试用期规定

（一）企业新员工试用期为 1—6 个月不等，根据《劳动合同法》及企业的相关规定和各岗位的实际需要确定。

（二）试用期间，用人部门应做好新员工的业务指导工作，并负责记录员工在试用期间的绩效及工作表现。

（三）员工试用期满，由用人部门填写《试用期考核表》，经部门经理、人力资源部及总经理审批后正式录用。

第五章　附　　则

第十四条　本制度由人力资源部人事部负责制订并解释。

第十五条　本制度报总经理或常务副总批准后执行，修改时亦同。

第十六条　本制度施行后，原有的类似规章制度自行终止，与本制度有抵触的规定以本制度为准。

第十七条　本制度自颁布实施之日起实行。

☞ 制作提示

1. 明确制度的制定目的和适用对象。如规定本制度适用于企业所有的员工招聘工作。参见上文第一、二条。

2. 明确招聘原则。如规定员工招聘必须坚持贯彻任人唯贤、能位对应的原则，充分配合公司各机构、部门的工作需要，为公司提供可靠、及时的人力资源保障。参见上文第三条。

3. 明确各部门及其人员的招聘职责。如规定本职能工作由人力资源部人事部招聘负责人负责组织实施，其他相关部门配合。参见上文第四、五条。

4. 明确招聘流程管理制度。如规定人事行政部在收到应聘资料后，应于两个工作日内对应聘者进行初步筛选，确认初试人选和时间后，通知用人部门作好面试准备，未及时提交，则推迟几天，预招聘到岗时间相应推迟。参见上文第六、七、八、九、十、十一条。

5. 明确人员入职程序。如规定经批准录用人员须按公司规定的时间统一到人事行政部报到，办理入职手续。参见上文第十二、十三条。

6. 明确其他事项以及制度的解释主体和施行时间等。参见上文第十四、十五、十六、十七条。

二、人员录用管理制度

人员录用关系到公司的稳定、发展、壮大。一部完善的公司人员录用制度，不仅可以使公司人员的录用及管理工作规范化、统一化和制度化，还能为公司团队的发展与壮大增添活力。

人员录用管理制度范本

第一条 为了进一步规范人员录用管理工作，特制定本制度。公司人员的录用和管理，除遵照国家和地方有关法律法规和条例外，都应依据本制度办理。

第二条 录用工作原则上每年进行一次。但如有特殊情况，可以临时录用员工。应尽量保证录用工作的连续性和规范性。

第三条 录用职工的主要标准包括：

（一）录用职工的学历大致应限于：1. 研究生及同等学力者，占_____%；2. 大学毕业及同等学力者，占_____%；3. 职业高、中专及同等学力者，占_____%；

（二）录用员工中，管理及事务性人员大致占_____%；

（三）录用后的具体工种分配另定。

第四条 人员的甄选，以学识、能力、品格及适合工作所需要条件为准。高学历者优先考虑。

第五条 针对录用人员的考试方法分为面试和笔试两种。其中，笔试，主要对应聘者的一般知识和专业知识进行考查。面试主要是考查应聘者的学识、谈吐、能力、个人素质及适合的工种。对应届毕业生还要考查在校学习成绩。对有就职经历的应聘者，还应须对其前任职情况调查后方能决定是否聘用。

第六条 人员经笔试或面试合格后，即到相应部门试用。原则上人员试用期为一个月，试用期满符合岗位要求的，正式录用，不符合的，可做出相应的岗位调整或不予录用。

第七条 凡有下列情形者，不得录用：

（一）有刑罚处分在身，还未结束者；

（二）被通缉人员，尚未结案者；

（三）有吸毒、赌博、嗜酒等不良嗜好者；

（四）无民事或限制行为能力人；

（五）其他经公司认定不适合者。

第八条 试用人员报到时，应向主管部门负责人提交以下材料：

（一）毕业证书、学位证书复印件；

（二）身份证复印件；

（三）其他必要的证件。

第九条 人员录用后，由主管部门给予三天免费的岗位培训，培训结束后，被录用人员应立即投入岗位工作，不得无故拖延推诿。

第十条 试用期人员的工资为相同岗位正式人员工资的80%。

第十一条 其他未尽事宜，由主管部门视具体情况讨论解决，不能解决的，上报上级机构解决。

第十二条 本规定自公布之日起实施。

☞ 制作提示

1. 明确制度制定目的、适用范围。如规定为了进一步规范人员录用管理工作，特制定本制度。参见上文第一条。

2. 明确录用标准、时间等。如规定录用工作和原则上每年进行一次。但如有特殊情况，可以临时录用员工。应尽量保证录用工作的连续性和规范性。参见上文第二、三、四条。

3. 明确人员招聘、录用以及试用的有关程序、手续等事项。如规定人员经笔试或面试合格后，即到相应部门试用。原则上人员试用期为一个月，试用期满符合岗位要求的，正式录用，不符合的，可做出相应的岗位调整或不予录用。参见上文第五、六、七、八、九条。

4. 明确其他事项及制度的施行时间等。参见上文第十、十一、十二条。

三、管理人员录用规定

管理人员是指在组织中行使管理职能、指挥或协调他人完成具体任务的人，其工作绩效的好坏直接关系着组织的成败兴衰。吸纳优秀的管理人才，对公司的发展更是至关重要。因此，健全管理人员录用制度，更是重中之重。

管理人员录用规定范本

第一条 为了选聘更好的管理人才，特制定本规定。

第二条 本规定适用于本公司招聘录用管理人员。管理人员系指公司各部门的高级经理、经理、主任、主任助理、经理助理等职级的管理人员。

第三条 录用管理人员应坚持公开招聘、平等竞争、择优录用、先内后外的原则。

第四条 在管理人员的选拔工作中，由用人部门各自拟订本部门年度的管理人员需求和调整计划，人力资源部审核统计汇总后，结合公司领导提出需求和调整意向，报总经理审批，再根据管理人员需求和管理人员供给状况拟定公司的管理人员选拔计划、发布选拔信息，组织人才甄选工作。

第五条 人力资源部在选拔前负责组织用人部门、有关公司内部或外部专家，根据岗位职责和岗位要求进行管理人员选拔评价方案的设计，报总经理批准后方可执行。

第六条 招聘信息发布的时间、方式、渠道与范围根据岗位要求具体确定。

第七条 凡竞聘管理职位者，必须具有两年以上相应的管理经验，条件优秀者，可以放宽条件。

第八条　应聘者可通过信函、电子邮件等方式提出应聘申请。

在提出应聘申请时,应聘者需向人力资源部门提供以下个人资料:

(一)应聘申请表(函),且注明应聘职位;

(二)个人简历,注明联系方式、学历、工作经验、技能、成果、个人兴趣爱好、品格等信息;

(三)身份证(复印件);

(四)各种学历、技能、成果(包括奖励)证明(复印件)。

第九条　针对录用人员的考试方法分为面试和笔试两种。其中,因各部门具体管理对象不同,笔试内容应有所侧重。一般包括以下五个方面:

(一)应聘部门所需的专业知识;

(二)应聘部门所需的具体业务能力;

(三)领导能力和协调能力;

(四)对企业经营方针和战略的理解;

(五)职业素质和职业意识。

面试考核的主要内容是管理风险、表达能力、应变能力和个人形象等。

第十条　人员经笔试或面试合格后,即到相应部门试用。原则上人员试月期为三个月,试用期满符合岗位要求的,方可正式录用,表现优秀者,可以适当放宽时间条件。

第十一条　凡有下列情形者,不得录用:

(一)有刑罚处分在身,还未结束者;

(二)被通缉人员,尚未结案者;

(三)有吸毒、赌博、嗜酒等不良嗜好者;

(四)无民事或限制行为能力人;

(五)其他经公司认定不适合者。

第十二条　试用期人员的工资为相同岗位正式人员工资的80%。

第十三条　试用期满合格,填写转正申请,办理转正手续,签订正式劳动合同。同时用人部门和人力资源部门应完成以下工作:

(一)为转正管理人员定岗定级,提供相应待遇;

(二)制定管理人员进一步发展计划;

（三）为员工提供必要的帮助和咨询。

第十四条 人力资源部定期跟踪录用管理人员的流动情况和工作绩效，对选拔方法进行评估，从而不断改进和完善。

第十五条 本规定的拟定和修改由公司人力资源部负责，报公司总经理办公会审批执行。

第十六条 本规定由公司人力资源部负责解释。

第十七条 本规定自公布之日起实施。

☞ 制作提示

1. 明确制度制定目的、适用范围及有关原则。如规定录用管理人员应坚持公开招聘、平等竞争、择优录用、先内后外的原则。参见上文第一、二、三条。

2. 明确相关部门职责。如规定人力资源部在选拔前负责组织用人部门、有关公司内部或外部专家，根据岗位职责和岗位要求进行管理人员选拔评价方案的设计，报总经理批准后方可执行。参见上文第四、五条。

3. 明确招聘、录用的有关程序、手续等事项。如规定招聘信息发布的时间、方式、渠道与范围根据岗位要求具体确定。参见上文第六、七、八、九、十、十一条。

4. 明确员工录用后的有关规定。如规定试用期满合格，填写转正申请，办理转正手续，签订正式劳动合同。参见上文第十二、十三、十四条。

5. 明确其他事项及制度的施行时间等。参见上文第十五、十六、十七条。

四、员工培训管理规定

企业员工培训，是直接提高经营管理者能力水平和员工技能，为企业提供新的工作思路、知识、信息、技能，增长员工才干和敬业、创新精神的根本途径和极好方式，是最为重要的人力资源开发。而员工培训管理规定，可以规范员工培训工作，使该工作的作用和价值得到最大的发挥。

员工培训管理规定范本

第一条 为了对员工进行有组织、有计划的培训,以达到公司与员工共同发展的目的,根据公司人力资源管理基本政策,特制定本规定。

第二条 公司培训按照"经济、实用、高效"的原则,采取人员分层化、方法多样化、内容丰富化的培训政策。

第三条 员工的专业化培训和脱产外出培训坚持"机会均等、公平竞争"的原则,员工通过突出的业绩和工作表现获得激励性培训和发展机会。

第四条 本规定适用于公司所有正式员工。

第五条 公司培训的常规内容有:

(一)公司发展概况。

(二)产品知识介绍。

(三)人事制度。如作息时间、休假、请假、晋升、培训、奖惩、工资结构、发薪日、加班工资、支薪方式、社会保险及为员工提供的其他福利。

(四)安全教育。包括安全制度和程序,消防设施的正确使用,安全卫生、劳动保护等知识。

(五)总务制度。主要有公司进出、工作牌、考勤卡使用、劳保领用、工作午餐、个人车辆停放等。

(六)行为规范和礼仪知识。包括保守商业秘密、务工纪律和员工仪表、穿着、交往、接电话等知识。

技能岗位还要不断实施在岗员工岗位职责、操作规程和专业技能培训,使其在充分掌握理论的基础上,能自由地应用、发挥、提高。

各个岗位还要不断实施心理学、人际关系学、社会学、价值观及政治觉悟的培训,建立公司与员工之间的相互信任关系,满足员工自我实现的需要。

第六条 培训形式分为员工自我培训、员工内部培训、员工外派培训三种。

(一)员工自我培训

员工自我培训是最基本的培训方式。公司鼓励员工根据自身的愿望和条件,利用业余时间通过自学积极提高自身素质和业务能力。

公司会尽力提供员工自我培训的相关设施，如场地、联网电脑等。

原则上对员工自我培训发生的费用，公司不予报销。

（二）员工内部培训

员工的内部培训是最直接的方式，主要包括：

1. 新员工培训。

2. 岗位技能培训。

3. 转岗培训。根据工作需要，公司员工调换工作岗位时，按新岗位要求对其实施岗位技能培训。

4. 部门内部培训。部门内部培训由各部门根据实际工作需要，对员工进行小规模、灵活实用的培训，由各部门组织，定期向人力资源部汇报培训情况。

5. 继续教育培训。公司可根据需要组织专家进行培训。

（三）员工外派培训

员工外派培训是公司具有投资性的培训方式。公司针对员工工作需要，会安排员工暂时离开工作岗位，在公司以外进行培训。员工个人希望在公司以外进行培训（进修），需填写《员工外派培训申请表》，并附培训通知或招生简章。由人力资源部审查，总经理批准后方可报名。外派培训人员的工资待遇、费用报销由人力资源部决定。

第七条 被培训者享有以下权利：

（一）在不影响本职工作的情况下，员工有权利要求参加公司内部举办的各类培训。

（二）经过批准进行培训的员工有权利享受公司为受训员工提供的各项待遇。

第八条 被培训者应承担以下义务：

（一）培训员工在受训期间一律不得归于规避或不到。对无故迟到和不到的员工，按本公司考勤制度处理。

（二）培训结束后，员工有义务把所学的知识运用到日常工作中去。

（三）外部培训结束一星期内，员工应将其学习资料整理成册，交由人力资源部保管。并将其所学教给公司其他员工。

（四）员工自我培训一般只能利用业余时间，如需占用工作时间的，在人力资源部备案后，需凭培训有效证明，经所在部门负责人批准后，做相应处理。

第九条 人力资源部负责组织培训结束后的评估工作，以判断培训是否达到预期效果。

第十条 培训结束后的评估要结合培训人员的表现，做出总鉴定。可要求被培训者写出培训小结，总结在思想、知识、技能方面的进步。前述材料与培训成绩一起放进人事档案。

第十一条 本公司培训以自编教材为主，适当购买教材为辅。

第十二条 本公司培训师资由公司内部人员承担，人事部门担当为主，其他部门配合承担部分课程讲解。传授方法主要采取讲解、录像、幻灯放映、典型案例、现场演示等方式。

第十三条 公司每年投入一定比例的经费用于培训，培训经费专款专用，可根据公司实际情况调整相应数额。

第十四条 本规定的拟订或修改由人力资源部负责，报公司领导层批准后执行。

第十五条 本规定由人力资源部负责解释。

第十六条 本规定自公布之日起开始实施。

☞ 制作提示

1. 明确制度制定目的、适用范围及相关原则。如规定为了对员工进行有组织、有计划的培训，以达到公司与员工共同发展的目的，根据公司人力资源管理基本政策，特制定本规定。参见上文第一、二、三、四条。

2. 明确培训内容与形式。如规定培训形式分为员工自我培训、员工内部培训、员工外派培训三种。参见上文第五、六条。

3. 明确被培训者的权利与义务。如规定经过批准进行培训的员工有权利享受公司为受训员工提供的各项待遇。参见上文第七、八条。

4. 明确培训的评估及其他事项。如规定人力资源部负责组织培训结束后的评估工作，以判断培训是否达到预期效果。参见上文第九、十、十一、十二、十三条。

5. 明确制度的施行时间等。参见上文第十四、十五、十六条。

五、新员工培训办法

为规范和促进公司培训工作持续、系统地进行，通过知识、经验、能力的积累、传播、应用与创新，提升新员工职业技能与职业素质，使之适应企业可持续发展的需要，应当制定相应的培训办法。

新员工培训办法范本

第一条 为了进一步规范本公司针对新员工的培训工作，特制定本办法。

第二条 本办法适用公司所有新员工培训的管理与实施。

第三条 人事部经理负责统筹规划公司教育培训并管控经费的有效使用，是公司培训过程的主要责任人。

培训主管拟订培训方案，执行培训方案，负责日常培训营运管理。如培训需求分析、培训组织与评价、培训内化、培训费用管理等工作。

其他培训人员负责培训基础行政工作。

第四条 公司培训的主要内容有：

（一）公司发展概况。

（二）产品知识介绍。

（三）人事制度。如作息时间、休假、请假、晋升、培训、奖惩、工资结构、发薪日、加班工资、支薪方式、社会保险及为员工提供的其他福利。

（四）安全教育。包括安全制度和程序、消防设施的正确使用、安全卫生、劳动保护等知识。

（五）总务制度。主要有公司进出、工作牌、考勤卡使用、劳保领用、工作午餐、个人车辆停放等。

（六）行为规范和礼仪知识。包括保守商业秘密、务工纪律、员工仪表、穿着、交往、接电话等知识。

另外，属于技能岗位的，还要实施在岗员工岗位职责、操作规程和专业技能培训。

第五条 具体培训项目实施形式包括课堂教学、实际操作、分享、观看视频、座谈会等。

第六条 本公司培训以自编教材为主，适当购买教材为辅。为提高培训质量，凡培训涉及相关部门需提供培训资料的，由各部门提供给人事部门，人事部门再统一编制成公司入职培训教材。

第七条 本公司培训师资由公司内部人员承担，人事部门担当为主，其他各部门配合承担部分课程讲解。传授方法主要采取讲解、视频、幻灯放映、典型案例、现场演示等方式。

第八条 公司每年投入一定比例的经费用于培训，培训经费专款专用，可根据公司实际情况调整相应数额。

第九条 参加培训的员工应遵守以下纪律：

（一）所有学员应严格遵守培训时间安排，不得迟到早退，如确因特殊原因不能按规定时间参加培训的，应当填写《请假单》，报人事部批准、备案；迟到、早退及未请假缺席的，按考勤制度处理；

（二）授课时，学员应认真做好课堂笔记，保持课堂安静，不准窃窃私语、私下议论；

（三）授课时，严禁学员抽烟、睡觉、玩手机或阅读其他刊物；不准接听电话，如因特殊原因需接听电话的，须到培训室外接听，不得影响正常上课；

（四）不准在培训场所乱丢垃圾、纸屑，授课结束时应及时清理自己座位上的物品，保持培训场所整洁；

（五）培训结束后，应认真填写《培训评估调查表》，参加培训测试，测试结果存入学员个人档案。

第十条 新员工培训结束后，要参加由人事部和所属部门组织的考核。考核成绩为所属部门的考核成绩占60%，人事部的考核成绩占40%。只有考核综合成绩达到80分的员工才留用。60—80分的员工可再培训再考核，两次后仍达不到要求的，予以辞退。

第十一条 人事部门负责组织培训结束后的评估工作，以判断培训是否达到预期效果。

第十二条 本办法的拟订或修改由人事部门负责，报公司领导层批准后执行。

第十三条 本办法由人事部门负责解释。

第十四条 本办法自公布之日起开始实施。

☞ 制作提示

1. 明确制度制定目的、适用范围及相关部门职责。如规定本办法适用公司所有新员工培训的管理与实施。参见上文第一、二、三条。

2. 明确培训内容、形式、师资力量等。如规定具体培训项目实施形式包括课堂教学、实际操作、分享、观看视频、座谈会等。参见上文第四、五、六、七、八条。

3. 明确培训纪律、考核及其他事项。如规定所有学员应严格遵守培训时间安排，不得迟到早退，如确因特殊原因不能按规定时间参加培训的，应当填写《请假单》，报人事部批准、备案；迟到、早退及未请假缺席的，按考勤制度处理。参见上文第九、十、十一条。

4. 明确制度的施行时间等。参见上文第十二、十三、十四条。

六、管理人员培训规定

对管理人员进行培训，健全管理人员培训制度，可以使公司董事、监事和高级管理人员在认真掌握有关法律法规的基础上，强化自律意识，完善公司治理结构，推动公司规范运作。

管理人员培训规定范本

第一章 总 则

第一条 为了规范本公司对管理人员的培训工作，特制定本规定。

第二条 本规定适用于公司高层、中层、基层的管理人员。

第二章 培训要求与内容

第三条 针对高层管理人员的培训要求与内容有：

（一）引进新产品或改良原有产品；

（二）学习国外的先进技术，掌握新的生产方法，了解公司经营的发展方向；

（三）努力开拓新市场、新领域；

（四）培养责任心、使命感、独立经营的态度、严谨的生活态度、诚信的经营方针以及热忱服务社会的高尚品质；

（五）以企业经营效益的提高为目的，培养创造利润的思想观念；

（六）进行市场调研，研究营销策略，以推进营销活动，促进效益的提高。

第四条 针对中层管理人员的培训要求与内容有：

（一）明确公司的经营目标和经营方针；

（二）培训相应的领导能力和管理才能；

（三）使其具有良好的协调、沟通能力；

（四）具有相关工作的知识；

（五）掌握本公司的管理方法；

（六）熟练掌握教育培训技术；

（七）努力培养作为领导者应具备的人格。

第五条 中层管理人员应具备以下能力：

（一）明确工作的目的和方针、以科学有效的方式从事调查、掌握有关事实、拟定实施方案等计划能力；

（二）分析具体的工作目标和方针、分析并决定职务内容、设置机构、制定组织图表、选任下属人员等组织能力；

（三）制定执行计划的客观标准和规范、严格实施标准、及时向上级反馈等控制能力。

第六条 针对基层管理人员的培训要求与内容有：

（一）领导管理能力；

（二）组织协调能力；

（三）丰富的想象力、敏锐的观察力；

（四）丰富的业务知识和熟练的工作技能。

第七条 基层管理人员的基本责任：

（一）按预定工作进度、程序组织生产；

（二）保证产品的质量与生产的规模；

（三）降低生产成本。

第三章　其他要求

第八条　中层管理人员应坚持以下标准：

（一）是否为下属的工作、晋升提供了足够的支持和机会；

（二）是否适当地分派了工作，使下属有公平感；

（三）所定的计划，是否得到了下属的理解和衷心的支持；

（四）是否信守向下属许下的诺言；

（五）是否在发布命令、进行指导时，做了妥善的考虑。

第九条　中层管理人员下达指示时要做到：

（一）口头指示要做到：

1. 条理清楚，切合主题；

2. 明确指明实行的时间、期限、场所等；

3. 保证对下属传达的准确性；

4. 指出实行时应注意之处，并指明困难所在；

5. 耐心回答下属的提问。

（二）书面指示要做到：

1. 明确目标，逐条列举要点；

2. 提前指示应注意的问题；

3. 必要时，以口头命令补充；

4. 核查命令是否已被下属接受。

第十条　中层管理人员贯彻指示的要求：

（一）整理指示内容；

（二）严格遵循贯彻程序；

（三）确认下属已彻底理解指示；

（四）使下属乐于接受指示，并改进他们的工作态度，提高其工作积极性。

第十一条　中层管理人员人际关系的处理要求：

（一）善于同其他管理人员合作，具有较强的团队精神；

（二）乐于接受批评建议；

（三）彼此交换信息、情报，不越权行事；

（四）对上级与下属的关系处理，应以工作效果为原则，不得将个人情绪带到工作中去。

第十二条 中层管理人员与下属交谈时的要求：

（一）选择合适的场所，以亲切的态度与其交谈；

（二）涉及私人问题时为下属保密，减少员工的顾虑；

（三）留心倾听，适当询问，使下属无所不谈；

（四）应注意不要轻易承诺。

第十三条 中层管理人员配置人力时应注意：

（一）根据每位员工的知识、能力安排合适的职位，做到人尽其才，才尽其用；

（二）给下属以适当的鼓励，使其在工作中具有成就感，形成良好的开端，增强工作的积极性；

（三）有效地组织实施训练，增强下属的工作能力。

第十四条 中层管理人员对待下属时应注意：

（一）不要对下属抱有成见和偏见；

（二）不以个人偏好衡量下属；

（三）冷静观察实际工作情况，不要使下属产生受人监视的感觉；

（四）利用日常的接触、面谈、调查，多侧面了解下属，严守下属的秘密，公私分明。

第十五条 中层管理人员调动下属积极性应注意：

（一）适时对员工加以称赞，即使是细微行为也不要忽视，同时不可以忽视默默无闻、踏实肯干的下属；

（二）授予下属权责后，不要做不必要的干涉，同时尽可能以商量的口气而不是以命令的方式分派工作；

（三）鼓励下属提出自己的见解，并诚心接受，尊重下属的意见；

（四）鼓励并尊重下属的研究、发明，培养其创造性；

（五）使下属充分认识到所从事工作的重要性。

第十六条 中层管理人员批评下属时应注意：

（一）要选择合适的时间，要冷静、避免冲动；

（二）在适当的场所，最好是无其他人在场的情况下；

（三）适可而止，不可无端地讽刺、一味指责；

（四）不要拐弯抹角，举出事实；

（五）寓激励于批评中；

（六）其他教育培训职责。

第十七条 基层管理人员处理人际关系应注意：

（一）对下关系：进行家庭调查，举行聚会、郊游，帮助下属解决工作和生活中的难题；

（二）对上关系：反映员工意见，听取上级要求，报告自己的建议和看法；

（三）横向关系：与其他部门的同事通力合作；

（四）积极开展对外活动，树立良好的公司形象，形成良好的公共关系。

第四章 附 则

第十八条 本规则自公布之日起实施。

第十九条 本规则由公司董事会负责解释及修订。

☞ 制作提示

1. 明确制度制定目的、适用范围。如规定本规定适用于公司高层、中层、基层的管理人员。参见上文第一、二条。

2. 明确培训要求与内容。如规定针对高层管理人员的培训要求与内容有：引进新产品或改良原有产品；学习国外的先进技术，掌握新的生产方法，了解公司经营的发展方向等。参见上文第三、四、五、六、七条。

3. 明确对管理人员的其他要求。如规定中层管理人员接见下属的要求：（一）选择合适的场所，以亲切的态度与其交谈；（二）涉及私人问题时为下属保密，减少员工的顾虑；（三）留心倾听，适当询问，使下属无所不谈；（四）应注意不要轻易承诺。参见上文第八、九、十、十一、十二、十三、十四、十五、十六、十七条。

4. 明确制度的施行时间等。参见上文第十八、十九条。

第六章　考核、考勤管理制度

　　考核是一种员工评估制度，它通过系统的方法、原理来评定和测量员工在职务上的工作行为和工作效果，是企业管理者与员工之间进行管理沟通的一项重要活动。考核的结果可以直接影响到员工的薪酬调整、奖金发放及职务升降等诸多切身利益，其最终目标是改善员工的表现，在实现企业经营目标的同时，提高员工的满意度和成就感，最终达到企业和个人发展的"双赢"。而日常考勤制度对于辅助员工考核、规范员工管理也具有十分重要的作用。

一、公司人事考核制度

建立人事考核制度的目的是以职能、职务、等级制度为基础，通过对职工的能力、成绩和干劲的正确评价，进而积极地利用调动、调配、晋升、特殊报酬以及教育培训等手段，提高每个职工的能力、素质和士气，纠正人事关系上的偏差。

公司人事考核制度范本

第一章 总 则

第一条 为了规范本公司的人事考核工作，特制定本制度。

第二条 本制度适用于被职能、职务、等级制度确定下来的职工。

第三条 考核各级职工成绩之记录，作为升职、升级、调迁、退职、核薪及发放年终奖金之重要依据。

第四条 经办考绩之人员应严守秘密，并以公正、客观之立场评议，不得泄露或徇私，违者分别惩处。

第五条 下列人员不在考核之列：

（一）如果是奖励资格方面的考核，考核期限不满（_____）个月者，以及退休人员，不在被考核之列；

（二）如果是晋升、提薪方面的考核，考核期限不满（_____）个月者，以及退休人员，不在被考核之列。

第六条 考核结果原则上不予调整，只有被认为有必要保持整个企业平衡时，才设立审查委员会，进行审查和调整。在这种情况下，由人事部长对一般职工、中间管理层人员的考核工作作出最后裁决；由负责人事工作的经理对高层管理者的考核，作出最后裁决。即使如此，奖励方面的考核工作，一般不予调整。

第七条 考核依据绝对评价准则，进行分析测评。但是，在涅薪考核方面，附加自我评价环节，以便自我认识，自我反省。

第八条 考核者在考核期限，必须就工作成果（完成程度）、工作能力（知识、技能和经验的掌握程度），以及工作的进取精神（干劲和态度的好坏程度）等方面内容，交换意见，相互沟通，以便彼此确认，相互认可。

第二章 考核计划与执行

第九条 为了使人事考核统一、合乎实际，需要进行考核者训练工作。考核者训练按照要求制订训练计划，予以实施。

第十条 为了使人事考核能公正合理地进行，考核者必须遵守下列各原则：

（一）必须根据日常业务工作中观察到的具体事实作出评价；

（二）必须消除对被考核者的好恶感、同情心等偏见，排除对上、对下的各种顾虑，在自己的信念基础上作出评价；

（三）不对考核期外以及职务工作以外的事实和行为进行评价；

（四）考核者应该依据自己得出的评价结论，对被考核者进行扬长补短的指导教育。

第十一条 人事考核对被考核人员的分类如下：

（一）E（Extra 临时工阶层）——临时工；

（二）J（Junior 作业层）——Ⅰ.Ⅱ.Ⅲ.Ⅳ级职工；

（三）S（Senior 中间管理层）——Ⅴ.Ⅵ.Ⅶ级职工；

（四）M（Management 经营决策层）——Ⅷ.Ⅸ.Ⅹ.Ⅺ级职工。

第十二条 考核的等级如下：

（一）S——出色、不可挑剔（超群级）；

（二）A——满意、不负众望（优秀级）；

（三）B——称职、令人安心（较好级）；

（四）C——有问题、需要注意（较差级）；

（五）D——危险、勉强维持（很差级）。

第十三条 按上述人员分类，分为《作业层人事考核表》（略）、《中间管理层人事考核表》（略）、《经营决策层人事考核表》（略）。

第三章　考核的实施

第十四条　关于实施期与考核期的规定有：

（一）人事考核的实施期一年二次：3月和9月。

（二）考核观察期如下：

1. 与3月的实施期相对应的考核观察期，从9月1日起至第二年的2月底，为期6个月。

2. 与9月的实施期相对应的考核观察期，从3月1日起至8月31日，为期6个月。

第十五条　关于考核者的规定有：

（一）人事考核按职务等级进行，原则上进行两种层次的考核，即第一次考核和第二次考核；

（二）在考核期间，如果考核者遇到人事调动，被调离现职务，则考核者所担当的考核工作，进行到被调离日为止，由后任者担当考核者，把考核工作继续推进下去；

（三）因一次考核者缺勤或其他原因而不能继续进行考核时，由二次考核者代行其事，而二次考核可以因此而省略掉；

（四）因二次考核者缺勤或其他原因而不能继续进行考核时，则二次考核可以因此而省去；

（五）在职务级别层次很少的单位或部门，二次考核可以省略；

（六）因一次、二次考核者都缺勤或其他原因而不能继续进行考核时，则由总务部长对此作出决定。

第十六条　在考核期间，被考核者如果因人事变动而调离原单位原部门时则人事考核原则上由新单位新部门进行。不过，还必须与原单位原部门进行磋商、听取有关意见。如果调入新单位后，人事考核期不满一个月，则由原单位进行考核。

第四章　考核结果的处置

第十七条　考核结果必须得到相关领导的认可。

第十八条 人事考核结果的计量,按另外规定的计量标准进行。

第十九条 对于考核结果,有必要把考核结果通过被考核者的顶头上司,通知直接被考核者本人,并作出说明。

第二十条 考核结果由考核的担当机构保管。

考核结果以职工卡形式,或计算机硬盘形式记录存档,保存至被考核者退休后一年为止。

第二十一条 本制度的修改与废止,由主管人事的经理最终裁决。

第二十二条 本制度自公布之日起实施。

☞ 制作提示

1. 明确制度制定目的、适用范围以及考核的作用。如规定考核各级职员成绩之记录,作为升职、升级、调迁、退职、核薪及发放年终奖金之重要依据。参见上文第一、二、三条。

2. 明确考核人员、依据等要求。如规定被考核者是指适用于职能、职务、等级制度的所有职工。参见上文第四、五、六、七、八条。

3. 明确考核计划与执行事项。如规定为了使人事考核统一、合乎实际,需要进行考核者训练工作。考核者训练按照要求制订训练计划,予以实施。参见上文第九、十、十一、十二、十三条。

4. 明确考核的实施事项。如规定人事考核按职务等级进行,原则上进行两种层次的考核,即第一次考核和第二次考核。参见上文第十四、十五、十六条。

5. 明确考核结果的处置。如规定对于考核结果,有必要把考核结果通过被考核者的顶头上司,通知直接被考核者本人,并作出说明。参见上文第十七、十八、十九、二十条。

6. 明确制度的施行时间等。参见上文第二十一、二十二条。

二、员工绩效考评制度

绩效考评管理制度范本

绩效考评是一种员工评估制度，它通过系统的方法、原理来评定和测量员工在职务上的工作行为和工作效果，是企业管理者与员工之间进行管理沟通的一项重要活动。绩效考评的结果可以直接影响到员工的薪酬调整、奖金发放及职务升降等诸多切身利益，其最终目标是改善员工的表现，在实现企业经营目标的同时，提高员工的满意度和成就感，最终达到企业和个人发展的"双赢"。

第一章 总 则

第一条 为了规范考核评价手段，对员工的工作表现和努力程度作出公正合理的评价，促进人力资源管理工作公正和高效，提高员工的工作效率，实现人力资源价值的最大化，确保公司达到既定的管理目标，挖掘员工的潜能，促进员工成功与发展，特制定本制度。

第二条 绩效考评成绩主要运用于工作反馈、报酬管理、职务调整和工作改进。

第三条 本制度适用于公司绩效考核的策划、组织、实施、评价、反馈、应用等过程的控制。考核对象为公司全体员工。

第四条 绩效考评的原则为公平、公开、客观、一致。

第二章 职责分工

第五条 公司人力资源部是绩效考核工作的管理部门，其职责如下：

（一）制定并修改公司考核制度，报公司总经理审批后督促公司各部门执行。

（二）对考核各项工作进行培训和指导。

（三）对考核过程进行监督和指导。

（四）汇总统计考核评分结果，形成考核总结报告，对月度、季度、年度考核工作情况进行通报。

（五）对考核过程中不规范行为进行纠正、指导与处分。

（六）协调、处理各部门各级人员关于考核申诉的具体工作。

第六条　各部门负责组织部门内部考核工作，其具体职责如下：

（一）在人力资源部的协助下制定本部门员工的考核指示。

（二）负责直至实施本部门考核工作。

（三）负责对本部门员工的考核结果进行反馈，帮助其制订改进计划，并对考核工作情况进行汇报。

（四）协助处理本部门关于考核工作的申诉。

（五）建立部门人员考核档案，作为薪酬调整、职务升降、岗位调动、培训、奖励惩戒等的依据。

第三章　考核实施

第七条　公司员工考核分为试用考核、月度考核、季度考核、年终考核四种。

第八条　公司主要从业绩、能力和态度三个方面对员工进行考核，具体实施步骤包括述职、岗位职责说明、专项测评。

第九条　考核者原则上为被考核者的直接上级。

在考核期间，如果考核者遇到人事调动，被调离现职务，则考核者所担当的考核工作，进行到被调离日为止，由后任者担当考核者，将考核工作继续进行下去。

第四章　考核结果及应用

第十条　人力资源部依各部门提交的岗位考核评分表，计算得出被考核者的考核最终得分，并确定其对应的考核等级。

第十一条　述职、专项考评系列结果，将登记并装入个人档案中，其中总经理人力资源部经理的专评意见将会同综合评价，在岗位任务考评的框架上对年终评优、年终奖金、晋升、薪金评定产生重要的影响。

第五章　考核申诉管理

第十二条　公司人力资源部是员工考核申诉的日常管理部门，被考核者如对考核结果不清楚或持有异议，可填写"考核申诉表"，向人力资源部提出申诉。

第十三条　人力资源部在考核结果公开后的7日内接受部门或员工的申诉，过期不予办理。

第十四条　人力资源部接到申诉后，在5个工作日内作出是否受理的答复，对于无客观事实根据、仅凭主观臆断的申诉不予受理。

第十五条　人力资源部对申诉内容进行调查，然后与部门负责人、当事人进行协调、沟通，不能协调的，报公司总经理或主管副总处理。

第十六条　公司总经理拥有申诉的最后决定权，各相关人员须按照其指示进行处理。

第六章　附　则

第十七条　本制度由人力资源部负责编写，其最终解释权归人力资源部所有。

第十八条　本制度须结合薪酬福利相关制度、各岗位绩效考核实施细则等实施。

第十九条　本制度由公司总经理批准后颁布实施。

☞ 制作提示

1. 明确制定该制度的目的，如为了规范考核评价手段，对员工的表现作出合理的评价，确保公司达到既定的管理目标等。参见上文第一条。

2. 明确绩效考核的原则和范围，如公平、公开、客观、一致的原则；考核对象为公司全体员工。参见上文第三、四条。

3. 明确绩效考核的职责分工，如应由人力资源部组织，各部门协助等。参见上文第五、六条。

4. 明确绩效考核的内容及考核者，如业绩考评、能力考评和态度考评。参见上文第八、九条。

5. 明确绩效考核结果的用途。参见上文第十、十一条。

6. 明确绩效考核的申诉规定，如员工可填写"考核申诉表"提出申诉等。参见上文第十二至十六条。

7. 绩效考核制度应结合薪酬福利相关制度、各岗位绩效考核实施细则等实施。

三、员工考勤管理办法

考勤，即考察出勤，也是就通过某种方式来获得员工在某个特定的场所及特定的时间段内的出勤情况，包括上下班，迟到，早退，病假，休息，工作时间，加班情况等，进而通过对以前阶段，本阶段内出勤情况的研究，以进行以后阶段的统筹和安排。一部完善、详细的员工考勤管理办法，对于考勤工作的顺利进行有很大的帮助。

员工考勤管理办法范本

第一条 为加强公司内部及考勤管理，严格劳动纪律、提高员工遵章守法的自觉性、建立正常的工作秩序、提高工作效率，根据国家有关规定并结合本公司实际情况，特制定本办法。

第二条 本办法适用于公司正式员工。公司正式员工既有遵守本办法的义务，又有监督本办法执行的权利。试用期员工以及在本公司实习的员工，考勤管理遵照本办法相关条款执行。

第三条 公司实行刷卡制度，员工每个工作日上午上班与下午下班均应认真自行刷卡。对于外出办公当天不再返回公司（或无法预计当天能否返回公司）者，在外出办公前应主动刷卡（公司高级管理人员及司机不执行刷卡制度）。

第四条 考勤员应按规定及时、认真、准确地记录考勤情况，如实反映本单位考勤中存在的问题，妥善保管各种休假凭证，及时汇总考勤结果，并做出报告。

第五条 考勤须知

（一）对有迟到、早退、擅离职守现象的员工，应及时进行教育；属屡教不改的，给予适当的纪律处分；造成严重后果者，应追究其责任。

（二）对旷工者，应责成其做出书面检讨，并按规定计扣工资，扣发当月各项奖金。

第六条 迟到、早退、旷工的处理

（一）员工均须按时上下班，考虑上班交通问题，在规定上班时间非因工作需要十分钟后到岗者视为迟到（班车晚点除外）；在规定下班时间前非因工作需要离开工作岗位者视为早退。

（二）迟到早退均按事假处理，每月累计迟到或早退2次以下（含2次）者，不足1小时按1小时计，依次按整小时数计算。每月迟到或早退累计2次以上或年累计迟到或早退累计5次以上者，迟到或早退一次，不足半天者按事假半天处理，超过半天不足1天的按1天处理。一个工作日内短时间因公外出，应提前向直属领导（主管、项目负责人等）或部门负责人说明外出理由；部门负责人一个工作日内短时间外出办公应口头向主管经理说明外出理由。

（三）未经请假或假满未经续假而擅自不到岗者按旷工处理。

（四）工作时间私自外出，一次不足半天的按旷工半天处理，超过半天不足1天的按旷工1天处理。

（五）无故旷工（或视同旷工）者，按旷工天数减发工资，当月奖金不予发放。对于屡教不改的旷工者，按违纪处理，可考虑解除劳动合同。

第七条 请假办法

（一）公假

经公司批准脱产参加会议、学习、出差、从事社会活动和工会活动均属公假；经公司指定或批准休养、参观、访问的人员，以及因工（公）负伤人员在医疗期间，根据实际情况给予公假。

（二）调遣假

员工异地调动，有家属随迁的，不超过6天；调往边远地区的，不超过14天。员工单人赴调不超过3天，赴调途中所需行程时间，按其实际需要核给，不计算假期。特区内调动一般不超过1天。

如有非经常性事务，需员工本人办理或参加的，如迁居、开家长会等，各单位可考虑到工作安排及员工的需要酌情处理，不计算假期。

第八条　假期管理

与公司签订了劳动合同的员工，依法享有以下休息休假的权利。

第九条　法定假日

国家法定休假日有元旦、春节、清明节、劳动节、端午节、中秋节、国庆节，具体放假时间按国家颁布的规定实行。

第十条　病假

员工因生病而未能正常出勤记作病假。

（一）员工因病或非因工（公）负伤，经公司指定的医疗单位证明确定不能坚持工作，可参考医生建议，根据实际情况给予病假。

（二）员工请病假在2天（含）内的，由直属领导签字、部门负责人批准，部门负责人请假由主管经理批准。

（三）员工向部门负责人请病假在2天以上者，须经主管经理批准，部门负责人请假须经总经理批准。一般情况下，请假者应提前一天以书面形式向有批准权的领导请假。因急发病症未能提前书面请假的，应由本人或家属通过电话等方式请假。

（四）员工休病假，超过1天要出具医院开具的假条，员工休病假的时限，应以假条上的时间为准，遇节假日不顺延。

（五）病假期间的待遇按国家劳动保险条例规定办理。病假3天内不扣工资，4天以上按（岗位工资+技能工资）30天计扣工资。

（六）长期病休人员，从病休时起，1年内的任何时间累计超过6个月（或153个工作日），从超过之日起，停发工资，改发疾病救济费。

第十一条　年假

员工符合以下条件的可以享受年休假：

（一）累计工作已满1年不满10年的，年休假5天；

（二）已满10年不满20年的，年休假10天；

（三）已满20年的，年休假15天。国家法定休假日、休息日不计入年休假的假期。

员工享受年休假应首先满足工作需要，由所在单位安排。因工作需要未享受年休假的，享受法定假期间工作待遇。

员工有下列情形之一的，不享受当年的年休假：

（一）参加工作不足 1 年的；

（二）当年调入已在原单位享受了年休假的；

（三）累计工作满 1 年不满 10 年的职工，请病假累计 2 个月以上的；

（四）累计工作满 10 年不满 20 年的职工，请病假累计 3 个月以上的；

（五）累计工作满 20 年以上的职工，请病假累计 4 个月以上的。

第十二条 工伤假

（一）因公负伤、因工致残，持医院诊断证明并经人事部确认，可按工伤假记考勤，工伤假期间工资照发。

（二）因公负伤的职员，伤愈复发，经鉴定后，以工伤处理。

第十三条 婚假

员工申请结婚，须在本公司办理结婚手续，并以领取结婚证为准。婚假假期 3 天。如到外地（指配偶工作所在地，不含旅行结婚）结婚的，根据在途往返时间给路程假。

第十四条 产假

根据《女职工劳动保护特别规定》的规定，女职工生育享受 98 天产假，其中产前可以休假 15 天；难产的，增加产假 15 天；生育多胞胎的，每多生育 1 个婴儿，增加产假 15 天。女职工怀孕未满 4 个月流产的，享受 15 天产假；怀孕满 4 个月流产的，享受 42 天产假。

第十五条 丧假

员工配偶、子女、父母或养父母死亡，给丧假 4 日；祖父、外祖父、祖母、外祖母、公婆、岳父母死亡，给丧假 3 日；如在外地酌情计路程假，假期工资照发。

第十六条 调休假

（一）充分利用正常工作时间，提高工作效率，严格控制加班加点，确因工作需要而加班加点应经公司领导批准。

（二）员工在休息日加班后，经部门经理批准，可以享受因休息日加班产生的调休假。

（三）员工平时加班按实际加班时间给予同等时间存休，确实不能调休时按本人日平均工资的150%计发加班工资。

（四）员工休调休假时，须考虑部门工作的安排，并应提前两周申请，经主管同意。

（五）员工有特殊事务，可存休或调休。但存休不能跨年度使用，同时各部门应加强存休的记录管理。

第十七条 事假

（一）1日以内的事假由部门经理或直属领导批准即可休假；1日以上的事假必须由请假人持请假条经所在部门经理或直属领导签字后，由总经理批准，并办理准假证后，方可休假。

（二）管理人员申请休事假时，除经所在部门经理、总经理签字外，并办理准假证后，方可休假。休假期间，休假人的月收入按实际休假日期进行扣除。

第十八条 探亲假

（一）员工结婚时，分居两地又不能在公休假日团聚的，每年可享受一次探望配偶假，假期为30天。

（二）未婚员工探望父母每年一次，假期为20天；如因工作需要，当年无法安排的，可以2年给假一次，假期为45天。

（三）已婚员工探望父母假，每4年一次，假期为20天。

（四）员工有生身父母，又有养父母的，只能探望一方（以供养关系为主）。

（五）高校分配来的毕业生以及新招员工，在实习、试用期间不能享受探亲假，满1年后才能享受探亲假；外单位调进公司的员工要满半年才能享受探亲假。

（六）员工配偶已离婚或死亡，尚未再婚的，按未婚员工待遇处理；员工配偶、父母均已死亡，又未重新结婚，且身边没有子女者，如有16岁以下的未成年子女寄养在外地的，按未婚员工探亲假处理。

（七）员工探亲假期不包括路程假，但包括公休假日和法定节假日，路程假根据实际需要核准。

（八）员工探亲休假期间患病时，其病休天数仍作为享受探亲假计算，原规定的休假天数不能顺延；如果员工因患急病、重病而致假期期满后不能按期返回的，其延期返回的天数可根据医疗单位的证明，按病假处理。

（九）员工因各种原因在当年与配偶团聚3个月以上的，不再享受一年一次探亲假。

（十）探亲假原则上不能分期使用，确因生产、工作需要分期使用的，经人事部批准，可分期使用，跨年度作废。路程假只给一次，往返路费只报销一次。

第十九条　加班管理

（一）为保证员工身体健康，维护员工利益，公司提倡正常工作时间内提高工作效率，完成固定工作任务，休息休假期间不提倡加班。

（二）如确因工作需要加班者，员工应提前填写《加班申请单》，《加班申请单》中所列项目必须认真如实填写，经直属领导签字、部门负责人审核后报主管经理审批，各级管理人员应严格履行加班审批手续，《加班申请单》经审批通过后转交人力资源部备案，凡未经公司领导审批的加班，不按加班处理。

（三）非工作日加班人员享受20元/日的交通补助，当日加班连续4小时（不含）以上的，给予午餐补助，标准为15元/天，按照公司相关规定年终统筹考虑各部门的情况统一结算。

第二十条　本规定从发布之日起执行，本办法未尽事宜按公司有关规定执行。

第二十一条　本规定的解释权在公司人事部门。

☞ 制作提示

1. 明确制度制定目的及适用范围。如规定为加强公司内部及考勤管理，严格劳动纪律、提高员工遵章守法的自觉性、建立正常的工作秩序、提高工作效率，根据国家有关规定并结合本公司实际情况，特制定本办法。参见上文第一、二条。

2. 明确刷卡制度及考勤须知等。如规定公司实行刷卡制度，员工每个工作日上午上班与下午下班均应认真自行刷卡。参见上文第三、四、五、六条。

3. 明确请假制度。如规定经公司批准脱产参加会议、学习、出差、从事社会活动和工会活动均属公假；经公司指定或批准休养、参观、访问的人员，以及因工（公）负伤人员在医疗期间，根据实际情况给予公假。参见上文第七至十八条。

4. 明确加班管理规定。如规定保证员工身体健康，维护员工利益，公司提倡正常工作时间内提高工作效率，完成固定工作任务，休息休假期间不提倡加班。参见上文第十九条。

5. 明确其他事项以及制度的解释主体和施行时间等。参见上文第二十、二十一条。

四、员工休假管理办法

休息休假是企业员工法定的权利，国家法律法规对劳动者的休息休假权有明确的规定，公司应当贯彻执行国家法律法规的要求，保证员工的休息休假权的实现。同时为安排好公司的生产经营活动，公司对员工的休息休假应当有明确的规章制度，做到既不影响员工的休息休假，也不影响公司的生产经营活动。

员工休假管理办法范本

第一条　目的

为了规范员工的休假管理，保障公司员工的正当权益，维护良好的工作秩序，加强公司的劳动纪律，按照国家法律规定，结合公司的生产经营的实际情况特制定本办法。

第二条　适用范围

本办法适用于与公司签订劳动合同的全部人员。

第三条　休假分类

（一）法定公休日（周六、周日）；

（二）法定节假日（元旦、春节、清明、五一、端午、中秋、十一）；

（三）带薪年假；

（四）工伤假；

（五）病假；

（六）事假；

（七）公假；

（八）婚假；

（九）产假；

（十）丧假；

（十一）探亲假。

第四条 法定公休日

公休假日为：每周星期六、星期日。

第五条 法定节假日

（一）元旦放假1天；

（二）春节放假3天；

（三）清明节放假1天；

（四）五一劳动节放假1天；

（五）端午节放假1天；

（六）中秋节放假1天；

（七）十一国庆节放假3天（10月1日、2日、3日）。

如遇闰月，以第一个月为休假日。允许与法定公休日上移下错，形成连休，具体以国务院办公厅关于节假日放假的通知精神为准。

第六条 带薪年假

（一）为合理安排公司员工工作和休息时间，维护员工休息权利，调动员工积极性，公司员工在本公司连续工作一年以上者且与公司签订的劳动合同不少于二年的，可享受带薪年休假待遇，具体如下：

1. 公司员工连续工作已满1年不满10年者，年休假为5天；

2. 已满10年不满20年者，年休假为10天；

3. 已满20年及以上者，年休假为15天。

（二）国家法定公休日、节假日不计入年休假假期。

（三）员工休年休假，由公司根据生产、工作的具体情况，并考虑员工本人意愿，统筹安排。

（四）公司确因工作需要不能按照本办法规定安排年休假的，除应当支付职工正常工资福利待遇外，还应当每日按照该员工的日工资标准给予补偿。

（五）如果员工在当年出现下列任何一种情况，都不能享受带薪年假：

1. 职工请事假累计20天以上且按照单位规定不扣工资；
2. 累计工作满1年不满10年，请病假累计2个月以上；
3. 累计工作满10年不满20年，请病假累计3个月以上；
4. 累计工作满20年以上，请病假累计4个月以上。

第七条 工伤假

（一）员工因工作或执行公务受伤，经相关机构认定为工伤后，可享受工伤假，工伤假一般不超过12个月，员工在休假期间，不影响基本月薪的发放。

（二）伤情严重者或者情况特殊，经劳动能力鉴定委员会确认，可以适当延长，但延长不得超过12个月。

第八条 病假

（一）因病或因公受伤，凭医院病休证明，准病假。

（二）员工休病假的时限，应以假条上的时间为准，遇节假日不顺延。

（三）根据公司实际情况，对某些患特殊疾病（如癌症、精神病、瘫痪等）的员工，在24个月内尚不能痊愈的，经公司与劳动主管部门批准，可以适当延长医疗期。

（四）公司员工医疗期内，其病假工资、疾病救济费和医疗待遇按法律法规以及公司有关规定执行。

第九条 事假

员工因事必须由本人处理的可申请事假。

（一）请假时间不足一小时的按一小时计算，超过一小时的按实际小时整数计算。

（二）请事假在2（含）天以内的，由直属领导签字同意、部门负责人批准，部门负责人请假由主管经理批准；两天以上的向部门负责人请事假，由主管经理批准，部门负责人请假由总经理批准。

（三）请假未获批准而执意休假的，按旷工处理。

（四）因意外原因未能提前书面请假的，应利用电话、微信或其他方式向有批准权的领导请假，并在返岗时尽快补办书面请假手续。

（五）事假期间不发工资。

第十条 公假

（一）员工按照国家法令，经公司批准脱产参加会议、学习、出差、从事社会活动和工会活动均属公假。

（二）公假期间工资照发。

第十一条 婚假

（一）凡是本公司依法履行正式登记手续的转正员工，享受婚假3天。

（二）婚假不包含法定公休日、节假日。

（三）婚假须在结婚证领取半年内凭结婚证申请休假，超过半年者不再享受婚假。

（四）婚假（包含路程假）期间工资照发。

第十二条 产假[①]

对女职工产假作如下规定：

（一）女职工生育享受98天产假，其中产前可以休假15天；难产的，增加产假15天；生育多胞胎的，每多生育1个婴儿，增加产假15天。女职工怀孕未满4个月流产的，享受15天产假；怀孕满4个月流产的，享受42天产假。

（二）男员工配偶生育的，女方产休期需男方照顾，可由男方使用最多不超过15天的奖励假，男方所休假期与女方奖励假合并计算。

（三）产假期满，因身体原因仍不能工作的，经医务部门证明，本人申请，领导批准，假期可以延长1—3个月。

（四）女员工产假及男员工护理假，假期工资照发。

第十三条 丧假

员工直系亲属（指配偶、子女、父母或配偶之父母）死亡，可以申请3天休假；公婆（岳父母）死亡时，给假2天，如职工配偶属独生子女的，可给假3天。职工的祖父母、外祖父母死亡时，给假1天。

---

① 本条可根据所在地人口与计划生育条例进行修改。

员工在外地的直系亲属死亡需员工本人去外地料理丧事的，可根据路程远近给予路程假，途中车船费自理。丧假期间工资照发。在规定的丧假、路程假期间，遇公休日、法定节假日的不另给假。

第十四条 探亲假

凡在本公司连续工作满一年的正式职工，与配偶不住在一起，又不能在公休假日团聚的，可以享受探望配偶的待遇；与父亲、母亲都不在一起，又不能在公休假日团聚的，可以享受探望父母的待遇。但是，职工与父亲或母亲一方能够在公休假日团聚的，不能享受探望父母的待遇。具体的假期规定如下：

（一）员工探望配偶的，公司每年给予探亲假一次，假期为30天；

（二）未婚且父母均在外地居住的员工，每年可享受20天的探亲假；

（三）已婚职工探望父母的，每四年给假一次，假期为20天；

（四）探亲假原则上一次性使用。如有特殊情况，员工经批准也可分两次使用探亲假，但只给一次路程假，报销一次往返路费，工资照发。

第十五条 本管理办法未尽事宜，参照公司相关管理制度执行。

第十六条 本管理办法由总经理办公室制定并负责解释。

第十七条 本管理办法自颁布之日起实施。

☞ 制作提示

1. 明确制度制定目的及适用范围。如规定为了规范员工的休假管理，保障公司员工的正当权益，维护良好的工作秩序，加强公司的劳动纪律，按照国家最新出台的相关政策，结合公司的生产经营的实际情况特制定本办法。参见上文第一、二条。

2. 明确各种具体假期制度，包括法定公休日、法定节假日（元旦、春节、清明、五一、端午、中秋、十一）、带薪年假、工伤假、病假、事假、公假、婚假、产假、丧假、探亲假。如规定员工按照国家法令，经公司批准脱产参加会议、学习、出差、从事社会活动和工会活动均属公假。员工休年休假，由公司根据生产、工作的具体情况，并考虑员工本人意愿，统筹安排。参见上文第三至十四条。

3. 明确其他事项以及制度的解释主体和施行时间等。参见上文第十五、十六、十七条。

第七章　薪资、福利管理制度

薪资，也就是工资，是指用人单位依据国家有关规定和劳动合同的约定，以货币形式支付给员工的劳动报酬。如月薪酬、季度奖、半年奖、年终奖等。薪资管理在一个企业中具有重要的地位，因为其关乎着对员工的激励以及对用人机制的调整。一部完善的薪资管理规定，可以有效地实现薪资管理的作用。

一、薪资管理规定

薪资，也就是工资，是指用人单位依据国家有关规定和劳动关系双方的约定，以货币形式支付给员工的劳动报酬。薪资的管理在一个企业中具有重要的地位，因为其关乎着对员工的激励以及对用人机制的调整。一部完善的薪资管理规定，可以有效地实现薪资管理的作用。

薪资管理规定范本

第一章 总 则

第一条 目的

（一）为维持企业效率和持续发展的基本保证，充分发挥薪酬的激励作用，进一步拓展员工职业上升通道，按照公司经营理念和管理模式，遵照国家有关法律法规和公司其他有关规章制度，特制定本规定。

（二）本规定旨在通过客观地评价员工工作绩效，实现吸引人才、留住人才、激励人才的目的，进而体现以选拔、竞争、激励、淘汰为核心的用人机制。

第二条 原则

本规定本着公平、竞争、激励、经济、合法的原则制定。

公司在分配报酬时，遵循效率原则与公平原则，反对平均主义分配，给予优秀的、价值创造大的员工以优厚的工资，适度向高职位、关键人才、市场供给短缺人才倾斜。

第三条 适用范围

本规定适用于除董事、监事、高层管理人员以外的所有正式在岗员工。

第二章 薪酬结构

第四条 工资结构

在公司薪资管理规定中，要贯彻"业绩优先"原则，也就是注重工资的激励作用。

工资构成＝基本工资＋职务工资＋绩效奖金＋加班工资＋福利工资＋业务提成＋奖金。

第五条 基本工资

是薪酬的基本组成部分，根据相应的职级和职位予以核定，正常出勤即可享受，无出勤不享受。

第六条 职务工资

依员工所担任的职务及其责任轻重来设定，职务不同反映在职等及职务工资中其标准也不一样。但在同一个职等内职务工资基本是一样的，即在职务未升的情况下，职务工资也不升。

第七条 绩效奖金

绩效奖金是指员工完成岗位责任及工作，公司对该岗位所达成的业绩而予以支付的薪酬部分。

第八条 加班工资

加班工资是指员工在双休日、法定节假日及8小时以外为了完成额外的工作任务而得到的工资部分。

第九条 福利工资

公司为员工提供社会保险（包括基本养老保险、基本医疗保险、失业保险、工伤保险），手机通信费，午餐补助。

第十条 业务提成

对市场开发岗位员工实行与其销售业绩相联系的工资形式。具体方案由业务部门拟定报总经理批准后实施。

第十一条 奖金

奖金是公司为了完成专项工作或对做出突出贡献的员工的一种奖励，包括专项奖、突出贡献奖等。

第十二条 试用期工资

（一）试用人员工资为（基本工资＋岗位津贴）的80％。

（二）试用期间被证明不符合岗位要求而终止劳动关系的，或试用期间员工自己离职的，不享受试用期间的绩效奖金。

（三）试用期合格并转正的员工，正常享受试用期间的绩效奖金。

第三章　薪酬的支付

第十三条　薪酬支付时间

（一）执行月薪制的员工，日工资标准统一按国家规定的当年月平均上班天数计算，薪酬支付时间为当月工资为下月 15 日。

（二）如遇支付日为公休日或法定节假日时，则提前发放，在做出必要扣除之后，实际报酬全额支付给员工本人或其直系亲属。

（三）年薪制人员每月预支部分的发放时间同于薪金的发放时间。

第十四条　扣除薪酬

员工工资在支付前作如下统一扣除：

（一）员工工资个人所得税；

（二）社会保险费，即法律要求企业代为扣缴的有关个人的所有保险费用等；

（三）迟到、缺勤、旷工等扣除的工资数额；

（四）员工与公司所签的内部契约中规定之部分；

（五）法律、法规规定的以及公司规章制度规定的应从工资中扣除的款项。

第四章　附　　则

第十五条　本规定由公司人力资源部负责修改、解释。

第十六条　本规定自公布之日起生效。

☞ 制作提示

1. 明确制度制定目的、原则与适用范围。如规定为维持企业效率和持续发展的基本保证，充分发挥薪酬的激励作用，进一步拓展员工职业上升通道，按照公司经营理念和管理模式，遵照国家有关法律法规和公司其他有关规章制度，特制定本规定。参见上文第一、二、三条。

2. 明确薪酬结构与具体内容。如规定薪酬结构为：基本工资＋职务工资＋绩效奖金＋加班工资＋福利工资＋业务提成＋奖金。参见上文第四至十二条。

3. 明确薪酬的支付事项，如时间、扣除等内容。如规定执行月薪制的员工，日工资标准统一按国家规定的当年月平均上班天数计算，薪酬支付时间为当月工资为下月 15 日。参见上文第十三、十四条。

4. 明确其他事项以及制度的解释主体和施行时间等。参见上文第十五、十六条。

附：

工资支付暂行规定[①]

第一条 为维护劳动者通过劳动获得劳动报酬的权利，规范用人单位的工资支付行为，根据《中华人民共和国劳动法》有关规定，制定本规定。

第二条 本规定适用于在中华人民共和国境内的企业、个体经济组织（以下统称用人单位）和与之形成劳动关系的劳动者。

国家机关、事业组织、社会团体和与之建立劳动合同关系的劳动者，依照本规定执行。

第三条 本规定所称工资是指用人单位依据劳动合同的规定，以各种形式支付给劳动者的工资报酬。

第四条 工资支付主要包括：工资支付项目、工资支付水平、工资支付形式、工资支付对象、工资支付时间以及特殊情况下的工资支付。

第五条 工资应当以法定货币支付。不得以实物及有价证券替代货币支付。

第六条 用人单位应将工资支付给劳动者本人。劳动者本人因故不能领取工资时，可由其亲属或委托他人代领。

用人单位可委托银行代发工资。

用人单位必须书面记录支付劳动者工资的数额、时间、领取者的姓名以及签字，并保存两年以上备查。用人单位在支付工资时应向劳动者提供一份其个人的工资清单。

---

① 1994 年 12 月 6 日，劳动和社会保障部（含劳动部）（已撤销）发布。发文字号：劳部发〔1994〕489 号。

第七条　工资必须在用人单位与劳动者约定的日期支付。如遇节假日或休息日，则应提前在最近的工作日支付。工资至少每月支付一次，实行周、日、小时工资制的可按周、日、小时支付工资。

第八条　对完成一次性临时劳动或某项具体工作的劳动者，用人单位应按有关协议或合同规定在其完成劳动任务后即支付工资。

第九条　劳动关系双方依法解除或终止劳动合同时，用人单位应在解除或终止劳动合同时一次付清劳动者工资。

第十条　劳动者在法定工作时间内依法参加社会活动期间，用人单位应视同其提供了正常劳动而支付工资。社会活动包括：依法行使选举权或被选举权；当选代表出席乡（镇）、区以上政府、党派、工会、青年团、妇女联合会等组织召开的会议；出任人民法庭证明人；出席劳动模范、先进工作者大会；《工会法》规定的不脱产工会基层委员会委员因工会活动占用的生产或工作时间；其它依法参加的社会活动。

第十一条　劳动者依法享受年休假、探亲假、婚假、丧假期间，用人单位应按劳动合同规定的标准支付劳动者工资。

第十二条　非因劳动者原因造成单位停工、停产在一个工资支付周期内的，用人单位应按劳动合同规定的标准支付劳动者工资。超过一个工资支付周期的，若劳动者提供了正常劳动，则支付给劳动者的劳动报酬不得低于当地的最低工资标准；若劳动者没有提供正常劳动，应按国家有关规定办理。

第十三条　用人单位在劳动者完成劳动定额或规定的工作任务后，根据实际需要安排劳动者在法定标准工作时间以外工作的，应按以下标准支付工资：

（一）用人单位依法安排劳动者在日法定标准工作时间以外延长工作时间的，按照不低于劳动合同规定的劳动者本人小时工资标准的150%支付劳动者工资；

（二）用人单位依法安排劳动者在休息日工作，而又不能安排补休的，按照不低于劳动合同规定的劳动者本人日或小时工资标准的200%支付劳动者工资；

（三）用人单位依法安排劳动者在法定休假节日工作的，按照不低于劳动合同规定的劳动者本人日或小时工资标准的300%支付劳动者工资。

实行计件工资的劳动者，在完成计件定额任务后，由用人单位安排延长工作时间的，应根据上述规定的原则，分别按照不低于其本人法定工作时间计件单价的150％、200％、300％支付其工资。

经劳动行政部门批准实行综合计算工时工作制的，其综合计算工作时间超过法定标准工作时间的部分，应视为延长工作时间，并应按本规定支付劳动者延长工作时间的工资。

实行不定时工时制度的劳动者，不执行上述规定。

第十四条 用人单位依法破产时，劳动者有权获得其工资。在破产清偿中用人单位应按《中华人民共和国企业破产法》规定的清偿顺序，首先支付欠付本单位劳动者的工资。

第十五条 用人单位不得克扣劳动者工资。有下列情况之一的，用人单位可以代扣劳动者工资：

（一）用人单位代扣代缴的个人所得税；

（二）用人单位代扣代缴的应由劳动者个人负担的各项社会保险费用；

（三）法院判决、裁定中要求代扣的抚养费、赡养费；

（四）法律、法规规定可以从劳动者工资中扣除的其他费用。

第十六条 因劳动者本人原因给用人单位造成经济损失的，用人单位可按照劳动合同的约定要求其赔偿经济损失。经济损失的赔偿，可从劳动者本人的工资中扣除。但每月扣除的部分不得超过劳动者当月工资的20％。若扣除后的剩余工资部分低于当地月最低工资标准，则按最低工资标准支付。

第十七条 用人单位应根据本规定，通过与职工大会、职工代表大会或者其他形式协商制定内部的工资支付制度，并告知本单位全体劳动者，同时抄报当地劳动行政部门备案。

第十八条 各级劳动行政部门有权监察用人单位工资支付的情况。用人单位有下列侵害劳动者合法权益行为的，由劳动行政部门责令其支付劳动者工资和经济补偿，并可责令其支付赔偿金：

（一）克扣或者无故拖欠劳动者工资的；

（二）拒不支付劳动者延长工作时间工资的；

（三）低于当地最低工资标准支付劳动者工资的。

经济补偿和赔偿金的标准，按国家有关规定执行。

第十九条 劳动者与用人单位因工资支付发生劳动争议的,当事人可依法向劳动争议仲裁机关申请仲裁。对仲裁裁决不服的,可以向人民法院提起诉讼。

第二十条 本规定自一九九五年一月一日起执行。

保障农民工工资支付条例[①]

第一章 总 则

第一条 为了规范农民工工资支付行为,保障农民工按时足额获得工资,根据《中华人民共和国劳动法》及有关法律规定,制定本条例。

第二条 保障农民工工资支付,适用本条例。

本条例所称农民工,是指为用人单位提供劳动的农村居民。

本条例所称工资,是指农民工为用人单位提供劳动后应当获得的劳动报酬。

第三条 农民工有按时足额获得工资的权利。任何单位和个人不得拖欠农民工工资。

农民工应当遵守劳动纪律和职业道德,执行劳动安全卫生规程,完成劳动任务。

第四条 县级以上地方人民政府对本行政区域内保障农民工工资支付工作负责,建立保障农民工工资支付工作协调机制,加强监管能力建设,健全保障农民工工资支付工作目标责任制,并纳入对本级人民政府有关部门和下级人民政府进行考核和监督的内容。

乡镇人民政府、街道办事处应当加强对拖欠农民工工资矛盾的排查和调处工作,防范和化解矛盾,及时调解纠纷。

第五条 保障农民工工资支付,应当坚持市场主体负责、政府依法监管、社会协同监督,按照源头治理、预防为主、防治结合、标本兼治的要求,依法根治拖欠农民工工资问题。

[①] 2019年12月4日,国务院第73次常务会议通过,自2020年5月1日起施行。发文字号:国令第724号。

第六条 用人单位实行农民工劳动用工实名制管理，与招用的农民工书面约定或者通过依法制定的规章制度规定工资支付标准、支付时间、支付方式等内容。

第七条 人力资源社会保障行政部门负责保障农民工工资支付工作的组织协调、管理指导和农民工工资支付情况的监督检查，查处有关拖欠农民工工资案件。

住房城乡建设、交通运输、水利等相关行业工程建设主管部门按照职责履行行业监管责任，督办因违法发包、转包、违法分包、挂靠、拖欠工程款等导致的拖欠农民工工资案件。

发展改革等部门按照职责负责政府投资项目的审批管理，依法审查政府投资项目的资金来源和筹措方式，按规定及时安排政府投资，加强社会信用体系建设，组织对拖欠农民工工资失信联合惩戒对象依法依规予以限制和惩戒。

财政部门负责政府投资资金的预算管理，根据经批准的预算按规定及时足额拨付政府投资资金。

公安机关负责及时受理、侦办涉嫌拒不支付劳动报酬刑事案件，依法处置因农民工工资拖欠引发的社会治安案件。

司法行政、自然资源、人民银行、审计、国有资产管理、税务、市场监管、金融监管等部门，按照职责做好与保障农民工工资支付相关的工作。

第八条 工会、共产主义青年团、妇女联合会、残疾人联合会等组织按照职责依法维护农民工获得工资的权利。

第九条 新闻媒体应当开展保障农民工工资支付法律法规政策的公益宣传和先进典型的报道，依法加强对拖欠农民工工资违法行为的舆论监督，引导用人单位增强依法用工、按时足额支付工资的法律意识，引导农民工依法维权。

第十条 被拖欠工资的农民工有权依法投诉，或者申请劳动争议调解仲裁和提起诉讼。

任何单位和个人对拖欠农民工工资的行为，有权向人力资源社会保障行政部门或者其他有关部门举报。

人力资源社会保障行政部门和其他有关部门应当公开举报投诉电话、网站等渠道，依法接受对拖欠农民工工资行为的举报、投诉。对于举报、投诉的处理实行首问负责制，属于本部门受理的，应当依法及时处理；不属于本部门受理的，应当及时转送相关部门，相关部门应当依法及时处理，并将处理结果告知举报、投诉人。

第二章　工资支付形式与周期

第十一条　农民工工资应当以货币形式，通过银行转账或者现金支付给农民工本人，不得以实物或者有价证券等其他形式替代。

第十二条　用人单位应当按照与农民工书面约定或者依法制定的规章制度规定的工资支付周期和具体支付日期足额支付工资。

第十三条　实行月、周、日、小时工资制的，按照月、周、日、小时为周期支付工资；实行计件工资制的，工资支付周期由双方依法约定。

第十四条　用人单位与农民工书面约定或者依法制定的规章制度规定的具体支付日期，可以在农民工提供劳动的当期或者次期。具体支付日期遇法定节假日或者休息日的，应当在法定节假日或者休息日前支付。

用人单位因不可抗力未能在支付日期支付工资的，应当在不可抗力消除后及时支付。

第十五条　用人单位应当按照工资支付周期编制书面工资支付台账，并至少保存 3 年。

书面工资支付台账应当包括用人单位名称，支付周期，支付日期，支付对象姓名、身份证号码、联系方式，工作时间，应发工资项目及数额，代扣、代缴、扣除项目和数额，实发工资数额，银行代发工资凭证或者农民工签字等内容。

用人单位向农民工支付工资时，应当提供农民工本人的工资清单。

第三章　工资清偿

第十六条　用人单位拖欠农民工工资的，应当依法予以清偿。

第十七条　不具备合法经营资格的单位招用农民工，农民工已经付出劳动而未获得工资的，依照有关法律规定执行。

第十八条　用工单位使用个人、不具备合法经营资格的单位或者未依法取得劳务派遣许可证的单位派遣的农民工，拖欠农民工工资的，由用工单位清偿，并可以依法进行追偿。

第十九条 用人单位将工作任务发包给个人或者不具备合法经营资格的单位，导致拖欠所招用农民工工资的，依照有关法律规定执行。

用人单位允许个人、不具备合法经营资格或者未取得相应资质的单位以用人单位的名义对外经营，导致拖欠所招用农民工工资的，由用人单位清偿，并可以依法进行追偿。

第二十条 合伙企业、个人独资企业、个体经济组织等用人单位拖欠农民工工资的，应当依法予以清偿；不清偿的，由出资人依法清偿。

第二十一条 用人单位合并或者分立时，应当在实施合并或者分立前依法清偿拖欠的农民工工资；经与农民工书面协商一致的，可以由合并或者分立后承继其权利和义务的用人单位清偿。

第二十二条 用人单位被依法吊销营业执照或者登记证书、被责令关闭、被撤销或者依法解散的，应当在申请注销登记前依法清偿拖欠的农民工工资。

未依据前款规定清偿农民工工资的用人单位主要出资人，应当在注册新用人单位前清偿拖欠的农民工工资。

第四章 工程建设领域特别规定

第二十三条 建设单位应当有满足施工所需要的资金安排。没有满足施工所需要的资金安排的，工程建设项目不得开工建设；依法需要办理施工许可证的，相关行业工程建设主管部门不予颁发施工许可证。

政府投资项目所需资金，应当按照国家有关规定落实到位，不得由施工单位垫资建设。

第二十四条 建设单位应当向施工单位提供工程款支付担保。

建设单位与施工总承包单位依法订立书面工程施工合同，应当约定工程款计量周期、工程款进度结算办法以及人工费用拨付周期，并按照保障农民工工资按时足额支付的要求约定人工费用。人工费用拨付周期不得超过1个月。

建设单位与施工总承包单位应当将工程施工合同保存备查。

第二十五条 施工总承包单位与分包单位依法订立书面分包合同，应当约定工程款计量周期、工程款进度结算办法。

第二十六条 施工总承包单位应当按照有关规定开设农民工工资专用账户，专项用于支付该工程建设项目农民工工资。

开设、使用农民工工资专用账户有关资料应当由施工总承包单位妥善保存备查。

第二十七条 金融机构应当优化农民工工资专用账户开设服务流程，做好农民工工资专用账户的日常管理工作；发现资金未按约定拨付等情况的，及时通知施工总承包单位，由施工总承包单位报告人力资源社会保障行政部门和相关行业工程建设主管部门，并纳入欠薪预警系统。

工程完工且未拖欠农民工工资的，施工总承包单位公示 30 日后，可以申请注销农民工工资专用账户，账户内余额归施工总承包单位所有。

第二十八条 施工总承包单位或者分包单位应当依法与所招用的农民工订立劳动合同并进行用工实名登记，具备条件的行业应当通过相应的管理服务信息平台进行用工实名登记、管理。未与施工总承包单位或者分包单位订立劳动合同并进行用工实名登记的人员，不得进入项目现场施工。

施工总承包单位应当在工程项目部配备劳资专管员，对分包单位劳动用工实施监督管理，掌握施工现场用工、考勤、工资支付等情况，审核分包单位编制的农民工工资支付表，分包单位应当予以配合。

施工总承包单位、分包单位应当建立用工管理台账，并保存至工程完工且工资全部结清后至少 3 年。

第二十九条 建设单位应当按照合同约定及时拨付工程款，并将人工费用及时足额拨付至农民工工资专用账户，加强对施工总承包单位按时足额支付农民工工资的监督。

因建设单位未按照合同约定及时拨付工程款导致农民工工资拖欠的，建设单位应当以未结清的工程款为限先行垫付被拖欠的农民工工资。

建设单位应当以项目为单位建立保障农民工工资支付协调机制和工资拖欠预防机制，督促施工总承包单位加强劳动用工管理，妥善处理与农民工工资支付相关的矛盾纠纷。发生农民工集体讨薪事件的，建设单位应当会同施工总承包单位及时处理，并向项目所在地人力资源社会保障行政部门和相关行业工程建设主管部门报告有关情况。

第三十条 分包单位对所招用农民工的实名制管理和工资支付负直接责任。

施工总承包单位对分包单位劳动用工和工资发放等情况进行监督。

分包单位拖欠农民工工资的,由施工总承包单位先行清偿,再依法进行追偿。

工程建设项目转包,拖欠农民工工资的,由施工总承包单位先行清偿,再依法进行追偿。

第三十一条 工程建设领域推行分包单位农民工工资委托施工总承包单位代发制度。

分包单位应当按月考核农民工工作量并编制工资支付表,经农民工本人签字确认后,与当月工程进度等情况一并交施工总承包单位。

施工总承包单位根据分包单位编制的工资支付表,通过农民工工资专用账户直接将工资支付到农民工本人的银行账户,并向分包单位提供代发工资凭证。

用于支付农民工工资的银行账户所绑定的农民工本人社会保障卡或者银行卡,用人单位或者其他人员不得以任何理由扣押或者变相扣押。

第三十二条 施工总承包单位应当按照有关规定存储工资保证金,专项用于支付为所承包工程提供劳动的农民工被拖欠的工资。

工资保证金实行差异化存储办法,对一定时期内未发生工资拖欠的单位实行减免措施,对发生工资拖欠的单位适当提高存储比例。工资保证金可以用金融机构保函替代。

工资保证金的存储比例、存储形式、减免措施等具体办法,由国务院人力资源社会保障行政部门会同有关部门制定。

第三十三条 除法律另有规定外,农民工工资专用账户资金和工资保证金不得因支付为本项目提供劳动的农民工工资之外的原因被查封、冻结或者划拨。

第三十四条 施工总承包单位应当在施工现场醒目位置设立维权信息告示牌,明示下列事项:

(一)建设单位、施工总承包单位及所在项目部、分包单位、相关行业工程建设主管部门、劳资专管员等基本信息;

(二)当地最低工资标准、工资支付日期等基本信息;

（三）相关行业工程建设主管部门和劳动保障监察投诉举报电话、劳动争议调解仲裁申请渠道、法律援助申请渠道、公共法律服务热线等信息。

第三十五条　建设单位与施工总承包单位或者承包单位与分包单位因工程数量、质量、造价等产生争议的，建设单位不得因争议不按照本条例第二十四条的规定拨付工程款中的人工费用，施工总承包单位也不得因争议不按照规定代发工资。

第三十六条　建设单位或者施工总承包单位将建设工程发包或者分包给个人或者不具备合法经营资格的单位，导致拖欠农民工工资的，由建设单位或者施工总承包单位清偿。

施工单位允许其他单位和个人以施工单位的名义对外承揽建设工程，导致拖欠农民工工资的，由施工单位清偿。

第三十七条　工程建设项目违反国土空间规划、工程建设等法律法规，导致拖欠农民工工资的，由建设单位清偿。

第五章　监督检查

第三十八条　县级以上地方人民政府应当建立农民工工资支付监控预警平台，实现人力资源社会保障、发展改革、司法行政、财政、住房城乡建设、交通运输、水利等部门的工程项目审批、资金落实、施工许可、劳动用工、工资支付等信息及时共享。

人力资源社会保障行政部门根据水电燃气供应、物业管理、信贷、税收等反映企业生产经营相关指标的变化情况，及时监控和预警工资支付隐患并做好防范工作，市场监管、金融监管、税务等部门应当予以配合。

第三十九条　人力资源社会保障行政部门、相关行业工程建设主管部门和其他有关部门应当按照职责，加强对用人单位与农民工签订劳动合同、工资支付以及工程建设项目实行农民工实名制管理、农民工工资专用账户管理、施工总承包单位代发工资、工资保证金存储、维权信息公示等情况的监督检查，预防和减少拖欠农民工工资行为的发生。

第四十条　人力资源社会保障行政部门在查处拖欠农民工工资案件时，需要依法查询相关单位金融账户和相关当事人拥有房产、车辆等情况的，应当经设区的市级以上地方人民政府人力资源社会保障行政部门负责人批准，有关金融机构和登记部门应当予以配合。

第四十一条　人力资源社会保障行政部门在查处拖欠农民工工资案件时，发生用人单位拒不配合调查、清偿责任主体及相关当事人无法联系等情形的，可以请求公安机关和其他有关部门协助处理。

人力资源社会保障行政部门发现拖欠农民工工资的违法行为涉嫌构成拒不支付劳动报酬罪的，应当按照有关规定及时移送公安机关审查并作出决定。

第四十二条　人力资源社会保障行政部门作出责令支付被拖欠的农民工工资的决定，相关单位不支付的，可以依法申请人民法院强制执行。

第四十三条　相关行业工程建设主管部门应当依法规范本领域建设市场秩序，对违法发包、转包、违法分包、挂靠等行为进行查处，并对导致拖欠农民工工资的违法行为及时予以制止、纠正。

第四十四条　财政部门、审计机关和相关行业工程建设主管部门按照职责，依法对政府投资项目建设单位按照工程施工合同约定向农民工工资专用账户拨付资金情况进行监督。

第四十五条　司法行政部门和法律援助机构应当将农民工列为法律援助的重点对象，并依法为请求支付工资的农民工提供便捷的法律援助。

公共法律服务相关机构应当积极参与相关诉讼、咨询、调解等活动，帮助解决拖欠农民工工资问题。

第四十六条　人力资源社会保障行政部门、相关行业工程建设主管部门和其他有关部门应当按照"谁执法谁普法"普法责任制的要求，通过以案释法等多种形式，加大对保障农民工工资支付相关法律法规的普及宣传。

第四十七条　人力资源社会保障行政部门应当建立用人单位及相关责任人劳动保障守法诚信档案，对用人单位开展守法诚信等级评价。

用人单位有严重拖欠农民工工资违法行为的，由人力资源社会保障行政部门向社会公布，必要时可以通过召开新闻发布会等形式向媒体公开曝光。

第四十八条　用人单位拖欠农民工工资，情节严重或者造成严重不良社会影响的，有关部门应当将该用人单位及其法定代表人或者主要负责人、直接负责的主管人员和其他直接责任人员列入拖欠农民工工资失信联合惩戒对象名单，在政府资金支持、政府采购、招投标、融资贷款、市场准入、税收优惠、评优评先、交通出行等方面依法依规予以限制。

拖欠农民工工资需要列入失信联合惩戒名单的具体情形，由国务院人力资源社会保障行政部门规定。

第四十九条 建设单位未依法提供工程款支付担保或者政府投资项目拖欠工程款，导致拖欠农民工工资的，县级以上地方人民政府应当限制其新建项目，并记入信用记录，纳入国家信用信息系统进行公示。

第五十条 农民工与用人单位就拖欠工资存在争议，用人单位应当提供依法由其保存的劳动合同、职工名册、工资支付台账和清单等材料；不提供的，依法承担不利后果。

第五十一条 工会依法维护农民工工资权益，对用人单位工资支付情况进行监督；发现拖欠农民工工资的，可以要求用人单位改正，拒不改正的，可以请求人力资源社会保障行政部门和其他有关部门依法处理。

第五十二条 单位或者个人编造虚假事实或者采取非法手段讨要农民工工资，或者以拖欠农民工工资为名讨要工程款的，依法予以处理。

第六章 法律责任

第五十三条 违反本条例规定拖欠农民工工资的，依照有关法律规定执行。

第五十四条 有下列情形之一的，由人力资源社会保障行政部门责令限期改正；逾期不改正的，对单位处2万元以上5万元以下的罚款，对法定代表人或者主要负责人、直接负责的主管人员和其他直接责任人员处1万元以上3万元以下的罚款：

（一）以实物、有价证券等形式代替货币支付农民工工资；

（二）未编制工资支付台账并依法保存，或者未向农民工提供工资清单；

（三）扣押或者变相扣押用于支付农民工工资的银行账户所绑定的农民工本人社会保障卡或者银行卡。

第五十五条 有下列情形之一的，由人力资源社会保障行政部门、相关行业工程建设主管部门按照职责责令限期改正；逾期不改正的，责令项目停工，并处5万元以上10万元以下的罚款；情节严重的，给予施工单位限制承接新工程、降低资质等级、吊销资质证书等处罚：

（一）施工总承包单位未按规定开设或者使用农民工工资专用账户；

（二）施工总承包单位未按规定存储工资保证金或者未提供金融机构保函；

（三）施工总承包单位、分包单位未实行劳动用工实名制管理。

第五十六条 有下列情形之一的，由人力资源社会保障行政部门、相关行业工程建设主管部门按照职责责令限期改正；逾期不改正的，处5万元以上10万元以下的罚款：

（一）分包单位未按月考核农民工工作量、编制工资支付表并经农民工本人签字确认；

（二）施工总承包单位未对分包单位劳动用工实施监督管理；

（三）分包单位未配合施工总承包单位对其劳动用工进行监督管理；

（四）施工总承包单位未实行施工现场维权信息公示制度。

第五十七条 有下列情形之一的，由人力资源社会保障行政部门、相关行业工程建设主管部门按照职责责令限期改正；逾期不改正的，责令项目停工，并处5万元以上10万元以下的罚款：

（一）建设单位未依法提供工程款支付担保；

（二）建设单位未按约定及时足额向农民工工资专用账户拨付工程款中的人工费用；

（三）建设单位或者施工总承包单位拒不提供或者无法提供工程施工合同、农民工工资专用账户有关资料。

第五十八条 不依法配合人力资源社会保障行政部门查询相关单位金融账户的，由金融监管部门责令改正；拒不改正的，处2万元以上5万元以下的罚款。

第五十九条 政府投资项目政府投资资金不到位拖欠农民工工资的，由人力资源社会保障行政部门报本级人民政府批准，责令限期足额拨付所拖欠的资金；逾期不拨付的，由上一级人民政府人力资源社会保障行政部门约谈直接责任部门和相关监管部门负责人，必要时进行通报，约谈地方人民政府负责人。情节严重的，对地方人民政府及其有关部门负责人、直接负责的主管人员和其他直接责任人员依法依规给予处分。

第六十条 政府投资项目建设单位未经批准立项建设、擅自扩大建设规模、擅自增加投资概算、未及时拨付工程款等导致拖欠农民工工资的,除依法承担责任外,由人力资源社会保障行政部门、其他有关部门按照职责约谈建设单位负责人,并作为其业绩考核、薪酬分配、评优评先、职务晋升等的重要依据。

第六十一条 对于建设资金不到位、违法违规开工建设的社会投资工程建设项目拖欠农民工工资的,由人力资源社会保障行政部门、其他有关部门按照职责依法对建设单位进行处罚;对建设单位负责人依法依规给予处分。相关部门工作人员未依法履行职责的,由有关机关依法依规给予处分。

第六十二条 县级以上地方人民政府人力资源社会保障、发展改革、财政、公安等部门和相关行业工程建设主管部门工作人员,在履行农民工工资支付监督管理职责过程中滥用职权、玩忽职守、徇私舞弊的,依法依规给予处分;构成犯罪的,依法追究刑事责任。

第七章 附 则

第六十三条 用人单位一时难以支付拖欠的农民工工资或者拖欠农民工工资逃匿的,县级以上地方人民政府可以动用应急周转金,先行垫付用人单位拖欠的农民工部分工资或者基本生活费。对已经垫付的应急周转金,应当依法向拖欠农民工工资的用人单位进行追偿。

第六十四条 本条例自 2020 年 5 月 1 日起施行。

二、员工健康安全福利制度

公司组织的各具特色的休闲健身活动以及茶歇、体检等高福利更能吸引和留住核心员工。可见,员工健康安全福利制度对于留住人才来说的确是一个好办法。

第一章 员工健康检查范本

第一条 为使本公司员工具备良好的身体素质,预防各种疾病,从而能正常地为公司服务,特制定员工健康检查规定。

第二条　本公司员工健康检查，以每年举办一次为原则，有关检查事项由人力资源部或福利委员会办理。

第三条　一般检查由人力资源部或福利委员会负责与市立医院接洽时间，员工分别至该医院接受检查。

第四条　有关费用概由各部门负担。

第五条　经检查诊断确有疾病者，应早期治疗，如有严重病况时，由公司令其停止继续工作，返家休养或往医院治疗。

第六条　人力资源部每届年终，应依检查表作成疾病名称、人数及治疗情形等统计，以作制定有效措施及卫生改善的参考。

第二章　员工医疗补贴规定

第七条　为保障员工的身体健康，促使医疗保健落到实处，特制定本规定。

第八条　凡在本公司就业的正式聘用员工每人每月补贴医药费100元。

第九条　凡在本公司就业的试用人员及临时工每人每月补贴80元。

第十条　员工父母因病住院，可向公司申请补助，由财务经理核定，总经理批准后，给予一次性补贴。

第十一条　医疗费补贴由人力资源部每月造册，并通知财务部发放。

第三章　门诊医药费补贴

第十二条　本公司为加强员工福利，及时对员工的各种疾病进行治疗，从而达到员工生活安定、工作效率提高的目的，特制定本规定。

第十三条　本公司正式雇用的员工，其配偶或直系一代血亲得适用本办法。

第十四条　员工及其家属自员工离职日及留职停薪日起丧失此补贴权益。

第十五条　凡本公司员工本人、其配偶或直系一代血亲患伤病住医院接受门诊时，补助其医药费50%。

第十六条　员工本人及家属经由社会保险费负担医药费者，不予补助，但超过劳保标准，自付医药费部分有医院收据或证明者，不在此限。

第十七条　员工因美容、外科、义肢、义眼、义齿及其他附带治疗、输血、证件费均不得申请补助。但因紧急伤病，经医院诊断必须输血者，不在此限。

第四章 伤病、重大灾害及丧葬补助

第十八条 本公司为加强员工福利，增进其生活保障，特制定本规定。

第十九条 本公司正式雇用的员工，自到职之日起至离职之日止，得以发生的事实，分别引用本办法条款，申请补助费，唯其配偶或直系血亲同在本公司服务者，不得以同一事因重复申请补助。

第二十条 员工应填具申请书，并检附户籍誊本（职工本人免附）、住院证明书及医疗费用单据，提送人力资源部或员工福利委员会申请补助。

第二十一条 伤病补助费的给付标准如下：

（一）职工本人得申请补助保险机构给付津贴的全部医疗费用，但自第一次住院日一年内，其累积总额以3000元为限。

（二）配偶或直系血亲得申请补助半数医疗费用，但每一眷属自第一次住院日起一年内，其累积总额以1000元为限。

第二十二条 本人如因施行整容、整形或违反生理的手术等，及因自戕而致伤病时，均不得申请补助。

第二十三条 申请水灾、火灾、风灾、地震或其他不可避免的重大灾害补助费，需由员工于灾害发生后，填具申请书，并检附本公司同事2个证明文件，提交人力资源部福利委员会核定。

第二十四条 重大灾害补助的给付，须由本会委员2人查明实际受害情形后，核定补助金额。但最多为5000元。

第二十五条 申请丧葬补助费应由申请人于事实发生后，填具申请书，并附户籍誊本、死亡证明书，提送人力资源部或福利委员会核发。

第二十六条 丧葬补助费给付标准如下：

（一）职工本人补助5000元；

（二）配偶或其直系血亲每人补助1000元。

第二十七条 丧葬补助费的受益人，如无特别指定，（指定受益人须由员工本人自动向人力资源部福利委员会登记）其顺序如下：

（一）配偶；

（二）子女；

（三）父母。

第二十八条 申请各项补助费，如发现有伪造证件冒领等情况应追回已领款项，并报请议处。

第二十九条 本规定中所述的重大灾害的范围，经人力资源部福利委员会决议，依照下列规定办理：

（一）员工所有的房屋因无可避免的重大灾害者始得申请重大灾害补助费；

（二）因工作关系，将迁移而另租屋，但其原所有房屋或租与他人，遇重大灾害者，可申请补助费。

第五章 附　则

第三十条 本制度经公司总经理办公会议通过后施行，修改时亦同。

☞ 制作提示

1. 明确员工健康检查规定。如规定一般检查由人力资源部负责与市立医院接洽时间，员工分别至该医院接受检查。参见上文第一、二、三、四、五、六条。

2. 明确员工医疗补贴规定。如规定凡在本公司就业的正式聘用员工每人每月补贴医药费100元。参见上文第七、八、九、十、十一条。

3. 明确门诊医药费补贴规定。如规定凡本公司员工本人、其配偶或直系一代血亲患伤病住医院接受门诊时，补助其医药费50%。参见上文第十二、十三、十四、十五、十六、十七条。

4. 明确伤病、重大灾害及丧葬补助规定。如规定本公司正式雇用的员工，自到职之日起至离职之日止，得以发生的事实，分别引用本办法条款，申请补助费，唯其配偶或直系血亲同在本公司服务者，不得以同一事因重复申请补助。参见上文第十八、十九、二十、二十一、二十二、二十三、二十四、二十五、二十六、二十七、二十八、二十九条。

5. 明确其他事项以及制度的解释主体和施行时间等。参见上文第三十条。

三、员工工伤管理规定

工伤，又称为产业伤害、职业伤害、工业伤害、工作伤害，是指劳动者在从事职业活动或者与职业活动有关的活动时所遭受的不良因素的伤害和职业病伤害。企业制定相关的《员工工伤管理规定》，在应对员工工伤事故时，可以临危不乱，有条有理。

员工工伤管理规定范本

第一条 目的

为预防和控制工伤事故的发生，规范工伤申报及费用报销程序，提高员工安全生产意识，控制工伤事故率，最大限度地降低公司和员工的工伤事故风险，特制定本规定。

第二条 适用范围

本规定适用于已与公司签订劳动合同的员工。

第三条 职责

（一）总经理负责全面领导公司工伤管理工作；

（二）各部门领导全面负责本部门的工伤管理工作；

（三）各部门领导负责办理工伤事故认定和鉴定；

（四）各部门不得瞒报虚报工伤事故，控制并降低工伤事故率，积极配合公司人事部门及领导调查和处理工伤事故。

第四条 定义

企业员工工伤是指企业员工在工作中造成的职业病、负伤、致残和死亡。

第五条 下列情形之一，认定为工伤：

（一）在工作时间和工作场所内，因工作原因受到事故伤害的；

（二）从事本公司日常生产、工作或者本单位负责人临时指定的工作的，在紧急情况下，虽未经本单位负责人指定但从事直接关系本公司利益的工作时受到事故伤害的；

（三）在工作时间和工作场所内，因履行工作职责受到暴力等意外伤害的；

（四）在工作环境中接触职业性有害因素造成职业病的；

（五）因工外出期间，由于工作原因受到伤害或者发生事故下落不明的；

（六）在工作的时间和工作区域内，由于不安全因素造成意外伤害的；

（七）在上下班途中，受到非本人主要责任的交通事故或者城市轨道交通、客运轮渡、火车事故伤害的；

（八）在工作时间和工作岗位，突发疾病死亡或者在48小时内经抢救无效死亡的；

（九）法律、行政法规规定应当认定为工伤的其他情形。

第六条 下列情形之一，不认定为工伤：

（一）因犯罪或者违反治安管理伤亡的；

（二）醉酒导致伤亡的；

（三）自残或者自杀的。

第七条 工伤的种类：按安全事故的严重程度，工伤事故导致的因工负伤可分为轻伤、重伤、死亡等种类。

第八条 工伤的申报

（一）部门负责人承担本部门的工伤、安全事故的申报责任，事故发生后，部门负责人应立即向领导报告。

（二）经理为本部门第一责任人，在本部门所辖范围内，本部门所管辖的员工发生的一切工伤、安全事故，不受时间限制。接到伤害事故报告时，必须立即进行登记和组织施救，同时向公司人事行政部门申报。

（三）公司人事行政部人力主管为第一受理责任人，必须按照国家工伤管理条例及时向人社部门申报。

（四）因迟报、瞒报所致的事故责任增加部分由部门负责人承担，全额赔偿；有公司特批的，按批示执行。

第九条 工伤认定材料

（一）事故人的姓名、年龄；

（二）事故人身份证复印件、病历卡或病历卡复印件；

（三）事故人家属联系方式及电话；

（四）医疗发票、用药清单、诊断证明、门诊病历、住院档案、出院证明、

CT 报告单等一切医院开具的资料；

（五）事故发生时的具体岗位或具体位置；

（六）因履行工作职责受到暴力伤害的，需提交公安机关的证明或人民法院的判决书以及其他有效证明；

（七）工伤的伤势程度的初步估计；

（八）属于从事抢险、救灾、救人等维护国家利益、公共利益的活动中受到伤害的，需提交单位或者县级政府民政部门、公安部门出具的相关证明。

第十条 事故的调查分析

经理负责每起工伤安全事故的原因分析，根据调查分析的结果，填制工伤安全事故分析报告表，并在事故出现后一个工作日内将分析报告表转交给人事部门，经人事部门成员确认后报公司审批予以执行。

第十一条 分析报告内容：

（一）事故当事人基本情况包括当事人的姓名、年龄、服务部门、具体岗位和到岗时间；

（二）事故的具体经过；

（三）事故的原因分析；

（四）对人员造成的伤害情况、对公司财产造成的损失情况；

（五）事故责任的初步认定及理由；

（六）整改和预防措施。

第十二条 工伤事故报销管理

（一）未来得及参险员工，工伤医疗费用全部由公司承担；

（二）因个人原因未参险或拒不参险员工，公司不承担所有医疗费用；

（三）工伤医药费报销后，需要再次住院治疗的，必须提供医院证明，否则不予报销医药费。

第十三条 工伤人员待遇补偿

（一）人身意外伤害事故的受伤害者必须在事故发生起一年内按材料清单要求提供所有材料；

（二）人事行政部对材料认真审核，填写《人身意外伤害事故申报表》，经厂长/经理确认后报公司审批；

（三）工伤认定后其医疗费凡符合国家医疗报支目录的，给予全部报支，如有第三方责任赔偿的，给予报支差额部分；

（四）工伤者要求的其他补偿金，经人社部门确认后，予以补偿。

第十四条 各部门应采取积极的预防措施，降低工伤事故发生率。需定期组织的生产安全知识及规范操作知识培训，使员工按照正确的操作流程作业。

第十五条 附则

（一）本规定由人事行政部门负责执行。

（二）本规定在执行过程中如有公司特批的，按公司特批执行。

（三）本规定呈总经理核准后实施。

☞ 制作提示

1. 明确制度的制定目的及适用范围。如规定为预防和控制工伤事故的发生，规范工伤申报及费用报销程序，提高员工安全生产意识，控制工伤事故率，最大限度地降低公司和员工的工伤事故风险，特制定本规。参见上文第一、二条。

2. 明确在处理工伤时的各部门职责。如规定总经理负责全面领导公司工伤管理工作。参见上文第三条。

3. 明确工伤的界定、情形、种类等。如规定企业员工工伤是指企业员工在工作中造成的职业病、负伤、致残或死亡。参见上文第四、五、六、七条。

4. 明确工伤的申报与认定事项。如规定部门负责人承担本部门的工伤、安全事故的申报责任，事故发生后，部门负责人应立即向领导报告。参见上文第八、九条。

5. 明确事故的调查分析及报告事项。如规定经理负责每起工伤安全事故的原因分析，根据调查分析的结果，填制工伤安全事故分析报告表，并在事故出现后一个工作日内将分析报告表转交给人事部门，经人事部门成员确认后报公司审批予以执行。参见上文第十、十一条。

6. 明确工伤事故报销管理事项。参见上文第十二条。

7. 明确工伤人员待遇补偿事项。如规定工伤认定后其医疗费凡符合国家医疗报支目录的，给予全部报支，如有第三方责任赔偿的，给予报支差额部分。参见上文第十三条。

8. 明确其他事项以及制度的解释主体和施行时间等。参见上文第十四、十五条。

四、相关保险法律法规

1. 中华人民共和国社会保险法

（2010年10月28日第十一届全国人民代表大会常务委员会第十七次会议通过 根据2018年12月29日第十三届全国人民代表大会常务委员会第七次会议《关于修改〈中华人民共和国社会保险法〉的决定》修正）

目　录

第一章　总　　则
第二章　基本养老保险
第三章　基本医疗保险
第四章　工伤保险
第五章　失业保险
第六章　生育保险
第七章　社会保险费征缴
第八章　社会保险基金
第九章　社会保险经办
第十章　社会保险监督
第十一章　法律责任
第十二章　附　　则

第一章　总　　则

第一条　为了规范社会保险关系，维护公民参加社会保险和享受社会保险待遇的合法权益，使公民共享发展成果，促进社会和谐稳定，根据宪法，制定本法。

第二条 国家建立基本养老保险、基本医疗保险、工伤保险、失业保险、生育保险等社会保险制度，保障公民在年老、疾病、工伤、失业、生育等情况下依法从国家和社会获得物质帮助的权利。

第三条 社会保险制度坚持广覆盖、保基本、多层次、可持续的方针，社会保险水平应当与经济社会发展水平相适应。

第四条 中华人民共和国境内的用人单位和个人依法缴纳社会保险费，有权查询缴费记录、个人权益记录，要求社会保险经办机构提供社会保险咨询等相关服务。

个人依法享受社会保险待遇，有权监督本单位为其缴费情况。

第五条 县级以上人民政府将社会保险事业纳入国民经济和社会发展规划。

国家多渠道筹集社会保险资金。县级以上人民政府对社会保险事业给予必要的经费支持。

国家通过税收优惠政策支持社会保险事业。

第六条 国家对社会保险基金实行严格监管。

国务院和省、自治区、直辖市人民政府建立健全社会保险基金监督管理制度，保障社会保险基金安全、有效运行。

县级以上人民政府采取措施，鼓励和支持社会各方面参与社会保险基金的监督。

第七条 国务院社会保险行政部门负责全国的社会保险管理工作，国务院其他有关部门在各自的职责范围内负责有关的社会保险工作。

县级以上地方人民政府社会保险行政部门负责本行政区域的社会保险管理工作，县级以上地方人民政府其他有关部门在各自的职责范围内负责有关的社会保险工作。

第八条 社会保险经办机构提供社会保险服务，负责社会保险登记、个人权益记录、社会保险待遇支付等工作。

第九条 工会依法维护职工的合法权益，有权参与社会保险重大事项的研究，参加社会保险监督委员会，对与职工社会保险权益有关的事项进行监督。

第二章 基本养老保险

第十条 职工应当参加基本养老保险，由用人单位和职工共同缴纳基本养老保险费。

无雇工的个体工商户、未在用人单位参加基本养老保险的非全日制从业人员以及其他灵活就业人员可以参加基本养老保险，由个人缴纳基本养老保险费。

公务员和参照公务员法管理的工作人员养老保险的办法由国务院规定。

第十一条 基本养老保险实行社会统筹与个人账户相结合。

基本养老保险基金由用人单位和个人缴费以及政府补贴等组成。

第十二条 用人单位应当按照国家规定的本单位职工工资总额的比例缴纳基本养老保险费，记入基本养老保险统筹基金。

职工应当按照国家规定的本人工资的比例缴纳基本养老保险费，记入个人账户。

无雇工的个体工商户、未在用人单位参加基本养老保险的非全日制从业人员以及其他灵活就业人员参加基本养老保险的，应当按照国家规定缴纳基本养老保险费，分别记入基本养老保险统筹基金和个人账户。

第十三条 国有企业、事业单位职工参加基本养老保险前，视同缴费年限期间应当缴纳的基本养老保险费由政府承担。

基本养老保险基金出现支付不足时，政府给予补贴。

第十四条 个人账户不得提前支取，记账利率不得低于银行定期存款利率，免征利息税。个人死亡的，个人账户余额可以继承。

第十五条 基本养老金由统筹养老金和个人账户养老金组成。

基本养老金根据个人累计缴费年限、缴费工资、当地职工平均工资、个人账户金额、城镇人口平均预期寿命等因素确定。

第十六条 参加基本养老保险的个人，达到法定退休年龄时累计缴费满十五年的，按月领取基本养老金。

参加基本养老保险的个人，达到法定退休年龄时累计缴费不足十五年的，可以缴费至满十五年，按月领取基本养老金；也可以转入新型农村社会养老保险或者城镇居民社会养老保险，按照国务院规定享受相应的养老保险待遇。

第十七条 参加基本养老保险的个人，因病或者非因工死亡的，其遗属可以领取丧葬补助金和抚恤金；在未达到法定退休年龄时因病或者非因工致残完全丧失劳动能力的，可以领取病残津贴。所需资金从基本养老保险基金中支付。

第十八条 国家建立基本养老金正常调整机制。根据职工平均工资增长、物价上涨情况，适时提高基本养老保险待遇水平。

第十九条 个人跨统筹地区就业的，其基本养老保险关系随本人转移，缴费年限累计计算。个人达到法定退休年龄时，基本养老金分段计算、统一支付。具体办法由国务院规定。

第二十条 国家建立和完善新型农村社会养老保险制度。

新型农村社会养老保险实行个人缴费、集体补助和政府补贴相结合。

第二十一条 新型农村社会养老保险待遇由基础养老金和个人账户养老金组成。

参加新型农村社会养老保险的农村居民，符合国家规定条件的，按月领取新型农村社会养老保险待遇。

第二十二条 国家建立和完善城镇居民社会养老保险制度。

省、自治区、直辖市人民政府根据实际情况，可以将城镇居民社会养老保险和新型农村社会养老保险合并实施。

第三章 基本医疗保险

第二十三条 职工应当参加职工基本医疗保险，由用人单位和职工按照国家规定共同缴纳基本医疗保险费。

无雇工的个体工商户、未在用人单位参加职工基本医疗保险的非全日制从业人员以及其他灵活就业人员可以参加职工基本医疗保险，由个人按照国家规定缴纳基本医疗保险费。

第二十四条 国家建立和完善新型农村合作医疗制度。

新型农村合作医疗的管理办法，由国务院规定。

第二十五条 国家建立和完善城镇居民基本医疗保险制度。

城镇居民基本医疗保险实行个人缴费和政府补贴相结合。

享受最低生活保障的人、丧失劳动能力的残疾人、低收入家庭六十周岁以上的老年人和未成年人等所需个人缴费部分，由政府给予补贴。

第二十六条　职工基本医疗保险、新型农村合作医疗和城镇居民基本医疗保险的待遇标准按照国家规定执行。

第二十七条　参加职工基本医疗保险的个人，达到法定退休年龄时累计缴费达到国家规定年限的，退休后不再缴纳基本医疗保险费，按照国家规定享受基本医疗保险待遇；未达到国家规定年限的，可以缴费至国家规定年限。

第二十八条　符合基本医疗保险药品目录、诊疗项目、医疗服务设施标准以及急诊、抢救的医疗费用，按照国家规定从基本医疗保险基金中支付。

第二十九条　参保人员医疗费用中应当由基本医疗保险基金支付的部分，由社会保险经办机构与医疗机构、药品经营单位直接结算。

社会保险行政部门和卫生行政部门应当建立异地就医医疗费用结算制度，方便参保人员享受基本医疗保险待遇。

第三十条　下列医疗费用不纳入基本医疗保险基金支付范围：

（一）应当从工伤保险基金中支付的；

（二）应当由第三人负担的；

（三）应当由公共卫生负担的；

（四）在境外就医的。

医疗费用依法应当由第三人负担，第三人不支付或者无法确定第三人的，由基本医疗保险基金先行支付。基本医疗保险基金先行支付后，有权向第三人追偿。

第三十一条　社会保险经办机构根据管理服务的需要，可以与医疗机构、药品经营单位签订服务协议，规范医疗服务行为。

医疗机构应当为参保人员提供合理、必要的医疗服务。

第三十二条　个人跨统筹地区就业的，其基本医疗保险关系随本人转移，缴费年限累计计算。

第四章　工 伤 保 险

第三十三条　职工应当参加工伤保险，由用人单位缴纳工伤保险费，职工不缴纳工伤保险费。

第三十四条 国家根据不同行业的工伤风险程度确定行业的差别费率，并根据使用工伤保险基金、工伤发生率等情况在每个行业内确定费率档次。行业差别费率和行业内费率档次由国务院社会保险行政部门制定，报国务院批准后公布施行。

社会保险经办机构根据用人单位使用工伤保险基金、工伤发生率和所属行业费率档次等情况，确定用人单位缴费费率。

第三十五条 用人单位应当按照本单位职工工资总额，根据社会保险经办机构确定的费率缴纳工伤保险费。

第三十六条 职工因工作原因受到事故伤害或者患职业病，且经工伤认定的，享受工伤保险待遇；其中，经劳动能力鉴定丧失劳动能力的，享受伤残待遇。

工伤认定和劳动能力鉴定应当简捷、方便。

第三十七条 职工因下列情形之一导致本人在工作中伤亡的，不认定为工伤：

（一）故意犯罪；

（二）醉酒或者吸毒；

（三）自残或者自杀；

（四）法律、行政法规规定的其他情形。

第三十八条 因工伤发生的下列费用，按照国家规定从工伤保险基金中支付：

（一）治疗工伤的医疗费用和康复费用；

（二）住院伙食补助费；

（三）到统筹地区以外就医的交通食宿费；

（四）安装配置伤残辅助器具所需费用；

（五）生活不能自理的，经劳动能力鉴定委员会确认的生活护理费；

（六）一次性伤残补助金和一至四级伤残职工按月领取的伤残津贴；

（七）终止或者解除劳动合同时，应当享受的一次性医疗补助金；

（八）因工死亡的，其遗属领取的丧葬补助金、供养亲属抚恤金和因工死亡补助金；

（九）劳动能力鉴定费。

第三十九条 因工伤发生的下列费用，按照国家规定由用人单位支付：

（一）治疗工伤期间的工资福利；

（二）五级、六级伤残职工按月领取的伤残津贴；

（三）终止或者解除劳动合同时，应当享受的一次性伤残就业补助金。

第四十条 工伤职工符合领取基本养老金条件的，停发伤残津贴，享受基本养老保险待遇。基本养老保险待遇低于伤残津贴的，从工伤保险基金中补足差额。

第四十一条 职工所在用人单位未依法缴纳工伤保险费，发生工伤事故的，由用人单位支付工伤保险待遇。用人单位不支付的，从工伤保险基金中先行支付。

从工伤保险基金中先行支付的工伤保险待遇应当由用人单位偿还。用人单位不偿还的，社会保险经办机构可以依照本法第六十三条的规定追偿。

第四十二条 由于第三人的原因造成工伤，第三人不支付工伤医疗费用或者无法确定第三人的，由工伤保险基金先行支付。工伤保险基金先行支付后，有权向第三人追偿。

第四十三条 工伤职工有下列情形之一的，停止享受工伤保险待遇：

（一）丧失享受待遇条件的；

（二）拒不接受劳动能力鉴定的；

（三）拒绝治疗的。

第五章　失　业　保　险

第四十四条 职工应当参加失业保险，由用人单位和职工按照国家规定共同缴纳失业保险费。

第四十五条 失业人员符合下列条件的，从失业保险基金中领取失业保险金：

（一）失业前用人单位和本人已经缴纳失业保险费满一年的；

（二）非因本人意愿中断就业的；

（三）已经进行失业登记，并有求职要求的。

第四十六条 失业人员失业前用人单位和本人累计缴费满一年不足五年的，

领取失业保险金的期限最长为十二个月；累计缴费满五年不足十年的，领取失业保险金的期限最长为十八个月；累计缴费十年以上的，领取失业保险金的期限最长为二十四个月。重新就业后，再次失业的，缴费时间重新计算，领取失业保险金的期限与前次失业应当领取而尚未领取的失业保险金的期限合并计算，最长不超过二十四个月。

第四十七条 失业保险金的标准，由省、自治区、直辖市人民政府确定，不得低于城市居民最低生活保障标准。

第四十八条 失业人员在领取失业保险金期间，参加职工基本医疗保险，享受基本医疗保险待遇。

失业人员应当缴纳的基本医疗保险费从失业保险基金中支付，个人不缴纳基本医疗保险费。

第四十九条 失业人员在领取失业保险金期间死亡的，参照当地对在职职工死亡的规定，向其遗属发给一次性丧葬补助金和抚恤金。所需资金从失业保险基金中支付。

个人死亡同时符合领取基本养老保险丧葬补助金、工伤保险丧葬补助金和失业保险丧葬补助金条件的，其遗属只能选择领取其中的一项。

第五十条 用人单位应当及时为失业人员出具终止或者解除劳动关系的证明，并将失业人员的名单自终止或者解除劳动关系之日起十五日内告知社会保险经办机构。

失业人员应当持本单位为其出具的终止或者解除劳动关系的证明，及时到指定的公共就业服务机构办理失业登记。

失业人员凭失业登记证明和个人身份证明，到社会保险经办机构办理领取失业保险金的手续。失业保险金领取期限自办理失业登记之日起计算。

第五十一条 失业人员在领取失业保险金期间有下列情形之一的，停止领取失业保险金，并同时停止享受其他失业保险待遇：

（一）重新就业的；

（二）应征服兵役的；

（三）移居境外的；

（四）享受基本养老保险待遇的；

（五）无正当理由，拒不接受当地人民政府指定部门或者机构介绍的适当工作或者提供的培训的。

第五十二条 职工跨统筹地区就业的，其失业保险关系随本人转移，缴费年限累计计算。

第六章 生 育 保 险

第五十三条 职工应当参加生育保险，由用人单位按照国家规定缴纳生育保险费，职工不缴纳生育保险费。

第五十四条 用人单位已经缴纳生育保险费的，其职工享受生育保险待遇；职工未就业配偶按照国家规定享受生育医疗费用待遇。所需资金从生育保险基金中支付。

生育保险待遇包括生育医疗费用和生育津贴。

第五十五条 生育医疗费用包括下列各项：

（一）生育的医疗费用；

（二）计划生育的医疗费用；

（三）法律、法规规定的其他项目费用。

第五十六条 职工有下列情形之一的，可以按照国家规定享受生育津贴：

（一）女职工生育享受产假；

（二）享受计划生育手术休假；

（三）法律、法规规定的其他情形。

生育津贴按照职工所在用人单位上年度职工月平均工资计发。

第七章 社会保险费征缴

第五十七条 用人单位应当自成立之日起三十日内凭营业执照、登记证书或者单位印章，向当地社会保险经办机构申请办理社会保险登记。社会保险经办机构应当自收到申请之日起十五日内予以审核，发给社会保险登记证件。

用人单位的社会保险登记事项发生变更或者用人单位依法终止的，应当自变更或者终止之日起三十日内，到社会保险经办机构办理变更或者注销社会保险登记。

市场监督管理部门、民政部门和机构编制管理机关应当及时向社会保险经办机构通报用人单位的成立、终止情况，公安机关应当及时向社会保险经办机构通报个人的出生、死亡以及户口登记、迁移、注销等情况。

第五十八条 用人单位应当自用工之日起三十日内为其职工向社会保险经办机构申请办理社会保险登记。未办理社会保险登记的，由社会保险经办机构核定其应当缴纳的社会保险费。

自愿参加社会保险的无雇工的个体工商户、未在用人单位参加社会保险的非全日制从业人员以及其他灵活就业人员，应当向社会保险经办机构申请办理社会保险登记。

国家建立全国统一的个人社会保障号码。个人社会保障号码为公民身份号码。

第五十九条 县级以上人民政府加强社会保险费的征收工作。

社会保险费实行统一征收，实施步骤和具体办法由国务院规定。

第六十条 用人单位应当自行申报、按时足额缴纳社会保险费，非因不可抗力等法定事由不得缓缴、减免。职工应当缴纳的社会保险费由用人单位代扣代缴，用人单位应当按月将缴纳社会保险费的明细情况告知本人。

无雇工的个体工商户、未在用人单位参加社会保险的非全日制从业人员以及其他灵活就业人员，可以直接向社会保险费征收机构缴纳社会保险费。

第六十一条 社会保险费征收机构应当依法按时足额征收社会保险费，并将缴费情况定期告知用人单位和个人。

第六十二条 用人单位未按规定申报应当缴纳的社会保险费数额的，按照该单位上月缴费额的百分之一百一十确定应当缴纳数额；缴费单位补办申报手续后，由社会保险费征收机构按照规定结算。

第六十三条 用人单位未按时足额缴纳社会保险费的，由社会保险费征收机构责令其限期缴纳或者补足。

用人单位逾期仍未缴纳或者补足社会保险费的，社会保险费征收机构可以向银行和其他金融机构查询其存款账户；并可以申请县级以上有关行政部门作出划拨社会保险费的决定，书面通知其开户银行或者其他金融机构划拨社会保险费。用人单位账户余额少于应当缴纳的社会保险费的，社会保险费征收机构可以要求该用人单位提供担保，签订延期缴费协议。

用人单位未足额缴纳社会保险费且未提供担保的，社会保险费征收机构可以申请人民法院扣押、查封、拍卖其价值相当于应当缴纳社会保险费的财产，以拍卖所得抵缴社会保险费。

第八章　社会保险基金

第六十四条　社会保险基金包括基本养老保险基金、基本医疗保险基金、工伤保险基金、失业保险基金和生育保险基金。除基本医疗保险基金与生育保险基金合并建账及核算外，其他各项社会保险基金按照社会保险险种分别建账、分账核算。社会保险基金执行国家统一的会计制度。

社会保险基金专款专用，任何组织和个人不得侵占或者挪用。

基本养老保险基金逐步实行全国统筹，其他社会保险基金逐步实行省级统筹，具体时间、步骤由国务院规定。

第六十五条　社会保险基金通过预算实现收支平衡。

县级以上人民政府在社会保险基金出现支付不足时，给予补贴。

第六十六条　社会保险基金按照统筹层次设立预算。除基本医疗保险基金与生育保险基金预算合并编制外，其他社会保险基金预算按照社会保险项目分别编制。

第六十七条　社会保险基金预算、决算草案的编制、审核和批准，依照法律和国务院规定执行。

第六十八条　社会保险基金存入财政专户，具体管理办法由国务院规定。

第六十九条　社会保险基金在保证安全的前提下，按照国务院规定投资运营实现保值增值。

社会保险基金不得违规投资运营，不得用于平衡其他政府预算，不得用于兴建、改建办公场所和支付人员经费、运行费用、管理费用，或者违反法律、行政法规规定挪作其他用途。

第七十条　社会保险经办机构应当定期向社会公布参加社会保险情况以及社会保险基金的收入、支出、结余和收益情况。

第七十一条　国家设立全国社会保障基金，由中央财政预算拨款以及国务院批准的其他方式筹集的资金构成，用于社会保障支出的补充、调剂。全国社会保障基金由全国社会保障基金管理运营机构负责管理运营，在保证安全的前提下实现保值增值。

全国社会保障基金应当定期向社会公布收支、管理和投资运营的情况。国务院财政部门、社会保险行政部门、审计机关对全国社会保障基金的收支、管理和投资运营情况实施监督。

第九章　社会保险经办

第七十二条　统筹地区设立社会保险经办机构。社会保险经办机构根据工作需要，经所在地的社会保险行政部门和机构编制管理机关批准，可以在本统筹地区设立分支机构和服务网点。

社会保险经办机构的人员经费和经办社会保险发生的基本运行费用、管理费用，由同级财政按照国家规定予以保障。

第七十三条　社会保险经办机构应当建立健全业务、财务、安全和风险管理制度。

社会保险经办机构应当按时足额支付社会保险待遇。

第七十四条　社会保险经办机构通过业务经办、统计、调查获取社会保险工作所需的数据，有关单位和个人应当及时、如实提供。

社会保险经办机构应当及时为用人单位建立档案，完整、准确地记录参加社会保险的人员、缴费等社会保险数据，妥善保管登记、申报的原始凭证和支付结算的会计凭证。

社会保险经办机构应当及时、完整、准确地记录参加社会保险的个人缴费和用人单位为其缴费，以及享受社会保险待遇等个人权益记录，定期将个人权益记录单免费寄送本人。

用人单位和个人可以免费向社会保险经办机构查询、核对其缴费和享受社会保险待遇记录，要求社会保险经办机构提供社会保险咨询等相关服务。

第七十五条　全国社会保险信息系统按照国家统一规划，由县级以上人民政府按照分级负责的原则共同建设。

第十章　社会保险监督

第七十六条　各级人民代表大会常务委员会听取和审议本级人民政府对社会保险基金的收支、管理、投资运营以及监督检查情况的专项工作报告，组织对本法实施情况的执法检查等，依法行使监督职权。

第七十七条　县级以上人民政府社会保险行政部门应当加强对用人单位和个人遵守社会保险法律、法规情况的监督检查。

社会保险行政部门实施监督检查时，被检查的用人单位和个人应当如实提供与社会保险有关的资料，不得拒绝检查或者谎报、瞒报。

第七十八条　财政部门、审计机关按照各自职责，对社会保险基金的收支、管理和投资运营情况实施监督。

第七十九条　社会保险行政部门对社会保险基金的收支、管理和投资运营情况进行监督检查，发现存在问题的，应当提出整改建议，依法作出处理决定或者向有关行政部门提出处理建议。社会保险基金检查结果应当定期向社会公布。

社会保险行政部门对社会保险基金实施监督检查，有权采取下列措施：

（一）查阅、记录、复制与社会保险基金收支、管理和投资运营相关的资料，对可能被转移、隐匿或者灭失的资料予以封存；

（二）询问与调查事项有关的单位和个人，要求其对与调查事项有关的问题作出说明、提供有关证明材料；

（三）对隐匿、转移、侵占、挪用社会保险基金的行为予以制止并责令改正。

第八十条　统筹地区人民政府成立由用人单位代表、参保人员代表，以及工会代表、专家等组成的社会保险监督委员会，掌握、分析社会保险基金的收支、管理和投资运营情况，对社会保险工作提出咨询意见和建议，实施社会监督。

社会保险经办机构应当定期向社会保险监督委员会汇报社会保险基金的收支、管理和投资运营情况。社会保险监督委员会可以聘请会计师事务所对社会保险基金的收支、管理和投资运营情况进行年度审计和专项审计。审计结果应当向社会公开。

社会保险监督委员会发现社会保险基金收支、管理和投资运营中存在问题的，有权提出改正建议；对社会保险经办机构及其工作人员的违法行为，有权向有关部门提出依法处理建议。

第八十一条 社会保险行政部门和其他有关行政部门、社会保险经办机构、社会保险费征收机构及其工作人员，应当依法为用人单位和个人的信息保密，不得以任何形式泄露。

第八十二条 任何组织或者个人有权对违反社会保险法律、法规的行为进行举报、投诉。

社会保险行政部门、卫生行政部门、社会保险经办机构、社会保险费征收机构和财政部门、审计机关对属于本部门、本机构职责范围的举报、投诉，应当依法处理；对不属于本部门、本机构职责范围的，应当书面通知并移交有权处理的部门、机构处理。有权处理的部门、机构应当及时处理，不得推诿。

第八十三条 用人单位或者个人认为社会保险费征收机构的行为侵害自己合法权益的，可以依法申请行政复议或者提起行政诉讼。

用人单位或者个人对社会保险经办机构不依法办理社会保险登记、核定社会保险费、支付社会保险待遇、办理社会保险转移接续手续或者侵害其他社会保险权益的行为，可以依法申请行政复议或者提起行政诉讼。

个人与所在用人单位发生社会保险争议的，可以依法申请调解、仲裁，提起诉讼。用人单位侵害个人社会保险权益的，个人也可以要求社会保险行政部门或者社会保险费征收机构依法处理。

第十一章 法 律 责 任

第八十四条 用人单位不办理社会保险登记的，由社会保险行政部门责令限期改正；逾期不改正的，对用人单位处应缴社会保险费数额一倍以上三倍以下的罚款，对其直接负责的主管人员和其他直接责任人员处五百元以上三千元以下的罚款。

第八十五条 用人单位拒不出具终止或者解除劳动关系证明的，依照《中华人民共和国劳动合同法》的规定处理。

第八十六条 用人单位未按时足额缴纳社会保险费的，由社会保险费征收机构责令限期缴纳或者补足，并自欠缴之日起，按日加收万分之五的滞纳金；逾期仍不缴纳的，由有关行政部门处欠缴数额一倍以上三倍以下的罚款。

第八十七条 社会保险经办机构以及医疗机构、药品经营单位等社会保险服务机构以欺诈、伪造证明材料或者其他手段骗取社会保险基金支出的，由社会保险行政部门责令退回骗取的社会保险金，处骗取金额二倍以上五倍以下的罚款；属于社会保险服务机构的，解除服务协议；直接负责的主管人员和其他直接责任人员有执业资格的，依法吊销其执业资格。

第八十八条 以欺诈、伪造证明材料或者其他手段骗取社会保险待遇的，由社会保险行政部门责令退回骗取的社会保险金，处骗取金额二倍以上五倍以下的罚款。

第八十九条 社会保险经办机构及其工作人员有下列行为之一的，由社会保险行政部门责令改正；给社会保险基金、用人单位或者个人造成损失的，依法承担赔偿责任；对直接负责的主管人员和其他直接责任人员依法给予处分：

（一）未履行社会保险法定职责的；

（二）未将社会保险基金存入财政专户的；

（三）克扣或者拒不按时支付社会保险待遇的；

（四）丢失或者篡改缴费记录、享受社会保险待遇记录等社会保险数据、个人权益记录的；

（五）有违反社会保险法律、法规的其他行为的。

第九十条 社会保险费征收机构擅自更改社会保险费缴费基数、费率，导致少收或者多收社会保险费的，由有关行政部门责令其追缴应当缴纳的社会保险费或者退还不应当缴纳的社会保险费；对直接负责的主管人员和其他直接责任人员依法给予处分。

第九十一条 违反本法规定，隐匿、转移、侵占、挪用社会保险基金或者违规投资运营的，由社会保险行政部门、财政部门、审计机关责令追回；有违法所得的，没收违法所得；对直接负责的主管人员和其他直接责任人员依法给予处分。

第九十二条 社会保险行政部门和其他有关行政部门、社会保险经办机构、社会保险费征收机构及其工作人员泄露用人单位和个人信息的，对直接负责的主管人员和其他直接责任人员依法给予处分；给用人单位或者个人造成损失的，应当承担赔偿责任。

第九十三条　国家工作人员在社会保险管理、监督工作中滥用职权、玩忽职守、徇私舞弊的，依法给予处分。

第九十四条　违反本法规定，构成犯罪的，依法追究刑事责任。

第十二章　附　　则

第九十五条　进城务工的农村居民依照本法规定参加社会保险。

第九十六条　征收农村集体所有的土地，应当足额安排被征地农民的社会保险费，按照国务院规定将被征地农民纳入相应的社会保险制度。

第九十七条　外国人在中国境内就业的，参照本法规定参加社会保险。

第九十八条　本法自 2011 年 7 月 1 日起施行。

2. 社会保险费征缴暂行条例

（1999 年 1 月 22 日中华人民共和国国务院令第 259 号发布　根据 2019 年 3 月 24 日《国务院关于修改部分行政法规的决定》修订）

第一章　总　　则

第一条　为了加强和规范社会保险费征缴工作，保障社会保险金的发放，制定本条例。

第二条　基本养老保险费、基本医疗保险费、失业保险费（以下统称社会保险费）的征收、缴纳，适用本条例。

本条例所称缴费单位、缴费个人，是指依照有关法律、行政法规和国务院的规定，应当缴纳社会保险费的单位和个人。

第三条　基本养老保险费的征缴范围：国有企业、城镇集体企业、外商投资企业、城镇私营企业和其他城镇企业及其职工，实行企业化管理的事业单位及其职工。

基本医疗保险费的征缴范围：国有企业、城镇集体企业、外商投资企业、城镇私营企业和其他城镇企业及其职工，国家机关及其工作人员，事业单位及其职工，民办非企业单位及其职工，社会团体及其专职人员。

失业保险费的征缴范围：国有企业、城镇集体企业、外商投资企业、城镇私营企业和其他城镇企业及其职工，事业单位及其职工。

省、自治区、直辖市人民政府根据当地实际情况，可以规定将城镇个体工商户纳入基本养老保险、基本医疗保险的范围，并可以规定将社会团体及其专职人员、民办非企业单位及其职工以及有雇工的城镇个体工商户及其雇工纳入失业保险的范围。

社会保险费的费基、费率依照有关法律、行政法规和国务院的规定执行。

第四条 缴费单位、缴费个人应当按时足额缴纳社会保险费。

征缴的社会保险费纳入社会保险基金，专款专用，任何单位和个人不得挪用。

第五条 国务院劳动保障行政部门负责全国的社会保险费征缴管理和监督检查工作。县级以上地方各级人民政府劳动保障行政部门负责本行政区域内的社会保险费征缴管理和监督检查工作。

第六条 社会保险费实行三项社会保险费集中、统一征收。社会保险费的征收机构由省、自治区、直辖市人民政府规定，可以由税务机关征收，也可以由劳动保障行政部门按照国务院规定设立的社会保险经办机构（以下简称社会保险经办机构）征收。

第二章　征缴管理

第七条 缴费单位必须向当地社会保险经办机构办理社会保险登记，参加社会保险。

登记事项包括：单位名称、住所、经营地点、单位类型、法定代表人或者负责人、开户银行账号以及国务院劳动保障行政部门规定的其他事项。

第八条 企业在办理登记注册时，同步办理社会保险登记。

前款规定以外的缴费单位应当自成立之日起30日内，向当地社会保险经办机构申请办理社会保险登记。

第九条 缴费单位的社会保险登记事项发生变更或者缴费单位依法终止的,应当自变更或者终止之日起 30 日内,到社会保险经办机构办理变更或者注销社会保险登记手续。

第十条 缴费单位必须按月向社会保险经办机构申报应缴纳的社会保险费数额,经社会保险经办机构核定后,在规定的期限内缴纳社会保险费。

缴费单位不按规定申报应缴纳的社会保险费数额的,由社会保险经办机构暂按该单位上月缴费数额的 110% 确定应缴数额;没有上月缴费数额的,由社会保险经办机构暂按该单位的经营状况、职工人数等有关情况确定应缴数额。缴费单位补办申报手续并按核定数额缴纳社会保险费后,由社会保险经办机构按照规定结算。

第十一条 省、自治区、直辖市人民政府规定由税务机关征收社会保险费的,社会保险经办机构应当及时向税务机关提供缴费单位社会保险登记、变更登记、注销登记以及缴费申报的情况。

第十二条 缴费单位和缴费个人应当以货币形式全额缴纳社会保险费。

缴费个人应当缴纳的社会保险费,由所在单位从其本人工资中代扣代缴。

社会保险费不得减免。

第十三条 缴费单位未按规定缴纳和代扣代缴社会保险费的,由劳动保障行政部门或者税务机关责令限期缴纳;逾期仍不缴纳的,除补缴欠缴数额外,从欠缴之日起,按日加收 2‰的滞纳金。滞纳金并入社会保险基金。

第十四条 征收的社会保险费存入财政部门在国有商业银行开设的社会保障基金财政专户。

社会保险基金按照不同险种的统筹范围,分别建立基本养老保险基金、基本医疗保险基金、失业保险基金。各项社会保险基金分别单独核算。

社会保险基金不计征税、费。

第十五条 省、自治区、直辖市人民政府规定由税务机关征收社会保险费的,税务机关应当及时向社会保险经办机构提供缴费单位和缴费个人的缴费情况;社会保险经办机构应当将有关情况汇总,报劳动保障行政部门。

第十六条 社会保险经办机构应当建立缴费记录,其中基本养老保险、基本医疗保险并应当按照规定记录个人账户。社会保险经办机构负责保存缴费记录,并保证其完整、安全。社会保险经办机构应当至少每年向缴费个人发送一次基本养老保险、基本医疗保险个人账户通知单。

缴费单位、缴费个人有权按照规定查询缴费记录。

第三章　监督检查

第十七条　缴费单位应当每年向本单位职工公布本单位全年社会保险费缴纳情况,接受职工监督。

社会保险经办机构应当定期向社会公告社会保险费征收情况,接受社会监督。

第十八条　按照省、自治区、直辖市人民政府关于社会保险费征缴机构的规定,劳动保障行政部门或者税务机关依法对单位缴费情况进行检查时,被检查的单位应当提供与缴纳社会保险费有关的用人情况、工资表、财务报表等资料,如实反映情况,不得拒绝检查,不得谎报、瞒报。劳动保障行政部门或者税务机关可以记录、录音、录像、照相和复制有关资料;但是,应当为缴费单位保密。

劳动保障行政部门、税务机关的工作人员在行使前款所列职权时,应当出示执行公务证件。

第十九条　劳动保障行政部门或者税务机关调查社会保险费征缴违法案件时,有关部门、单位应当给予支持、协助。

第二十条　社会保险经办机构受劳动保障行政部门的委托,可以进行与社会保险费征缴有关的检查、调查工作。

第二十一条　任何组织和个人对有关社会保险费征缴的违法行为,有权举报。劳动保障行政部门或者税务机关对举报应当及时调查,按照规定处理,并为举报人保密。

第二十二条　社会保险基金实行收支两条线管理,由财政部门依法进行监督。

审计部门依法对社会保险基金的收支情况进行监督。

第四章 罚　　则

第二十三条　缴费单位未按照规定办理社会保险登记、变更登记或者注销登记，或者未按照规定申报应缴纳的社会保险费数额的，由劳动保障行政部门责令限期改正；情节严重的，对直接负责的主管人员和其他直接责任人员可以处 1000 元以上 5000 元以下的罚款；情节特别严重的，对直接负责的主管人员和其他直接责任人员可以处 5000 元以上 10000 元以下的罚款。

第二十四条　缴费单位违反有关财务、会计、统计的法律、行政法规和国家有关规定，伪造、变造、故意毁灭有关账册、材料，或者不设账册，致使社会保险费缴费基数无法确定的，除依照有关法律、行政法规的规定给予行政处罚、纪律处分、刑事处罚外，依照本条例第十条的规定征缴；迟延缴纳的，由劳动保障行政部门或者税务机关依照本条例第十三条的规定决定加收滞纳金，并对直接负责的主管人员和其他直接责任人员处 5000 元以上 20000 元以下的罚款。

第二十五条　缴费单位和缴费个人对劳动保障行政部门或者税务机关的处罚决定不服的，可以依法申请复议；对复议决定不服的，可以依法提起诉讼。

第二十六条　缴费单位逾期拒不缴纳社会保险费、滞纳金的，由劳动保障行政部门或者税务机关申请人民法院依法强制征缴。

第二十七条　劳动保障行政部门、社会保险经办机构或者税务机关的工作人员滥用职权、徇私舞弊、玩忽职守，致使社会保险费流失的，由劳动保障行政部门或者税务机关追回流失的社会保险费；构成犯罪的，依法追究刑事责任；尚不构成犯罪的，依法给予行政处分。

第二十八条　任何单位、个人挪用社会保险基金的，追回被挪用的社会保险基金；有违法所得的，没收违法所得，并入社会保险基金；构成犯罪的，依法追究刑事责任；尚不构成犯罪的，对直接负责的主管人员和其他直接责任人员依法给予行政处分。

第五章 附　　则

第二十九条　省、自治区、直辖市人民政府根据本地实际情况，可以决定本条例适用于本行政区域内工伤保险费和生育保险费的征收、缴纳。

第三十条　税务机关、社会保险经办机构征收社会保险费，不得从社会保险基金中提取任何费用，所需经费列入预算，由财政拨付。

第三十一条　本条例自发布之日起施行。

3. 工伤保险条例

（2003年4月27日中华人民共和国国务院令第375号公布　根据2010年12月20日《国务院关于修改〈工伤保险条例〉的决定》修订）

第一章　总　　则

第一条　为了保障因工作遭受事故伤害或者患职业病的职工获得医疗救治和经济补偿，促进工伤预防和职业康复，分散用人单位的工伤风险，制定本条例。

第二条　中华人民共和国境内的企业、事业单位、社会团体、民办非企业单位、基金会、律师事务所、会计师事务所等组织和有雇工的个体工商户（以下称用人单位）应当依照本条例规定参加工伤保险，为本单位全部职工或者雇工（以下称职工）缴纳工伤保险费。

中华人民共和国境内的企业、事业单位、社会团体、民办非企业单位、基金会、律师事务所、会计师事务所等组织的职工和个体工商户的雇工，均有依照本条例的规定享受工伤保险待遇的权利。

第三条　工伤保险费的征缴按照《社会保险费征缴暂行条例》关于基本养老保险费、基本医疗保险费、失业保险费的征缴规定执行。

第四条　用人单位应当将参加工伤保险的有关情况在本单位内公示。

用人单位和职工应当遵守有关安全生产和职业病防治的法律法规，执行安全卫生规程和标准，预防工伤事故发生，避免和减少职业病危害。

职工发生工伤时，用人单位应当采取措施使工伤职工得到及时救治。

第五条　国务院社会保险行政部门负责全国的工伤保险工作。

县级以上地方各级人民政府社会保险行政部门负责本行政区域内的工伤保

险工作。

社会保险行政部门按照国务院有关规定设立的社会保险经办机构（以下称经办机构）具体承办工伤保险事务。

第六条 社会保险行政部门等部门制定工伤保险的政策、标准，应当征求工会组织、用人单位代表的意见。

第二章 工伤保险基金

第七条 工伤保险基金由用人单位缴纳的工伤保险费、工伤保险基金的利息和依法纳入工伤保险基金的其他资金构成。

第八条 工伤保险费根据以支定收、收支平衡的原则，确定费率。

国家根据不同行业的工伤风险程度确定行业的差别费率，并根据工伤保险费使用、工伤发生率等情况在每个行业内确定若干费率档次。行业差别费率及行业内费率档次由国务院社会保险行政部门制定，报国务院批准后公布施行。

统筹地区经办机构根据用人单位工伤保险费使用、工伤发生率等情况，适用所属行业内相应的费率档次确定单位缴费费率。

第九条 国务院社会保险行政部门应当定期了解全国各统筹地区工伤保险基金收支情况，及时提出调整行业差别费率及行业内费率档次的方案，报国务院批准后公布施行。

第十条 用人单位应当按时缴纳工伤保险费。职工个人不缴纳工伤保险费。

用人单位缴纳工伤保险费的数额为本单位职工工资总额乘以单位缴费费率之积。

对难以按照工资总额缴纳工伤保险费的行业，其缴纳工伤保险费的具体方式，由国务院社会保险行政部门规定。

第十一条 工伤保险基金逐步实行省级统筹。

跨地区、生产流动性较大的行业，可以采取相对集中的方式异地参加统筹地区的工伤保险。具体办法由国务院社会保险行政部门会同有关行业的主管部门制定。

第十二条 工伤保险基金存入社会保障基金财政专户，用于本条例规定的工伤保险待遇，劳动能力鉴定，工伤预防的宣传、培训等费用，以及法律、法规规定的用于工伤保险的其他费用的支付。

工伤预防费用的提取比例、使用和管理的具体办法，由国务院社会保险行政部门会同国务院财政、卫生行政、安全生产监督管理等部门规定。

任何单位或者个人不得将工伤保险基金用于投资运营、兴建或者改建办公场所、发放奖金，或者挪作其他用途。

第十三条 工伤保险基金应当留有一定比例的储备金，用于统筹地区重大事故的工伤保险待遇支付；储备金不足支付的，由统筹地区的人民政府垫付。储备金占基金总额的具体比例和储备金的使用办法，由省、自治区、直辖市人民政府规定。

第三章 工伤认定

第十四条 职工有下列情形之一的，应当认定为工伤：

（一）在工作时间和工作场所内，因工作原因受到事故伤害的；

（二）工作时间前后在工作场所内，从事与工作有关的预备性或者收尾性工作受到事故伤害的；

（三）在工作时间和工作场所内，因履行工作职责受到暴力等意外伤害的；

（四）患职业病的；

（五）因工外出期间，由于工作原因受到伤害或者发生事故下落不明的；

（六）在上下班途中，受到非本人主要责任的交通事故或者城市轨道交通、客运轮渡、火车事故伤害的；

（七）法律、行政法规规定应当认定为工伤的其他情形。

第十五条 职工有下列情形之一的，视同工伤：

（一）在工作时间和工作岗位，突发疾病死亡或者在48小时之内经抢救无效死亡的；

（二）在抢险救灾等维护国家利益、公共利益活动中受到伤害的；

（三）职工原在军队服役，因战、因公负伤致残，已取得革命伤残军人证，到用人单位后旧伤复发的。

职工有前款第（一）项、第（二）项情形的，按照本条例的有关规定享受工伤保险待遇；职工有前款第（三）项情形的，按照本条例的有关规定享受除一次性伤残补助金以外的工伤保险待遇。

第十六条　职工符合本条例第十四条、第十五条的规定，但是有下列情形之一的，不得认定为工伤或者视同工伤：

（一）故意犯罪的；

（二）醉酒或者吸毒的；

（三）自残或者自杀的。

第十七条　职工发生事故伤害或者按照职业病防治法规定被诊断、鉴定为职业病，所在单位应当自事故伤害发生之日或者被诊断、鉴定为职业病之日起30日内，向统筹地区社会保险行政部门提出工伤认定申请。遇有特殊情况，经报社会保险行政部门同意，申请时限可以适当延长。

用人单位未按前款规定提出工伤认定申请的，工伤职工或者其近亲属、工会组织在事故伤害发生之日或者被诊断、鉴定为职业病之日起1年内，可以直接向用人单位所在地统筹地区社会保险行政部门提出工伤认定申请。

按照本条第一款规定应当由省级社会保险行政部门进行工伤认定的事项，根据属地原则由用人单位所在地的设区的市级社会保险行政部门办理。

用人单位未在本条第一款规定的时限内提交工伤认定申请，在此期间发生符合本条例规定的工伤待遇等有关费用由该用人单位负担。

第十八条　提出工伤认定申请应当提交下列材料：

（一）工伤认定申请表；

（二）与用人单位存在劳动关系（包括事实劳动关系）的证明材料；

（三）医疗诊断证明或者职业病诊断证明书（或者职业病诊断鉴定书）。

工伤认定申请表应当包括事故发生的时间、地点、原因以及职工伤害程度等基本情况。

工伤认定申请人提供材料不完整的，社会保险行政部门应当一次性书面告知工伤认定申请人需要补正的全部材料。申请人按照书面告知要求补正材料后，社会保险行政部门应当受理。

第十九条　社会保险行政部门受理工伤认定申请后，根据审核需要可以对事故伤害进行调查核实，用人单位、职工、工会组织、医疗机构以及有关部门应当予以协助。职业病诊断和诊断争议的鉴定，依照职业病防治法的有关规定执行。对依法取得职业病诊断证明书或者职业病诊断鉴定书的，社会保险行政部门不再进行调查核实。

职工或者其近亲属认为是工伤，用人单位不认为是工伤的，由用人单位承担举证责任。

第二十条 社会保险行政部门应当自受理工伤认定申请之日起 60 日内作出工伤认定的决定，并书面通知申请工伤认定的职工或者其近亲属和该职工所在单位。

社会保险行政部门对受理的事实清楚、权利义务明确的工伤认定申请，应当在 15 日内作出工伤认定的决定。

作出工伤认定决定需要以司法机关或者有关行政主管部门的结论为依据的，在司法机关或者有关行政主管部门尚未作出结论期间，作出工伤认定决定的时限中止。

社会保险行政部门工作人员与工伤认定申请人有利害关系的，应当回避。

第四章 劳动能力鉴定

第二十一条 职工发生工伤，经治疗伤情相对稳定后存在残疾、影响劳动能力的，应当进行劳动能力鉴定。

第二十二条 劳动能力鉴定是指劳动功能障碍程度和生活自理障碍程度的等级鉴定。

劳动功能障碍分为十个伤残等级，最重的为一级，最轻的为十级。

生活自理障碍分为三个等级：生活完全不能自理、生活大部分不能自理和生活部分不能自理。

劳动能力鉴定标准由国务院社会保险行政部门会同国务院卫生行政部门等部门制定。

第二十三条 劳动能力鉴定由用人单位、工伤职工或者其近亲属向设区的市级劳动能力鉴定委员会提出申请，并提供工伤认定决定和职工工伤医疗的有关资料。

第二十四条 省、自治区、直辖市劳动能力鉴定委员会和设区的市级劳动能力鉴定委员会分别由省、自治区、直辖市和设区的市级社会保险行政部门、卫生行政部门、工会组织、经办机构代表以及用人单位代表组成。

劳动能力鉴定委员会建立医疗卫生专家库。列入专家库的医疗卫生专业技术人员应当具备下列条件：

（一）具有医疗卫生高级专业技术职务任职资格；

（二）掌握劳动能力鉴定的相关知识；

（三）具有良好的职业品德。

第二十五条　设区的市级劳动能力鉴定委员会收到劳动能力鉴定申请后，应当从其建立的医疗卫生专家库中随机抽取3名或者5名相关专家组成专家组，由专家组提出鉴定意见。设区的市级劳动能力鉴定委员会根据专家组的鉴定意见作出工伤职工劳动能力鉴定结论；必要时，可以委托具备资格的医疗机构协助进行有关的诊断。

设区的市级劳动能力鉴定委员会应当自收到劳动能力鉴定申请之日起60日内作出劳动能力鉴定结论，必要时，作出劳动能力鉴定结论的期限可以延长30日。劳动能力鉴定结论应当及时送达申请鉴定的单位和个人。

第二十六条　申请鉴定的单位或者个人对设区的市级劳动能力鉴定委员会作出的鉴定结论不服的，可以在收到该鉴定结论之日起15日内向省、自治区、直辖市劳动能力鉴定委员会提出再次鉴定申请。省、自治区、直辖市劳动能力鉴定委员会作出的劳动能力鉴定结论为最终结论。

第二十七条　劳动能力鉴定工作应当客观、公正。劳动能力鉴定委员会组成人员或者参加鉴定的专家与当事人有利害关系的，应当回避。

第二十八条　自劳动能力鉴定结论作出之日起1年后，工伤职工或者其近亲属、所在单位或者经办机构认为伤残情况发生变化的，可以申请劳动能力复查鉴定。

第二十九条　劳动能力鉴定委员会依照本条例第二十六条和第二十八条的规定进行再次鉴定和复查鉴定的期限，依照本条例第二十五条第二款的规定执行。

第五章　工伤保险待遇

第三十条　职工因工作遭受事故伤害或者患职业病进行治疗，享受工伤医疗待遇。

职工治疗工伤应当在签订服务协议的医疗机构就医，情况紧急时可以先到就近的医疗机构急救。

治疗工伤所需费用符合工伤保险诊疗项目目录、工伤保险药品目录、工伤保险住院服务标准的，从工伤保险基金支付。工伤保险诊疗项目目录、工伤保险药品目录、工伤保险住院服务标准，由国务院社会保险行政部门会同国务院卫生行政部门、食品药品监督管理部门等部门规定。

职工住院治疗工伤的伙食补助费，以及经医疗机构出具证明，报经办机构同意，工伤职工到统筹地区以外就医所需的交通、食宿费用从工伤保险基金支付，基金支付的具体标准由统筹地区人民政府规定。

工伤职工治疗非工伤引发的疾病，不享受工伤医疗待遇，按照基本医疗保险办法处理。

工伤职工到签订服务协议的医疗机构进行工伤康复的费用，符合规定的，从工伤保险基金支付。

第三十一条　社会保险行政部门作出认定为工伤的决定后发生行政复议、行政诉讼的，行政复议和行政诉讼期间不停止支付工伤职工治疗工伤的医疗费用。

第三十二条　工伤职工因日常生活或者就业需要，经劳动能力鉴定委员会确认，可以安装假肢、矫形器、假眼、假牙和配置轮椅等辅助器具，所需费用按照国家规定的标准从工伤保险基金支付。

第三十三条　职工因工作遭受事故伤害或者患职业病需要暂停工作接受工伤医疗的，在停工留薪期内，原工资福利待遇不变，由所在单位按月支付。

停工留薪期一般不超过12个月。伤情严重或者情况特殊，经设区的市级劳动能力鉴定委员会确认，可以适当延长，但延长不得超过12个月。工伤职工评定伤残等级后，停发原待遇，按照本章的有关规定享受伤残待遇。工伤职工在停工留薪期满后仍需治疗的，继续享受工伤医疗待遇。

生活不能自理的工伤职工在停工留薪期需要护理的，由所在单位负责。

第三十四条　工伤职工已经评定伤残等级并经劳动能力鉴定委员会确认需要生活护理的，从工伤保险基金按月支付生活护理费。

生活护理费按照生活完全不能自理、生活大部分不能自理或者生活部分不能自理 3 个不同等级支付,其标准分别为统筹地区上年度职工月平均工资的 50%、40% 或者 30%。

第三十五条 职工因工致残被鉴定为一级至四级伤残的,保留劳动关系,退出工作岗位,享受以下待遇:

(一)从工伤保险基金按伤残等级支付一次性伤残补助金,标准为:一级伤残为 27 个月的本人工资,二级伤残为 25 个月的本人工资,三级伤残为 23 个月的本人工资,四级伤残为 21 个月的本人工资;

(二)从工伤保险基金按月支付伤残津贴,标准为:一级伤残为本人工资的 90%,二级伤残为本人工资的 85%,三级伤残为本人工资的 80%,四级伤残为本人工资的 75%。伤残津贴实际金额低于当地最低工资标准的,由工伤保险基金补足差额;

(三)工伤职工达到退休年龄并办理退休手续后,停发伤残津贴,按照国家有关规定享受基本养老保险待遇。基本养老保险待遇低于伤残津贴的,由工伤保险基金补足差额。

职工因工致残被鉴定为一级至四级伤残的,由用人单位和职工个人以伤残津贴为基数,缴纳基本医疗保险费。

第三十六条 职工因工致残被鉴定为五级、六级伤残的,享受以下待遇:

(一)从工伤保险基金按伤残等级支付一次性伤残补助金,标准为:五级伤残为 18 个月的本人工资,六级伤残为 16 个月的本人工资;

(二)保留与用人单位的劳动关系,由用人单位安排适当工作。难以安排工作的,由用人单位按月发给伤残津贴,标准为:五级伤残为本人工资的 70%,六级伤残为本人工资的 60%,并由用人单位按照规定为其缴纳应缴纳的各项社会保险费。伤残津贴实际金额低于当地最低工资标准的,由用人单位补足差额。

经工伤职工本人提出,该职工可以与用人单位解除或者终止劳动关系,由工伤保险基金支付一次性工伤医疗补助金,由用人单位支付一次性伤残就业补助金。一次性工伤医疗补助金和一次性伤残就业补助金的具体标准由省、自治区、直辖市人民政府规定。

第三十七条 职工因工致残被鉴定为七级至十级伤残的,享受以下待遇:

（一）从工伤保险基金按伤残等级支付一次性伤残补助金，标准为：七级伤残为13个月的本人工资，八级伤残为11个月的本人工资，九级伤残为9个月的本人工资，十级伤残为7个月的本人工资；

（二）劳动、聘用合同期满终止，或者职工本人提出解除劳动、聘用合同的，由工伤保险基金支付一次性工伤医疗补助金，由用人单位支付一次性伤残就业补助金。一次性工伤医疗补助金和一次性伤残就业补助金的具体标准由省、自治区、直辖市人民政府规定。

第三十八条　工伤职工工伤复发，确认需要治疗的，享受本条例第三十条、第三十二条和第三十三条规定的工伤待遇。

第三十九条　职工因工死亡，其近亲属按照下列规定从工伤保险基金领取丧葬补助金、供养亲属抚恤金和一次性工亡补助金：

（一）丧葬补助金为6个月的统筹地区上年度职工月平均工资；

（二）供养亲属抚恤金按照职工本人工资的一定比例发给由因工死亡职工生前提供主要生活来源、无劳动能力的亲属。标准为：配偶每月40%，其他亲属每人每月30%，孤寡老人或者孤儿每人每月在上述标准的基础上增加10%。核定的各供养亲属的抚恤金之和不应高于因工死亡职工生前的工资。供养亲属的具体范围由国务院社会保险行政部门规定；

（三）一次性工亡补助金标准为上一年度全国城镇居民人均可支配收入的20倍。

伤残职工在停工留薪期内因工伤导致死亡的，其近亲属享受本条第一款规定的待遇。

一级至四级伤残职工在停工留薪期满后死亡的，其近亲属可以享受本条第一款第（一）项、第（二）项规定的待遇。

第四十条　伤残津贴、供养亲属抚恤金、生活护理费由统筹地区社会保险行政部门根据职工平均工资和生活费用变化等情况适时调整。调整办法由省、自治区、直辖市人民政府规定。

第四十一条　职工因工外出期间发生事故或者在抢险救灾中下落不明的，从事故发生当月起3个月内照发工资，从第4个月起停发工资，由工伤保险基金向其供养亲属按月支付供养亲属抚恤金。生活有困难的，可以预支一次性工亡补助金的50%。职工被人民法院宣告死亡的,按照本条例第三十九条职工因工死亡的规定处理。

第四十二条 工伤职工有下列情形之一的,停止享受工伤保险待遇:

(一)丧失享受待遇条件的;

(二)拒不接受劳动能力鉴定的;

(三)拒绝治疗的。

第四十三条 用人单位分立、合并、转让的,承继单位应当承担原用人单位的工伤保险责任;原用人单位已经参加工伤保险的,承继单位应当到当地经办机构办理工伤保险变更登记。

用人单位实行承包经营的,工伤保险责任由职工劳动关系所在单位承担。

职工被借调期间受到工伤事故伤害的,由原用人单位承担工伤保险责任,但原用人单位与借调单位可以约定补偿办法。

企业破产的,在破产清算时依法拨付应当由单位支付的工伤保险待遇费用。

第四十四条 职工被派遣出境工作,依据前往国家或者地区的法律应当参加当地工伤保险的,参加当地工伤保险,其国内工伤保险关系中止;不能参加当地工伤保险的,其国内工伤保险关系不中止。

第四十五条 职工再次发生工伤,根据规定应当享受伤残津贴的,按照新认定的伤残等级享受伤残津贴待遇。

第六章 监督管理

第四十六条 经办机构具体承办工伤保险事务,履行下列职责:

(一)根据省、自治区、直辖市人民政府规定,征收工伤保险费;

(二)核查用人单位的工资总额和职工人数,办理工伤保险登记,并负责保存用人单位缴费和职工享受工伤保险待遇情况的记录;

(三)进行工伤保险的调查、统计;

(四)按照规定管理工伤保险基金的支出;

(五)按照规定核定工伤保险待遇;

(六)为工伤职工或者其近亲属免费提供咨询服务。

第四十七条 经办机构与医疗机构、辅助器具配置机构在平等协商的基础上签订服务协议，并公布签订服务协议的医疗机构、辅助器具配置机构的名单。具体办法由国务院社会保险行政部门分别会同国务院卫生行政部门、民政部门等部门制定。

第四十八条 经办机构按照协议和国家有关目录、标准对工伤职工医疗费用、康复费用、辅助器具费用的使用情况进行核查，并按时足额结算费用。

第四十九条 经办机构应当定期公布工伤保险基金的收支情况，及时向社会保险行政部门提出调整费率的建议。

第五十条 社会保险行政部门、经办机构应当定期听取工伤职工、医疗机构、辅助器具配置机构以及社会各界对改进工伤保险工作的意见。

第五十一条 社会保险行政部门依法对工伤保险费的征缴和工伤保险基金的支付情况进行监督检查。

财政部门和审计机关依法对工伤保险基金的收支、管理情况进行监督。

第五十二条 任何组织和个人对有关工伤保险的违法行为，有权举报。社会保险行政部门对举报应当及时调查，按照规定处理，并为举报人保密。

第五十三条 工会组织依法维护工伤职工的合法权益，对用人单位的工伤保险工作实行监督。

第五十四条 职工与用人单位发生工伤待遇方面的争议，按照处理劳动争议的有关规定处理。

第五十五条 有下列情形之一的，有关单位或者个人可以依法申请行政复议，也可以依法向人民法院提起行政诉讼：

（一）申请工伤认定的职工或者其近亲属、该职工所在单位对工伤认定申请不予受理的决定不服的；

（二）申请工伤认定的职工或者其近亲属、该职工所在单位对工伤认定结论不服的；

（三）用人单位对经办机构确定的单位缴费费率不服的；

（四）签订服务协议的医疗机构、辅助器具配置机构认为经办机构未履行有关协议或者规定的；

（五）工伤职工或者其近亲属对经办机构核定的工伤保险待遇有异议的。

第七章　法律责任

第五十六条　单位或者个人违反本条例第十二条规定挪用工伤保险基金，构成犯罪的，依法追究刑事责任；尚不构成犯罪的，依法给予处分或者纪律处分。被挪用的基金由社会保险行政部门追回，并入工伤保险基金；没收的违法所得依法上缴国库。

第五十七条　社会保险行政部门工作人员有下列情形之一的，依法给予处分；情节严重，构成犯罪的，依法追究刑事责任：

（一）无正当理由不受理工伤认定申请，或者弄虚作假将不符合工伤条件的人员认定为工伤职工的；

（二）未妥善保管申请工伤认定的证据材料，致使有关证据灭失的；

（三）收受当事人财物的。

第五十八条　经办机构有下列行为之一的，由社会保险行政部门责令改正，对直接负责的主管人员和其他责任人员依法给予纪律处分；情节严重，构成犯罪的，依法追究刑事责任；造成当事人经济损失的，由经办机构依法承担赔偿责任：

（一）未按规定保存用人单位缴费和职工享受工伤保险待遇情况记录的；

（二）不按规定核定工伤保险待遇的；

（三）收受当事人财物的。

第五十九条　医疗机构、辅助器具配置机构不按服务协议提供服务的，经办机构可以解除服务协议。

经办机构不按时足额结算费用的，由社会保险行政部门责令改正；医疗机构、辅助器具配置机构可以解除服务协议。

第六十条　用人单位、工伤职工或者其近亲属骗取工伤保险待遇，医疗机构、辅助器具配置机构骗取工伤保险基金支出的，由社会保险行政部门责令退还，处骗取金额2倍以上5倍以下的罚款；情节严重，构成犯罪的，依法追究刑事责任。

第六十一条　从事劳动能力鉴定的组织或者个人有下列情形之一的，由社会保险行政部门责令改正，处2000元以上1万元以下的罚款；情节严重，构成犯罪的，依法追究刑事责任：

（一）提供虚假鉴定意见的；

（二）提供虚假诊断证明的；

（三）收受当事人财物的。

第六十二条 用人单位依照本条例规定应当参加工伤保险而未参加的，由社会保险行政部门责令限期参加，补缴应当缴纳的工伤保险费，并自欠缴之日起，按日加收万分之五的滞纳金；逾期仍不缴纳的，处欠缴数额1倍以上3倍以下的罚款。

依照本条例规定应当参加工伤保险而未参加工伤保险的用人单位职工发生工伤的，由该用人单位按照本条例规定的工伤保险待遇项目和标准支付费用。

用人单位参加工伤保险并补缴应当缴纳的工伤保险费、滞纳金后，由工伤保险基金和用人单位依照本条例的规定支付新发生的费用。

第六十三条 用人单位违反本条例第十九条的规定，拒不协助社会保险行政部门对事故进行调查核实的，由社会保险行政部门责令改正，处2000元以上2万元以下的罚款。

第八章 附 则

第六十四条 本条例所称工资总额，是指用人单位直接支付给本单位全部职工的劳动报酬总额。

本条例所称本人工资，是指工伤职工因工作遭受事故伤害或者患职业病前12个月平均月缴费工资。本人工资高于统筹地区职工平均工资300%的，按照统筹地区职工平均工资的300%计算；本人工资低于统筹地区职工平均工资60%的，按照统筹地区职工平均工资的60%计算。

第六十五条 公务员和参照公务员法管理的事业单位、社会团体的工作人员因工作遭受事故伤害或者患职业病的，由所在单位支付费用。具体办法由国务院社会保险行政部门会同国务院财政部门规定。

第六十六条 无营业执照或者未经依法登记、备案的单位以及被依法吊销营业执照或者撤销登记、备案的单位的职工受到事故伤害或者患职业病的，由该单位向伤残职工或者死亡职工的近亲属给予一次性赔偿，赔偿标准不得低于本条例规定的工伤保险待遇；用人单位不得使用童工，用人单位使用童工造成童工伤残、死亡的，由该单位向童工或者童工的近亲属给予一次性赔偿，赔偿标准不得低于本条例规定的工伤保险待遇。具体办法由国务院社会保险行政部门规定。

前款规定的伤残职工或者死亡职工的近亲属就赔偿数额与单位发生争议的，以及前款规定的童工或者童工的近亲属就赔偿数额与单位发生争议的，按照处理劳动争议的有关规定处理。

第六十七条　本条例自2004年1月1日起施行。本条例施行前已受到事故伤害或者患职业病的职工尚未完成工伤认定的，按照本条例的规定执行。

4. 工伤认定办法

（2010年12月31日中华人民共和国人力资源和社会保障部令第8号公布　自2011年1月1日起施行）

第一条　为规范工伤认定程序，依法进行工伤认定，维护当事人的合法权益，根据《工伤保险条例》的有关规定，制定本办法。

第二条　社会保险行政部门进行工伤认定按照本办法执行。

第三条　工伤认定应当客观公正、简捷方便，认定程序应当向社会公开。

第四条　职工发生事故伤害或者按照职业病防治法规定被诊断、鉴定为职业病，所在单位应当自事故伤害发生之日或者被诊断、鉴定为职业病之日起30日内，向统筹地区社会保险行政部门提出工伤认定申请。遇有特殊情况，经报社会保险行政部门同意，申请时限可以适当延长。

按照前款规定应当向省级社会保险行政部门提出工伤认定申请的，根据属地原则应当向用人单位所在地设区的市级社会保险行政部门提出。

第五条　用人单位未在规定的时限内提出工伤认定申请的，受伤害职工或者其近亲属、工会组织在事故伤害发生之日或者被诊断、鉴定为职业病之日起1年内，可以直接按照本办法第四条规定提出工伤认定申请。

第六条　提出工伤认定申请应当填写《工伤认定申请表》，并提交下列材料：

（一）劳动、聘用合同文本复印件或者与用人单位存在劳动关系（包括事实劳动关系）、人事关系的其他证明材料；

（二）医疗机构出具的受伤后诊断证明书或者职业病诊断证明书（或者职业病诊断鉴定书）。

第七条 工伤认定申请人提交的申请材料符合要求，属于社会保险行政部门管辖范围且在受理时限内的，社会保险行政部门应当受理。

第八条 社会保险行政部门收到工伤认定申请后，应当在15日内对申请人提交的材料进行审核，材料完整的，作出受理或者不予受理的决定；材料不完整的，应当以书面形式一次性告知申请人需要补正的全部材料。社会保险行政部门收到申请人提交的全部补正材料后，应当在15日内作出受理或者不予受理的决定。

社会保险行政部门决定受理的，应当出具《工伤认定申请受理决定书》；决定不予受理的，应当出具《工伤认定申请不予受理决定书》。

第九条 社会保险行政部门受理工伤认定申请后，可以根据需要对申请人提供的证据进行调查核实。

第十条 社会保险行政部门进行调查核实，应当由两名以上工作人员共同进行，并出示执行公务的证件。

第十一条 社会保险行政部门工作人员在工伤认定中，可以进行以下调查核实工作：

（一）根据工作需要，进入有关单位和事故现场；

（二）依法查阅与工伤认定有关的资料，询问有关人员并作出调查笔录；

（三）记录、录音、录像和复制与工伤认定有关的资料。调查核实工作的证据收集参照行政诉讼证据收集的有关规定执行。

第十二条 社会保险行政部门工作人员进行调查核实时，有关单位和个人应当予以协助。用人单位、工会组织、医疗机构以及有关部门应当负责安排相关人员配合工作，据实提供情况和证明材料。

第十三条 社会保险行政部门在进行工伤认定时，对申请人提供的符合国家有关规定的职业病诊断证明书或者职业病诊断鉴定书，不再进行调查核实。职业病诊断证明书或者职业病诊断鉴定书不符合国家规定的要求和格式的，社会保险行政部门可以要求出具证据部门重新提供。

第十四条 社会保险行政部门受理工伤认定申请后，可以根据工作需要，委托其他统筹地区的社会保险行政部门或者相关部门进行调查核实。

第十五条 社会保险行政部门工作人员进行调查核实时，应当履行下列义务：

（一）保守有关单位商业秘密以及个人隐私；

（二）为提供情况的有关人员保密。

第十六条 社会保险行政部门工作人员与工伤认定申请人有利害关系的，应当回避。

第十七条 职工或者其近亲属认为是工伤，用人单位不认为是工伤的，由该用人单位承担举证责任。用人单位拒不举证的，社会保险行政部门可以根据受伤害职工提供的证据或者调查取得的证据，依法作出工伤认定决定。

第十八条 社会保险行政部门应当自受理工伤认定申请之日起60日内作出工伤认定决定，出具《认定工伤决定书》或者《不予认定工伤决定书》。

第十九条 《认定工伤决定书》应当载明下列事项：

（一）用人单位全称；

（二）职工的姓名、性别、年龄、职业、身份证号码；

（三）受伤害部位、事故时间和诊断时间或职业病名称、受伤害经过和核实情况、医疗救治的基本情况和诊断结论；

（四）认定工伤或者视同工伤的依据；

（五）不服认定决定申请行政复议或者提起行政诉讼的部门和时限；

（六）作出认定工伤或者视同工伤决定的时间。

《不予认定工伤决定书》应当载明下列事项：

（一）用人单位全称；

（二）职工的姓名、性别、年龄、职业、身份证号码；

（三）不予认定工伤或者不视同工伤的依据；

（四）不服认定决定申请行政复议或者提起行政诉讼的部门和时限；

（五）作出不予认定工伤或者不视同工伤决定的时间。

《认定工伤决定书》和《不予认定工伤决定书》应当加盖社会保险行政部门

工伤认定专用印章。

第二十条　社会保险行政部门受理工伤认定申请后，作出工伤认定决定需要以司法机关或者有关行政主管部门的结论为依据的，在司法机关或者有关行政主管部门尚未作出结论期间，作出工伤认定决定的时限中止，并书面通知申请人。

第二十一条　社会保险行政部门对于事实清楚、权利义务明确的工伤认定申请，应当自受理工伤认定申请之日起 15 日内作出工伤认定决定。

第二十二条　社会保险行政部门应当自工伤认定决定作出之日起 20 日内，将《认定工伤决定书》或者《不予认定工伤决定书》送达受伤害职工（或者其近亲属）和用人单位，并抄送社会保险经办机构。

《认定工伤决定书》和《不予认定工伤决定书》的送达参照民事法律有关送达的规定执行。

第二十三条　职工或者其近亲属、用人单位对不予受理决定不服或者对工伤认定决定不服的，可以依法申请行政复议或者提起行政诉讼。

第二十四条　工伤认定结束后，社会保险行政部门应当将工伤认定的有关资料保存 50 年。

第二十五条　用人单位拒不协助社会保险行政部门对事故伤害进行调查核实的，由社会保险行政部门责令改正，处 2000 元以上 2 万元以下的罚款。

第二十六条　本办法中的《工伤认定申请表》、《工伤认定申请受理决定书》、《工伤认定申请不予受理决定书》、《认定工伤决定书》、《不予认定工伤决定书》的样式由国务院社会保险行政部门统一制定。

第二十七条　本办法自 2011 年 1 月 1 日起施行。劳动和社会保障部 2003 年 9 月 23 日颁布的《工伤认定办法》同时废止。

5. 失业保险条例

（1999年1月22日中华人民共和国国务院令第258号发布　自发布之日起施行）

第一章　总　　则

第一条　为了保障失业人员失业期间的基本生活，促进其再就业，制定本条例。

第二条　城镇企业事业单位、城镇企业事业单位职工依照本条例的规定，缴纳失业保险费。

城镇企业事业单位失业人员依照本条例的规定，享受失业保险待遇。

本条所称城镇企业，是指国有企业、城镇集体企业、外商投资企业、城镇私营企业以及其他城镇企业。

第三条　国务院劳动保障行政部门主管全国的失业保险工作。县级以上地方各级人民政府劳动保障行政部门主管本行政区域内的失业保险工作。劳动保障行政部门按照国务院规定设立的经办失业保险业务的社会保险经办机构依照本条例的规定，具体承办失业保险工作。

第四条　失业保险费按照国家有关规定征缴。

第二章　失业保险基金

第五条　失业保险基金由下列各项构成：

（一）城镇企业事业单位、城镇企业事业单位职工缴纳的失业保险费；

（二）失业保险基金的利息；

（三）财政补贴；

（四）依法纳入失业保险基金的其他资金。

第六条　城镇企业事业单位按照本单位工资总额的百分之二缴纳失业保险费。城镇企业事业单位职工按照本人工资的百分之一缴纳失业保险费。城镇企业事业单位招用的农民合同制工人本人不缴纳失业保险费。

第七条 失业保险基金在直辖市和设区的市实行全市统筹；其他地区的统筹层次由省、自治区人民政府规定。

第八条 省、自治区可以建立失业保险调剂金。

失业保险调剂金以统筹地区依法应当征收的失业保险费为基数，按照省、自治区人民政府规定的比例筹集。

统筹地区的失业保险基金不敷使用时，由失业保险调剂金调剂、地方财政补贴。

失业保险调剂金的筹集、调剂使用以及地方财政补贴的具体办法，由省、自治区人民政府规定。

第九条 省、自治区、直辖市人民政府根据本行政区域失业人员数量和失业保险基金数额，报经国务院批准，可以适当调整本行政区域失业保险费的费率。

第十条 失业保险基金用于下列支出：

（一）失业保险金；

（二）领取失业保险金期间的医疗补助金；

（三）领取失业保险金期间死亡的失业人员的丧葬补助金和其供养的配偶、直系亲属的抚恤金；

（四）领取失业保险金期间接受职业培训、职业介绍的补贴，补贴的办法和标准由省、自治区、直辖市人民政府规定；

（五）国务院规定或者批准的与失业保险有关的其他费用。

第十一条 失业保险基金必须存入财政部门在国有商业银行开设的社会保障基金财政专户，实行收支两条线管理，由财政部门依法进行监督。

存入银行和按照国家规定购买国债的失业保险基金，分别按照城乡居民同期存款利率和国债利息计息。失业保险基金的利息并入失业保险基金。

失业保险基金专款专用，不得挪作他用，不得用于平衡财政收支。

第十二条 失业保险基金收支的预算、决算，由统筹地区社会保险经办机构编制，经同级劳动保障行政部门复核、同级财政部门审核，报同级人民政府审批。

第十三条 失业保险基金的财务制度和会计制度按照国家有关规定执行。

第三章 失业保险待遇

第十四条 具备下列条件的失业人员,可以领取失业保险金:

(一)按照规定参加失业保险,所在单位和本人已按照规定履行缴费义务满1年的;

(二)非因本人意愿中断就业的;

(三)已办理失业登记,并有求职要求的。

失业人员在领取失业保险金期间,按照规定同时享受其他失业保险待遇。

第十五条 失业人员在领取失业保险金期间有下列情形之一的,停止领取失业保险金,并同时停止享受其他失业保险待遇:

(一)重新就业的;

(二)应征服兵役的;

(三)移居境外的;

(四)享受基本养老保险待遇的;

(五)被判刑收监执行或者被劳动教养的;

(六)无正当理由,拒不接受当地人民政府指定的部门或者机构介绍的工作的;

(七)有法律、行政法规规定的其他情形的。

第十六条 城镇企业事业单位应当及时为失业人员出具终止或者解除劳动关系的证明,告知其按照规定享受失业保险待遇的权利,并将失业人员的名单自终止或者解除劳动关系之日起7日内报社会保险经办机构备案。

城镇企业事业单位职工失业后,应当持本单位为其出具的终止或者解除劳动关系的证明,及时到指定的社会保险经办机构办理失业登记。失业保险金自办理失业登记之日起计算。

失业保险金由社会保险经办机构按月发放。社会保险经办机构为失业人员开具领取失业保险金的单证,失业人员凭单证到指定银行领取失业保险金。

第十七条 失业人员失业前所在单位和本人按照规定累计缴费时间满1年不足5年的,领取失业保险金的期限最长为12个月;累计缴费时间满5年不足10年的,领取失业保险金的期限最长为18个月;累计缴费时间10年以上的,领取失业保险金的期限最长为 24 个月。重新就业后，再次失业的，缴费时间重新计算，领取失业保险金的期限可以与前次失业应领取而尚未领取的失业保险金的期限合并计算，但是最长不得超过 24 个月。

第十八条　失业保险金的标准，按照低于当地最低工资标准、高于城市居民最低生活保障标准的水平，由省、自治区、直辖市人民政府确定。

第十九条　失业人员在领取失业保险金期间患病就医的，可以按照规定向社会保险经办机构申请领取医疗补助金。医疗补助金的标准由省、自治区、直辖市人民政府规定。

第二十条　失业人员在领取失业保险金期间死亡的，参照当地对在职职工的规定，对其家属一次性发给丧葬补助金和抚恤金。

第二十一条　单位招用的农民合同制工人连续工作满 1 年，本单位并已缴纳失业保险费，劳动合同期满未续订或者提前解除劳动合同的，由社会保险经办机构根据其工作时间长短，对其支付一次性生活补助。补助的办法和标准由省、自治区、直辖市人民政府规定。

第二十二条　城镇企业事业单位成建制跨统筹地区转移，失业人员跨统筹地区流动的，失业保险关系随之转迁。

第二十三条　失业人员符合城市居民最低生活保障条件的，按照规定享受城市居民最低生活保障待遇。

第四章　管理和监督

第二十四条　劳动保障行政部门管理失业保险工作，履行下列职责：

（一）贯彻实施失业保险法律、法规；

（二）指导社会保险经办机构的工作；

（三）对失业保险费的征收和失业保险待遇的支付进行监督检查。

第二十五条　社会保险经办机构具体承办失业保险工作，履行下列职责：

（一）负责失业人员的登记、调查、统计；

（二）按照规定负责失业保险基金的管理；

（三）按照规定核定失业保险待遇，开具失业人员在指定银行领取失业保险金和其他补助金的单证；

（四）拨付失业人员职业培训、职业介绍补贴费用；

（五）为失业人员提供免费咨询服务；

（六）国家规定由其履行的其他职责。

第二十六条 财政部门和审计部门依法对失业保险基金的收支、管理情况进行监督。

第二十七条 社会保险经办机构所需经费列入预算，由财政拨付。

第五章 罚　则

第二十八条 不符合享受失业保险待遇条件，骗取失业保险金和其他失业保险待遇的，由社会保险经办机构责令退还；情节严重的，由劳动保障行政部门处骗取金额1倍以上3倍以下的罚款。

第二十九条 社会保险经办机构工作人员违反规定向失业人员开具领取失业保险金或者享受其他失业保险待遇单证，致使失业保险基金损失的，由劳动保障行政部门责令追回；情节严重的，依法给予行政处分。

第三十条 劳动保障行政部门和社会保险经办机构的工作人员滥用职权、徇私舞弊、玩忽职守，造成失业保险基金损失的，由劳动保障行政部门追回损失的失业保险基金；构成犯罪的，依法追究刑事责任；尚不构成犯罪的，依法给予行政处分。

第三十一条 任何单位、个人挪用失业保险基金的，追回挪用的失业保险基金；有违法所得的，没收违法所得，并入失业保险基金；构成犯罪的，依法追究刑事责任；尚不构成犯罪的，对直接负责的主管人员和其他直接责任人员依法给予行政处分。

第六章 附　则

第三十二条 省、自治区、直辖市人民政府根据当地实际情况，可以决定本条例适用于本行政区域内的社会团体及其专职人员、民办非企业单位及其职工、有雇工的城镇个体工商户及其雇工。

第三十三条 本条例自发布之日起施行。1993年4月12日国务院发布的《国有企业职工待业保险规定》同时废止。

第八章　行政办公综合管理制度

行政办公规范管理制度是关于规范和调整行政工作程序、行政工作纪律以及行政工作职责范围等的规范性文件。行政办公规范管理制度的制定不仅能够帮助办公工作实现规范化、程序化、制度化，提高办公效率，还能有效地保障和促进公司战略目标的实现及各项业务的发展。除此之外，一个良好而完善的行政办公规范管理制度还能使公司上下形成一个良好的办公作风、严谨的办公纪律、朝气蓬勃的精神面貌以及全员服务的协作意识，在一定程度上，可以使公司的办公管理及文化建设提升到一个新的层次。

一、行政办公规范管理制度

行政办公规范管理制度是关于规范和调整行政工作程序、行政工作纪律以及行政工作职责范围等的规范性文件。行政办公规范管理制度的制定不仅能帮助办公工作实现规范化、程序化、制度化，提高办公效率，还能有效地保障和促进公司战略目标的实现及各项业务的发展。除此之外，一个良好而完善的行政办公规范管理制度还能使公司上下形成一个良好的办公作风、严谨的办公纪律、朝气蓬勃的精神面貌以及全员服务的协作意识，在一定程度上，可以使公司的办公管理及文化建设提升到一个新的层次。

行政办公规范管理制度范本

第一条 为了规范公司的行政办公作风，维护公司形象，特制定本制度。

第二条 办公室规范：

（一）办公桌：桌面除公司购置案头用品及电脑外无其他物品。

（二）辅桌：桌面除置文件盒、笔筒、书籍外，不准放其他物品。

（三）电脑：保持电脑显示器干净，不在显示器上乱贴纸条、保持主机无灰尘覆盖。

（四）拖柜：置办公桌下左角或辅桌后部，面朝办公椅。

（五）垃圾篓：置辅桌后。

（六）饮水机：放指定地点，不得随意移动。

（七）报刊：必须上报架，或阅完后放入办公桌内。

（八）外衣：请置挂于衣帽间或柜子内，严禁随意放在办公桌椅及地柜上。

第三条 卡座区规范

（一）办公桌：桌面除电脑、口杯、电话、手机、文具外，不允许放其他物品，保持桌面物品摆放整齐，桌面干净。

（二）辅桌：放文件盒、少量工具书。

（三）提包/手袋：置员工抽屉或柜子内，严禁随意放置。

（四）电脑：置办公桌前角。

（五）座椅：靠背、座椅一律不能放任何物品，人离开时椅子调正贴桌放好。

（六）卡座屏内：内外侧不允许有任何张贴。

（七）垃圾篓：罩塑料袋，置写字台下右前角。

第四条　仪表规范

（一）头发：员工头发要经常清洗，保持清洁，男性员工头发不宜太长。

（二）指甲：指甲不能太长，应经常注意修剪。女性员工涂指甲油要尽量淡色，不宜戴假指甲。

（三）胡子：不留胡须，应经常修剪。

（四）口腔：保持清洁，上班前不能喝酒或吃有异味食品。

（五）面部：女性员工化妆应给人清洁健康的印象，不能浓妆艳抹（不宜用香味浓烈的香水）。男性职员应保持面部清洁。

（六）男性职员：在工作场所必须着西装，打领带。

1. 衬衫：颜色以白、灰、淡蓝为主，衬衫的领子与袖口不得有污秽；

2. 领带：注意与西装、衬衫颜色相配，原则上以黄、红、蓝为主调。

（七）女性员工：在工作场所着职业装（颜色以深色为主）不追求华丽。

第五条　姿势和动作规范

（一）站姿：腰背挺直，胸膛自然，头微向下，不耸肩。在会见客户或出席仪式时的站立场合，或在长辈、上级面前，不得把手交叉抱在胸前。

（二）坐姿：坐下后应尽量坐端正把双腿平行放好不得傲慢地把腿向前伸或向后伸或俯视前方，要移动椅子的位置时应先把椅子放在应放的地方然后再坐。

（三）走姿：挺胸、收腹、沉肩、双臂自然摆动，不跨步、不跑步。

第六条　语言规范

（一）交往语言：

1. 致敬打招呼：您好！××您好！您早！早上好！早！晚上好！再见！

2. 请求协助或询问：请、请问、请您、劳驾您。

3. 表示感谢：关照！谢谢！多谢！

4. 打扰别人：对不起！很抱歉！

（二）电话语言：

1. 您好，××公司；请问，您找××。

2. 好的，您稍等。

3. 谢谢。

4. 再见。

（三）接待语言：

1. 您好！

2. 能为您做点什么吗？有什么可以帮您的吗？

3. 请登记！

4. 请稍候！

5. 我先通报一下。

6. 请坐！

7. 对不起。

8. 我立即去联系。

9. 打扰您一下！

10. 好的或行。

11. 我帮您打听一下，待会给您回复。

第七条　行为规范

（一）严格遵守考勤制度，不迟到、不早退。

（二）不论任何原因，不得代人刷卡。

（三）请病假如无假条，一律认同为事假。

（四）坚守工作岗位，严禁工作时间串岗，大声喧哗、谈笑。

（五）上班时间不要看报纸、玩游戏、玩手机或做与工作无关的事情。

（六）严禁上班时间吃零食。

（七）严禁在整个工作区域吸烟，吸烟请到吸烟室。

（八）上班时间，不要在办公室化妆、修指甲、剔牙、挖耳朵、伸懒腰。禁止女性穿低胸装等过于暴露衣装及穿拖鞋上班。

（九）讲究卫生、维护环境的清洁，不准随地吐痰、倒水、乱扔纸屑和杂物。

（十）办公桌上应保持整洁并注意办公室的安静。

（十一）工作时间不得因私事打公司长途电话。

（十二）不得随意使用其他部门的电脑，私客未经相关人员批准，不准使用公司电脑。

（十三）谨慎保管好各自的办公用品，未经同意，不得擅自使用他人物品，借用他人物品要及时归还原处，不要将公司的烟缸、茶杯、文具等一切公物带回家私用。

（十四）接待来访和业务洽谈，请在接待室或会议室进行，私客不得在卡座区停留。

（十五）使用接待室和会议室，要事先到办公室登记。

（十六）接待客人时面带微笑，与宾客谈话时站立端正，讲究礼貌，用心聆听，不抢话插话，不争辩。

（十七）爱护办公财产，正确操作办公设备设施，节约使用办公用品、器材和耗材。未经领导批准和部门主管授意，不得索取、打印、复印其他部门的资料。

（十八）因故临时外出，必须请示部门主管，各部门全体外出，必须通知行政部。

（十九）下班后切断所用电源，检查门窗是否关好，以免发生意外。

（二十）严格遵守公司各项规章管理制度。

第八条 本规范从公布之日起开始执行，望全体员工自觉遵守。办公室即日起将实施监督与检查。

☞ 制作提示

1. 明确制定目的。如规定为了规范公司的行政办公作风，维护公司形象，特制定本制度。参见上文第一条。

2. 明确办公室和卡座区规范。如规定办公桌桌面除公司购置案头用品及电脑外无其他物品。参见上文第二、三条。

3. 明确员工办公仪表规范。如规定女性员工化妆应给人清洁健康的印象，不能浓妆艳抹（不宜用香味浓烈的香水），男性职员应保持面部清洁。参见上文第四条。

4. 明确姿势和动作的有关要求。如规定站姿为：腰背挺直，胸膛自然，头微向下，不耸肩。参见上文第五条。

5. 明确语言规范。如规定致敬打招呼——您好！××您好！您早！早上好！早！晚上好！再见！参见上文第六条。

6. 明确行为规范。如规定坚守工作岗位，严禁工作时间串岗，大声喧哗、谈笑。参见上文第七条。

7. 明确其他事项以及制度的施行时间等。参见上文第八条。

二、企业文化管理制度

企业文化是企业的灵魂，是推动企业发展的不竭动力。它包含着非常丰富的内容，其核心是企业的精神和价值观。这里的价值观不是泛指企业管理中的各种文化现象，而是企业或企业中的员工在从事商品生产与经营中所持有的价值观念。企业文化是一种新的现代企业管理理论，企业要真正步入市场，走出一条发展较快、效益较好、整体素质不断提高、使经济协调发展的路子，就必须普及和深化企业文化建设。

企业文化管理制度范本

第一条 为加强公司文化管理，塑造推动公司发展的企业文化，规范企业文化建设管理工作，培育良好的企业文化氛围，促进企业文化建设工作健康有序发展，鼓舞和激励公司员工，特制定本制度。

第二条 本制度适用于对公司企业文化的执行管理。

本制度对公司企业文化管理的内容与实施做出规定，是公司开展企业文化工作的依据。

第三条 企业文化主要分为三个层面上的文化：

（一）精神文化层面。其是企业的思想，是员工心的认识，是企业的信仰、追求，对内起到聚合员工之心，对外起到聚合客户之心的作用。它是以企业发展之根本为出发点的文化设计，具体指：企业宗旨、企业目标、以企业怎样才能求生存为出发点的文化设计；企业精神、企业价值观、企业作风、企业经营理念、企业生存理念和企业竞争理念。

（二）制度文化层面。其是企业员工在具体工作中应用的文化，是员工心智的思考模式，是企业制度内涵真正被员工心理接受，并自觉遵守的结果，它对企业员工起到规范的作用。它表现在公司员工在做事中的文化设计，具体包括：管理理念、营销理念、服务理念、品牌理念、投资理念、质量理念、成本理念、人才理念和培训理念。

（三）物质文化层面。其是企业工作环境中融入的文化，是文化由外而内的促进方式，同时也是企业精神文化、制度文化，以及自己独特个性的体现。它主要表现在：便签、表格、纸张、制服、广告设计、赠品等方面。

第四条　公司所有员工负责本公司企业文化的维护和贯彻执行。

第五条　各部门主管负责本制度的确认执行，总经办负责本制度的编制、审核、监督执行。

第六条　公司各种规章制度是企业文化执行的基础，是企业文化得以贯彻实施的基本保障，公司员工应该严格遵照执行，若有违反，按相关规定予以处分。

第七条　要树立人力资源理念。人力资源管理的基本准则是公平、公正和公开。人力资源是公司成长的最基本的要素，公司要发展的首要目标是提高员工素质，开拓员工职业发展空间，提高员工工作积极性。

提高员工素质要从员工的招聘管理开始，具体操作见《员工招聘作业管理制度》及《员工培训作业管理制度》。

加强员工工作积极性就必然要从员工激励及员工的自我职业生涯发展做起，让员工充分发挥其价值，同时也得到合理评价并获得科学的回报。具体操作见《员工职业生涯发展管理制度》及《员工绩效考核管理制度》。

第八条　规范员工文明礼仪规范管理。具体地：

（一）员工之间每天早上应相互问好，且应面带微笑。我们的微笑并不只是做给客户看的，它应该是发自内心的。

（二）办公室电话接听应面带微笑，并使用礼貌用语如"您好！××公司"（外部电话），"您好！××部门"，"您好！×××"。电话另一端的人是可以从你的语气或语速中感受到你心情的。

（三）电话接听人不在时，应问明对方的姓名、单位、电话号码或事由，然后转告相关人员，或通知相关人员给对方回电话。

（四）平时工作当中，需要同事帮助时，应当用"请""谢谢""辛苦了"等礼貌用语以示对同事提供帮助的感谢，这样可以为我们的工作营造一个宽松而又温暖的环境。

（五）有外来人员来访时，接待人员应该主动问好，并上前询问客人的身份、意图等，并请客人在会客室等待，倒上茶水，再通知相关人员，并做好引见工作。

第九条 建立营销管理理念。质量就是信誉，服务就是生命，品牌就是价值，市场就是先机，环环相扣，相互关联。这是我们公司企业文化当中非常重要的一环，是我们企业得以持续发展的基本保障。

第十条 完善生产理念。在有效的成本控制下，在提高员工工作效率，加强生产技术和生产效率的同时，实施对生产过程中安全的全面监控和安全关键设施的建设和维护。

在保障员工合理待遇的基础上降低成本，加强岗位技能培训，坚持安全生产。

第十一条 完善企业文化宣传工作。企业文化宣传栏是公司对内对外的窗口，也是公司员工了解公司动态、决策的窗口。

文化宣传栏可以设置但不限于以下项目：

（一）公司简介。其是对公司发展情况的基本介绍，是让新进员工以及外来人员了解公司的一个窗口，由总公司企管部负责提供，并每半年调整一次。

（二）总经理致辞。其体现了总经理对公司过去的总结，对公司未来的规划以及对公司员工的期盼。由公司总经理负责提供，并每半年调整一次。

（三）公司大事记及荣誉。其是公司发展历史的记录，是员工荣誉感的源泉。由公司行政管理部负责记录并提供，并每半年更新一次。

（四）公司组织架构及人力资源。其是公司的基本架构及公司的基本人员情况，也是新进员工了解公司、熟悉公司的一种渠道，由总公司人力资源部负责提供，总公司企管部协助制定，并根据公司人员变动情况，每半年更新一次。

（五）公司动态栏。其是关于公司近期发展目标及规划，以及公司高层决策基本情况的体现，是公司所有员工了解公司决策，制定自我工作方向的一个基准。由公司行政管理部负责提供并及时更新。

（六）通告、通知栏。其是公司最新的决议事项，是员工及时了解公司相关政策、决定的通道。由公司行政管理部负责提供并及时更新。

（七）其他专栏。

第十二条 把企业文化的核心观念写成标语，张贴于企业显要位置。

张贴企业文化宣传标语应注意以下几点：

（一）标语应贴于人流较多的地方。

（二）标语制作应美观大方。美观的标语易于形成愉悦的心情，易于使人接受，颜色宜选绿色、蓝色、鹅黄色等，白底黑字的标语视觉效果不好，不宜提倡。

（三）标语内容要重复。应在不同的地方出现同一内容的标语，但其颜色最好应不一样，字体也可以不一样，重复可以提高理念的接受程度。

（四）标语内容应突出重点。标语内容不能太多，应突出重点，如果企业文化的内容全写成标语，难免让人眼花缭乱，印象不深。

（五）标语应定期更新。标语应定期更新，否则标语一旦陈旧，易给人形成一种败落之感，反而起不到振奋人心的作用。

第十三条 加强网络宣传，网络宣传是公司对外形象宣传的方式，在信息高速发展的现在，网络宣传已经成为每一个公司企业文化宣传不可或缺的一部分。同时网络也可以作为员工与高层管理者交流的一个通道，我们可以设置总经理与员工交流平台，员工可以用不计名的方式提出自己的一些想法和建议。

以上由总公司公司网络信息部门负责策划并更新。

第十四条 广泛开展各种文体活动。文体活动指唱歌、跳舞、体育比赛、国庆晚会、元旦晚会等，在这些活动中可以贯穿企业文化的价值观。比如唱歌内容可以是歌颂公司的先进人员的敬业精神，晚会中的小品可以围绕着成本观念如何重要来组织，体育比赛则体现了一种奋斗向上的竞争精神，舞会的主题是团结协作多么重要。如是国庆晚会、元旦晚会还要穿插表扬先进或请典型人物作报告等。

用文体来建设企业文化要生动有趣，富有艺术性。企业文化的内容应巧妙而不是生硬地穿插其中，让员工在欣赏节目中不知不觉地接受企业文化的理念。

第十五条 开展互评运动。所谓互评运动是员工对照企业文化要求当众评价同事工作状态，也当众评价自己做得如何，并由同事评价自己做得如何，通过互评运动，摆明矛盾，消除分歧，改正缺点，发扬优点，明辨是非，以达到工作状态的优化。

开展互评工作一般应先做动员工作，号召大家打破情面观念，先安排杰出分子率先作出表率、带动气氛。在某些情况下还可以使用一些辅助手段，比如互评之前宣布要对老好人记录或给予处分。

第十六条 树先进典型。给员工树立了一种形象化的行为标准和观念标志，通过典型员工可形象具体地明白"何为工作积极""何为工作主动""何为敬业精神""何为成本观念""何为效率高"，从而提升员工的行为。

树典型应注意以下几条：

（一）典型应是真实的，而不应认为是制造出来的假典型，虚假的典型会有巨大的反作用。

（二）典型要有稳定性，不能今天是典型，明天就不是了。

（三）对典型要不断地教育培养，纠正典型在工作的错误，使典型更加高大。另一方要注意爱护典型，勿使其心理压力过大。

第十七条 其他未尽事宜参照公司其他制度执行。

第十八条 本制度由总经理批准后颁布实施。

☞ 制作提示

1. 明确交代制度的制定目的和适用范围。如规定本制度适用于对公司企业文化的执行管理。参见上文第一、二条。

2. 明确企业文化的范畴，可从精神、物质、制度三个层面灭说明。如规定精神文化层面的企业文化具体指企业精神、企业价值观、企业作风、企业经营理念、企业生存理念和企业竞争理念。参见上文第三条。

3. 明确相关部门或人员的职责。如规定公司所有员工负责本公司企业文化的维护和贯彻执行。参见上文第四、五、六条。

4. 明确树立人力资源理念。如规定人力资源是公司成长的最基本的要素，公司要发展的首要目标是提高员工素质，开拓员工职业发展空间，提高员工工作积极性。参见上文第七条。

5. 明确员工文明礼仪规范管理规范。如规定员工之间每天早上应相互问好，且应面带微笑。参见上文第八条。

6. 明确营销管理和生产理念的建立。如规定质量就是信誉，服务就是生命，品牌就是价值等。参见上文第九、十条。

7. 明确企业文化的宣传工作，如宣传栏、宣传语等。如规定通告、通知栏是公司最新的决议事项，是员工及时了解公司相关政策、决定的通道。由公司行政管理部负责提供并及时更新。参见上文第十一、十二、十三条。

8. 明确各种文体活动、互评活动、树立典型等文化活动的开展。如规定开展互评工作一般应先做动员工作，号召大家打破情面观念，先安排杰出分子率先作出表率、带动气氛。参见上文第十四、十五、十六条。

9. 明确其他事项以及制度的解释主体和施行时间等。参见上文第十七、十八条。

三、员工守则

员工守则为企业内部约束员工行为的基本规则，一般包括员工道德规范、员工行为准则、员工工作时间、请假休假制度等。企业作为一个团队，对外要十分注重自身的形象。而团队的组成单位是人，即企业员工。因此，员工的操守、素质等对企业来说至关重要。细节完善的员工守则，不仅可以严格规范员工的素质，还能提高员工士气、激活职场氛围，从而大大提升企业的形象，促进企业的发展。

员工守则范本

第一章　员工工作规范规定

第一条　员工守则作为本公司员工的行为准则，员工应严格遵守。

第二条　本公司员工均应遵守下列规定：

（一）按规定时间上下班，不得无故迟到、早退，对所担负的工作争取时效，不拖延、不积压。

（二）尽忠职守，服从上级指挥，如有不同意见，应婉转柜告或以书面陈述，不得有阳奉阴违或敷衍塞责的行为，一经上级主管决定，应立即遵照执行。

（三）保持公司信誉，保守业务上的秘密，不做任何有损公司信誉的行为，不得假借职权，贪污舞弊，接受招待或以公司名义在外招摇撞骗。

（四）严谨操守，不得收受与公司业务有关人士或行号的馈赠、贿赂或向其挪借款项。

（五）提高工作效率，员工在工作时不得怠慢拖延，工作时间内严禁玩手机，看杂志、电视、报纸。

（六）在工作时间中，除主管及事务人员外，员工不得随意打接非工作内容电话。

（七）不私自经营与公司业务及职务上有关的商业或兼任公司以外的职业。

（八）遵守公司一切规章及工作守则，爱护本公司财物，不浪费，不化公为私。

（九）对所保管的文书财物及一切公物应善尽保管之责，不得私自携出或出借。

（十）全体员工必须时常锻炼自己的工作技能，注意本身品德修养，切戒不良嗜好。

（十一）员工每日应注意保持个人及办公场合的环境清洁。

（十二）应通力合作，同舟共济，待人接物要态度谦和，以争取同仁及顾客的合作。

（十三）不得携带违禁品、危险品或与生产无关物品进入工作场所。

第三条 本公司员工因过失或故意使公司遭受损失时应负赔偿责任。

第四条 本公司员工每日工作时间以 8 小时为原则，但因特殊情况或工作未完成者应自动延长工作时间，但每日延长工作时间应不超过 2 小时，所延长时数为加班。

第五条 管理部门的每日上、下班时间，可依季节的变化事先制定，公告实行。生产单位及业务部门每日工作时间，应视工作及业务需要，据实际情况另行制定实施。

第六条 经理级（含）以下员工上下班应亲自签到或打卡，不得委托他人代签或代打，如有代签或代打情况发生，双方均以旷工论处。

第七条 员工应严格按要求出勤。

第八条 员工如有迟到、早退或旷工等事情，依下列规定处分：

（一）迟到、早退

1. 员工均须按时间上下班，工作时间开始后 3 分钟至 15 分钟以内到班者为迟到。每周允许员工有一次迟到机会，但迟到时间应在 10 分钟以内。

2. 迟到第二次扣 10 元，迟到第三次扣 20 元，迟到第四次扣 30 元，依次类推。

3. 工作时间终了前 15 分钟内下班者为早退。

4. 早退 10—30 分钟扣发 10 元，30 分钟以上以扣发半天工资处理。

5. 上下班期间若因公外出或请假，应提前告知主管，以便做好考勤。

（二）旷工

1. 未经请假或假满未经续假而擅自不到职以旷工论。

2. 无故提前 15 分钟以上下班者以旷工半日论。

3. 委托或代人打卡或伪造出勤记录者，一经查明属实，双方均以旷工论处。

4. 旷工一天扣发当天工资，连续旷工 3 天以上或每月合计旷工 6 天以上按违纪处理。

第九条 员工请假，应照下列规定办理：

（一）病假：公司员工因患病或非工负伤，需要停止工作进行医疗时，可请病假，每年累计不得超过 30 天。

（二）事假：员工因事必须由本人处理的可申请事假。有年休假者，须在年休假用完后请事假，每年累计不得超过 14 天。

（三）婚假：员工享受婚假 3 天。

（四）产假[①]：女职工生育享受 98 天产假，其中产前可以休假 15 天；难产的，增加产假 15 天；生育多胞胎的，每多生育 1 个婴儿，增加产假 15 天。女职

[①] 本条可根据所在地人口与计划生育条例进行修改。

工怀孕未满4个月流产的，享受15天产假；怀孕满4个月流产的，享受42天产假。

（五）丧假：员工的父、母、公、婆、岳父、岳母、夫（妻）、祖父、祖母、外祖父、外祖母、子、女死亡，公司给丧假3天。

（六）公假：员工按照国家法令，经公司批准脱产参加会议、学习、出差、从事社会活动和工会活动均属公假。

（七）工伤假：员工因工作或执行公务受伤可请工伤假，假期依实际需要情况决定。

第十条 请假期内的薪水，依下列规定支给：

（一）除事假外，请假未逾规定天数或经延长病事假者，其请假期间内薪水照发。

（二）工伤假工资依照社会保险法律法规予以支付，并由公司补足其原有收入的差额。

第十一条 从业人员请假，均应填具请假单呈核，病假在7日以上者，应附医师的证明。副经理以上人员请假，以及申请特准处长病事假者，应呈请总经理核准，其余人员均由直属核准，必要时可授权下级主管核准。凡未经请假或请假不准而未到者，以旷工论处。

第十二条 年休假

（一）工作满1年以上未满5年者每年5日。

（二）工作满5年以上未满10年者每年7日。

（三）工作满10年以上未满20年者每年10日。

（四）工作满20年以上者每年15日。

第十三条 年休假应在不妨碍工作的范围内，根据生产工作的具体情况，并考虑员工本人意愿的基础上，由各部门排定每人轮流假日期后施行。但如确因工作需要，至年终无法休假者，可按未休日数，计发其与薪水相同的奖金。

第二章 员工着装管理规定

第十四条 为树立和保持公司良好的社会形象进一步规范管理本公司员工应按本规定的要求着装。

第十五条 员工在工作时间内要注意保持仪容仪表得体大方整洁。

第十六条 女职员上班不得穿超短裙低胸衫或其他有碍观瞻的奇装异服。

第十七条 男职员的着装要求不得穿花衬衫、短裤，应穿衬衣系领带或领结，下摆放入裤内，穿衬衣时不得挽起袖子。

第十八条 工作场所的着装具体要求是：

（一）衬衫：保持平整，并保持袖口、领口清洁。

（二）领带：外出前或要在众人面前出现时应佩戴领带，并注意与西装衬衫颜色相配，领带不得肮脏破损或歪斜松弛。

（三）鞋袜整洁卫生。

（四）女性职员要保持服装淡雅得体不得过分华丽、暴露。

（五）男性职员不得穿着短裤、背心。

第十九条 各部门各级负责人应认真配合督促属下员工遵守本规定。

第三章 员工行为规范

第二十条 职员必须仪表端庄整洁，具体要求是：

（一）仪表：员工上班必须将工牌戴在工作服左上方指定位置，不许戴项链、手链、戒指、耳环及其他饰物，不许戴有色眼镜或有色隐形眼镜。

（二）头发：职员头发要经常清洗，适时梳理，保持清洁，发型要朴实大方，不准把头发染成黑色以外的其他颜色。男性职员头发不宜太长，不盖耳，不触及后衣领，不烫发。女员工头发梳理干净，避免使用鲜艳发饰。

（三）口腔：保持清洁，上班前不能喝酒或吃有异味食品，齿缝注意干净，并注意饭前便后要洗手。

（四）指甲：指甲不能太长应经常注意修剪。女性职员涂指甲油要尽量用淡色。

（五）胡子：男士不蓄须，鼻毛应剪短，必须每天刮须，修指甲。

（六）化妆：男士不得化妆。女士化妆应给人清洁健康的印象，不浓妆艳抹，不使用香水或浓味化妆品。

第二十一条 在公司内职员应保持优雅的姿势和动作，具体要求是：

（一）站姿：站姿优美、表情自然、面带微笑，身体要自然挺直、胸部微挺、两肩平放，不能驼背，两腿微微分开 15cm，胳膊自然下垂，两手置放在脐前或放在身体两侧，会见客户或出席仪式站立场合或在长辈上级面前不得把手交叉抱在胸前。

（二）坐姿：坐下后应尽量坐端正，把双腿平行放好，不得傲慢地把腿向前伸或向后伸或俯视前方，要移动椅子的位置时应先把椅子放在应放的地方然后再坐。

（三）公司内员工要经常保持对同事真诚和睦的态度，与同事相遇应点头行礼表示致意。

（四）通道走廊里遇到上司或客户应微笑点头，礼让上司或客户先行，不得在上司或客户面前横穿行走。

（五）握手时用普通站姿并目视对方眼睛，握手时脊背要挺直不弯腰低头，要大方热情不卑不亢。

（六）进入房间要先轻轻敲门，听到应答再进，进入后回手关门不能大力粗暴，进入房间后，如对方正在讲话要稍等静候，不要中途插话，如有急事要打断说话也要看准机会，而且要说对不起打断你们的谈话。

（七）员工行走时不得有怪动作，严禁跑动，走通道走廊时要放轻脚步。

（八）工作时间讲话不得高声，严禁喊叫与大声喧闹。无论在自己的公司还是对访问的公司，在通道和走廊里不能一边走一边大声说话，更不得唱歌或吹口哨等。

第二十二条 接待工作及其要求：

（一）在规定的接待时间内不缺席。

（二）有客户来访，马上起来接待并让座。

（三）来客多时以序进行，不能先接待熟悉客户。

（四）对事前已通知来的客户要表示欢迎。

（五）应记住常来的客户。

（六）接待客户时应主动热情大方微笑服务。

第四章　附　　则

第二十三条 本规定未尽事宜参照公司其他有关规定。

第二十四条　本规定由公司行政部负责解释、修订。

第二十五条　本规定自公布之日起实施。

☞ 制作提示

1. 明确制度的适用范围及原则性规定。如规定本公司员工因过失或故意使公司遭受损失时应负赔偿责任。参见上文第一、二、三条。

2. 明确上下班及出勤要求。如规定经理级（含）以下员工上下班应亲自签到或打卡，不得委托他人代签或代打，如有代签或代打情况发生，双方均以旷工论处。参见上文第四、五、六、七、八条。

3. 明确员工请假、休假的有关规定。如规定从业人员请假，均应填具请假单呈核，病假在7日以上者，应附医师的证明。参见上文第九、十、十一、十二、十三条。

4. 明确员工着装管理规定。如规定为树立和保持公司良好的社会形象进一步规范管理本公司员工应按本规定的要求着装。参见上文第十四、十五、十六、十七、十八、十九条。

5. 明确员工行为规范。如规定工作时间讲话不得高声，严禁喊叫与大声喧闹。无论在自己的公司还是对访问的公司，在通道和走廊里不能一边走一边大声说话，更不得唱歌或吹口哨等。参见上文第二十、二十一、二十二条。

6. 明确其他事项以及制度的施行时间等。参见上文第二十三、二十四、二十五条。

四、员工上下班遵守细则

在公司中，员工上下班是一件看似平常的小事，但是，规范的上下班纪律一样关系到公司的形象，乃至公司的发展。因此，制定相关的员工上下班遵守细则，也是十分必要的。拥有完善的员工上下班遵守细则，不仅可以进一步加强对公司员工的管理，还能在一定程度上调整好员工积极工作的态度，调动员工的积极性，给员工以有组织、有纪律、有责任的职责氛围。

员工上下班遵守细则范本

第一条 本公司员工上下班，必须按本准则执行。

第二条 本公司员工应按作息时间之规定准时到退。

第三条 上班时间 10 分钟后 30 分钟内为迟到，30 分钟后列为旷工半日，提前 30 分钟以内下班者按早退论处，早退超过 30 分钟者一律作旷工半日论。迟到、早退不得补请事假，病假抵充，违者作旷工半日论。

第四条 因偶发事故迟到 30 分钟以上，可提前向总经理或部门经理请假（按迟到办理），时间不超过 1 小时，每月不超过三次，超过者视为事假或旷工。

第五条 迟到早退按下列办理：

（一）迟到次数的计算，以当月为限。

（二）当月第一次迟到不计，第二次迟到（早退）扣发 10 元，第三次迟到（早退）扣发 20 元，以后每多一次即累加。

第六条 旷工按下列规定办理：

（一）旷工一次扣除一日薪金；

（二）无故连续旷工 3 天或一月内累计旷工 6 天者，按违纪处理。

第七条 上下班打卡及进出行动，均应严守秩序，原则如下：

（一）上下班因公外出经过门房，如警卫人员有所询问或检查，应即接受，不得拒绝，违者议处。

（二）无论何种班次，上班者均应于规定的上班时间前先吃饭后打卡，不得于上班打卡后出外吃饭或办理私事。

（三）上下班打卡及进出行动，均应严守秩序。

（四）下班时刻到后，方可停止工作，不可未到下班时刻，即行等候打卡，如有故违，查实后按擅离职守处分，下班者应先打卡后外出。

（五）上下班打卡均须本人亲自打卡，不得托人代打，否则从旷工半日论处，其代人打卡者，受同等处分。

第八条 如有特殊情况不能打卡，需以文字形式向主管说明情况并征得主管同意。

第九条 工作时间内，不论何种班次，凡有睡觉和擅离工作岗位及其他聊天、玩手机等怠惰情形予以严肃处理。

第十条 日夜轮班工作，应按时交班、接班，若接班者尚未到，应报请主管处理，不得擅自离去。

第十一条 工作时间内，因事外出，必须向部门主管请示，批准后方可离开。

第十二条 本守则自下发之日起实施。

☞ 制作提示

1. 明确制度的适用范围及一些作息时间的界定。如规定上班时间10分钟后30分钟内为迟到，30分钟后列为旷工半日，提前30分钟以内下班者按早退论处，早退超过30分钟者一律作旷工半日论。参见上文第一、二、三、四条。

2. 明确迟到、早退的有关处理规定。如规定当月第一次迟到不计，第二次迟到（早退）扣发10元，第三次迟到（早退）扣发20元，以后每多一次即累加。参见上文第五、六条。

3. 明确员工上下班打卡的有关规定。如规定下班时刻到后，方可停止工作，不可未到下班时刻，即行等候打卡，如有故违，查实后按擅离职守处分，下班者应先打卡后外出。参见上文第七、八条。

4. 明确其他事项以及制度的施行时间等。参见上文第九、十、十一、十二条。

五、员工着装规范

员工着装，看似是员工个人的事情，其实不然，员工的着装极大地关系到公司的形象。一个管理严格、规范的公司，其员工必定是着装规范，不花哨，整洁、大方。相反，如果一个公司的员工着装很随意，不够庄重，那么此公司给外人的感觉就是松散、不正规，这样的印象势必会给公司的发展带来不利影响。因此，设立一个完善而合理的员工着装规范尤为重要。

员工着装规范范本

第一条 为树立和保持公司良好的社会形象，本公司员工应按本规定的要求着装。

第二条 员工在上班时间内要注意仪容仪表，总体要求是得体、大方、整洁。

第三条 基本着装及仪表禁忌：

（一）衣服满是油污；

（二）涂抹过多或过分鲜艳的化妆品；

（三）指甲缝里塞满黑泥；

（四）皮鞋满是灰尘；

（五）浑身上下珠光宝气；

（六）交谈时斜靠椅背或翘二郎腿，左右摇摆；

（七）交谈时指手画脚，手插在口袋里或抱肘；

（八）会面时目光不定，或仰视或低头，或直瞪对方；

（九）交谈时倚在柜台或桌子上；

（十）交谈时太靠近或太疏远。

第四条 男职员着装：

（一）西装：深色，最好为蓝色，深蓝色尤佳。

（二）衬衣：白色，注重领子、袖口清洁，并熨烫平整；

（三）领带：中性色彩，不要太花或太暗，以搭配西装衬衣；

（四）便装：中性色彩、干净整齐、无油污；

（五）鞋袜：最好为黑色皮鞋，黑色短袜；

（六）头发：梳理整齐，不要有头皮屑；

（七）嘴：不要有烟气、异味；

（八）胡子：胡须刮干净，最好别留胡子。

第五条 女职员着装：

（一）服装：女职员上班不得穿超短裙、低胸衫或其他有碍观瞻的奇装异

服,一律穿肉色丝袜,以中性色泽、款式简洁大方的西装套裙或西装为最佳;

（二）鞋子:黑色高跟或平跟淑女鞋,保持鞋面的光亮和鞋边的干净;

（三）袜子:色泽以肉色为最好;

（四）头发:干净整洁,无头皮屑;

（五）口腔:保持清洁,上班前不吃有异味食品;

（六）化妆:以淡妆为好,不可浓妆艳抹;

（七）首饰:不要佩戴三件以上的首饰,且不可太过醒目和珠光宝气;

（八）身体:不可有异味,选择高品位的香水。

第六条 各部门各级负责人应认真配合督促属下员工遵守本规定。

第七条 本规定自下发之日起实施。

☞ 制作提示

1. 明确制度的制定目的及仪容仪表的总体要求。如规定为树立和保持公司良好的社会形象,本公司员工应按本规定的要求着装。参见上文第一、二条。

2. 明确基本着装及仪表禁忌。如规定禁忌涂抹过多或过分鲜艳的化妆品。参见上文第三条。

3. 明确男职员着装的有关规定。如规定西装:深色,最好为蓝色,深蓝色尤佳。参见上文第四条。

4. 明确女职员着装的有关规定。如规定服装:女职员上班不得穿短裙、低胸衫或其他有碍观瞻的奇装异服,一律穿肉色丝袜,以中性色泽、款式简洁大方的西装套裙或西装为最佳。参见上文第五条。

5. 明确其他事项以及制度的施行时间等。参见上文第六、七条。

六、员工出差规定

企业为了保证出差人员工作和生活需要,进一步规范公司员工出差管理工作,强化成本管理意识,合理控制差旅费开支,力求"少花钱,多办事",应当根据自身实际条件,制定有关的员工出差管理制度。员工出差管理制度是规范出差人员行为的文件,其内容一般包括出差时间、出差程序、食宿标准及相关费用的报销事项等。

员工出差规定范本

第一条 目的

为统一、规范管理员工因公出差，其差旅事宜有章可依，特制定本规定。

第二条 适用范围

本制度适用于本公司人员及本公司安排的有协作关系之人员出差的各级员工。

第三条 名词解释：

（一）国内短途出差：指因公往返本市或其他省市各级机关，单程60公里以内，并于当日回公司；

（二）国内短期出差：指因公跨越公司所在地，出差时间在3日以内；

（三）国内长期出差：指因公跨越公司所在地，出差时间在3日以上。

（四）国外出差：是指公司因业务需要，需赴国外洽公、学习、受训或其他业务需要者。

第四条 员工因公出差的具体期限视实际工作需要而定，限定日期呈请总经理核准后行之。

第五条 出差员工应于出发前，依式填写规定的表格（《短程出差申请单》或《国内外出差申请单》），通知负责部门登记，如情形特殊事前来不及办理时，应及时补填表格，送交登记。

第六条 出差员工在出差前须到人力资源部办理考勤登记。

第七条 员工出差前，需按实际需要预借旅费，预借款额请总经理核准后暂付。

第八条 员工出差期间，因工作需要提前回公司复职，于当日到人力资源部销假。

第九条 员工出差期间，如因工作需要而延长出差时限的，须报请主管领导审核批准；因生病或因紧急事故无法预期返回工作岗位者，应提供医院证明或紧急事故相关证明予人力资源部，以凭办请假延期及报支手续。

第十条 员工在本市及郊区或其他同日可往返的出差，按实支给交通费及午餐费。

第十一条 员工出差的膳食、住宿、杂费按下列标准核发：

A. 主管级：每日 120 元；

B. 一般级：每日 100 元。

第十二条 出差期间因公支出的下列费用，准予按实报销，并依下列规定办理：

（一）乘坐计程车原则上应取得汽车公司开具的统一发票，无法取得者由出差人员出具凭单为凭；

（二）电话费应取具发票为凭；

（三）因公宴客的费用，应取具统一发票为凭。

第十三条 出差人员销差后，应于 3 日内依差旅费报销标准规定详细填写《差旅费报销单》，并检附相关凭证，交人力资源部门附出差申请单，呈权责主管核准。

第十四条 公司员工因参加教育训练、讲习、研讨会等事宜出差后仅得报销交通、住宿、膳食及其他公费。

第十五条 其他事项

（一）出差人员在出差期间不得有危害国家法纪及本公司利益之事，如有违犯法纪或公司规定之情况，依公司规章办理，其所产生后果由出差者本人自行承担。

（二）出差人员如有违反规定虚报差旅费之事，一经发现，查证属实者，除虚报部分不予报销并追回已报销部分外，并依公司规章制度严肃处理。

第十六条 附则

本制度属于管理制度，经行政管理部审议后，呈请总经理签核后公告实施；修改、废止时亦同。

☞ 制作提示

1. 明确制定目的及适用范围。如规定为统一、规范管理员工因公出差，其差旅事宜有章可依，特制定本规定。参见上文第一、二条。

2. 明确有关名词解释。如规定国内短途出差：指因公往返本市或其他省市各级机关，单程60公里以内，并于当日回公司。参见上文第三条。

3. 明确员工出差前的有关规定。如规定出差员工在出差前须到人力资源部办理考勤登记。参见上文第四、五、六、七条。

4. 明确员工出差期间的有关规定。如规定员工出差期间，因工作需要提前回公司复职，于当日到人力资源部销假。参见上文第八、九条。

5. 明确差旅费的报销事项。如规定员工在本市及郊区或其他同日可往返的出差，按实支给交通费及午餐费。参见上文第十、十一、十二、十三、十四条。

6. 明确其他事项以及制度的施行时间等。参见上文第十五、十六条。

七、员工保密纪律规定

商业秘密是指不为公众所知悉、能为权利人带来经济利益，具有实用性并经权利人采取保密措施的技术信息和经营信息。如管理方法、产销策略、客户名单、货源情报、生产配方、工艺流程、技术诀窍、设计图纸等都属于商业秘密。商业秘密是公司的无形资产，其不仅可以给企业带来巨大的经济效益，还可以极大地提升企业的发展空间。为确保公司的技术、经营秘密等商业秘密不流失，应当建立有关的员工保密纪律制度。

员工保密纪律规定范本

第一条 目的

为保护公司的商业秘密，维护公司的发展和经济利益，根据国家有关法律法规，结合公司实际，特制定本规定。

第二条 适用范围

全体员工都有保守公司秘密的义务。

第三条 保密工作原则

保密工作遵循"突出重点，积极防范、严肃纪律"的方针，坚持"内外有别,既保护公司秘密又便利工作"的原则,准确划分保密范围,确保公司核心机密安全,同时有控制地放宽非核心秘密,使保密工作更好地为公司生产、经营服务。

第四条 全体员工应做到不该看的秘密,绝对不看;不该问的秘密,绝对不问;不该说的秘密,绝对不说。

第五条 在对外交往和合作中,须特别注意不泄露公司秘密,更不准出卖公司的秘密。

第六条 公司秘密的范围和保密管理的等级

（一）密级划分:按其重要程度、技术水平及保密内容,公司密级划分为绝密级、机密级、秘密级三级。

（二）绝密级:是公司秘密中的核心部分,一旦泄露,会使公司的安全和利益遭受特别严重的损害,主要包括:

1. 公司领导的数据电文、书信;

2. 经营决策、广告策划文书、市场调查与预测报告、促销方案、新产品开发计划、公司投资计划等;

3. 非公开的规章制度、计划、报表及重要文件;

4. 通过秘密渠道引进的技术、设备、产品、样品、手段和来源等;

5. 产品成本及其利润等财务资料。

（三）机密级:是公司秘密中比较重要的部分,一旦泄密,将给公司造成严重的损失,主要包括:

1. 生产工艺及指导生产的技术性文件和资料;

2. 公司人事档案、工资、公司总体组织架构包括生产线、委外加工、各市场部人员运作方式等;

3. 公司经营战略、远景规划、财务账簿、销售网络、总结计划;

4. 公司财务、营销管理制度、目标管理方案、月度运行报告等。

（四）秘密级:是一般的公司秘密,泄露会使公司的权力和利益遭受损害。如员工档案、一般性合同、员工工资、尚未进入市场或尚未公开的各类信息。

第七条 文件、资料的保密:

（一）文稿的拟定者应准确定出文稿的密级;

（二）一切秘密公文、图纸、资料应准确标明密级；

（三）文件统一由行政管理部印制，应建立严格的登记手续；

（四）绝密级文件，只限于总经理批准的直接需要的部门和人员使用；

（五）机密级文件，限于总经理批准的需要部门和人员使用；

（六）秘密文件由行政管理部统一保管，个人不得保存；

（七）使用部门和人员必须做好使用过程的保密工作，而且必须办理登记手续；

（八）机密级以上文件、资料原则上不准复印；

（九）复印秘密文件，由总经理批准。

第八条 电话、计算机的保密：

（一）通话内容不得涉及秘密；

（二）存有涉及秘密内容的计算机网络、外存储设备、磁盘、U盘等应按秘密文件资料管理，并采取相应加密措施；

（三）计算机网络使用按有关计算机使用规则管理。

第九条 奖惩

（一）违反公司保密守则及各项保密规定，出现失密、泄密问题，根据情节轻重及损害公司利益的程度，给予必要的惩戒，惩戒方式有：

纪律制约、经济处分直至提起诉讼，追究法律责任。

（二）对保密工作作出贡献，具有下列条件之一的单位和个人给予奖励、晋级提薪：

1. 严格执行公司保密守则及各项保密规定，坚持原则，坚决保守公司秘密者；

2. 发现他人失密、泄密或出卖公司秘密，能及时举报，采取补救措施的。

第十条 其他

（一）公司保密工作职能部门根据本守则制定相应的可实施规定，与本守则一并报总经理批准后施行。

（二）本规定自总经理批准之日起施行。

☞ 制作提示

1. 明确制定目的及适用范围。如规定为保护公司的商业秘密，维护公司的发展和经济利益，根据国家有关法律法规，结合公司实际，特制定本规定。参见上文第一、二条。

2. 明确保密工作原则。如规定保密工作遵循"突出重点，积极防范、严肃纪律"的方针，坚持"内外有别，既保护公司秘密又便利工作"的原则，准确划分保密范围，确保公司核心机密安全，同时有控制地放宽非核心秘密，使保密工作更好地为公司生产、经营服务。参见上文第三、四、五条。

3. 明确公司秘密的范围和保密管理的等级。如规定按其重要程度、技术水平及保密内容，公司密级划分为绝密级、机密级、秘密级三级。参见上文第六条。

4. 明确文件、资料的保密规定。如规定绝密级文件，只限于总经理批准的直接需要的部门和人员使用。参见上文第七条。

5. 明确电话、计算机的保密规定。如规定存有涉及秘密内容的计算机网络、外存储设备、磁盘等应按秘密文件资料管理，并采取相应加密措施。参见上文第八条。

6. 明确相关的奖惩措施。如规定违反公司保密守则及各项保密规定，出现失密、泄密问题，根据情节轻重及损害公司利益的程度，给予必要的惩戒。参见上文第九条。

7. 明确其他事项以及制度的施行时间等。参见上文第十条。

八、办公室主任工作责任制度

办公室主任行使公司行政办公秩序、物资供应指导、指挥、监督、管理的权力，并承担执行公司各项规程、工作指令的义务。其处在承上启下、沟通内外、联系左右、兵头将尾的特殊位置，具有十分重要的作用。而制定办公室主任工作责任制度，对规范办公室主任的工作，十分必要。

办公室主任工作责任制度范本

第一条 为了规范办公室主任的工作，使其规范化、制度化，特制定本制度。

第二条 办公室主任负责办公室工作，组织全室人员积极参与政务，认真办事务，热心搞服务，完成公司有关处室下达的各项工作任务，当好领导的参谋和助手。

第三条 办公室主任享有以下职权：

（一）有权向全公司各部门索取必要的资料和情况。

（二）对公司会议决议和总经理指示的贯彻执行情况，有权检查督促。

（三）有权催促各部门按时按要求完成上级机关下达的工作任务。

（四）有权督促各部门及时做好文件、资料的立卷、归档工作。

（五）有权按总经理的指示协调各部门之间的工作关系。

（六）对各科室以公司名义起草的文件有审核和校正权。

（七）对不符合上级规定，或质量不高、效果不大的文件、资料有权拒绝打印发放。

（八）对要求多部门领导参加的会议有综合平衡或精简压缩的权力。

（九）有权根据总经理的指示，对办公用房进行分配和调整，对办公用品、用具标准化进行检查、督促。

第四条 办公室主任的岗位职责：

（一）负责督促、检查行政部门对党和国家的方针政策、上级指示和总经理办公会、公司会务决议及总经理决定的贯彻执行。

（二）积极组织和参与各种调查研究，做好信息的收集、筛选工作，向领导传递综合信息和反馈各方面的动态，为领导决策和指导工作提供可靠的依据。

（三）定期组织收集、分析、综合全公司生产、行政各方面的情况，主动做好典型经验的调查总结，及时向总经理汇报、请示工作，并定期向上级书面汇报。

（四）根据总经理指示，负责组织总经理主持的工作会议，做好各种会议的组织准备和催办落实工作：

1. 根据制度规定和要求，召集队长办公会和其他专业性会议。

2. 做好会议记录，已形成决定，整理好书面材料，需要有关科室执行的，会后形成文件下发执行；会议讨论中遇到的疑难问题，组织人员进行调查研究，提出解决方案。

3. 对会议形成的下行文件的执行情况进行检查，执行有困难的向领导反映，及时协调解决。

（五）负责起草总经理授意的综合性工作计划、总结和工作报告，主动为总经理当好参谋。

（六）组织起草公司文件（对各职能科室以公司名义起草的文件负责审核），做好全公司文件的编号、打印、发放以及行政文件的立卷、归档、保管工作。

（七）参与制订公司经营计划和各项规章制度。

（八）组织做好公司印鉴、介绍信使用保管、函电收发和报刊收订分发工作，及时编写公司大事记。

（九）协调安排涉及多部门领导参加的各种会议。

（十）组织做好来客接待和车辆的管理工作。

（十一）指导做好电话话务与机线维修工作。

（十二）根据总经理方针目标要求，及时编制本室方针目标，并组织检查、诊断、落实。

（十三）负责全公司办公用房的分配调整及办公用品用具标准的制订和管理，并对办公用品、用具标准化及各科室文明办公进行检查督促。

（十四）严格控制办公费及其他费用的使用。

（十五）负责完成总经理临时交办的各项任务。

第五条 办公室对以下事项承担领导责任：

（一）生产、行政工作出现异常情况，未能及时向总经理反映，以致造成重大损失的。

（二）公司行文发生差错，收集与整理的资料失实造成严重后果的。

（三）机密文件和文书档案管理不严，发生失密、泄密或丢失、损坏的。

（四）公文、函件等传递不及时，或发生丢失、误传现象，影响工作的。

（五）印鉴、介绍信管理不严，使用不当造成不良后果的。

（六）所属服务工作质量差造成不良影响的。

（七）本室所属岗位发生设备、人身、交通、火灾事故的。

（八）其他办公室职责范围内的事项。

第六条 本制度未尽事宜，参照公司其他相关制度。

第七条 本制度由公司负责解释、修订。

第八条 本制度自公布之日起实施。

☞ 制作提示

1. 明确制度的制定目的及适用范围。如规定为了规范办公室主任的工作，使其规范化、制度化，特制定本制度。参见上文第一、二条。

2. 明确办公室主任享有的职权。如规定对公司会议决议和总经理指示的贯彻执行情况，有权检查督促。参见上文第三条。

3. 明确办公室主任的岗位职责。如规定负责督促、检查行政部门对党和国家的方针政策、上级指示和总经理办公会、公司会决议及总经理决定的贯彻执行。参见上文第四条。

4. 明确办公室承担领导责任的事项。如规定生产行政工作出现异常情况，未能及时向总经理反映，以致造成重大损失的，办公室应承担领导责任。参见上文第五条。

5. 明确其他事宜及解释主体和施行时间等。参见上文第六、七、八条。

九、计算机使用管理规定

企业工作离不开计算机的应用，相应地制定计算机使用管理规定，可以实现对计算机使用的有效管理，既可以保证计算机使用中的网络安全问题，还可以提高计算机的使用价值，从而为企业节省成本开支。

计算机使用管理规定范本

第一条 目的

为保证局域网安全运行,提高计算机的利用率,延长计算机的使用寿命,特制定本规定。

第二条 管理员职责:

(一)负责计算机运用的长远规划。

(二)根据资金的安排,负责机器及外设、备件的计划、采购。

(三)对分散使用的计算机进行不定期的检查。

第三条 要保证计算机的整洁,禁止在机器上乱画、乱贴等。

第四条 禁止利用计算机玩游戏、聊天、看电影,禁止浏览登入非法网站、浏览非法信息。

第五条 禁止随意拨弄、拆卸、搬动计算机设备、配件(键盘、鼠标等),严格按操作程序正常开机、关机。

第六条 禁止对计算机私设开机口令、对硬盘格式化操作、改变机器配置。禁止乱装软件,以防止感染病毒。

第七条 要严格使用专用清洁剂擦洗,不得用湿布擦拭机器,以免影响计算机使用寿命。

第八条 计算机使用人员应认真做好计算机运行情况的日常记录,下班后要及时检查机器设备,切断电源后,关好门窗,方可离开。

第九条 本办法自下发之日起实施。

☞ 制作提示

1. 明确制定目的。如规定为保证局域网安全运行,提高计算机的利用率,延长计算机的使用寿命,特制定本规定。参见上文第一条。

2. 明确管理员职责。如规定根据资金的安排,负责机器及外设、备件的计划、采购等。参见上文第二条。

3. 明确计算机使用的各种注意事项。如规定禁止利用计算机玩游戏、聊天、看电影，禁止浏览登入非法网站、浏览非法信息。参见上文第三、四、五、六、七、八条。

4. 明确制度的施行时间等。参见上文第九条。

十、印章使用和管理办法

印章是公司经营管理活动中行使职权、明确各种权利义务关系的重要凭证和工具。印章的管理，关系到公司经营管理活动的开展。因此，制定一部完善的印章使用和管理办法，能够保证印章使用的合法性、严肃性和可靠性，有效地维护公司利益，杜绝违法行为的发生，提高工作质量。

<h3 style="text-align:center">印章使用和管理办法范本</h3>

第一条 总　则

为保障印章使用的合法性、严肃性和可靠性，有效地维护公司利益，杜绝违法行为的发生，特制定本办法。

第二条 印章的种类

（一）印鉴：公司向主管机关登记的印章或指定业务专用的公司印章；

（二）职章：刻有公司董事长或总经理职衔的印章；

（三）职衔签字章：刻有公司董事长或总经理职衔及签名的印章；

（四）部门章：刻有公司部门名称的印章。

第三条 印章的刻制

（一）印章刻制选用国际、国内先进、适用的质料和种类。

（二）印章的形体和规格，应按国家有关规定执行。

（三）印章的刻制须报总经理批准，由行政部凭公司介绍信统一到行政机关指定的机构办理刻制手续。

（四）下属企业和部门根据需要申请刻制内部或对外用章，须经总经理批准。

第四条 印章的启用

（一）新印章要做好戳记，并留言保存，以便备查。

（二）印章启用要事先发启用通知，注明启用、发放单位和适用范围。

第五条 印章的保管

（一）公司各类印章必须有专人保管：董事会、公司的正式用章、专用印章、钢印应指定行政部长保管；各部门印章由各部门指定专人负责保管；印章保管须有记录，注明印章名称、颁发机关、枚数、收到日期、启用日期、领取人、保管人、批准人、图样等信息。

（二）印章保管必须安全可靠，须加锁保存。特制印章要放在保险柜里。

（三）印章保管有异常显现或遗失的，应保护现场，及时汇报，配合安保部门查处。

第六条 印章的交接

印章移交需办理手续，签署移交证明，注明移交人、接交人、监交人、移交时间、图样等信息。

第七条 印章的停用

（一）印章停用的情况：机构变动导致机构名称改变；上级部门通知改变印章图样；印章使用损坏；印章遗失或被窃，声明作废。

（二）印章停用要提出处理办法，并报经领导批准，及时将停用印章送制发机关封存或销毁，建立印章上交、清退、存档、销毁的登记档案。

第八条 印章的使用

（一）适用范围：1. 凡属以公司名义对外发文、开介绍信、报送报表等一律加盖公司法人章；2. 凡属公司内部行文、通知的，使用公司内部印章；3. 凡属部门业务范围内的加盖部门印章；4. 凡属合同类的使用合同专用章；5. 凡属财务会计业务的使用财务专用章。

（二）使用印章，一律实行审批制度。

（三）使用印章，一律实行登记制度，注明用印事由、数量、申请人、批准人、用印日期。

第九条 印章的监管

（一）总经理职章及特定业务专用章由总经理核定监印人员。

（二）总经理职衔签字章的监印人员为管理部主管。

（三）经理职衔签字章及部门章由经理核定监印人员。

（四）各种印章由监印人员负责保管，如有遗失或误用由监印人员负责。

（五）监印人对未经判定的文件不得擅自用印，违者受处分。

（六）印章遗失时除立即向上级汇报外，还应依法公告作废。

（七）监印人除文件、文稿上用印外，还应于"用印申请单"加盖使用的印章存档。

第十条 附 则

（一）未按办法要求使用印章、保管印章，造成丢失、盗用、仿制的，依情节轻重，对责任者分别进行批评教育、经济处分直至追究法律责任。

（二）本办法最终解释权归行政部，由公司总经理颁布生效。

☞ 制作提示

1. 明确该办法制定的目的。如为维护印章使用的合法性、严肃性和可靠性，特制定本办法。参见上文第一条。

2. 明确印章的种类。如印鉴、职章、职衔签字章。参见上文第二条。

3. 明确印章刻制的注意事项。如选材、刻制规格、审批等。参见上文第三条。

4. 明确印章启用的注意事项。如留样备查、发启用通知等。参见上文第四条。

5. 明确印章保管的注意事项。如专人保管、加锁保存、遗失汇报等。参见上文第五条。

6. 明确印章交接工作的注意事项。如办理交接手续。参见上文第六条。

7. 规定印章的停用情况以及处理办法。参见上文第七条。

8. 明确印章的适用范围以及注意事项。参见上文第八条。

9. 明确印章监管的注意事项。参见上文第九条。

十一、合同审定管理规定

合同审查就是按照法律法规以及当事人的约定对合同的内容、格式进行审核。作为市场主体的企业，对外发生关系少不了通过合同的方式来保障利益的最终实现。为把追求企业利益最大化与企业生产经营活动有机结合起来，有效预防法律风险，企业有必要制定一部合同审定管理规定。

合同审定管理规定范本

第一条 总　则

为维护公司的权益，确保公司合同合法、有效，特制定本规定。

第二条 适用范围

本规定适用于公司合同的谈判、签订、履行、解除、终止。

第三条 本规定适用的合同包括以下几类：

（一）合资合作经营企业合同、企业章程；

（二）股权转让协议；

（三）借款合同、担保合同；

（四）业务合同；

（五）设备维修养护合同、外包合同；

（六）其他合同。

第四条 公司签署的劳动合同、目标责任书等合同文书由人力资源部管理，不适用本规定。

第五条 合同的判定、审批、签订、履行、解除、终止的全过程，公司法务部均可根据实际需要介入，并在公司对外合同签订时提出具体审查意见。

第六条 法务部进行合同审核的要点如下：

（一）合同对方主体、企业资质的时效性与合法性；

（二）合同标的的合法性；

（三）合同条款的合法性、完整性及存在的法律漏洞；

（四）与合同业务有关的其他法律问题。

第七条 在合同签订前，法务部协助经办部门或者人员对合同对方的主体资格和资信进行了解和审查：

（一）审查对方主体资格，审查其营业执照、经营范围、资质证书、注册资本等。

（二）审查欲签合同标的是否符合合同对方的经营范围；涉及专营许可证或资质的，审查其是否具备相应的许可、等级和资质证书。

（三）审查合同方的履约能力、支付能力、财务状况等，必要时应要求合同对方出具资产负债表，以及由开户银行或会计事务所出具的资质证明、验资报告等相关文件。

第八条 代签合同方应出具真实有效的法定代表人身份证明书、权限委托书、代理人身份证明。法务部须确认相关证件的有效性、受托事项及权限、有效期等。

第九条 有担保的合同，法务部须审查担保人的担保能力及担保资格。

第十条 对于重大合同，法务部人员还须了解和审查合同对方的履约信用，审查其有无违约事实，有无涉及重大经济纠纷或重大经济犯罪的案件。

第十一条 合同对方履约能力或资信状况有瑕疵的，公司不得与其签订合同，必须签订合同时，应要求提供合法、真实、有效的担保。

第十二条 法务部须审查合同条款的完备性和严谨性，特别是对于违约责任的约定应明确合理。经办人应充分估计违约风险、合同中约定的仲裁条款。

第十三条 法务部应根据审查结果，拟定"法务部合同审查意见书"，经交办人加以完善。

第十四条 公司建立合同档案制度，将合同正本、合同审批单、法务部合同审查意见书原件存档。

第十五条 本规定由公司法务部制定，最终解释权归法务部所有。

☞ 制作提示

1. 明确该规定的适用范围和适用合同的类型。参见上文第二、三条。

2. 明确合同审定的主体——公司法务部。参见上文第五条。

3. 明确合同审定的内容。如对方主体、合法性及存在的法律漏洞等。参见上文第六至十三条。

4. 明确建立合同档案制度。将合同审定的相关文件存档。参见上文第十四条。

十二、法律纠纷处理办法

随着企业的日益发展，企业在经营、管理活动中涉及的法律纠纷越来越多。因此，一些有远见的企业家对企业法律事务工作也格外重视。他们不仅聘请专业律师担任企业的法律顾问，成立专门的法律事务部门，还结合公司实际情况制定了公司法律纠纷处理办法，用以规范公司法律纠纷的处理办法，建立完善企业法律风险防范、控制和救济机制，维护企业的合法权益。

法律纠纷处理办法范本

第一条 总则

为有效处理法律纠纷事件，维护公司的合法权益，特制定本办法。

第二条 相关部门负责人于各纠纷案件发生当天及时填写相关表单，说明案件发生的详细情况，提交法务部。

第三条 法务部对案件进行分析，提出初步意见，提交公司总经理或主管副总审批。

第四条 公司总经理确定案件处理原则后，由法务部组织协调各相关部门对案件的有关事实进行全面调查，并收集相关资料，确定纠纷处理对策，预估可能产生的法律后果，并将相关情况上报总经理审批。

第五条 公司实行案件过错责任追究制，各部门必须及时上报发生的案件，对隐藏不报或严重失职，致使公司权益受损的直接负责人，将给予严肃处理。

第六条 涉及以下法律纠纷的案件，应在诉讼过程中及时向总经理报告诉讼进展情况：

（一）涉及侵犯公司注册商标、名誉权等类型的诉讼、仲裁案件。

（二）诉讼案件审理结果或执行结果会给公司利益带来严重不利影响的案件。

（三）单笔诉讼标的在1000万元人民币以上或者达到公司净资产10%以上的案件。

（四）涉及刑事问题的民事、经济案件。

（五）其他对公司有重大影响的诉讼、仲裁案件的处理。

第七条 对公司主动提起诉讼、仲裁的案件的处理。

（一）法务部做好起诉前的准备，收集整理各种有利的、不利的证据。

（二）在起诉前10日内，法务部向总经理提交书面报告，拟定起诉书和法律建议。

（三）法务部根据总经理的意见进行庭外和解或提出诉讼、仲裁。

第八条 公司法务部接到对方的《律师函》或接到法院或仲裁机构的《应诉通知书》的，根据案件性质、可能遭受的损失和危急程度进行分级管理。

第九条 属于解除业务、服务合同性质的纠纷，或标的金额在10万元以上的纠纷，或已被媒体曝光的纠纷，法务部必须及时上报总经理，并在7日内上交书面报告，附所聘律师的法律意见书、答辩书。

第十条 属于一般民事合同的纠纷或标的金额在10万元以下的纠纷，法务部在7日内上交书面报告，附拟聘律师的法律意见书、答辩书。

第十一条 法务部接到行政机关作出的将给予重大行政处罚的口头或书面《听证告知书》时，必须在次日报总经理，决定是否聘请代理人，准备参加听证。

第十二条 法务部接到行政机关的《行政决定书》和《行政处罚决定书》时，必须立即上报总经理，决定是否复议或提起行政诉讼。

第十三条 法务部应在案件处理后15日内上交结案报告，内容包括纠纷的产生、争议事项和金额、案件结果、总结分析，并附和解协议、调解书、裁定书等复印件。

第十四条 如纠纷事件有责任部门和责任人，法务部须作出处理意见。

第十五条 法务部应建立特别法律事务的案件档案，包括各种法律文书、证据、内部报告和批复。

第十六条 本规定由公司法务部制定，最终解释权归法务部所有。

☞ 制作提示

1. 明确法律纠纷处理的主体——公司法务部。参见上文第三条。

2. 明确法律纠纷应处理的事项。如收集相关资料，确定纠纷处理对策，预估可能产生的法律后果，并将相关情况上报总经理审批等。参见上文第四、五条。

3. 明确须报总经理的法律纠纷类型。参见上文第六条。

4. 明确本企业提起诉讼的处理原则。参见上文第七条。

5. 明确各类法律纠纷的应对方法，如法务部接到对方的《律师函》或接到法院或仲裁机构的《应诉通知书》的，根据案件性质、可能遭受的损失和危急程度进行分级管理。参见上文第八至十三条。

6. 明确企业法律纠纷的归责情况，如纠纷事件有责任部门和责任人，法务部须作出处理意见。参见上文第十四条。

7. 明确企业法律纠纷归档，如建立特别法律事务的案件档案。见上文第十五条。

第九章　文书档案管理制度

　　文书管理，是按照一定程序处理文书的全部活动，通常包括按规定行文、收文管理、发文管理和文书保存等。文书管理是企业行政机关管理的组成部分，是提高企业行政效率和工作质量的一项重要内容。相应地，制定一套完善的文书管理办法，对规范文书管理工作有着重要的意义。

一、文书管理办法

文书管理，是按照一定程序处理文书的全部活动。通常包括按规定行文、收文管理、发文管理和文书保存等。文书管理是企业行政机关管理的组成部分，是提高企业行政效率和工作质量的一项重要内容。相应地，制定一套完善的文书管理办法，对规范文书管理工作有着重要的意义。

文书管理办法范本

第一章 总 则

第一条 目的
为使文书管理制度化，以增进文书处理品质及效率，特制订本办法。

第二条 范围
本办法所讲文书管理，指本公司各部门与外界来往文书及各部门之间来往之文书，自收（发）文至归档全部过程之办理与控制。

第二章 文件流传细则

第三条 分类
（一）登记的文书范围：结合《档案管理规定》的要求；
（二）外来文件：公文（命令、指令、决议、指示、通知、通报、报告、请示、批复、函、会议纪要）、数据电文等；
（三）本部制发文件：本公司内部文件和对外业务文件。

第四条 行文要求
公司内公文格式主要为公司正式文件、签呈、备忘单。
（一）正式文件
由公司根据其重要性确定是否系正式文件，正式文件要填写文件签发笺，由总经理签发，并加盖公章。
（二）签呈

1. 公司内部下级对上级有所请示时用；

2. 签呈不得越级上报；

3. 须总经理阅示之签呈，部门主管应有明确的意见。

（三）备忘单

1. 公司内部发布行政命令、通知、通报以及部门之间的业务商洽、协调、联络时用；

2. 由公司下发的备忘单由总经理核准，各部门所发备忘单由部门主管核准。

第五条　收文

（一）本公司与外界往来的文件，由办公室统一登记、收文。

（二）公司所收上级部门或其他单位公文，由总经理办公室进行收文登记后，送总经理阅示处理。

（三）内部制发文件流转，由各部门自行登记、收文、立卷、存档。

（四）部门所收公文交部门主管处理，对需办理的应抓紧时间办理，不得延误和推诿。

第六条　发文

（一）以公司名义撰写的文件，可由各部门自行拟稿，统一由公司办公室登记签发。

（二）公司以备忘单形式下发公文经总经理签字后，由总经理办公室负责下发。

（三）部门上报、部门间往来及部门内下发公文，经部门经理签字后，由各部门自行登记、签发。

第七条　分文

（一）外来文件由办公室登记收文后，根据业务性质分送各有关部门处理。

（二）内部制发文件流转时，由发文部门登记签发后，直接送收文部门登记签收。

第八条　会签

（一）需多部门或多人会签处理的文件应附上"收文处理单"。

（二）各部门收到需参与会签的文件时，须本着本部门的职责及时认真处理并签署意见。

（三）文件收文后，再依"收文处理单"内所指定的会签顺序，转送其他会签部门或某人，若某部门或某人为最后一个会签单位，则处理后将本文件转送办公室。

第九条 公文归档

（一）管理部门

1. 公司的公文及档案由总经理办公室统一管理；

2. 会计档案由财会部负责整理保管。

（二）文件档案移送归档时点收原则

1. 检查文件之本文及附件是否完整，如有缺少，应追查归入；

2. 文件处理手续是否完备，如有遗漏，应立即退回经办人员补办；

3. 与本案无关的文件，应立即退回经办人员。

（三）保存期限

1. 公司文件应依其性质与内容确定保存期限的长短。

2. 公司永久保存的文件有：

（1）公司章程；

（2）董事会会议记录；

（3）政府机关核准文件；

（4）不动产所有权及其他物权、债权凭证；

（5）设计图纸、重要设备技术资料；

（6）其他经核实须永久保存的文件。

（四）档案清理

1. 档案管理人员应每年对文件进行一次清理，该归档的文件应装订成册，及时归档。

2. 所有档案须入柜保存，永久保存的文件应放入保险柜内保存。

3. 档案柜应保持整洁，并有防虫蛀措施。

4. 档案保存期满，须销毁的，应造册呈总经理核准后实施，并应在该卷目次表附注栏内注名销毁日期。

第三章 重要文件的审核、执行

第十条 审核、批示

涉及公司总体协调或应由公司总经理审核的文件，由办公室汇总签办意见，呈总经理或交其他被授权者做最终的审核、批示。

第十一条 执行

经总经理或有关人员的批示后，正本留办公室归档存查，由办公室将文件复印一份送执行单位处理并督促执行。

第四章 撰写文书格式

第十二条 公司实行按国家标准和公司标准统一的文书规范格式。

第十三条 对已经统一的文书类（以附件形式下发），要求各部门及员工严格按公司规范格式操作。

第五章 附则

第十四条 本办法未尽事宜，参照公司其他相关制度执行。

第十五条 本办法自下发之日起实施。

☞ 制作提示

1. 明确制定目的及文书管理范围。如规定本办法所讲文书管理，指本公司各部门与外界来往文书及各部门之间来往之文书，自收（发）文至归档全部过程之办理与控制。参见上文第一、二条。

2. 明确相关分类及行文要求。如规定公司内公文格式主要为公司正式文件、签呈、备忘单。参见上文第三、四条。

3. 明确收文、发文、分文、会签的要求。如规定以公司名义撰写的文件，可由各部门自行拟稿，统一由公司办公室登记签发。参见上文第五、六、七、八条。

4. 明确公文归档的要求。如规定公司的公文及档案由总经理办公室统一管理；会计档案由财会部负责整理保管。参见上文第九条。

5. 明确重要文件的审核、执行。如规定涉及公司总体协调或应由公司总经理审核的文件，由办公室汇总签办意见，呈总经理或交其他被授权者做最终的审核、批示。参见上文第十、十一条。

6. 明确撰写文书格式。如规定公司实行按国家标准和公司标准统一的文书规范格式。参见上文第十二、十三条。

7. 明确其他事项以及施行时间等。参见上文第十四、十五条。

二、文书收发办法

对于一个企业来说，文书收发工作必不可少，这个工作虽然很平常，但关系却很重大，因为一些重要的文书可能关系到企业的命运。那么，规范文书收发工作也就显得很重要了。而文书收发办法正是规范文书收发工作的规范性文件。文书收发办法可以视为文书收发工作的行为准则。

文书收发办法范本

第一条　本公司文件以及公司外文件的收发、分发等均按本制度执行。

第二条　公司的文件由办公室负责起草和审核，公司总经理签发。

第三条　公司各部门的文件由各部门负责起草，办公室审核，总经理签发。

第四条　在各部门设文书负责人，负责本部门内文件的分发、保管等工作。

第五条　文件和原稿（含电子版），由办公室分类归档、保存备查。

第六条　对公司外来文书的接收由办公室专人负责签收，并分类登记。

第七条　纸质收文中除亲启信函、挂号信、传递证明外，其余一般信函应全部拆封，并加盖收发印章。

第八条　属于秘密的文件，核稿人应该注明"秘密"字样，并确定报送范围。秘密文件按保密规定，由专人印制、报送。

第九条　总经理审核后，对文件作出分发批示。

第十条　文件分发至各部门后，各部门的文书负责人应该盖印签收。

第十一条　部门经理阅文后对文书负责人做出分发传阅的批示，文书负责人据此分发文件给有关工作人员。

第十二条 传阅文件由文书负责人负责收回，对领导指示的文件，办公室应及时组织传达和落实。

第十三条 文书负责人负责请示发送文书发送者的文件。

第十四条 每天 17 点以前，公司收发室应将当日外发函、件清点，累计寄发。

第十五条 本办法自下发之日起实施。

☞ 制作提示

1. 明确适用范围。如规定本公司文件以及公司外文件的收发、分发等均按本制度执行。参见上文第一条。

2. 明确有关人员的职责。如规定公司各部门的文件由各部门负责起草，办公室审核，总经理签发。参见上文第二、三、四、五、六条。

3. 明确文书收发各个环节的有关规定。如规定部门经理阅文后对文书负责人做出分发传阅的批示，文书负责人据此分发文件给有关工作人员。参见上文第七、八、九、十、十一、十二、十三、十四条。

4. 明确施行时间。参见上文第十五条。

三、文书处理制度

文书处理工作是公司制作、传递、使用、保存或销毁文件等行为的总称，是行政管理的重要组成部分。文书处理工作的质量与效率对公司的工作成效有直接的影响。相应地，建立完善的文书处理制度，对规范文书管理工作、提高公司的工作成效、促进公司的发展都有着积极的作用。文书处理工作的基本原则和要求是：及时、准确、保密。

文书处理制度范本

第一条 为规范本公司的文书处理工作，特制定本制度。

第二条 本制度适用于本公司的文书处理。在特殊情况下的应急处理，事后也须按本制度补齐有关手续。

第三条 本制度所指文书，包括以下内容：

（一）高层决策文书以及基层下达的文件。

（二）部门会议文书与转阅文件。

（三）合同书、证券、证书和劳动合同书。

（四）志愿书、违约收文、往来公文、专利证明和注册登记文书。

（五）收支预算与决算书、账本票据、凭证、各种明细表、各种规定与计划书。

（六）往来书信、任命书、意见书。

（七）各种报告、各种统计表。

第四条 公司文书处理到达本公司的文书，原则上由行政部或者另行规定的其他部门接收。

第五条 普通文书全部由接收部门开启或开封。

启封时，编上文书的收发编号，公司文书处理注明收发日期；在文书登记簿上作好登记；由接收部门的主管，或者由指定的文书保管员送交有关部门有关人员；文书当事人必须签名盖章领取文书。但是不涉及特别事项的文书，可以简化登记手续。

第六条 绝密文书或亲启文书，必须直接送交当事者，由文书当事者开封与处置。

第七条 值班人员能够判定为是紧急重要的文书，或者直接写给公司高层领导的文书，应立即通知秘书室主任；其他次重要文书，只需通知收发室的主任，并按其指示处理。

第八条 所有到达的文书，值班人员都必须一一作好登记，于此后第一个工作日早晨转交收发室。

第九条 对外行文，均由行政部统一办理。

发文人员应将文书内容，摘要记载于发文簿上，并说明发文的日期及编号。

发文应取副本二份，一份与原稿归档，一份送承办单位备查。

第十条 各部门所经办的对外往来文件，由文书管理人员按性质分类、编号、归档，文书归档应用书夹装订，各卷第一页为本卷目录，记载该卷所有文书的来文机关、来文编号、事由及收文机关、发文编号、事由等以备查阅。

文书档案办理完毕后，一并能装成一卷宗的应装订好送档案室归档，文书管理人员应同档案室办好归档手续。

第十一条 严格控制材料印发的种类和数量。原则上，除政策性、指导性很强的报告、上报材料可印制外，其他一般不予印制。

第十二条 其他未尽事宜参照公司其他相关规定。

第十三条 本制度由行政部负责解释、修订。

第十四条 本制度自公布之日起实施。

☞ 制作提示

1. 明确制度的制定目的及适用范围。如规定为规范本公司的文书处理工作，特制定本制度。参见上文第一、二条。

2. 明确文书的范围。如规定本制度所指文书，包括高层决策文书以及基层下达的文件、部门会议文书与转阅文件等。参见上文第三条。

3. 明确文书处理的有关部门。如规定公司文书处理到达本公司的文书，原则上由行政部或者另行规定的其他部门接收。参见上文第四条。

4. 明确文书的收文处理事项。如规定绝密文书或亲启文书，必须直接送交当事者，由文书当事者开封与处置。参见上文第五、六、七、八条。

5. 明确文书的发文处理事项。如规定发文人员应将文书内容，摘要记载于发文簿上，并说明发文的日期及编号。参见上文第九条。

6. 明确文书归档事项。如规定文书档案办理完毕后，一并能装成一卷宗的应装订好送档案室归档，文书管理人员应同档案室办好归档手续。参见上文第十条。

7. 明确其他相关事项和解释主体、实施时间等。参见上文第十一、十二、十三、十四条。

四、文档立卷归档制度

公司在各种重要活动中形成和使用的文书资料，记载了公司的工作活动和实践经验，反映了公司的历史面貌及各项工作的客观进程，具有重要的查证和参考价值。整理和保存公司文书材料，做好立卷归档工作，是公司有关部门工作的一项重要任务。而规范立卷归档工作，使之工作成效得到最大的发挥，也可以视为一项重要任务。为更好地完成这两项重要的任务，制定完善的文档立卷归档制度就尤为重要。

文档立卷归档制度范本

第一条 为加强本公司文书立卷工作，科学、规范地保存公司信息资料，特制定本制度。

第二条 本制度适用于公司各部门对文档立卷工作的管理。

归档的文件材料必须按年度立卷，本公司内部机构在工作活动中形成的各种有保存价值的文件材料，都要按照本制度的规定，分别立卷归档。

第三条 公文承办部门或承办人员应保证经办文件的系统完整（公文上的各种附件一律不准抽存）。结案后及时交专（兼）职文书人员归档。工作变动或因故离职时应将经办的文件材料向接办人员交接清楚，不得擅自带走或销毁。

第四条 办公室指定专（兼）职档案管理员一名，负责整个公司文书类与其他类档案的管理。

各部门指定专（兼）职档案管理人员一名，负责本部门文书类与其他类档案的管理。

第五条 各部门专（兼）职档案管理员，负责文件资料的基础处理工作。对准备存档的文件仔细检查，看其纸质、字迹、折叠方式等是否规范，对本部门所辖范围内的文件进行归卷整理，注意查缺补漏，保证归档文件的完整和案卷的质量，负责建立本部门文件目录，定期向公司办公室档案管理人员移交，保留移交记录。

第六条 本公司的归档范围有：

（一）重要的会议材料，包括会议的通知、报告、决议、总结、领导人讲话、典型发言、会议简报、会议记录等。

（二）与本公司有关的决定、决议、指示、命令、条例、规定、计划等文件材料。

（三）本公司对外的正式发文与有关单位来往的文书。

（四）本公司主要活动的报告、总结。

（五）本公司的各种工作计划、总结、报告、请示、批复、会议记录、统计报表及简报。

（六）本公司与有关单位签订的合同等文件材料。

（七）本公司干部任免的文件材料以及关于职工奖励、处分的文件材料。

（八）本公司职工劳动、工资、福利方面的文件材料。

（九）本公司的历史沿革、大事记及反映本公司重要活动的剪报、照片、录音、录像等。

第七条 凡本公司印发出的公文（含定稿和两份打印的正件与附件、批复请示、转发文件含被转发的原件）一律由办公室统一收集管理。

第八条 一项工作由几个部门参与办理，在工作活动中形成的文件材料，由主办部门收集归卷。会议文件由会议主办部门收集归卷。

第九条 公司工作人员外出学习、考察、调查研究、参加上级机关召开的会议等公务活动的相关人员核报差旅费时，必须将会议的主要文件资料向档案室办理归档手续，档案室签字认可后财务部门才给予核报差旅费。

第十条 本公司召开会议，由会议主办部门指定专人将会议材料、声像档案等向档案室办理归档手续，档案室签字认可后财务部门才给予核报会议费用。

第十一条 办公室档案管理人员定期对各部门的档案工作进行检查并形成记录；负责定期组织各部门档案工作人员进行培训和学习以提高专业知识与技能。

第十二条 公司员工要有档案收集分类意识，单独事件处理完毕后主动将资料交给档案人员归档。

对档案资料管理不善、导致文件遗失，对部门经理及经办人予以处理。

第十三条 各部门都要建立健全平时归卷制度。对处理完毕或批存的文件材料，由专（兼）职文书集中统一保管。

第十四条 各部门应根据本部门的业务范围及当年工作任务，编制平时文件材料归卷使用的"案卷类目"。"案卷类目"的条款必须简明确切，并编上条款号。

第十五条 关于立卷要求，具体如下：

（一）为统一立卷规范，保证案卷质量，立卷工作由相关部门专（兼）职档案员配合，档案室文书档案员负责组卷、编目。

（二）案卷质量总的要求是：遵循文件的形成规律和特点，保持文件之间的有机联系，区别不同的价值，便于保管和利用。

（三）归档的文件材料种数、份数以及每份文件的页数均应齐全完整。

（四）不同年度的文件一般不得放在一起立卷，但跨年度的请示与批复，放在复文年立卷；没有复文的，放在请示年立卷；跨年度的规划放在针对的第一年立卷；跨年度的总结放在针对的最后一年立卷；跨年度的会议文件放在会议开幕年，其他文件的立卷按照有关规定执行。

（五）卷内文件材料应区别不同情况进行排列，密不可分的文件材料应依序排列在一起，即批复在前，请示在后；正件在前，附件在后；印件在前，定稿在后；其他文件材料依其形成规律或特点，应保持文件之间的密切联系并进行系统的排列。

（六）卷内文件材料应按排列顺序，依次编写页号。装订的案卷应统一在有文字的每页材料正面的右上角，背面的左上角打印页号。

（七）永久、长期和短期案卷必须按规定的格式逐件填写卷内文件目录。填写的字迹要工整。卷内目录放在卷首。

（八）有关卷内文件材料的情况说明，都应逐项填写在备考表内。若无情况可说明，也应将立卷人、检查人的姓名和日期填上以示负责。备考表应置卷尾。

（九）案卷封面，应逐项按规定用毛笔或钢笔书写，字迹要工整、清晰。

第十六条 案卷装订时须注意：装订前，卷内文件材料要去掉金属物，对破损的文件材料应按裱糊技术要求托裱，字迹已扩散的应复制并与原件一并立卷，案卷应用三孔一线封底打活结的方法装订。

第十七条 案卷各部分的排列格式为：软卷封面（含卷内文件目录）—文

件一封底（含备考表），以案卷号排列次序装入卷盒，置于档案柜内保存。

第十八条 严格执行资料档案的查阅制度及保密纪律。

公司各部门只能进行与其有关的内容查阅，若查阅其他无直接关系的资料、文件，则必须经相关部门经理审核、批准后方可查阅。

外来单位来公司查阅资料，须经总经理签字同意，方能查阅。

查阅时不得将资料、文件带出办公室，查阅时不得擅自抄录、涂改、复印。

第十九条 公司各部门只能进行与其有关的内容借阅，严格按照借阅手续进行登记，并约定归还时间，按时归还。因工作需要不能按时归还，可办理续借手续，逾期不还，将通报批评。

借阅后不得任意毁坏、修改、抄录、复制、公布所借阅资料档案，借阅的档案不得转借他人。

借阅重要文件原件（如：营业执照、资质证书、开发项目等证），必须经总经理签字批准，方可执行。

借阅的资料原则上应当天归还。

第二十条 一般情况下不允许员工领出原件，如需要领出，则需其本部门经理签字并由办公室负责人签字的审批单，方可领出。特别重要的文件及资料必须有分管办公室工作的负责人签字。

领用资料状态为复印件，可仅由本部门负责人签字。

外来单位来公司查阅资料，须持本公司介绍信，并经我公司相关部门的负责人签字同意，方能查阅。

领出文件资料必须进行严格的登记，并留下审批单以备案（审批单要求填写完整）。

第二十一条 本制度未尽事宜参照公司其他相关制度。

第二十二条 本制度由公司负责解释、修订。

第二十三条 本制度从印发之日起施行。

☞ **制作提示**

1. 明确制度的制定目的及适用范围。如规定为加强本公司文书立卷工作，科学、规范地保存公司信息资料，特制定本制度。参见上文第一、二条。

2. 明确相关部门或人员的职责。如规定办公室指定专（兼）职档案管理员一名，负责整个公司文书类与其他类档案的管理。参见上文第三、四、五条。

3. 明确公司的归档范围。如规定重要的会议材料，包括会议的通知、报告、决议、总结、领导人讲话、典型发言、会议简报、会议记录等为公司的归档范围。参见上文第六条。

4. 明确有关资料的具体归档规定。如规定项工作由几个部门参与办理，在工作活动中形成的文件材料，由主办部门收集归卷。会议文件由会议主办部门收集归卷。参见上文第七、八、九、十、十一、十二条。

5. 明确平时归卷制度。如规定各部门都要建立健全平时归卷制度。对处理完毕或批存的文件材料，由专（兼）职文书集中统一保管。参见上文第十三、十四条。

6. 明确立卷要求。如规定为统一立卷规范，保证案卷质量，立卷工作由相关部门专（兼）职档案员配合，档案室文书档案员负责组卷、编目。参见上文第十五条。

7. 明确案卷的装订事项及排列格式。如规定装订前，卷内文件材料要去掉金属物，对破损的文件材料应按裱糊技术要求托裱，字迹已扩散的应复制并与原件一并立卷，案卷应用三孔一线封底打活结的方法装订。参见上文第十六、十七条。

8. 明确资料档案的查阅制度及保密纪律。如规定公司各部门只能进行与其有关的内容查阅，若查阅其他无直接关系的资料、文件，则必须经相关部门经理审核、批准后方可查阅。参见上文第十八条。

9. 明确资料档案的借阅制度。如规定借阅后不得任意毁坏、修改、抄录、复制、公布所借阅资料档案，借阅的档案不得转借他人。参见上文第十九条。

10. 明确资料档案的领用制度。如规定一般情况下不允许员工领出原件，如需要领出，则需其本部门经理签字并由办公室负责人签字的审批单，方可领出。参见上文第二十条。

11. 明确其他相关事项、解释主体和施行时间等。参见上文第二十一、二十二、二十三条。

五、档案管理制度

文书档案管理是公司规范化管理的重要内容，也是企业发展过程中的重要见证资料，它记录了一个公司的发展历程，为公司的发展壮大提供了文字依据，文书档案的规范化管理是公司走向规范和成熟的重要条件。而制定相应的文书档案管理制度，是确保文书档案管理工作正规化与规范化的前提。

档案管理制度范本

第一条 为加速公司规范化管理进程，进一步完善文书档案管理工作，特制定本制度。

第二条 归档的文件材料必须按年度立卷，本公司内部机构在工作活动中形成的各种有保存价值的文件材料，都要按照本制度的规定，分别立卷归档。

第三条 文书档案归档范围包括：

（一）重要的会议材料，包括会议的通知、报告、决议、总结、领导人讲话、典型发言、会议简报、会议记录等。

（二）本公司在经营管理活动中产生的与上级领导部门间的往来文件（即外部文件），包括请示、报告、项目立项、重要函件、经营合同等。

（三）本公司反映主要职能活动的报告、总结。

（四）本公司与有关单位签订的合同、协议书等文件材料以及本公司的各种工作计划、总结、报告、请示、批复、会议记录、统计报表及简报。

（五）公司在发展过程中获得的被国家或社会认证或认可的证明其实力和相关资格的证书材料等。

（六）干部任免的文件材料以及关于职工奖励、处分的文件材料，职工劳动、工资、福利方面的文件材料。

（七）其他对本公司工作具有查考价值的文件材料。

第四条 所有外送或内发的文件及其原稿由负责部门分类整理，按年代立案，予以归档、保存和备查，并交一份由经办部门存档备查。

第五条 各部门均应指定专（兼）职文书人员，负责管理本部门的文件材料，并保持相对稳定。人员变动应及时通知档案室。

第六条 各部门都要建立健全平时归卷制度。对处理完毕或批存的文件材料，由专（兼）职文书集中统一保管。

第七条 公文承办人员应及时将办理完毕或经领导人员批存的文件材料，收集齐全，加以整理，送交本部门专（兼）职文书归卷。

第八条 已经办理完毕并有保存价值的文件都应及时归档，任何人不得随意留存，各部门每季度应将归档的文件材料清理一次，登记造册，对重要的文件要标注密级（绝密、机密、秘密）。

第九条 纸质文件材料和相应的电子文件及背景信息等也要进行归档。

第十条 存档文件必须为原件，至少三份（包括复印件）。

第十一条 每年年末或次年年初，各部门向档案室移交已归档完毕的上一年的文书档案（要办理移交手续）。

第十二条 为统一立卷规范，保证案卷质量，立卷工作由相关部室专（兼）职档案员配合，档案室文书档案员负责组卷、编目。

第十三条 案卷质量要遵循文件的形成规律和特点，保持文件之间的有机联系，区别不同的价值，便于保管和利用。

第十四条 归档的文件材料种数、份数以及每份文件的页数均应齐全完整。

第十五条 在归档的文件材料中，应将每份文件的正件与附件、影印件与定稿、请示与批复、转发文件与原件、多种文字形成的同一文件，分别立在一起，不得分开；绝密文件单独立卷，少数普通文件如果与绝密文件有密切联系，也应随同绝密文件立卷。

第十六条 有关卷内文件材料的情况说明，都应逐项填写在备考表内。备考表应置卷尾。

第十七条 因工作需要借阅属秘密、机密类的文书档案，须经部门负责人、办公室主任、主管副总经理签字后方可借阅，绝密类的文书档案除需经部门负责人、办公室主任、主管副总签字外还必须经总经理签字后方可借阅。如遇特殊情况，属机密、秘密类的文书档案由部门负责人、办公室主任签字后可借阅。

第十八条 借阅人员应对档案的保密、安全和完整负责，不得带至公共场所，不得泄密、丢失、转借、涂改、污损、拆散，未经批准不能抄录复印。

第十九条 凡从公司办借出的文书档案资料，因工作需要复印，须经办公室主任同意签字后，方可复印，使用后需将复印件归还公司办，个人不得留存，如因工作需要无法拿回复印件，须报公司办批准，由办公室主任酌情处理，并在借阅登记簿中注明。

第二十条 因工作变动或因故离职时应将经办的文件材料向接办人员交接清楚，不得擅自带走或销毁。

第二十一条 文书档案保管期限分为永久、长期、短期三种，超过保管期限的文书档案经公司办及相关领导批准后可销毁，并建立文书档案销毁清册。

第二十二条 本制度自印发之日起实施。

☞ 制作提示

1. 明确制定目的及适用范围。如规定为加速公司规范化管理进程，进一步完善文书档案管理工作，特制订本制度。参见上文第一、二条。

2. 明确文书档案归档范围。如规定包括本公司与有关单位签订的合同、协议书等文件材料以及本公司的各种工作计划、总结、报告、请示、批复、会议记录、统计报表及简报。参见上文第三条。

3. 明确各部门及有关人员的职责及平时归卷等制度。如规定各部门都要建立健全平时归卷制度。对处理完毕或批存的文件材料，由专（兼）职文书集中统一保管。参见上文第四、五、六、七、八、九、十、十一、十二、十三、十四、十五、十六条。

4. 明确档案有关的保密事项。如规定借阅人员应对档案的保密、安全和完整负责，不得带至公共场所，不得泄密、丢失、转借、涂改、污损、拆散，未经批准不能抄录复印。参见上文第十七、十八、十九、二十、二十一条。

5. 明确施行时间。参见上文第二十二条。

六、档案借阅规定

在档案的管理过程中，档案借阅是不可避免的一个环节，如何使档案的借阅环节保持规范、不泄密、不丢失等，最直接的方法就是制定相关的档案借阅制度。一部完善的档案借阅规定，可以有效地提高档案的利用率，充分实现"档案"在公司发展中的地位和作用。

档案借阅规定范本

第一条 为更好地管理和利用档案，充分发挥档案在公司各项工作中的作用，更好地加强公司档案管理，特制定本规定。

第二条 借阅档案（包括文件、资料）必须在档案借阅登记簿登记后方可借阅，秘密级以上的档案文件须经经理级领导批准方能借阅。

第三条 查阅档案应在阅档室内进行，不得将档案带出室外，因特殊情况需要将档案借出时，一般只提供档案复印件，必须使用档案原件的，需经档案主管领导批准，并办理借出手续，借阅单位和个人不得将档案转借他人或擅自复印。

第四条 借出档案要在限定时间内归还，借阅期限不得超过两星期，到期必须归还，如需再借应办理续借手续。

第五条 借阅档案的人员必须爱护档案，要保护档案的安全与保密，不得擅自拆卷，不得随意抽、撕卷内张、页，不得在档案中写字、画线、做记号、涂改、剪贴、翻印、摄影、转借或损坏。

第六条 所借档案一定要保持卷内整洁，不得损坏，归还时若发现问题，按国家档案法的规定追究当事人责任。

第七条 借阅的档案交还时，档案工作人员必须当面检查核对后，双方按规定办理归还手续，如发现遗失或损坏，应立即报告领导。

第八条 外单位借阅档案，须凭单位介绍信和个人有效证件，并经总经理批准后方能借阅，但不能将档案带离档案室。

第九条 若外单位需摘抄卷内档案，所查档案必须是允许摘抄范围内的档案，并应经总经理同意，才可允许对档案摘抄。

第十条 本规定自印发之日起实施。

☞ 制作提示

1. 明确制定目的。如规定为更好地管理和利用档案，充分发挥档案在公司各项工作中的作用，更好地加强公司档案管理，特制定本规定。参见上文第一条。

2. 明确档案借阅、使用、归还时的有关规定。如规定借阅档案的人员必须爱护档案，要保护档案的安全与保密，不得擅自拆卷，不得随意抽、撕卷内张、页，不得在档案中写字、画线、做记号、涂改、剪贴、翻印、摄影、转借或损坏。参见上文第二、三、四、五、六、七条。

3. 明确外单位借阅档案的有关规定。如规定外单位借阅档案，须凭单位介绍信和个人有效证件，并经总经理批准后方能借阅，但不能将档案带离档案室。参见上文第八、九条。

4. 明确施行时间。参见上文第十条。

七、声像档案管理制度

声像档案管理制度范本

声像档案是应用录音、录像、照相等手段对重要事件进行真实记录的历史材料，它具有客观性、形象性和科学技术性等特点，能生动形象地再现有关方面的工作及成果，客观真实地反映和记录行政管理工作的真实面貌。它和文字、图纸档案一样，具有现实的查证作用，对研究过往具有参考使用价值。而制定一部完善的声像档案管理制度，是保障声像档案管理工作规范、高效的前提。

第一章　总　　则

第一条　为加强公司声像和科技档案的管理，特制定本制度。

第二条　声像档案是本公司全部档案的重要内容，必须由档案室集中统一管理。

第三条　本公司的声像档案是指本公司各部门或个人在社会实践过程中直接形成的，对国家、社会和公司具有保存价值的录音、录像、照片、影片等辅以文字说明的历史记录。声像档案一般由电脑等存储设备存储的影音资料、摄像带、影片、照片等及其文字说明两部分组成。

第二章 声像档案资料的收集

第四条 收集范围：

（一）反映本公司主要职能活动、工作成果和存在问题的声像资料；

（二）本公司有关人员组织或参加的会议、会见以及外事活动的声像资料；

（三）各级领导人和著名人物参加的与本公司有关的重大声像资料；

（四）其他单位形式的与本公司有关的重要声像资料；

（五）其他具有保存价值的声像资料。

第五条 收集时间：

（一）声像档案资料应在形成后一个月内，随档案室其他载体形态的档案同时归档，如有特殊情况可以延长归档时间；

（二）档案室应随时收集具有保存价值的声像资料。

第六条 收集要求：

（一）电脑外置存储设备（如移动硬盘、U盘）、摄像带、影片、照片等和其文字说明要收集齐全，按时归档，并建立归档控制措施。凡未按规定归档的，其形成费用不予报销；

（二）声像档案的内容要真实，底片、原件与摄影、复制品要相符；

（三）声像档案接收原版原件，特殊情况下也可以接收复制件。

第七条 本公司各部门或个人凡按本制度第四条形成声像档案的费用，只要将档案资料按要求向档案室归档，经档案室认可后，财务部门应予报销费用。

第八条 档案室有责任随时征集重要声像资料。

第三章 声像档案的整理

第九条 声像档案的整理由摄录人员负责，由档案部门人员协助。

第十条 声像档案按年代、问题分类，同属一类的按时间顺序编号。

第十一条 文字说明的编写：

（一）文字说明的基本内容包括事由、时间、地点、人物、背景、作者（摄制者）等；

（二）照片按自然张编写文字说明，移动硬盘、U盘、摄像带按案卷编写文字说明，一组声像资料联系密切的应加文字说明；

（三）要求文字简洁，语言通顺，时间用阿拉伯数字表示；

（四）应准确揭示档案材料的内容，概括其反映的全部信息，标注项目正确齐全。

第十二条　编制格式：

（一）照片采用横写格式，其格式为照片－文字说明－参见号－摄制时间－摄制者；

（二）移动硬盘、U 盘、摄像带的编制格式为在盒套上标注页码，然后按要求逐项填写。

第十三条　保管期限：应视其内容的重要程度、时间、名称、可靠程度、有效性等因素，划定其保管期限。

第十四条　案卷要求：

（一）将具有共同主题内容的若干份声像资料组成案卷，集中编放；

（二）卷内附备考表，用于说明卷内声像材料的整理、变动情况。

第四章　声像档案的保管

第十五条　声像档案入库前要进行检查，对于已被污损的，要进行必要的技术处理。

第十六条　胶片温度应保持在 13—15℃ 之间，相对湿度应保持在 35%—45% 之间。

照片库温度应保持在 14—24℃ 之间，相对湿度应保持在 7.5%—67.5% 之间；摄像带库温度应保持在 18—24℃ 之间，相对湿度应保持在 40%—60% 之间。

第十七条　存储设备、载体等要置于通风干燥，远离高磁场的地方。

第十八条　对于库存的照片档案，要半年检查一次。

第十九条　归档保存的声像档案，任何人不得私自撤销、抽出、清洗、消磁、涂改和拷贝。销毁声像档案必须经过鉴定，经过归档单位同意，报主管领导审批登记。

第五章　声像档案的开发利用

第二十条　建立声像档案借阅、利用制度，根据其机密程度确定利用范围，

第二十一条 声像档案的原版一般不得借出档案室外。如有特殊需要，经主管领导批准后，方可限期外借。

第二十二条 在不影响保密的前提下，各单位可以利用声像档案举办报告会、展览会，编辑综合性或专题性画册、资料片等，积极开发现存的声像档案。

第二十三条 本制度自印发之日起施行。

☞ 制作提示

1. 明确制度制定的目的。参见上文第一条。
2. 明确声像档案收集的时间、范围和具体要求。参见上文第五至八条。
3. 明确声像档案的编制人员、编写要求、编制格式和整理原则。参见上文第九条、第十一条、第十二条、第十四条。
4. 明确声像档案保管的具体要求。参见上文第十五至十九条。
5. 明确声像档案在开发和利用过程中的具体要求。参见上文第二十条至第二十二条。

八、资料室管理制度

资料管理工作是公司管理工作中的一部分，是提高公司的工作质量和工作效率的必要条件。科学规范的管理资料，也是衡量一个公司业绩与管理水平的重要尺度。公司的各项资料记载着公司发展过程中的优秀成果，对研究本公司的经营业绩和科学发展提供了真实有利的依据。因此，为了规范公司资料管理工作，保证资料的完整性及保密性，理顺工作程序，明确工作职责，杜绝资料流失，特制定资料室管理制度。

资料室管理制度

第一条 为规范本公司的资料管理工作，特指定本制度。

第二条 本公司的资料管理工作由行政部门的资料室管理，并负有以下岗位责任：

（一）要贯彻执行上级主管部门关于资料管理工作的法律法规和方针政策，负责规划公司的资料管理工作，并实行统一管理。

（二）负责制定公司资料管理工作的规章制度，监督、检查和指导执行情况。

（三）负责监督、指导文书以及公司各部门做好文件、材料的收集、整理、立卷、归档工作；按时检查、验收各类档案和有关资料。

（四）负责各种资料入库后的整理、分类、登记、保管、查阅等工作，严守机密，确保安全。

（五）组织实施档案信息化建设和电子文件归档工作。

（六）做好各项资料统计工作，定期上报资料管理工作情况，负责资料的鉴定和销毁工作。

（七）负责资料信息的管理与服务工作，开发资料信息资源，编制检索工具、编研档案史料，发挥档案的文化教育功能。

第三条 凡是反映公司战略发展、生产经营、企业管理及工程建设等活动，具有参考利用价值的文件资料均属资料室归档范围。

第四条 凡属归档范围的文件资料，均由公司资料室集中统一管理，任何个人不得擅自留存。

第五条 归档的文件资料，原则上必须是原件，原件用于报批不能归档或相关部门保留的，资料室要保存复印件。

第六条 凡公司业务活动中收到的文件、函件承办后均要及时归档；以公司名义发出的文件、函件要留底稿及正文备查。

第七条 经营活动中涉及财务方面的资料，由财务部保存原件；属于人力资源方面的资料，由人力资源部保存原件；以上部门应将涉外事务的复印件向资料室备案。

第八条 资料室根据保存资料数量，设置存放资料的档案柜，并具备防火、防潮、防虫等安全条件。

第九条 归档资料要进行登记，编制归档目录，装订组卷，卷皮封面应逐项按照规定用中性笔书写，字迹工整清晰，封面题名应能准确反映出卷内文件材料的内容，并注明立卷人、审核人、立卷时间、保存期限。

第十条 资料管理员要科学地编制分类法，根据分类法，编制分类目录；根据需要编制专题目录，完善检索工具，以便于查找。

第十一条 各种资料档案要分类、分卷装订成册，保管要有条理，主次分明，存放科学。

第十二条 库存资料必须图物相符，账物相符。

第十三条 资料管理人员要熟悉所管理的资料，了解利用者的需求，掌握利用规律。

第十四条 根据有关规定及公司实际情况，确定资料保存期限，每年年终据此进行整理、剔除。

第十五条 经确定需销毁的资料，由资料管理员编造销毁清册，经公司领导及有关人员会审批准后销毁。销毁的档案清单由资料管理员永久保存。

第十六条 严格遵守资料安全保密制度，做好资料流失的防护工作。

第十七条 借阅资料，须经资料室负责人批准。阅览必须在资料室内，不得携带外出。需要借出资料的，须经资料保管部门负责人批准。

第十八条 借阅资料，必须履行登记、签收手续。

第十九条 借出资料的时间不得超过一周，必要时可以续借。过期由资料管理员催还。需要长期借出的，须经分管经理批准。

第二十条 借出资料时，应在借出的资料位置上，放一代替卡，标明卷号、借阅时间、借阅单位或借阅人，以便查阅和催还。

第二十一条 借阅资料者必须妥善保管资料，不得任意转借或复印、不得拆封、损污文件，归还时保证档案材料完整无损，否则，追究当事人责任。

第二十二条 借出材料，因保管不慎丢失时，要及时追查，并报告主管部门及时处理。

第二十三条 重要资料、机密资料不得借阅，必须借阅的要经分管经理同意及审批。

第二十四条 其他未尽事宜参照公司其他相关规定。

第二十五条 本制度由行政部门负责解释、修订。

第二十六条 本制度自公布之日起实施。

☞ 制作提示

1. 明确资料室岗位职责。如规定为负责各种资料入库后的整理、分类、登记、保管、查阅等工作，严守机密，确保安全。参见上文第二条。

2. 明确资料存档管理范围。如规定凡是反映公司战略发展、生产经营、企业管理及工程建设等活动，具有参考利用价值的文件资料均属资料室归档范围。参见上文第三条至第七条。

3. 明确资料存档保管制度。如规定各种资料档案要分类、分卷装订成册，保管要有条理，主次分明，存放科学。参见上文第八条至第十三条。

4. 明确资料存档时间及销毁制度。如规定根据有关规定及公司实际情况，确定资料保存期限，每年年终据此进行整理、剔除。参见上文第十四条至第十六条。

5. 明确资料借阅制度。如规定借出材料的时间不得超过一周，必要时可以续借。过期由资料管理员催还。需要长期借出的，须经分管经理批准。参见上文第十七条至第二十三条。

6. 明确其他相关事项。如其他未尽事宜参照公司其他相关规定。参见上文第二十四条。

7. 明确制度的解释主体和施行时间等。参见上文第三十二条、第三十三条。

中华人民共和国档案法

（1987年9月5日第六届全国人民代表大会常务委员会第二十二次会议通过 根据1996年7月5日第八届全国人民代表大会常务委员会第二十次会议《关于修改〈中华人民共和国档案法〉的决定》第一次修正 根据2016年11月7日第十二届全国人民代表大会常务委员会第二十四次会议《关于修改〈中华人民共和国对外贸易法〉等十二部法律的决定》第二次修正 2020年6月20日第十三届全国人民代表大会常务委员会第十九次会议修订）

第一章 总 则

第一条 为了加强档案管理，规范档案收集、整理工作，有效保护和利用档案，提高档案信息化建设水平，推进国家治理体系和治理能力现代化，为中国特色社会主义事业服务，制定本法。

第二条 从事档案收集、整理、保护、利用及其监督管理活动，适用本法。

本法所称档案，是指过去和现在的机关、团体、企业事业单位和其他组织以及个人从事经济、政治、文化、社会、生态文明、军事、外事、科技等方面活动直接形成的对国家和社会具有保存价值的各种文字、图表、声像等不同形式的历史记录。

第三条 坚持中国共产党对档案工作的领导。各级人民政府应当加强档案工作，把档案事业纳入国民经济和社会发展规划，将档案事业发展经费列入政府预算，确保档案事业发展与国民经济和社会发展水平相适应。

第四条 档案工作实行统一领导、分级管理的原则，维护档案完整与安全，便于社会各方面的利用。

第五条 一切国家机关、武装力量、政党、团体、企业事业单位和公民都有保护档案的义务，享有依法利用档案的权利。

第六条 国家鼓励和支持档案科学研究和技术创新，促进科技成果在档案收集、整理、保护、利用等方面的转化和应用，推动档案科技进步。

国家采取措施，加强档案宣传教育，增强全社会档案意识。

国家鼓励和支持在档案领域开展国际交流与合作。

第七条 国家鼓励社会力量参与和支持档案事业的发展。

对在档案收集、整理、保护、利用等方面做出突出贡献的单位和个人，按照国家有关规定给予表彰、奖励。

第二章 档案机构及其职责

第八条 国家档案主管部门主管全国的档案工作，负责全国档案事业的统筹规划和组织协调，建立统一制度，实行监督和指导。

县级以上地方档案主管部门主管本行政区域内的档案工作，对本行政区域内机关、团体、企业事业单位和其他组织的档案工作实行监督和指导。

乡镇人民政府应当指定人员负责管理本机关的档案，并对所属单位、基层群众性自治组织等的档案工作实行监督和指导。

第九条 机关、团体、企业事业单位和其他组织应当确定档案机构或者档案工作人员负责管理本单位的档案，并对所属单位的档案工作实行监督和指导。

中央国家机关根据档案管理需要，在职责范围内指导本系统的档案业务工作。

第十条 中央和县级以上地方各级各类档案馆，是集中管理档案的文化事业机构，负责收集、整理、保管和提供利用各自分管范围内的档案。

第十一条 国家加强档案工作人才培养和队伍建设，提高档案工作人员业务素质。

档案工作人员应当忠于职守，遵纪守法，具备相应的专业知识与技能，其中档案专业人员可以按照国家有关规定评定专业技术职称。

第三章 档案的管理

第十二条 按照国家规定应当形成档案的机关、团体、企业事业单位和其他组织，应当建立档案工作责任制，依法健全档案管理制度。

第十三条 直接形成的对国家和社会具有保存价值的下列材料，应当纳入归档范围：

（一）反映机关、团体组织沿革和主要职能活动的；

（二）反映国有企业事业单位主要研发、建设、生产、经营和服务活动，以及维护国有企业事业单位权益和职工权益的；

（三）反映基层群众性自治组织城乡社区治理、服务活动的；

（四）反映历史上各时期国家治理活动、经济科技发展、社会历史面貌、文化习俗、生态环境的；

（五）法律、行政法规规定应当归档的。

非国有企业、社会服务机构等单位依照前款第二项所列范围保存本单位相关材料。

第十四条 应当归档的材料，按照国家有关规定定期向本单位档案机构或者档案工作人员移交，集中管理，任何个人不得拒绝归档或者据为己有。

国家规定不得归档的材料，禁止擅自归档。

第十五条 机关、团体、企业事业单位和其他组织应当按照国家有关规定，定期向档案馆移交档案，档案馆不得拒绝接收。

经档案馆同意，提前将档案交档案馆保管的，在国家规定的移交期限届满前，该档案所涉及政府信息公开事项仍由原制作或者保存政府信息的单位办理。移交期限届满的，涉及政府信息公开事项的档案按照档案利用规定办理。

第十六条　机关、团体、企业事业单位和其他组织发生机构变动或者撤销、合并等情形时，应当按照规定向有关单位或者档案馆移交档案。

第十七条　档案馆除按照国家有关规定接收移交的档案外，还可以通过接受捐献、购买、代存等方式收集档案。

第十八条　博物馆、图书馆、纪念馆等单位保存的文物、文献信息同时是档案的，依照有关法律、行政法规的规定，可以由上述单位自行管理。

档案馆与前款所列单位应当在档案的利用方面互相协作，可以相互交换重复件、复制件或者目录，联合举办展览，共同研究、编辑出版有关史料。

第十九条　档案馆以及机关、团体、企业事业单位和其他组织的档案机构应当建立科学的管理制度，便于对档案的利用；按照国家有关规定配置适宜档案保存的库房和必要的设施、设备，确保档案的安全；采用先进技术，实现档案管理的现代化。

档案馆和机关、团体、企业事业单位以及其他组织应当建立健全档案安全工作机制，加强档案安全风险管理，提高档案安全应急处置能力。

第二十条　涉及国家秘密的档案的管理和利用，密级的变更和解密，应当依照有关保守国家秘密的法律、行政法规规定办理。

第二十一条　鉴定档案保存价值的原则、保管期限的标准以及销毁档案的程序和办法，由国家档案主管部门制定。

禁止篡改、损毁、伪造档案。禁止擅自销毁档案。

第二十二条　非国有企业、社会服务机构等单位和个人形成的档案，对国家和社会具有重要保存价值或者应当保密的，档案所有者应当妥善保管。对保管条件不符合要求或者存在其他原因可能导致档案严重损毁和不安全的，省级以上档案主管部门可以给予帮助，或者经协商采取指定档案馆代为保管等确保档案完整和安全的措施；必要时，可以依法收购或者征购。

前款所列档案，档案所有者可以向国家档案馆寄存或者转让。严禁出卖、赠送给外国人或者外国组织。

向国家捐献重要、珍贵档案的，国家档案馆应当按照国家有关规定给予奖励。

第二十三条 禁止买卖属于国家所有的档案。

国有企业事业单位资产转让时，转让有关档案的具体办法，由国家档案主管部门制定。

档案复制件的交换、转让，按照国家有关规定办理。

第二十四条 档案馆和机关、团体、企业事业单位以及其他组织委托档案整理、寄存、开发利用和数字化等服务的，应当与符合条件的档案服务企业签订委托协议，约定服务的范围、质量和技术标准等内容，并对受托方进行监督。

受托方应当建立档案服务管理制度，遵守有关安全保密规定，确保档案的安全。

第二十五条 属于国家所有的档案和本法第二十二条规定的档案及其复制件，禁止擅自运送、邮寄、携带出境或者通过互联网传输出境。确需出境的，按照国家有关规定办理审批手续。

第二十六条 国家档案主管部门应当建立健全突发事件应对活动相关档案收集、整理、保护、利用工作机制。

档案馆应当加强对突发事件应对活动相关档案的研究整理和开发利用，为突发事件应对活动提供文献参考和决策支持。

第四章 档案的利用和公布

第二十七条 县级以上各级档案馆的档案，应当自形成之日起满二十五年向社会开放。经济、教育、科技、文化等类档案，可以少于二十五年向社会开放；涉及国家安全或者重大利益以及其他到期不宜开放的档案，可以多于二十五年向社会开放。国家鼓励和支持其他档案馆向社会开放档案。档案开放的具体办法由国家档案主管部门制定，报国务院批准。

第二十八条 档案馆应当通过其网站或者其他方式定期公布开放档案的目录，不断完善利用规则，创新服务形式，强化服务功能，提高服务水平，积极为档案的利用创造条件，简化手续，提供便利。

单位和个人持有合法证明，可以利用已经开放的档案。档案馆不按规定开放利用的，单位和个人可以向档案主管部门投诉，接到投诉的档案主管部门应当及时调查处理并将处理结果告知投诉人。

利用档案涉及知识产权、个人信息的，应当遵守有关法律、行政法规的规定。

第二十九条 机关、团体、企业事业单位和其他组织以及公民根据经济建设、国防建设、教学科研和其他工作的需要，可以按照国家有关规定，利用档案馆未开放的档案以及有关机关、团体、企业事业单位和其他组织保存的档案。

第三十条 馆藏档案的开放审核，由档案馆会同档案形成单位或者移交单位共同负责。尚未移交进馆档案的开放审核，由档案形成单位或者保管单位负责，并在移交时附具意见。

第三十一条 向档案馆移交、捐献、寄存档案的单位和个人，可以优先利用该档案，并可以对档案中不宜向社会开放的部分提出限制利用的意见，档案馆应当予以支持，提供便利。

第三十二条 属于国家所有的档案，由国家授权的档案馆或者有关机关公布；未经档案馆或者有关机关同意，任何单位和个人无权公布。非国有企业、社会服务机构等单位和个人形成的档案，档案所有者有权公布。

公布档案应当遵守有关法律、行政法规的规定，不得损害国家安全和利益，不得侵犯他人的合法权益。

第三十三条 档案馆应当根据自身条件，为国家机关制定法律、法规、政策和开展有关问题研究，提供支持和便利。

档案馆应当配备研究人员，加强对档案的研究整理，有计划地组织编辑出版档案材料，在不同范围内发行。

档案研究人员研究整理档案，应当遵守档案管理的规定。

第三十四条 国家鼓励档案馆开发利用馆藏档案，通过开展专题展览、公益讲座、媒体宣传等活动，进行爱国主义、集体主义、中国特色社会主义教育，传承发展中华优秀传统文化，继承革命文化，发展社会主义先进文化，增强文化自信，弘扬社会主义核心价值观。

第五章 档案信息化建设

第三十五条 各级人民政府应当将档案信息化纳入信息化发展规划，保障电子档案、传统载体档案数字化成果等档案数字资源的安全保存和有效利用。

档案馆和机关、团体、企业事业单位以及其他组织应当加强档案信息化建设，并采取措施保障档案信息安全。

第三十六条 机关、团体、企业事业单位和其他组织应当积极推进电子档案管理信息系统建设，与办公自动化系统、业务系统等相互衔接。

第三十七条 电子档案应当来源可靠、程序规范、要素合规。

电子档案与传统载体档案具有同等效力，可以以电子形式作为凭证使用。

电子档案管理办法由国家档案主管部门会同有关部门制定。

第三十八条 国家鼓励和支持档案馆和机关、团体、企业事业单位以及其他组织推进传统载体档案数字化。已经实现数字化的，应当对档案原件妥善保管。

第三十九条 电子档案应当通过符合安全管理要求的网络或者存储介质向档案馆移交。

档案馆应当对接收的电子档案进行检测，确保电子档案的真实性、完整性、可用性和安全性。

档案馆可以对重要电子档案进行异地备份保管。

第四十条 档案馆负责档案数字资源的收集、保存和提供利用。有条件的档案馆应当建设数字档案馆。

第四十一条 国家推进档案信息资源共享服务平台建设，推动档案数字资源跨区域、跨部门共享利用。

第六章 监督检查

第四十二条 档案主管部门依照法律、行政法规有关档案管理的规定，可以对档案馆和机关、团体、企业事业单位以及其他组织的下列情况进行检查：

（一）档案工作责任制和管理制度落实情况；

（二）档案库房、设施、设备配置使用情况；

（三）档案工作人员管理情况；

（四）档案收集、整理、保管、提供利用等情况；

（五）档案信息化建设和信息安全保障情况；

（六）对所属单位等的档案工作监督和指导情况。

第四十三条 档案主管部门根据违法线索进行检查时，在符合安全保密要求的前提下，可以检查有关库房、设施、设备，查阅有关材料，询问有关人员，记录有关情况，有关单位和个人应当配合。

第四十四条 档案馆和机关、团体、企业事业单位以及其他组织发现本单位存在档案安全隐患的，应当及时采取补救措施，消除档案安全隐患。发生档案损毁、信息泄露等情形的，应当及时向档案主管部门报告。

第四十五条 档案主管部门发现档案馆和机关、团体、企业事业单位以及其他组织存在档案安全隐患的，应当责令限期整改，消除档案安全隐患。

第四十六条 任何单位和个人对档案违法行为，有权向档案主管部门和有关机关举报。

接到举报的档案主管部门或者有关机关应当及时依法处理。

第四十七条 档案主管部门及其工作人员应当按照法定的职权和程序开展监督检查工作，做到科学、公正、严格、高效，不得利用职权牟取利益，不得泄露履职过程中知悉的国家秘密、商业秘密或者个人隐私。

第七章 法律责任

第四十八条 单位或者个人有下列行为之一，由县级以上档案主管部门、有关机关对直接负责的主管人员和其他直接责任人员依法给予处分：

（一）丢失属于国家所有的档案的；

（二）擅自提供、抄录、复制、公布属于国家所有的档案的；

（三）买卖或者非法转让属于国家所有的档案的；

（四）篡改、损毁、伪造档案或者擅自销毁档案的；

（五）将档案出卖、赠送给外国人或者外国组织的；

（六）不按规定归档或者不按期移交档案，被责令改正而拒不改正的；

（七）不按规定向社会开放、提供利用档案的；

（八）明知存在档案安全隐患而不采取补救措施，造成档案损毁、灭失，或者存在档案安全隐患被责令限期整改而逾期未整改的；

（九）发生档案安全事故后，不采取抢救措施或者隐瞒不报、拒绝调查的；

（十）档案工作人员玩忽职守，造成档案损毁、灭失的。

第四十九条 利用档案馆的档案，有本法第四十八条第一项、第二项、第四项违法行为之一的，由县级以上档案主管部门给予警告，并对单位处一万元以上十万元以下的罚款，对个人处五百元以上五千元以下的罚款。

档案服务企业在服务过程中有本法第四十八条第一项、第二项、第四项违法行为之一的，由县级以上档案主管部门给予警告，并处二万元以上二十万元以下的罚款。

单位或者个人有本法第四十八条第三项、第五项违法行为之一的，由县级以上档案主管部门给予警告，没收违法所得，并对单位处一万元以上十万元以下的罚款，对个人处五百元以上五千元以下的罚款；并可以依照本法第二十二条的规定征购所出卖或者赠送的档案。

第五十条 违反本法规定，擅自运送、邮寄、携带或者通过互联网传输禁止出境的档案或者其复制件出境的，由海关或者有关部门予以没收、阻断传输，并对单位处一万元以上十万元以下的罚款，对个人处五百元以上五千元以下的罚款；并将没收、阻断传输的档案或者其复制件移交档案主管部门。

第五十一条 违反本法规定，构成犯罪的，依法追究刑事责任；造成财产损失或者其他损害的，依法承担民事责任。

第八章 附 则

第五十二条 中国人民解放军和中国人民武装警察部队的档案工作，由中央军事委员会依照本法制定管理办法。

第五十三条 本法自2021年1月1日起施行。

企业档案管理规定[①]

第一条 为加强企业档案工作，促进档案工作为企业各项工作服务，根据《中华人民共和国档案法》（以下简称《档案法》）和有关法律、法规，制定本规定。

第二条 本规定所称的企业档案，是指企业在生产经营和管理活动中形成的对国家、社会和企业有保存价值的各种形式的文件材料。

第三条 企业应遵守《档案法》，依法管理本企业档案，明确管理档案的部门或人员，提高职工档案意识，确保档案完整、准确和安全。

第四条 企业档案工作接受档案行政管理部门的监督和指导。

中央管理的企业制定本企业档案管理制度和办法须报国家档案局备案。

第五条 企业负责档案工作的部门依法履行下列职责：

（一）贯彻执行《档案法》等有关法律、法规和方针政策，制定本企业文件材料归档和档案保管、利用、鉴定、销毁、移交等有关规章制度；

（二）统筹规划并负责本企业档案的收集、整理、保管、鉴定、统计和提供利用工作；

（三）指导本企业各部门文件材料的形成、积累、整理和归档工作；

（四）监督、指导本企业所属机构（含境外机构）的档案工作。

第六条 企业档案工作人员应当忠于职守，遵纪守法，具有相应的档案专业知识和业务能力。

第七条 企业各部门负责归档文件材料的收集和整理，并定期交本企业档案部门集中管理。任何人不得拒绝归档。

第八条 归档的文件材料应完整、准确、系统。文件书写和载体材料应能耐久保存。文件材料整理符合规范。归档的电子文件，应有相应的纸质文件材料一并归档保存。

第九条 企业根据有关规定，确定档案保管期限，划定档案密级。

[①] 国家档案局、国家经济贸易委员会（已变更）、国家发展和改革委员会（含原国家发展计划委员会、原国家计划委员会）联合发布。

第十条 企业采取有效措施对档案进行安全保管，并切实加强对知识产权档案和涉及商业秘密档案的管理。

第十一条 企业对保管期限已满的档案进行鉴定。对确无保存价值的档案登记造册，按有关规定经企业法定代表人批准后进行监销。

第十二条 企业做好档案统计工作。国有大中型企业应按档案行政管理部门的要求填写有关报表。企业认真做好对国家和社会有保存价值的档案的登记工作。

第十三条 企业档案现代化应与企业信息化建设同步发展，不断提高档案管理水平。

第十四条 企业档案部门应积极做好档案的提供利用工作，努力开发档案信息资源，为企业提供及时、有效的服务。

第十五条 企业必须为政府有关部门、司法部门依法执行公务提供真实、准确的档案。

第十六条 企业提供利用、公布档案，不得损害国家、社会和其他组织的利益，不得侵犯他人的合法权益。

第十七条 国有企业资产与产权发生变动，应按《国有企业资产与产权变动档案处置办法》[①] 做好档案的处置工作。

国有企业破产，破产清算组应妥善处置破产企业档案；国有企业分立，档案处置工作由分立后的企业协商办理。

第十八条 企业对在企业档案工作中做出突出贡献的人员给予表彰和奖励。

第十九条 企业应当建立档案工作责任追究制度，对不按规定归档而造成文件材料损失的，或对档案进行涂改、抽换、伪造、盗窃、隐匿和擅自销毁而造成档案丢失或损坏的直接责任者，依法进行处理。

第二十条 本规定由国家档案局负责解释。

第二十一条 本规定自2002年9月1日起实施。《国营企业档案管理暂行规定》同时废止。其他有关企业档案工作的规定凡与本规定抵触的，以本规定为准。

[①] 2021年8月20日国家档案局局务会议审议通过，2021年11月1日起施行。1998年3月印发的《国有企业资产与产权变动档案处置暂行办法》（档发字〔1998〕6号）同时废止。

第十章　总务后勤管理制度

后勤部就是以后勤保障为主要工作的部门。该部门直接作用于公司内部其他部门，对其他部门的正常运作具有至关重要的作用，对实现公司目标任务起间接作用。可以说，后勤部是为其他各部门职能能够顺利实现提供物质服务的重要部门。规范后勤部岗位职责，对于保障后勤部工作的顺利开展意义深远。

一、后勤部岗位职责

后勤部是以后勤保障为主要工作的部门。该部门直接作用于公司内部其他部门，对其他部门的正常运作具有至关重要的作用，对实现公司目标任务起间接作用。可以说，后勤部是为其他各部门职能能够顺利实现提供物质服务的一个部门。规范后勤部岗位职责，对于保障后勤部工作的顺利开展，意义深远。

后勤部岗位职责范本

第一章 总 则

第一条 为规范公司后勤岗位管理工作，使各岗位工作人员各司其职，提高工作效率，特制定各项岗位职责。

第二条 本规则适用于公司后勤部相关岗位工作的管理。

第二章 各具体岗位职责

第三条 总务部职责

（一）制订本部门工作计划，明确本部门人员岗位职责，安排好节假日工作。

（二）负责公司环境卫生与保洁工作。

（三）公司设施维修（门窗及玻璃、门锁、钥匙、下水道疏通、厕所设施等），消防设施维护。

（四）电器电路维修、抄报水电表，确保安全用电，行政楼电梯维护与年检。

（五）固定资产登记与管理。

（六）公寓、商住楼房的安排及管理。

（七）员工生活用品、宿舍、办公室卫生工具等后勤物资采购发放。

（八）员工簿本、办公文具用品的统计、采购与发放。

（九）办公设备、宿舍设备的配置与调整。

（十）每日督查职工出勤、卫生保洁情况。

（十一）认真完成后勤部领导交办的其他工作任务。

第四条 后勤部服务中心管理员岗位职责

（一）服从后勤部领导的指示和命令。

（二）当班期间要保持得体的仪容仪表。

（三）在服务中，使用文明用语，端正服务态度，礼貌对待员工，不怠慢。

（四）严格按规定时间上下班，不迟到、不早退、不旷工。

（五）服务中心不准存放个人物品。

（六）不在服务中心抽烟、吃东西。

（七）不得在上班时间打瞌睡、聊天、玩手机、玩游戏。

（八）严格遵守轮班、换班制度，工作期间不擅离工作岗位，不准串岗。

（九）工作认真负责，不得消极怠工。

（十）严格收费标准，不营私舞弊，不利用职务之便贪图小便宜。

（十一）不得随意拿取商品部的任何商品和赠品。

（十二）禁止收取现金。

（十三）珍惜、爱护公司的财产，不得以各种方式私自使用、占有和侵吞公司财产。

（十四）诚实可靠，不欺上瞒下，不弄虚作假，敢于对不良行为进行检举和批评。

（十五）不准利用职务之便用电脑玩游戏或做与工作无关的事情。

（十六）负责服务中心的卫生秩序，保证有一个良好的服务环境。

（十七）因工作失误造成的损失由个人承担。

（十八）在服务中心捡到物品要及时汇报并妥善保管。

（十九）其他分内的工作。

第五条 后勤部经理岗位职责

（一）执行上级的命令和指示。

（二）全面负责行政后勤部的工作。

（三）负责制定职责范围内的相关管理制度并督导管理执行。

（四）严格控制公司的手机费、车费、水电费、采暖费等费用的支出，每月向公司汇报费用的使用情况。

（五）负责司机、保安员、保洁员制度执行情况的监督检查，宿舍管理、卫生管理，并做好记录。

（六）负责公司员工的考勤管理工作。

（七）负责公司福利及办公用品的采购，发放等工作。

（八）定期检查食堂卫生炊具物品管理工作，定期检查易燃易爆品，保证安全。

（九）每年 1－5 月办理公司资质年检。

（十）负责做好与有关业务单位和公司有关部门的沟通、协调工作。

（十一）定期组织部门人员培训。

（十二）树立公司的专业形象，保证公司的名誉不受到侵害。

（十三）做好员工的政治思想工作，关心员工生活。

（十四）做好副总经理安排的其他工作。

第六条 行政后勤部主管岗位职责

（一）尊重领导，团结同事，执行上级的命令和指示，积极配合后勤部经理的工作。

（二）着工服，穿着整齐，保持良好的仪容仪表。

（三）当班期间，要坚持依法、文明值班，处理各类问题既要敢于坚持原则、按章办事，又要讲究策略、机智灵活，果断冷静，边处理边汇报。

（四）模范带头，不迟到，不早退，不擅自脱岗、离岗，禁止干与工作无关的事情。

（五）当班期间，集中精力，坚守岗位，尽职尽责。

（六）积极协助宿舍管理员、保安员的工作，搞好宿舍的管理。

（七）负责督导、检查宿舍管理员、保洁员、锅炉工等人员的职责落实，发现问题及时处理。

（八）当班期间，勤巡视宿舍情况，发现安全隐患及时汇报。

（九）经常与员工沟通，了解员工的思想状态，做好后勤部员工的思想工作。

（十）在管理中，讲究方式方法，即要关心员工生活，又要讲究原则，充分调动员工的工作积极性。

（十一）勤观察、勤询问，了解员工在宿舍的动态，发现问题，及时向上级汇报。

（十二）合理编排班，并做好员工的考勤。

（十三）完成领导赋予的其他工作。

第七条 后勤监督管理员岗位职责

（一）根据公司后勤服务管理规定和协议，定期、不定期对执行情况进行现场检查、抽查、考核和监督。

（二）协助领导制定对后勤服务各经营单位的考核办法和奖惩办法。

（三）根据有关规定，对后勤服务经营中收费范围、价格标准等进行核定。

（四）负责对检查、考核结果进行资料整理，意见反馈和处理意见报送等工作。

（五）负责收集员工关于后勤建设和发展工作的意见及建议，做好后勤服务来信、来访接待工作。

（六）完成领导交办的其他工作。

第八条 文印室工作人员岗位职责

（一）热爱本职工作，注意服务态度，努力钻研业务，不断提高印刷质量。

（二）质量要求：印刷字图清楚，部位适中；卷面布局合理，美观清洁。

（三）注意节约，既要保证工作需要，又要节约用纸。

（四）按时交件。

（五）应注意保密，妥善保管，若有泄密现象，要追查责任。

（六）油印份数，应力求准确。

（七）加强对机器的保养，及时进行报修或替换。

（八）经常保持室内整洁。

第九条 财产管理员岗位职责

（一）严格执行公司财产管理制度，负责公司的财产管理、保养和维修工作。

（二）建立财产账目，各类财产的增减要及时记入财产账，做到账账相符，账物相符。

（三）验收公司采购的行政设备及办公用品等，做到发票品种、规格数量与实物一致，拒收伪劣产品。

（四）认真做好物品的进出登记手续。领用物品必须凭条发放，对办公用品及低值易耗品均应有详细收支账册，每月末要分类进行总算盘点。

（五）保管好库存物品，检查物品的完好率，及时清理仓库库存物品，随时通报库存情况，既要保证供应，又不能过多积压。

（六）建立财产报废制度，并按有关手续、程序办理。

（七）不得擅自出借公司财物，经领导批准出借的财物，应办理好手续，及时催收外借物品，负责索赔损坏的财物。

（八）每半年至少进行一次清盘、核对，以保证账账相符，账物相符。

第十条 会计岗位职责

（一）协助总务部门管理好公司的经费和预算外资金的收支。

（二）认真学习、贯彻《中华人民共和国会计法》，按照上级规定的财务制度和开支标准，严格管理公司的经费开支，要坚持原则，敢于提出意见，分清资金渠道，合理使用经费。

（三）认真执行公司预算计划，了解各部门的经费需要情况和使用情况，主动帮助有关部门合理使用各项资金。

（四）复审一切收支凭证，及时结算记账，对经费使用情况和存在问题要经常向主管领导汇报。

（五）按规定编制月、季、年度报表，做到准确、及时、完整。根据年度报表决算，提供财务执行情况的各种资料与数据。

（六）保管好财务凭证、账册，及时进行整理、装订、归档。

（七）帮助财产保管员，做好财产账的设置、登记工作，做到账账相符，账物相符。

（八）协助出纳工作，及时处理一切暂收、暂付款项。

（九）及时做好收据的销号工作。

（十）做好财务的各类统计工作，负责员工各类保险。

第十一条 出纳岗位职责

（一）负责管理公司行政经费、预算外资金，支票托收、凭证、有价证券的收付工作。

（二）按照上级规定的财务制度和开支标准，认真审核各项报销凭证，将符合财务制度和开支标准的平整逐笔登账、报账，掌管公司预算内外的库存现金和银行存款。

（三）设置银行日记账、现金日记账，日结月清，定期与银行对账，做到准确无误。

（四）严格执行现金管理制度与银行结算制度，每天结账，领取或收缴现金数额较大的应有专人陪送，对暂付的现金、支票要按规定催促有关人员及时报销结账。

（五）保管好库存现金和支票、收据、图章等。每天下班交，必须将它们放入保险箱内，并随身携带钥匙。保险箱内的现金不能超过规定数额。

（六）配合会计及时结报现金及银行收付款项等工作，会同会计做好收据销号工作。

第十二条 门卫人员岗位职责

（一）作风正派，责任心强，熟悉业务，服从公司安排，严格执行各项规章制度，认真维护公司秩序，做好治安保卫工作。

（二）提高警惕，保卫公司安全，不准危险品、有害物品进入公司。

（三）按作息时间表执行好开关门制度，对进出人员发现疑点应及时查询，禁止闲杂人员进出公司，来访人员应予登记。

（四）门卫人员应相互照应，尽量保持同时到位，以确保突发事件处理有力、有效。

（五）不擅离职守，传达室内确保24小时有人值班，绝不允许出现缺岗、误岗现象。

（六）工作中遇到疑难问题应请示。

（七）平时应保证门卫室及门前的卫生整洁。

（八）节假日要协助行政值班人员搞好公司安全工作。

（九）完成部门领导安排的其他工作任务。

第十三条 公司监控室管理员岗位职责

（一）作好安全监控及其他监控范围内的工作，发现异常情况必须及时汇报。

（二）严格按规定操作步骤进行操作，密切注意监控设备运行状况，保证监控设备正常运行，不得无故中断监控，删除监控资料，除监控管理员外，其他人员不得随意操作监控设备，包括查阅监控录像资料。

（三）监控用的计算机不得做与监控工作无关的事情。

（四）监控室要保持卫生整洁，保持室内干燥，设备、布线排列整齐，不得大声喧哗、吵闹，要保持环境的安静。

（五）严禁非监控人员进入监控室，不准向非工作人员介绍监控范围和效果。

（六）监控室内严禁烟火，禁止吸烟，以确保安全。

（七）监控室责任人要每天巡查公司各监控点，发现有价值案件线索、打架、斗殴、盗窃、火灾等另存入移动硬盘中保留，并做好标记，为公司有关部门破案提供有效线索。

（八）监控设备系统发生故障时，应及时报告安保科，对一般的设备故障力求自己解决，不能解决的报请公司或专业维修部门及时维修。

第十四条 维修人员岗位职责

（一）树立全心全意为公司领导、员工服务的观念，以积极主动的工作保证公司的正常用水用电，保证常规物品的及时维修正常使用。

（二）负责公司电器设备、水阀的保养维修，定期认真检查全公司水、电输送线路，做到安全用电，节约用水。

（三）协助相关部门做好水、电的调整、安装工作。

（四）团结协助，有分有合，及时做好损坏门、窗、灯具的维修，及时疏通堵塞的下水道。

（五）坚持原则，节约原材料，重视废旧利用，装新换新一律由后勤部领导同意后方可执行。

（六）完成部门领导安排的其他工作任务。

第十五条 厨师长岗位职责

（一）尊重领导，团结同事，执行上级的命令和指示。

（二）着工服，穿着整齐，保持良好的仪容仪表。

（三）模范带头，不迟到，不早退，不擅自脱岗、离岗，禁止做与工作无关的事情。

（四）当班期间，集中精力，坚守岗位，尽职尽责。

（五）根据季节，控制成本，合理制定员工餐的食谱。

（六）依据食谱，每天拟定采购清单，并上报采购部。

（七）负责厨房食品的验收，发现质量问题，退回并上报领导。

（八）负责督导厨师的工作。

（九）负责做好卫生防病工作，确保食品的安全。

（十）负责督导员工清理餐厅的卫生，做到无杂物、无污迹、无水迹。

（十一）负责做好厨房人员的思想工作。在管理中，既要讲究原则，又要讲究方式方法，关心员工生活，充分调动员工的工作积极性。

（十二）负责电器设备、煤气房等的检查，防止出现问题。

（十三）负责餐厅设备的报修。

（十四）每月进行一次菜品研究，提高菜品质量。

（十五）合理编排班，并做好员工的考勤。

（十六）完成领导安排的其他工作。

第十六条 卫生保洁员岗位职责

（一）树立全心全意为公司领导、员工服务的观念，努力搞好公司的清洁卫生工作。

（二）每天完成卫生责任区的打扫、保洁。

具体要求为：每天上下午各打扫一次；

地面（含绿化带内）无纸屑、杂物，墙面、栏杆、玻璃窗无污迹、无积尘；厕所无垢无臭、无积水，墙面无污迹、无积尘。

（三）根据后勤部门的统一布置，定期喷洒药物，除害灭虫。

（四）完成部门领导安排的其他工作任务。

第十七条 司机岗位职责

（一）必须遵守《中华人民共和国道路交通安全法》及有关交通安全管理的规章规则，遵守公司员工管理手册，安全驾车。

（二）爱惜公司车辆，平时要注意车辆的保养，经常擦洗，检查车辆。

（三）司机应每天抽适当时间擦洗自己所开车辆，以保持车辆的清洁（包括车内、车外和引擎的清洁）。

（四）出车前，要例行检查车辆的水、电、油及其他性能是否正常，发现不正常时，要立即加补或调整。出车回来，要检查存油量，发现存油不足一格时，应立即加油，不得出车时才临时去加油。

（五）司机发现所驾车辆有故障时要立即检修。不会检修的，应立即报告，并提出具体的维修意见（包括维修项目和大致需要的经费等）。未经批准，不许私自将车辆送厂维修，违者费用不予报销。

（六）出车在外或出车归来停放车辆，一定要注意选取停放地点和位置，不能在不准停车的路段或危险地段停车。司机离开车辆时，要锁好保险锁，防止车辆被盗。

（七）不准私自用车，不准疲劳驾车，不准开车吸烟。

（八）司机对自己所开车辆的各种证件的有效性应经常检查，出车时一定保证证件齐全。

（九）司机驾车一定要遵守交通规则，文明开车，不准危险驾车（包括高速、追尾、争道、赛车等）。

（十）公司用车时，要准时出车，不得误点。出车后，按要求作好行车记录，详细记录行车时间、里程、起始地、乘坐人姓名、事由等，并由乘坐人签字确认。

（十一）上班时间内司机未被派出车的，应随时在车内或者车周围活动等候出车。不准随便乱窜。

（十二）司机所有因公费用（停车费、过路费、加油、修理等）必须以正式有效凭证作为报销凭证，由驾驶员整理粘贴报销凭证后交领导审核签字，再交总经理签字，方可报销。

第十八条　考核信息统计员岗位职责

（一）负责对后勤服务资料信息收集、整理、登记、立卷建档等管理工作。

（二）负责后勤服务方面文件收发、传阅、催办及网上咨询。负责后勤服务电子信箱、意见收集、处理和答复等工作。

（三）做好后勤服务管理相关会议记录工作。

（四）做好后勤服务管理新闻发布、宣传报道等工作。

（五）协助相关部门办好《后勤服务管理简报》工作。

（六）完成领导交办的其他工作。

第十九条 后勤协调工作岗位职责

（一）贯彻、落实国家的有关政策和决定。

（二）定期参加协调办公室召开的后勤社会化协调会议。

（三）定期召开员工管理委员会会议，收集并反馈员工意见，建立情况信息报告制度，特别是重大情况及时报告。

（四）协调好与市场监督管理局、环保局、街道、卫生监督机构、居委会等的工作关系。

第三章 附 则

第二十条 本规则由公司负责解释、修订。

第二十一条 本规则自下发之日起实施。

☞ 制作提示

1. 明确制度的制定目的及适用范围。如规定为规范公司后勤岗位管理工作，使各岗位工作人员各司其职，提高工作效率，特制定各项岗位职责。参见上文第一、二条。

2. 明确总务部职责。如规定制订本部门工作计划，明确本部门人员岗位职责，安排好节假日工作。参见上文第三条。

3. 明确后勤部服务中心管理员岗位职责。如规定严格收费标准，不营私舞弊，不利用职务之便贪图小便宜。参见上文第四条。

4. 明确后勤部经理岗位职责。如规定负责制定职责范围内的相关管理制度并督导管理执行。参见上文第五条。

5. 明确行政后勤部主管岗位职责。如规定尊重领导，团结同事，执行上级的命令和指示，积极配合后勤部经理的工作。参见上文第六条。

6. 明确后勤监督管理员岗位职责。如规定根据公司后勤服务管理规定和协议，定期、不定期对执行情况进行现场检查、抽查、考核和监督。参见上文第七条。

7. 明确文印室工作人员岗位职责。如规定热爱本职工作，注意服务态度，努力钻研业务，不断提高印刷质量。参见上文第八条。

8. 明确财产管理员岗位职责。如规定建立财产账目，各类财产的增减要及时记入财产账，做到账账相符，账物相符。参见上文第九条。

9. 明确会计岗位职责。如规定认真执行公司预算计划，了解各部门的经费需要情况和使用情况，主动帮助有关部门合理使用各项资金。参见上文第十条。

10. 明确出纳岗位职责。如规定负责管理公司行政经费、预算外资金，支票托收、凭证、有价证券的收付工作。参见上文第十一条。

11. 明确门卫人员岗位职责。如规定按作息时间表执行好开关门制度，对进出人员发现疑点应及时查询，禁止闲杂人员进出公司，来访人员应予登记。参见上文第十二条。

12. 明确公司监控室管理员岗位职责。如规定作好安全监控及其他监控范围内的工作，发现异常情况必须及时汇报。参见上文第十三条。

13. 明确维修人员岗位职责。如规定负责公司电器设备、水阀的保养维修，定期认真检查全公司水、电输送线路，做到安全用电，节约用水。参见上文第十四条。

14. 明确厨师长岗位职责。如规定负责厨房食品的验收，发现质量问题，退回并上报领导。参见上文第十五条。

15. 明确卫生保洁员岗位职责。如规定树立全心全意为公司领导、员工服务的观念，努力搞好公司的清洁卫生工作。参见上文第十六条。

16. 明确司机岗位职责。如规定必须遵守《中华人民共和国道路交通安全法》及有关交通安全管理的规章规则，遵守公司员工管理手册，安全驾车。参见上文第十七条。

17. 明确考核信息统计员岗位职责。如规定负责对后勤服务资料信息收集、整理、登记、立卷建档等管理工作。参见上文第十八条。

18. 明确后勤协调工作岗位职责。如规定协调好与市场监督管理局、环保局、街道、卫生监督机构、居委会等的工作关系。参见上文第十九条。

19. 明确解释主体和施行时间等。参见上文第二十、二十一条。

二、员工食堂管理制度

员工食堂，作为员工就餐的场所，应当充分保证服务的质量与环境的卫生。俗话说"无规矩不成方圆"，相信制定相关的员工食堂管理制度，一定能给全体员工创造一个优良的就餐环境。

员工食堂管理制度范本

第一条 为维护公司正常的食堂秩序，保证食堂服务质量，加强员工餐厅管理，结合实际情况特制定本制度。

第二条 本管理制度适用于公司所有员工。

第三条 严格厨房卫生要求，按规定卫生标准执行。

第四条 保持操作间干净、卫生，每天清理，定期进行大扫除，确保操作间的环境卫生。

第五条 工作人员要进行健康体检和卫生知识培训。

第六条 食堂工作人员严格遵守公司各项规定，讲究个人卫生，做到勤洗手、勤剪指甲、勤换洗工作服。

第七条 健全卫生制度，食堂工作人员，上班前必须换工作衣帽。

第八条 爱护公物，保管好用具，注意节约水、电。

第九条 工作时必须自查食物是否有变质、变味现象，提供无质量问题的食品，如发现问题及时处理。

第十条 严格按照食品卫生要求去操作，禁止加工使用变质和过期食品，防止食物中毒。

第十一条 垃圾要入桶盖好，及时清理外运。

第十二条 洗干净后的餐具要整理齐备且有规律地摆好，灶间不得存放个人物品。

第十三条 行政管理部门负责协调相关事宜，并对操作间卫生情况进行日常例行巡查。

第十四条 厨房所购食品，行政部门每周不定期进行抽查，抽查内容包括食品质量、数量。对不合格食品，拒收并按规定处理。

第十五条　出现食品质量事故或有较大的员工投诉，追究相关人员责任。

第十六条　根据公司用餐人数等实际情况，制定用餐规格。

第十七条　就餐一律在餐厅进行，公司内其他任何地方不得烹煮进餐。

第十八条　严格按餐厅就餐时间进餐，其餐厅开放时间如下：

中餐：12:00～12:30，值班人员须提前15分钟用餐。

第十九条　员工餐的费用标准原则上每年调整一次，于每年年底由人事部门提出调整方案经相关领导审核，报总经理批示后执行。

第二十条　凡来访人员需享用员工餐，应经部门主管同意后到人事部门领取餐票。

第二十一条　本制度由公司人事部门负责制定、修订和解释。

第二十二条　本制度自颁布之日起施行。

☞ 制作提示

1. 明确制度制定目的及适用范围。如规定为维护公司正常的食堂秩序，保证食堂服务质量，加强员工餐厅管理，结合实际情况特制定本制度。参见上文第一、二条。

2. 明确各项卫生标准要求。如规定食堂工作人员严格遵守公司各项规定，讲究个人卫生，做到勤洗手、勤剪指甲、勤换洗工作服。参见上文第三至十五条。

3. 明确有关就餐规定。如规定就餐一律在餐厅进行，公司内其他任何地方不得烹煮进餐。参见上文第十六、十七、十八、十九、二十条。

4. 明确其他事项以及制度的施行时间等。参见上文第二十一、二十二条。

三、员工宿舍管理规定

员工宿舍，作为员工居住和休息的区域，如果不加强管理，往往会闲散、杂乱，甚至会鱼龙混杂。因此，制度严格而细致的员工宿舍管理规定，十分必要。

员工宿舍管理规定范本

第一条 为使员工宿舍保持良好的清洁卫生，整齐的环境及公共秩序，使员工拥有一个安全、祥和、舒适、宁静的生活、休息环境，获得充分的休息，以提高工作效率，根据我公司的实际情况特制订本规定。

第二条 本规定适用于公司各部门及入住宿舍员工。

第三条 行政人事部负责制定、实施、监督本规定。

第四条 凡是符合居住职工单身宿舍条件的职工，经本人申请所在部门签注意见，报公司审查批准后，由行政人事部门安排住宿，外来人员未经批准一律不准进住。

第五条 患有传染病者、有不良嗜好者不准进住。

第六条 入住人员必须遵守宿舍管理人员的要求，在规定房间、床位入住。

第七条 任何人员不得私自带非本公司人员入宿。违者给予相应处分。

第八条 非本公司人员住我公司宿舍，必须自觉遵守管理规定，凭公司出入证明进公司住宿。

第九条 本公司提供员工宿舍以现住人尚在本公司服务为条件，倘若员工离职（包括自动辞职、免职、解职、退休、资遣等），对宿舍的使用权当然终止，应迁离宿舍，如确有特殊困难，经行政人事部门同意，可适当延长留宿时间，但最长不得超过3天。

第十条 住宿舍必须服从宿舍管理人员的安排和调整，每个房间必须按规定住满室内人数。不满者，宿舍管理人员有权安排人员住宿，任何人不得拒绝。

第十一条 四人以上集体宿舍推选舍长一名，由宿舍长安排房间内卫生的清理，房间设施的检查，日常维修的申报，入职人员床位安排，离职人员物品清点等。

第十二条 员工对所居住宿舍，应尽管理人责任，不得随意改造或变更房舍。

第十三条 员工中午禁止在宿舍外从事活动，影响他人休息。

第十四条 严禁在宿舍内大声喧哗、练习乐器、播放大功率音响，影响他人休息。

第十五条　严禁在室内外堆放垃圾，随地大小便、乱丢果皮、纸屑和乱倒脏物以及在墙上乱画。

第十六条　严禁在宿舍内烧煮、烹饪或私自接配电线及装接电器。

第十七条　严禁翻弄他人的行李及衣物等，违者视为偷窃行为。

第十八条　严禁在宿舍赌博、打架、偷盗、斗殴和酗酒闹事。

第十九条　严禁男、女员工混居一室（含已婚男女）。

第二十条　室内不得使用或存放危险及违禁物品，烟灰、烟蒂不得丢弃在地上，换洗衣物和鞋不得堆积在地上。

第二十一条　严禁乱扔垃圾、纸屑、果皮和随地吐痰，不得往楼下倾倒污水等。

第二十二条　严禁于墙壁、橱柜上随意张贴字画或钉挂物品。

第二十三条　注意节约用水、用电，杜绝长明灯、长流水等浪费现象。

第二十四条　任何人员不得故意刁难、辱骂宿舍管理员。

第二十五条　单身宿舍人员，在住宿期间，无故在外租赁房屋者或无特殊情况，当月累计不在宿舍住宿时间超过7天者，按自动放弃住宿权利，宿舍管理人员有权责令其将东西搬出，同时安排他人住入。

第二十六条　住宿员工有下列情况之一者，取消其住宿资格，情节特别严重的，交由司法机关处理：

（一）不服从宿舍长的监督、指挥者；

（二）在宿舍内赌博（打麻将）、斗殴、吸毒、行骗及酗酒；

（三）蓄意破坏公用物品或设施等；

（四）经常妨碍宿舍安宁、屡教不改者；

（五）违反宿舍安全规定者；

（六）无正当理由经常外宿者；

（七）擅自于宿舍内接待异性客人或留宿外人者；

（八）有偷窃行为者。

第二十七条　本规定自下发之日起实施。

☞ 制作提示

1. 明确制度制定目的、适用范围及职责部门。如规定本规定适用于公司各部门及入住宿舍员工。参见上文第一、二、三条。

2. 明确员工有关入住规定。如规定凡是符合居住职工单身宿舍条件的职工，经本人申请所在部门签注意见，报公司审查批准后，由行政人事部门安排住宿，外来人员未经批准一律不准进住。参见上文第四至十一条。

3. 明确员工在宿舍内的各项纪律要求。如规定严禁乱扔垃圾、纸屑、果皮和随地吐痰，不得往楼下倾倒污水等。参见上文第十二至二十五条。

4. 明确员工住宿违纪处理规定。如规定住宿员工有下列情况之一者，取消其住宿资格，情节特别严重的，交由司法机关处理。参见上文第二十六条。

5. 明确制度的施行时间等。参见上文第二十七条。

四、卫生管理制度

卫生管理作为一个企业的后勤工作，对维护企业的形象、提高员工的素质和工作效率等都起着极其重要的作用。相应地，一部完善的卫生管理制度，对搞好卫生管理工作，至关重要。

卫生管理制度范本

第一章 总 则

第一条 为了加强本公司办公环境的卫生管理，创建文明、整洁、优美的工作和生活环境，制定本制度。

第二条 本制度适用于本公司办公环境的卫生设施的设置、建设、管理、维护和环境卫生的清扫保洁、废弃物收运处理以及食堂的卫生管理。

第三条 凡在本公司工作的员工和外来人员，均应遵守本制度。

第四条 行政部为公司环境卫生管理的职能部门，负责全公司的环境卫生管理工作；公司的基建、绿化、生产、后勤等有关部门都应当按照各自的职责，协同做好环境卫生的管理工作。

第五条 环境卫生设施的开支经费由行政部提出计划，经总经理审批后，由财务部监督使用。

第六条 行政部应当加强有关环境卫生科学知识的宣传，提高公司员工的环境卫生意识，养成良好的环境卫生习惯。

第七条 专职环境卫生清扫保洁人员应当认真履行职责，文明作业。任何人都应当尊重环境卫生工作人员的劳动。

第二章　室内环境卫生

第八条 各工作场所内，均须保持整洁，不得堆放垃圾、污垢或碎屑。

第九条 各工作场所内的走道及阶梯，至少每日清扫一次，并采用适当方法减少灰尘的飞扬。

第十条 各工作场所内，严禁随地吐痰。

第十一条 饮水必须干净卫生。

第十二条 各工作场所的采光应满足下列要求：

（一）各工作部门办公室内光线充足；

（二）光线须有适宜的分布；

（三）光线须防止眩目及闪动。

第十三条 各工作场所的窗户及照明器具的透光部分，均须保持清洁。

第十四条 各工作场所须保持适当的温度，并根据不同季节予以调节。

第十五条 各工作场所须保持空气流通。

第十六条 办公环境是公司职员进行日常工作的区域，办公区内的办公桌、文件柜由使用人负责日常的卫生清理和管理工作，其他区域由物业保洁人员负责打扫，行政管理部负责检查监督办公区环境卫生。

第十七条 办公区域内的办公家具及有关设备不得私自挪动，办公家具确因工作需要挪动时必须经行政管理部的同意，并作统筹安排。

第十八条 办公区域内应保持安静，不得喧哗，不准在办公区域内吸烟和就餐；办公区域内不得摆放杂物。

第十九条 非本公司人员进入办公区，需由前台秘书引见，并通知相关人员前来迎接。

第二十条 食堂及厨房的一切用具，均须保持清洁卫生。工作间和餐厅、餐桌要保持洁净，地面、墙面都要保持干净。

第二十一条 食堂的管理人员和工人必须搞好个人卫生、穿戴要整洁、卫生。

第二十二条 粮油、食品、蔬菜要妥善保管和储藏，严禁出售变质食物。

第二十三条 食堂的用具、炊具要清洗干净，经常消毒，防止疾病传染。定期灭鼠灭蝇，保证食堂清洁卫生。

第二十四条 员工宿舍内，不随地吐痰、扔果皮、纸屑、饭菜及其他杂物，保持室内卫生。室内不准存放有异味和易变质食品，不存垃圾过夜，保持空气清新。

第二十五条 个人被褥、衣物、物品必须经常保持清洁，并按规定摆放。

第二十六条 员工宿舍室内四壁及望板无丝无网，窗台及物品无灰尘，窗明几净。

第二十七条 保持室内清洁干燥，不往室内、楼道泼水，不从窗口、走廊向外倒水，扔食物、废弃物，垃圾必须倒在指定地点。

第二十八条 员工宿舍禁止饲养鸡、鸭、鹅、兔、猫、狗等家禽和动物。

第二十九条 厕所、更衣室及其他公共卫生设施，必须特别保持清洁，尽可能做到无异味、无污秽。

第三章 室外环境卫生

第三十条 垃圾、废弃物、污物的清除，应符合卫生的要求，放置于指定的范围内。

第三十一条 排水沟应经常清除污秽，保持清洁畅通。

第三十二条 禁止在树干、电线杆、建筑物上张贴各种海报、标语及广告宣传品（公司统一安排的除外）。

第三十三条 必须按行政部规定的区域和位置停放车辆，厂区内严禁乱停放自行车和汽车。

第三十四条 行政部要安排定期对公共厕所、垃圾场等场所实施药物喷洒、杀灭蝇蛆。

第三十五条 公司区域内的树木、花草须加强养护和整修，保持鲜活完好，不准损毁、攀摘或向绿化带抛弃垃圾，不准利用树木晾晒衣物。

第三十六条 公司区域内垃圾堆放容器、垃圾箱等卫生设施的保洁、维护统一由行政部管理，任何部门和个人不得更改。

第三十七条 设置在各部门、办公室的垃圾箱等，部门和个人有责任和义务协助做好保洁工作，不丢失、不人为损坏。

第四章 附 则

第三十八条 本制度的修改解释权归行政部。

第三十九条 本制度自下发之日起实施。

☞ 制作提示

1. 明确制度的制定目的及适用范围。如规定为了加强本公司办公环境的卫生管理，创建文明、整洁、优美的工作和生活环境，制定本制度。参见上文第一、二、三条。

2. 明确有关部门和人员的职责。如规定行政部应当加强有关环境卫生科学知识的宣传，提高公司员工的环境卫生意识，养成良好的环境卫生习惯。参见上文第四、五、六、七条。

3. 明确各工作场所的统一规定。如规定各工作场所的窗户及照明器具的透光部分，均须保持清洁。参见上文第八至十五条。

4. 明确办公区域内的卫生要求。如规定办公区域内的办公家具及有关设备不得私自挪动，办公家具确因工作需要挪动时必须经行政管理部的同意，并作统筹安排。参见上文第十六、十七、十八、十九条。

5. 明确食堂的卫生要求。如规定食堂及厨房的一切用具，均须保持清洁卫生。工作间和餐厅、餐桌要保持洁净，地面要干净，墙壁和望楼无挂无尘。参见上文第二十、二十一、二十二、二十三条。

6. 明确员工宿舍的卫生要求。如规定保持室内清洁干燥，不往室内、楼道泼水，不从窗口、走廊向外倒水、扔食物、废弃物，垃圾必须倒在指定地点。参见上文第二十四至二十九条。

7. 明确室外环境卫生。如规定垃圾、废弃物、污物的清除，应符合卫生的要求，放置于指定的范围内。参见上文第三十至三十七条。

8. 明确制度的解释主体和施行时间等。参见上文第三十八、三十九条。

五、办公室布置要点

办公室是大家工作的地方，有些员工一天绝大多数的时间都在办公室里度过。办公室的环境对公司、对员工、对客户来讲，都很重要。那么，办公室怎么样布置才能更具活力，更显专业性呢？办公室布置要点为您一一解答。

办公室布置要点范本

第一条　为规范本公司办公室的布置，特制定本要点。

第二条　设办公室于安静之处。建筑物之顶楼通常是声音较低之处，因远离街道车辆与行人。此外，避免将办公室直接暴露于声源或太拥挤之处。

第三条　把办公室与声源隔离。将所有发出音响的设备与机器，置于一个单独的房间。若条件不允许，也可将主要的声源设备与机器集中于一处，较散置于办公室各处为优。

第四条　办公室内办公桌椅、保密箱、书橱颜色宜浅，地板的颜色宜采用棕色，较不易污染。天花板的颜色，以白色为最佳，墙壁的颜色则应较天花板为深。

第五条　各部门以大办公室集中办公为原则。采用一大间办公室，对于光线、通风、监督、沟通，比采用同样大小的若干办公室为优。

第六条　相关的部门，应置于相邻的地点，并使性质相同的工作便于联系。

第七条　经理室设于大办公室的一端，与所属单位以玻璃隔间。

第八条　将通常有许多外宾来访的部门，置于入口处，若不可能时，亦应规定来客须知，使来客不干扰其他部门。

第九条　接洽外客应在柜台外长沙发处或在经理室。

第十条　接洽外客频繁的职员，其座位以排在柜台边为原则。

第十一条　办公桌以单独排列为原则，如非因场地或事实需要，不得二桌并排。

第十二条　使用同样大小的桌子，可增进美观，并促进职员的相互平等感。使同一地区的档案柜与其他柜子的高度一致，以增进美观。

第十三条　勿使职员面对窗户、太靠近热源或坐在通风线上。采用屏风当墙，因其易于架设，且能随意重排。

第十四条　各部门座位应采同一方向，主管座位应位于部属座位之后方，前排为一般职员，使全体职员的座位面对同一方向，不可面对面。

第十五条　常用的设备与档案，应置于使用者附近，切勿将所有的档案，置于死墙之处。档案柜应背对背放置。箱橱顶上及柜台上不得堆置文件。

第十六条　将饮水机、公告板置于不致引起职员分散心力及造成拥挤之处。装设充分的电插座，供办公室设备与机械之用。

第十七条　当职员工作时，可播放适当音乐，改进工作环境，减轻心理与视觉的疲劳，减少精神的紧张，并使职员有愉快之感。

第十八条　各单位钉挂衔牌方式如下：

（一）大办公室及独立设置之小型办公室衔牌，钉挂于入口处适当位置。

（二）大办公室内单位衔牌，钉挂于各单位主管座位上方适当位置。

（三）衔牌颜色为绿底白字，其规格宽度为高度的二倍。

第十九条　因工作性质需设置独立的小型办公室时，其室内布置应以大办公室布置的为参照。

第二十条　会议会客室宜用黄色或赤色。办公室夏季用蓝色与绿色，冬季宜用黄色与橙色。

第二十一条　公司及各单位办公室布置图及座位图由总务部负责人于本要点公布后30天内派人实地绘制呈报。

第二十二条　本要点经总经理核定公布实施。

☞ **制作提示**

1. 明确制度制定目的及办公室布置的大环境。如规定设办公室于安静之处。参见上文第一、二、三条。

2. 明确办公室布置的原则性问题。如规定各部门以大办公室集中办公为原则。采用一大间办公室，对于光线、通风、监督、沟通，比采用同样大小的若干办公室为优。参见上文第四、五条。

3. 明确科室之间的设置原则。如规定相关的部门，应置于相邻的地点，并使性质相同的工作便于联系。参见上文第六、七、八、九、十条。

4. 明确办公室职员的办公用具的排列等事项。如规定常用的设备与档案，应置于使用者附近，切勿将所有的档案，置于死墙之处。档案柜应背对背放置。箱橱顶上及柜台上不得堆置文件。参见上文第十一、十二、十三、十四、十五、十六、十七条。

5. 明确钉挂衔牌、会议室布置等其他事项。如规定会议会客室宜用黄色或赤色。办公室夏季用蓝色与绿色，冬季宜用黄色与橙色。参见上文第十八、十九、二十、二十一、二十二条。

六、办公物品采购制度

一部完善的办公物品采购制度，不仅可以规范办公物品采购工作，还可以提高采购工作的效益，控制办公费用，节约开支、减少浪费，同时还能保证正常工作的开展，为员工提供良好的条件和服务，让其愉快地工作，从而为企业创造更大的效益。

办公物品采购制度范本

第一条 为加强对物资采购的管理，进一步规范公司办公用品采购、领取及保管行为的工作，根据我公司实际情况，现制定本规定。

第二条 公司所有办公用品的采购、发放、管理工作，由财务部统一负责。

第三条 本制度所规定的办公用品分为一般办公用品和特殊办公用品两类。

一般办公用品指单位价格在 200 元以下的日常办公消耗性用品，如笔、本、纸、墨盒、记事贴等；

特殊办公用品指单位价格在 200 元以上的办公用品，如电脑、打印机、录像机、摄像机、投影仪等。

第四条 办公物用品的申购保管统一由财务部负责，并根据库存量于每月 25 日填写《申请购物单》予以组织采购补充，标明品名、单位、数量、规格和型号，呈报总经理批准。

第五条 采购人员必须严格按照采购审批计划进行采买，不得随意增加采购品种和数量，凡未列入采购计划或未经领导审批的物品，任何人不得擅自购买。

第六条 采购时要严把采购物品质量，做到秉公办事，货比三家，要选购价格合适、质量合格的物品。

第七条 特殊办公物品的申购由使用部门向行政部出具《办公物品申购单》并经其审核后呈报总经理批准。

第八条 大型物品采购可采取公开招标、邀请招标、竞争性谈判、询价和单一来源采购等方式进行。

第九条 各项办公物用品的发放数量有一定的基准，且因工作性质、职别的不同因人而异，使用人可根据个人自身需求领用。

第十条 一般办公用品可根据工作需要，由需要人员填写《办公用品请领单》，去财务部领取。

第十一条 特殊办公用品，由需要人员填写《办公用品请领单》（一式两份），经部门领导签字后，方可去财务部领取。

第十二条 财务部指定专人负责办公用品的管理工作，按物品种类、规格、等级、存放次序、分区堆码，不得混乱堆放。

第十三条 负责人要认真做好新购物品入库前的检查、验收工作，要建立办公用品管理台账，做到入库有手续、发放有登记。未办理入库手续的用品，不准直接使用。

第十四条 妥善保管好个人的办公用品，爱惜办公用品，最大限度地节约使用耗材，杜绝浪费行为。

第十五条 本规定从即日起执行。

☞ 制作提示

1. 明确制定目的及有关职责、采购范围。如规定公司所有办公用品的采购、发放、管理工作，由财务部统一负责。参见上文第一、二、三条。

2. 明确各种办公用品的采买要求。如规定采购人员必须严格按照采购审批计划进行采买，不得随意增加采购品种和数量，凡未列入采购计划或未经领导审批的物品，任何人不得擅自购买。参见上文第四、五、六、七、八条。

3. 明确办公用品的入库和领用等要求。如规定各项办公物用品的发放数量有一定的基准，且因工作性质、职别的不同因人而异，使用人可根据个人自身需求领用。参见上文第九、十、十一、十二、十三、十四条。

4. 明确施行时间等。参见上文第十五条。

七、办公用品管理制度

办公用品涉及的领域非常广泛，从电脑、打印机、复印机这类整机到墨盒、硒鼓等办公耗材，从照相机、摄像机、录音笔等数码产品到办公家具、书写工具、办公用纸等。而一个公司对于自身办公用品的管理，也是非常重要的。在实际工作中，一部完善的办公用品管理制度可以极大地提高办公人员的工作效率，增加效益，降低成本，真正实现厉行节约的原则。

办公用品管理制度范本

第一条 为加强办公用品使用的管理，节约开支、杜绝浪费现象，特制定本制度。

第二条 公司所有办公用品的申购、领用、发放等相关事项均适用于本制度。

第三条 办公用品由行政部门统一保管，并指定保管人，按公司核定的费用标准向使用人发放。

第四条 办公用品常用品由行政部门根据消耗情况进行申购备领，控制品和特批品由使用部门（人）提出申购，控制品经各公司总经理批准，特批品经董事长批准；批准后的《申购单》交采购中心执行购买。未填写《申购单》及未经领导批准擅自购买的不予报销。

第五条 采购人员应将所采购的物品交保管人办理登记入库手续，保管人根据采购价格核定物品单价，计入领用部门（人）费用。

第六条 保管员在入库完成后，联系各部门办公用品领用人领取。

属于需临时支领的办公用品，行政部按定额标准核定后领取，办理出库手续，填写出库单。

对于大件器具类办公用品，行政部应本着多人合用原则组织领用；同时确定使用人。

第七条 耗材、配件申请领用同办公用品。计算机配件如键盘、鼠标等出现故障需要更换，确认不能维修的，可到行政部办理领用手续，并将已坏配件归还行政部。

对于打印机等耗材，各部门应本着节约原则，提前作出需求计划，通知行政部；同时行政部作为管理部门，应对相应耗材的使用情况有详细了解，对于常用、耗费量大的物件作合理库存。

第八条 如因工作调动或离职，须按公司规定将个人保管的所有办公用品（耗材除外）交回行政部，需要本部门继续留用的，确定使用人报行政，便于行政跟踪办公用品的使用情况。

第九条 保管人每月末应对库存物品进行盘点，保证库房物品账务相符。并应在每月 30 日前应对办公用品、耗材按各部门领用情况，将费用分解到各部门，进行费用核定。

第十条 办公用品使用实行月统计年结算，由公司行政部门出具报表，财务部审核。费用超支在超支人年终奖金中扣除，节约费用计入下年度使用。

第十一条 本制度由公司行政部门负责解释。

第十二条 本制度自下发之日起执行。

☞ 制作提示

1. 明确交代制度的制定目的及适用范围。如为加强办公用品使用的管理，节约开支、杜绝浪费现象，特制定本制度。参见上文第一、二条。

2. 明确对办公用品的统一管理。如规定办公用品由行政部门统一保管，并指定保管人，按公司核定的费用标准向使用人发放。参见上文第三条。

3. 明确办公用品的申购事项。如规定办公用品常用品由行政部门根据消耗情况进行申购备领，控制品和特批品由使用部门（人）提出申购，控制品经各公司总经理批准。参见上文第四条。

4. 明确办公用品的入库事项。如规定采购人员应将所采购的物品交保管人办理登记入库手续，保管人根据采购价格核定物品单价，计入领用部门（人）费用。参见上文第五条。

5. 明确办公用品的领取事项。如规定保管员在入库完成后，联系各部门办公用品领用人领取。参见上文第六、七条。

6. 明确因工作调动或离职时，办公用品安置事项。如规定如因工作调动或离职，须按公司规定将个人保管的所有办公用品（耗材除外）交回行政部。参见上文第八条。

7. 明确办公用品的盘点事项。如规定保管人每月末应对库存物品进行盘点，保证库房物品账务相符。参见上文第九条。

8. 明确其他事项以及制度的解释主体和施行时间等。参见上文第十、十一、十二条。

附：

1. 办公用品申购单

部门		姓名		职位		
申购日期		需求日期				
序号	名称	数量	型号	规格	数量	用途
部门负责人签字						
总经理签字						
领用人签字						

监制：　　　　　　　　　　　　　　　　　　　　　　审核：

2. 办公用品领用单

年　　月　　日

部门			领用人				核发		
序号	物品名称	规格	数量	单位	用途		单价	总价

领用人：　　　　　　　　　　主管：　　　　　　　　　　保管员：

八、办公设备管理办法

办公设备，泛指与办公室相关的设备。例如，人们熟悉的传真机、打印机、复印机、投影仪、碎纸机、扫描仪等，还有台式计算机、笔记本、考勤机、装订机等。面对各式各样的办公设备该如何管理，那就是制定相应的办公设备管理制度。一部完善的办公设备管理制度可以给企业带来不小的经济效益，据统计，其可为一个40－60人的中小型企业，平均节约1.37个人力资源成本，办公效率可以提高20%以上。

办公设备管理办法范本

第一条 为更好地保障工作正常运转以及更有效地管理和使用公司的计算机、打印机等办公设备，使现代办公设备在本公司生产和管理中充分发挥作用，特制定本办法。

第二条 公司所有打印机、复印机、扫描仪、碎纸机、装订机、投影仪等办公设备的配置及使用、维护管理均适用于本办法。

第三条 公司行政管理部为本办法的归口部门，负责本办法的编制、培训及落实执行工作。具体地，各相关人员的职责有：

（一）计算机等办公设备使用人负责计算机等办公设备的正确使用和日常维护与保养。

（二）信息管理人负责计算机等办公设备的采购、维修与故障排除、报废判定、日常管理等工作。

（三）公司资材管理人负责计算机等办公设备的报废处理工作。

第四条 部门公用的办公设备由行政部门在按照费用审批制度获得公司领导书面批准后购买。

第五条 各部门如需外借公用设备，必须到行政部办理借出手续，填写使用目的、地点和使用时间，交部门经理批准后方可借出。

第六条 采购回来的办公设备须办理入库、验收手续，验收合格后，保管员根据实际入库数量填写"计算机等办公设备入库单"入库。

第七条 计算机等办公设备专用于员工办公使用，不得挪用于工作之外的其他用途。员工领用、配置标准依照《岗位职务说明书》中办公设备配置要求，填写"计算机等办公设备领用单"，按照《财务审批制度》审批权限要求进行审批后，到保管员处领用。

第八条 电话机的领用与配置，各部门根据实际工作需要，确定要安装及需增加的电话机。安装电话须填写"电话服务联系单"，由本部门负责人签字后，报总经理批准后，交有关人员负责办理。

第九条 行政部定期对设备进行专业维护，设备负责人应对设备出现的异常状况通知行政部，便于提前了解设备问题，保证工作。

第十条 出现设备负责人无法维修的状况，可电话联系行政部，行政部在接到电话后，对故障状况进行了解，及时对故障进行确认并维修。

第十一条 故障属于野蛮操作造成，当场可对责任人处以50元以内经济处分。

由于野蛮操作造成的设备损坏等，由责任人承担相应的维修费用，若无法找到野蛮操作责任人，则由设备负责人承担。

第十二条 复印机、打印机等为公司所属，不得复印、打印与工作无关的资料文件。

第十三条 为节省办公费用，凡非正式文件、非存档资料请使用可再次利用纸张，用环保纸打印。

第十四条 本办法由公司行政部负责解释、修订。

第十五条 本办法自发放之日起实施。

☞ 制作提示

1. 明确交代制度的制定目的及适用范围。如为更好地保障工作正常运转以及更有效地管理和使用公司的计算机、打印机等办公设备，使现代办公设备在本公司生产和管理中充分发挥作用，特制定本办法。参见上文第一、二条。

2. 明确本办法的归口部门。如规定公司行政管理部为本办法的归口部门，负责本办法的编制、培训及落实执行工作。参见上文第三条。

3. 明确办公设备的购买手续。如部门公用的办公设备由行政部门在按照费用审批制度获得公司领导书面批准后购买。参见上文第四条。

4. 明确外借公用设备和入库事项。如规定各部门如需外借公用设备，必须到行政部办理借出手续，填写使用目的、地点和使用时间，交部门经理批准后方可借出。参见上文第五、六条。

5. 明确办公设备的维护与使用事项。如规定计算机等办公设备专用于员工办公使用，不得挪于非工作之外的其他用途。参见上文第七、八、九、十条。

6. 明确办公设备使用时的禁止事项。如复印机、打印机等为公司所属，不得复印、打印与工作无关的资料文件。参见上文第十一、十二、十三条。

7. 明确其他事项以及制度的解释主体和施行时间等。如规定本办法由公司行政部负责解释、修订。参见上文第十四、十五条。

附：

1. 办公设备领用单

年　　月　　日

部门				领用人				核发	
序号	设备名称	规格	数量	单位	用途	单价	总价

领用人：　　　　　　　　　　主管：　　　　　　　　　　保管员：

2. 办公设备登记表

年　　月　　日

管理部门		负责人		使用部门	
设备名称		编号		品牌	
出厂时间		购买时间		使用年限	
价格		规格		型号	
颜色		附属设施		数量	
存放地点		存放环境			
用途					
使用人		责任人			

九、电梯管理制度

现代高层楼宇中，电梯是人们来往最主要的搭乘工具，任何人都可利用电梯穿梭于各楼层之间。对于有些公司来讲，电梯管理制度也是其必不可少的管理制度之一。制定相应的电梯管理制度，不仅可以规范对电梯的管理工作，防范不安全事件的发生，提高电梯的使用寿命，而且能提升公司的形象，给客户及他人留下良好的印象。

电梯管理制度范本

第一条 为加强公司电梯的管理，防止电梯操作过程中发生事故，保护电梯司乘人员的安全和承载货物的安全，特制定本制度。

第二条 本制度适用于与电梯操作、维护等所有事项。

第三条 电梯驾驶人员必须是身体健康，无妨碍本工种工作疾病的人员。具体地，电梯驾驶人员必须严格遵守以下规定：

（一）电梯驾驶人员必须经地、市质量技术监督安全监察机构的安全技术培训合格后方可上岗。

（二）电梯驾驶人员必须熟悉所操作电梯的性能、功能，认真阅读本台电梯的使用维护说明书。

（三）电梯驾驶人员必须操作有安全合格标志的电梯。

（四）其他相关规定。

第四条 电梯在投入行驶前，相关人员要进行以下检查和准备：

（一）开启层门进入轿厢之前，需要注意轿厢是否停在该层。

（二）轿厢内必须有足够的照明，在使用前必须先将照明灯打开。

（三）每天开始工作前，将电梯上下空载运行数次，无异常现象后方可使用。

（四）层门关闭后，从层门外不能用手拨启，当层门、轿门未关闭时电梯不能正常启动。

（五）平层精确度应无明显变化。

（六）经常清洁轿厢内、层门及乘客可见部分。

第五条 电梯在使用过程中，各有关人员要遵守以下管理规定：

（一）每天按上下班时间表开启或关闭电梯。

（二）严格遵守电梯操作规程。

（三）当值人员每两小时巡查扶梯一次。

（四）当发现或接报扶梯发生故障时应马上停止故障梯，并由设备管理员通知保养商到场维修。

第六条 使用电梯应文明操作，严禁用钥匙等硬物按动或拍打显示按钮及随意使用警铃按钮。

第七条 文明乘梯，不得在电梯轿厢内吸烟、吐痰、丢弃杂物，不得损坏轿厢内各种设施。

第八条 不得因等人或搬运物品方便而阻挡电梯门正常关闭，搬运物品须事先与当值护卫人员联系，避免电梯门开启时间过长，导致电梯门机烧毁，造成电梯停运。

第九条 严禁电梯超载运行，电梯超载报警，后上的乘客应自觉退出轿厢，耐心待乘。严禁运载超大、超重物品。

第十条 电梯运行中突发故障，应按报警按钮报警，冷静耐心等待救援，不可采取拍打按钮、轿厢或强制撬门等行为，以免发生危险。

第十一条 发生火警时，严禁搭乘电梯，避免被困轿厢，造成生命危险。

第十二条 电梯维修、保养期间，不得强行搭乘，避免发生人员、设备意外事故。

第十三条 公司委托电梯保养承包商对电梯进行保养维修。行政部门负责与承包商联系，督促并协助其维修保养。特殊情况时其他部门可以直接与承包商联系，并及时通知行政部门。

第十四条 根据故障情况采取相应的维修措施时，注意做好现场周围物品的防护和遮盖。

第十五条 发生维修保养情况后，有关责任人应将维修保养情况记录于电梯设备维修记录表、电梯设备保养记录表，零部件更换及大修的同时记录于电梯设备台账。

第十六条 本制度由公司负责解释、修订。

第十七条 本制度自公布之日起实施。

☞ 制作提示

1. 明确交代制度的制定目的和适用范围。如为加强公司电梯的管理，防止电梯操作过程中发生事故，保护电梯司乘人员的安全和承载货物的安全，特制定本制度。参见上文第一、二条。

2. 明确对电梯驾驶人员的有关要求。如规定电梯驾驶人员必须经地、市质量技术监督安全监察机构的安全技术培训合格后方可上岗。参见上文第三条。

3. 明确电梯在投入行驶前，相关人员要进行的检查和准备工作。如规定每天开始工作前，将电梯上下空载运行数次，无异常现象后方可使用。参见上文第四条。

4. 明确电梯在使用过程中，各有关人员所要遵守的管理规定。如规定每天按上下班时间表开启或关闭电梯。参见上文第五条。

5. 明确文明乘梯等有关事项。如规定使用电梯应文明操作，严禁用钥匙等硬物按动或拍打显示按钮及随意使用警铃按钮。参见上文第六、七、八、九条。

6. 明确电梯故障与维修事项。如电梯运行中突发故障，应按报警按钮报警，冷静耐心等待救援，不可采取拍打按钮、轿厢或强制撬门等行为，以免发生危险。参见上文第十、十一、十二、十三、十四、十五条。

7. 明确其他事项以及制度的解释主体和施行时间等。如规定本办法由公司　　部负责解释、修订。参见上文第十六、十七条。

第十一章 公关事务管理制度

针对自己公司的具体性质建立属于自己的前台接待管理制度，对于提升公司形象，扩大公司的影响力等具有重要的作用。

危机管理是企业为应对各种危机情境所进行的规划决策、动态调整、化解处理及员工培训等活动过程，其目的在于消除或降低危机所带来的威胁和损失。

一、前台接待管理制度

前台接待管理制度主要针对的是前台人员的岗位职责，关于前台接待员的岗位职责，由于每个行业的性质不一样，工作内容也不一样，但大多数行业的前台接待主要是负责客户的来访及登记等。针对自己公司的具体性质建立属于自己的前台接待管理制度，对提升公司形象，扩大公司的影响力等具有重要的作用。

前台接待管理制度范本

第一条 为了加强对前台人员的管理，规范前台接待工作，提升我公司的形象，特制定本制度。

第二条 本制度适用于公司前台人员。

第三条 前台接待员必须具备良好的自身素质和文化修养，着装要整洁整齐，口齿伶俐，语言简练、清晰，使用普通话。

第四条 前台接待员应保持正确而美观的站位姿态，站立时两手自然后背，左手抱右手拳，抬头、挺胸、两眼目视前方，双腿自然合拢。

第五条 前台接待员要善于从客人的乘坐车辆、言谈举止、衣着打扮、面色神情上判断客人的消费能力和消费需求，从而进行有针对性的推销工作。

第六条 前台接待员应经常性地征询客人意见，看管好宾客意见簿，未经值班经理批准不允许任何人擅自撕毁意见簿上的内容。

第七条 坚守岗位，把好门望，在没有领导同意的情况下，谢绝参观，特殊情况，经批准可以参观。

第八条 工作时间内无特殊情况谢绝外来人员进入营业区内找人，需要找人，由接待员电话联系或替客人找。

第九条 前台接待员应负责来访客户的接待工作，包括为客户让座、递上茶水，咨询客户来访意图，对客户来访进行登记（填写《来访客户登记表》）。

第十条 前台接待员应负责接听电话，以真诚甜美的声音，展现公司良好的形象。

第十一条 前台接待员为前来应聘的求职者提供服务，安排填写《应聘表》，并及时将应聘资料上报到公司人力资源部门。人力资源部门审核后，由前台通知应聘者前来面试。前台将《应聘表》《面试记录表》交给面试部门主管。当人才被录用后，由前台负责通知其前来报到。

第十二条 人才报到后，由前台将应聘人员提交的资料进行整理，填写《录用人员资讯表》，粘贴各种证件。

第十三条 前台接待员应负责公司内日常考勤的记录工作，对迟到早退、旷工等记录及时上报到财务处。

第十四条 前台接待员应随时注意前厅内的卫生状况，管理好前厅内的设施、设备，例如空调、消毒柜、灯具、排风等，应根据客人需求、客流量等实际情况合理开关。

第十五条 前台接待员站位时间不得随意走动，不得玩弄手机，不得东张西望，交头接耳。

第十六条 前台接待员不许留长发、奇发、胡须，不许佩戴与工作无关的物件，不吃带异味的食品，面部始终带有微笑。

第十七条 前厅内禁止工作人员会客或闲谈、说笑打闹、吃零食、抽烟等不良行为。

第十八条 本制度由行政部负责解释、修改。

第十九条 本制度自公布之日起实施。

☞ 制作提示

1. 明确交代制度的制定目的及适用范围。如为了加强对前台人员的管理，规范前台接待工作，提升我公司的形象，特制定本制度。参见上文第一、二条。

2. 明确对前台人员的自身素质要求。如规定前台接待员必须具备良好的自身素质和文化修养，着装要整洁整齐，口齿伶俐、语言简练、清晰，使用普通话。参见上文第三、四、五条。

3. 明确前台人员的各项具体工作。如规定前台接待员应负责来访客户的接待工作，包括为客户让座、递上茶水，咨询客户来访意图，对客户来访进行登记（填写《来访客户登记表》）。参见上文第六至十四条。

4. 明确前台人员的一些禁忌事项。如规定前台接待员不许留长发、奇发、胡须，不许佩戴与工作无关的物件，不吃带异味的食品，面部始终带有微笑。参见上文第十五、十六、十七条。

5. 明确制度的解释主体和施行时间等。参见上文第十八、十九条。

二、前台接待相关表格

1. 访客登记表

单位：

日期	来访人姓名	证件名称、号码	体温	来访时间	被访人楼座、房号	离开时间	值班员	备注

编制：   审核：

2. 前台来访记录表

单位：

来访人姓名	
来访人单位	
来访时间	
接待人员姓名	
接待内容	
处理意见	
处理结果	

编制：   审核：

3. 前台接待日志表

单位： 　　　　　　　日期： 　　　　　　　记录人：

考勤记录	姓名	上班签到时间	下班签到时间

接待记录		
收发记录		

电话记录	来电单位或来电人姓名	
	来电事由	
	通信方式	
	被联系人	
	处理情况	
	备注	

备注	

编制：　　　　　　　　　　　　　　　　　审核：

4. 函件收发登记表

函件签收登记：

日期	编号	来函（件）单位	数量	级别	接收部门	签收人

编制：   审核：

函件寄送登记：

日期	编号	寄送部门	数量	级别	送达单位	接收人	寄送人（签字）

编制：   审核：

三、危机管理制度

危机管理是企业为应对各种危机情境所进行的规划决策、动态调整、化解处理及员工培训等活动过程，其目的在于消除或降低危机所带来的威胁和损失。对一个企业而言，可以称之为企业危机的事项，是指企业面临的与社会大众或顾客有密切关系且后果严重的重大事故。而为了应付危机的出现在企业内预先建立防范和处理这些重大事故的体制和措施，则称为企业的危机管理。那么，建立完善的企业危机管理制度，对企业自身应对突发的危机事件，抗拒突发的灾难事变，尽量使损害降至最低点都有深远的意义。

危机管理制度范本

第一条 为了降低危机对企业的损害程度，减少企业的损失，维护与社会公众的良好关系，特制定本制度。

第二条 本制度适用于公司各部门。

第三条 危机事件包括：

（一）重大工伤事故。

（二）天灾人祸或不可抗力事件（失火、水灾、地震、台风、恐怖暴力事件、疫情、职业病）。

（三）突发性企业危机（兼并、收购、破产）。

（四）公司产品或信誉危机。

（五）其他重大事件（环保、罢工）。

第四条 危机对应方案的准备工作：

（一）明确对危机的态度。

（二）组建危机管理小组。

（三）分析公司潜在的危机形态。

（四）制订预防危机的各种对策。

（五）为处理每一项潜在的危机制订具体的战略和战术。

（六）组建危机控制和检查专案小组。

（七）确定可能受到危机影响的公众。

（八）为最大限度减少危机对公司信誉的破坏，建立有效的传播渠道。

（九）把有关计划落实成文字。

（十）按照有关计划进行不断的预演。

（十一）为确保处理危机时有一批训练有素的专业人员，平时应对有关员工进行培训。

第五条 公司日常或事后成立一个应付危机的基本委员会，由安保、工程、人事、公关、行政部门经理组成。

委员会经常性交换信息、资料，保持应付突发事件的准备状态。

以安保人员为主体，组织救援队，进行经常性的针对不同事故的演习，保持应付突发事件的就绪状态。

第六条 危机应对一般措施：

（一）在危机发生时，以最快的速度建立危机控制中心，充分利用受过训练的高级人员，以实施控制和管理危机的计划。

（二）使新闻办公室不断了解危机处理的进展情况。

（三）设立热线电话，以应付危机期间外界打来的各种电话，选择经过训练的人员负责接听热线电话。

（四）了解所在地公众，倾听他们的意见，并确保公司能了解公众的情绪。

（五）邀请公正、权威的机构帮助解决危机，以协助公司保持在所在地公众中的信任度。

第七条 火警事故处理：

（一）白天发生时，迅速通知总机。晚上发生时，迅速通知值班保安，并迅速拿灭火器将其熄灭。若灭火器无法将其熄灭，火速拨打电话119。

（二）用广播呼叫消防委员会成员集结，发挥消防编组功能，按平时演习的方法进行。

（三）疏散组人员指导员工向安全地区有组织地疏散。

（四）通知派出所协助交通管制事宜。

（五）警戒组人员高度警惕，严防趁火打劫者。

（六）火势熄灭后应清查人员及物品损害情形，并保持完整现场，以供警方或保险公司处理。

第八条 台风事故处理：

（一）根据台风预报级数，若员工停止上班，则留下防护小组人员。

（二）保安应巡查各个区域，关闭漏关的门窗和照明电源。

（三）将散置于室外易被风吹走或吹坏的物品移到室内。

（四）注意接听员工电话，转达公司规定的事宜。

（五）需支援时，立即向防护小组成员通报。

（六）水灾：切断电源，将财物转移到楼上。

第九条 打架斗殴事故处理：

（一）迅速通知值班保安进行制止，将当事人交保安队长处理，如当事人不听制止，保安合力予以制止。

（二）有多人围观起哄时，将肇事双方带到其他地方处理，并疏散围观起哄人员。

（三）事态严重，保安合力都制止不住时，应立即拨打110报警。

（四）保安处理事件时，立场要公正，千万不可偏袒或加入其中一方。

（五）若外来人员来公司滋事，管制员工不得与其对打。

（六）关闭大门及所有出入口，并通知所有保安人员集结，以防万一。

（七）尽量劝说对方，以理服人。

（八）认清对方面貌、特征、人数，有无携带刀枪，车牌号码及滋事原因等。

（九）若事态难以控制，应立即报警。

第十条 打劫被盗事故处理：

（一）发现可疑人物，应与保安人员联系并监视。

（二）发现公司物品被盗，及时通知保安，并保留被盗现场，由上级决定是否报案。

第十一条 突发疫情、员工急病或受伤事故处理：

（一）每日做好员工体温和健康行程检测工作，配合政府部门做好疫情防控，遇可疑情况及时上报，听候有关部门安排。

（二）员工发生疾病或受伤，立即通知总务部车辆调度人员安排司机，不可移动时，应及时拨打120。

第十二条 事后与业务往来单位的沟通工作：

（一）传递信息。尽快如实地传递信息。

（二）传递对策。以书面的形式通报采取的对策。

（三）当面解释。如有必要，选派专门人员到各单位巡回解释。

（四）传达经过。事件处理过程中，应定期向各界公众传达处理经过。

（五）表示歉意。事件处理后，应用书面的形式表示诚恳的歉意。

第十三条 事后与消费者及其团体的沟通工作：

（一）疏通零售渠道。通过零售渠道向消费者发布说明事件简要情况的书面材料。

（二）疏通报纸广告渠道。如有必要，还应通过报纸登载广告，以公布事件经过、处理办法和今后的预防措施。

（三）热情接待消费者代表。这些人代表消费者，在新闻界很有发言权。因此，当其前来询问有关情况时，要热情接待，并慎重解答有关问题。

第十四条 公关危机处置注意事项：

（一）不要多个声音对外发布消息。确切了解事故的真正原因后才可对外发布消息，不发布不确切的消息。

（二）通告接待人员、接线员应对来访、来电询问的处理办法，并转告委员会。

（三）不要作非正式声明或表态。

（四）不要大事化小、小事化了或沉默回避问题。

（五）不要在内部作无谓的争论，把责任推来推去，应以解决危机为主要目标。

（六）始终鼓励公司员工士气。

（七）危机发生后要尽快地发布背景情况，表示公司所做的危机传播准备，公司正采取什么措施来弥补。

（八）在危机传播中，避免使用专业术语，应尽量使用简洁明了的语言来说明情况。

（九）确保公司在处理危机时有一系列对社会负责的行为，以增强社会公众对公司的信任度。

第十五条 本制度未尽事宜，参照公司其他有关制度执行。

第十六条 本制度由公关部解释、补充，经总经理批准颁行后实施。

☞ **制作提示**

1. 明确制度的制定目的及适用范围。如规定为了降低危机对企业的损害程度，减少企业的损失，维护与社会公众的良好关系，特制订本制度。参见上文

第一、二条。

2. 明确危机事件的范围。如规定危机事件包括重大工伤事故、天灾人祸或不可抗力事件（失火、水灾、地震、台风、疫情、职业病）。参见上文第三条。

3. 明确危机对应方案的准备工作。如规定明确对危机的态度、组建危机管理小组、分析公司潜在的危机形态等。参见上文第四、五条。

4. 明确危机应对一般措施。如规定在危机发生时，以最快的速度建立危机控制中心，充分利用受过训练的高级人员，以实施控制和管理危机的计划。参见上文第六条。

5. 明确火警事故处理规定。如规定白天发生时，迅速通知总机。晚上发生时，迅速通知值班保安，并迅速拿灭火器将其熄灭。若灭火器无法将其熄灭，火速拨打电话119。参见上文第七条。

6. 明确台风事故处理规定。如规定根据台风预报级数，若员工停止上班，则留下防护小组人员。参见上文第八条。

7. 明确打架斗殴事故处理规定。如迅速通知值班保安进行制止，将当事人交保安队长处理，如当事人不听制止，保安合力予以制止。参见上文第九条。

8. 明确打劫被盗事故处理规定。如规定发现可疑人物，应与保安人员联系并监视。参见上文第十条。

9. 明确员工急病或受伤事故处理规定。如规定配合政府部门做好疫情防控，遇可疑情况及时上报，听候有关部门安排。参见上文第十一条。

10. 明确事后与业务往来单位的沟通工作。如规定当面解释，如有必要，选派专门人员到各单位巡回解释。参见上文第十二条。

11. 明确事后与消费者及其团体的沟通工作。如规定疏通报纸广告渠道，如有必要，还应通过报纸登载广告，以公布事件经过、处理办法和今后的预防措施。参见上文第十三条。

12. 明确公关危机处置注意事项。如规定不要多个声音对外发布消息。确切了解事故的真正原因后才可对外发布消息，不发布不确切的消息。参见上文第十四条。

13. 明确其他事宜及解释主体和施行时间等。参见上文第十五、十六条。

四、对外接待管理办法

随着企业对外交往日趋频繁,企业在日常办公过程中接待公司外部来宾的活动日益重要,这对企业的接待工作提出了新的要求:更为规范、周密细致、优质高效,发挥好"窗口"的桥梁作用。因此,制定一部完善的对外接待的管理办法,不仅能提高对外接待工作的管理水平和服务质量,而且还进一步打造和提升企业对外整体形象,使对外接待事务管理更具有序性和规范性。

对外接待管理办法范本

第一章 总 则

第一条 对外接待是公司行政事务和公关活动的重要组成部分,为使对外接待工作规范有序,形成统一的公司形象,特制定本办法。

第二条 本办法适用于全公司各部门。

第三条 对外接待应遵循"平等、对口、节约、周到、保密"的原则,使宾客高兴而来,满意而走。

第二章 对外接待的范围

第四条 本办法规定的接待范围主要是公司及所属各部门,以及各子公司、分公司经营管理活动所必需的接送、住宿、购票、会谈和陪同参观等方面的安排和工作。

第五条 接待的对象分为内宾和外宾。

第三章 对外接待的部门

第六条 行政部为公司负责接待的职能部门。

第七条 遇到重大接待活动和工作,可由总经理室协调若干部门共同做好此项工作,有关部门要积极主动配合。

第四章 对外接待的规格

第八条 低规格接待,陪客职务比来宾低一些,适用于经常性业务往来。

第九条 对等接待,适用于一般性接待活动。

第十条 高规格接待,陪客职务比来宾高一些,适用于上级机关派员来人、其他企事业单位来员洽谈重要事宜,以及下属企业领导来访汇报工作。

第五章 对外接待的礼仪

第十一条 接待时,主动起迎,问明来意。

第十二条 根据来宾来意和身份,安排适当的地点进行交谈。

第十三条 引见时首先向领导介绍客人,包括单位、职务、姓名。

第十四条 陪同客人行路,请客人行于自己右侧。

第十五条 乘车、上下楼梯、乘电梯时,礼让在先,主动开门。

第十六条 穿着不得过于随便,按规定着装,衣着整洁,有风度。

第十七条 主动照顾来宾中的老人、妇女、儿童和残障人士。

第十八条 尊重不同民族来宾的风俗习惯和礼节。

第十九条 因故未能准时赴约的,应尽早通知对方,并以适当的方式致歉。

第六章 接待内容和程序

第二十条 接待来宾:

(一)弄清来宾的基本情况:单位、姓名、性别、职务、人数、使命、到达时间、乘坐的交通工具及车次或航班。

(二)布置接待部门、人员、规格、方式、安排、费用预算,并报上级批准。

(三)根据来宾的身份、性别预订宾馆,安排好伙食标准,进餐时间、地点,派车接送。

(四)来宾入住后,公司有关人员前往看望,接待人员安排会见时间、地点,陪同人员。

(五)按接待礼仪和规格,安排有关领导会见。

（六）按参观、考察目的，组织业务部门向宾客介绍情况，组织活动实施。

（七）根据客人意见，预订车、船、机票，话别送行，派人派车送至车站、码头或机场。

第七章　附　则

第二十一条　涉及重大接待活动，需部门协调执行。

第二十二条　本办法由行政部解释执行，由公司总经理颁布生效。

☞ 制作提示

1. 制定该办法，应明确规定对外接待原则，如平等、对口、节约、周到、保密等。参见上文第三条。

2. 制定该办法，应明确对外接待的范围。参见上文第四、五条。

3. 制定该办法，应明确对外接待的规格，如对等、低规格、高规格接待。参见上文第八、九、十条。

4. 制定该办法，应规定对外接待的礼仪，如接待、引见、陪行、着装等方面应注意的礼仪。参见上文第十一至十九条。

5. 制定该办法，应规定对外接待的接待程序和内容。参见上文第二十条。

第十二章　安全管理制度

"安全第一，预防为主"是企业一贯奉行的标准。安全生产，保证质量，不仅关乎着企业的利润，更关乎着企业的信誉，乃至生命。为实现安全生产等目的，制定完善的安全管理制度至关重要。

一、安全管理办法

"安全第一,预防为主"是企业一贯奉行的标准。安全生产,保证质量,不仅关乎着企业的利润,最重要的是关乎着企业的信誉,乃至生命。为实现安全生产等目的,制定完善的安全管理制度,至关重要。

安全管理办法范本

第一条 为贯彻落实国家各项安全法规、制度和标准,保护国家财产,确保环境、职业健康安全目标、指标的顺利完成,结合公司实际情况,特制定本管理办法。

第二条 公司应认真贯彻"安全第一,预防为主"的方针,为各项工作创造安全卫生的劳动条件,实现安全、文明生产。

第三条 员工要树立"用户第一、质量第一"的经营观念,热情接待客户,确保产品质量。

第四条 各部门要采取一切可能的措施对员工进行安全宣传、安全教育,全面加强安全管理、安全技术和安全教育工作,开展检查和实施安全技术措施,改善劳动条件,教育员工严格遵守劳动安全卫生操作规程和技术标准,积极寻求降低事故发生、减少损失的办法和措施。

第五条 生产经营单位的主要负责人是本单位安全生产第一责任人,对本单位的安全生产工作全面负责。其他负责人对职责范围内的安全生产工作负责。

第六条 生产经营单位的主要负责人对本单位安全生产工作负有下列职责:

(一)建立健全并落实本单位全员安全生产责任制,加强安全生产标准化建设;

(二)组织制定并实施本单位安全生产规章制度和操作规程;

(三)组织制定并实施本单位安全生产教育和培训计划;

(四)保证本单位安全生产投入的有效实施;

(五)组织建立并落实安全风险分级管控和隐患排查治理双重预防工作机制,督促、检查本单位的安全生产工作,及时消除生产安全事故隐患;

（六）组织制定并实施本单位的生产安全事故应急救援预案；

（七）及时、如实报告生产安全事故。

第七条 员工要遵守作息制度。上下班要专人考勤，请假要办理书面手续，上班不准在公司内长时间打私人电话，不准在接待室闲谈，不准在公司内会见私客。

第八条 员工在劳动过程中必须严格遵守安全操作规程和各项规章制度，积极预防事故的发生，减少和防止事故人身伤害。

第九条 严格执行质量管理、工艺管理制度，把好质量关。

第十条 发现事故必须立即向公司领导、安全部门报告，积极组织抢救并保护事故现场，等待安保部门现场调查。

第十一条 严格执行门卫管理制度，进出厂车辆和人员门卫有权检查，员工携带物品出厂，要登记报告，未经批准不准带进带出。

第十二条 全体员工要模范遵守国家法规法纪，严禁在公司内及宿舍内赌博。

第十三条 做好沟通协调工作，建立信息员制度，及时收集公司内部的各种信息，为领导的决策提供依据，从而消除各种不稳定的因素，维护企业团结和稳定。

第十四条 公司除贯彻、执行本制度外，还必须同时严格执行国家和各部委的各有关安全法规、制度和标准。

第十五条 本办法自公布之日起生效，解释权归公司安全生产领导小组。

☞ 制作提示

1. 明确制度制定目的及一些总体要求。如规定公司应认真贯彻"安全第一，预防为主"的方针，为各项工作创造安全卫生的劳动条件，实现安全、文明生产。参见上文第一、二、三、四条。

2. 明确有关领导的职责。如规定总经理是公司的安全生产第一责任人，对本单位的安全生产工作全面负责。其他负责人对职责范围内的安全生产工作负责。相关责任人必须认真贯彻执行各项生产法规、制度和标准。参见上文第五、六条。

3. 明确在安全生产中对员工的要求。如规定员工在劳动过程中必须严格遵守安全操作规程和各项规章制度,积极预防事故的发生,减少和防止事故人身伤害。参见上文第七、八、九、十、十一、十二、十三条。

4. 明确其他事项以及制度的解释主体和施行时间等。参见上文第十四、十五条。

附:
中华人民共和国安全生产法

(2002年6月29日第九届全国人民代表大会常务委员会第二十八次会议通过 根据2009年8月27日第十一届全国人民代表大会常务委员会第十次会议《关于修改部分法律的决定》第一次修正 根据2014年8月31日第十二届全国人民代表大会常务委员会第十次会议《关于修改〈中华人民共和国安全生产法〉的决定》第二次修正 根据2021年6月10日第十三届全国人民代表大会常务委员会第二十九次会议《关于修改〈中华人民共和国安全生产法〉的决定》第三次修正)

第一章 总 则

第一条 为了加强安全生产工作,防止和减少生产安全事故,保障人民群众生命和财产安全,促进经济社会持续健康发展,制定本法。

第二条 在中华人民共和国领域内从事生产经营活动的单位(以下统称生产经营单位)的安全生产,适用本法;有关法律、行政法规对消防安全和道路交通安全、铁路交通安全、水上交通安全、民用航空安全以及核与辐射安全、特种设备安全另有规定的,适用其规定。

第三条 安全生产工作坚持中国共产党的领导。

安全生产工作应当以人为本,坚持人民至上、生命至上,把保护人民生命安全摆在首位,树牢安全发展理念,坚持安全第一、预防为主、综合治理的方针,从源头上防范化解重大安全风险。

安全生产工作实行管行业必须管安全、管业务必须管安全、管生产经营必须管安全,强化和落实生产经营单位主体责任与政府监管责任,建立生产经营单位负责、职工参与、政府监管、行业自律和社会监督的机制。

第四条 生产经营单位必须遵守本法和其他有关安全生产的法律、法规，加强安全生产管理，建立健全全员安全生产责任制和安全生产规章制度，加大对安全生产资金、物资、技术、人员的投入保障力度，改善安全生产条件，加强安全生产标准化、信息化建设，构建安全风险分级管控和隐患排查治理双重预防机制，健全风险防范化解机制，提高安全生产水平，确保安全生产。

平台经济等新兴行业、领域的生产经营单位应当根据本行业、领域的特点，建立健全并落实全员安全生产责任制，加强从业人员安全生产教育和培训，履行本法和其他法律、法规规定的有关安全生产义务。

第五条 生产经营单位的主要负责人是本单位安全生产第一责任人，对本单位的安全生产工作全面负责。其他负责人对职责范围内的安全生产工作负责。

第六条 生产经营单位的从业人员有依法获得安全生产保障的权利，并应当依法履行安全生产方面的义务。

第七条 工会依法对安全生产工作进行监督。

生产经营单位的工会依法组织职工参加本单位安全生产工作的民主管理和民主监督，维护职工在安全生产方面的合法权益。生产经营单位制定或者修改有关安全生产的规章制度，应当听取工会的意见。

第八条 国务院和县级以上地方各级人民政府应当根据国民经济和社会发展规划制定安全生产规划，并组织实施。安全生产规划应当与国土空间规划等相关规划相衔接。

各级人民政府应当加强安全生产基础设施建设和安全生产监管能力建设，所需经费列入本级预算。

县级以上地方各级人民政府应当组织有关部门建立完善安全风险评估与论证机制，按照安全风险管控要求，进行产业规划和空间布局，并对位置相邻、行业相近、业态相似的生产经营单位实施重大安全风险联防联控。

第九条 国务院和县级以上地方各级人民政府应当加强对安全生产工作的领导，建立健全安全生产工作协调机制，支持、督促各有关部门依法履行安全生产监督管理职责，及时协调、解决安全生产监督管理中存在的重大问题。

乡镇人民政府和街道办事处，以及开发区、工业园区、港区、风景区等应当明确负责安全生产监督管理的有关工作机构及其职责，加强安全生产监管力量建设，按照职责对本行政区域或者管理区域内生产经营单位安全生产状况进行监督检查，协助人民政府有关部门或者按照授权依法履行安全生产监督管理职责。

第十条 国务院应急管理部门依照本法，对全国安全生产工作实施综合监督管理；县级以上地方各级人民政府应急管理部门依照本法，对本行政区域内安全生产工作实施综合监督管理。

国务院交通运输、住房和城乡建设、水利、民航等有关部门依照本法和其他有关法律、行政法规的规定，在各自的职责范围内对有关行业、领域的安全生产工作实施监督管理；县级以上地方各级人民政府有关部门依照本法和其他有关法律、法规的规定，在各自的职责范围内对有关行业、领域的安全生产工作实施监督管理。对新兴行业、领域的安全生产监督管理职责不明确的，由县级以上地方各级人民政府按照业务相近的原则确定监督管理部门。

应急管理部门和对有关行业、领域的安全生产工作实施监督管理的部门，统称负有安全生产监督管理职责的部门。负有安全生产监督管理职责的部门应当相互配合、齐抓共管、信息共享、资源共用，依法加强安全生产监督管理工作。

第十一条 国务院有关部门应当按照保障安全生产的要求，依法及时制定有关的国家标准或者行业标准，并根据科技进步和经济发展适时修订。

生产经营单位必须执行依法制定的保障安全生产的国家标准或者行业标准。

第十二条 国务院有关部门按照职责分工负责安全生产强制性国家标准的项目提出、组织起草、征求意见、技术审查。国务院应急管理部门统筹提出安全生产强制性国家标准的立项计划。国务院标准化行政主管部门负责安全生产强制性国家标准的立项、编号、对外通报和授权批准发布工作。国务院标准化行政主管部门、有关部门依据法定职责对安全生产强制性国家标准的实施进行监督检查。

第十三条 各级人民政府及其有关部门应当采取多种形式，加强对有关安全生产的法律、法规和安全生产知识的宣传，增强全社会的安全生产意识。

第十四条 有关协会组织依照法律、行政法规和章程，为生产经营单位提供安全生产方面的信息、培训等服务，发挥自律作用，促进生产经营单位加强安全生产管理。

第十五条 依法设立的为安全生产提供技术、管理服务的机构，依照法律、行政法规和执业准则，接受生产经营单位的委托为其安全生产工作提供技术、管理服务。

生产经营单位委托前款规定的机构提供安全生产技术、管理服务的，保证安全生产的责任仍由本单位负责。

第十六条 国家实行生产安全事故责任追究制度，依照本法和有关法律、法规的规定，追究生产安全事故责任单位和责任人员的法律责任。

第十七条 县级以上各级人民政府应当组织负有安全生产监督管理职责的部门依法编制安全生产权力和责任清单，公开并接受社会监督。

第十八条 国家鼓励和支持安全生产科学技术研究和安全生产先进技术的推广应用，提高安全生产水平。

第十九条 国家对在改善安全生产条件、防止生产安全事故、参加抢险救护等方面取得显著成绩的单位和个人，给予奖励。

第二章　生产经营单位的安全生产保障

第二十条 生产经营单位应当具备本法和有关法律、行政法规和国家标准或者行业标准规定的安全生产条件；不具备安全生产条件的，不得从事生产经营活动。

第二十一条 生产经营单位的主要负责人对本单位安全生产工作负有下列职责：

（一）建立健全并落实本单位全员安全生产责任制，加强安全生产标准化建设；

（二）组织制定并实施本单位安全生产规章制度和操作规程；

（三）组织制定并实施本单位安全生产教育和培训计划；

（四）保证本单位安全生产投入的有效实施；

（五）组织建立并落实安全风险分级管控和隐患排查治理双重预防工作机制，督促、检查本单位的安全生产工作，及时消除生产安全事故隐患；

（六）组织制定并实施本单位的生产安全事故应急救援预案；

（七）及时、如实报告生产安全事故。

第二十二条 生产经营单位的全员安全生产责任制应当明确各岗位的责任人员、责任范围和考核标准等内容。

生产经营单位应当建立相应的机制，加强对全员安全生产责任制落实情况的监督考核，保证全员安全生产责任制的落实。

第二十三条 生产经营单位应当具备的安全生产条件所必需的资金投入，由生产经营单位的决策机构、主要负责人或者个人经营的投资人予以保证，并对由于安全生产所必需的资金投入不足导致的后果承担责任。

有关生产经营单位应当按照规定提取和使用安全生产费用，专门用于改善安全生产条件。安全生产费用在成本中据实列支。安全生产费用提取、使用和监督管理的具体办法由国务院财政部门会同国务院应急管理部门征求国务院有关部门意见后制定。

第二十四条 矿山、金属冶炼、建筑施工、运输单位和危险物品的生产、经营、储存、装卸单位，应当设置安全生产管理机构或者配备专职安全生产管理人员。

前款规定以外的其他生产经营单位，从业人员超过一百人的，应当设置安全生产管理机构或者配备专职安全生产管理人员；从业人员在一百人以下的，应当配备专职或者兼职的安全生产管理人员。

第二十五条 生产经营单位的安全生产管理机构以及安全生产管理人员履行下列职责：

（一）组织或者参与拟订本单位安全生产规章制度、操作规程和生产安全事故应急救援预案；

（二）组织或者参与本单位安全生产教育和培训，如实记录安全生产教育和培训情况；

（三）组织开展危险源辨识和评估，督促落实本单位重大危险源的安全管理措施；

（四）组织或者参与本单位应急救援演练；

（五）检查本单位的安全生产状况，及时排查生产安全事故隐患，提出改进安全生产管理的建议；

（六）制止和纠正违章指挥、强令冒险作业、违反操作规程的行为；

（七）督促落实本单位安全生产整改措施。

生产经营单位可以设置专职安全生产分管负责人，协助本单位主要负责人履行安全生产管理职责。

第二十六条 生产经营单位的安全生产管理机构以及安全生产管理人员应当恪尽职守，依法履行职责。

生产经营单位作出涉及安全生产的经营决策，应当听取安全生产管理机构以及安全生产管理人员的意见。

生产经营单位不得因安全生产管理人员依法履行职责而降低其工资、福利等待遇或者解除与其订立的劳动合同。

危险物品的生产、储存单位以及矿山、金属冶炼单位的安全生产管理人员的任免，应当告知主管的负有安全生产监督管理职责的部门。

第二十七条 生产经营单位的主要负责人和安全生产管理人员必须具备与本单位所从事的生产经营活动相应的安全生产知识和管理能力。

危险物品的生产、经营、储存、装卸单位以及矿山、金属冶炼、建筑施工、运输单位的主要负责人和安全生产管理人员，应当由主管的负有安全生产监督管理职责的部门对其安全生产知识和管理能力考核合格。考核不得收费。

危险物品的生产、储存、装卸单位以及矿山、金属冶炼单位应当有注册安全工程师从事安全生产管理工作。鼓励其他生产经营单位聘用注册安全工程师从事安全生产管理工作。注册安全工程师按专业分类管理，具体办法由国务院人力资源和社会保障部门、国务院应急管理部门会同国务院有关部门制定。

第二十八条 生产经营单位应当对从业人员进行安全生产教育和培训，保证从业人员具备必要的安全生产知识，熟悉有关的安全生产规章制度和安全操作规程，掌握本岗位的安全操作技能，了解事故应急处理措施，知悉自身在安全生产方面的权利和义务。未经安全生产教育和培训合格的从业人员，不得上岗作业。

生产经营单位使用被派遣劳动者的，应当将被派遣劳动者纳入本单位从业人员统一管理，对被派遣劳动者进行岗位安全操作规程和安全操作技能的教育和培训。劳务派遣单位应当对被派遣劳动者进行必要的安全生产教育和培训。

生产经营单位接收中等职业学校、高等学校学生实习的，应当对实习学生进行相应的安全生产教育和培训，提供必要的劳动防护用品。学校应当协助生产经营单位对实习学生进行安全生产教育和培训。

生产经营单位应当建立安全生产教育和培训档案，如实记录安全生产教育和培训的时间、内容、参加人员以及考核结果等情况。

第二十九条 生产经营单位采用新工艺、新技术、新材料或者使用新设备，必须了解、掌握其安全技术特性，采取有效的安全防护措施，并对从业人员进行专门的安全生产教育和培训。

第三十条 生产经营单位的特种作业人员必须按照国家有关规定经专门的安全作业培训，取得相应资格，方可上岗作业。

特种作业人员的范围由国务院应急管理部门会同国务院有关部门确定。

第三十一条 生产经营单位新建、改建、扩建工程项目（以下统称建设项目）的安全设施，必须与主体工程同时设计、同时施工、同时投入生产和使用。安全设施投资应当纳入建设项目概算。

第三十二条 矿山、金属冶炼建设项目和用于生产、储存、装卸危险物品的建设项目，应当按照国家有关规定进行安全评价。

第三十三条 建设项目安全设施的设计人、设计单位应当对安全设施设计负责。

矿山、金属冶炼建设项目和用于生产、储存、装卸危险物品的建设项目的安全设施设计应当按照国家有关规定报经有关部门审查，审查部门及其负责审查的人员对审查结果负责。

第三十四条 矿山、金属冶炼建设项目和用于生产、储存、装卸危险物品的建设项目的施工单位必须按照批准的安全设施设计施工，并对安全设施的工程质量负责。

矿山、金属冶炼建设项目和用于生产、储存、装卸危险物品的建设项目竣工投入生产或者使用前，应当由建设单位负责组织对安全设施进行验收；验收合格后，方可投入生产和使用。负有安全生产监督管理职责的部门应当加强对建设单位验收活动和验收结果的监督核查。

第三十五条 生产经营单位应当在有较大危险因素的生产经营场所和有关设施、设备上，设置明显的安全警示标志。

第三十六条 安全设备的设计、制造、安装、使用、检测、维修、改造和报废，应当符合国家标准或者行业标准。

生产经营单位必须对安全设备进行经常性维护、保养，并定期检测，保证正常运转。维护、保养、检测应当作好记录，并由有关人员签字。

生产经营单位不得关闭、破坏直接关系生产安全的监控、报警、防护、救生设备、设施，或者篡改、隐瞒、销毁其相关数据、信息。

餐饮等行业的生产经营单位使用燃气的，应当安装可燃气体报警装置，并保障其正常使用。

第三十七条 生产经营单位使用的危险物品的容器、运输工具，以及涉及人身安全、危险性较大的海洋石油开采特种设备和矿山井下特种设备，必须按照国家有关规定，由专业生产单位生产，并经具有专业资质的检测、检验机构检测、检验合格，取得安全使用证或者安全标志，方可投入使用。检测、检验机构对检测、检验结果负责。

第三十八条 国家对严重危及生产安全的工艺、设备实行淘汰制度，具体目录由国务院应急管理部门会同国务院有关部门制定并公布。法律、行政法规对目录的制定另有规定的，适用其规定。

省、自治区、直辖市人民政府可以根据本地区实际情况制定并公布具体目录，对前款规定以外的危及生产安全的工艺、设备予以淘汰。

生产经营单位不得使用应当淘汰的危及生产安全的工艺、设备。

第三十九条 生产、经营、运输、储存、使用危险物品或者处置废弃危险物品的，由有关主管部门依照有关法律、法规的规定和国家标准或者行业标准审批并实施监督管理。

生产经营单位生产、经营、运输、储存、使用危险物品或者处置废弃危险物品，必须执行有关法律、法规和国家标准或者行业标准，建立专门的安全管理制度，采取可靠的安全措施，接受有关主管部门依法实施的监督管理。

第四十条 生产经营单位对重大危险源应当登记建档，进行定期检测、评估、监控，并制定应急预案，告知从业人员和相关人员在紧急情况下应当采取的应急措施。

生产经营单位应当按照国家有关规定将本单位重大危险源及有关安全措施、应急措施报有关地方人民政府应急管理部门和有关部门备案。有关地方人民政府应急管理部门和有关部门应当通过相关信息系统实现信息共享。

第四十一条 生产经营单位应当建立安全风险分级管控制度，按照安全风险分级采取相应的管控措施。

生产经营单位应当建立健全并落实生产安全事故隐患排查治理制度，采取技术、管理措施，及时发现并消除事故隐患。事故隐患排查治理情况应当如实记录，并通过职工大会或者职工代表大会、信息公示栏等方式向从业人员通报。其中，重大事故隐患排查治理情况应当及时向负有安全生产监督管理职责的部门和职工大会或者职工代表大会报告。

县级以上地方各级人民政府负有安全生产监督管理职责的部门应当将重大事故隐患纳入相关信息系统，建立健全重大事故隐患治理督办制度，督促生产经营单位消除重大事故隐患。

第四十二条 生产、经营、储存、使用危险物品的车间、商店、仓库不得与员工宿舍在同一座建筑物内，并应当与员工宿舍保持安全距离。

生产经营场所和员工宿舍应当设有符合紧急疏散要求、标志明显、保持畅通的出口、疏散通道。禁止占用、锁闭、封堵生产经营场所或者员工宿舍的出口、疏散通道。

第四十三条 生产经营单位进行爆破、吊装、动火、临时用电以及国务院应急管理部门会同国务院有关部门规定的其他危险作业，应当安排专门人员进行现场安全管理，确保操作规程的遵守和安全措施的落实。

第四十四条 生产经营单位应当教育和督促从业人员严格执行本单位的安全生产规章制度和安全操作规程；并向从业人员如实告知作业场所和工作岗位存在的危险因素、防范措施以及事故应急措施。

生产经营单位应当关注从业人员的身体、心理状况和行为习惯，加强对从业人员的心理疏导、精神慰藉，严格落实岗位安全生产责任，防范从业人员行为异常导致事故发生。

第四十五条 生产经营单位必须为从业人员提供符合国家标准或者行业标

准的劳动防护用品，并监督、教育从业人员按照使用规则佩戴、使用。

第四十六条 生产经营单位的安全生产管理人员应当根据本单位的生产经营特点，对安全生产状况进行经常性检查；对检查中发现的安全问题，应当立即处理；不能处理的，应当及时报告本单位有关负责人，有关负责人应当及时处理。检查及处理情况应当如实记录在案。

生产经营单位的安全生产管理人员在检查中发现重大事故隐患，依照前款规定向本单位有关负责人报告，有关负责人不及时处理的，安全生产管理人员可以向主管的负有安全生产监督管理职责的部门报告，接到报告的部门应当依法及时处理。

第四十七条 生产经营单位应当安排用于配备劳动防护用品、进行安全生产培训的经费。

第四十八条 两个以上生产经营单位在同一作业区域内进行生产经营活动，可能危及对方生产安全的，应当签订安全生产管理协议，明确各自的安全生产管理职责和应当采取的安全措施，并指定专职安全生产管理人员进行安全检查与协调。

第四十九条 生产经营单位不得将生产经营项目、场所、设备发包或者出租给不具备安全生产条件或者相应资质的单位或者个人。

生产经营项目、场所发包或者出租给其他单位的，生产经营单位应当与承包单位、承租单位签订专门的安全生产管理协议，或者在承包合同、租赁合同中约定各自的安全生产管理职责；生产经营单位对承包单位、承租单位的安全生产工作统一协调、管理，定期进行安全检查，发现安全问题的，应当及时督促整改。

矿山、金属冶炼建设项目和用于生产、储存、装卸危险物品的建设项目的施工单位应当加强对施工项目的安全管理，不得倒卖、出租、出借、挂靠或者以其他形式非法转让施工资质，不得将其承包的全部建设工程转包给第三人或者将其承包的全部建设工程支解以后以分包的名义分别转包给第三人，不得将工程分包给不具备相应资质条件的单位。

第五十条 生产经营单位发生生产安全事故时，单位的主要负责人应当立即组织抢救，并不得在事故调查处理期间擅离职守。

第五十一条 生产经营单位必须依法参加工伤保险,为从业人员缴纳保险费。

国家鼓励生产经营单位投保安全生产责任保险;属于国家规定的高危行业、领域的生产经营单位,应当投保安全生产责任保险。具体范围和实施办法由国务院应急管理部门会同国务院财政部门、国务院保险监督管理机构和相关行业主管部门制定。

第三章 从业人员的安全生产权利义务

第五十二条 生产经营单位与从业人员订立的劳动合同,应当载明有关保障从业人员劳动安全、防止职业危害的事项,以及依法为从业人员办理工伤保险的事项。

生产经营单位不得以任何形式与从业人员订立协议,免除或者减轻其对从业人员因生产安全事故伤亡依法应承担的责任。

第五十三条 生产经营单位的从业人员有权了解其作业场所和工作岗位存在的危险因素、防范措施及事故应急措施,有权对本单位的安全生产工作提出建议。

第五十四条 从业人员有权对本单位安全生产工作中存在的问题提出批评、检举、控告;有权拒绝违章指挥和强令冒险作业。

生产经营单位不得因从业人员对本单位安全生产工作提出批评、检举、控告或者拒绝违章指挥、强令冒险作业而降低其工资、福利等待遇或者解除与其订立的劳动合同。

第五十五条 从业人员发现直接危及人身安全的紧急情况时,有权停止作业或者在采取可能的应急措施后撤离作业场所。

生产经营单位不得因从业人员在前款紧急情况下停止作业或者采取紧急撤离措施而降低其工资、福利等待遇或者解除与其订立的劳动合同。

第五十六条 生产经营单位发生生产安全事故后,应当及时采取措施救治有关人员。

因生产安全事故受到损害的从业人员,除依法享有工伤保险外,依照有关民事法律尚有获得赔偿的权利的,有权提出赔偿要求。

第五十七条 从业人员在作业过程中,应当严格落实岗位安全责任,遵守本单位的安全生产规章制度和操作规程,服从管理,正确佩戴和使用劳动防护用品。

第五十八条 从业人员应当接受安全生产教育和培训,掌握本职工作所需的安全生产知识,提高安全生产技能,增强事故预防和应急处理能力。

第五十九条 从业人员发现事故隐患或者其他不安全因素,应当立即向现场安全生产管理人员或者本单位负责人报告;接到报告的人员应当及时予以处理。

第六十条 工会有权对建设项目的安全设施与主体工程同时设计、同时施工、同时投入生产和使用进行监督,提出意见。

工会对生产经营单位违反安全生产法律、法规,侵犯从业人员合法权益的行为,有权要求纠正;发现生产经营单位违章指挥、强令冒险作业或者发现事故隐患时,有权提出解决的建议,生产经营单位应当及时研究答复;发现危及从业人员生命安全的情况时,有权向生产经营单位建议组织从业人员撤离危险场所,生产经营单位必须立即作出处理。

工会有权依法参加事故调查,向有关部门提出处理意见,并要求追究有关人员的责任。

第六十一条 生产经营单位使用被派遣劳动者的,被派遣劳动者享有本法规定的从业人员的权利,并应当履行本法规定的从业人员的义务。

第四章 安全生产的监督管理

第六十二条 县级以上地方各级人民政府应当根据本行政区域内的安全生产状况,组织有关部门按照职责分工,对本行政区域内容易发生重大生产安全事故的生产经营单位进行严格检查。

应急管理部门应当按照分类分级监督管理的要求,制定安全生产年度监督检查计划,并按照年度监督检查计划进行监督检查,发现事故隐患,应当及时处理。

第六十三条 负有安全生产监督管理职责的部门依照有关法律、法规的规定,对涉及安全生产的事项需要审查批准(包括批准、核准、许可、注册、认证、颁发证照等，下同）或者验收的，必须严格依照有关法律、法规和国家标准或者行业标准规定的安全生产条件和程序进行审查；不符合有关法律、法规和国家标准或者行业标准规定的安全生产条件的，不得批准或者验收通过。对未依法取得批准或者验收合格的单位擅自从事有关活动的，负责行政审批的部门发现或者接到举报后应当立即予以取缔，并依法予以处理。对已经依法取得批准的单位，负责行政审批的部门发现其不再具备安全生产条件的，应当撤销原批准。

第六十四条 负有安全生产监督管理职责的部门对涉及安全生产的事项进行审查、验收，不得收取费用；不得要求接受审查、验收的单位购买其指定品牌或者指定生产、销售单位的安全设备、器材或者其他产品。

第六十五条 应急管理部门和其他负有安全生产监督管理职责的部门依法开展安全生产行政执法工作，对生产经营单位执行有关安全生产的法律、法规和国家标准或者行业标准的情况进行监督检查，行使以下职权：

（一）进入生产经营单位进行检查，调阅有关资料，向有关单位和人员了解情况；

（二）对检查中发现的安全生产违法行为，当场予以纠正或者要求限期改正；对依法应当给予行政处罚的行为，依照本法和其他有关法律、行政法规的规定作出行政处罚决定；

（三）对检查中发现的事故隐患，应当责令立即排除；重大事故隐患排除前或者排除过程中无法保证安全的，应当责令从危险区域内撤出作业人员，责令暂时停产停业或者停止使用相关设施、设备；重大事故隐患排除后，经审查同意，方可恢复生产经营和使用；

（四）对有根据认为不符合保障安全生产的国家标准或者行业标准的设施、设备、器材以及违法生产、储存、使用、经营、运输的危险物品予以查封或者扣押，对违法生产、储存、使用、经营危险物品的作业场所予以查封，并依法作出处理决定。

监督检查不得影响被检查单位的正常生产经营活动。

第六十六条 生产经营单位对负有安全生产监督管理职责的部门的监督检查人员（以下统称安全生产监督检查人员）依法履行监督检查职责，应当予以配合，不得拒绝、阻挠。

第六十七条 安全生产监督检查人员应当忠于职守，坚持原则，秉公执法。

安全生产监督检查人员执行监督检查任务时，必须出示有效的行政执法证件；对涉及被检查单位的技术秘密和业务秘密，应当为其保密。

第六十八条 安全生产监督检查人员应当将检查的时间、地点、内容、发现的问题及其处理情况，作出书面记录，并由检查人员和被检查单位的负责人签字；被检查单位的负责人拒绝签字的，检查人员应当将情况记录在案，并向负有安全生产监督管理职责的部门报告。

第六十九条 负有安全生产监督管理职责的部门在监督检查中，应当互相配合，实行联合检查；确需分别进行检查的，应当互通情况，发现存在的安全问题应当由其他有关部门进行处理的，应当及时移送其他有关部门并形成记录备查，接受移送的部门应当及时进行处理。

第七十条 负有安全生产监督管理职责的部门依法对存在重大事故隐患的生产经营单位作出停产停业、停止施工、停止使用相关设施或者设备的决定，生产经营单位应当依法执行，及时消除事故隐患。生产经营单位拒不执行，有发生生产安全事故的现实危险的，在保证安全的前提下，经本部门主要负责人批准，负有安全生产监督管理职责的部门可以采取通知有关单位停止供电、停止供应民用爆炸物品等措施，强制生产经营单位履行决定。通知应当采用书面形式，有关单位应当予以配合。

负有安全生产监督管理职责的部门依照前款规定采取停止供电措施，除有危及生产安全的紧急情形外，应当提前二十四小时通知生产经营单位。生产经营单位依法履行行政决定、采取相应措施消除事故隐患的，负有安全生产监督管理职责的部门应当及时解除前款规定的措施。

第七十一条 监察机关依照监察法的规定，对负有安全生产监督管理职责的部门及其工作人员履行安全生产监督管理职责实施监察。

第七十二条 承担安全评价、认证、检测、检验职责的机构应当具备国家规定的资质条件，并对其作出的安全评价、认证、检测、检验结果的合法性、真实性负责。资质条件由国务院应急管理部门会同国务院有关部门制定。

承担安全评价、认证、检测、检验职责的机构应当建立并实施服务公开和报告公开制度，不得租借资质、挂靠、出具虚假报告。

第七十三条 负有安全生产监督管理职责的部门应当建立举报制度，公开举报电话、信箱或者电子邮件地址等网络举报平台，受理有关安全生产的举报；受理的举报事项经调查核实后，应当形成书面材料；需要落实整改措施的，报经有关负责人签字并督促落实。对不属于本部门职责，需要由其他有关部门进行调查处理的，转交其他有关部门处理。

涉及人员死亡的举报事项，应当由县级以上人民政府组织核查处理。

第七十四条 任何单位或者个人对事故隐患或者安全生产违法行为，均有权向负有安全生产监督管理职责的部门报告或者举报。

因安全生产违法行为造成重大事故隐患或者导致重大事故，致使国家利益或者社会公共利益受到侵害的，人民检察院可以根据民事诉讼法、行政诉讼法的相关规定提起公益诉讼。

第七十五条 居民委员会、村民委员会发现其所在区域内的生产经营单位存在事故隐患或者安全生产违法行为时，应当向当地人民政府或者有关部门报告。

第七十六条 县级以上各级人民政府及其有关部门对报告重大事故隐患或者举报安全生产违法行为的有功人员，给予奖励。具体奖励办法由国务院应急管理部门会同国务院财政部门制定。

第七十七条 新闻、出版、广播、电影、电视等单位有进行安全生产公益宣传教育的义务，有对违反安全生产法律、法规的行为进行舆论监督的权利。

第七十八条 负有安全生产监督管理职责的部门应当建立安全生产违法行为信息库，如实记录生产经营单位及其有关从业人员的安全生产违法行为信息；对违法行为情节严重的生产经营单位及其有关从业人员，应当及时向社会公告，并通报行业主管部门、投资主管部门、自然资源主管部门、生态环境主管部门、证券监督管理机构以及有关金融机构。有关部门和机构应当对存在失信行为的生产经营单位及其有关从业人员采取加大执法检查频次、暂停项目审批、上调有关保险费率、行业或者职业禁入等联合惩戒措施，并向社会公示。

负有安全生产监督管理职责的部门应当加强对生产经营单位行政处罚信息的及时归集、共享、应用和公开，对生产经营单位作出处罚决定后七个工作日内在监督管理部门公示系统予以公开曝光，强化对违法失信生产经营单位及其有关从业人员的社会监督，提高全社会安全生产诚信水平。

第五章　生产安全事故的应急救援与调查处理

第七十九条　国家加强生产安全事故应急能力建设，在重点行业、领域建立应急救援基地和应急救援队伍，并由国家安全生产应急救援机构统一协调指挥；鼓励生产经营单位和其他社会力量建立应急救援队伍，配备相应的应急救援装备和物资，提高应急救援的专业化水平。

国务院应急管理部门牵头建立全国统一的生产安全事故应急救援信息系统，国务院交通运输、住房和城乡建设、水利、民航等有关部门和县级以上地方人民政府建立健全相关行业、领域、地区的生产安全事故应急救援信息系统，实现互联互通、信息共享，通过推行网上安全信息采集、安全监管和监测预警，提升监管的精准化、智能化水平。

第八十条　县级以上地方各级人民政府应当组织有关部门制定本行政区域内生产安全事故应急救援预案，建立应急救援体系。

乡镇人民政府和街道办事处，以及开发区、工业园区、港区、风景区等应当制定相应的生产安全事故应急救援预案，协助人民政府有关部门或者按照授权依法履行生产安全事故应急救援工作职责。

第八十一条　生产经营单位应当制定本单位生产安全事故应急救援预案，与所在地县级以上地方人民政府组织制定的生产安全事故应急救援预案相衔接，并定期组织演练。

第八十二条　危险物品的生产、经营、储存单位以及矿山、金属冶炼、城市轨道交通运营、建筑施工单位应当建立应急救援组织；生产经营规模较小的，可以不建立应急救援组织，但应当指定兼职的应急救援人员。

危险物品的生产、经营、储存、运输单位以及矿山、金属冶炼、城市轨道交通运营、建筑施工单位应当配备必要的应急救援器材、设备和物资，并进行经常性维护、保养，保证正常运转。

第八十三条　生产经营单位发生生产安全事故后，事故现场有关人员应当立即报告本单位负责人。

单位负责人接到事故报告后，应当迅速采取有效措施，组织抢救，防止事故扩大，减少人员伤亡和财产损失，并按照国家有关规定立即如实报告当地负有安全生产监督管理职责的部门，不得隐瞒不报、谎报或者迟报，不得故意破坏事故现场、毁灭有关证据。

第八十四条　负有安全生产监督管理职责的部门接到事故报告后，应当立即按照国家有关规定上报事故情况。负有安全生产监督管理职责的部门和有关地方人民政府对事故情况不得隐瞒不报、谎报或者迟报。

第八十五条　有关地方人民政府和负有安全生产监督管理职责的部门的负责人接到生产安全事故报告后，应当按照生产安全事故应急救援预案的要求立即赶到事故现场，组织事故抢救。

参与事故抢救的部门和单位应当服从统一指挥，加强协同联动，采取有效的应急救援措施，并根据事故救援的需要采取警戒、疏散等措施，防止事故扩大和次生灾害的发生，减少人员伤亡和财产损失。

事故抢救过程中应当采取必要措施，避免或者减少对环境造成的危害。

任何单位和个人都应当支持、配合事故抢救，并提供一切便利条件。

第八十六条　事故调查处理应当按照科学严谨、依法依规、实事求是、注重实效的原则，及时、准确地查清事故原因，查明事故性质和责任，评估应急处置工作，总结事故教训，提出整改措施，并对事故责任单位和人员提出处理建议。事故调查报告应当依法及时向社会公布。事故调查和处理的具体办法由国务院制定。

事故发生单位应当及时全面落实整改措施，负有安全生产监督管理职责的部门应当加强监督检查。

负责事故调查处理的国务院有关部门和地方人民政府应当在批复事故调查报告后一年内，组织有关部门对事故整改和防范措施落实情况进行评估，并及时向社会公开评估结果；对不履行职责导致事故整改和防范措施没有落实的有关单位和人员，应当按照有关规定追究责任。

第八十七条　生产经营单位发生生产安全事故，经调查确定为责任事故的，除了应当查明事故单位的责任并依法予以追究外，还应当查明对安全生产的有关事项负有审查批准和监督职责的行政部门的责任，对有失职、渎职行为的，依照本法第九十条的规定追究法律责任。

第八十八条 任何单位和个人不得阻挠和干涉对事故的依法调查处理。

第八十九条 县级以上地方各级人民政府应急管理部门应当定期统计分析本行政区域内发生生产安全事故的情况,并定期向社会公布。

第六章 法律责任

第九十条 负有安全生产监督管理职责的部门的工作人员,有下列行为之一的,给予降级或者撤职的处分;构成犯罪的,依照刑法有关规定追究刑事责任:

(一)对不符合法定安全生产条件的涉及安全生产的事项予以批准或者验收通过的;

(二)发现未依法取得批准、验收的单位擅自从事有关活动或者接到举报后不予取缔或者不依法予以处理的;

(三)对已经依法取得批准的单位不履行监督管理职责,发现其不再具备安全生产条件而不撤销原批准或者发现安全生产违法行为不予查处的;

(四)在监督检查中发现重大事故隐患,不依法及时处理的。

负有安全生产监督管理职责的部门的工作人员有前款规定以外的滥用职权、玩忽职守、徇私舞弊行为的,依法给予处分;构成犯罪的,依照刑法有关规定追究刑事责任。

第九十一条 负有安全生产监督管理职责的部门,要求被审查、验收的单位购买其指定的安全设备、器材或者其他产品的,在对安全生产事项的审查、验收中收取费用的,由其上级机关或者监察机关责令改正,责令退还收取的费用;情节严重的,对直接负责的主管人员和其他直接责任人员依法给予处分。

第九十二条 承担安全评价、认证、检测、检验职责的机构出具失实报告的,责令停业整顿,并处三万元以上十万元以下的罚款;给他人造成损害的,依法承担赔偿责任。

承担安全评价、认证、检测、检验职责的机构租借资质、挂靠、出具虚假报告的,没收违法所得;违法所得在十万元以上的,并处违法所得二倍以上五倍以下的罚款,没有违法所得或者违法所得不足十万元的,单处或者并处十万元以上二十万元以下的罚款；对其直接负责的主管人员和其他直接责任人员处五万元以上十万元以下的罚款；给他人造成损害的，与生产经营单位承担连带赔偿责任；构成犯罪的，依照刑法有关规定追究刑事责任。

对有前款违法行为的机构及其直接责任人员，吊销其相应资质和资格，五年内不得从事安全评价、认证、检测、检验等工作；情节严重的，实行终身行业和职业禁入。

第九十三条　生产经营单位的决策机构、主要负责人或者个人经营的投资人不依照本法规定保证安全生产所必需的资金投入，致使生产经营单位不具备安全生产条件的，责令限期改正，提供必需的资金；逾期未改正的，责令生产经营单位停产停业整顿。

有前款违法行为，导致发生生产安全事故的，对生产经营单位的主要负责人给予撤职处分，对个人经营的投资人处二万元以上二十万元以下的罚款；构成犯罪的，依照刑法有关规定追究刑事责任。

第九十四条　生产经营单位的主要负责人未履行本法规定的安全生产管理职责的，责令限期改正，处二万元以上五万元以下的罚款；逾期未改正的，处五万元以上十万元以下的罚款，责令生产经营单位停产停业整顿。

生产经营单位的主要负责人有前款违法行为，导致发生生产安全事故的，给予撤职处分；构成犯罪的，依照刑法有关规定追究刑事责任。

生产经营单位的主要负责人依照前款规定受刑事处罚或者撤职处分的，自刑罚执行完毕或者受处分之日起，五年内不得担任任何生产经营单位的主要负责人；对重大、特别重大生产安全事故负有责任的，终身不得担任本行业生产经营单位的主要负责人。

第九十五条　生产经营单位的主要负责人未履行本法规定的安全生产管理职责，导致发生生产安全事故的，由应急管理部门依照下列规定处以罚款：

（一）发生一般事故的，处上一年年收入百分之四十的罚款；

（二）发生较大事故的，处上一年年收入百分之六十的罚款；

（三）发生重大事故的，处上一年年收入百分之八十的罚款；

（四）发生特别重大事故的，处上一年年收入百分之一百的罚款。

第九十六条　生产经营单位的其他负责人和安全生产管理人员未履行本法

规定的安全生产管理职责的，责令限期改正，处一万元以上三万元以下的罚款；导致发生生产安全事故的，暂停或者吊销其与安全生产有关的资格，并处上一年年收入百分之二十以上百分之五十以下的罚款；构成犯罪的，依照刑法有关规定追究刑事责任。

第九十七条 生产经营单位有下列行为之一的，责令限期改正，处十万元以下的罚款；逾期未改正的，责令停产停业整顿，并处十万元以上二十万元以下的罚款，对其直接负责的主管人员和其他直接责任人员处二万元以上五万元以下的罚款：

（一）未按照规定设置安全生产管理机构或者配备安全生产管理人员、注册安全工程师的；

（二）危险物品的生产、经营、储存、装卸单位以及矿山、金属冶炼、建筑施工、运输单位的主要负责人和安全生产管理人员未按照规定经考核合格的；

（三）未按照规定对从业人员、被派遣劳动者、实习学生进行安全生产教育和培训，或者未按照规定如实告知有关的安全生产事项的；

（四）未如实记录安全生产教育和培训情况的；

（五）未将事故隐患排查治理情况如实记录或者未向从业人员通报的；

（六）未按照规定制定生产安全事故应急救援预案或者未定期组织演练的；

（七）特种作业人员未按照规定经专门的安全作业培训并取得相应资格，上岗作业的。

第九十八条 生产经营单位有下列行为之一的，责令停止建设或者停产停业整顿，限期改正，并处十万元以上五十万元以下的罚款，对其直接负责的主管人员和其他直接责任人员处二万元以上五万元以下的罚款；逾期未改正的，处五十万元以上一百万元以下的罚款，对其直接负责的主管人员和其他直接责任人员处五万元以上十万元以下的罚款；构成犯罪的，依照刑法有关规定追究刑事责任：

（一）未按照规定对矿山、金属冶炼建设项目或者用于生产、储存、装卸危险物品的建设项目进行安全评价的；

（二）矿山、金属冶炼建设项目或者用于生产、储存、装卸危险物品的建设项目没有安全设施设计或者安全设施设计未按照规定报经有关部门审查同意的；

（三）矿山、金属冶炼建设项目或者用于生产、储存、装卸危险物品的建设项目的施工单位未按照批准的安全设施设计施工的；

（四）矿山、金属冶炼建设项目或者用于生产、储存、装卸危险物品的建设项目竣工投入生产或者使用前，安全设施未经验收合格的。

第九十九条 生产经营单位有下列行为之一的，责令限期改正，处五万元以下的罚款；逾期未改正的，处五万元以上二十万元以下的罚款，对其直接负责的主管人员和其他直接责任人员处一万元以上二万元以下的罚款；情节严重的，责令停产停业整顿；构成犯罪的，依照刑法有关规定追究刑事责任：

（一）未在有较大危险因素的生产经营场所和有关设施、设备上设置明显的安全警示标志的；

（二）安全设备的安装、使用、检测、改造和报废不符合国家标准或者行业标准的；

（三）未对安全设备进行经常性维护、保养和定期检测的；

（四）关闭、破坏直接关系生产安全的监控、报警、防护、救生设备、设施，或者篡改、隐瞒、销毁其相关数据、信息的；

（五）未为从业人员提供符合国家标准或者行业标准的劳动防护用品的；

（六）危险物品的容器、运输工具，以及涉及人身安全、危险性较大的海洋石油开采特种设备和矿山井下特种设备未经具有专业资质的机构检测、检验合格，取得安全使用证或者安全标志，投入使用的；

（七）使用应当淘汰的危及生产安全的工艺、设备的；

（八）餐饮等行业的生产经营单位使用燃气未安装可燃气体报警装置的。

第一百条 未经依法批准，擅自生产、经营、运输、储存、使用危险物品或者处置废弃危险物品的，依照有关危险物品安全管理的法律、行政法规的规定予以处罚；构成犯罪的，依照刑法有关规定追究刑事责任。

第一百零一条 生产经营单位有下列行为之一的，责令限期改正，处十万元以下的罚款；逾期未改正的，责令停产停业整顿，并处十万元以上二十万元以下的罚款，对其直接负责的主管人员和其他直接责任人员处二万元以上五万元以下的罚款；构成犯罪的，依照刑法有关规定追究刑事责任：

（一）生产、经营、运输、储存、使用危险物品或者处置废弃危险物品，未建立专门安全管理制度、未采取可靠的安全措施的；

（二）对重大危险源未登记建档，未进行定期检测、评估、监控，未制定应急预案，或者未告知应急措施的；

（三）进行爆破、吊装、动火、临时用电以及国务院应急管理部门会同国务院有关部门规定的其他危险作业，未安排专门人员进行现场安全管理的；

（四）未建立安全风险分级管控制度或者未按照安全风险分级采取相应管控措施的；

（五）未建立事故隐患排查治理制度，或者重大事故隐患排查治理情况未按照规定报告的。

第一百零二条　生产经营单位未采取措施消除事故隐患的，责令立即消除或者限期消除，处五万元以下的罚款；生产经营单位拒不执行的，责令停产停业整顿，对其直接负责的主管人员和其他直接责任人员处五万元以上十万元以下的罚款；构成犯罪的，依照刑法有关规定追究刑事责任。

第一百零三条　生产经营单位将生产经营项目、场所、设备发包或者出租给不具备安全生产条件或者相应资质的单位或者个人的，责令限期改正，没收违法所得；违法所得十万元以上的，并处违法所得二倍以上五倍以下的罚款；没有违法所得或者违法所得不足十万元的，单处或者并处十万元以上二十万元以下的罚款；对其直接负责的主管人员和其他直接责任人员处一万元以上二万元以下的罚款；导致发生生产安全事故给他人造成损害的，与承包方、承租方承担连带赔偿责任。

生产经营单位未与承包单位、承租单位签订专门的安全生产管理协议或者未在承包合同、租赁合同中明确各自的安全生产管理职责，或者未对承包单位、承租单位的安全生产统一协调、管理的，责令限期改正，处五万元以下的罚款，对其直接负责的主管人员和其他直接责任人员处一万元以下的罚款；逾期未改正的，责令停产停业整顿。

矿山、金属冶炼建设项目和用于生产、储存、装卸危险物品的建设项目的施工单位未按照规定对施工项目进行安全管理的，责令限期改正，处十万元以下的罚款，对其直接负责的主管人员和其他直接责任人员处二万元以下的罚款；逾期未改正的，责令停产停业整顿。以上施工单位倒卖、出租、出借、挂靠或者以其他形式非法转让施工资质的，责令停产停业整顿，吊销资质证书，没收违法所得；违法所得十万元以上的，并处违法所得二倍以上五倍以下的罚款，没有违法所得或者违法所得不足十万元的，单处或者并处十万元以上二十万元以下的罚款；对其直接负责的主管人员和其他直接责任人员处五万元以上十万元以下的罚款；构成犯罪的，依照刑法有关规定追究刑事责任。

第一百零四条 两个以上生产经营单位在同一作业区域内进行可能危及对方安全生产的生产经营活动，未签订安全生产管理协议或者未指定专职安全生产管理人员进行安全检查与协调的，责令限期改正，处五万元以下的罚款，对其直接负责的主管人员和其他直接责任人员处一万元以下的罚款；逾期未改正的，责令停产停业。

第一百零五条 生产经营单位有下列行为之一的，责令限期改正，处五万元以下的罚款，对其直接负责的主管人员和其他直接责任人员处一万元以下的罚款；逾期未改正的，责令停产停业整顿；构成犯罪的，依照刑法有关规定追究刑事责任：

（一）生产、经营、储存、使用危险物品的车间、商店、仓库与员工宿舍在同一座建筑内，或者与员工宿舍的距离不符合安全要求的；

（二）生产经营场所和员工宿舍未设有符合紧急疏散需要、标志明显、保持畅通的出口、疏散通道，或者占用、锁闭、封堵生产经营场所或者员工宿舍出口、疏散通道的。

第一百零六条 生产经营单位与从业人员订立协议，免除或者减轻其对从业人员因生产安全事故伤亡依法应承担的责任的，该协议无效；对生产经营单位的主要负责人、个人经营的投资人处二万元以上十万元以下的罚款。

第一百零七条 生产经营单位的从业人员不落实岗位安全责任，不服从管理，违反安全生产规章制度或者操作规程的，由生产经营单位给予批评教育，依照有关规章制度给予处分；构成犯罪的，依照刑法有关规定追究刑事责任。

第一百零八条 违反本法规定，生产经营单位拒绝、阻碍负有安全生产监督管理职责的部门依法实施监督检查的，责令改正；拒不改正的，处二万元以上二十万元以下的罚款；对其直接负责的主管人员和其他直接责任人员处一万元以上二万元以下的罚款；构成犯罪的，依照刑法有关规定追究刑事责任。

第一百零九条 高危行业、领域的生产经营单位未按照国家规定投保安全生产责任保险的,责令限期改正,处五万元以上十万元以下的罚款;逾期未改正的,处十万元以上二十万元以下的罚款。

第一百一十条 生产经营单位的主要负责人在本单位发生生产安全事故时,不立即组织抢救或者在事故调查处理期间擅离职守或者逃匿的,给予降级、撤职的处分,并由应急管理部门处上一年年收入百分之六十至百分之一百的罚款;对逃匿的处十五日以下拘留;构成犯罪的,依照刑法有关规定追究刑事责任。

生产经营单位的主要负责人对生产安全事故隐瞒不报、谎报或者迟报的,依照前款规定处罚。

第一百一十一条 有关地方人民政府、负有安全生产监督管理职责的部门,对生产安全事故隐瞒不报、谎报或者迟报的,对直接负责的主管人员和其他直接责任人员依法给予处分;构成犯罪的,依照刑法有关规定追究刑事责任。

第一百一十二条 生产经营单位违反本法规定,被责令改正且受到罚款处罚,拒不改正的,负有安全生产监督管理职责的部门可以自作出责令改正之日的次日起,按照原处罚数额按日连续处罚。

第一百一十三条 生产经营单位存在下列情形之一的,负有安全生产监督管理职责的部门应当提请地方人民政府予以关闭,有关部门应当依法吊销其有关证照。生产经营单位主要负责人五年内不得担任任何生产经营单位的主要负责人;情节严重的,终身不得担任本行业生产经营单位的主要负责人:

(一)存在重大事故隐患,一百八十日内三次或者一年内四次受到本法规定的行政处罚的;

(二)经停产停业整顿,仍不具备法律、行政法规和国家标准或者行业标准规定的安全生产条件的;

(三)不具备法律、行政法规和国家标准或者行业标准规定的安全生产条件,导致发生重大、特别重大生产安全事故的;

(四)拒不执行负有安全生产监督管理职责的部门作出的停产停业整顿决定的。

第一百一十四条 发生生产安全事故,对负有责任的生产经营单位除要求其依法承担相应的赔偿等责任外,由应急管理部门依照下列规定处以罚款:

（一）发生一般事故的，处三十万元以上一百万元以下的罚款；

（二）发生较大事故的，处一百万元以上二百万元以下的罚款；

（三）发生重大事故的，处二百万元以上一千万元以下的罚款；

（四）发生特别重大事故的，处一千万元以上二千万元以下的罚款。

发生生产安全事故，情节特别严重、影响特别恶劣的，应急管理部门可以按照前款罚款数额的二倍以上五倍以下对负有责任的生产经营单位处以罚款。

第一百一十五条 本法规定的行政处罚，由应急管理部门和其他负有安全生产监督管理职责的部门按照职责分工决定；其中，根据本法第九十五条、第一百一十条、第一百一十四条的规定应当给予民航、铁路、电力行业的生产经营单位及其主要负责人行政处罚的，也可以由主管的负有安全生产监督管理职责的部门进行处罚。予以关闭的行政处罚，由负有安全生产监督管理职责的部门报请县级以上人民政府按照国务院规定的权限决定；给予拘留的行政处罚，由公安机关依照治安管理处罚的规定决定。

第一百一十六条 生产经营单位发生生产安全事故造成人员伤亡、他人财产损失的，应当依法承担赔偿责任；拒不承担或者其负责人逃匿的，由人民法院依法强制执行。

生产安全事故的责任人未依法承担赔偿责任，经人民法院依法采取执行措施后，仍不能对受害人给予足额赔偿的，应当继续履行赔偿义务；受害人发现责任人有其他财产的，可以随时请求人民法院执行。

第七章 附 则

第一百一十七条 本法下列用语的含义：

危险物品，是指易燃易爆物品、危险化学品、放射性物品等能够危及人身安全和财产安全的物品。

重大危险源，是指长期地或者临时地生产、搬运、使用或者储存危险物品，且危险物品的数量等于或者超过临界量的单元（包括场所和设施）。

第一百一十八条 本法规定的生产安全一般事故、较大事故、重大事故、特别重大事故的划分标准由国务院规定。

国务院应急管理部门和其他负有安全生产监督管理职责的部门应当根据各

自的职责分工，制定相关行业、领域重大危险源的辨识标准和重大事故隐患的判定标准。

第一百一十九条 本法自 2002 年 11 月 1 日起施行。

二、保安管理制度

依照法律、法规和国家关于保安服务政策、规定，保安服务即为根据客户的环境特点和要求，按照保安服务合同约定，采取巡逻、门卫、守护、押运、技术防卫等形式，为客户提供保卫安全的相关服务。对于一些企业来说，保安服务也是一项其必备的硬件。而制定相应的保安管理制度，正是加强对保安的管理和调整保安服务的有效途径。

保安管理制度范本

第一章 总　　则

第一条 为了保障公司的正常工作秩序，搞好人员接待和车辆、物品出入登记的管理，当好企业卫士，确保公司财产和员工的人身安全，在参照国务院颁布的《保安服务管理条例》（见附件）的基础上，特制定本管理制度。

第二条 本制度适用于保安部及保安人员的管理。

第二章　工作标准与岗位职责

第三条 保安部工作标准：

（一）贯彻安全工作"谁主管、谁负责"的原则，协助公司各部门把安全工作的要求，列入各项工作的岗位责任制中。

（二）落实"宾客至上、安全第一"的方针，有效防止不法分子混入公司，切实做好公司安全工作。

（三）维护好公司内部治安秩序，避免财产损失，确保人员的人身安全。

（四）贯彻"预防为主、防治结合、防消结合"的原则，做到五防"防盗、防火、防爆、防破坏、防意外事故",通过有效的监控和巡查,及时发现事故苗头及时妥善处理,做到防患于未然。

(五)制定好各种应急行动预案,定期进行检查和演练,确保各种抢险、抢救、消防设备设施处于良好状态。

第四条 保安形象与态度:

(一)值勤期间应按统一着装,穿戴整齐,挂好厂牌;应急及防身器具等应佩带或储备齐全,以应不时之需。

(二)不得留长胡子、长指甲,保持仪容整洁、精神状态上佳、态度谦和、认真负责。

(三)恪尽职守、文明执勤、礼貌待客。严禁离岗、睡岗或酗酒、闲聊、玩弄手机等,因事离开或巡察厂区、宿舍时,岗位应有人代班。

(四)注意本身礼貌与涵养,对来宾、来访人员要文明问询和主动引导。

(五)礼貌接听电话,对上级的吩咐和通知事项,应及时传达;严禁接打私人电话或长时间占用公话。

(六)值勤保安不得以任何理由粗暴对待客户,尤其是对夜间送货到公司的客户或司机更要热情问候,以礼相待并负责通知相关部门人员到厂验收货物。有态度粗暴、故意刁难员工或外来人员的,一经发现,将按照公司有关规定严肃处理。

(七)应绝对服从上级命令,切实执行任务,以身作则,不得偏袒徇私,严禁监守自盗。

(八)遇有重大事件或可疑人物,应临危不乱,不卑不亢,果断做适当的处置,并立即报告上级。

(九)公司副总经理(含)以上领导、公司事先告知来访的重要来宾及政府官员进出公司时,应行注目礼,以示敬重。

第五条 保安岗位职责:

(一)直接向副总经理负责,全面负责保安部的日常管理工作。

(二)负责公司的安全保卫工作,保证公司正常的运作秩序。

(三)负责制定保安部工作流程、员工岗位分配、员工岗位技能培训。

(四)负责公司内部全部消防设备设施的管理和正确使用。

（五）负责公司监控系统的有效使用和原始录像的保留及复制。

（六）负责门禁制度的落实和员工考勤上下班打卡制度的落实。

（七）负责来访接待，并联络登记。

（八）负责监管进出公司的汽车停放秩序，并登记。

（九）负责进出公司的物品的查验并登记。

（十）负责厂区、办公楼、宿舍的安全巡视，公共区域的水电监管，以及夜间查岗并登记。

（十一）负责维护公司花草树木。

（十二）负责安全事故处理，对突发事故采取应急措施。

（十三）协助维持公司办公秩序，防止盗窃。

（十四）保存值班的各项记录，定期上交行政部。

（十五）保障电梯、楼梯、安全通道畅通无阻。检查疏散标识、应急灯是否完好，确保各类抢救人员具有快速反应能力，一旦发生意外情况，能使客人迅速安全疏散。

（十六）24小时持续不断地做好安全监视工作。要做到及时发现异常情况及时处理。

（十七）接到各部门报案或对讲机紧急呼叫带领保安人员迅速到达现场并采取恰当、果断的措施，为经营部门做好"保驾护航"的工作。

（十八）领导交办的其他事项的处理。

第六条 保安部值夜员岗位职责为：

（一）直接向保安部经理负责，负责公司非营业时间的物品看管，安全值守巡逻工作。

（二）提前十分钟进入岗位，并对公司各区域巡视一遍，查看各处房门是否落锁，水、电、气是否处于关闭状态。接受各部门口述注意事项，认真做好值班记录。

（三）每三十分钟对公司营业区域及各重要部位进行巡视，发现异常要立即采取措施。遇有非能力和职权无法解决的问题及时请示总值人员或保安部经理处理。

（四）上班时间不得睡觉，不得容留亲友在店中逗留，不得使用客用设备，不得离开店内。

（五）提高安全防范意识，非营业时间员工和来宾不得进入营业区域。

（六）按规定做好本岗位卫生责任区的清洁工作。

第三章　出勤制度

第七条　上班时间安排：

早班：07:00～16:00；

中班：16:00～24:00；

夜班：00:00～08:00；

所有值班人员提前十分钟接班。

训练时间为17:30～18:30。

中班换早班，10:00（吃饭时间30分钟）

早班换中班，17:00（吃饭时间30分钟）

第八条　由领班于班前进行点名并做好当班、迟到、旷工、事（病假）人员情况记录，明确外出原因，并将详细情况向上级领导汇报。

第九条　值班制度安排：

（一）保安员值班安排表由领班编排，于上月底公布并通知值班人员按时值班。

（二）保安员应按照规定时间在指定场所连续执行任务，不得中途停歇或随意外出。

（三）当班时遇有事情发生，属于职权范围内的可及时处理，事后向领班报告；如遇其职权不能处理的，应立即请示经理或主管领导。

（四）值班员应将值班时所处理的事项详细记录，于交班后送交领班。

（五）值班员因病和其他原因不能继续执勤的，应先行请假，由上级领导批准后方可离开。

第十条　交接班制度安排：

（一）交接班时，由领班对当班人员进行点名、检查仪容仪表、安排岗位；提前十分钟列队进行交接。

（二）交接班时，如接班人员未到，交班人员不得擅自下班，应及时向领班报告，等待安排交接班事宜。

（三）接班者未能按时接班，按交接时间对接班人以迟到或旷工处理（除领导批假的以外）。

（四）保安员交接班时要把需要在值班中继续注意或处理的问题，以及警械器具、车辆、《车牌登记》交接清楚。交班者对某一件事需要继续处理的，交班者必须说明，并由主管和当事人留下妥善处理，事情处理完毕，方可离去。

（五）交接时，仔细检查交接物品性能和好坏；发现问题，当面讲清，不得推诿。

车场保安要等接下来班人员对管区车辆逐个检查一遍并进行验收后才能下班，如发现有擦、撞现象，应及时报告并做好记录。

（六）接班保安员在接班时发现的问题，由交班保安员承担责任，接班完毕后发生的问题由当班保安员承担责任。

（七）所有事项交接清楚后，交接班保安员分别在记录本上签名。

第十一条 保安员因事需外出的，必须书面提出申请，按时归队销假。

请假在一天以内的由领班审批；请假在两天以内的由部门经理审批；请假在两天以上的，由主管副总批准并报送人事部存档。

未经领导批准，任何人不得外出。

第四章 管制规定

人员管制

第十二条 严禁闲杂或与公司工作无关人员进入公司。外来人员因公务需进公司，经被访人同意，填写会客单后，方可进公司；会客结束后，凭被访人签字的会客单，方能离开公司。外来人员一时没有联系上被访人，可在门卫室内或指定地方等候。

第十三条 政府机关、人民团体或其他贵宾（外国客商），由总经理陪同时，不必办理入厂手续，但保安须登记进厂人数和时间。贵宾出厂后，保安须注明贵宾离厂时间。

第十四条 管制进厂人、物、车辆，对未办妥入厂手续者，一概不准入厂，并绝对禁止携带违禁品入厂（除公司生产需要外）。

第十五条 员工进出公司应主动出示员工证，忘记带员工证者，保安人员要对其进行登记，超过五次的给予口头警告，并报其所在部门。

保安要做好违纪违规人员的登记，并及时向行政上报。

第十六条 严格执行员工出入制度，当班员工原则上不应离开公司，若确实有需要外出的，应由班组主管或部门主管出具相关证明，交由保安后方准外出，入厂时应填写入厂时间。不符合上述手续者，保安不准放行。强行外出者，应立即上报行政部。

第十七条 严禁员工亲属、老乡和朋友在上班时间来公司会面，有特殊情况者，保安可代为通知当事者在厂门口见面。

第十八条 员工上班时间不得进行私人会客，特殊情况须经所属部门领导同意，但只能在指定的会客室进行。

第十九条 未经公司领导批准，不允许新闻媒体等机构到公司采访、拍摄。

物 品 管 制

第二十条 严格执行物资管理规定，任何物资出入公司均需办理有关手续。凡外协单位、外加工单位的非本公司物资，进入公司时，需在保安室登记，未经登记的物资不得放行。

第二十一条 凡购买、加工、借用的材料、半成品、工具等物资运出公司，须持有相关部门出具的出门凭证，经核对无误后方可放行。

第二十二条 公司员工物品、各外协商交货时所随的物品，若有寄存在保安室的，须经得保安人员同意，检查、登记并妥善保管。一般寄存时间不超过一个班时间，否则发生丢失现象，保安人员不负责赔偿。

第二十三条 员工进出公司，原则上不准携带与本公司产品相似的产品，如因需要，经生产部或行政部开立证明单后（注明品种、型号）准予进出厂。经查验无误后方可放行。

第二十四条 离厂人员经保安查获有私带公物或他人物品的，暂扣留当事人，并迅速汇报行政部或相关部门，再另行处理。

第二十五条 非本公司车辆入厂，车中人员应在门卫室办妥登记手续才可入厂，车辆须按规定停泊在公司指定的地方。

第二十六条 货运车辆进出厂区时，需出具送货证明或《物品出门证》，保安方可放行，并通知仓库保管部门。

第五章 奖惩措施

第二十七条 员工有下列情形之一者，予以嘉奖：

（一）积极维护公司荣誉，在客户中树立良好公司形象和口碑。

（二）认真勤奋，执行或督导工作得力者。

（三）工作勤奋，超额完成工作任务者。

第二十八条 员工有下列情形之一者，予以物质奖励：

（一）对工作流程或管理制度积极提出合理化建议，被采纳者。

（二）积极研究改善工作方法提高工作效率或降低成本确有成效者。

（三）检举揭发违反规定或损害公司利益事件者。

（四）对可能发生的意外事故能防患于未然，确保公司及财物安全者。

（五）多次执行重要事务成绩显著者。

（六）遇突发事件第一时间到达现场，维护现场秩序，不退缩，有效地控制场面使损失降到最低者。

（七）对公司发展有重大贡献者。

（八）在各类报刊或学术研讨会上发表有关论文者。

（九）在工作中，严格遵守公司各项规章制度，认真完成本职工作，工作成绩优秀者。

第二十九条 有下列行为者，给予口头警告：

（一）妨碍工作秩序或违反、破坏安全，环境卫生制度者。

（二）不按公司规定着装，仪表、仪容不整，无精打采者。

（三）不及时汇报，不填写交接班记录者。

（四）不遵守考勤规定，一个月内迟到早退累计两次或每次迟到、早退超过10分钟者。

（五）同事之间相互谩骂、吵架，情节严重者。

（六）在工作时间内睡觉或擅离工作岗位或接待私人来访时间超过15分钟者。

（七）当班时间吃东西、玩弄手机、收听广播、看报纸、聊天者。

（八）无故不参加部门例会和培训，累计两次以上者。

（九）阅读与工作无关的书报杂志或从事规定以外的工作者。

第三十条　有下列行为者，处以经济处分：

（一）因玩忽职守造成公司损失者。

（二）对同事恶意攻击，造成伤害者。

（三）捏造事实骗取休假者。

（四）季度内累计三次未完成工作任务，但未造成重大影响者。

（五）委托他人或代他人签到者。

（六）未经同意私自调班或擅离工作岗位，经常迟到或早退者。

（七）因服务态度差受到用户投诉时，与用户争辩、吵闹或对客户投诉的处理不当或不及时，引致业主向上级部门领导投诉者。

（八）弄虚作假，涂改当班记录、删除录像记录。

（九）不服从领导的正确命令并在公共场合顶撞领导。

（十）超越职权范围或违章操作酿成事故者。

（十一）工作时间消极怠工者。

第三十一条　有下列行为者，予以辞退：

（一）不服从正常的工作调动及安排，不听从上级领导指挥监督、与其发生冲突者。

（二）在公司内酗酒滋事造成恶劣影响者。

（三）工作时间喝酒、赌博、打架。

（四）工作范围内聚众赌博、变相赌博等。

（五）故意毁坏公物，金额较大者。

（六）聚众闹事妨害、扰乱正常工作秩序者。

（七）违反劳动合同或公司管理规定，情节严重者。

（八）对同事施以暴力或有重大侮辱威胁行为者。

（九）严重违反各种安全制度，导致重大人身或设备事故者。

（十）盗窃同事或公司、客户财物者。

（十一）连续旷工三天或两个月累计五天，全年累计七天的。

第六章 附 则

第三十二条 本制度由办公室制定并负责解释，经总经理批准后施行。

第三十三条 本制度自颁布之日起施行。

☞ 制作提示

1. 明确制度的制定目的及适用范围。如规定为了保障公司的正常工作秩序，搞好人员接待和车辆、物品出入登记的管理，当好企业卫士，确保公司财产和员工的人身安全，特制定本管理制度。参见上文第一、二条。

2. 明确保安部工作标准。如规定贯彻安全工作"谁主管、谁负责"的原则，协助公司各部门把安全工作的要求，列入各项工作的岗位责任制中。参见上文第三条。

3. 明确保安形象与态度。如规定不得留长胡子、长指甲，保持仪容整洁、精神状态上佳、态度谦和、认真负责。参见上文第四条。

4. 明确保安岗位职责。如规定直接向副总经理负责，全面负责保安部的日常管理工作。参见上文第五、六条。

5. 明确上班时间安排、值班制度安排、交接班制度安排以及请假制度等。如规定请假在一天以内的由领班审批；请假在两天以内的由部门经理审批；请假在两天以上的，由主管副总批准并报送人事部存档。参见上文第七、八、九、十、十一条。

6. 明确人员管制事项。如规定员工进出公司应主动出示员工证，忘记带员工证者，保安人员要对其进行登记，超过五次的给予口头警告，并报其所在部门。参见上文第十二、十三、十四、十五、十六、十七条。

7. 明确物品、车辆管制事项。如规定严格执行物资管理规定，任何物资出入公司均需办理有关手续。凡外协单位、外加工单位的非本公司物资，进入公司时，需在保安室登记，未经登记的物资不得放行。参见上文第二十、二十一、二十二、二十三、二十四、二十五、二十六条。

8. 明确奖惩措施。如规定不遵守考勤规定，一个月内迟到早退累计两次或每次迟到、早退超过10分钟者给予口头警告。参见上文第二十七、二十八、二

十九、三十、三十一条。

9. 明确其他事宜及解释主体和施行时间等。参见上文第三十二、三十三条。

附：

保安服务管理条例

（2009年9月28日国务院第82次常务会议通过　2009年10月13日中华人民共和国国务院令第564号公布　根据2020年11月29日《国务院关于修改和废止部分行政法规的决定》修订）

第一章　总　　则

第一条　为了规范保安服务活动，加强对从事保安服务的单位和保安员的管理，保护人身安全和财产安全，维护社会治安，制定本条例。

第二条　本条例所称保安服务是指：

（一）保安服务公司根据保安服务合同，派出保安员为客户单位提供的门卫、巡逻、守护、押运、随身护卫、安全检查以及安全技术防范、安全风险评估等服务；

（二）机关、团体、企业、事业单位招用人员从事的本单位门卫、巡逻、守护等安全防范工作；

（三）物业服务企业招用人员在物业管理区域内开展的门卫、巡逻、秩序维护等服务。

前款第（二）项、第（三）项中的机关、团体、企业、事业单位和物业服务企业，统称自行招用保安员的单位。

第三条　国务院公安部门负责全国保安服务活动的监督管理工作。县级以上地方人民政府公安机关负责本行政区域内保安服务活动的监督管理工作。

保安服务行业协会在公安机关的指导下，依法开展保安服务行业自律活动。

第四条　保安服务公司和自行招用保安员的单位（以下统称保安从业单位）应当建立健全保安服务管理制度、岗位责任制度和保安员管理制度，加强对保安员的管理、教育和培训，提高保安员的职业道德水平、业务素质和责任意识。

第五条 保安从业单位应当依法保障保安员在社会保险、劳动用工、劳动保护、工资福利、教育培训等方面的合法权益。

第六条 保安服务活动应当文明、合法，不得损害社会公共利益或者侵犯他人合法权益。

保安员依法从事保安服务活动，受法律保护。

第七条 对在保护公共财产和人民群众生命财产安全、预防和制止违法犯罪活动中有突出贡献的保安从业单位和保安员，公安机关和其他有关部门应当给予表彰、奖励。

第二章 保安服务公司

第八条 保安服务公司应当具备下列条件：

（一）有不低于人民币100万元的注册资本；

（二）拟任的保安服务公司法定代表人和主要管理人员应当具备任职所需的专业知识和有关业务工作经验，无被刑事处罚、劳动教养、收容教育、强制隔离戒毒或者被开除公职、开除军籍等不良记录；

（三）有与所提供的保安服务相适应的专业技术人员，其中法律、行政法规有资格要求的专业技术人员，应当取得相应的资格；

（四）有住所和提供保安服务所需的设施、装备；

（五）有健全的组织机构和保安服务管理制度、岗位责任制度、保安员管理制度。

第九条 申请设立保安服务公司，应当向所在地设区的市级人民政府公安机关提交申请书以及能够证明其符合本条例第八条规定条件的材料。

受理的公安机关应当自收到申请材料之日起15日内进行审核，并将审核意见报所在地的省、自治区、直辖市人民政府公安机关。省、自治区、直辖市人民政府公安机关应当自收到审核意见之日起15日内作出决定，对符合条件的，核发保安服务许可证；对不符合条件的，书面通知申请人并说明理由。

第十条 从事武装守护押运服务的保安服务公司，应当符合国务院公安部门对武装守护押运服务的规划、布局要求，具备本条例第八条规定的条件，并符合下列条件：

（一）有不低于人民币 1000 万元的注册资本；

（二）国有独资或者国有资本占注册资本总额的 51% 以上；

（三）有符合《专职守护押运人员枪支使用管理条例》规定条件的守护押运人员；

（四）有符合国家标准或者行业标准的专用运输车辆以及通信、报警设备。

第十一条　申请设立从事武装守护押运服务的保安服务公司，应当向所在地设区的市级人民政府公安机关提交申请书以及能够证明其符合本条例第八条、第十条规定条件的材料。保安服务公司申请增设武装守护押运业务的，无需再次提交证明其符合本条例第八条规定条件的材料。

受理的公安机关应当自收到申请材料之日起 15 日内进行审核，并将审核意见报所在地的省、自治区、直辖市人民政府公安机关。省、自治区、直辖市人民政府公安机关应当自收到审核意见之日起 15 日内作出决定，对符合条件的，核发从事武装守护押运业务的保安服务许可证或者在已有的保安服务许可证上增注武装守护押运服务；对不符合条件的，书面通知申请人并说明理由。

第十二条　取得保安服务许可证的申请人，凭保安服务许可证到工商行政管理机关办理工商登记。取得保安服务许可证后超过 6 个月未办理工商登记的，取得的保安服务许可证失效。

保安服务公司设立分公司的，应当向分公司所在地设区的市级人民政府公安机关备案。备案应当提供总公司的保安服务许可证和工商营业执照，总公司法定代表人、分公司负责人和保安员的基本情况。

保安服务公司的法定代表人变更的，应当经原审批公安机关审核，持审核文件到工商行政管理机关办理变更登记。

第三章　自行招用保安员的单位

第十三条　自行招用保安员的单位应当具有法人资格，有符合本条例规定条件的保安员，有健全的保安服务管理制度、岗位责任制度和保安员管理制度。

娱乐场所应当依照《娱乐场所管理条例》的规定，从保安服务公司聘用保安员，不得自行招用保安员。

第十四条 自行招用保安员的单位,应当自开始保安服务之日起 30 日内向所在地设区的市级人民政府公安机关备案,备案应当提供下列材料:

(一)法人资格证明;

(二)法定代表人(主要负责人)、分管负责人和保安员的基本情况;

(三)保安服务区域的基本情况;

(四)建立保安服务管理制度、岗位责任制度、保安员管理制度的情况。

自行招用保安员的单位不再招用保安员进行保安服务的,应当自停止保安服务之日起 30 日内到备案的公安机关撤销备案。

第十五条 自行招用保安员的单位不得在本单位以外或者物业管理区域以外提供保安服务。

第四章 保安员

第十六条 年满 18 周岁,身体健康,品行良好,具有初中以上学历的中国公民可以申领保安员证,从事保安服务工作。申请人经设区的市级人民政府公安机关考试、审查合格并留存指纹等人体生物信息的,发给保安员证。

提取、留存保安员指纹等人体生物信息的具体办法,由国务院公安部门规定。

第十七条 有下列情形之一的,不得担任保安员:

(一)曾被收容教育、强制隔离戒毒、劳动教养或者 3 次以上行政拘留的;

(二)曾因故意犯罪被刑事处罚的;

(三)被吊销保安员证未满 3 年的;

(四)曾两次被吊销保安员证的。

第十八条 保安从业单位应当招用符合保安员条件的人员担任保安员,并与被招用的保安员依法签订劳动合同。保安从业单位及其保安员应当依法参加社会保险。

保安从业单位应当根据保安服务岗位需要定期对保安员进行法律、保安专业知识和技能培训。

第十九条 保安从业单位应当定期对保安员进行考核,发现保安员不合格或者严重违反管理制度,需要解除劳动合同的,应当依法办理。

第二十条 保安从业单位应当根据保安服务岗位的风险程度为保安员投保意外伤害保险。

保安员因工伤亡的，依照国家有关工伤保险的规定享受工伤保险待遇；保安员牺牲被批准为烈士的，依照国家有关烈士褒扬的规定享受抚恤优待。

第五章 保安服务

第二十一条 保安服务公司提供保安服务应当与客户单位签订保安服务合同，明确规定服务的项目、内容以及双方的权利义务。保安服务合同终止后，保安服务公司应当将保安服务合同至少留存2年备查。

保安服务公司应当对客户单位要求提供的保安服务的合法性进行核查，对违法的保安服务要求应当拒绝，并向公安机关报告。

第二十二条 设区的市级以上地方人民政府确定的关系国家安全、涉及国家秘密等治安保卫重点单位不得聘请外商投资的保安服务公司提供保安服务。

第二十三条 保安服务公司派出保安员跨省、自治区、直辖市为客户单位提供保安服务的，应当向服务所在地设区的市级人民政府公安机关备案。备案应当提供保安服务公司的保安服务许可证和工商营业执照、保安服务合同、服务项目负责人和保安员的基本情况。

第二十四条 保安服务公司应当按照保安服务业服务标准提供规范的保安服务，保安服务公司派出的保安员应当遵守客户单位的有关规章制度。客户单位应当为保安员从事保安服务提供必要的条件和保障。

第二十五条 保安服务中使用的技术防范产品，应当符合有关的产品质量要求。保安服务中安装监控设备应当遵守国家有关技术规范，使用监控设备不得侵犯他人合法权益或者个人隐私。

保安服务中形成的监控影像资料、报警记录，应当至少留存30日备查，保安从业单位和客户单位不得删改或者扩散。

第二十六条 保安从业单位对保安服务中获知的国家秘密、商业秘密以及客户单位明确要求保密的信息，应当予以保密。

保安从业单位不得指使、纵容保安员阻碍依法执行公务、参与追索债务、采用暴力或者以暴力相威胁的手段处置纠纷。

第二十七条 保安员上岗应当着保安员服装，佩带全国统一的保安服务标志。保安员服装和保安服务标志应当与人民解放军、人民武装警察和人民警察、工商税务等行政执法机关以及人民法院、人民检察院工作人员的制式服装、标志服饰有明显区别。

保安员服装由全国保安服务行业协会推荐式样，由保安服务从业单位在推荐式样范围内选用。保安服务标志式样由全国保安服务行业协会确定。

第二十八条 保安从业单位应当根据保安服务岗位的需要为保安员配备所需的装备。保安服务岗位装备配备标准由国务院公安部门规定。

第二十九条 在保安服务中，为履行保安服务职责，保安员可以采取下列措施：

（一）查验出入服务区域的人员的证件，登记出入的车辆和物品；

（二）在服务区域内进行巡逻、守护、安全检查、报警监控；

（三）在机场、车站、码头等公共场所对人员及其所携带的物品进行安全检查，维护公共秩序；

（四）执行武装守护押运任务，可以根据任务需要设立临时隔离区，但应当尽可能减少对公民正常活动的妨碍。

保安员应当及时制止发生在服务区域内的违法犯罪行为，对制止无效的违法犯罪行为应当立即报警，同时采取措施保护现场。

从事武装守护押运服务的保安员执行武装守护押运任务使用枪支，依照《专职守护押运人员枪支使用管理条例》的规定执行。

第三十条 保安员不得有下列行为：

（一）限制他人人身自由、搜查他人身体或者侮辱、殴打他人；

（二）扣押、没收他人证件、财物；

（三）阻碍依法执行公务；

（四）参与追索债务、采用暴力或者以暴力相威胁的手段处置纠纷；

（五）删改或者扩散保安服务中形成的监控影像资料、报警记录；

（六）侵犯个人隐私或者泄露在保安服务中获知的国家秘密、商业秘密以及客户单位明确要求保密的信息；

（七）违反法律、行政法规的其他行为。

第三十一条　保安员有权拒绝执行保安从业单位或者客户单位的违法指令。保安从业单位不得因保安员不执行违法指令而解除与保安员的劳动合同，降低其劳动报酬和其他待遇，或者停缴、少缴依法应当为其缴纳的社会保险费。

第六章　保安培训单位

第三十二条　保安培训单位应当具备下列条件：

（一）是依法设立的保安服务公司或者依法设立的具有法人资格的学校、职业培训机构；

（二）有保安培训所需的师资力量，其中保安专业师资人员应当具有大学本科以上学历或者10年以上治安保卫管理工作经历；

（三）有保安培训所需的场所、设施等教学条件。

第三十三条　申请从事保安培训的单位，应当向所在地设区的市级人民政府公安机关提交申请书以及能够证明其符合本条例第三十二条规定条件的材料。

受理的公安机关应当自收到申请材料之日起15日内进行审核，并将审核意见报所在地的省、自治区、直辖市人民政府公安机关。省、自治区、直辖市人民政府公安机关应当自收到审核意见之日起15日内作出决定，对符合条件的，核发保安培训许可证；对不符合条件的，书面通知申请人并说明理由。

第三十四条　从事武装守护押运服务的保安员的枪支使用培训，应当由人民警察院校、人民警察培训机构负责。承担培训工作的人民警察院校、人民警察培训机构应当向所在地的省、自治区、直辖市人民政府公安机关备案。

第三十五条　保安培训单位应当按照保安员培训教学大纲制订教学计划，对接受培训的人员进行法律、保安专业知识和技能培训以及职业道德教育。

保安员培训教学大纲由国务院公安部门审定。

第七章　监督管理

第三十六条　公安机关应当指导保安从业单位建立健全保安服务管理制度、岗位责任制度、保安员管理制度和紧急情况应急预案，督促保安从业单位落实相关管理制度。

保安从业单位、保安培训单位和保安员应当接受公安机关的监督检查。

第三十七条　公安机关建立保安服务监督管理信息系统，记录保安从业单位、保安培训单位和保安员的相关信息。

公安机关应当对提取、留存的保安员指纹等人体生物信息予以保密。

第三十八条　公安机关的人民警察对保安从业单位、保安培训单位实施监督检查应当出示证件，对监督检查中发现的问题，应当督促其整改。监督检查的情况和处理结果应当如实记录，并由公安机关的监督检查人员和保安从业单位、保安培训单位的有关负责人签字。

第三十九条　县级以上人民政府公安机关应当公布投诉方式，受理社会公众对保安从业单位、保安培训单位和保安员的投诉。接到投诉的公安机关应当及时调查处理，并反馈查处结果。

第四十条　国家机关及其工作人员不得设立保安服务公司，不得参与或者变相参与保安服务公司的经营活动。

第八章　法律责任

第四十一条　任何组织或者个人未经许可，擅自从事保安服务、保安培训的，依法给予治安管理处罚，并没收违法所得；构成犯罪的，依法追究刑事责任。

第四十二条　保安从业单位有下列情形之一的，责令限期改正，给予警告；情节严重的，并处1万元以上5万元以下的罚款；有违法所得的，没收违法所得：

（一）保安服务公司法定代表人变更未经公安机关审核的；

（二）未按照本条例的规定进行备案或者撤销备案的；

（三）自行招用保安员的单位在本单位以外或者物业管理区域以外开展保安服务的；

（四）招用不符合本条例规定条件的人员担任保安员的；

（五）保安服务公司未对客户单位要求提供的保安服务的合法性进行核查的，或者未将违法的保安服务要求向公安机关报告的；

（六）保安服务公司未按照本条例的规定签订、留存保安服务合同的；

（七）未按照本条例的规定留存保安服务中形成的监控影像资料、报警记录的。

客户单位未按照本条例的规定留存保安服务中形成的监控影像资料、报警记录的，依照前款规定处罚。

第四十三条 保安从业单位有下列情形之一的，责令限期改正，处 2 万元以上 10 万元以下的罚款；违反治安管理的，依法给予治安管理处罚；构成犯罪的，依法追究直接负责的主管人员和其他直接责任人员的刑事责任：

（一）泄露在保安服务中获知的国家秘密、商业秘密以及客户单位明确要求保密的信息的；

（二）使用监控设备侵犯他人合法权益或者个人隐私的；

（三）删改或者扩散保安服务中形成的监控影像资料、报警记录的；

（四）指使、纵容保安员阻碍依法执行公务、参与追索债务、采用暴力或者以暴力相威胁的手段处置纠纷的；

（五）对保安员疏于管理、教育和培训，发生保安员违法犯罪案件，造成严重后果的。

客户单位删改或者扩散保安服务中形成的监控影像资料、报警记录的，依照前款规定处罚。

第四十四条 保安从业单位因保安员不执行违法指令而解除与保安员的劳动合同，降低其劳动报酬和其他待遇，或者停缴、少缴依法应当为其缴纳的社会保险费的，对保安从业单位的处罚和对保安员的赔偿依照有关劳动合同和社会保险的法律、行政法规的规定执行。

第四十五条 保安员有下列行为之一的，由公安机关予以训诫；情节严重的，吊销其保安员证；违反治安管理的，依法给予治安管理处罚；构成犯罪的，依法追究刑事责任：

（一）限制他人人身自由、搜查他人身体或者侮辱、殴打他人的；

（二）扣押、没收他人证件、财物的；

（三）阻碍依法执行公务的；

（四）参与追索债务、采用暴力或者以暴力相威胁的手段处置纠纷的；

（五）删改或者扩散保安服务中形成的监控影像资料、报警记录的；

（六）侵犯个人隐私或者泄露在保安服务中获知的国家秘密、商业秘密以及客户单位明确要求保密的信息的；

（七）有违反法律、行政法规的其他行为的。

从事武装守护押运的保安员违反规定使用枪支的，依照《专职守护押运人员枪支使用管理条例》的规定处罚。

第四十六条 保安员在保安服务中造成他人人身伤亡、财产损失的，由保安从业单位赔付；保安员有故意或者重大过失的，保安从业单位可以依法向保安员追偿。

第四十七条 保安培训单位未按照保安员培训教学大纲的规定进行培训的，责令限期改正，给予警告；情节严重的，并处1万元以上5万元以下的罚款；以保安培训为名进行诈骗活动的，依法给予治安管理处罚；构成犯罪的，依法追究刑事责任。

第四十八条 国家机关及其工作人员设立保安服务公司，参与或者变相参与保安服务公司经营活动的，对直接负责的主管人员和其他直接责任人员依法给予处分。

第四十九条 公安机关的人民警察在保安服务活动监督管理工作中滥用职权、玩忽职守、徇私舞弊的，依法给予处分；构成犯罪的，依法追究刑事责任。

第九章 附　　则

第五十条 保安服务许可证、保安培训许可证以及保安员证的式样由国务院公安部门规定。

第五十一条 本条例施行前已经设立的保安服务公司、保安培训单位，应当自本条例施行之日起6个月内重新申请保安服务许可证、保安培训许可证。本条例施行前自行招用保安员的单位，应当自本条例施行之日起3个月内向公安机关备案。

本条例施行前已经从事保安服务的保安员，自本条例施行之日起1年内由保安员所在单位组织培训，经设区的市级人民政府公安机关考试、审查合格并留存指纹等人体生物信息的，发给保安员证。

第五十二条 本条例自2010年1月1日起施行。

三、门卫管理制度

门卫工作是指有关人员依据国家法律和企业规章制度，对进出指定大门的人员、车辆和物资所进行的安全管理。门卫工作的开展是为了维护企业的治安秩序，保障人身和财产的安全。因此，加强对企业门卫工作的管理，制定完善的门卫管理制度，对做好门卫工作有着积极的意义。

门卫管理制度范本

第一条 为强化门卫管理，保障公司的正常工作秩序，特制定本制度。

第二条 门卫管理人员要严格遵守执行《门卫管理制度》，恪尽职守、文明执勤、礼貌待客，做好安全工作。

第三条 门卫管理人员属公司安保部领导。

门卫岗位可为临时非正式员工，特殊情况为正式员工。

第四条 门卫管理人员不宜招纳退休的人员。

为提升公司形象，增强其反应、机动能力，应招聘青壮年担任。

第五条 门卫管理人员要做到二十四小时轮流值勤。发现违纪、偷窃等行为，要及时制止和向上级汇报并做好记录。发生治安事件和灾害事故，应采取积极有效的应变措施，并及时向公安机关报案。发现员工违纪违规行为，要及时向主管部门汇报，协助处理。

第六条 警卫室要保持干净和安静，物品放置应定位规范，不能在警卫室内吸烟。严禁门卫以外人员进入值班室内等。

第七条 门卫管理人员态度粗暴，不文明不礼貌，故意刁难员工或外来人员的，一经发现，将按照有关规定严肃处理。

第八条 门卫管理人员要坚守岗位，值班时不得擅离职守，不得睡觉，不得从事与值班值勤无关的活动。

第九条 值勤换班交班时要认真做好交接工作，严密交接手续，交代有关未办事宜，明确事宜要求，落实未办事宜。

第十条 凡进入本公司内人员均须验明身份，对来宾凭介绍人或证件填写来客登记单后才允许入内。

外来人员一时没有联系上被访人时，可在门卫值班室内或指定地方等候。严禁闲杂或与院内单位工作无关人员进入院内。

第十一条 严格执行车辆出入制度，外来车辆进项目部需严格检查，作好登记。本项目部车辆外出须凭出车单，如无出车单，保安有权拒绝放行（副总经理以上领导除外）。车内人员一律凭出门证（副总经理以上车辆除外），否则不予放行。

第十二条 严格执行物资管理规定，任何物资出入院内均需办理有关手续。凡协作单位的非本院内物资进入院内时，需在门卫值班室登记，未经登记的物资不得放行；凡购买、加工、借用的材料、半成品、工具等物资运出须持有效证明，经核对无误后方可放行。

第十三条 门卫管理人员要做好报刊、邮件收发工作，对挂号信等重要函件要及时登记，通知、交送有关部门和人员。

第十四条 门卫管理人员要按时开启设防单位有关技防设施，技防设施发生故障时要及时报告单位保卫人员。

第十五条 门卫管理人员违反单位门卫管理制度，单位将依据有关规定进行处分。

第十六条 未尽事项由公司另行规定。

第十七条 本制度由公司负责解释。

第十八条 本制度自公布之日起实施。

☞ 制作提示

1. 明确交代制度的制定目的和适用范围。如为强化门卫管理，保障公司的正常工作秩序，特制定本制度。参见上文第一、二条。

2. 明确门卫管理人员的岗位归口和招聘要求。如规定为提升公司形象，增强其反应、机动能力，门卫管理人员岗位应招聘青壮年担任。参见上文第三、四条。

3. 明确门卫管理人员的相关具体工作以及禁忌事项。如规定门卫管理人员要做到二十四小时轮流值勤。发现违纪、偷窃等行为，要及时制止和向上级汇报并做好记录。门卫管理人员要坚守岗位，值班时不得擅离职守，不得睡觉，不得从事与值班值勤无关的活动。参见上文第五至十五条。

4. 明确其他事项以及制度的解释主体和施行时间等。如规定本办法由公司负责解释、修订。参见上文第十六、十七、十八条。

四、值班管理制度

对于一些企业来说，值班是不可缺少的。那么，如何规范值班工作，加强对值班工作的管理呢？最直接有效的办法就是制定一部完善的值班管理制度。

值班管理制度范本

第一条 为切实加强我公司生产安全保卫工作，保障公司工作的正常进行和财物安全，特制定本制度。

第二条 凡能坚持正常工作的在岗员工，均参加公司总值班。

第三条 本公司于节假日及工作时间外应办一切事务，除由主管人员在各自职守内负责外，应另派员工值班处理下列事项：

（一）临时发生事件及各项必要措施。

（二）指挥监督保安人员及值勤工人。

（三）预防灾害、盗窃及其他危机事项。

（四）随时注意清洁卫生、安全措施与公务保密。

（五）公司交办的各项事宜。

第四条 本公司员工值班时间规定如下：

（一）夜班：自星期一至星期六，每日下午下班时间起至次日上午上班时间止。

（二）节假日、日班：8时起至17时止（可随办公时间的变更而变更）。

第五条 员工值班安排表由各部门编排，于上月底公布并通知值班人员按时值班。并应置值日牌，写明值班员工的姓名悬挂于明显地方。

第六条 遵守值班纪律，按时交接班，有事须先请假，以便安排临时代替人员。无关人员不能在值班室留宿。

第七条 值班员工遇有事情发生首先要冷静，敢于负责，一方面积极采取应急措施，以免贻误；另一方面如遇其职权不能处理的，及时汇报并请示主管领导或向公安部门报警。

第八条 在规定的时间内值班员工要加强巡视，做好防盗、防火、防灾工作，尤其要加强对重点部位的监管。

第九条 值班员工收到电话或函件等应分别依下列方式处理：

（一）属于职权范围内的可即时处理。

（二）非职权范围，视其性质应立即联系有关部门负责人处理。

（三）密件或限时信件应立即原封保管，于上班时呈送有关领导。

第十条 值班员工接听电话应注意：

礼貌相待，对打听事情、咨询类的人态度和蔼、礼貌对待、做到恰到好处地回答。除紧急情况随时报告外，一般将若干电话内容集中到一起，有条理地予以报告。

第十一条 值班员工应将值班时所处理的事项填写报告表，于交班后送主管转呈检查，报告表另定。

第十二条 值班员工如遇紧急事件处理得当，使公司减少损失者，公司视其情节给予嘉奖。

第十三条 值班员工在值班时间内，擅离职守应给予记大过处分，情节严重造成损失者，从重论处。

第十四条 本公司员工值班可领取值班津贴，其标准另定。

第十五条 本制度由行政部与保安部解释、补充、执行，报经总经理批准颁行。

☞ 制作提示

1. 明确制度制定目的及适用范围。如规定为切实加强我公司生产安全保卫工作，保障公司工作的正常进行和财物安全，特制定本制度。参见上文第一、二条。

2. 明确值班处理的事项。如规定应处理临时发生事件及各项必要措施。参

3. 明确员工值班时间及值班纪律等事项。如规定遵守值班纪律，按时交接班，有事须先请假，以便安排临时代替人员。无关人员不能在值班室留宿。参见上文第四、五、六、七、八、九、十、十一、十二、十三条。

4. 明确其他事项以及制度的解释主体和施行时间等。参见上文第十四、十五条。

五、出入管理制度

公司的大门是进入公司的途径，大门守卫得如何，安全防范等是否到位，对公司的安全都至关重要。相应地，建立完善的出入管理制度，加强对进出公司的人员、车辆、物品等的管理，对保护公司人员和财产安全，以及商业秘密安全等，都是非常必要的。

出入管理制度范本

第一章　总　则

第一条　为维护公司安全，使人员、车辆、物品出入的管理有所遵循，特制定本规则。

第二条　范围人员、物品、车辆出入厂大门时，应遵守本规则规定，由保卫人员负责管理。

第二章　员工出入管理

第三条　员工需佩戴工作证才能进入厂内。员工未佩戴工作证时，保卫人员需查明身份及登记后才准进入。

第四条　上班时间出入厂者，除患急病、受伤或主管级以上人员外，一律须凭有权部门开具的字条通行。

第五条　迟到、早退或请假者，须打出勤或退勤卡进出。

第六条　员工出入厂限上班时间内，节假日或下班后禁止员工进出厂。

第七条　本厂大门，每天自19点以后至次日6点以前关闭由保人员守卫，除特殊事故，经核准外，一律禁止出入。

第八条　员工出入大门须穿着制服，并将工作证佩挂于制服上，严禁酗酒或携带危险物品。

第九条　员工夜间加班或例假日加班时，其出入亦须遵守以上规定。

第三章　来宾出入管理

第十条　来宾访客包括协作厂商，本厂其他单位人员、员工亲友等。

第十一条　来宾来访时，除特殊业务需要准许其进入厂内外，其余原则上均须在警卫室会客室会面，不准进入厂内。

第十二条　来宾进入厂内时，一律在警卫室办妥来宾出入登记手续，应暂时扣留身份证或其他证明文件，并查明来访事由，经征得受访人同意及填写会客登记单后，核发来宾识别证进入厂内。

来宾识别证应佩挂于胸前，始得进入有关单位会客后，受访者需在会客登记单上签字，来宾将来宾识别证交还给警卫室查封后，始可退回证件、离厂。

第十三条　团体来宾参观时，须由有关单位陪同才准进入。

第十四条　本厂其他单位人员，因业务需要进出厂时，除主管级以上外，一律须先办登记后才准进入。

第十五条　员工亲友私事来访时，除特殊紧急事故，经由主管核准外，不得在上班时间内会客，不得于会客室内等候至下班时会见。

第十六条　外协厂商出入厂频繁者，由有关单位（采购或总务）申请识别证，凭识别证出入大门，没有申请识别证的，厂商亦须办理登记后才准进入。

第十七条　来宾出入厂时，保卫人员须检查随身携带的物品，严禁携带危险物品进入。

第十八条　严禁外界推销人员或小贩进入厂内。

第十九条　关于入厂参观事宜，按照下列规定：

（一）政府机关、民意代表、人民团体或本厂人员亲友如有必要入厂参观时，由经办人或申请人按经划定准许参观的路线（各厂自行规定），填具参观申请登记单，一式若干联，经总务科长核准后通知各有关部门并派员引导参观。入厂时守卫应于参观申请登记单（参观联）签注入厂时间，参观完毕出厂时签注出厂时间，翌日送总务部门存查。

（二）参观非经划定准许参观之区域者，需呈经理或总经理核准。

（三）本厂处长级以上人员陪伴宾客参观事前免办申请手续，但应于当日内补填参观申请登记单送守卫签注入出厂时间后送总务部门存查。

（四）参观时间以平常日班的上班时间内为限，若遇到节假日，事先来函核准者及本厂人员亲友经值日厂处长核准者不在此限。

第四章　物品出入管理

第二十条　进入厂内的物品，必须符合国家卫生检疫标准和安全防范要求，自觉接受门卫登记检查，否则不予进入。

第二十一条　外来物品出厂和入厂手续为：

（一）外来物品入厂：外来人员携带自备工具或物品入厂应白其填具外来人员物品清单，一式二联，经门卫核对后签注入厂时间、留存第二联，第一联由其自存，作为物品出厂的凭证。

（二）外来物品出厂：外来人员携带自备工具或物品出厂应由其出具外来人员物品清单第一联，经门卫核对并签注出厂时间后放行。

第二十二条　外来人员随身携带的行李物品，一般不得带入办公楼内，如确需进入，由接待人员领进、送出，以防发生意外。

第二十三条　物品外出维修或外加工：由仓库出具商品发货单及货物出门证，经生产厂长签字，门卫登记后予以放行。维修物品回厂后，当班门卫予以注销。

第二十四条　废旧物资出售：由仓库出具商品发货单及货物出门证，货物出门证经供销副厂长签字后门卫予以放行。

第二十五条　本厂工作人员携带除工作包以外的大件、贵重物品及公用物资出大门，需持本单位证明并加盖公章，由保安人员检验登记后放行，否则视情况予以扣留。

第二十六条　单位采购物品的车辆进出行政中心，除事先征得保卫处同意外，承办单位必须负责接送，不得夹带危险品。

第五章 车辆出入管理

第二十七条 本厂车辆出入大门时要凭机动车辆准行证出入，准行证由厂保卫科，根据车辆的车牌号对号入座发放。

第二十八条 车辆出入大门时需减速慢行，并按规定停在停车线以外。门卫值班员对该车进行查验。

第二十九条 外来车辆（含摩托车）凭有效证件在大门口换取机动车辆准行证后，方可驶入。出大门时将机动车辆准行证交回。

第三十条 机动车辆进入厂区域内，严禁鸣喇叭，时速不得超过15公里。

第三十一条 进入厂区域内的车辆必须遵守公司管理规定，服从管理，不能乱停乱放。

第三十二条 外单位车辆运送设备、物质、材料等出入厂大门，应由相关单位出具放行单或通知门卫值班员，查验核实后方可放行。

第六章 附 则

第三十三条 本制度未尽事宜，参照公司其他相关制度执行。

第三十四条 本制度由办公室负责解释并修订，经批准后颁布执行。

☞ 制作提示

1. 明确制度的制定目的及适用范围。如规定为维护公司安全，使人员、车辆、物品出入的管理有所遵循，特订定本规则。参见上文第一、二条。

2. 明确员工出入管理规定。如规定员工需佩戴工作证才能进入厂内。员工未佩戴工作证时，保卫人员需查明身份及登记后才准进入。参见上文第三、四、五、六、七、八、九条。

3. 明确来宾出入管理规定。如规定来宾来访时，除特殊业务需要准许其进入厂内外，其余原则上均须在警卫室会客室会面，不准进入厂内。参见上文第十至十八条。

4. 明确入厂参观事宜。如规定参观时间以平常日班的上班时间内为限，若遇到节假日，事先来函核准者，及本厂人员亲友经值日厂处长核准者不在此限。参见上文第十九条。

5. 明确物品出入管理规定。如规定进入厂内的物品，必须符合国家卫生检疫标准和安全防范要求，自觉接受门卫登记检查，否则不予进入。参见上文第二十至二十六条。

6. 明确车辆出入管理规定。如规定本厂车辆出入大门时要凭机动车辆准行证出入，准行证由厂保卫科根据车辆的车牌号对号入座发放。参见上文第二十七至三十二条。

7. 明确其他事宜及制度的解释主体和施行时间等。参见上文第三十三、三十四条。

六、办公室安全管理制度

办公室是员工工作的主要场所。有调查发现，一些办公场所发生的人身损伤和火灾、触电等意外事故，跟人们安全意识松懈、使用物品不当及防救设备不足有着密切的联系。一旦办公室里出现意外事故，轻则正常的工作被中断，重则伤及人身或财产，甚至引起惨痛的后果，所以每一个企业对办公室的安全都不应等闲视之。建立办公室安全管理制度，能有效预防办公室安全事故的发生。

办公室安全管理制度范本

第一条　为确保办公室安全，按照"谁使用，谁负责"的原则，制定本制度。

第二条　办公室负责人应对办公室工作人员进行经常性法制安全教育，做好办公室安全防范工作。

第三条　办公室安全管理制度要健全，相关人员安全保卫责任要落实。

第四条　办公室工作人员应具有较强的安全保卫意识，妥善保管好公私财物，办公室内不准存放资金、存款单、有价证券及其他贵重细软物品，谨防失窃。

第五条　进办公室随带的小包、脱卸的衣服内应取掉个人手机、现金等，防止外来人员顺手牵羊造成损失。

第六条 办公室门窗牢固，重要的办公室要安装防盗门及技防设施。

第七条 对确需存放档案资料、各种仪器或其他贵重物品的办公室，必须采取完善的安全防范措施，并由专人管理。

第八条 办公室不得存放仪器、仪表。

第九条 工作人员都必须提高警惕，防止不法分子闯入室内。重要的文件要及时送公司档案室保存，个人存放文件、资料要妥善保管，不要乱放乱丢，严防泄密。

第十条 办公室的钥匙应随身携带，不得交给本办公室以外人员使用。严禁将钥匙交给亲友使用，严禁将外人单独留在办公室。

第十一条 个人办公桌上的钥匙要随身携带，人离时注意关锁门窗。

第十二条 发现办公室内公私物品丢失时，应及时向公司领导报告；发现办公室的门、窗、柜、办公桌被撬被盗时，应保护好现场，立即向公司领导或派出所报案，严禁任意翻动东西。

第十三条 落实办公室安全责任制。室内发现失盗案件或火灾事故要查明原因，明确责任，并视情节轻重给予责任人相应处理，情节严重者，交由公安司法机关处理。

第十四条 办公室内要时刻注意用电的安全，严禁擅自在办公室内使用电炉、酒精炉、电磁炉等大功率电器，要经常检查线路安全，要有控制电源、火种的安全具体措施。在办公室内使用电取暖等设备，应注意安全。防止触电、火灾、煤气中毒等事故发生。

第十五条 办公室人员离室时，应将办公桌与柜子的抽屉锁上，每天下班最后离开者应关好门窗橱柜，关闭所有电器的电源，关闭水龙头。平时加强检查，有问题及时向领导汇报。

第十六条 本制度未尽事宜，参照公司其他相关制度。

第十七条 本制度由公司负责解释、修订。

第十八条 本制度自公布之日起实施。

☞ 制作提示

1. 明确制度的制定目的。如规定为确保办公室安全，按照"谁使用，谁负责"的原则，制定本制度。参见上文第一条。

2. 明确办公室责任人员的综合职责。如规定办公室负责人应对办公室工作人员进行经常性法制安全教育，做好办公室安全防范工作。参见上文第二、三条。

3. 明确办公室财产安全等事项。如规定工作人员都必须提高警惕，防止不法分子闯入室内。重要的文件要及时送公司档案室保存，个人存放文件、资料要妥善保管，不要乱放乱丢，严防泄密。参见上文第四至十三条。

4. 明确办公室用电安全等事项。如规定办公室内要时刻注意用电的安全，严禁擅自在办公室内使用电炉、酒精炉、电磁炉等大功率电器。要经常检查线路安全，要有控制电源、火种的安全具体措施。参见上文第十四、十五条。

5. 明确其他事宜及制度的解释主体和施行时间等。参见上文第十六、十七、十八条。

七、消防安全管理制度

所谓水火无情，消防安全在现实生活中具有相当的重要性。其对于一个企业来说，更是尤为重要。可以说，消防安全是每个企业的头等大事，任何企业都不例外。消防工作重点以预防为主，防消结合。只有事前做好准备工作，遇事才能不乱，正所谓"临阵不乱，灾难减半"。而建立完善的消防安全管理制度，不仅对火灾善后工作的处理有帮助，更主要的是对火灾的预防与控制起到关键性的作用。

消防安全管理制度范本

第一章 总 则

第一条 为了切实做好防火工作，保护企业财产和员工生命财产的安全，根据《中华人民共和国消防法》（见附件）和有关消防规定，特制定本制度。

第二条　本制度适用于公司全体员工。

第三条　各人员应当遵守消防安全法律、法规，贯彻预防为主、防消结合的消防工作方针，履行消防安全责任，保障公司消防安全。

第二章　消防设施管理

第四条　公司内有各种明显消防标志，设置消防门、消防通道和报警系统，配备完备的消防器材与设施，公司人员做到有能力迅速扑灭初起火灾和有效地进行人员财产的疏散转移。

第五条　保持防火门、消防安全疏散指示标志、应急照明、机械排烟送风、火灾事故广播等设施处于正常状态，并定期组织检查、测试、维护和保养。

严禁在营业或工作期间将安全疏散指示标志关闭、遮挡或覆盖。

严禁在营业或工作期间将安全出口上锁。

第六条　公司配齐灭火器、消防栓、消防桶等消防器材，专人保管，定期检查，全体员工要爱护消防设施，禁止毁坏、偷盗消防设施，不能将消防设施挪作他用。除发生事故外，任何人不得私自动用。

第七条　消防器材管理措施为：

（一）每年在冬防、夏防期间定期两次对灭火器进行普查换药。

（二）派专人管理，定期巡查消防器材，保证处于完好状态。

（三）对消防器材应经常检查，发现丢失、损坏应立即补充并上报领导。

（四）各部门的消防器材由本部门管理，并指定专人负责。

第八条　消防设施和消防设备定期测试为：

（一）烟、温感报警系统的测试由消防工作归口管理部门负责组织实施，保安部参加，每个烟、温感探头至少每年轮测一次。

（二）消防水泵、喷淋水泵、水幕水泵每月试开泵一次，检查其是否完整好用。

（三）正压送风、防排烟系统每半年检测一次。

（四）室内消火栓、喷淋泄水测试每季度一次。

（五）其他消防设备的测试，根据不同情况决定测试时间。

第九条 楼梯走道和出口，必须保持畅通无阻，任何部门或个人不得占用或封堵，严禁在设定禁令的通道上停放车辆。

第十条 需要增设电器线路时，必须符合安全规定，严禁乱拉、乱接临时用电线路。

第十一条 将容易发生火灾，且一旦发生火灾可能严重危及人身和财产安全以及对消防安全有重大影响的部位确定为重点部位，应根据上述情况确定重点部位，并设置明显防火标志，实行严格管理。

第十二条 仓库防火管理：

（一）仓库的主通道宽度不少于50cm，通道保持畅通。

（二）库房中不能安装电器设备，所有线路安装在库房通道的上方，与商品保持一定距离。

（三）消防喷淋头距离商品必须大于50cm。

（四）库房中严禁使用明火，严禁吸烟。

（五）易燃易爆商品必须严格按规定存放，不能与其他商品混放。

（六）仓库必须配备消防器材，消防器材的位置附近不能存放商品与杂物。

第十三条 厨房防火管理：

（一）燃气使用部门定期对燃气管道及燃气具进行安全检查，杜绝因设施及设备的损坏、带故障运行造成的安全隐患，发现损坏、锈蚀立即采取报修和临时有效防护措施，并及时上报安全部直至隐患消除。

（二）使用燃气，须设有当班安全员，负责燃气的当日监管工作。

（三）燃气必须由专职操作人员使用，不懂燃气知识，不得操作燃气具。

（四）任何部门和个人不得对燃气管道、阀门、开关、计量表、灶具进行私自拆改，如需要拆改必须按程序报工程部。

（五）使用炉灶时，要随时有人看管，不得离人，防止中间火焰熄灭，漏气遇火发生爆炸。需要点火时，必须遵循先点火、后开阀放气的程序。

（六）燃气操作间必须保持良好的通风，发现燃气外泄时，要采取应急措施，开窗、开排风扇，加大通风量，严禁吸烟、开灯、动火。

（七）不要将重物压在输气管上。液化气罐禁止碰撞敲打，严禁用火烤等方法对液化气罐加温。

（八）经常检查灶具及管道有无泄漏、软管有无老化，发现漏气应立即停用，打开门窗，不准动火和电气开关，同时报告供气部门。

（九）对安全部门配置于燃气使用区域内的消防器材需妥善保管、安全检查，不得挪用。

第三章　人员消防管理

第十四条　公司实行逐级防火责任制，做到层层有专人负责。同时，实行各部门岗位防火责任制，做到所有部门的消防工作，明确有人负责管理，各部门均要签订《安全生产责任书》。

第十五条　消防责任领导岗位职责为：

（一）认真贯彻执行消防法规和上级有关消防工作指标，开展防火宣传，普及消防知识。

（二）拟订年度消防工作计划，组织实施日常消防安全管理工作。

（三）组织制订或修订消防安全管理制度，并检查督促落实。

（四）经常检查防火安全工作，纠正消防违章，整改火险隐患。

（五）拟订消防安全工作的资金投入和组织保障方案。

（六）管理消防器材设备，定期检查，确保各类器材和装置处于良好状态，安全防火通道要时刻保持畅通。

（七）根据各部门的设备放置的具体情况，制定消防措施，制定紧急状态下的疏散方案。

（八）接到火灾报警后，在向消防机关准确报警的同时，迅速奔赴现场，启用消防设施进行扑救，并协助消防部门查清火灾原因。

（九）组织开展对员工进行消防知识、技能的宣传教育和培训，组织灭火和应急预案的实施和演练。

第十六条　如条件允许，应设立消防控制中心，该中心的工作人员要做到以下几点：

（一）熟悉并掌握各类消防设施的使用性能，保证扑救火灾过程中操作有序、准确迅速。

（二）做好消防值班记录和交接班记录，处理消防报警电话。

（三）按时交接班，做好值班记录、设备情况、事故处理等情况的交接手续。无交接班手续，值班人员不得擅自离岗。

（四）发现设备故障时，应及时报告，并通知有关部门及时修复。

（五）非工作所需，不得使用消控中心内线电话，非消防控制中心值班人员禁止进入值班室。

（六）上班时间不准在消控中心抽烟、睡觉、玩弄手机、看书报等，离岗应做好交接班手续。

（七）发现火灾时，迅速按灭火作战预案紧急处理，并拨打119电话通知公安消防部门并报告部门主管。

第十七条 每季度对全体员工进行一次安全、防火教育课，新员工进入公司一律先培训上岗，以免违规作业，发生事故。

由消防安全小组组织消防小分队对员工进行培训，使员工熟练掌握消防规则、消防技术和消防器材的使用方法，从而提高消防观念，锻炼消防技能。

第十八条 组织灭火和应急疏散预案演习：

（一）应按制定的预案，至少每半年进行一次演练。

（二）制定符合本单位实际情况的灭火和应急疏散预案。

（三）组织全员学习和熟悉灭火和应急疏散预案。

（四）每次组织预案演练前应精心开会部署，明确分工。

（五）演练结束后应召开讲评会，认真总结预案演练的情况，发现不足之处应及时修改和完善预案。

第十九条 禁止在具有火灾、爆炸危险的场所用火；因特殊情况需要进行动火作业的，应分别落实监护人在确认无火灾、爆炸危险后方可动火作业。动火人员应当遵守消防安全规定，并落实相应的消防安全措施。

第二十条 对易燃易爆危险物品的使用、储存、运输或销毁应遵守国家相关规定，实行严格的消防安全管理，具体要做到以下几点：

（一）易燃易爆危险物品应有专用的库房，配备必要的消防器材设施，仓管人员必须由消防安全培训合格的人员担任。

（二）易燃易爆危险物品应分类、分项储存。化学性质相抵触或灭火方法不同的易燃易爆化学物品，应分库存放。

（三）易燃易爆危险物品入库前应经检验部门检验，出入库应进行登记。

（四）易燃易爆危险物品存取应按安全操作规程执行，仓库工作人员应坚守岗位，非工作人员不得随意入内。

（五）易燃易爆场所应根据消防规范要求采取防火防爆措施并做好防火防爆设施的维护保养工作。

第二十一条 坚决杜绝火灾隐患，一经发现，要及时作出整改，具体应做到以下几点：

（一）各部门对存在的火灾隐患应当及时予以消除。

（二）在防火安全检查中，应对所发现的火灾隐患进行逐项登记，并将隐患情况书面下发各部门限期整改，同时要做好隐患整改情况记录。

（三）在火灾隐患未消除前，各部门应当落实防范措施，确保隐患整改期间的消防安全，对确无能力解决的重大火灾隐患应当提出解决方案，及时向单位消防安全责任人报告，并由单位上级主管部门或当地政府工作报告。

（四）对消防机构责令限期改正的火灾隐患，应当在规定的期限内改正并写出隐患整改的复函，报送消防机构。

第二十二条 对下列违反消防安全规定的行为，责令有关人员当场改正并督促落实：

（一）违章使用，储存易燃易爆危险物品的。

（二）违章动火作业或者在具有火灾、爆炸危险的场所吸烟等违反禁令的。

（三）遮挡，锁闭安全出口、占用、堆放物品影响疏散通道的。

（四）消防栓、灭火器材被遮挡影响使用或被挪作他用的。

（五）常闭式消防门处于开启状态、防火卷帘下堆放物品影响使用的。

（六）消防设施管理、值班人员和防火巡查人员脱岗的。

第二十三条 对不能当场整改的火险隐患，保卫科应及时下发《火险隐患整改通知书》限期整改，并定期复查。

第二十四条 应建立健全消防安全档案，并能全面翔实地反映公司消防工作的基本情况，根据情况变化及时更新，统一保管，备查。

第二十五条 消防档案包括以下内容：

（一）公司基本概况和消防安全重点部位情况。

（二）消防管理组织体系和各级消防安全负责人。

（三）消防安全制度。

（四）消防设备、设施、器材的分布情况。

（五）灭火预案。

第二十六条 每个季度由消防安全小组组长组织召开消防安全会议，对该季度的安全情况进行总结，评比表现较好的部门给予奖励。必要时把消防工作列入经济责任制考核。

对消防安全工作作出成绩的个人，予以通报表扬或物质奖励。

第二十七条 对造成消防安全事故的责任人，将依据所造成后果的严重性予以不同的处理，除将已达到依照《治安管理处罚法》或已够追究刑事责任的事故责任人依法移送国家有关部门处理外，根据本单位的规定，对下列行为予以处罚：

（一）有下列情形之一的，视损失情况与认识态度除责令赔偿全部或部分损失外，予以口头告诫：

1. 使用易燃危险品未严格按照操作程序进行或保管不当而造成火警、火灾，损失不大的；

2. 在禁烟场所吸烟或处置烟头不当而引起火警、火灾，损失不大的；

3. 未及时清理区域内易燃物品，而造成火灾隐患的；

4. 未经批准，违规使用加长电线、用电未使用安全保险装置的或擅自增加小负荷电器的；

5. 谎报火警；

6. 未经批准，玩弄消防设施、器材，未造成不良后果的；

7. 对安全小组提出的消防隐患未予以及时整改而无法说明原因的部门管理人员；

8. 阻塞消防通道、遮挡安全指示标志等未造成严重后果的。

（二）有下列情形之一的，视情节轻重和认识态度，除责令赔偿全部或部分损失外，予以通报批评：

1. 擅自使用易燃、易爆物品的；

2. 擅自挪用消防设施、器材的位置或改为他用的；

3. 违反安全管理和操作规程、擅离职守从而导致火警、火灾，损失轻微的；

4. 强迫其他员工违规操作的管理人员；

5. 发现火警，未及时依照紧急情况处理程序处理的；

6. 对安全小组的检查未予以配合、拒绝整改的管理人员。

（三）对任何事故隐瞒事实，不处理、不追究的或提供虚假信息的，予以解聘。

第四章 附 则

第二十八条 保卫科负责对本制度贯彻、实施、监督。

第二十九条 本制度的修改、解释权归本公司所有。

第三十条 本制度自发布之日起实施。

☞ 制作提示

1. 明确制度的制定目的及适用范围。如规定为了切实做好防火工作，保护企业财产和员工生命财产的安全，根据《中华人民共和国消防法》和有关消防规定，特制定本制度。参见上文第一、二、三条。

2. 明确消防设施的配备与管理。如规定公司配齐灭火器、消防栓、消防桶等消防器材，专人保管，定期检查，全体员工要爱护消防设施，禁止毁坏、偷盗消防设施，不能将消防设施挪作他用。除发生事故外，任何人不得私自动用。参见上文第四、五、六、七、八、九、十、十一条。

3. 明确仓库、厨房等重地的防火管理。如规定库房中不能安装电器设备，所有线路安装在库房通道的上方，与商品保持一定距离。燃气操作间必须保持良好的通风，发现燃气外泄时，要采取应急措施，开窗、开排风扇，加大通风量，严禁吸烟、开灯、动火。参见上文第十二、十三条。

4. 明确消防责任领导岗位职责。如规定认真贯彻执行消防法规和上级有关消防工作指标，开展防火宣传，普及消防知识。参见上文第十四、十五条。

5. 明确消防控制中心的工作职责。如规定熟悉并掌握各类消防设施的使用性能，保证扑救火灾过程中操作有序、准确迅速。参见上文第十六条。

6. 明确消防培训和演习事项。如规定每季度对全体员工进行一次安全、防火教育课，新员工进入公司一律先培训上岗，以免违规作业，发生事故。参见上文第十七、十八条。

7. 明确在容易引起火灾的地带或物品上作业的规则。如规定对易燃易爆危险物品的使用、储存、运输或销毁应遵守国家相关规定，实行严格的消防安全管理。参见上文第十九、二十条。

8. 明确对火灾隐患的整改。如规定在防火安全检查中，应对所发现的火灾隐患进行逐项登记，并将隐患情况书面下发各部门限期整改，同时要做好隐患整改情况记录。参见上文第二十一、二十二、二十三条。

9. 明确建立健全消防安全档案制度。如规定应建立健全消防安全档案，并能全面翔实地反映公司消防工作的基本情况，根据情况变化及时更新，统一保管，备查。参见上文第二十四、二十五条。

10. 明确建立消防安全工作考评和奖惩制度。如规定每个季度由消防安全小组组长组织召开消防安全会议，对该季度的安全情况进行总结，评比表现较好的部门给予奖励。参见上文第二十六、二十七条。

11. 明确其他事宜及制度的解释主体和施行时间等。参见上文第二十八、二十九、三十条。

附：

中华人民共和国消防法

（1998年4月29日第九届全国人民代表大会常务委员会第二次会议通过 2008年10月28日第十一届全国人民代表大会常务委员会第五次会议修订 根据2019年4月23日第十三届全国人民代表大会常务委员会第十次会议《关于修改〈中华人民共和国建筑法〉等八部法律的决定》第一次修正 根据2021年4月29日第十三届全国人民代表大会常务委员会第二十八次会议《关于修改〈中华人民共和国道路交通安全法〉等八部法律的决定》第二次修正）

第一章 总　　则

第一条 为了预防火灾和减少火灾危害，加强应急救援工作，保护人身、财产安全，维护公共安全，制定本法。

第二条　消防工作贯彻预防为主、防消结合的方针，按照政府统一领导、部门依法监管、单位全面负责、公民积极参与的原则，实行消防安全责任制，建立健全社会化的消防工作网络。

第三条　国务院领导全国的消防工作。地方各级人民政府负责本行政区域内的消防工作。

各级人民政府应当将消防工作纳入国民经济和社会发展计划，保障消防工作与经济社会发展相适应。

第四条　国务院应急管理部门对全国的消防工作实施监督管理。县级以上地方人民政府应急管理部门对本行政区域内的消防工作实施监督管理，并由本级人民政府消防救援机构负责实施。军事设施的消防工作，由其主管单位监督管理，消防救援机构协助；矿井地下部分、核电厂、海上石油天然气设施的消防工作，由其主管单位监督管理。

县级以上人民政府其他有关部门在各自的职责范围内，依照本法和其他相关法律、法规的规定做好消防工作。

法律、行政法规对森林、草原的消防工作另有规定的，从其规定。

第五条　任何单位和个人都有维护消防安全、保护消防设施、预防火灾、报告火警的义务。任何单位和成年人都有参加有组织的灭火工作的义务。

第六条　各级人民政府应当组织开展经常性的消防宣传教育，提高公民的消防安全意识。

机关、团体、企业、事业等单位，应当加强对本单位人员的消防宣传教育。

应急管理部门及消防救援机构应当加强消防法律、法规的宣传，并督促、指导、协助有关单位做好消防宣传教育工作。

教育、人力资源行政主管部门和学校、有关职业培训机构应当将消防知识纳入教育、教学、培训的内容。

新闻、广播、电视等有关单位，应当有针对性地面向社会进行消防宣传教育。

工会、共产主义青年团、妇女联合会等团体应当结合各自工作对象的特点，组织开展消防宣传教育。

村民委员会、居民委员会应当协助人民政府以及公安机关、应急管理等部门，加强消防宣传教育。

第七条 国家鼓励、支持消防科学研究和技术创新，推广使用先进的消防和应急救援技术、设备；鼓励、支持社会力量开展消防公益活动。

对在消防工作中有突出贡献的单位和个人，应当按照国家有关规定给予表彰和奖励。

第二章　火灾预防

第八条 地方各级人民政府应当将包括消防安全布局、消防站、消防供水、消防通信、消防车通道、消防装备等内容的消防规划纳入城乡规划，并负责组织实施。

城乡消防安全布局不符合消防安全要求的，应当调整、完善；公共消防设施、消防装备不足或者不适应实际需要的，应当增建、改建、配置或者进行技术改造。

第九条 建设工程的消防设计、施工必须符合国家工程建设消防技术标准。建设、设计、施工、工程监理等单位依法对建设工程的消防设计、施工质量负责。

第十条 对按照国家工程建设消防技术标准需要进行消防设计的建设工程，实行建设工程消防设计审查验收制度。

第十一条 国务院住房和城乡建设主管部门规定的特殊建设工程，建设单位应当将消防设计文件报送住房和城乡建设主管部门审查，住房和城乡建设主管部门依法对审查的结果负责。

前款规定以外的其他建设工程，建设单位申请领取施工许可证或者申请批准开工报告时应当提供满足施工需要的消防设计图纸及技术资料。

第十二条 特殊建设工程未经消防设计审查或者审查不合格的，建设单位、施工单位不得施工；其他建设工程，建设单位未提供满足施工需要的消防设计图纸及技术资料的，有关部门不得发放施工许可证或者批准开工报告。

第十三条 国务院住房和城乡建设主管部门规定应当申请消防验收的建设工程竣工，建设单位应当向住房和城乡建设主管部门申请消防验收。

前款规定以外的其他建设工程，建设单位在验收后应当报住房和城乡建设主管部门备案，住房和城乡建设主管部门应当进行抽查。

依法应当进行消防验收的建设工程，未经消防验收或者消防验收不合格的，禁止投入使用；其他建设工程经依法抽查不合格的，应当停止使用。

第十四条　建设工程消防设计审查、消防验收、备案和抽查的具体办法，由国务院住房和城乡建设主管部门规定。

第十五条　公众聚集场所投入使用、营业前消防安全检查实行告知承诺管理。公众聚集场所在投入使用、营业前，建设单位或者使用单位应当向场所所在地的县级以上地方人民政府消防救援机构申请消防安全检查，作出场所符合消防技术标准和管理规定的承诺，提交规定的材料，并对其承诺和材料的真实性负责。

消防救援机构对申请人提交的材料进行审查；申请材料齐全、符合法定形式的，应当予以许可。消防救援机构应当根据消防技术标准和管理规定，及时对作出承诺的公众聚集场所进行核查。

申请人选择不采用告知承诺方式办理的，消防救援机构应当自受理申请之日起十个工作日内，根据消防技术标准和管理规定，对该场所进行检查。经检查符合消防安全要求的，应当予以许可。

公众聚集场所未经消防救援机构许可的，不得投入使用、营业。消防安全检查的具体办法，由国务院应急管理部门制定。

第十六条　机关、团体、企业、事业等单位应当履行下列消防安全职责：

（一）落实消防安全责任制，制定本单位的消防安全制度、消防安全操作规程，制定灭火和应急疏散预案；

（二）按照国家标准、行业标准配置消防设施、器材，设置消防安全标志，并定期组织检验、维修，确保完好有效；

（三）对建筑消防设施每年至少进行一次全面检测，确保完好有效，检测记录应当完整准确，存档备查；

（四）保障疏散通道、安全出口、消防车通道畅通，保证防火防烟分区、防火间距符合消防技术标准；

（五）组织防火检查，及时消除火灾隐患；

（六）组织进行有针对性的消防演练；

（七）法律、法规规定的其他消防安全职责。

单位的主要负责人是本单位的消防安全责任人。

第十七条 县级以上地方人民政府消防救援机构应当将发生火灾可能性较大以及发生火灾可能造成重大的人身伤亡或者财产损失的单位，确定为本行政区域内的消防安全重点单位，并由应急管理部门报本级人民政府备案。

消防安全重点单位除应当履行本法第十六条规定的职责外，还应当履行下列消防安全职责：

（一）确定消防安全管理人，组织实施本单位的消防安全管理工作；

（二）建立消防档案，确定消防安全重点部位，设置防火标志，实行严格管理；

（三）实行每日防火巡查，并建立巡查记录；

（四）对职工进行岗前消防安全培训，定期组织消防安全培训和消防演练。

第十八条 同一建筑物由两个以上单位管理或者使用的，应当明确各方的消防安全责任，并确定责任人对共用的疏散通道、安全出口、建筑消防设施和消防车通道进行统一管理。

住宅区的物业服务企业应当对管理区域内的共用消防设施进行维护管理，提供消防安全防范服务。

第十九条 生产、储存、经营易燃易爆危险品的场所不得与居住场所设置在同一建筑物内，并应当与居住场所保持安全距离。

生产、储存、经营其他物品的场所与居住场所设置在同一建筑物内的，应当符合国家工程建设消防技术标准。

第二十条 举办大型群众性活动，承办人应当依法向公安机关申请安全许可，制定灭火和应急疏散预案并组织演练，明确消防安全责任分工，确定消防安全管理人员，保持消防设施和消防器材配置齐全、完好有效，保证疏散通道、安全出口、疏散指示标志、应急照明和消防车通道符合消防技术标准和管理规定。

第二十一条 禁止在具有火灾、爆炸危险的场所吸烟、使用明火。因施工等特殊情况需要使用明火作业的，应当按照规定事先办理审批手续，采取相应的消防安全措施；作业人员应当遵守消防安全规定。

进行电焊、气焊等具有火灾危险作业的人员和自动消防系统的操作人员，必须持证上岗，并遵守消防安全操作规程。

第二十二条 生产、储存、装卸易燃易爆危险品的工厂、仓库和专用车站、码头的设置，应当符合消防技术标准。易燃易爆气体和液体的充装站、供应站、调压站，应当设置在符合消防安全要求的位置，并符合防火防爆要求。

已经设置的生产、储存、装卸易燃易爆危险品的工厂、仓库和专用车站、码头，易燃易爆气体和液体的充装站、供应站、调压站，不再符合前款规定的，地方人民政府应当组织、协调有关部门、单位限期解决，消除安全隐患。

第二十三条 生产、储存、运输、销售、使用、销毁易燃易爆危险品，必须执行消防技术标准和管理规定。

进入生产、储存易燃易爆危险品的场所，必须执行消防安全规定。禁止非法携带易燃易爆危险品进入公共场所或者乘坐公共交通工具。

储存可燃物资仓库的管理，必须执行消防技术标准和管理规定。

第二十四条 消防产品必须符合国家标准；没有国家标准的，必须符合行业标准。禁止生产、销售或者使用不合格的消防产品以及国家明令淘汰的消防产品。

依法实行强制性产品认证的消防产品，由具有法定资质的认证机构按照国家标准、行业标准的强制性要求认证合格后，方可生产、销售、使用。实行强制性产品认证的消防产品目录，由国务院产品质量监督部门会同国务院应急管理部门制定并公布。

新研制的尚未制定国家标准、行业标准的消防产品，应当按照国务院产品质量监督部门会同国务院应急管理部门规定的办法，经技术鉴定符合消防安全要求的，方可生产、销售、使用。

依照本条规定经强制性产品认证合格或者技术鉴定合格的消防产品，国务院应急管理部门应当予以公布。

第二十五条 产品质量监督部门、工商行政管理部门、消防救援机构应当按照各自职责加强对消防产品质量的监督检查。

第二十六条 建筑构件、建筑材料和室内装修、装饰材料的防火性能必须符合国家标准；没有国家标准的，必须符合行业标准。

人员密集场所室内装修、装饰，应当按照消防技术标准的要求，使用不燃、难燃材料。

第二十七条 电器产品、燃气用具的产品标准，应当符合消防安全的要求。

电器产品、燃气用具的安装、使用及其线路、管路的设计、敷设、维护保养、检测，必须符合消防技术标准和管理规定。

第二十八条 任何单位、个人不得损坏、挪用或者擅自拆除、停用消防设施、器材，不得埋压、圈占、遮挡消火栓或者占用防火间距，不得占用、堵塞、封闭疏散通道、安全出口、消防车通道。人员密集场所的门窗不得设置影响逃生和灭火救援的障碍物。

第二十九条 负责公共消防设施维护管理的单位，应当保持消防供水、消防通信、消防车通道等公共消防设施的完好有效。在修建道路以及停电、停水、截断通信线路时有可能影响消防队灭火救援的，有关单位必须事先通知当地消防救援机构。

第三十条 地方各级人民政府应当加强对农村消防工作的领导，采取措施加强公共消防设施建设，组织建立和督促落实消防安全责任制。

第三十一条 在农业收获季节、森林和草原防火期间、重大节假日期间以及火灾多发季节，地方各级人民政府应当组织开展有针对性的消防宣传教育，采取防火措施，进行消防安全检查。

第三十二条 乡镇人民政府、城市街道办事处应当指导、支持和帮助村民委员会、居民委员会开展群众性的消防工作。村民委员会、居民委员会应当确定消防安全管理人，组织制定防火安全公约，进行防火安全检查。

第三十三条 国家鼓励、引导公众聚集场所和生产、储存、运输、销售易燃易爆危险品的企业投保火灾公众责任保险；鼓励保险公司承保火灾公众责任保险。

第三十四条 消防设施维护保养检测、消防安全评估等消防技术服务机构应当符合从业条件，执业人员应当依法获得相应的资格；依照法律、行政法规、国家标准、行业标准和执业准则，接受委托提供消防技术服务，并对服务质量负责。

第三章　消防组织

第三十五条　各级人民政府应当加强消防组织建设，根据经济社会发展的需要，建立多种形式的消防组织，加强消防技术人才培养，增强火灾预防、扑救和应急救援的能力。

第三十六条　县级以上地方人民政府应当按照国家规定建立国家综合性消防救援队、专职消防队，并按照国家标准配备消防装备，承担火灾扑救工作。

乡镇人民政府应当根据当地经济发展和消防工作的需要，建立专职消防队、志愿消防队，承担火灾扑救工作。

第三十七条　国家综合性消防救援队、专职消防队按照国家规定承担重大灾害事故和其他以抢救人员生命为主的应急救援工作。

第三十八条　国家综合性消防救援队、专职消防队应当充分发挥火灾扑救和应急救援专业力量的骨干作用；按照国家规定，组织实施专业技能训练，配备并维护保养装备器材，提高火灾扑救和应急救援的能力。

第三十九条　下列单位应当建立单位专职消防队，承担本单位的火灾扑救工作：

（一）大型核设施单位、大型发电厂、民用机场、主要港口；

（二）生产、储存易燃易爆危险品的大型企业；

（三）储备可燃的重要物资的大型仓库、基地；

（四）第一项、第二项、第三项规定以外的火灾危险性较大、距离国家综合性消防救援队较远的其他大型企业；

（五）距离国家综合性消防救援队较远、被列为全国重点文物保护单位的古建筑群的管理单位。

第四十条　专职消防队的建立，应当符合国家有关规定，并报当地消防救援机构验收。

专职消防队的队员依法享受社会保险和福利待遇。

第四十一条　机关、团体、企业、事业等单位以及村民委员会、居民委员会根据需要，建立志愿消防队等多种形式的消防组织，开展群众性自防自救工作。

第四十二条　消防救援机构应当对专职消防队、志愿消防队等消防组织进行业务指导；根据扑救火灾的需要，可以调动指挥专职消防队参加火灾扑救工作。

第四章　灭火救援

第四十三条　县级以上地方人民政府应当组织有关部门针对本行政区域内的火灾特点制定应急预案，建立应急反应和处置机制，为火灾扑救和应急救援工作提供人员、装备等保障。

第四十四条　任何人发现火灾都应当立即报警。任何单位、个人都应当无偿为报警提供便利，不得阻拦报警。严禁谎报火警。

人员密集场所发生火灾，该场所的现场工作人员应当立即组织、引导在场人员疏散。

任何单位发生火灾，必须立即组织力量扑救。邻近单位应当给予支援。

消防队接到火警，必须立即赶赴火灾现场，救助遇险人员，排除险情，扑灭火灾。

第四十五条　消防救援机构统一组织和指挥火灾现场扑救，应当优先保障遇险人员的生命安全。

火灾现场总指挥根据扑救火灾的需要，有权决定下列事项：

（一）使用各种水源；

（二）截断电力、可燃气体和可燃液体的输送，限制用火用电；

（三）划定警戒区，实行局部交通管制；

（四）利用临近建筑物和有关设施；

（五）为了抢救人员和重要物资，防止火势蔓延，拆除或者破损毗邻火灾现场的建筑物、构筑物或者设施等；

（六）调动供水、供电、供气、通信、医疗救护、交通运输、环境保护等有关单位协助灭火救援。

根据扑救火灾的紧急需要，有关地方人民政府应当组织人员、调集所需物资支援灭火。

第四十六条　国家综合性消防救援队、专职消防队参加火灾以外的其他重大灾害事故的应急救援工作,由县级以上人民政府统一领导。

第四十七条 消防车、消防艇前往执行火灾扑救或者应急救援任务,在确保安全的前提下,不受行驶速度、行驶路线、行驶方向和指挥信号的限制,其他车辆、船舶以及行人应当让行,不得穿插超越;收费公路、桥梁免收车辆通行费。交通管理指挥人员应当保证消防车、消防艇迅速通行。

赶赴火灾现场或者应急救援现场的消防人员和调集的消防装备、物资,需要铁路、水路或者航空运输的,有关单位应当优先运输。

第四十八条 消防车、消防艇以及消防器材、装备和设施,不得用于与消防和应急救援工作无关的事项。

第四十九条 国家综合性消防救援队、专职消防队扑救火灾、应急救援,不得收取任何费用。

单位专职消防队、志愿消防队参加扑救外单位火灾所损耗的燃料、灭火剂和器材、装备等,由火灾发生地的人民政府给予补偿。

第五十条 对因参加扑救火灾或者应急救援受伤、致残或者死亡的人员,按照国家有关规定给予医疗、抚恤。

第五十一条 消防救援机构有权根据需要封闭火灾现场,负责调查火灾原因,统计火灾损失。

火灾扑灭后,发生火灾的单位和相关人员应当按照消防救援机构的要求保护现场,接受事故调查,如实提供与火灾有关的情况。

消防救援机构根据火灾现场勘验、调查情况和有关的检验、鉴定意见,及时制作火灾事故认定书,作为处理火灾事故的证据。

第五章 监督检查

第五十二条 地方各级人民政府应当落实消防工作责任制,对本级人民政府有关部门履行消防安全职责的情况进行监督检查。

县级以上地方人民政府有关部门应当根据本系统的特点,有针对性地开展消防安全检查,及时督促整改火灾隐患。

第五十三条 消防救援机构应当对机关、团体、企业、事业等单位遵守消防法律、法规的情况依法进行监督检查。公安派出所可以负责日常消防监督检查、开展消防宣传教育，具体办法由国务院公安部门规定。

消防救援机构、公安派出所的工作人员进行消防监督检查，应当出示证件。

第五十四条 消防救援机构在消防监督检查中发现火灾隐患的，应当通知有关单位或者个人立即采取措施消除隐患；不及时消除隐患可能严重威胁公共安全的，消防救援机构应当依照规定对危险部位或者场所采取临时查封措施。

第五十五条 消防救援机构在消防监督检查中发现城乡消防安全布局、公共消防设施不符合消防安全要求，或者发现本地区存在影响公共安全的重大火灾隐患的，应当由应急管理部门书面报告本级人民政府。

接到报告的人民政府应当及时核实情况，组织或者责成有关部门、单位采取措施，予以整改。

第五十六条 住房和城乡建设主管部门、消防救援机构及其工作人员应当按照法定的职权和程序进行消防设计审查、消防验收、备案抽查和消防安全检查，做到公正、严格、文明、高效。

住房和城乡建设主管部门、消防救援机构及其工作人员进行消防设计审查、消防验收、备案抽查和消防安全检查等，不得收取费用，不得利用职务谋取利益；不得利用职务为用户、建设单位指定或者变相指定消防产品的品牌、销售单位或者消防技术服务机构、消防设施施工单位。

第五十七条 住房和城乡建设主管部门、消防救援机构及其工作人员执行职务，应当自觉接受社会和公民的监督。

任何单位和个人都有权对住房和城乡建设主管部门、消防救援机构及其工作人员在执法中的违法行为进行检举、控告。收到检举、控告的机关，应当按照职责及时查处。

第六章　法律责任

第五十八条 违反本法规定，有下列行为之一的，由住房和城乡建设主管部门、消防救援机构按照各自职权责令停止施工、停止使用或者停产停业，并处三万元以上三十万元以下罚款：

（一）依法应当进行消防设计审查的建设工程，未经依法审查或者审查不合格，擅自施工的；

（二）依法应当进行消防验收的建设工程，未经消防验收或者消防验收不合格，擅自投入使用的；

（三）本法第十三条规定的其他建设工程验收后经依法抽查不合格，不停止使用的；

（四）公众聚集场所未经消防救援机构许可，擅自投入使用、营业的，或者经核查发现场所使用、营业情况与承诺内容不符的。

核查发现公众聚集场所使用、营业情况与承诺内容不符，经责令限期改正，逾期不整改或者整改后仍达不到要求的，依法撤销相应许可。

建设单位未依照本法规定在验收后报住房和城乡建设主管部门备案的，由住房和城乡建设主管部门责令改正，处五千元以下罚款。

第五十九条 违反本法规定，有下列行为之一的，由住房和城乡建设主管部门责令改正或者停止施工，并处一万元以上十万元以下罚款：

（一）建设单位要求建筑设计单位或者建筑施工企业降低消防技术标准设计、施工的；

（二）建筑设计单位不按照消防技术标准强制性要求进行消防设计的；

（三）建筑施工企业不按照消防设计文件和消防技术标准施工，降低消防施工质量的；

（四）工程监理单位与建设单位或者建筑施工企业串通，弄虚作假，降低消防施工质量的。

第六十条 单位违反本法规定，有下列行为之一的，责令改正，处五千元以上五万元以下罚款：

（一）消防设施、器材或者消防安全标志的配置、设置不符合国家标准、行业标准，或者未保持完好有效的；

（二）损坏、挪用或者擅自拆除、停用消防设施、器材的；

（三）占用、堵塞、封闭疏散通道、安全出口或者有其他妨碍安全疏散行为的；

（四）埋压、圈占、遮挡消火栓或者占用防火间距的；

（五）占用、堵塞、封闭消防车通道，妨碍消防车通行的；

（六）人员密集场所在门窗上设置影响逃生和灭火救援的障碍物的；

（七）对火灾隐患经消防救援机构通知后不及时采取措施消除的。

个人有前款第二项、第三项、第四项、第五项行为之一的，处警告或者五百元以下罚款。

有本条第一款第三项、第四项、第五项、第六项行为，经责令改正拒不改正的，强制执行，所需费用由违法行为人承担。

第六十一条 生产、储存、经营易燃易爆危险品的场所与居住场所设置在同一建筑物内，或者未与居住场所保持安全距离的，责令停产停业，并处五千元以上五万元以下罚款。

生产、储存、经营其他物品的场所与居住场所设置在同一建筑物内，不符合消防技术标准的，依照前款规定处罚。

第六十二条 有下列行为之一的，依照《中华人民共和国治安管理处罚法》的规定处罚：

（一）违反有关消防技术标准和管理规定生产、储存、运输、销售、使用、销毁易燃易爆危险品的；

（二）非法携带易燃易爆危险品进入公共场所或者乘坐公共交通工具的；

（三）谎报火警的；

（四）阻碍消防车、消防艇执行任务的；

（五）阻碍消防救援机构的工作人员依法执行职务的。

第六十三条 违反本法规定，有下列行为之一的，处警告或者五百元以下罚款；情节严重的，处五日以下拘留：

（一）违反消防安全规定进入生产、储存易燃易爆危险品场所的；

（二）违反规定使用明火作业或者在具有火灾、爆炸危险的场所吸烟、使用明火的。

第六十四条 违反本法规定，有下列行为之一，尚不构成犯罪的，处十日以上十五日以下拘留，可以并处五百元以下罚款；情节较轻的，处警告或者五百元以下罚款：

（一）指使或者强令他人违反消防安全规定，冒险作业的；

（二）过失引起火灾的；

（三）在火灾发生后阻拦报警，或者负有报告职责的人员不及时报警的；

（四）扰乱火灾现场秩序，或者拒不执行火灾现场指挥员指挥，影响灭火救援的；

（五）故意破坏或者伪造火灾现场的；

（六）擅自拆封或者使用被消防救援机构查封的场所、部位的。

第六十五条　违反本法规定，生产、销售不合格的消防产品或者国家明令淘汰的消防产品的，由产品质量监督部门或者工商行政管理部门依照《中华人民共和国产品质量法》的规定从重处罚。

人员密集场所使用不合格的消防产品或者国家明令淘汰的消防产品的，责令限期改正；逾期不改正的，处五千元以上五万元以下罚款，并对其直接负责的主管人员和其他直接责任人员处五百元以上二千元以下罚款；情节严重的，责令停产停业。

消防救援机构对于本条第二款规定的情形，除依法对使用者予以处罚外，应当将发现不合格的消防产品和国家明令淘汰的消防产品的情况通报产品质量监督部门、工商行政管理部门。产品质量监督部门、工商行政管理部门应当对生产者、销售者依法及时查处。

第六十六条　电器产品、燃气用具的安装、使用及其线路、管路的设计、敷设、维护保养、检测不符合消防技术标准和管理规定的，责令限期改正；逾期不改正的，责令停止使用，可以并处一千元以上五千元以下罚款。

第六十七条　机关、团体、企业、事业等单位违反本法第十六条、第十七条、第十八条、第二十一条第二款规定的，责令限期改正；逾期不改正的，对其直接负责的主管人员和其他直接责任人员依法给予处分或者给予警告处罚。

第六十八条　人员密集场所发生火灾，该场所的现场工作人员不履行组织、引导在场人员疏散的义务，情节严重，尚不构成犯罪的，处五日以上十日以下拘留。

第六十九条　消防设施维护保养检测、消防安全评估等消防技术服务机构，不具备从业条件从事消防技术服务活动或者出具虚假文件的，由消防救援机构责令改正，处五万元以上十万元以下罚款，并对直接负责的主管人员和其他直接责任人员处一万元以上五万元以下罚款；不按照国家标准、行业标准开展消防技术服务活动的，责令改正，处五万元以下罚款，并对直接负责的主管人员和其它直接责任人员处一万元以下罚款；有违法所得的，并处没收违法所得；给他人造成损失的，依法承担赔偿责任；情节严重的，依法责令停止执业或者吊销相应资格；造成重大损失的，由相关部门吊销营业执照，并对有关责任人员采取终身市场禁入措施。

前款规定的机构出具失实文件，给他人造成损失的，依法承担赔偿责任；造成重大损失的，由消防救援机构依法责令停止执业或者吊销相应资格，由相关部门吊销营业执照，并对有关责任人员采取终身市场禁入措施。

第七十条　本法规定的行政处罚，除应当由公安机关依照《中华人民共和国治安管理处罚法》的有关规定决定的外，由住房和城乡建设主管部门、消防救援机构按照各自职权决定。

被责令停止施工、停止使用、停产停业的，应当在整改后向作出决定的部门或者机构报告，经检查合格，方可恢复施工、使用、生产、经营。

当事人逾期不执行停产停业、停止使用、停止施工决定的，由作出决定的部门或者机构强制执行。

责令停产停业，对经济和社会生活影响较大的，由住房和城乡建设主管部门或者应急管理部门报请本级人民政府依法决定。

第七十一条　住房和城乡建设主管部门、消防救援机构的工作人员滥用职权、玩忽职守、徇私舞弊，有下列行为之一，尚不构成犯罪的，依法给予处分：

（一）对不符合消防安全要求的消防设计文件、建设工程、场所准予审查合格、消防验收合格、消防安全检查合格的；

（二）无故拖延消防设计审查、消防验收、消防安全检查，不在法定期限内履行职责的；

（三）发现火灾隐患不及时通知有关单位或者个人整改的；

（四）利用职务为用户、建设单位指定或者变相指定消防产品的品牌、销售单位或者消防技术服务机构、消防设施施工单位的；

（五）将消防车、消防艇以及消防器材、装备和设施用于与消防和应急救援无关的事项的；

（六）其他滥用职权、玩忽职守、徇私舞弊的行为。

产品质量监督、工商行政管理等其他有关行政主管部门的工作人员在消防工作中滥用职权、玩忽职守、徇私舞弊，尚不构成犯罪的，依法给予处分。

第七十二条 违反本法规定，构成犯罪的，依法追究刑事责任。

第七章 附 则

第七十三条 本法下列用语的含义：

（一）消防设施，是指火灾自动报警系统、自动灭火系统、消火栓系统、防烟排烟系统以及应急广播和应急照明、安全疏散设施等。

（二）消防产品，是指专门用于火灾预防、灭火救援和火灾防护、避难、逃生的产品。

（三）公众聚集场所，是指宾馆、饭店、商场、集贸市场、客运车站候车室、客运码头候船厅、民用机场航站楼、体育场馆、会堂以及公共娱乐场所等。

（四）人员密集场所，是指公众聚集场所，医院的门诊楼、病房楼，学校的教学楼、图书馆、食堂和集体宿舍，养老院、福利院，托儿所、幼儿园，公共图书馆的阅览室，公共展览馆、博物馆的展示厅，劳动密集型企业的生产加工车间和员工集体宿舍，旅游、宗教活动场所等。

第七十四条 本法自 2009 年 5 月 1 日起施行。

八、信息安全保密制度

信息安全是指信息网络的硬件、软件及其系统中的数据受到保护，不受偶然的或者恶意的原因而遭到破坏、更改、泄露，系统连续可靠正常地运行，信息服务不中断。网络环境下的信息安全体系是保证信息安全的关键，包括计算机安全操作系统、各种安全协议、安全机制（数字签名、信息认证、数据加密等），直至安全系统，其中任何一个安全漏洞便可以威胁全局安全。近年来，商业秘密通过信息的不安全因素而遭泄露的现象屡见不鲜。因此，企业建立完善的信息安全保密制度至关重要。

信息安全保密制度范本

第一条　为加强计算机信息系统的建设和应用，严守通信机密，特制定本制度。

第二条　公司各部门应严格遵守国家各项网络安全管理规定。

第三条　信息部（或行政部门）应当保障公司的计算机及其相关的配套设备、设施的安全，保障信息的安全，保障计算机功能的正常发挥，以维护计算机信息系统的安全性。信息部应该根据实际情况，即时发现安全隐患，即时提出解决方案，即时处理解决问题。

第四条　总经理办公室需要对所有发布的数据内容进行严格把关；信息部要将审核后的内容准确、安全、即时地上传至托管服务器。

对于对外发布的数据库信息，需要严格控制录入、查询和修改的权限，并且对相应的技术操作进行记录。一旦发生问题，可以有据可查，分清责任。

第五条　公司员工不准带非工作人员进入机房，凡外部人员因公进入机房，须经上级批准，并履行登记手续。

第六条　接入网络的计算机严禁将计算机设定为网络共享，严禁将机内文件设定为网络共享文件。

第七条　电子文件必须定期、完整、真实、准确地存储到不可更改的介质上，并集中保存，然后从计算机上彻底删除。

第八条　保密级别在秘密以下的材料可通过电子信箱传递和报送，严禁保密级别在秘密以上的材料通过电子信箱传递和报送。

第九条　涉密文件和资料的备份应严加控制。未经许可严禁私自复制、转储和借阅。对存储涉密信息的磁介质应当根据有关规定确定密级及保密期限，并视同纸制文件，分密级管理，严格借阅、使用、保管及销毁制度。

第十条　为防止病毒造成严重后果，对外来U盘、光盘、软件等要严格管理，原则上不允许外来U盘、光盘、软件在部内局域网计算机上使用。确因工作需要使用的，事先必须进行防（杀）毒处理，证实无病毒感染后，方可使用。

第十一条　用户密码使用的有关规定有：

（一）密码必须由数字、字符和特殊字符组成；

（二）设置的密码长度不能少于6个字符，密码更换周期不得多于60天；

（三）涉密计算机需要分别设置BIOS、操作系统开机登录和屏幕保护3个密码。

第十二条 公司员工不允许将公司"用户信息和网络密码"告知非本公司人员。如若违反该规定，给公司和客户造成重大经济损失，公司将追究其相应的法律责任。并立即解除劳动合同。

第十三条 笔记本电脑不得擅自借用，由于工作需要借用要经主管领导批准，办公室登记、备案，并对涉密信息进行处理。

第十四条 有关涉密计算机系统进行维护检修时，须保证所存储的涉密信息不被泄露，对涉密信息应采取涉密信息转存、删除、异地转移存储媒体等安全保密措施。无法采取上述措施时，涉密处室处长必须在维修现场，对维修人员、维修对象、维修内容、维修前后状况进行监督并做详细记录。

第十五条 公司员工因故离开本公司，人事部应立即通知信息部，注销该员工的所有用户信息。

第十六条 公司任何人不得使用公司设备和资源从事危害国家安全、泄露国家机密，不得侵犯国家的、社会的、集体的利益和公民的合法权益，不得从事违法犯罪活动。

第十七条 在公司日常业务开展中，凡是涉及国防建设、尖端科技技术等重要领域的信息，应当主动回避。绝对不允许在任何媒体或网络，以任何形式公开。

第十八条 如果一旦出现"信息安全保密"问题，即时通过合理合法的渠道向主管机关和公安机关报告，并为此提供一切便利条件。

第十九条 本制度由公司负责解释、修订。

第二十条 本制度自公布之日起实施。

☞ **制作提示**

1. 明确交代制度的制定目的。如为加强计算机信息系统的建设和应用，严守通信机密，特制定本制度。参见上文第一条。

2. 明确各部门的职责。如规定信息部（或行政部门）应当保障公司的计算机及其相关的配套设备、设施的安全，保障信息的安全，保障计算机功能的正常发挥，以维护计算机信息系统的安全性。参见上文第二、三、四条。

3. 明确公司员工使用计算机、互联网的各种规定，如收发文件、密码使用等问题。如规定电子文件必须定期、完整、真实、准确地存储到不可更改的介质上，并集中保存，然后从计算机上彻底删除。参见上文第五、六、七、八、九、十、十一、十二、十三条。

4. 明确计算机系统维修涉密事项。如规定有关涉密计算机系统进行维护检修时，须保证所存储的涉密信息不被泄露，对涉密信息应采取涉密信息转存、删除、异地转移存储媒体等安全保密措施。参见上文第十四条。

5. 明确员工离职时所涉及信息处理事项。如规定公司员工因故离开本公司，人事部应立即通知信息部，注销该员工的所有用户信息。参见上文第十五条。

6. 明确涉及国家秘密的禁止事项。如公司任何人不得使用公司设备和资源从事危害国家安全、泄露国家机密，不得侵犯国家的、社会的、集体的利益和公民的合法权益，不得从事违法犯罪活动。参见上文第十六、十七条。

7. 明确其他事项以及制度的解释主体和施行时间等。如规定本办法由公司负责解释、修订。参见上文第十八、十九、二十条。

附一：

中华人民共和国网络安全法

（2016年11月7日第十二届全国人民代表大会常务委员会第二十四次会议通过）

第一章　总　则

第一条 为了保障网络安全，维护网络空间主权和国家安全、社会公共利益，保护公民、法人和其他组织的合法权益，促进经济社会信息化健康发展，制定本法。

第二条 在中华人民共和国境内建设、运营、维护和使用网络,以及网络安全的监督管理,适用本法。

第三条 国家坚持网络安全与信息化发展并重,遵循积极利用、科学发展、依法管理、确保安全的方针,推进网络基础设施建设和互联互通,鼓励网络技术创新和应用,支持培养网络安全人才,建立健全网络安全保障体系,提高网络安全保护能力。

第四条 国家制定并不断完善网络安全战略,明确保障网络安全的基本要求和主要目标,提出重点领域的网络安全政策、工作任务和措施。

第五条 国家采取措施,监测、防御、处置来源于中华人民共和国境内外的网络安全风险和威胁,保护关键信息基础设施免受攻击、侵入、干扰和破坏,依法惩治网络违法犯罪活动,维护网络空间安全和秩序。

第六条 国家倡导诚实守信、健康文明的网络行为,推动传播社会主义核心价值观,采取措施提高全社会的网络安全意识和水平,形成全社会共同参与促进网络安全的良好环境。

第七条 国家积极开展网络空间治理、网络技术研发和标准制定、打击网络违法犯罪等方面的国际交流与合作,推动构建和平、安全、开放、合作的网络空间,建立多边、民主、透明的网络治理体系。

第八条 国家网信部门负责统筹协调网络安全工作和相关监督管理工作。国务院电信主管部门、公安部门和其他有关机关依照本法和有关法律、行政法规的规定,在各自职责范围内负责网络安全保护和监督管理工作。

县级以上地方人民政府有关部门的网络安全保护和监督管理职责,按照国家有关规定确定。

第九条 网络运营者开展经营和服务活动,必须遵守法律、行政法规,尊重社会公德,遵守商业道德,诚实信用,履行网络安全保护义务,接受政府和社会的监督,承担社会责任。

第十条 建设、运营网络或者通过网络提供服务,应当依照法律、行政法规的规定和国家标准的强制性要求,采取技术措施和其他必要措施,保障网络安全、稳定运行,有效应对网络安全事件,防范网络违法犯罪活动,维护网络数据的完整性、保密性和可用性。

第十一条 网络相关行业组织按照章程，加强行业自律，制定网络安全行为规范，指导会员加强网络安全保护，提高网络安全保护水平，促进行业健康发展。

第十二条 国家保护公民、法人和其他组织依法使用网络的权利，促进网络接入普及，提升网络服务水平，为社会提供安全、便利的网络服务，保障网络信息依法有序自由流动。

任何个人和组织使用网络应当遵守宪法法律，遵守公共秩序，尊重社会公德，不得危害网络安全，不得利用网络从事危害国家安全、荣誉和利益，煽动颠覆国家政权、推翻社会主义制度，煽动分裂国家、破坏国家统一，宣扬恐怖主义、极端主义，宣扬民族仇恨、民族歧视，传播暴力、淫秽色情信息，编造、传播虚假信息扰乱经济秩序和社会秩序，以及侵害他人名誉、隐私、知识产权和其他合法权益等活动。

第十三条 国家支持研究开发有利于未成年人健康成长的网络产品和服务，依法惩治利用网络从事危害未成年人身心健康的活动，为未成年人提供安全、健康的网络环境。

第十四条 任何个人和组织有权对危害网络安全的行为向网信、电信、公安等部门举报。收到举报的部门应当及时依法作出处理；不属于本部门职责的，应当及时移送有权处理的部门。

有关部门应当对举报人的相关信息予以保密，保护举报人的合法权益。

第二章　网络安全支持与促进

第十五条 国家建立和完善网络安全标准体系。国务院标准化行政主管部门和国务院其他有关部门根据各自的职责，组织制定并适时修订有关网络安全管理以及网络产品、服务和运行安全的国家标准、行业标准。

国家支持企业、研究机构、高等学校、网络相关行业组织参与网络安全国家标准、行业标准的制定。

第十六条 国务院和省、自治区、直辖市人民政府应当统筹规划，加大投入，扶持重点网络安全技术产业和项目，支持网络安全技术的研究开发和应用，推广安全可信的网络产品和服务，保护网络技术知识产权，支持企业、研究机构和高等学校等参与国家网络安全技术创新项目。

第十七条 国家推进网络安全社会化服务体系建设，鼓励有关企业、机构开展网络安全认证、检测和风险评估等安全服务。

第十八条 国家鼓励开发网络数据安全保护和利用技术，促进公共数据资源开放，推动技术创新和经济社会发展。

国家支持创新网络安全管理方式，运用网络新技术，提升网络安全保护水平。

第十九条 各级人民政府及其有关部门应当组织开展经常性的网络安全宣传教育，并指导、督促有关单位做好网络安全宣传教育工作。

大众传播媒介应当有针对性地面向社会进行网络安全宣传教育。

第二十条 国家支持企业和高等学校、职业学校等教育培训机构开展网络安全相关教育与培训，采取多种方式培养网络安全人才，促进网络安全人才交流。

第三章　网络运行安全

第一节　一般规定

第二十一条 国家实行网络安全等级保护制度。网络运营者应当按照网络安全等级保护制度的要求，履行下列安全保护义务，保障网络免受干扰、破坏或者未经授权的访问，防止网络数据泄露或者被窃取、篡改：

（一）制定内部安全管理制度和操作规程，确定网络安全负责人，落实网络安全保护责任；

（二）采取防范计算机病毒和网络攻击、网络侵入等危害网络安全行为的技术措施；

（三）采取监测、记录网络运行状态、网络安全事件的技术措施，并按照规定留存相关的网络日志不少于六个月；

（四）采取数据分类、重要数据备份和加密等措施；

（五）法律、行政法规规定的其他义务。

第二十二条 网络产品、服务应当符合相关国家标准的强制性要求。网络产品、服务的提供者不得设置恶意程序；发现其网络产品、服务存在安全缺陷、漏洞等风险时，应当立即采取补救措施，按照规定及时告知用户并向有关主管部门报告。

网络产品、服务的提供者应当为其产品、服务持续提供安全维护；在规定或者当事人约定的期限内，不得终止提供安全维护。

网络产品、服务具有收集用户信息功能的，其提供者应当向用户明示并取得同意；涉及用户个人信息的，还应当遵守本法和有关法律、行政法规关于个人信息保护的规定。

第二十三条　网络关键设备和网络安全专用产品应当按照相关国家标准的强制性要求，由具备资格的机构安全认证合格或者安全检测符合要求后，方可销售或者提供。国家网信部门会同国务院有关部门制定、公布网络关键设备和网络安全专用产品目录，并推动安全认证和安全检测结果互认，避免重复认证、检测。

第二十四条　网络运营者为用户办理网络接入、域名注册服务，办理固定电话、移动电话等入网手续，或者为用户提供信息发布、即时通讯等服务，在与用户签订协议或者确认提供服务时，应当要求用户提供真实身份信息。用户不提供真实身份信息的，网络运营者不得为其提供相关服务。

国家实施网络可信身份战略，支持研究开发安全、方便的电子身份认证技术，推动不同电子身份认证之间的互认。

第二十五条　网络运营者应当制定网络安全事件应急预案，及时处置系统漏洞、计算机病毒、网络攻击、网络侵入等安全风险；在发生危害网络安全的事件时，立即启动应急预案，采取相应的补救措施，并按照规定向有关主管部门报告。

第二十六条　开展网络安全认证、检测、风险评估等活动，向社会发布系统漏洞、计算机病毒、网络攻击、网络侵入等网络安全信息，应当遵守国家有关规定。

第二十七条　任何个人和组织不得从事非法侵入他人网络、干扰他人网络正常功能、窃取网络数据等危害网络安全的活动；不得提供专门用于从事侵入网络、干扰网络正常功能及防护措施、窃取网络数据等危害网络安全活动的程序、工具；明知他人从事危害网络安全的活动的，不得为其提供技术支持、广告推广、支付结算等帮助。

第二十八条 网络运营者应当为公安机关、国家安全机关依法维护国家安全和侦查犯罪的活动提供技术支持和协助。

第二十九条 国家支持网络运营者之间在网络安全信息收集、分析、通报和应急处置等方面进行合作，提高网络运营者的安全保障能力。

有关行业组织建立健全本行业的网络安全保护规范和协作机制，加强对网络安全风险的分析评估，定期向会员进行风险警示，支持、协助会员应对网络安全风险。

第三十条 网信部门和有关部门在履行网络安全保护职责中获取的信息，只能用于维护网络安全的需要，不得用于其他用途。

第二节 关键信息基础设施的运行安全

第三十一条 国家对公共通信和信息服务、能源、交通、水利、金融、公共服务、电子政务等重要行业和领域，以及其他一旦遭到破坏、丧失功能或者数据泄露，可能严重危害国家安全、国计民生、公共利益的关键信息基础设施，在网络安全等级保护制度的基础上，实行重点保护。关键信息基础设施的具体范围和安全保护办法由国务院制定。

国家鼓励关键信息基础设施以外的网络运营者自愿参与关键信息基础设施保护体系。

第三十二条 按照国务院规定的职责分工，负责关键信息基础设施安全保护工作的部门分别编制并组织实施本行业、本领域的关键信息基础设施安全规划，指导和监督关键信息基础设施运行安全保护工作。

第三十三条 建设关键信息基础设施应当确保其具有支持业务稳定、持续运行的性能，并保证安全技术措施同步规划、同步建设、同步使用。

第三十四条 除本法第二十一条的规定外，关键信息基础设施的运营者还应当履行下列安全保护义务：

（一）设置专门安全管理机构和安全管理负责人，并对该负责人和关键岗位的人员进行安全背景审查；

（二）定期对从业人员进行网络安全教育、技术培训和技能考核；

（三）对重要系统和数据库进行容灾备份；

（四）制定网络安全事件应急预案，并定期进行演练；

（五）法律、行政法规规定的其他义务。

第三十五条　关键信息基础设施的运营者采购网络产品和服务，可能影响国家安全的，应当通过国家网信部门会同国务院有关部门组织的国家安全审查。

第三十六条　关键信息基础设施的运营者采购网络产品和服务，应当按照规定与提供者签订安全保密协议，明确安全和保密义务与责任。

第三十七条　关键信息基础设施的运营者在中华人民共和国境内运营中收集和产生的个人信息和重要数据应当在境内存储。因业务需要，确需向境外提供的，应当按照国家网信部门会同国务院有关部门制定的办法进行安全评估；法律、行政法规另有规定的，依照其规定。

第三十八条　关键信息基础设施的运营者应当自行或者委托网络安全服务机构对其网络的安全性和可能存在的风险每年至少进行一次检测评估，并将检测评估情况和改进措施报送相关负责关键信息基础设施安全保护工作的部门。

第三十九条　国家网信部门应当统筹协调有关部门对关键信息基础设施的安全保护采取下列措施：

（一）对关键信息基础设施的安全风险进行抽查检测，提出改进措施，必要时可以委托网络安全服务机构对网络存在的安全风险进行检测评估；

（二）定期组织关键信息基础设施的运营者进行网络安全应急演练，提高应对网络安全事件的水平和协同配合能力；

（三）促进有关部门、关键信息基础设施的运营者以及有关研究机构、网络安全服务机构等之间的网络安全信息共享；

（四）对网络安全事件的应急处置与网络功能的恢复等，提供技术支持和协助。

第四章　网络信息安全

第四十条　网络运营者应当对其收集的用户信息严格保密，并建立健全用户信息保护制度。

第四十一条 网络运营者收集、使用个人信息，应当遵循合法、正当、必要的原则，公开收集、使用规则，明示收集、使用信息的目的、方式和范围，并经被收集者同意。

网络运营者不得收集与其提供的服务无关的个人信息，不得违反法律、行政法规的规定和双方的约定收集、使用个人信息，并应当依照法律、行政法规的规定和与用户的约定，处理其保存的个人信息。

第四十二条 网络运营者不得泄露、篡改、毁损其收集的个人信息；未经被收集者同意，不得向他人提供个人信息。但是，经过处理无法识别特定个人且不能复原的除外。

网络运营者应当采取技术措施和其他必要措施，确保其收集的个人信息安全，防止信息泄露、毁损、丢失。在发生或者可能发生个人信息泄露、毁损、丢失的情况时，应当立即采取补救措施，按照规定及时告知用户并向有关主管部门报告。

第四十三条 个人发现网络运营者违反法律、行政法规的规定或者双方的约定收集、使用其个人信息的，有权要求网络运营者删除其个人信息；发现网络运营者收集、存储的其个人信息有错误的，有权要求网络运营者予以更正。网络运营者应当采取措施予以删除或者更正。

第四十四条 任何个人和组织不得窃取或者以其他非法方式获取个人信息，不得非法出售或者非法向他人提供个人信息。

第四十五条 依法负有网络安全监督管理职责的部门及其工作人员，必须对在履行职责中知悉的个人信息、隐私和商业秘密严格保密，不得泄露、出售或者非法向他人提供。

第四十六条 任何个人和组织应当对其使用网络的行为负责，不得设立用于实施诈骗，传授犯罪方法，制作或者销售违禁物品、管制物品等违法犯罪活动的网站、通讯群组，不得利用网络发布涉及实施诈骗，制作或者销售违禁物品、管制物品以及其他违法犯罪活动的信息。

第四十七条 网络运营者应当加强对其用户发布的信息的管理，发现法律、行政法规禁止发布或者传输的信息的，应当立即停止传输该信息，采取消除等处置措施，防止信息扩散，保存有关记录，并向有关主管部门报告。

第四十八条 任何个人和组织发送的电子信息、提供的应用软件,不得设置恶意程序,不得含有法律、行政法规禁止发布或者传输的信息。

电子信息发送服务提供者和应用软件下载服务提供者,应当履行安全管理义务,知道其用户有前款规定行为的,应当停止提供服务,采取消除等处置措施,保存有关记录,并向有关主管部门报告。

第四十九条 网络运营者应当建立网络信息安全投诉、举报制度,公布投诉、举报方式等信息,及时受理并处理有关网络信息安全的投诉和举报。

网络运营者对网信部门和有关部门依法实施的监督检查,应当予以配合。

第五十条 国家网信部门和有关部门依法履行网络信息安全监督管理职责,发现法律、行政法规禁止发布或者传输的信息的,应当要求网络运营者停止传输,采取消除等处置措施,保存有关记录;对来源于中华人民共和国境外的上述信息,应当通知有关机构采取技术措施和其他必要措施阻断传播。

第五章　监测预警与应急处置

第五十一条 国家建立网络安全监测预警和信息通报制度。国家网信部门应当统筹协调有关部门加强网络安全信息收集、分析和通报工作,按照规定统一发布网络安全监测预警信息。

第五十二条 负责关键信息基础设施安全保护工作的部门,应当建立健全本行业、本领域的网络安全监测预警和信息通报制度,并按照规定报送网络安全监测预警信息。

第五十三条 国家网信部门协调有关部门建立健全网络安全风险评估和应急工作机制,制定网络安全事件应急预案,并定期组织演练。

负责关键信息基础设施安全保护工作的部门应当制定本行业、本领域的网络安全事件应急预案,并定期组织演练。

网络安全事件应急预案应当按照事件发生后的危害程度、影响范围等因素对网络安全事件进行分级,并规定相应的应急处置措施。

第五十四条 网络安全事件发生的风险增大时,省级以上人民政府有关部门应当按照规定的权限和程序,并根据网络安全风险的特点和可能造成的危害,采取下列措施:

（一）要求有关部门、机构和人员及时收集、报告有关信息，加强对网络安全风险的监测；

（二）组织有关部门、机构和专业人员，对网络安全风险信息进行分析评估，预测事件发生的可能性、影响范围和危害程度；

（三）向社会发布网络安全风险预警，发布避免、减轻危害的措施。

第五十五条　发生网络安全事件，应当立即启动网络安全事件应急预案，对网络安全事件进行调查和评估，要求网络运营者采取技术措施和其他必要措施，消除安全隐患，防止危害扩大，并及时向社会发布与公众有关的警示信息。

第五十六条　省级以上人民政府有关部门在履行网络安全监督管理职责中，发现网络存在较大安全风险或者发生安全事件的，可以按照规定的权限和程序对该网络的运营者的法定代表人或者主要负责人进行约谈。网络运营者应当按照要求采取措施，进行整改，消除隐患。

第五十七条　因网络安全事件，发生突发事件或者生产安全事故的，应当依照《中华人民共和国突发事件应对法》、《中华人民共和国安全生产法》等有关法律、行政法规的规定处置。

第五十八条　因维护国家安全和社会公共秩序，处置重大突发社会安全事件的需要，经国务院决定或者批准，可以在特定区域对网络通信采取限制等临时措施。

第六章　法律责任

第五十九条　网络运营者不履行本法第二十一条、第二十五条规定的网络安全保护义务的，由有关主管部门责令改正，给予警告；拒不改正或者导致危害网络安全等后果的，处一万元以上十万元以下罚款，对直接负责的主管人员处五千元以上五万元以下罚款。

关键信息基础设施的运营者不履行本法第三十三条、第三十四条、第三十六条、第三十八条规定的网络安全保护义务的，由有关主管部门责令改正，给予警告；拒不改正或者导致危害网络安全等后果的，处十万元以上一百万元以下罚款，对直接负责的主管人员处一万元以上十万元以下罚款。

第六十条　违反本法第二十二条第一款、第二款和第四十八条第一款规定，有下列行为之一的，由有关主管部门责令改正，给予警告；拒不改正或者导致危害网络安全等后果的，处五万元以上五十万元以下罚款，对直接负责的主管人员处一万元以上十万元以下罚款：

（一）设置恶意程序的；

（二）对其产品、服务存在的安全缺陷、漏洞等风险未立即采取补救措施，或者未按照规定及时告知用户并向有关主管部门报告的；

（三）擅自终止为其产品、服务提供安全维护的。

第六十一条　网络运营者违反本法第二十四条第一款规定，未要求用户提供真实身份信息，或者对不提供真实身份信息的用户提供相关服务的，由有关主管部门责令改正；拒不改正或者情节严重的，处五万元以上五十万元以下罚款，并可以由有关主管部门责令暂停相关业务、停业整顿、关闭网站、吊销相关业务许可证或者吊销营业执照，对直接负责的主管人员和其他直接责任人员处一万元以上十万元以下罚款。

第六十二条　违反本法第二十六条规定，开展网络安全认证、检测、风险评估等活动，或者向社会发布系统漏洞、计算机病毒、网络攻击、网络侵入等网络安全信息的，由有关主管部门责令改正，给予警告；拒不改正或者情节严重的，处一万元以上十万元以下罚款，并可以由有关主管部门责令暂停相关业务、停业整顿、关闭网站、吊销相关业务许可证或者吊销营业执照，对直接负责的主管人员和其他直接责任人员处五千元以上五万元以下罚款。

第六十三条　违反本法第二十七条规定，从事危害网络安全的活动，或者提供专门用于从事危害网络安全活动的程序、工具，或者为他人从事危害网络安全的活动提供技术支持、广告推广、支付结算等帮助，尚不构成犯罪的，由公安机关没收违法所得，处五日以下拘留，可以并处五万元以上五十万元以下罚款；情节较重的，处五日以上十五日以下拘留，可以并处十万元以上一百万元以下罚款。

单位有前款行为的，由公安机关没收违法所得，处十万元以上一百万元以下罚款，并对直接负责的主管人员和其他直接责任人员依照前款规定处罚。

违反本法第二十七条规定，受到治安管理处罚的人员，五年内不得从事网络安全管理和网络运营关键岗位的工作；受到刑事处罚的人员，终身不得从事网络安全管理和网络运营关键岗位的工作。

第六十四条 网络运营者、网络产品或者服务的提供者违反本法第二十二条第三款、第四十一条至第四十三条规定，侵害个人信息依法得到保护的权利的，由有关主管部门责令改正，可以根据情节单处或者并处警告、没收违法所得、处违法所得一倍以上十倍以下罚款，没有违法所得的，处一百万元以下罚款，对直接负责的主管人员和其他直接责任人员处一万元以上十万元以下罚款；情节严重的，并可以责令暂停相关业务、停业整顿、关闭网站、吊销相关业务许可证或者吊销营业执照。

违反本法第四十四条规定，窃取或者以其他非法方式获取、非法出售或者非法向他人提供个人信息，尚不构成犯罪的，由公安机关没收违法所得，并处违法所得一倍以上十倍以下罚款，没有违法所得的，处一百万元以下罚款。

第六十五条 关键信息基础设施的运营者违反本法第三十五条规定，使用未经安全审查或者安全审查未通过的网络产品或者服务的，由有关主管部门责令停止使用，处采购金额一倍以上十倍以下罚款；对直接负责的主管人员和其他直接责任人员处一万元以上十万元以下罚款。

第六十六条 关键信息基础设施的运营者违反本法第三十七条规定，在境外存储网络数据，或者向境外提供网络数据的，由有关主管部门责令改正，给予警告，没收违法所得，处五万元以上五十万元以下罚款，并可以责令暂停相关业务、停业整顿、关闭网站、吊销相关业务许可证或者吊销营业执照；对直接负责的主管人员和其他直接责任人员处一万元以上十万元以下罚款。

第六十七条 违反本法第四十六条规定，设立用于实施违法犯罪活动的网站、通讯群组，或者利用网络发布涉及实施违法犯罪活动的信息，尚不构成犯罪的，由公安机关处五日以下拘留，可以并处一万元以上十万元以下罚款；情节较重的，处五日以上十五日以下拘留，可以并处五万元以上五十万元以下罚款。关闭用于实施违法犯罪活动的网站、通讯群组。

单位有前款行为的，由公安机关处十万元以上五十万元以下罚款，并对直接负责的主管人员和其他直接责任人员依照前款规定处罚。

第六十八条 网络运营者违反本法第四十七条规定，对法律、行政法规禁止发布或者传输的信息未停止传输、采取消除等处置措施、保存有关记录的，由有关主管部门责令改正，给予警告，没收违法所得；拒不改正或者情节严重的，处十万元以上五十万元以下罚款，并可以责令暂停相关业务、停业整顿、关闭网站、吊销相关业务许可证或者吊销营业执照，对直接负责的主管人员和其他直接责任人员处一万元以上十万元以下罚款。

电子信息发送服务提供者、应用软件下载服务提供者，不履行本法第四十八条第二款规定的安全管理义务的，依照前款规定处罚。

第六十九条　网络运营者违反本法规定，有下列行为之一的，由有关主管部门责令改正；拒不改正或者情节严重的，处五万元以上五十万元以下罚款，对直接负责的主管人员和其他直接责任人员，处一万元以上十万元以下罚款：

（一）不按照有关部门的要求对法律、行政法规禁止发布或者传输的信息，采取停止传输、消除等处置措施的；

（二）拒绝、阻碍有关部门依法实施的监督检查的；

（三）拒不向公安机关、国家安全机关提供技术支持和协助的。

第七十条　发布或者传输本法第十二条第二款和其他法律、行政法规禁止发布或者传输的信息的，依照有关法律、行政法规的规定处罚。

第七十一条　有本法规定的违法行为的，依照有关法律、行政法规的规定记入信用档案，并予以公示。

第七十二条　国家机关政务网络的运营者不履行本法规定的网络安全保护义务的，由其上级机关或者有关机关责令改正；对直接负责的主管人员和其他直接责任人员依法给予处分。

第七十三条　网信部门和有关部门违反本法第三十条规定，将在履行网络安全保护职责中获取的信息用于其他用途的，对直接负责的主管人员和其他直接责任人员依法给予处分。

网信部门和有关部门的工作人员玩忽职守、滥用职权、徇私舞弊，尚不构成犯罪的，依法给予处分。

第七十四条　违反本法规定，给他人造成损害的，依法承担民事责任。

违反本法规定，构成违反治安管理行为的，依法给予治安管理处罚；构成犯罪的，依法追究刑事责任。

第七十五条　境外的机构、组织、个人从事攻击、侵入、干扰、破坏等危害中华人民共和国的关键信息基础设施的活动，造成严重后果的，依法追究法律责任；国务院公安部门和有关部门并可以决定对该机构、组织、个人采取冻结财产或者其他必要的制裁措施。

第七章　附　则

第七十六条　本法下列用语的含义：

（一）网络，是指由计算机或者其他信息终端及相关设备组成的按照一定的规则和程序对信息进行收集、存储、传输、交换、处理的系统。

（二）网络安全，是指通过采取必要措施，防范对网络的攻击、侵入、干扰、破坏和非法使用以及意外事故，使网络处于稳定可靠运行的状态，以及保障网络数据的完整性、保密性、可用性的能力。

（三）网络运营者，是指网络的所有者、管理者和网络服务提供者。

（四）网络数据，是指通过网络收集、存储、传输、处理和产生的各种电子数据。

（五）个人信息，是指以电子或者其他方式记录的能够单独或者与其他信息结合识别自然人个人身份的各种信息，包括但不限于自然人的姓名、出生日期、身份证件号码、个人生物识别信息、住址、电话号码等。

第七十七条　存储、处理涉及国家秘密信息的网络的运行安全保护，除应当遵守本法外，还应当遵守保密法律、行政法规的规定。

第七十八条　军事网络的安全保护，由中央军事委员会另行规定。

第七十九条　本法自 2017 年 6 月 1 日起施行。

附二：
计算机信息网络国际联网安全保护管理办法

（1997年12月11日国务院批准　1997年12月16日公安部令第33号发布　根据2011年1月8日《国务院关于废止和修改部分行政法规的决定》修订）

第一章　总　　则

第一条　为了加强对计算机信息网络国际联网的安全保护，维护公共秩序和社会稳定，根据《中华人民共和国计算机信息系统安全保护条例》、《中华人民共和国计算机信息网络国际联网管理暂行规定》和其他法律、行政法规的规定，制定本办法。

第二条　中华人民共和国境内的计算机信息网络国际联网安全保护管理，适用本办法。

第三条　公安部计算机管理监察机构负责计算机信息网络国际联网的安全保护管理工作。

公安机关计算机管理监察机构应当保护计算机信息网络国际联网的公共安全，维护从事国际联网业务的单位和个人的合法权益和公众利益。

第四条　任何单位和个人不得利用国际联网危害国家安全、泄露国家秘密，不得侵犯国家的、社会的、集体的利益和公民的合法权益，不得从事违法犯罪活动。

第五条　任何单位和个人不得利用国际联网制作、复制、查阅和传播下列信息：

（一）煽动抗拒、破坏宪法和法律、行政法规实施的；

（二）煽动颠覆国家政权，推翻社会主义制度的；

（三）煽动分裂国家、破坏国家统一的；

（四）煽动民族仇恨、民族歧视，破坏民族团结的；

（五）捏造或者歪曲事实，散布谣言，扰乱社会秩序的；

（六）宣扬封建迷信、淫秽、色情、赌博、暴力、凶杀、恐怖，教唆犯罪的；

（七）公然侮辱他人或者捏造事实诽谤他人的；

（八）损害国家机关信誉的；

（九）其他违反宪法和法律、行政法规的。

第六条 任何单位和个人不得从事下列危害计算机信息网络安全的活动：

（一）未经允许，进入计算机信息网络或者使用计算机信息网络资源的；

（二）未经允许，对计算机信息网络功能进行删除、修改或者增加的；

（三）未经允许，对计算机信息网络中存储、处理或者传输的数据和应用程序进行删除、修改或者增加的；

（四）故意制作、传播计算机病毒等破坏性程序的；

（五）其他危害计算机信息网络安全的。

第七条 用户的通信自由和通信秘密受法律保护。任何单位和个人不得违反法律规定，利用国际联网侵犯用户的通信自由和通信秘密。

第二章　安全保护责任

第八条 从事国际联网业务的单位和个人应当接受公安机关的安全监督、检查和指导，如实向公安机关提供有关安全保护的信息、资料及数据文件，协助公安机关查处通过国际联网的计算机信息网络的违法犯罪行为。

第九条 国际出入口信道提供单位、互联单位的主管部门或者主管单位，应当依照法律和国家有关规定负责国际出入口信道、所属互联网络的安全保护管理工作。

第十条 互联单位、接入单位及使用计算机信息网络国际联网的法人和其他组织应当履行下列安全保护职责：

（一）负责本网络的安全保护管理工作，建立健全安全保护管理制度；

（二）落实安全保护技术措施，保障本网络的运行安全和信息安全；

（三）负责对本网络用户的安全教育和培训；

（四）对委托发布信息的单位和个人进行登记，并对所提供的信息内容按照本办法第五条进行审核；

（五）建立计算机信息网络电子公告系统的用户登记和信息管理制度；

（六）发现有本办法第四条、第五条、第六条、第七条所列情形之一的，应当保留有关原始记录，并在 24 小时内向当地公安机关报告；

（七）按照国家有关规定，删除本网络中含有本办法第五条内容的地址、目录或者关闭服务器。

第十一条　用户在接入单位办理入网手续时，应当填写用户备案表。备案表由公安部监制。

第十二条　互联单位、接入单位、使用计算机信息网络国际联网的法人和其他组织（包括跨省、自治区、直辖市联网的单位和所属的分支机构），应当自网络正式联通之日起 30 日内，到所在地的省、自治区、直辖市人民政府公安机关指定的受理机关办理备案手续。

前款所列单位应当负责将接入本网络的接入单位和用户情况报当地公安机关备案，并及时报告本网络中接入单位和用户的变更情况。

第十三条　使用公用账号的注册者应当加强对公用账号的管理，建立账号使用登记制度。用户账号不得转借、转让。

第十四条　涉及国家事务、经济建设、国防建设、尖端科学技术等重要领域的单位办理备案手续时，应当出具其行政主管部门的审批证明。

前款所列单位的计算机信息网络与国际联网，应当采取相应的安全保护措施。

第三章　安全监督

第十五条　省、自治区、直辖市公安厅（局），地（市）、县（市）公安局，应当有相应机构负责国际联网的安全保护管理工作。

第十六条　公安机关计算机管理监察机构应当掌握互联单位、接入单位和用户的备案情况，建立备案档案，进行备案统计，并按照国家有关规定逐级上报。

第十七条　公安机关计算机管理监察机构应当督促互联单位、接入单位及有关用户建立健全安全保护管理制度。监督、检查网络安全保护管理以及技术措施的落实情况。

公安机关计算机管理监察机构在组织安全检查时，有关单位应当派人参加。

公安机关计算机管理监察机构对安全检查发现的问题，应当提出改进意见，作出详细记录，存档备查。

第十八条　公安机关计算机管理监察机构发现含有本办法第五条所列内容的地址、目录或者服务器时，应当通知有关单位关闭或者删除。

第十九条　公安机关计算机管理监察机构应当负责追踪和查处通过计算机信息网络的违法行为和针对计算机信息网络的犯罪案件，对违反本办法第四条、第七条规定的违法犯罪行为，应当按照国家有关规定移送有关部门或者司法机关处理。

第四章　法律责任

第二十条　违反法律、行政法规，有本办法第五条、第六条所列行为之一的，由公安机关给予警告，有违法所得的，没收违法所得，对个人可以并处5000元以下的罚款，对单位可以并处1.5万元以下的罚款；情节严重的，并可以给予6个月以内停止联网、停机整顿的处罚，必要时可以建议原发证、审批机构吊销经营许可证或者取消联网资格；构成违反治安管理行为的，依照治安管理处罚法的规定处罚；构成犯罪的，依法追究刑事责任。

第二十一条　有下列行为之一的，由公安机关责令限期改正，给予警告，有违法所得的，没收违法所得；在规定的限期内未改正的，对单位的主管负责人员和其他直接责任人员可以并处5000元以下的罚款，对单位可以并处1.5万元以下的罚款；情节严重的，并可以给予6个月以内的停止联网、停机整顿的处罚，必要时可以建议原发证、审批机构吊销经营许可证或者取消联网资格。

（一）未建立安全保护管理制度的；

（二）未采取安全技术保护措施的；

（三）未对网络用户进行安全教育和培训的；

（四）未提供安全保护管理所需信息、资料及数据文件，或者所提供内容不真实的；

（五）对委托其发布的信息内容未进行审核或者对委托单位和个人未进行登记的；

（六）未建立电子公告系统的用户登记和信息管理制度的；

（七）未按照国家有关规定，删除网络地址、目录或者关闭服务器的；

（八）未建立公用账号使用登记制度的；

（九）转借、转让用户账号的。

第二十二条　违反本办法第四条、第七条规定的，依照有关法律、法规予以处罚。

第二十三条　违反本办法第十一条、第十二条规定，不履行备案职责的，由公安机关给予警告或者停机整顿不超过6个月的处罚。

第五章　附　　则

第二十四条　与香港特别行政区和台湾、澳门地区联网的计算机信息网络的安全保护管理，参照本办法执行。

第二十五条　本办法自1997年12月30日起施行。

附三：

中华人民共和国计算机信息系统安全保护条例

（1994年2月18日中华人民共和国国务院令第147号发布　根据2011年1月8日《国务院关于废止和修改部分行政法规的决定》修订）

第一章　总　　则

第一条　为了保护计算机信息系统的安全，促进计算机的应用和发展，保障社会主义现代化建设的顺利进行，制定本条例。

第二条　本条例所称的计算机信息系统，是指由计算机及其相关的和配套的设备、设施（含网络）构成的，按照一定的应用目标和规则对信息进行采集、加工、存储、传输、检索等处理的人机系统。

第三条　计算机信息系统的安全保护，应当保障计算机及其相关的和配套的设备、设施（含网络）的安全，运行环境的安全，保障信息的安全，保障计算机功能的正常发挥，以维护计算机信息系统的安全运行。

第四条　计算机信息系统的安全保护工作，重点维护国家事务、经济建设、国防建设、尖端科学技术等重要领域的计算机信息系统的安全。

第五条　中华人民共和国境内的计算机信息系统的安全保护，适用本条例。未联网的微型计算机的安全保护办法，另行制定。

第六条　公安部主管全国计算机信息系统安全保护工作。

国家安全部、国家保密局和国务院其他有关部门，在国务院规定的职责范围内做好计算机信息系统安全保护的有关工作。

第七条　任何组织或者个人，不得利用计算机信息系统从事危害国家利益、集体利益和公民合法利益的活动，不得危害计算机信息系统的安全。

第二章　安全保护制度

第八条　计算机信息系统的建设和应用，应当遵守法律、行政法规和国家其他有关规定。

第九条　计算机信息系统实行安全等级保护。安全等级的划分标准和安全等级保护的具体办法，由公安部会同有关部门制定。

第十条　计算机机房应当符合国家标准和国家有关规定。

在计算机机房附近施工，不得危害计算机信息系统的安全。

第十一条　进行国际联网的计算机信息系统，由计算机信息系统的使用单位报省级以上人民政府公安机关备案。

第十二条　运输、携带、邮寄计算机信息媒体进出境的，应当如实向海关申报。

第十三条　计算机信息系统的使用单位应当建立健全安全管理制度，负责本单位计算机信息系统的安全保护工作。

第十四条　对计算机信息系统中发生的案件，有关使用单位应当在 24 小时内向当地县级以上人民政府公安机关报告。

第十五条　对计算机病毒和危害社会公共安全的其他有害数据的防治研究工作，由公安部归口管理。

第十六条　国家对计算机信息系统安全专用产品的销售实行许可证制度。具体办法由公安部会同有关部门制定。

第三章 安　全　监　督

第十七条　公安机关对计算机信息系统安全保护工作行使下列监督职权：

（一）监督、检查、指导计算机信息系统安全保护工作；

（二）查处危害计算机信息系统安全的违法犯罪案件；

（三）履行计算机信息系统安全保护工作的其他监督职责。

第十八条　公安机关发现影响计算机信息系统安全的隐患时，应当及时通知使用单位采取安全保护措施。

第十九条　公安部在紧急情况下，可以就涉及计算机信息系统安全的特定事项发布专项通令。

第四章　法　律　责　任

第二十条　违反本条例的规定，有下列行为之一的，由公安机关处以警告或者停机整顿：

（一）违反计算机信息系统安全等级保护制度，危害计算机信息系统安全的；

（二）违反计算机信息系统国际联网备案制度的；

（三）不按照规定时间报告计算机信息系统中发生的案件的；

（四）接到公安机关要求改进安全状况的通知后，在限期内拒不改进的；

（五）有危害计算机信息系统安全的其他行为的。

第二十一条　计算机机房不符合国家标准和国家其他有关规定的，或者在计算机机房附近施工危害计算机信息系统安全的，由公安机关会同有关单位进行处理。

第二十二条　运输、携带、邮寄计算机信息媒体进出境，不如实向海关申报的，由海关依照《中华人民共和国海关法》和本条例以及其他有关法律、法规的规定处理。

第二十三条　故意输入计算机病毒以及其他有害数据危害计算机信息系统安全的，或者未经许可出售计算机信息系统安全专用产品的，由公安机关处以警告或者对个人处以 5000 元以下的罚款、对单位处以 1.5 万元以下的罚款；有违法所得的，除予以没收外，可以处以违法所得 1 至 3 倍的罚款。

第二十四条　违反本条例的规定，构成违反治安管理行为的，依照《中华人民共和国治安管理处罚法》的有关规定处罚；构成犯罪的，依法追究刑事责任。

第二十五条　任何组织或者个人违反本条例的规定，给国家、集体或者他人财产造成损失的，应当依法承担民事责任。

第二十六条　当事人对公安机关依照本条例所作出的具体行政行为不服的，可以依法申请行政复议或者提起行政诉讼。

第二十七条　执行本条例的国家公务员利用职权，索取、收受贿赂或者有其他违法、失职行为，构成犯罪的，依法追究刑事责任；尚不构成犯罪的，给予行政处分。

第五章　附　　则

第二十八条　本条例下列用语的含义：

计算机病毒，是指编制或者在计算机程序中插入的破坏计算机功能或者毁坏数据，影响计算机使用，并能自我复制的一组计算机指令或者程序代码。

计算机信息系统安全专用产品，是指用于保护计算机信息系统安全的专用硬件和软件产品。

第二十九条　军队的计算机信息系统安全保护工作，按照军队的有关法规执行。

第三十条　公安部可以根据本条例制定实施办法。

第三十一条　本条例自发布之日起施行。

九、企业突发事件应急预案

企业无论是在生产建设中，还是在日常管理中，难免会发生突发事件，如果没有完善的突发事件应急预案，企业及其员工在面临该突发事件时，很有可能会束手无策，并因此影响对此事的及时、妥善处理，进而影响企业的良好有序发展。国家在法律层面出台过关于公共突发事件应急预案的相关规定，企业应当在学习借鉴的基础上，结合本企业的实际情况，制定相关的突发事件应急预案，以及时、有效地处理企业可能面临的突发事件。

企业突发事件应急预案范本

第一条 为确保本企业生产经营安全，加强企业应对突发事件的综合处理能力，提高企业处置突发事件的反应速度及协调水平，确保企业的各项应急措施能够得到有效实施，最大限度地预防和降低突发事件及其造成的损失，根据有关法律法规，结合本企业实际，特制订本预案。

第二条 本预案中所称"突发事件"，是指突然发生的、有别于日常经营的，已经或者可能会对企业的生产经营及企业声誉形象造成重大影响的，需要采取应急处置措施予以应对的偶发性、紧急性事件。

第三条 突发事件主要包括以下几种情形：

（一）自然灾害，如地震、洪涝、山体滑坡等；

（二）事故灾难，如企业内部发生的各类安全事故，企业车辆在外发生的交通事故等；

（三）公共卫生事件，如发生的传染性疫情，食物中毒等严重影响本企业职工生命健康权的事件；

（四）负面新闻媒体事件，如报刊、网络等对本企业进行的不实报道、负面新闻等；

（五）群体性事件等；

（六）其他本企业认为可能会对企业生产经营和声誉形象造成重大影响的事件。

第四条 企业应对突发事件以"预防为主，预防与紧急处置相结合"为基本原则。

第五条 企业应对突发事件实行统一领导、统一组织、快速反应、及时解决、协同应对的方式方法。

第六条 企业成立突发事件处置工作领导小组（以下称"应急领导小组"），面对突发事件，由应急领导小组及时制订方案及措施。

第七条 应急领导小组应当按照以下规定履行职责：

（一）制定、实施、终止本预案；

（二）指导企业相关部门及分支机构的突发事件应急体系的建设与完善；

（三）负责企业突发事件的应急管理、组织和实施工作；

（四）在突发事件处置过程中对一些重要事项作出决策；

（五）负责保持与各相关部门及政府部门、新闻媒体的有效联系与关系。

第八条　企业其他部门也应本着"预防为主，预防与紧急处置相结合"的原则，加强对日常工作中可能出现的突发事件的防范与调控。

（一）对可能引发突发事件的各种因素采取预防和控制措施，根据对突发事件的监测结果进行危险评估，并制定相应的评估报告，以便应急领导小组采取应对措施；

（二）企业各基层单位负责人作为突发事件的预警、预防工作的第一负责人，应当定期检查并及时汇报有关情况，将事态控制在萌芽状态；

（三）企业的每一位员工均可作为应急事件信息报告人。发现突发事件或者可能产生的突发事件时应当及时向其所在部门的负责人报告，该负责人接到报告后应立即查证，并及时向应急领导小组报告。

员工及各部门、基层单位负责人报告、报送突发事件预警信息时，应当做到及时、客观、真实，不得谎报、迟报、瞒报、漏报。

第九条　应急领导小组根据突发事件的具体情况，应及时启动应急机制，并按照以下程序开展工作：

（一）发生自然灾害后，应急领导小组应当在接到灾情报告的同时，组织专业技术人员到事发现场组织施救，并根据灾情规模和伤害情况逐级上报企业领导；

（二）发生安全事故、交通事故时，应急领导小组应立即派工作人员赶赴现场，本着"救人第一"的原则，开展施救工作，并调查事故原因，确定事故责任人，并处理好善后工作；

（三）发生公共卫生事件后，应急领导小组应根据疫情规模，及时联系卫生行政部门和医疗机构，做好人员和车辆的安排、调度，并及时作出是否需要封闭管理的决定；

（四）面对负面新闻媒体事件，首先要将事件报告企业主管领导，然后配合主管领导了解事实真相，确定危机公关方案和媒体发言人，最后积极组织媒体发布会，平息危机；

（五）针对群体性事件，要先安抚当事人、平缓当事人的情绪，然后调查事件的真实情况，并联合相关部门制定处置方案，在事件处理完后应及时以报告形式上报企业主管领导。

第十条 本预案由企业应急领导小组负责制定和解释，其余未明确事项，由应急领导小组根据企业实际情况，另行制定补充规定。

第十一条 本预案自印发之日起施行。

☞ 制作提示

1. 明确预案的制定目的。如规定为确保本企业生产经营安全，加强企业应对突发事件的综合处理能力，最大限度地预防和降低突发事件及其造成的损失，根据有关法律法规，结合本企业实际，特制订本预案。参见上文第一条。

2. 明确突发事件的含义。如规定本预案中所称"突发事件"，是指突然发生的、有别于日常经营的，已经或者可能会对企业的生产经营及企业声誉形象造成重大影响的，需要采取应急处置措施予以应对的偶发性、紧急性事件。参见上文第二条。

3. 明确突发事件具体包括的内容。如规定突发事件主要包括以下几种情形：自然灾害，如地震、洪涝、山体滑坡等；事故灾难，如企业内部发生的各类安全事故，企业车辆在外发生的交通事故等。参见上文第三条。

4. 明确突发事件处置的基本原则和方式方法。如规定企业应对突发事件以"预防为主，预防与紧急处置相结合"为基本原则。参见上文第四条、第五条。

5. 明确突发事件处置的机构规定的实施机构及其职权。如规定企业成立突发事件处置工作领导小组（以下称"应急领导小组"），面对突发事件，由应急领导小组及时制定方案及措施。参见上文第六条、第七条。

6. 明确企业应急领导小组以外的其他部门及企业员工应当承担的相应职责。如规定企业其他部门也应本着"预防为主，预防与紧急处置相结合"的原则，加强对日常工作中可能出现的突发事件的防范与调控。参见上文第八条。

7. 明确企业应急领导小组处置各种突发事件时应当遵照的工作程序。如规定发生自然灾害后，应急领导小组应当在接到灾情报告的同时，组织专业技术人员到事发现场组织施救，并根据灾情规模和伤害情况逐级上报企业领导。参见上文第九条。

8. 明确本预案的制定和解释部门及其他重要事项。如规定本预案由企业应急领导小组负责制定和解释，其余未明确事项，由应急领导小组根据企业实际情况，另行制定补充规定。参见上文第十条。

9. 明确本预案的施行时间。参见上文第十一条。

第十三章　车辆管理制度

　　车辆管理对企业而言，包括车辆档案管理、驾驶员档案管理、驾驶员行车技术安全管理、车辆定位管理、行车管理、加油管理、维修管理和费用管理等几大方面，目的在于增加车辆安全行驶，提高车辆使用效率。而车辆管理制度，可以有效规范上述管理工作。

一、车辆管理制度

车辆管理对企业而言，包括车辆档案管理、驾驶员档案管理、驾驶员行车技术安全管理、车辆定位管理、行车管理、加油管理、维修管理和费用管理等几大方面，目的在于增加车辆安全行驶，提高车辆使用效率。制定车辆管理制度，可以有效规范上述管理工作。

车辆管理制度范本

第一条 为了严格管理车辆，合理使用车辆，节约费用开支，最大限度地提高汽车使用率，降低能耗，以适应公司公务用车的需要，特制定本制度。

第二条 本制度适用于公司负责管理的所有车辆。

第三条 本公司的所有车辆统一由行政部管理，并指派专职司机驾驶并负责保养。

第四条 公务用车分别按车号设册登记管理。

第五条 各部门需要使用车辆时，经本部门经理核准后交行政部统一调派。

第六条 公司员工在市内参加各种业务活动，到外地出差或开会，或公司员工遇有紧急、重要公务或因路远等必须用车的情况时，在征得部门负责人同意的情况下，可申请派车。

第七条 部门经理级以上员工用车，需填写申请单后，经报总经理审批同意，行政部可根据公司用车情况进行调派。

第八条 经批准的其他非因公个人用车（包括退休人员），一律按规定收费。

第九条 使用人意图虚伪欺瞒而产生与因公遗失（或无修理价值时）相同的结果，或擅自当卖、借第三人使用等情事时，除依法严办外，应按残价（损失）一次偿还。

第十条 积极参加安全教育活动，严格遵守公司各项规章制度，认真做好停放车辆的防盗、防抢、防破坏措施。

第十一条 驾驶员必须严格遵守交通规则、操作规程，保持车况良好和车辆整洁，做到服从安排、准时出车、安全驾驶、优质服务。

第十二条 驾驶员认真贯彻执行国家和上级关于交通安全的方针、政策和法规，模范遵守公司《车辆管理制度》，严于律己，以身作则，并组织具体实施和检查。

第十三条 驾驶员要节约用油。对车辆用油，办公室根据出车单与里程表的行驶公里数，实行每月核算。

第十四条 车辆需随时保持整洁，保证性能良好。驾驶员应每周实施定期检查及保养，以维持机件的寿命，确保行车安全。

第十五条 驾驶员出车前必须认真做好车辆检查，车容整洁、车况良好、部件齐全、制动有效，不允许病车上路。如有部件损坏和不安全因素隐患，应及时处理直至修复，确保安全运输。

第十六条 各种车辆如在公务中遇不可抗拒的车祸发生，除向附近警察机关报案外，并须即刻与公司行政部门联络。行政主管除即刻前往处理外，并即通知保险公司办理赔偿手续。

第十七条 公车私用造成的交通事故，除保险公司理赔的费用外，由责任人负责赔偿给他人和给公司造成的一切损失，但业务用货车因公务行驶而违反交通规则，如属人为过失其罚款概由当事人负担，如其原因可归属于公司时，其罚款由公司负担。

第十八条 出车在外或出车归来停放车辆，一定要注意选取停放地点和位置，不能在不准停放的路段或危险地段停车，不按规定造成车损或罚款的应自负。下班后应将车辆按公司的规定存放和保管。司机离开车辆时，要锁好车门，防止车辆被盗。

第十九条 车内应设置《车辆行驶记录表》，使用前应该核对车辆里程表与记录表上的记载是否相符，使用后应记载行驶里程、时间、地点、用途等，行政部每月抽查一次。

第二十条 对安全行车和车辆保养方面有突出业绩的司机，酌情给予安全奖。

第二十一条 本制度由行政部负责制订和解释。

第二十二条 本制度呈准后实施，修改时亦同。

☞ 制作提示

1. 明确制度制定目的及适用范围。如规定为了严格管理车辆，合理使用车辆，节约费用开支，最大限度地提高汽车使用率，降低能耗，以适应公司公务用车的需要，特制定本制度。参见上文第一、二条。

2. 明确有关用车管理事项。如规定公司员工在市内参加各种业务活动，到外地出差或开会，或公司员工遇有紧急、重要公务或因路远等必须用车的情况时，在征得部门负责人同意的情况下，可申请派车。参见上文第三、四、五、六、七、八、九、十条。

3. 明确驾驶员应遵守的有关事项。如规定驾驶员出车前必须认真做好车辆检查，车容整洁、车况良好、部件齐全、制动有效，不允许病车上路。参见上文第十一、十二、十三、十四、十五条。

4. 明确车辆发生交通意外或事故时有关处理事项。如规定各种车辆如在公务中遇不可抗拒的车祸发生，除向附近警察机关报案外，并须即刻与公司行政部门联络。行政主管除即刻前往处理外，并即通知保险公司办理赔偿手续。参见上文第十六、十七条。

5. 明确其他事项以及制度的解释主体和施行时间等。参见上文第十八、十九、二十、二十一、二十二条。

二、司机管理规定

如果一个企业想完善司机人员行车管理，提升其工作效率及工作品质，确保车辆使用及时、合理及安全化，提高车辆使用效率、降低维修成本，延长汽车使用寿命等，那么，首当其冲的就是制定一部司机管理规定。

司机管理规定范本

第一条 为加强车辆、司机管理，明确公司司机岗位职责与日常工作规范，提升其工作效率及工作品质，制定本制度。

第二条　本规定适用公司所有司机员工。

第三条　司机必须遵守公司的一切规章制度，按时上下班，服从领导，听从分配。

第四条　所有司机必须遵守《中华人民共和国道路交通安全法》及有关交通安全管理的规章规则，安全驾车。

第五条　司机应爱惜公司车辆，平时要注意车辆的保养，经常检查车辆的主要机件，发现故障及时上报。每月至少用半天时间对自己所开车辆进行检修，确保车辆正常行驶，不准带故障强行出车。

第六条　车辆需要维修时，要先和领导打好招呼，经同意后方可修理。如果实行零件拆旧换新，应在指定的维修站修理，车辆进厂修理期间，司机要认真看守，随时检查修理情况，无特殊情况，未经领导批准，不准私自修车。

第七条　出车前，要例行检查车辆的水、电、油及其他性能是否正常，发现不正常时，要立即加补或调整。出车回来，要检查存油量，发现存油不足一格时，应立即加油，不得出车时才临时去加油。

第八条　严格遵守公司用车规定，未经领导同意，严禁私自将车辆借给其他单位或个人使用，不许拉私活、带客，不许酒后驾车，否则出现的一切后果由司机本人负责。

第九条　开车精力集中，保持良好的精神状态，不许超速行驶，不许强行超车，野蛮行车，尽量减少损耗，减少油耗。

第十条　公务出车要热情服务，动作迅速；不准借工作之便出私车、出顺风车；不准无故拒绝出车，已租用车库的不准车辆夜不归库，未租用车库的要将车辆妥善保管。

第十一条　出车在外或出车归来停放车辆，一定要注意选取停放地点和位置，不能在不准停车的路段或危险地段停车。司机离开车辆时，要锁好保险锁，防止车辆被盗。

第十二条　所有司机应严格执行考勤制度，无故缺勤者一律按旷工处理，司机不听从安排，耽误公事，严重者给予开除处理。

第十三条　司机保证通信工具畅通，服从有关领导工作上的调配，完成领导临时交办的任务。

第十四条 司机出车执行任务，遇特殊情况不能按时返回的，应及时设法通知管理人员，并说明原因。

第十五条 司机对自己所开车辆的各种证件的有效性应经常检查，除行驶证及保险卡由各使用人携带外，其余均由市场部相关负责人保管，不得遗失。

第十六条 司机驾车一定要遵守交通规则，文明开车，不准危险驾车（包括超速、紧跟、争道、赛车等）。

第十七条 车内不准吸烟。本公司员工在车内吸烟时，应有礼貌地制止；公司外的客人在车内吸烟时，可婉转告知本公司陪同人，但不能直接制止。

第十八条 司机人员接送来宾，应具备基本礼貌礼仪，以将客人送到目的地大门口为原则，不得将车辆未驶进目的地即让客人下车步行。

第十九条 严禁在车内赌博或从事其他违法活动，一经发现，报治安管理部门查处。

第二十条 司机离开车辆时，必须关好车窗，锁好车门，车内放有物品文件，应放置在安全区域内。

第二十一条 司机要注意个人的言行，礼貌待人、微笑服务，绝不允许在客户面前影响公司形象。

第二十二条 司机必须注意保密，不得传播乘车人讲话的内容，违者予以批评教育，严重者严肃处理。

第二十三条 司机不得向公司客人索要礼品，或者示意索要礼品，对不宜拒绝的礼品可以接受，回公司后应上交至办公室统一登记、处理。

第二十四条 司机违反交通规则，因司机故意或者是其本人重大过失，造成的人身伤害，其赔偿金额全部由当事人承担。

第二十五条 由于客观原因造成交通事故的，公司根据相关法律规定来承担责任。

第二十六条 当发生交通事故时，迅速与公司联系，接受公司的相关指示。

第二十七条 每月对司机进行考核，将考核等级作为每月发放浮动工资的依据。对于工作勤奋、遵守制度、表现突出的，可视具体情况给予嘉奖；对工作怠慢、违反制度、发生事故者，视具体情节给予警告、降级直至除名处理。

第二十八条　本制度解释权归公司所有。

第二十九条　本制度经呈总经理审批，自公布之日起执行。

☞ 制作提示

1. 明确制度制定目的及适用范围。如规定为加强车辆、司机管理，明确公司司机岗位职责与日常工作规范，提升其工作效率及工作品质，制定本制度。参见上文第一条、第二条。

2. 明确司机出车前、出车时以及其他上班时间的各种注意事项。如规定严格遵守公司用车规定，未经领导同意，严禁私自将车辆借给其他单位或个人使用，不许拉私活、带客，不许酒后驾车，否则出现的一切后果由司机本人负责。参见上文第三条至第二十六条。

3. 明确对司机的考核规定。如规定每月对司机进行考核，将考核等级作为每月发放浮动工资的依据。参见上文第二十七条。

4. 明确其他事项以及制度的解释主体和施行时间等。参见上文第二十八条、第二十九条。

三、车辆肇事处理办法

车辆在道路上行驶，本身就是一件高风险的事情。因此，对于企业来说，企业车辆在运行过程中，很有可能会遇到车辆肇事等问题。那么，制定相应的车辆肇事处理办法，十分必要。有了车辆肇事处理办法，不仅可以有依据、有秩序地处理问题，而且还可能最大限度地降低损失和节省解决问题的成本，这一点，对公司来说，也是十分有意义的。

车辆肇事处理办法范本

第一条　本公司车辆肇事除法令规定外，悉依本办法处理。

第二条　下列各款均为肇事：

（一）汽车（机车）相撞或为他种车辆相撞，致双方或一方有损害伤亡者。

（二）汽车（机车）撞及人畜，路旁建筑物及其他物品，致有损害伤亡者。

（三）汽车（机车）行驶不慎倾倒，及他人故意置障碍物于路中，因撞及或倾翻，致人或车辆有伤亡的损害者。

（四）汽车（机车）行驶遭受意外的事变，如公路、桥梁、涵洞、隧道突然崩塌，损坏致人或车有伤亡的损害者。

第三条　本办法所称损害，包括足以致本公司遭受任何的轻微损失及请求保险理赔。

第四条　肇事时：

（一）总务部接获肇事通知时，应立即向部门领导报告，并迅速前往肇事地点勘察处理。

（二）应先急救伤患，而后查勘现场。

（三）尽量寻觅目睹肇事的第三者作证，并记明姓名、住址。

第五条　肇事发生后除迅速以电话通知单位，并于二天内以书面请求理赔及填汽车肇事报告表呈报部门领导外，若车辆有较大的损害，人员有严重伤亡时，通知总务部或人事部协助处理。

第六条　肇事报告表应填下列事项，勘查现场时应注意以下事项：

（一）肇事地点、时间、气候。

（二）肇事原因（研判现场影响肇事因素、动与静物的状态及车辆和行人行进方向与位置等情形）。

（三）肇事车号（包括对方车）。

（四）驾驶（包括对方车）姓名住址者。

（五）损害情形（包括对方车及乘客财产的损失）。

（六）伤亡人员姓名地址及伤亡原因与情形和救护的方法。

（七）现场图的绘型及摄影（测量肇事车长，车宽及其轮位与路面各点，线边和刹车痕长度同遗落在现场的各种碎片和尘土及血迹物等正确的位置与距离）。

第七条　本单位汽车肇事责任，由本单位领导会议签订，开会时将提前通知该案肇事驾驶员列席，亦可借以申办。

第八条　肇事过失的处分：

（一）肇事驾驶员除负责刑事民事责任，违章部分外出过失的处分依本章规定办理。

（二）经本公司签订其应负肇事责任者按其肇事理赔次数，依公司规定予以过失处分。

（三）肇事后潜逃者，除请司法机关缉办外，并即予解雇。

第九条 本办法如有未尽事宜，可随时修改。

第十条 本办法自发布之日起实施。

☞ 制作提示

1. 明确适用范围、肇事情形以及损害的界定。如规定本办法所称损害，包括足以致本公司遭受任何的轻微损失及请求保险理赔。参见上文第一、二、三条。

2. 明确肇事前后应处理的事项。如规定肇事发生后除迅速以电话通知单位，并于二天内以书面请求理赔及填汽车肇事报告表呈报部门领导外，若车辆有较大的损害，人员有严重伤亡时，通知总务部或人事部协助处理。参见上文第四、五、六条。

3. 明确责任的承担。如规定本单位汽车肇事责任，由本单位领导会议签订，开会时将提前通知该案肇事驾驶员列席，亦可借以申办。参见上文第七、八条。

4. 明确其他事项以及制度的解释主体和施行时间等。参见上文第九、十条。

四、私车公用管理办法

私车公用是指上班时间内，经公司相关部门审核同意，用私车办公事的行为。只有同时满足两个条件才能作为私车公用：一是车辆必须是公司职工的私人产权；二是车辆必须是用于配合公司指派的任务。制定一套私车公用管理办法，有利于规范私车公用行为，方便员工外出办公。

私车公用管理办法范本

第一条 职工私车用于公司业务时，依照本办法进行处理。

第二条 职工用私车从事公司业务时，不得再使用公司业务用车。

第三条　私车用于公司业务时，必须事先提出申请，经上级主管请总务科长批复。申请项目包括申请人、申请时间、使用时间、使用目的、使用车辆种类和车辆、人身保险情况。

第四条　总务科长根据申请作出批复。

第五条　使用人必须填写行车表，由上级主管报总务科长。

第六条　所有车辆必须投保强制险和任意保险。

第七条　发生事故后，应作应急处理，并迅速与交通机构主管上级和总务科长联系。

第八条　因本人故意或者重大过失发生事故时，赔偿费和修理费原则上由本人承担。

第九条　车辆的维护费均由使用者本人承担。

第十条　公司向车辆所有者支付车辆使用费用。支付标准为_____元/公里。行车距离根据行车表推算。

第十一条　车辆使用费用由总务科定时统一结算。

第十二条　本办法自颁布之日起施行。

☞ 制作提示

1. 制定该办法，应明确私车公用的前提条件。参见上文第一条。

2. 制定该办法，应明确私车公用的手续。参见上文第三条、第四条、第五条。

3. 制定该办法，应明确车辆的投保情况。参见上文第六条。

4. 制定该办法，应明确车祸发生的应对方法。参见上文第七条、第八条。

5. 制定该办法，应明确车辆的各项费用的支付情况。参见上文第九条至第十一条。

五、通勤车管理办法

通勤是指职工从家中往返到企业的过程，通勤车就是专门为方便职工上下班，由企业为职工提供的接送其上下班的汽车。通勤是工业化社会的必然现象，在19世纪以前，工人主要靠步行上下班，随着工业化进程的加快，城市规模不断壮大，职工的居住地与工作地之间的距离越来越远，通勤车的出现也就成了必然。而通勤车管理办法不但可以更好地约束乘客与司机，也可以更好地为乘客提供服务，因此，一个企业应当制定并不断完善自己的通勤车管理办法，以促进企业职工的工作积极性，为企业创造更大的价值。

通勤车管理办法范本

第一条 为保证通勤车的正常运行秩序，确保职工乘车安全，使通勤车运行做到有序、安全、便利、舒适，提高工作效率和服务质量，更好地为企业职工服务，特制订本管理办法。

第二条 本规定适用于公司所属正式员工、试用期内员工，以及其他经公司许可，可以利用通勤车上下班的人员。

第三条 企业根据通勤人员人数、居住地情况安排通勤车路线、站点、发车和停车时间，经企业负责人确定，以确保每位通勤人员均有座位。

乘车路线将根据实际情况，按季节和员工要求，定时、定点调整，通勤人员如需修改乘车路线或向企业提出建议，应提前向办公室提出。

第四条 通勤人员应当自觉遵守各项通勤管理制度，自觉维护通勤工作秩序。

（1）通勤人员应支持通勤车管理人员为其提供的服务工作，服从通勤车管理人员的指挥和管理。

（2）通勤人员应按各自始发站的时间，合理安排出行，提前到达候车点，以免误车，误车人员需自行在规定时间到达企业。通勤人员乘车时，应凭通勤一卡通刷卡上车，对号入座，车辆未停稳妥，严禁上下车。

（3）通勤人员乘车时要着装干净整洁，不得穿着有油污、粉尘等可能污染车内环境的服装乘车。

（4）通勤人员应文明乘车，自觉遵守"乘客行为规范"，严禁在车内吸烟和乱扔杂物，禁止将烟头、果皮纸屑等杂物扔出车外。

（5）通勤人员不得在车内打闹和大声喧哗，不得在行车期间同司机讲话，强迫司机高速驾驶，违章停车。

（6）通勤人员严禁携带易燃、易爆或其他危险物品乘车，一经发现，通勤车管理人员有权拒绝其乘车。

（7）通勤人员乘车时应保管好随身携带的物品，下车时请勿遗忘。

第五条 通勤车驾驶人员与管理人员，应当遵守以下管理办法：

（1）驾驶员应保持良好的个人形象，衣着整洁，用语文明礼貌，驾车安全文明。

（2）严格遵守交通法规，严格按照道路规定时速行驶，精心维护车辆，做到安全、准点，车辆内外要保持整洁、舒适、无异味。

（3）严格遵守作息时间，不得无故提前或者推迟发车，发车前要进行车辆常规和主要部件检查，确保安全准时。

（4）遇有雨雪等恶劣天气，要根据路面的实际可行情况，安装防滑设施，确保行车安全。

（5）驾驶员在车辆起步、停车、人员上下车时，要集中注意力，宁慢勿快，做到安全第一。车辆在行驶过程中要平稳，不准开英雄车，不得违章超车、超速，不得违反交通法规。如有违法违章，被扣车、扣证、罚款，均应当由当日值班司乘人员自己负责，费用自理。同时，企业会视情节轻重，给予相关责任人以经济处分或者解除聘用。

（6）工作时间严禁司乘人员喝酒上岗。严禁违规私自出车，严禁私自改变正常通勤路线或者私自将通勤车交与他人驾驶。因此发生的一切责任及费用应由当日值班司乘人员自己负责。同时，企业会视情节轻重，给予相关责任人以经济处分或者解除聘用。

（7）通勤人员上车时应检查其是否佩戴通勤一卡通并刷卡，严禁非本企业人员搭乘通勤车。

第六条 通勤车由办公室车队统一负责管理和调度，通勤车日常加油、保养、维修、年审等由办公室统一安排。

通勤车夜间在市区停放时，本车司机应当将车辆停放在安全地点。车队不确定停车点、费用由企业报销，安全责任由本车司乘人员负责。

第七条 除正常通勤出车外，司乘人员对企业、办公室调度安排的紧急任务派车的，每次出车都要有完整的出车记录。出车记录内容包括：用车时间、用车单位、起止地点等。

第八条　通勤车用油统一由办公室专人负责管理。通勤车需要加油的，应提前一天向办公室专人报告，第二日由办公室相关工作人员跟车加油。

第九条　办公室每月应当对所有车辆用油情况进行盘点，核定用油量是否正常，计量每百公里耗油量，对耗油量异常的车辆，一经查实，由该车司乘人员予以解释说明，无正当理由的，企业有权对相关责任人予以处分或解除聘用。

第十条　通勤车发生交通事故，司乘人员要保护好现场，及时报警，并将事故情况通知该车辆所在保险公司，同时将现场情况上报车队，以便车队及时安排处理。

第十一条　通勤车因交通事故造成财产损失的，按办公室车辆交通事故处理办法处理。

第十二条　运行路线由办公室根据通勤人员的实际情况具体安排。通勤车的实际运行路线以办公室下发的通知为准。

第十三条　运行时间由办公室根据夏冬两季企业的工作时间做出安排，并及时通知通勤人员。

第十四条　本办法自公布之日起开始实施。

☞ 制作提示

1. 明确办法的制定目的及适用范围。如规定为更好地为企业职工服务，特制订本管理办法。参见上文第一条、第二条。

2. 明确通勤车辆的安排情况。如规定企业根据通勤人员人数、居住地情况安排通勤车路线、站点、发车和停车时间，经企业负责人确定，以确保每位通勤人员均有座位。参见上文第三条。

3. 明确使用通勤车辆的乘客应遵守的相关制度。如规定通勤人员应按各自始发站时间，合理安排出行，提前到达候车点，以免误车，误车人员需自行在规定时间到达企业。通勤人员乘车时，应凭通勤一卡通刷卡上车，对号入座，车辆未停稳妥，严禁上下车。参见上文第四条。

4. 明确通勤车的司乘人员与管理者应当遵循的各项规章制度。如规定严格遵守交通法规，严格按照道理规定时速行驶，精心维护车辆，做到安全、准点，车辆内外要保持整洁、舒适、无异味。参见上文第五条。

5. 明确通勤车的管理与使用。如规定通勤车由办公室车队统一负责管理和调度，通勤车日常加油、保养、维修、年审等由办公室统一安排。参见上文第六条、第七条。

6. 明确通勤车辆的油料管理制度。如规定通勤车用油统一由办公室专人负责管理。通勤车需要加油的，应提前一天向办公室专人报告，第二日由办公室相关工作人员跟车加油。参见上文第八条、第九条。

7. 明确通勤车辆出现交通违规的处理办法。如规定通勤车发生交通事故，司乘人员要保护好现场，及时报警，并将事故情况通知该车辆所在保险公司，同时将现场情况上报车队，以便车队及时安排处理。参见上文第十条、第十一条。

8. 明确通勤车的运行时间、路线等其他事项。参见上文第十二条、第十三条。

9. 明确办法实施的时间。参见上文第十四条。

六、车辆维修保养管理制度

车辆维修保养管理制度是车辆营运企业技术管理工作中最根本的一项制度，严格执行维修保养管理制度，有利于提高车辆质量，改善使用技能，降低营运成本，确保车辆安全、优质地完成营运任务。现代社会中，无论是机关事业单位，还是企业组织等，其各项工作的顺利开展都离不开车辆的使用，而一项完善的车辆维修保养制度可以使其运营工作更加有效、便捷地开展。

车辆维修保养管理制度

第一条　为加强本单位车辆的维修与保养管理，确保车辆维修保养及时、经济、可靠，制定本制度。

第二条　本制度适用于本单位公务车辆及单位下属部门的工作用车和工具车。

第三条 对车辆维修与保养管理采取"定期检测、强制维护、视情修理"的基本原则。

第四条 车辆维修与保养实行统一管理，定点维修与保养。

单位办公室负责本单位全部车辆的维修与保养管理。办公室成立车辆维修与保养小组，专门负责车辆的维修与保养。

第五条 车辆保养分为以下五个等级，相关责任人应当按照保养级别和保养计划执行。车辆维修与保养小组对此进行不定期督查。

（一）例行保养。例行保养以司机为主，要求驾驶员能做到出车前、行驶中、收车后三检查。检查到不按规定进行例保，每次对驾驶员经济处分30元，且由此引起机械损坏或事故的，由责任者承担全部损失。

（二）一级保养。一级保养由司机与办公室车辆维修与保养小组共同完成。双方有权互相协助，互相监督。

（三）二级保养。二级保养由办公室车辆维修与保养小组负责，要求办公室工作人员到指定机构进行保养，保养后到指定的检测线检测。

（四）三级保养。三级保养由办公室车辆维修与保养小组负责，要求驾驶员在收车后，统一对所有车辆进行检修。

（五）走合保养。新车走合保养必须到新车制造厂指定的特约维修站进行保养。

第六条 车辆维修与保养小组应当在执行保养作业前，首先应编制各级保养计划，确定保养日期。领导应重视保养技术工作，当营运车与车辆保养发生冲突时，应按照计划强制执行保养。

车辆维修与保养小组应当每月下达保养计划，一式三份，一份送修理单位，一份送营调部门，一份留存，分别写明车辆牌照、保养级别、具体日期等。二级保养后上检测线检测的地点及要求。

第七条 车辆的一般维修，原则上要求在本单位进行，确实需要外出修理的，必须经车辆维修与保养小组3人以上同意，方可外出维修。

外出维修原则上由车辆维修与保养小组2名以上工作人员（含修后接车结算）参与估价，确定更换零配件的品牌、型号、厂家等，并报小组组长同意后，才可委托厂家维修，否则，不予报销。

第八条　驾驶员应当按照规定履行以下职责：

（一）努力学习政治理论、法律法规，钻研驾驶业务技术，禁止工作期间饮酒和公款吃喝，保持良好的驾驶作风；

（二）严格遵守交通规则和操作规程，确保车辆安全驾驶；

（三）定期对车辆进行清洗，保持车辆内外清洁，车容完整；

（四）负责车辆日常检查、保养、维护，车辆需要维修与保养的，及时向办公室提出维修与保养申请，并填写《车辆维修审批单》。

第九条　车辆维修与保养小组应当按照规定履行以下职责：

（一）协助办公室对全单位车辆实施统一管理；

（二）对需要维修与保养的车辆，从技术上对维修与保养项目把关，确定维修与保养项目，做到不超保、不脱保，车辆每行驶2500公里进行一次一级保养，行驶17500公里进行二级保养；

（三）负责车辆使用费用、维修与保养费用的初审与登记，并按程序报单位主管领导审批。

第十条　车辆维修与保养过程中，应当做好车辆保养台账，要求详细记录各级保养检验单。检验单要详细填写日期、车号、作业人员、作业内容、车辆维修检验单、车辆上线检测的报告、报修单、随车检修人员签名、检验员签章。

上述技术资料应每季度汇总整理，并交由档案室存档保管。

第十一条　车辆在外出途中或异地发生故障等特殊情况下需维修或更换零配件的，应及时通知办公室，经分管办公室领导同意后方可进行维修。返回单位后，驾驶员应按程序补办手续。

第十二条　在车辆维修与保养费用报销时，办公室要认真核对《车辆维修审批单》与维修清单上的维修与保养项目。核对无误后，按照财务管理规定进行报销。

车辆维修与保养费用原则上每季度报销一次。

第十三条　发生下列情形之一的，费用不予报销：

（一）未申请或申请但未获批准同意，对车辆维修与保养的；

（二）超出《车辆维修审批单》确定的维修范围的；

（三）未在定点厂家维修与保养的；

（四）其他违反规定的情形。

第十四条 车辆加油卡管理实行"总卡统管、一车一卡"原则。非特殊情况，严禁未通过油卡直接为车辆加油。

第十五条 本制度自发文之日起执行。此前制度与本制度不一致的，以本制度为准。

☞ 制作提示

1. 明确制度的制定目的及适用范围。如规定为加强本单位车辆的维修与保养管理，确保车辆维修保养及时、经济、可靠，制定本制度。参见上文第一条、第二条。

2. 明确车辆维修与保养的基本原则。如规定对车辆维修与保养管理采取"定期检测、强制维护、视情修理"的基本原则。参见上文第三条、第四条。

3. 明确车辆维修与保护的等级及其他事项。如规定车辆保养分为以下五个等级，相关责任人应当按照保养级别和保养计划执行。车辆维修与保养小组对此进行不定期督查。参见上文第五条。

4. 明确车辆维修与保养的计划安排。如规定车辆维修与保养小组应当每月下达保养计划，一式三份，一份送修理单位，一份送营调部门，一份留存。参见上文第六条。

5. 明确车辆维修的具体实施程序。如规定车辆的一般维修，原则上要求在本单位进行，确实需要外出修理的，必须经车辆维修与保养小组3人以上同意，方可外出维修。参见上文第七条。

6. 明确车辆维修与保养的责任人应当履行的职责。如规定驾驶员努力学习政治理论、法律法规，钻研驾驶业务技术，禁止工作期间饮酒和公款吃喝，保持良好的驾驶作风。参见上文第八条、第九条。

7. 明确车辆维修与保养的技术资料的保管。如规定车辆维修与保养过程中，应当做好车辆保养台账，要求详细记录各级保养检验单。参见上文第十条、第十一条。

8. 明确车辆维修与保养费用的报销程序。如规定在车辆维修与保养费用报销时，办公室要认真核对《车辆维修审批单》与维修清单上的维修与保养项目。

参见上文第十二条、第十三条。

9. 明确车辆的用油管理制度。参见上文第十四条。

10. 明确制度实施的时间。参见上文第十五条。

七、车辆燃油使用管理制度

虽然我国自然资源总量丰富，但是人均拥有量仍然非常有限。为了促进节能减排、环境保护，减少企业的财政支出，制定车辆燃油使用管理制度势在必行。

车辆燃油使用管理制度范本

第一条 为规范车辆燃油采购与使用管理，有效控制车辆燃油使用成本，做好用车服务工作，考虑车辆使用年限、排量等实际情况，制定本制度。

第二条 本制度适用于集团各经营单位对加油站的选择和营运车辆的燃油消耗考核管理。

第三条 集团在办公室下设专职加油员，由专职加油员对所辖车辆实行统一燃油使用管理。

第四条 车辆用油要选择油质好、价格适中的供油单位，实行统一购买，统一登记，统一管理，统一结算。车辆加油一律凭油票到指定的加油站加油。

第五条 驾驶员在出车前应到办公室做好登记，按行车里程领取油票。

车辆外出时，因临时需要加油时，由带车领导或工作人员决定，并在行车沿线就近加油站，按行车里程加油。回集团后补办相关手续。

第六条 加油清单由专职加油员、加油站付油员、驾驶员三方共同签字后方可作为财务科支付燃油费凭证。

驾驶员无特殊情况，不得随意到非指定加油站点加油，否则，费用不予报销。

驾驶员在行车途中，依照规定加油的，回集团补办相关手续后方可报销购油费用。

第七条 集团运输职能管理机构负责对车辆燃油消耗、定额标准和考核办法的合理性与可行性进行审核；对车辆燃油使用管理进行监督。

集团运输职能主管负责人对车辆燃油消耗、定额标准和考核办法的实施进行批准。

第八条 驾驶员应当遵守集团的各项运行制度和考核办法，在定点加油站进行规范加油，并通过提高驾驶操作的技术环节等节约用油。

严禁驾驶员以各种方式存放或者携带燃油。

第九条 积极开展勤俭节约活动。在规定油耗内每节约 1 升燃油，由集团奖励 1 元。对全年节油最多的车辆授予"年度节油冠军"称号，并对该车驾驶员奖励 500 元，同时，将其作为各类先进评比的优先推荐人选。

第十条 对于超过规定油耗者，每超过 1 升扣除驾驶员 10 元。连续两个月超过规定油耗的，自第三个月起加扣 200 元。全年有六个月及以上超过规定油耗者待岗处理，当年年度考核为"不称职"。

第十一条 严禁偷盗、转卖集团采购燃油，一经发现移送司法机关处理，对构成犯罪的，解除劳动关系。

第十二条 本制度自发布之日起施行。

☞ 制作提示

1. 明确制度的制定目的及适用范围。如规定为规范车辆燃油采购与使用管理，有效控制车辆燃油使用成本，做好用车服务工作，考虑车辆使用年限、排量等实际情况，制定本制度。参见上文第一条、第二条。

2. 明确车辆燃油使用管理机构与人员。如规定集团在办公室下设专职加油员，由专职加油员对所辖车辆实行统一燃油使用管理。参见上文第三条。

3. 明确车辆燃油使用原则与加油方法。驾驶员在出车前应到办公室做好登记，按行车里程领取油票。参见上文第四条、第五条。

4. 明确车辆燃油使用后的报销程序。如规定加油清单由专职加油员、加油站付油员、驾驶员三方共同签字后方可作为财务科支付燃油费凭证。参见上文第六条。

5. 明确车辆燃油使用与管理的审批机构及其职权。如规定集团运输职能管理机构负责对车辆燃油消耗、定额标准和考核办法的合理性与可行性进行审核；对车辆燃油使用管理进行监督。参见上文第七条。

6. 明确使用车辆的驾驶人员应当遵守的各项制度。如规定驾驶员应当遵守集团的各项运行制度和考核办法，在定点加油站进行规范加油，并通过提高驾驶操作的技术环节等节约用油。参见上文第八条。

7. 明确节约用油的奖惩措施。如规定积极开展勤俭节约活动。在规定油耗内每节约1升燃油，由集团奖励1元。参见上文第九、十条。

8. 明确违反本制度应承担的责任。如规定严禁偷盗、转卖集团采购燃油，一经发现移送司法机关处理。参见上文第十一条。

9. 明确制度实施的时间。参见上文第十二条。

第十四章 综合财务管理制度

财务管理制度是企业针对财务管理、财务工作制定的管理制度。财务管理制度在实际工作中起规范、指导作用。建立现代财务管理制度是企业规范经营的重要举措。企业不仅要重视财务管理,更要重视财务管理的作用,明确财务管理的最终目标和财务管理的发展。

一、公司财务管理制度

财务管理制度是企业针对财务管理、财务工作制定的公司制度。财务管理制度在实际工作中起规范、指导作用。企业必须重视财务管理的作用，明确财务管理的最终目标和财务管理的发展。

公司财务管理制度范本

第一章 总 则

第一条 为加强公司的财务工作，发挥财务在公司经营管理和提高经济效益中的作用，特制定本制度。

第二条 财务管理的基本任务和方法：

（一）筹集资金和有效使用资金，监督资金正常运行，维护资金安全，努力提高公司经济效益。

（二）做好财务管理基础工作，建立健全财务管理制度，认真做好财务收支的计划、控制、核算、分析和考核工作。

（三）加强财务核算的管理，以提高会计资讯的及时性和准确性。

（四）监督公司财产的购建、保管和使用，配合综合管理部定期进行财产清查。

（五）按期编制各类会计报表和财务说明书，做好分析、考核工作。

第三条 公司财务部由总会计师、会计、出纳和审计工作人员组成。在没有专职总会计师之前，总会计师职责由会计兼任承担。

第四条 财务管理是公司经营管理的一个重要方面，公司财务管理中心对财务管理工作负有组织、实施、检查的责任，财会人员要认真执行《中华人民共和国会计法》，坚决按财务制度办事，并严守公司秘密。

第二章 岗 位 职 责

第五条 总会计师负责组织本公司的下列工作：

（一）编制和执行预算、财务收支计划、信贷计划，拟订资金筹措和使用方案，开辟财源，有效地使用资金；

（二）进行成本费用预测、计划、控制、核算、分析和考核，督促本公司有关部门降低消耗、节约费用、提高经济效益；

（三）建立健全经济核算制度，利用财务会计资料进行经济活动分析；

（四）承办公司领导交办的其他工作。

第六条 会计的主要工作职责是：

（一）按照国家会计制度的规定，记账、复账、报账做到手续完备，数字准确，账目清楚，按期报账；

（二）按照经济核算原则，定期检查，分析公司财务、成本和利润的执行情况，挖掘增收节支潜力，考核资金使用效果，及时向总经理提出合理化建议，当好公司参谋；

（三）妥善保管会计凭证、会计账簿、会计报表和其他会计资料；

（四）完成总经理或主管副总经理交付的其他工作。

第七条 出纳的主要工作职责是：

（一）认真执行现金管理制度；

（二）严格执行库存现金限额，超过部分必须及时送存银行，不坐支现金，不认白条抵押现金；

（三）建立健全现金出纳各种账目，严格审核现金收付凭证；

（四）严格按照支票管理制度，编制支票使用手续，使用支票须经总经理签字后，方可生效；

（五）积极配合银行做好对账、报账工作；

（六）配合会计做好各种账务处理；

（七）完成总经理或主管副总经理交付的其他工作。

第八条 审计的主要工作职责是：

（一）认真贯彻执行有关审计管理制度；

（二）监督公司财务计划的执行、决算、预算外资金收支与财务收支有关的各项经济活动及其经济效益；

（三）详细核对公司的各项与财务有关的数字、金额、期限、手续等是否准确无误；

（四）审阅公司的计划资料、合同和其他有关经济资料，以便掌握情况，发现问题，积累证据；

（五）纠正财务工作中的差错弊端，规范公司的经济行为；

（六）针对公司财务工作中出现问题产生的原因提出改进建议和措施；

（七）完成总经理或主管副总经理交付的其他工作。

第三章　财务管理的基础工作

第九条　加强原始凭证管理，做到制度化、规范化。原始凭证是公司发生的每项经营活动不可缺少的书面证明，是会计记录的主要依据。

第十条　公司应根据审核无误的原始凭证编制记账凭证。记账凭证的内容必须具备：填制凭证的日期、凭证编号、经济业务摘要、会计科目、金额、所附原始凭证张数、填制凭证人员、复核人员、会计主管人员签名或盖章。收款和付款记账凭证还应当由出纳人员签名或盖章。

第十一条　健全会计核算，按照国家统一会计制度的规定和会计业务的需要设置会计账簿。会计核算应以实际发生的经济业务为依据，按照规定的会计处理方法进行，保证会计指标的口径一致，相互可比和会计处理方法前后相一致。

第十二条　做好会计审核工作，经办财会人员应认真审核每项业务的合法性、真实性、手续完整性和资料的准确性。编制会计凭证、报表时应经专人复核，重大事项应由财务负责人复核。

第十三条　会计人员根据不同的账务内容，定期对会计账簿记录的有关数位与库存实物、货币资金、有价证券、往来单位或个人等进行相互核对，保证账证相符、账实相符、账表相符。

第十四条　建立会计档案，包括对会计凭证、会计账簿、会计报表和其他会计资料都应建立档案，妥善保管。按《会计档案管理办法》的规定进行保管和销毁。

第十五条　会计人员因工作变动或离职，必须将本人所经管的会计工作全部移交给接替人员。会计人员办理交接手续，必须有监交人负责监交，交接人员及监交人员应分别在交接清单上签字后，移交人员方可调离或离职。

第十六条 资本金是公司经营的核心资本，必须加强资本金管理。公司筹集的资本金必须聘请中国注册会计师验资，根据验资报告向投资者开具出资证明，并据此入账。

第十七条 经公司董事会提议，股东会批准，可以按章程规定增加资本。财务部门应及时调整实收资本。

第十八条 公司股东之间可相互转让其全部或部分出资，股东应按公司章程规定，向股东以外的人转让出资和购买其他股东转让的出资，财务部门应据实调整。

第十九条 公司以负债形式筹集资金，须努力降低筹资成本，同时应按月计提利息支出，并计入成本。

第二十条 加强应付账款和其他应付款的管理，及时核对余额，保证负债的真实性和准确性。凡一年以上应付而未付的款项应查找原因，对确实无法付出的应付款项报公司总经理批准后处理。

第二十一条 公司对外担保业务，按公司规定的审批程式报批后，由财务管理中心登记后才能正式对外签发，财务管理中心据此纳入公司或有负债管理，在担保期满后及时督促有关业务部门撤销担保。

第四章 支票管理

第二十二条 支票由出纳员或总经理指定专人保管。支票使用时须有支票领用单，经总经理批准签字，然后将支票按批准金额封头，加盖印章、填写日期、用途、登记号码，领用人在支票领用簿上签字备查。

第二十三条 支票付款后凭支票存根，发票由经手人签字、会计核对（购置物品由保管员签字）、总经理审批。填写金额要无误，完成后交出纳人员。出纳员统一编制凭证号，按规定登记银行账号，原支票领用人在支票领用单及登记簿上注销。

第二十四条 财务人员月底清账时凭支票领用单转应收款，发工资时从领用工资内扣还，当月工资扣还不足，逐月延扣以后的工资，领用人完善报账手续后再作补发工资处理。

第二十五条 对于报销时短缺的金额，财务人员要及时催办，到月底按第二十一条规定处理。

凡一周内收入款项累计超过 10000 元或现金收入超过 5000 元时，会计或出纳人员应文字性报告总经理。凡与公司业务无关款项，不分金额大小由承办人文字性报告总经理。

第二十六条 凡 1000 元以上的款项进入银行账户两日内，会计或出纳人员应文字性报告总经理。

第二十七条 公司财务人员支付（包括公私借用）每一笔款项，不论金额大小均须总经理签字。总经理外出应由财务人员设法通知，同意后可先付款后补签。

第五章 现金管理

第二十八条 严格执行人民银行颁布的《现金管理暂行条例》，根据本公司实际需要，合理核实现金的库存限额，超出限额部分要及时送存银行。

第二十九条 公司可以在下列范围内使用现金：

（一）职员工资、津贴、奖金；

（二）个人劳务报酬；

（三）出差人员必须携带的差旅费；

（四）结算起点以下的零星支出；

（五）总经理批准的其他开支。

前款结算起点定为 100 元，结算规定的调整，由总经理确定。

第三十条 发票及报销单经总经理批准后，由会计审核，经手人签字，金额数量无误，填制记账凭证。

第三十一条 工资由财务人员依据总经理办公室及各部门每月提供的核发工资资料代理编制职员工资表，交主管副总经理审核，总经理签字，财务人员按时提款，当月发放工资，填制记账凭证，进行账务处理。

第三十二条 差旅费及各种补助单（包括领款单），由部主任签字，会计审核时间、天数无误并报主管副总经理复核后，送总经理签字，填制凭证，交出纳员付款，办理会计核算手续。

第三十三条 公司职员因工作需要借用现金，需填写借款单，经会计审核；交总经理批准签字后方可借用。超过还款期限即转应收款，在当月工资中扣还。

第三十四条 无论何种汇款，财务人员都须审核汇款通知单，分别由经手人、部主任、总经理签字。会计审核有关凭证。

第三十五条 严禁白条抵库和任意挪用现金，出纳人员必须每日结出现金日记账的账面余额，并与库存现金相核对，发现不符，要及时查明原因。财务管理中心经理对库存现金进行定期或不定期检查，以保证现金的安全和完整。公司的一切现金收付都必须有合法的原始凭证。

第六章 营业收支管理

第三十六条 公司的营业收入包括手续费收入、其他营业收入等。营业收入要严格按照权责发生制原则确认，并认真核实、正确反映，以保证公司损益的真实性。

第三十七条 营业收入要按照规定列入相关的收入专案，不得截留到账外或作其他处理。

第三十八条 公司在业务经营活动中发生的与业务有关的支出，按规定计入成本费用。成本费用是管理公司经济效益的重要内容。控制好成本费用，对堵塞管理漏洞、提高公司经济效益具有重要作用。

第三十九条 成本费用开支范围包括：利息支出、营业费用、其他营业支出等。

（一）利息支出：指支付以负债形式筹集的资金成本支出；

（二）营业费用包括：职工工资、职工福利费、医药费、职工教育经费、工会经费、住房公积金、保险费、固定资产折旧费、摊销费、修理费、管理费、通信费、交通费、招待费、差旅费、车辆使用费、报刊费、会议费、办公费、劳务费、董事会费、奖励费、各种准备金等其他费用；

（三）固定资产折旧费：指公司根据固定资产原值和国家规定的固定资产分类折旧率计算摊销的费用；

（四）摊销费：指递延资产的摊销费用，分摊期不短于5年；

（五）各种准备金：各种准备金包括投资风险准备金和坏账准备金。投资风险准备金按年末长期投资余额的1%实行差额提取，坏账准备金按年末应收账款余额的1%提取；

（六）管理费用包括：物业管理费、水电费、职工工作餐费、取暖降温费、全勤奖励费等其他费用。

第四十条 工会经费按工资总额2%计提，教育经费按工资总额1.5%计提，从业人员技术要求高、培训任务重、经济效益较好的企业，可按2.5%提取。

第四十一条 加强对费用的总额控制，严格制定各项费用的开支标准和审批许可权，财务人员应认真审核有关支出凭证，未经领导签字或审批手续不全的，不予报销，对违反有关制度规定的行为应及时向领导反映。

第四十二条 公司各项成本费用由财务管理中心负责管理和核算，费用支出的管理实行预算控制，财务管理中心要定期进行成本费用检查、分析，制定降低成本的措施。

第四十三条 公司营业利润＝营业收入－营业税金及附加－营业支出，利润总额＝营业利润＋投资收益＋营业外收入－营业外支出

（一）投资收益包括对外投资分得的利润、股利等；

（二）营业外收入是指与公司业务经营无直接关系的各项收入，具体包括：固定资产盘盈、处理固定资产净收益、教育费附加返还款、经济赔偿收入，确实无法支付而按规定程式经批准的应付款项等；

（三）营业外支出是指与公司业务经营无直接关系的各项支出，具体包括：固定资产盘亏和毁损报废净损失、非常损失、公益救济性捐赠、赔偿金、违约金等。

第四十四条 公司利润总额按国家有关规定作相应调整后，依照缴纳所得税，缴纳所得税后的利润，按以下顺序分配：

（一）被没收的财物损失，支付各项税收的滞纳金和罚款；

（二）弥补公司以前年度亏损；

（三）提取法定盈余公积金，法定盈余公积金按照税后利润扣除前两项后的10%提取，盈余公积金已达注册资本的50%时不再提取；

（四）提取公积金、公益金，按税后利润的5%计提，主要用于公司的职工集体福利支出；

（五）向投资者分配利润，根据股东会决议，向投资者分配利润。

第七章　投 资 管 理

第四十五条　短期投资的管理：短期投资是指一年内能够并准备变现的投资，短期投资必须在公司授权范围内进行，按现行财务制度规定记账、核算收入成本和损益。

第四十六条　长期投资的管理：长期投资是指不准备在一年内变现的投资，分为股权投资和债权投资。公司进行长期投资应认真做好可行性分析和认证，按公司审批许可权的规定批准后，由财务管理中心办理入账手续。公司对被投资单位没有实际控制权的长期投资采用成本法核算；拥有实际控制权的，长期投资采用权益法核算。

第八章　会计档案管理

第四十七条　凡是本公司的会计凭证、会计账簿、会计报表、会计文件和其他有保存价值的资料，均应归档。

第四十八条　会计凭证应按月、按编号顺序每月装订成册，标明月份、季度、年份起止、号数、单据张数，由会计及有关人员签名盖章（包括制单、审核、记账、主管），由总经理指定专人归档保存，归档前应加以装订。

第四十九条　会计报表应分月、季、年报表并按时归档，由总经理指定专人保管，并分类填制目录。

第五十条　会计档案不得携带外出，凡查阅、复制、摘录会计档案，须经总经理批准。

第九章　票据及有关印章的管理

第五十一条　应当加强与货币资金相关的票据的管理，明确各种票据的购买、保管、领用、背书转让、注销等环节的职责权限和程序，并专设登记簿进行记录，防止空白票据的遗失和被盗用。

第五十二条　应当加强银行预留印鉴的管理。财务专用章应由专人保管，个人名章必须由本人或其授权人员保管。严禁一人保管支付款项所需的全部印章。

按规定需要有关负责人签字或盖章的经济业务，必须严格履行签字或盖章手续。

第十章　会计核算原则及科目

第五十三条　公司严格执行《中华人民共和国会计法》关于会计核算一般原则、会计凭证和账簿、内部审计和财产清查、成本清查等事项的规定。

第五十四条　记账方法采用借贷记账法。记账原则采用权责发生制，以人民币为记账本位币。

第五十五条　一切会计凭证、账簿、报表中各种文字记录用中文记载，数目字用阿拉伯数字记载。记载、书写必须使用钢笔，不得用铅笔及圆珠笔书写。

第五十六条　公司以单价2000元以上、使用年限一年以上的资产为固定资产，分为五大类：

（一）房屋及其他建筑物；

（二）机器设备；

（三）电子设备（如电脑、打印机等）；

（四）运输工具；

（五）其他设备。

第五十七条　各类固定资产折旧年限为：

（一）房屋及建筑物35年；

（二）机器设备10年；

（三）电子设备、运输工具5年；

（四）其他设备5年。

固定资产以不计留残值提取折旧。固定资产提完折旧后仍可继续使用的，不再计提折旧；提前报废的固定资产要补提足折旧。

第五十八条　购入的固定资产，以进价加运输、装卸、包装、保险等费用作为原则。需安装的固定资产，还应包括安装费用。作为投资的固定资产应以投资协议约定的价格为原价。

第五十九条 固定资产必须由财务部会同办公室每年盘点一次，对盘盈、盘亏、报废及固定资产的计价，必须严格审查，按规定经批准后，于年度决算时处理完毕。

（一）盘盈的固定资产，以重置完全价值作为原价，按新旧的程度估算累计折旧入账，原价累计折旧后的差额转入公积金；

（二）盘亏的固定资产，应冲减原价和累计折旧，原价减累计折旧后的差额作营业外支出处理；

（三）报废的固定资产的变价收入（减除清理费用后的净额）与固定资产净值的差额，其收益转入公积金，其损失作营业外支出处理；

（四）公司对固定资产的购入、出售、清理、报废都要办理会计手续，并设置固定资产明细账进行核算。

第六十条 无形资产指被公司长期使用而没有实物形态的资产，包括：专利权、土地使用权、商誉等。无形资产按实际成本入账，在受益期内或有效期内按不短于10年的期限摊销。

第六十一条 递延资产是不能全部计入当期损益，需要在以后年度内分期摊销的各项费用，包括开办费，租入固定资产的改良支出和摊销期限超过一年，金额较大的修理费支出。开办费自营业之日起，分期摊入成本。分摊期不短于5年，以经营租入的固定资产改良支出，在有效租赁期内分期摊销。

第十一章 信息披露

第六十二条 公司应当结合经营特点，优化业务流程，建立财务和业务一体化的信息处理系统，逐步实现财务、业务相关信息一次性处理和实时共享。

第六十三条 公司应当逐步创造条件，实行统筹公司资源计划，全面整合和规范财务、业务流程，对公司物流、资金流、信息流进行一体化管理和集成运作。

第六十四条 公司应当建立财务预警机制，自行确定财务危机警戒标准，重点监测经营性净现金流量与到期债务、公司资产与负债的适配性，及时沟通公司有关财务危机预警的信息，提出解决财务危机的措施和方案。

第六十五条 公司季度报告、半年度报告和年度报告应当按照法律的有关规定，按时编制财务会计报告，按规定进行信息披露。

第六十六条 公司应当按照规定向股东、主管财政机关等相关部门报送财务会计报告等材料，不得在报送的财务会计报告等材料上作虚假记载或者隐瞒重要事实。

第六十七条 公司对外提供的年度财务会计报告，应当依法经过会计师事务所审计。国家另有规定的，从其规定。

第六十八条 公司应当建立健全公司内部财务评价体系，主要评估公司内部财务控制的有效性，评价公司的偿债能力、盈利能力、资产营运能力、发展能力和社会贡献。

第六十九条 公司应当建立和完善经济运行分析制度，加强财务分析，确保公司财务预算目标的实现。

第七十条 公司董事、监事、高级管理人员以及相关会计人员应当恰当使用所掌握的公司财务信息，并依法履行保密义务，不得利用公司的财务信息谋取私利或者损害公司利益。

第十二章　财务监督与审计

第七十一条 公司各项经济活动、财务收支，有义务接受所有者、债权人的监督、检查；公司内部应不断完善对财务管理、会计核算的审计、监督、控制机制，从而促进公司健康稳定发展。

第七十二条 监事会有权监督、检查公司的财务会计工作，对公司董事、经理人员违反财务纪律的行为进行监督，并可委托内部审计部门及社会中介机构，对有关财务问题进行不定期审计检查。

第七十三条 公司实行内部审计制度，配备专职审计人员，对公司财务收支和经济活动进行内部审计监督。审计负责人对董事会负责并报告工作，内部审计人员对财务行使下列职权：

（一）审查公司各部门及所属单位会计核算、财务管理和控制制度中存在的问题，发现管理上的薄弱环节并提出完善和改进的措施；

（二）审查各项经济活动和财务收支的合法性、真实性和正确性，审查会计账目和财务报表；

（三）检查财务预算执行情况及经济目标责任的落实完成情况；

（四）组织、参与离任审计工作。

第十三章　附　　则

第七十四条　本制度由公司财务管理中心负责解释。

第七十五条　本制度自发布之日起生效。

☞ 制作提示

1. 明确制定目的、财务管理的基本任务和方法。如做好财务管理基础工作，建立健全财务管理制度，认真做好财务收支的计划、控制、核算、分析和考核工作。参见上文第一、二、三、四条。

2. 明确交代各岗位职责。如会计要按照经济核算原则，定期检查，分析公司财务、成本和利润的执行情况，挖掘增收节支潜力，考核资金使用效果，及时向总经理提出合理化建议，当好公司参谋。参见上文第五、六、七、八条。

3. 明确财务管理的基础工作。如公司应根据审核无误的原始凭证编制记账凭证。记账凭证的内容必须具备：填制凭证的日期、凭证编号、经济业务摘要、会计科目、金额、所附原始凭证张数、填制凭证人员、复核人员、会计主管人员签名或盖章。收款和付款记账凭证还应当由出纳人员签名或盖章。参见上文第九至二十一条。

4. 明确支票、现金、营业收支、投资、会计档案、票据及有关印章等管理规定，要尽量做到全面、具体和具有可操作性。如规定支票由出纳员或总经理指定专人保管。支票使用时须有《支票领用单》，经总经理批准签字，然后将支票按批准金额封头，加盖印章、填写日期、用途、登记号码，领用人在支票领用簿上签字备查。参见上文第二十二至五十二条。

5. 明确会计核算原则及科目。如记账方法采用借贷记账法。记账原则采用权责发生制，以人民币为记账本位币。参见上文第五十三至六十一条。

6. 明确信息披露机制。如公司对外提供的年度财务会计报告，应当依法经过会计师事务所审计。国家另有规定的，从其规定。参见上文第六十二至七十条。

7. 明确财务监督与审计制度。如公司实行内部审计制度，配备专职审计人员，对公司财务收支和经济活动进行内部审计监督。审计负责人对董事会负责并报告工作。参见上文第七十一、七十二、七十三条。

8. 明确管理制度的解释主体和施行时间。如在最后一般都要注明类似"本办法自发布之日起施行"的时间规定。参见上文第七十四、七十五条。

二、出纳管理制度

出纳管理制度是贯彻执行国家法律、法规、规章、制度，保证企业出纳工作有序进行的重要措施，也是加强出纳基础工作的重要手段。它不仅有利于规范出纳工作秩序，而且对于改善和提高企业的经营管理水平具有十分重要的意义。

出纳管理制度范本

第一章 总 则

第一条 为加强公司的出纳管理工作，规范公司出纳的工作风范，特制定本制度。

第二条 出纳岗位职责有：

（一）认真执行现金管理制度。负责现金的收付，保证库存现金余额与现金日记账的现金余额一致，对现金的安全完整负责；

（二）严格执行库存现金限额，超过部分必须及时送存银行。不坐支现金，不认白条抵押现金；

（三）建立健全现金出纳各种账目，严格审核现金收付凭证；

（四）严格按照支票管理制度，编制支票使用手续，使用支票须经总经理签字后，方可生效；

（五）积极配合银行做好对账、报账工作，保证银行存款余额与银行存款对账单一致；

（六）负责银行空白票据的领购、保管，办理银行存款的收付业务，对银行存款的安全完整负责；

（七）根据发票管理法律制度负责发票的填写与保管，应认真填写发票事项、金额，确保每张发票填写完整规范；

（八）配合会计做好各种账务处理；

（九）完成总经理或主管副总经理交付的其他工作。

第二章 现金管理

第三条 严格执行中国人民银行颁布的《现金管理暂行条例》，根据本公司实际需要，合理核实现金的库存限额，超出限额部分要及时送存银行。

第四条 公司可以在下列范围内使用现金：

（一）职员工资、津贴、奖金；

（二）个人劳务报酬；

（三）出差人员必须携带的差旅费；

（四）结算起点以下的零星支出；

（五）总经理批准的其他开支。

前款结算起点定为100元，结算规定的调整，由总经理确定。

第五条 发票及报销单经总经理批准后，由会计审核，经手人签字，金额数量无误，填制记账凭证。

第六条 工资由财务人员依据总经理办公室及各部门每月提供的核发工资资料代理编制职员工资表，交主管副总经理审核，总经理签字，财务人员按时提款，当月发放工资，填制记账凭证，进行账务处理。

第七条 公司职员因工作需要借用现金，需填写借款单，经会计审核；交总经理批准签字后方可借用。超过还款期限即转应收款，在当月工资中扣还。

第八条 无论何种汇款，财务人员都须审核汇款通知单，分别由经手人、部主任、总经理签字。会计审核有关凭证。

第九条 严禁白条抵库和任意挪用现金，出纳人员必须每日结出现金日记账的账面余额，并与库存现金相核对，发现不符要及时查明原因。财务管理中心经理对库存现金进行定期或不定期检查，以保证现金的安全和完整。公司的一切现金收付都必须有合法的原始凭证。

第三章　支票管理

第十条　转账支票由出纳保管。中心员工如若转账付款要凭总经理批准签字交出纳，然后出纳将支票按批准金额封头，加盖印章，填写日期、用途、登记号码，经办人在支票存根上签字备查。

第十一条　现金支票由出纳保管。中心员工如借支或用大额现金付款，经总经理批准，由出纳填好现金支票，经办人在现金支票存根上签字确认领取。经办人领取后请妥善保管，如丢失，后果自行承付，出纳概不负责。

第十二条　支票付款须先审后付，财务印鉴章由专人分别保管，出纳领用法人章需到档案室签字申请，向总经理说明申请事由，由总经理批准后方可盖章。

第四章　银行存款的管理

第十三条　按照《支付结算办法》等国家有关规定，加强银行账户的管理，严格按照规定管理账户，办理存款、取款和结算。

第十四条　严格遵守银行结算纪律，不准签发没有资金保证的票据或远期支票，套取银行信用；不准签发、取得和转让没有真实交易和债权债务的票据，套取银行和他人资金；不准无理拒绝付款，任意占用他人资金；

第十五条　出纳人员每月核对银行账户，如有未达账目，编制银行存款余额调节表，使银行存款账面余额与银行对账单调节相符。如调节不符，应查明原因，及时报告会计或总经理处理。

第十六条　出纳人员应当每月定期或不定期地进行现金盘点，确保现金账面余额与实际库存相符。如发现不符，应查明原因，及时报告会计或总经理处理。

第十七条　超出限额现金要及时存入银行，确保资金安全。

第五章　货币资金支付业务的办理程序

第十八条　单位有关部门或个人用款时，应当提前向审批人提交货币资金支付申请，注明款项的用途、金额、预算、支付方式等内容，并附有效经济合同或相关证明。

第十九条 审批人根据其职责、权限和相应程序对支付申请进行审批。对不符合规定的货币资金支付申请，审批人应当拒绝批准。

第二十条 复核人应当对批准后的货币资金支付申请进行复核，复核货币资金支付申请的批准范围、权限、程序是否正确，手续及相关单证是否齐备，金额计算是否准确，支付方式、支付单位是否妥当等。复核无误后，交由出纳人员办理支付手续。

第二十一条 出纳人员应当根据复核无误的支付申请，按规定办理货币资金支付手续，及时登记现金和银行存款日记账。

第二十二条 差旅费报销流程：

（一）借款：由出差人员填写借款单，经总经理批准到出纳处审核，审核无误，出纳方可付款。

（二）出差人员回单位应及时整理出差票据到财务处报账。本中心规定报销时限在一星期内。

（三）出差人员应如实填写报销金额，规范贴好单据，到出纳处审核，然后凭单据到总经理处签字，出纳人员根据总经理审批的金额付款或冲账，涉及支付现金的应由报销人员签字认可金额。

第二十三条 其余费用应根据合理合法票据，经出纳审核，报总经理核准后，做到手续完备、严谨，出纳方能付款。

第二十四条 所有支出凭证由出纳严格审核其内容与金额是否与实际相符、票据来源是否合法、日期是否合理、领款人的印鉴是否相符，如有疑问必须先查询后方能支付。支付款项应在原始凭证上由领款人签字。

第二十五条 出纳人员应当对出纳工作热心，遵守职业道德，爱岗敬业，公正无私，依法办事。

第二十六条 会计人员应当履行监督、审计职能，定期或不定期对出纳人员实施抽查、盘点。

第六章　附　则

第二十七条　本制度由公司财务管理中心负责解释。

第二十八条　本制度自发布之日起生效。

☞ 制作提示

1. 明确制度的制定目的及出纳岗位职责。如规定出纳人员应认真执行现金管理制度，负责现金的收付，保证库存现金余额与现金日记账的现金余额一致，对现金的安全完整负责。如有必要的，分项列出。参见上文第一、二条。

2. 明确现金、支票、银行存款等管理规定，要尽量做到全面、具体和具有可操作性。如规定严格执行中国人民银行颁布的《现金管理暂行条例》，根据本公司实际需要，合理核实现金的库存限额，超出限额部分要及时送存银行。参见上文第三至十七条。

3. 明确货币资金支付业务的办理程序。如审批程序、复核程序、费用报销程序等。如规定单位有关部门或个人用款时，应当提前向审批人提交货币资金支付申请，注明款项的用途、金额、预算、支付方式等内容，并附有效经济合同或相关证明。参见上文第十八至二十六条。

4. 明确管理制度的解释主体和施行时间。如在最后一般都要注明类似"本办法自发布之日起施行"的时间规定。参见上文第二十七、二十八条。

三、资金预算管理办法

资金预算管理是指利用预算确定和实现企业资金的使用过程。资金预算是经营计划数量化、价值化的表现形式，是战略目标和年度计划的细化。资金预算作为一种管理工具，具有明确目标、合理分配各项资源的作用。而制定相应的资金预算管理办法，不仅可以有效地规范资金预算管理工作，而且能使该工作的价值作用得到最大的发挥。

资金预算管理办法范本

第一章 总 则

第一条 为提高本公司经营绩效暨配合财务部统筹及灵活运用资金，以充分发挥其经济效用，各单位除应按年编制年度资金预算外，还应逐月编列资金预计表，以便达成资金运用的最高效益，特制定本办法。

第二条 本办法所称资金，系指库存现金、银行存款及随时可变现的有价证券。

第三条 资金预算的编制原则是：

（一）一致性原则：资金预算要与公司总体经营目标保持一致，即资金预算编制以公司年度经营计划为依据；

（二）系统性原则：编制预算时，要做到全面、完整，有关预算指标之间要相互衔接，勾稽关系要明确，以保证整个预算的综合平衡；

（三）积极性原则：编制预算时，要充分估计目标实现的可能性，不能把预算定得过低或过高；预算又必须具有一定的灵活性，以免在意外事项发生时造成被动、影响平衡；

（四）权威性原则：各预算一经批准，任何部门不得轻易变更，如有变动必须经严格的审批程序。

第四条 会计部应于每月28日前编妥次三个月份资金来源运用预计表（表略）按月配合修订。并于次月15日前，编妥上月份实际与预计比较的资金来源运用比较表（表略）一式三份，呈总经理核阅后，一份自存，一份留存总经理室，一份送财务部。

第五条 资料提供部门，除应于年度经营计划书编订时，提送年度资金预算外，应于每月24日前逐月预计次三个月份资金收支资料送会计部，以利汇编。

第二章 收入预算

第六条 营业部门收受同业产品代为加工的劳务收入，依公司收款条件及合同规定预计可收（兑）现数编列。

第七条 营业部门依据各种销售条件及收款期限的内销收入，预计可收（兑）现数编列（表略）。

第八条 有关退税收入，退税部门依据申请退税进度，预计可退现数编列（表略）。预计核退营业税虽非实际退现，但因能抵缴现金支出，视同退现。

第九条 对于其他收入，如财务收入、增资收入、下脚收入等，其数额在人民币五万元以上者，均应加以说明。

第三章　支　出　预　算

第十条 关于薪资，会计部门依据产销计划等资料及最近实际发生数，斟酌预计支付数编列。

第十一条 关于一些经常性费用的支出，应按照下列规定执行：

（一）外协工缴：外协经办部门应参照外协厂商别约定付款条件等资料，斟酌预计支付数编列；

（二）制造费用：会计部依据生产计划，参考制造费用有关资料及最近实际发生数，斟酌预计支付数编列；

（三）推销费用：营业部依据营业计划，参照以往月份推销费用占营业额的比例推算编列；

（四）管理费用：会计部参照以往实际数及管理工作计划编列；

（五）财务费用：会计部依据财务部资金调度情况，核算利息支付编列。

第十二条 关于资本支出，应按照下列规定执行：

（一）土地：依据购地支付计划提供的支付预算数编列；

（二）房屋：依据兴建工程进度，预计所需支付资金编列；

（三）设备分期付款、分期缴纳关税等：会计部依据分期付款偿付日期予以编列；

（四）材料：资材部依请购、采购、结汇作业，分别预计内外购原物料支付资金编列；

（五）其他：包括偿还长期（分期）借款、股息、红利等的支付。其数额在十万元以上者，均应加以说明。

第四章 考评与奖惩

第十三条 审计部与财务管理部门联合对资金预算执行情况进行定期、不定期考核。

第十四条 公司要定期进行经济活动分析会,对财务部门预算责任人根据预算的执行情况进行评价。各责任中心对预算进行分析,评估各预算的执行情况,确定在剩余时间内完成年度预算采取的措施,同时对责任人进行评价。

第十五条 人事中心根据定期分析会最终评价结果,提出对责任人实施期间奖惩的建议。

第十六条 经审计,各相关人员在执行本办法时,违反本办法规定条款,每违反一条未造成经济损失,在公司内部给予通报批评;造成经济损失的由责任人按损失金额的30%进行补偿;若触犯公司制度越权操作,未发生经济损失的,视情节轻重给予通报批评或500-1000元经济处分,发生经济损失的由越权人承担全部经济损失,并报告公司予以按公司管理制度给予其他处分。

第五章 其他事项

第十七条 有关资金调度,应按下列要求执行:

(一)各单位经营资金由公司最高主管负责筹划,并由财务部协助筹措调度;

(二)资材部应按月根据国内外购料借款数额编列"购料借款月报表"于当月24日送财务部汇总呈核总经理;

(三)财务部应于次月5日前按月将有关银行贷款额度,可动用资金,定期存款余额等资料编列"银行短期借款明细表"呈总经理核阅,作为经营决策的参考。

第十八条 各单位应按月编制"资金来源运用比较表",以了解资金实际运用情况,其因实际数与预计比较每项差异在10%以上者,应由资料提供部门填列"资金差异报告表"(表略)列明差异原因,于每月10日前送会计部汇编。

第十九条 本办法由财务管理部门制定、修改、解释。

第二十条 本办法从下发之日起开始执行。

☞ 制作提示

1. 明确制作目的、依据以及资金预算的编制原则。如一致性原则、积极性原则。如规定一致性原则：资金预算要与公司总体经营目标保持一致，即资金预算编制以公司年度经营计划为依据。参见上文第一、二、三条。

2. 明确有关部门及人员的职责。如规定资料提供部门，除应于年度经营计划书编订时，提送年度资金预算外，应于每月24日前逐月预计次三个月份资金收支资料送会计部，以利汇编。参见上文第四、五条。

3. 明确各项收入的预算管理，如劳务收入、内销收入、退税收入以及其他收入的预算。如规定营业部门收受同业产品代为加工的劳务收入，依公司收款条件及合同规定预计可收（兑）现数编列。参见上文第六、七、八、九条。

5. 明确各项支出的预算管理，如薪资支出、经常性费用支出、资本支出等的预算。如规定关于薪资，会计部门依据产销计划等资料及最近实际发生数，斟酌预计支付数编列。参见上文第十、十一、十二条。

6. 明确考评与奖惩制度。如规定审计部与财务管理部门联合对资金预算执行情况进行定期、不定期考核。参见上文第十三、十四、十五、十六条。

7. 明确其他事项，如资金调度、异常情况以及制度执行日期等。如规定各单位经营资金由公司最高主管负责筹划，并由财务部协助筹措调度。参见上文第十七、十八、十九、二十条。

四、货币资金管理办法

货币资金是企业的生产经营资金在循环周转过程中，停留在货币形态的资金，包括现金、银行存款及其他货币资金。它是企业中最活跃的资金，流动性强，是企业的重要支付手段和流通手段，因而是流动资产的审查重点。因此，建立完善的货币资金管理制度是至关重要的，其具有加强对公司货币资金的内部控制、保证货币资金的安全、降低资金使用成本等作用。

货币资金管理办法范本

第一章 总 则

第一条 为了统筹、规范资金运作和管理，明确公司资金管理职能，并对整体资金工作进行有效调控，以保证资金工作的顺利开展，并达到整体资金高质、高效运作和资源共享，根据《中华人民共和国公司法》《中华人民共和国会计法》等法律、法规和规范性文件的规定并结合公司实际情况，特制定本办法。

第二条 本办法适用于本公司及下属各分公司、子公司。

第三条 本办法所指的货币资金管理范围包括投资资金、融资资金、营运资金。

（一）投资资金指对外风险和非风险投资、固定资产投资等资金支出；

（二）融资资金指公司为了弥补经营过程中的资金缺额，向金融机构或其他法律允许的主体借入资金或提供对外担保等资金支出；

（三）营运资金指流动资产减去流动负债后的余额，主要表现为货币资金、有价证券、应收款项、存货。管理重点为采购资金管理、应收预付管理、其他往来管理。

第四条 本办法中有关资金词语的解释有：

（一）现金：指公司库存的现金，不包括公司各部门借用的、尚未报销的备用金；

（二）银行存款：指公司存入银行和其他金融机构的各种存款；

（三）其他货币资金：指公司的外埠存款、银行汇票存款、银行本票存款、信用卡存款、信用证保证金存款等形式的货币资金。

第五条 货币资金包括人民币和按国家有关法规允许公司保管或存放的外币。

第六条 公司的财务工作人员，须按照本办法的有关规定履行其相应的职责。如因人为原因影响工作质量或造成公司利益受损的，应追究具体责任人的相关责任；如在工作中有突出贡献的，可适当给予奖励。

第二章　管理机构及职能

第七条　公司资金管理的决策机构为公司资金管理委员会。

第八条　公司资金管理委员会的主要职能为：

（一）审定公司资金管理办法；

（二）审定年度资金预算、月度资金计划；

（三）审定筹融资方案；

（四）统一调度资金；

（五）检查、考核资金预算、计划执行结果；

（六）动态监控公司现金流量，控制财务风险。

第九条　公司资金管理委员会的成员包括：公司财务中心资金部负责人、销售分公司负责人、物资分公司负责人、工程部负责人、计划发展部负责人、财务经理。另外，资金管理委员会设主任委员一名，由公司总经理担任；设副主任委员一名，由公司财务副总经理担任；设委员若干名，由公司营销副总经理、生产副总经理、投资发展副总经理担任。

第十条　公司资金管理委员会的工作方式为月度例会。

第十一条　财务中心资金部履行资金管理委员会办公室的职能。其主要职责有：

（一）执行资金管理委员会的各项决定；

（二）拟订资金管理办法草案；

（三）统筹规划公司年度资金预算及月度资金计划；

（四）组织资金管理委员会月度会议；

（五）向部门下达经批准的年度资金预算及月度资金计划；

（六）审批资金周报表，负责资金调拨；

（七）具体指导、监督、检查资金管理工作；

（八）向资金管理委员会提交公司月度、季度、年度资金执行情况表及资金管理工作报告；

（九）对资金管理效果提出考核意见与建议。

第十二条　财务经理的主要负责事项有：

（一）负责资金管理工作，组织编制并初审上报年度资金预算、季度资金预测、月度资金计划、资金周报表、资金日报表等相关资料；

（二）参与资金管理委员会月度会议；

（三）组织实施经批准的筹资方案；

（四）督促落实收入计划；

（五）具体落实财务中心资金部资金调度方案；根据本办法的权限设定审签支付业务；

（六）提交所辖区域月度、季度、年度资金运行报告。

第三章　资金预算

第十三条　公司通过实施资金预算管理，实现对公司各部门的资金集中统一调控。

第十四条　资金预算的编制原则是：

（一）一致性原则：资金预算要与公司总体经营目标保持一致，即资金预算编制以公司年度经营计划为依据。

（二）系统性原则：编制预算时，要做到全面、完整，有关预算指标之间要相互衔接，钩稽关系要明确，以保证整个预算的综合平衡。

（三）积极性原则：编制预算时，要充分估计目标实现的可能性，不能把预算定得过低或过高；预算又必须具有一定的灵活性，以免在意外事项发生时造成被动、影响平衡。

（四）权威性原则：各预算一经批准，任何部门不得轻易变更，如有变动必须经严格的审批程序。

第十五条　会计部应于每月 28 日前编妥次三个月份资金来源运用预计表（表略）按月配合修订。并于次月 15 日前，编妥上月份实际与预计比较的资金来源运用比较表（表略）一式三份，呈负责人核阅后，一份自存，一份留存负责人办公室，一份送财务中心。

第十六条　资料提供部门，除应于年度经营计划书编订时，提送年度资金预算外，应于每月 24 日前逐月预计次三个月份资金收支资料送会计部，以利汇编。

第十七条 有关收入预算，按下列规定执行：

（一）营业部门收受同业产品代为加工的劳务收入，依公司收款条件及合同规定预计可收（兑）现数编列；

（二）营业部门依据各种销售条件及收款期限的内销收入，预计可收（兑）现数编列（表略）；

（三）有关退税收入，退税部门依据申请退税进度，预计可退现数编列（表略）；

（四）预计核退营业税虽非实际退现，但因能抵缴现金支出，视同退现；

（五）对于其他收入，如财务收入、增资收入、下脚收入等，其数额在人民币五万元以上者，均应加以说明。

第十八条 有关支出预算，按下列规定执行：

（一）薪资：会计部门依据产销计划等资料及最近实际发生数，斟酌预计支付数编列；

（二）外协工缴：外协经办部门应参照外协厂商别约定付款条件等资料，斟酌预计支付数编列；

（三）制造费用：会计部依据生产计划，参考制造费用有关资料及最近实际发生数，斟酌预计支付数编列；

（四）推销费用：营业部依据营业计划，参照以往月份推销费用占营业额的比例推算编列；

（五）管理费用：会计部参照以往实际数及管理工作计划编列；

（六）财务费用：会计部依据财务中心资金调度情况，核算利息支付编列；

（七）土地：依据购地支付计划提供的支付预算数编列；

（八）房屋：依据兴建工程进度，预计所需支付资金编列；

（九）设备分期付款、分期缴纳关税等：会计部依据分期付款偿付日期予以编列；

（十）材料：资材部依请购、采购、结汇作业，分别预计内外购原物料支付资金编列；

（十一）其他：包括偿还长期（分期）借款、股息、红利等的支付。其数额在十万元以上者，均应加以说明。

第四章　资金控制

第十九条　由公司财务负责人牵头，加强公司财务过程控制，进一步严格资金流出的内部审批及支付程序，建立对公司日常资金收支行为的监控机制，防止发生控股股东及其他关联方资金占用。

第二十条　日常经营中，财务中心应重点关注控股股东及其实际控制人、关联方与公司的资金、业务往来，公司在日常生产经营过程中与控股股东及其他关联方发生经营性业务，须严格按照相关法律法规及上市公司财务管理制度的相关要求进行核算，不得损害上市公司的利益，严格按公司财务管理制度履行审批及支付程序，保障资金安全，防止出现资金被占用的情形，如有异常，应及时汇报。

第二十一条　公司在与控股股东及其实际控制人、关联方发生经营性业务和资金往来时，应严格监控资金流向，防止资金被占用。公司不得为控股股东及其实际控制人、关联方垫付工资、福利、保险、广告等期间费用，也不得互相代为承担成本和其他支出。

第二十二条　公司不得以下列方式将资金直接或间接地提供给控股股东及其实业控制人、关联方使用：

（一）有偿或无偿地拆借公司的资金给控股股东及其实际控制人、关联方使用；

（二）通过银行或非银行金融机构向控股股东及其实际控制人、关联方提供委托贷款；

（三）委托控股股东及其实际控制人、关联方进行投资活动；

（四）为控股股东及其实际控制人、关联方开具没有真实交易背景的商业承兑汇票；

（五）代控股股东及其实际控制人、关联方偿还债务；

（六）其他方式。

第二十三条　有人员违反上述规定并有可能给公司造成损失的，公司董事将会通过司法程序及时冻结或限制控股股东所持公司的相应股份，及时通过司法程序对控股股东有效资产采取司法保全等措施，避免或减少公司的损失。

第五章 资金调度

第二十四条 资金调度是指为协调公司及各部门对资金的需求，互相之间调配资金，达到资源共享目的。

第二十五条 为满足公司资金平衡需求和其他使用需求，调度资金的范围包括以下几个方面：

（一）需调用的公司融资资金；

（二）需调用的公司日常生产经营性富余资金；

（三）为完成公司统一结算而需调用的生产经营性资金；

（四）为配合公司与金融机构的合作，而需调用的公司生产经营性资金；

（五）为配合公司重大项目运作，而需调用的资金；

（六）经公司领导批准，而需调用的公司资金；

（七）为应对非常规使用的储备资金，而需调用的公司资金；

（八）根据公司资金平衡，需调用的其他用途资金。

第二十六条 公司财务中心行使本部及各成员公司间的资金调度职能。其他任何成员公司都没有相互拆借行为或资金调度的权利。

第六章 营运资金

第二十七条 公司可以在下列范围内使用现金：

（一）职员工资、津贴、奖金；

（二）个人劳务报酬；

（三）出差人员必须携带的差旅费；

（四）根据国家规定颁发给个人的科学技术、文化艺术、体育等各种奖金；

（五）各种劳保、福利费用以及国家规定的对个人的其他支出；

（六）向个人收购农副产品和其他物资少量的价款；

（七）结算起点以下的零星支出；

（八）中国人民银行确定需支付现金的其他支出；

（九）总经理批准的其他开支。

上述范围以外的结算应通过银行进行转账结算。

第二十八条 货币资金的收支必须有合法的原始凭证作为依据。经办人员根据合法的原始凭证填列必要的内部凭证，在预算范围内根据授权原则由各级负责人对收入、支出的合法性、真实性、合理性审批后，到财务中心办理收入和支出手续。

第二十九条 建立现金日记账，逐笔记载当日所收款项，并做到日清月结，账款相符。

第三十条 各项税款、利息费用等支付必须按规定填制付款凭单，由财务负责人签批后方可支付。税款缴纳原则上不得超出应交税金期末余额，确需预交税款或支付税款滞纳金、罚款等营业外支出，需向财务中心资金部提出申请，待财务中心主任批准后方可支付。

第三十一条 严禁白条抵库和任意挪用现金，出纳人员必须每日结出现金日记账的账面余额，并与库存现金相核对，发现不符要及时查明原因。财务管理中心经理对库存现金进行定期或不定期检查，以保证现金的安全和完整。公司的一切现金收付都必须有合法的原始凭证。

第三十二条 严格控制现金收、付范围，应用转账结算的不准用现金结算。有关单位经批准处理废旧材料及劳务等各种收入，要及时交企财部全额入账，不得截留，不得私设"小金库"，不得保留账外现金及存款。

第七章　资　金　筹　集

第三十三条 公司需新增借款，必须向财务中心资金部提出借款申请，经公司资金管理委员会批准后由财务中心资金部统一对外筹资。公司无权自行向外借款。

第三十四条 有关固定资产项目贷款的规定有：

（一）经批准的新建项目，须新增固定资产项目贷款时，应纳入年度资金预算，并专项申请报批；

（二）财务中心资金部统一对外筹资，负责与金融机构进行贷款合同的洽谈。所辖公司的财务经理亦参与合同洽谈；

（三）申请贷款的应配合财务中心资金部的筹资工作，按规定提供贷款所需相关资料。

第三十五条 有关流动资金借款的规定有：

（一）流动资金借款计划纳入年度资金预算。

（二）流动资金不足时，只能向财务中心资金部申请借款。

（三）财务中心资金部收到申请后，将优先考虑在公司内进行资金调剂。经公司资金管理委员会批准后，由财务中心资金部统一向申请借款的公司调拨资金。

（四）公司内资金不足时，经公司资金管理委员会批准，财务中心资金部将组织向金融机构借款。

第三十六条 有关担保与抵押的规定有：

（一）担保与抵押必须经公司资金管理委员会批准；

（二）一般情况下，原则上以资产抵押方式为主；

（三）银行借款资产抵押方案，必须经财务经理初审，并报财务中心资金部审定后方可实施；

（四）不得自行实施资产抵押；不得自行向第三方提供担保，各关联公司间也不得自行相互提供担保。

第八章 监 督

第三十七条 财务中心经理应对库存现金不定期地进行检查，以保证现金的安全。

第三十八条 财务中心经理应每月检查银行存款账单核对情况，发现问题，及时纠正。

第三十九条 财务中心经理应对未达账项组织清理，并及时处理。

第四十条 建立公司与控股股东及其关联方的资金往来定期和不定期汇报制度及相关的责任追究机制，每季度末，由财务负责人向经营管理层和董事会报告公司资金收支情况。

第四十一条 明确由公司财务中心对使用控股股东资金情况、业务往来情况及资金偿付情况进行重点关注，如有异常，及时向管理层汇报；同时，建立了公司与控股股东及其关联方的资金往来定期和不定期汇报制度，每季度末，对公司与控股股东及其实际控制人、关联方资金使用及清偿情况进行自查，形成书面自查报告,上报公司经营管理层和公司董事会。

第四十二条 明确董事长是防止控股股东资金占用的第一责任人,如有违规行为发生,追究直接责任人的责任。

第四十三条 加强货币资金收支业务的内部审计。货币资金的管理应纳入公司内部审计的重要内容。定期审计货币资金内部控制制度的执行情况,审计货币资金的收入、支出的合法性、真实性和合理性,审计货币资金保管的安全性。

第九章 附 则

第四十四条 本办法解释权属于公司董事会。

第四十五条 本办法自公布之日起实施。

☞ 制作提示

1. 明确交代制度的制定目的、适用范围。如规定本办法所指的货币资金管理范围包括投资资金、融资资金、营运资金。参见上文第一、二、三、四、五、六条。

2. 明确货币资金的管理机构及其职能。如规定公司资金管理的决策机构为公司资金管理委员会,其主要职能为审定公司资金管理办法、审定年度资金预算、月度资金计划等。参见上文第七至十二条。

3. 明确资金预算管理制度,对公司的收入和支出预算做出具体规定。如规定公司通过实施资金预算管理,实现对公司各部门的资金集中统一调控。参见上文第十三至十八条。

4. 明确资金控制制度,列明禁止使用资金的方式等。如规定公司不得以哪些方式将资金直接或间接地提供给控股股东及其实业控制人、关联方使用。参见上文第十九、二十、二十一、二十二、二十三条。

5. 明确资金调度的相关规定。如规定公司财务中心行使本部及各成员公司间的资金调度职能。其他任何成员公司都没有相互拆借行为或资金调度的权利。参见上文第二十四、二十五、二十六条。

6. 明确营运资金管理方式,主要为资金的支出与收入的相关规定。如规定货币资金的收支必须有合法的原始凭证作为依据。参见上文第二十七至三十二条。

7. 明确资金筹集的相关规定，包括审批权限的规定、固定资产项目贷款的规定、流动资金借款的规定、担保与抵押的规定等。参见上文第三十三至三十六条。

8. 明确监督机制，并规定具有可操作性的方式方法。如规定财务中心经理应每月检查银行存款账单核对情况，发现问题，及时纠正。参见上文第三十七至四十三条。

9. 明确管理制度的解释主体和施行时间。如在最后一般都要注明类似"本办法自发布之日起施行"的时间规定。参见上文第四十四、四十五条。

五、借款和费用开支审批程序

企业借款和费用开支审批程序是对企业各项费用的使用所做出的相关规定。其涵盖内容相当广泛，具体内容也往往由于公司的性质、规模或者其他情形的不同而有所不同。制定完善的借款和费用开支审批程序有助于加强对现金使用范围及现金支出的管理，从而有助于企业的健康发展。

借款和费用开支审批程序范本

第一条 为进一步完善财务管理，严格执行财务制度，依据公司规范化管理实施大纲以及本公司实际情况，特制定本标准及程序。

第二条 借款审批程序

（一）出差人员借款，必须先到财务部领取"借款凭证"，写明出差时间、地点，借款金额原则按"往返车费＋（住宿费＋生活补助）×预计出差天数"计算，填写好该凭证后，先经部门负责人同意，再由财务经理批准，最后经总经理审批后，方予借支。

（二）凡职工借用公款者，在原借款未还清前，不得再借。

（三）试用人员借支差旅费或临时借款，须由正式员工出具担保书或签认担保，方能办理，若借款人未能偿还借款，担保人应负有连带责任。

（四）借款出差人员回公司后，三天内应按规定到财务部报账，报账后结欠部分金额或三天内不办理报销手续的人员欠款，财务部门有权通知行政部在当月工资中扣回。

（五）报销审批时应具备的凭证："请购审批单"或"费用审批单"，原始发票、物品明细表。在所附凭单上，要由经办人签字，主管部门负责人签字和财务经理签字。

第三条 出差开支标准及报销审批程序

（一）住宿标准依公司关于"差旅费报销标准"规定的住宿费标准执行。因工作需要住宿费超过标准的报经总经理批准后，可予报销。

（二）公司按外出出勤天数每人每天补助 200 元（包括住勤补、误夜餐补、住宿补）。

（三）车船票按出差规定的往返地点、里程凭票据核准报销。

（四）市内短途交通费控制在人均每天 100 元以内，凭票据报销。

（五）其他杂费如存包裹费、电话费等控制在人均每天 100 元内，凭单据报销。

（六）出差坐飞机，需由部门负责人批准。

（七）根据出差人员事先理好的报销单据，先由主办会计对单据全面审核，然后由部门负责人签认，报财务经理审核，总经理批准后，方能报销。

第四条 业务招待费标准及审批程序

（一）公司的业务招待费，控制在各部门完成的营业收入的 8‰ 之内，由部门负责人掌握，超过部分一律在年终利润分配留成公益金中予以扣除。

（二）业务招待费报销单据必须有税务部门的正式发票，列明公司抬头，数字分明，先由经手人签名，注明用途，部门负责人加签证实，再报财务经理审核，然后由总经理审批，方能付款报销。

（三）超审批金额外的业务招待费，一般不予开支，如有特殊情况，须经总经理审核加签。

（四）公司大型招待活动及单笔金额超过 10000 元的招待费用，须经董事长批准并签字报销。

第五条 福利费审批程序

符合规定的福利费开支，200元以下由部门负责人批准，200元至1000元由财务经理批准，超过1000元的一律报总经理批准。

第六条 会议费标准及审批程序

（一）会议费执行公司有关会议费标准，会议用餐执行招待费标准。

（二）会议费先由会议承办部门编报开支预算，经财务经理审核，报总经理审批后方可召开会议并借用资金。会后凭有效票据经承办部门负责人签字，财务经理审查，报总经理审批后方可报销。

第七条 公务车费用的报销与审批程序

（一）公务车燃油费实行统一办卡，限额报销制。每车每次打卡金额不得超过3000元，每季度末公司财务部门报公务车"油耗统计表"。财务部门还需计算各公务车是否超出报销限额，超出部分由公务车司机自行负担。

（二）公务车通行费、停车费于每月底据实报销。各公务车司机月底整理单据并填制"费用报销表"由部门主管行车登记人员审核，再经财务经理审核，最后由总经理签批后方可报销。

（三）公务车的保险费、交通规费等费用实行实报实销制。发生费用后凭有效票据经公务车司机签字，部门负责人审核，财务经理再审核，最后总经理签批后方可报销。

（四）公务车的常规保养和临时修理费用实行计划审批据实报销制。公务车的常规保养和临时修理计划由公务车司机制作，部门负责人审核，再经财务经理审核，总经理签批后方可实施。

第八条 加班费的规定

（一）本公司实行综合计算工时工作制。

（二）法定节日因工作需要加班的，按下列公式计发加班费：（本人月工资－浮动工资）/21.75×300%×加班天数。

（三）法定假日以外休息日因工作需要加班，按下列公式计发加班费：（本人月工资－浮动工资）/21.75×200%×加班天数。

（四）员工加班要从严控制，事前由部门负责人报公司总经理批准。加班只限于工程抢修，节假日值班和完成其他紧急生产任务等，但月累计不得超过48

小时，超过 48 小时报总经理批准。属工作职责要求，当日或当月没完成，自行加班的不计加班费。

（五）员工加班后，可以补休而不领加班费，但须办理补休的登记手续。

（六）员工出差期间，如遇法定节假日和超过工作时间不计加班费。

（七）加班费经行政部审核后，由财务部发放。

第九条 办公用品费用的报销与审批程序

办公用品经部门负责人签字，总经理签批后，可购置。办公室购置后凭有效票据，经部门负责人签字，财务经理审核，总经理签批后方可报销。

第十条 电话费用的报销与审批程序

电话费每半年，凭发票按实际使用话费数，限额（具体额度待定）报销，超支不补。报销时由部门负责人集中整理，并开具移动电话费审批卡，先由会计制单审核，财务经理审批，总经理签批后，方可报销。

第十一条 其他费用开支标准及审批

（一）属生产经营性的各项费用，1000 元以内的凭税务部门的正式发票，先由经办人和部门负责人签名后，送财务部门审核报销。超过 1000 元的须报总经理批准。

（二）属非生产经营性的各项费用，1000 元以内的按第十一条第一款执行，1000–5000 元的，报总经理批准，超过 5000 元的报董事长批准。

第十二条 补充说明

如经费开支审批人出差在外，则应由审批人签署指定代理人，交财务部备案，指定代理人可在期间行使相应的审批权力。

第十三条 本规定解释权在公司财务部。

第十四条 本规定自公布之日起生效。

☞ 制作提示

1. 明确制定本规则的目的。如规定为进一步完善财务管理，严格执行财务制度，依据公司规范化管理实施大纲以及本公司实际情况，特制定本标准及程序。参见上文第一条。

2. 明确借款审批程序。如规定凡职工借用公款者，在原借款未还清前，不得再借。参见上文第二条。

3. 明确出差开支标准及报销审批程序。如规定车船票按出差规定的往返地点、里程凭票据核准报销。参见上文第三条。

4. 明确业务招待费标准及审批程序。如规定公司的业务招待费，控制在各部门完成的营业收入的8‰之内，由部门负责人掌握，超过部分一律在年终利润分配留成公益金中予以扣除。参见上文第四条。

5. 明确福利费审批程序。如规定200元以下由部门负责人批准，200元至1000元由财务经理批准，超过1000元的一律报总经理批准。参见上文第五条。

6. 明确会议费标准及审批程序。如规定会议费先由会议承办部门编报开支预算，经财务经理审核，报总经理审批后方可召开会议并借用资金。会后凭有效票据经承办部门负责人签字，财务经理审查，报总经理审批后方可报销。参见上文第六条。

7. 明确公务车费用的报销与审批程序。如规定公务车燃油费实行统一办卡，限额报销制，公务车的保险费、交通规费等费用实行实报实销制等。参见上文第七条。

8. 明确加班费的有关规定。如规定员工出差期间，如遇法定节假日和超过工作时间不计加班费。参见上文第八条。

9. 明确办公用品、电话及其他费用的报销与审批程序。如规定电话费每半年，凭发票按实际使用话费数，限额报销，超支不补。参见上文第九、十、十一条。

10. 做进一步的补充规定或说明。规定如经费开支审批人出差在外，则应由审批人签署指定代理人，交财务部备案，指定代理人可在期间行使相应的审批权力。参见上文第十二条。

11. 明确规则的解释主体和施行时间。如在最后一般都要注明类似"本规定自发布之日起施行"的时间规定。参见上文第十三、十四条。

六、应收账款管理办法

应收账款指该账户核算企业因销售商品、材料、提供劳务等，应向购货单位收取的款项，以及代垫运杂费和承兑到期而未能收到款的商业承兑汇票。应收账款是伴随企业的销售行为发生而形成的一项债权。制定相对完善的应收账款管理办法对于企业的发展至关重要。

应收账款管理办法范本

第一章 总 则

第一条 为加速资金周转，提高资金利用率，防止坏账损失，减少收账费用，按国家财经法规规定，结合公司具体情况，制定本办法。

第二条 本办法所称应收款项，是指公司在日常经营过程中发生的各项债权，包括应收账款，应收票据，其他应收款。

第三条 财务以及其他责任部门负责管理应收账款。

第四条 财务以及其他责任部门应分工明确、责权对应、责任清楚。

第二章 应收账款限额管理

第五条 财务部根据企业资金运用和需求情况，确定费用缓交的限额。

第六条 财务部在每年12月28日之前将下年应收账款限额表，送达给责任部门。

第七条 如有必要，财务部可以同时确定季限额或月限额，作为责任部门确定长期赊销合同的依据。

第八条 财务部制定的限额送达后，确实需要调整的，应在责任部门对外赊销合同生效前提出，并须经总经理批准。

第三章 应收账款催收管理

第九条 应收款责任部门应根据合同进行应收账款账龄分析，对拖欠款项（超过合同规定的付款期限1个月）理出清单，并提出解决办法，经总经理批准之后执行。

第十条 分管其他应收款的财务人员在每月10日前，对上月未按规定归还借款的单位和个人账中的应收款项进行清理，对不按规定及时还款的个人通知有关部门领导扣发当月工资。

第十一条 责任部门以及责任人在接到超期应收款通知单后，在接单后24小时内返回收款时限及措施，对所有超期应收款，限期开展收款工作，有关工作内容填入催收单，形成文件记录，妥善地存入客户资信档案。

第十二条 财务部应收款项管理人员负责对责任部门应收款项清理工作的监督考核。

第四章 应收款项考核管理

第十三条 公司办公室及财务部将对应收账款进行考核，应收账款责任部门必须制定本部门内部应收账款考核办法上报办公室，财务部审核。

第十四条 因清理追收不力或项目质量、进度问题，造成呆账、坏账的，应依情节轻重和损失大小对有关责任人予以经济和行政处分，情节严重，损失巨大的，要追究法律责任。

第五章 费用缓交管理

第十五条 对于经济确实困难的社会人士、对于贷款上学的大学生提出的信用资格考试及相关费用的缓交申请，无论是否超过了财务部的应收账款限额，责任部门均应批准缓交申请。

缓交批准后，应为申请者建立信用档案，记入应收账款管理台账，跟踪记录、监控该单位的信用情况。发现不正常情况时，应当及时调整赊销额度。

第十六条 责任部门批准的赊销额度不得超过财务部门确定的应收账款限额。

第六章 责任追究与奖惩措施

第十七条 违反本办法规定的工作人员，将根据情节给予警告、通报批评、降职、辞退处分，性质与情节严重的，将记入违规人员的个人信用档案，或者进行公开投诉或永久曝光。

第七章 记　　录

第十八条 本办法使用的记录有：应收账款限额表、应收账款管理台账（略）。

第八章 附　　则

第十九条 本办法由董事会负责解释。
第二十条 本办法自发布之日起实施。

☞ 制作提示

1. 明确交代办法的制定目的和管理范围。如规定为加速资金周转，提高资金利用率，防止坏账损失，减少收账费用，按国家财经法规规定，结合公司具体情况，制定本办法。参见上文第一章。

2. 明确应收账款限额管理。如规定财务部根据企业资金运用和需求情况，确定费用缓交的限额。参见上文第二章。

3. 明确应收账款催收管理。如规定财务部应收款项管理人员负责对责任部门应收款项清理工作的监督考核。参见上文第三章。

4. 明确应收款项考核管理。如规定公司办公室及财务部将对应收账款进行考核，应收账款责任部门必须制定本部门内部应收账款考核办法上报办公室，财务部审核。参见上文第四章。

5. 明确费用缓交管理。如规定责任部门批准的赊销额度不得超过财务部确定的应收账款限额。参见上文第五章。

6. 明确责任追究与奖惩措施，记录等。如规定本办法使用的记录有：《应收账款限额表》《应收账款管理台账》。参见上文第六、七章。

7. 明确办法的解释主体和施行时间。如在最后一般都要注明类似"本办法自发布之日起施行"的时间规定。参见上文第八章。

七、固定资产管理办法

固定资产是指企业使用期限超过 1 年的房屋、建筑物、机器、机械、运输工具以及其他与生产、经营有关的设备、器具、工具等。固定资产是企业的劳动手段，也是企业赖以生产经营的主要资产。因此，固定资产的管理是一个企业单位不可缺少的部分，它对于企业的决策者和管理者来说都至关重要。相应地，制定完善的固定资产管理办法可以有效地帮助领导者加强对企业固定资产的管理，从而有利于企业的壮大和发展。

固定资产管理办法范本

第一条 为加强固定资产管理，提高固定资产的使用效率，制定本办法。

第二条 公司以单价 2000 元以上、使用年限一年以上的资产为固定资产，分为五大类：

（一）房屋及其他建筑物；

（二）机器设备；

（三）电子设备（电脑、打印机等）；

（四）运输工具；

（五）其他设备。

第三条 固定资产的来源包括：

（一）自有资金购入；

（二）其他资金购入；

（三）其他人赠与。

第四条 关于固定资产购置的规定有：

（一）公司各部门应在每年年底前根据本部门事业发展规划、相关资产配置定额及固定资产（存量、使用）状况、安装条件及运行环境等情况，向财务部门提出下一年度的"固定资产购置申请"，其中单价（单台、单件、单套）在 10 万元以上（含 10 万元）的固定资产应同时提交可行性论证报告。

（二）财务部门应组织专家对各部门"固定资产购置申请"进行审核，并报董事会审批。

（三）各部门要严格按照固定资产支出预算的采购计划购建固定资产，做到专款专用。擅自购建固定资产的，要无偿调出其随意购建的资产。

（四）固定资产购入后，按报销程序履行报销手续时还要有固定资产负责人填制的验收单，验收单要有保管人员的签字，固定资产管理人员依据验收单登记固定资产保管台账和固定资产卡片。财会依据验收单及发票登记固定资产及相关账目的总账和明细账，进行固定资产价值核算。

第五条 关于固定资产使用管理的规定有：

（一）实行实物与价值分开管理、相互统一、保持一致的管理办法，安排指定人员对固定资产的实物进行登记、保管、清查等方面的管理，价值核算与实物保管要定期核对，保持价量一致。

（二）建立健全固定资产使用效益考评体系，促进各部门科学、合理利用固定资产。

（三）由各部门使用的固定资产由专人负责管理，部门负责人负有全责，发生固定资产丢失的部门负责人要写出书面报告交公司领导研究后进行处理。

（四）各部门对固定资产要定期进行清查盘点，每年12月1日前盘点全部固定资产，并将全部清查结果报公司财政部门。

（五）使用部门和使用人对固定资产不得随意调拨和变更存放地点，更不得私自将固定资产借出或转交给其他部门使用，确因需要调拨和变更地点的，要提出申请，经部门负责人批准后方可执行。

（六）各部门还必须建立健全登记审批制度，加强对因工作需要配备给个人使用的固定资产的管理，严格履行领用和交还手续，确保其安全完整。

（七）领用公司固定资产的员工，在发生人事变动时，如出国留学、退休、调离、死亡等，应完清固定资产交还手续，并经所在部门负责人及财政部门签字确认后，人事部门方予办理相关手续。

第六条 关于固定资产的处置规定有：

（一）固定资产的处置是指调拨、转让、报废、报损。

（二）固定资产处置应由公司领导集体研究决定，不得随意处置。

第七条 对固定资产的损失和盘亏要加强管理，由部门写出申请报告，说明损失及盘亏原因，经办或证明人签字，主管负责人签署意见；意外损失、盘亏要提供公安消防、安全等部门的证明，经财政部门审核，报公司领导小组批准后，作账务处理。

第八条 本制度由董事会负责解释。

第九条 本制度自公布之日起执行。

☞ 制作提示

1. 明确制定本规则的目的。如规定为加强固定资产管理，提高固定资产的使用效率，制定本办法。参见上文第一条。

2. 明确固定资产的范围或种类。如规定公司以单价 2000 元以上、使用年限一年以上的资产为固定资产。参见上文第二条。

3. 明确固定资产的来源。如规定其来源为自有资金购入。参见上文第三条。

4. 明确关于固定资产购置的规定。如规定各部门要严格按照固定资产支出预算的采购计划购建固定资产，做到专款专用。擅自购建固定资产的，要无偿调出其随意购建的资产。参见上文第四条。

5. 明确关于固定资产使用管理的规定。如规定实行实物与价值分开管理、相互统一、保持一致的管理办法，安排指定人员对固定资产的实物进行登记、保管、清查等方面的管理，价值核算与实物保管要定期核对，保持价量一致。参见上文第五条。

6. 明确关于固定资产的处置的规定。如固定资产处置应由公司领导集体研究决定，不得随意处置。参见上文第六、七条。

7. 明确办法的解释主体和施行时间。如在最后一般都要注明类似"本制度自发布之日起施行"的时间规定。参见上文第八、九条。

附一：

中华人民共和国会计法

（1985年1月21日第六届全国人民代表大会常务委员会第九次会议通过 根据1993年12月29日第八届全国人民代表大会常务委员会第五次会议《关于修改〈中华人民共和国会计法〉的决定》第一次修正 1999年10月31日第九届全国人民代表大会常务委员会第十二次会议修订 根据2017年11月4日第十二届全国人民代表大会常务委员会第三十次会议《关于修改〈中华人民共和国会计法〉等十一部法律的决定》第二次修正）

第一章 总 则

第一条 为了规范会计行为，保证会计资料真实、完整，加强经济管理和财务管理，提高经济效益，维护社会主义市场经济秩序，制定本法。

第二条 国家机关、社会团体、公司、企业、事业单位和其他组织（以下统称单位）必须依照本法办理会计事务。

第三条 各单位必须依法设置会计帐簿，并保证其真实、完整。

第四条 单位负责人对本单位的会计工作和会计资料的真实性、完整性负责。

第五条 会计机构、会计人员依照本法规定进行会计核算，实行会计监督。

任何单位或者个人不得以任何方式授意、指使、强令会计机构、会计人员伪造、变造会计凭证、会计帐簿和其他会计资料，提供虚假财务会计报告。

任何单位或者个人不得对依法履行职责、抵制违反本法规定行为的会计人员实行打击报复。

第六条 对认真执行本法，忠于职守，坚持原则，做出显著成绩的会计人员，给予精神的或者物质的奖励。

第七条 国务院财政部门主管全国的会计工作。

县级以上地方各级人民政府财政部门管理本行政区域内的会计工作。

第八条 国家实行统一的会计制度。国家统一的会计制度由国务院财政部门根据本法制定并公布。

国务院有关部门可以依照本法和国家统一的会计制度制定对会计核算和会计监督有特殊要求的行业实施国家统一的会计制度的具体办法或者补充规定，报国务院财政部门审核批准。

中国人民解放军总后勤部可以依照本法和国家统一的会计制度制定军队实施国家统一的会计制度的具体办法，报国务院财政部门备案。

第二章 会 计 核 算

第九条 各单位必须根据实际发生的经济业务事项进行会计核算，填制会计凭证，登记会计帐簿，编制财务会计报告。

任何单位不得以虚假的经济业务事项或者资料进行会计核算。

第十条 下列经济业务事项，应当办理会计手续，进行会计核算：

（一）款项和有价证券的收付；

（二）财物的收发、增减和使用；

（三）债权债务的发生和结算；

（四）资本、基金的增减；

（五）收入、支出、费用、成本的计算；

（六）财务成果的计算和处理；

（七）需要办理会计手续、进行会计核算的其他事项。

第十一条 会计年度自公历1月1日起至12月31日止。

第十二条 会计核算以人民币为记帐本位币。

业务收支以人民币以外的货币为主的单位，可以选定其中一种货币作为记帐本位币，但是编报的财务会计报告应当折算为人民币。

第十三条 会计凭证、会计帐簿、财务会计报告和其他会计资料，必须符合国家统一的会计制度的规定。

使用电子计算机进行会计核算的，其软件及其生成的会计凭证、会计帐簿、财务会计报告和其他会计资料，也必须符合国家统一的会计制度的规定。

任何单位和个人不得伪造、变造会计凭证、会计帐簿及其他会计资料，不得提供虚假的财务会计报告。

第十四条 会计凭证包括原始凭证和记帐凭证。

办理本法第十条所列的经济业务事项,必须填制或者取得原始凭证并及时送交会计机构。

会计机构、会计人员必须按照国家统一的会计制度的规定对原始凭证进行审核,对不真实、不合法的原始凭证有权不予接受,并向单位负责人报告;对记载不准确、不完整的原始凭证予以退回,并要求按照国家统一的会计制度的规定更正、补充。

原始凭证记载的各项内容均不得涂改;原始凭证有错误的,应当由出具单位重开或者更正,更正处应当加盖出具单位印章。原始凭证金额有错误的,应当由出具单位重开,不得在原始凭证上更正。

记帐凭证应当根据经过审核的原始凭证及有关资料编制。

第十五条 会计帐簿登记,必须以经过审核的会计凭证为依据,并符合有关法律、行政法规和国家统一的会计制度的规定。会计帐簿包括总帐、明细帐、日记帐和其他辅助性帐簿。

会计帐簿应当按照连续编号的页码顺序登记。会计帐簿记录发生错误或者隔页、缺号、跳行的,应当按照国家统一的会计制度规定的方法更正,并由会计人员和会计机构负责人(会计主管人员)在更正处盖章。

使用电子计算机进行会计核算的,其会计帐簿的登记、更正,应当符合国家统一的会计制度的规定。

第十六条 各单位发生的各项经济业务事项应当在依法设置的会计帐簿上统一登记、核算,不得违反本法和国家统一的会计制度的规定私设会计帐簿登记、核算。

第十七条 各单位应当定期将会计帐簿记录与实物、款项及有关资料相互核对,保证会计帐簿记录与实物及款项的实有数额相符、会计帐簿记录与会计凭证的有关内容相符、会计帐簿之间相对应的记录相符、会计帐簿记录与会计报表的有关内容相符。

第十八条 各单位采用的会计处理方法,前后各期应当一致,不得随意变更;确有必要变更的,应当按照国家统一的会计制度的规定变更,并将变更的原因、情况及影响在财务会计报告中说明。

第十九条　单位提供的担保、未决诉讼等或有事项，应当按照国家统一的会计制度的规定，在财务会计报告中予以说明。

第二十条　财务会计报告应当根据经过审核的会计帐簿记录和有关资料编制，并符合本法和国家统一的会计制度关于财务会计报告的编制要求、提供对象和提供期限的规定；其他法律、行政法规另有规定的，从其规定。

财务会计报告由会计报表、会计报表附注和财务情况说明书组成。向不同的会计资料使用者提供的财务会计报告，其编制依据应当一致。有关法律、行政法规规定会计报表、会计报表附注和财务情况说明书须经注册会计师审计的，注册会计师及其所在的会计师事务所出具的审计报告应当随同财务会计报告一并提供。

第二十一条　财务会计报告应当由单位负责人和主管会计工作的负责人、会计机构负责人（会计主管人员）签名并盖章；设置总会计师的单位，还须由总会计师签名并盖章。

单位负责人应当保证财务会计报告真实、完整。

第二十二条　会计记录的文字应当使用中文。在民族自治地方，会计记录可以同时使用当地通用的一种民族文字。在中华人民共和国境内的外商投资企业、外国企业和其他外国组织的会计记录可以同时使用一种外国文字。

第二十三条　各单位对会计凭证、会计帐簿、财务会计报告和其他会计资料应当建立档案，妥善保管。会计档案的保管期限和销毁办法，由国务院财政部门会同有关部门制定。

第三章　公司、企业会计核算的特别规定

第二十四条　公司、企业进行会计核算，除应当遵守本法第二章的规定外，还应当遵守本章规定。

第二十五条　公司、企业必须根据实际发生的经济业务事项，按照国家统一的会计制度的规定确认、计量和记录资产、负债、所有者权益、收入、费用、成本和利润。

第二十六条　公司、企业进行会计核算不得有下列行为：

（一）随意改变资产、负债、所有者权益的确认标准或者计量方法，虚列、

多列、不列或者少列资产、负债、所有者权益；

（二）虚列或者隐瞒收入，推迟或者提前确认收入；

（三）随意改变费用、成本的确认标准或者计量方法，虚列、多列、不列或者少列费用、成本；

（四）随意调整利润的计算、分配方法，编造虚假利润或者隐瞒利润；

（五）违反国家统一的会计制度规定的其他行为。

第四章　会 计 监 督

第二十七条　各单位应当建立、健全本单位内部会计监督制度。单位内部会计监督制度应当符合下列要求：

（一）记帐人员与经济业务事项和会计事项的审批人员、经办人员、财物保管人员的职责权限应当明确，并相互分离、相互制约；

（二）重大对外投资、资产处置、资金调度和其他重要经济业务事项的决策和执行的相互监督、相互制约程序应当明确；

（三）财产清查的范围、期限和组织程序应当明确；

（四）对会计资料定期进行内部审计的办法和程序应当明确。

第二十八条　单位负责人应当保证会计机构、会计人员依法履行职责，不得授意、指使、强令会计机构、会计人员违法办理会计事项。

会计机构、会计人员对违反本法和国家统一的会计制度规定的会计事项，有权拒绝办理或者按照职权予以纠正。

第二十九条　会计机构、会计人员发现会计帐簿记录与实物、款项及有关资料不相符的，按照国家统一的会计制度的规定有权自行处理的，应当及时处理；无权处理的，应当立即向单位负责人报告，请求查明原因，作出处理。

第三十条　任何单位和个人对违反本法和国家统一的会计制度规定的行为，有权检举。收到检举的部门有权处理的，应当依法按照职责分工及时处理；无权处理的，应当及时移送有权处理的部门处理。收到检举的部门、负责处理的部门应当为检举人保密，不得将检举人姓名和检举材料转给被检举单位和被检举人个人。

第三十一条　有关法律、行政法规规定，须经注册会计师进行审计的单位，应当向受委托的会计师事务所如实提供会计凭证、会计帐簿、财务会计报告和其他会计资料以及有关情况。

任何单位或者个人不得以任何方式要求或者示意注册会计师及其所在的会计师事务所出具不实或者不当的审计报告。

财政部门有权对会计师事务所出具审计报告的程序和内容进行监督。

第三十二条 财政部门对各单位的下列情况实施监督：

（一）是否依法设置会计帐簿；

（二）会计凭证、会计帐簿、财务会计报告和其他会计资料是否真实、完整；

（三）会计核算是否符合本法和国家统一的会计制度的规定；

（四）从事会计工作的人员是否具备专业能力、遵守职业道德。

在对前款第（二）项所列事项实施监督，发现重大违法嫌疑时，国务院财政部门及其派出机构可以向与被监督单位有经济业务往来的单位和被监督单位开立帐户的金融机构查询有关情况，有关单位和金融机构应当给予支持。

第三十三条 财政、审计、税务、人民银行、证券监管、保险监管等部门应当依照有关法律、行政法规规定的职责，对有关单位的会计资料实施监督检查。

前款所列监督检查部门对有关单位的会计资料依法实施监督检查后，应当出具检查结论。有关监督检查部门已经作出的检查结论能够满足其他监督检查部门履行本部门职责需要的，其他监督检查部门应当加以利用，避免重复查帐。

第三十四条 依法对有关单位的会计资料实施监督检查的部门及其工作人员对在监督检查中知悉的国家秘密和商业秘密负有保密义务。

第三十五条 各单位必须依照有关法律、行政法规的规定，接受有关监督检查部门依法实施的监督检查，如实提供会计凭证、会计帐簿、财务会计报告和其他会计资料以及有关情况，不得拒绝、隐匿、谎报。

第五章 会计机构和会计人员

第三十六条 各单位应当根据会计业务的需要，设置会计机构，或者在有关机构中设置会计人员并指定会计主管人员；不具备设置条件的，应当委托经批准设立从事会计代理记帐业务的中介机构代理记帐。

国有的和国有资产占控股地位或者主导地位的大、中型企业必须设置总会计师。总会计师的任职资格、任免程序、职责权限由国务院规定。

第三十七条　会计机构内部应当建立稽核制度。

出纳人员不得兼任稽核、会计档案保管和收入、支出、费用、债权债务帐目的登记工作。

第三十八条　会计人员应当具备从事会计工作所需要的专业能力。

担任单位会计机构负责人（会计主管人员）的，应当具备会计师以上专业技术职务资格或者从事会计工作三年以上经历。

本法所称会计人员的范围由国务院财政部门规定。

第三十九条　会计人员应当遵守职业道德，提高业务素质。对会计人员的教育和培训工作应当加强。

第四十条　因有提供虚假财务会计报告，做假帐，隐匿或者故意销毁会计凭证、会计帐簿、财务会计报告，贪污，挪用公款，职务侵占等与会计职务有关的违法行为被依法追究刑事责任的人员，不得再从事会计工作。

第四十一条　会计人员调动工作或者离职，必须与接管人员办清交接手续。

一般会计人员办理交接手续，由会计机构负责人（会计主管人员）监交；会计机构负责人（会计主管人员）办理交接手续，由单位负责人监交，必要时主管单位可以派人会同监交。

第六章　法律责任

第四十二条　违反本法规定，有下列行为之一的，由县级以上人民政府财政部门责令限期改正，可以对单位并处三千元以上五万元以下的罚款；对其直接负责的主管人员和其他直接责任人员，可以处二千元以上二万元以下的罚款；属于国家工作人员的，还应当由其所在单位或者有关单位依法给予行政处分：

（一）不依法设置会计帐簿的；

（二）私设会计帐簿的；

（三）未按照规定填制、取得原始凭证或者填制、取得的原始凭证不符合规定的；

（四）以未经审核的会计凭证为依据登记会计帐簿或者登记会计帐簿不符合规定的；

（五）随意变更会计处理方法的；

（六）向不同的会计资料使用者提供的财务会计报告编制依据不一致的；

（七）未按照规定使用会计记录文字或者记帐本位币的；

（八）未按照规定保管会计资料，致使会计资料毁损、灭失的；

（九）未按照规定建立并实施单位内部会计监督制度或者拒绝依法实施的监督或者不如实提供有关会计资料及有关情况的；

（十）任用会计人员不符合本法规定的。

有前款所列行为之一，构成犯罪的，依法追究刑事责任。

会计人员有第一款所列行为之一，情节严重的，五年内不得从事会计工作。

有关法律对第一款所列行为的处罚另有规定的，依照有关法律的规定办理。

第四十三条　伪造、变造会计凭证、会计帐簿，编制虚假财务会计报告，构成犯罪的，依法追究刑事责任。

有前款行为，尚不构成犯罪的，由县级以上人民政府财政部门予以通报，可以对单位并处五千元以上十万元以下的罚款；对其直接负责的主管人员和其他直接责任人员，可以处三千元以上五万元以下的罚款；属于国家工作人员的，还应当由其所在单位或者有关单位依法给予撤职直至开除的行政处分；其中的会计人员，五年内不得从事会计工作。

第四十四条　隐匿或者故意销毁依法应当保存的会计凭证、会计帐簿、财务会计报告，构成犯罪的，依法追究刑事责任。

有前款行为，尚不构成犯罪的，由县级以上人民政府财政部门予以通报，可以对单位并处五千元以上十万元以下的罚款；对其直接负责的主管人员和其他直接责任人员，可以处三千元以上五万元以下的罚款；属于国家工作人员的，还应当由其所在单位或者有关单位依法给予撤职直至开除的行政处分；其中的会计人员，五年内不得从事会计工作。

第四十五条　授意、指使、强令会计机构、会计人员及其他人员伪造、变造会计凭证、会计帐簿，编制虚假财务会计报告或者隐匿、故意销毁依法应当保存的会计凭证、会计帐簿、财务会计报告，构成犯罪的，依法追究刑事责任；尚不构成犯罪的，可以处五千元以上五万元以下的罚款；属于国家工作人员的，还应当由其所在单位或者有关单位依法给予降级、撤职、开除的行政处分。

第四十六条 单位负责人对依法履行职责、抵制违反本法规定行为的会计人员以降级、撤职、调离工作岗位、解聘或者开除等方式实行打击报复，构成犯罪的，依法追究刑事责任；尚不构成犯罪的，由其所在单位或者有关单位依法给予行政处分。对受打击报复的会计人员，应当恢复其名誉和原有职务、级别。

第四十七条 财政部门及有关行政部门的工作人员在实施监督管理中滥用职权、玩忽职守、徇私舞弊或者泄露国家秘密、商业秘密，构成犯罪的，依法追究刑事责任；尚不构成犯罪的，依法给予行政处分。

第四十八条 违反本法第三十条规定，将检举人姓名和检举材料转给被检举单位和被检举人个人的，由所在单位或者有关单位依法给予行政处分。

第四十九条 违反本法规定，同时违反其他法律规定的，由有关部门在各自职权范围内依法进行处罚。

第七章 附 则

第五十条 本法下列用语的含义：

单位负责人，是指单位法定代表人或者法律、行政法规规定代表单位行使职权的主要负责人。

国家统一的会计制度，是指国务院财政部门根据本法制定的关于会计核算、会计监督、会计机构和会计人员以及会计工作管理的制度。

第五十一条 个体工商户会计管理的具体办法，由国务院财政部门根据本法的原则另行规定。

第五十二条 本法自2000年7月1日起施行。

附二：

会计档案管理办法

（2015 年 12 月 11 日中华人民共和国财政部、国家档案局令第 79 号公布 自 2016 年 1 月 1 日起施行）

第一条 为了加强会计档案管理，有效保护和利用会计档案，根据《中华人民共和国会计法》《中华人民共和国档案法》等有关法律和行政法规，制定本办法。

第二条 国家机关、社会团体、企业、事业单位和其他组织（以下统称单位）管理会计档案适用本办法。

第三条 本办法所称会计档案是指单位在进行会计核算等过程中接收或形成的，记录和反映单位经济业务事项的，具有保存价值的文字、图表等各种形式的会计资料，包括通过计算机等电子设备形成、传输和存储的电子会计档案。

第四条 财政部和国家档案局主管全国会计档案工作，共同制定全国统一的会计档案工作制度，对全国会计档案工作实行监督和指导。

县级以上地方人民政府财政部门和档案行政管理部门管理本行政区域内的会计档案工作，并对本行政区域内会计档案工作实行监督和指导。

第五条 单位应当加强会计档案管理工作，建立和完善会计档案的收集、整理、保管、利用和鉴定销毁等管理制度，采取可靠的安全防护技术和措施，保证会计档案的真实、完整、可用、安全。

单位的档案机构或者档案工作人员所属机构（以下统称单位档案管理机构）负责管理本单位的会计档案。单位也可以委托具备档案管理条件的机构代为管理会计档案。

第六条 下列会计资料应当进行归档：

（一）会计凭证，包括原始凭证、记账凭证；

（二）会计账簿，包括总账、明细账、日记账、固定资产卡片及其他辅助性账簿；

（三）财务会计报告，包括月度、季度、半年度、年度财务会计报告；

（四）其他会计资料，包括银行存款余额调节表、银行对账单、纳税申报表、会计档案移交清册、会计档案保管清册、会计档案销毁清册、会计档案鉴定意见书及其他具有保存价值的会计资料。

第七条 单位可以利用计算机、网络通信等信息技术手段管理会计档案。

第八条 同时满足下列条件的，单位内部形成的属于归档范围的电子会计资料可仅以电子形式保存，形成电子会计档案：

（一）形成的电子会计资料来源真实有效，由计算机等电子设备形成和传输；

（二）使用的会计核算系统能够准确、完整、有效接收和读取电子会计资料，能够输出符合国家标准归档格式的会计凭证、会计账簿、财务会计报表等会计资料，设定了经办、审核、审批等必要的审签程序；

（三）使用的电子档案管理系统能够有效接收、管理、利用电子会计档案，符合电子档案的长期保管要求，并建立了电子会计档案与相关联的其他纸质会计档案的检索关系；

（四）采取有效措施，防止电子会计档案被篡改；

（五）建立电子会计档案备份制度，能够有效防范自然灾害、意外事故和人为破坏的影响；

（六）形成的电子会计资料不属于具有永久保存价值或者其他重要保存价值的会计档案。

第九条 满足本办法第八条规定条件，单位从外部接收的电子会计资料附有符合《中华人民共和国电子签名法》规定的电子签名的，可仅以电子形式归档保存，形成电子会计档案。

第十条 单位的会计机构或会计人员所属机构（以下统称单位会计管理机构）按照归档范围和归档要求，负责定期将应当归档的会计资料整理立卷，编制会计档案保管清册。

第十一条 当年形成的会计档案，在会计年度终了后，可由单位会计管理机构临时保管一年，再移交单位档案管理机构保管。因工作需要确需推迟移交的，应当经单位档案管理机构同意。

单位会计管理机构临时保管会计档案最长不超过三年。临时保管期间，会计档案的保管应当符合国家档案管理的有关规定，且出纳人员不得兼管会计档案。

第十二条 单位会计管理机构在办理会计档案移交时，应当编制会计档案移交清册，并按照国家档案管理的有关规定办理移交手续。

纸质会计档案移交时应当保持原卷的封装。电子会计档案移交时应当将电子会计档案及其元数据一并移交，且文件格式应当符合国家档案管理的有关规定。特殊格式的电子会计档案应当与其读取平台一并移交。

单位档案管理机构接收电子会计档案时，应当对电子会计档案的准确性、完整性、可用性、安全性进行检测，符合要求的才能接收。

第十三条 单位应当严格按照相关制度利用会计档案，在进行会计档案查阅、复制、借出时履行登记手续，严禁篡改和损坏。

单位保存的会计档案一般不得对外借出。确因工作需要且根据国家有关规定必须借出的，应当严格按照规定办理相关手续。

会计档案借用单位应当妥善保管和利用借入的会计档案，确保借入会计档案的安全完整，并在规定时间内归还。

第十四条 会计档案的保管期限分为永久、定期两类。定期保管期限一般分为10年和30年。

会计档案的保管期限，从会计年度终了后的第一天算起。

第十五条 各类会计档案的保管期限原则上应当按照本办法附表执行，本办法规定的会计档案保管期限为最低保管期限。

单位会计档案的具体名称如有同本办法附表所列档案名称不相符的，应当比照类似档案的保管期限办理。

第十六条 单位应当定期对已到保管期限的会计档案进行鉴定，并形成会计档案鉴定意见书。经鉴定，仍需继续保存的会计档案，应当重新划定保管期限；对保管期满，确无保存价值的会计档案，可以销毁。

第十七条 会计档案鉴定工作应当由单位档案管理机构牵头，组织单位会计、审计、纪检监察等机构或人员共同进行。

第十八条 经鉴定可以销毁的会计档案，应当按照以下程序销毁：

（一）单位档案管理机构编制会计档案销毁清册，列明拟销毁会计档案的名称、卷号、册数、起止年度、档案编号、应保管期限、已保管期限和销毁时间等内容。

（二）单位负责人、档案管理机构负责人、会计管理机构负责人、档案管理机构经办人、会计管理机构经办人在会计档案销毁清册上签署意见。

（三）单位档案管理机构负责组织会计档案销毁工作，并与会计管理机构共同派员监销。监销人在会计档案销毁前，应当按照会计档案销毁清册所列内容进行清点核对；在会计档案销毁后，应当在会计档案销毁清册上签名或盖章。

电子会计档案的销毁还应当符合国家有关电子档案的规定，并由单位档案管理机构、会计管理机构和信息系统管理机构共同派员监销。

第十九条 保管期满但未结清的债权债务会计凭证和涉及其他未了事项的会计凭证不得销毁，纸质会计档案应当单独抽出立卷，电子会计档案单独转存，保管到未了事项完结时为止。

单独抽出立卷或转存的会计档案，应当在会计档案鉴定意见书、会计档案销毁清册和会计档案保管清册中列明。

第二十条 单位因撤销、解散、破产或其他原因而终止的，在终止或办理注销登记手续之前形成的会计档案，按照国家档案管理的有关规定处置。

第二十一条 单位分立后原单位存续的，其会计档案应当由分立后的存续方统一保管，其他方可以查阅、复制与其业务相关的会计档案。

单位分立后原单位解散的，其会计档案应当经各方协商后由其中一方代管或按照国家档案管理的有关规定处置，各方可以查阅、复制与其业务相关的会计档案。

单位分立中未结清的会计事项所涉及的会计凭证，应当单独抽出由业务相关方保存，并按照规定办理交接手续。

单位因业务移交其他单位办理所涉及的会计档案，应当由原单位保管，承接业务单位可以查阅、复制与其业务相关的会计档案。对其中未结清的会计事项所涉及的会计凭证，应当单独抽出由承接业务单位保存，并按照规定办理交接手续。

第二十二条 单位合并后原各单位解散或者一方存续其他方解散的，原各单位的会计档案应当由合并后的单位统一保管。单位合并后原各单位仍存续的，其会计档案仍应当由原各单位保管。

第二十三条　建设单位在项目建设期间形成的会计档案，需要移交给建设项目接受单位的，应当在办理竣工财务决算后及时移交，并按照规定办理交接手续。

第二十四条　单位之间交接会计档案时，交接双方应当办理会计档案交接手续。

移交会计档案的单位，应当编制会计档案移交清册，列明应当移交的会计档案名称、卷号、册数、起止年度、档案编号、应保管期限和已保管期限等内容。

交接会计档案时，交接双方应当按照会计档案移交清册所列内容逐项交接，并由交接双方的单位有关负责人负责监督。交接完毕后，交接双方经办人和监督人应当在会计档案移交清册上签名或盖章。

电子会计档案应当与其元数据一并移交，特殊格式的电子会计档案应当与其读取平台一并移交。档案接受单位应当对保存电子会计档案的载体及其技术环境进行检验，确保所接收电子会计档案的准确、完整、可用和安全。

第二十五条　单位的会计档案及其复制件需要携带、寄运或者传输至境外的，应当按照国家有关规定执行。

第二十六条　单位委托中介机构代理记账的，应当在签订的书面委托合同中，明确会计档案的管理要求及相应责任。

第二十七条　违反本办法规定的单位和个人，由县级以上人民政府财政部门、档案行政管理部门依据《中华人民共和国会计法》《中华人民共和国档案法》等法律法规处理处罚。

第二十八条　预算、计划、制度等文件材料，应当执行文书档案管理规定，不适用本办法。

第二十九条　不具备设立档案机构或配备档案工作人员条件的单位和依法建账的个体工商户，其会计档案的收集、整理、保管、利用和鉴定销毁等参照本办法执行。

第三十条　各省、自治区、直辖市、计划单列市人民政府财政部门、档案行政管理部门、新疆生产建设兵团财务局、档案局，国务院各业务主管部门，中国人民解放军总后勤部，可以根据本办法制定具体实施办法。

第三十一条 本办法由财政部、国家档案局负责解释，自2016年1月1日起施行。1998年8月21日财政部、国家档案局发布的《会计档案管理办法》（财会字〔1998〕32号）同时废止。

附三：

中华人民共和国发票管理办法

（1993年12月12日国务院批准 1993年12月23日财政部令第6号发布 根据2010年12月20日《国务院关于修改〈中华人民共和国发票管理办法〉的决定》第一次修订 根据2019年3月2日《国务院关于修改部分行政法规的决定》第二次修订）

第一章 总 则

第一条 为了加强发票管理和财务监督，保障国家税收收入，维护经济秩序，根据《中华人民共和国税收征收管理法》，制定本办法。

第二条 在中华人民共和国境内印制、领购、开具、取得、保管、缴销发票的单位和个人（以下称印制、使用发票的单位和个人），必须遵守本办法。

第三条 本办法所称发票，是指在购销商品、提供或者接受服务以及从事其他经营活动中，开具、收取的收付款凭证。

第四条 国务院税务主管部门统一负责全国的发票管理工作。省、自治区、直辖市税务机关依据职责做好本行政区域内的发票管理工作。

财政、审计、市场监督管理、公安等有关部门在各自的职责范围内，配合税务机关做好发票管理工作。

第五条 发票的种类、联次、内容以及使用范围由国务院税务主管部门规定。

第六条 对违反发票管理法规的行为，任何单位和个人可以举报。税务机关应当为检举人保密，并酌情给予奖励。

第二章 发票的印制

第七条 增值税专用发票由国务院税务主管部门确定的企业印制；其他发票，按照国务院税务主管部门的规定，由省、自治区、直辖市税务机关确定的企业印制。禁止私自印制、伪造、变造发票。

第八条 印制发票的企业应当具备下列条件：

（一）取得印刷经营许可证和营业执照；

（二）设备、技术水平能够满足印制发票的需要；

（三）有健全的财务制度和严格的质量监督、安全管理、保密制度。

税务机关应当以招标方式确定印制发票的企业，并发给发票准印证。

第九条 印制发票应当使用国务院税务主管部门确定的全国统一的发票防伪专用品。禁止非法制造发票防伪专用品。

第十条 发票应当套印全国统一发票监制章。全国统一发票监制章的式样和发票版面印刷的要求，由国务院税务主管部门规定。发票监制章由省、自治区、直辖市税务机关制作。禁止伪造发票监制章。

发票实行不定期换版制度。

第十一条 印制发票的企业按照税务机关的统一规定，建立发票印制管理制度和保管措施。

发票监制章和发票防伪专用品的使用和管理实行专人负责制度。

第十二条 印制发票的企业必须按照税务机关批准的式样和数量印制发票。

第十三条 发票应当使用中文印制。民族自治地方的发票，可以加印当地一种通用的民族文字。有实际需要的，也可以同时使用中外两种文字印制。

第十四条 各省、自治区、直辖市内的单位和个人使用的发票，除增值税专用发票外，应当在本省、自治区、直辖市内印制；确有必要到外省、自治区、直辖市印制的，应当由省、自治区、直辖市税务机关商印制地省、自治区、直辖市税务机关同意，由印制地省、自治区、直辖市税务机关确定的企业印制。

禁止在境外印制发票。

第三章　发票的领购

第十五条　需要领购发票的单位和个人，应当持税务登记证件、经办人身份证明、按照国务院税务主管部门规定式样制作的发票专用章的印模，向主管税务机关办理发票领购手续。主管税务机关根据领购单位和个人的经营范围和规模，确认领购发票的种类、数量以及领购方式，在5个工作日内发给发票领购簿。

单位和个人领购发票时，应当按照税务机关的规定报告发票使用情况，税务机关应当按照规定进行查验。

第十六条　需要临时使用发票的单位和个人，可以凭购销商品、提供或者接受服务以及从事其他经营活动的书面证明、经办人身份证明，直接向经营地税务机关申请代开发票。依照税收法律、行政法规规定应当缴纳税款的，税务机关应当先征收税款，再开具发票。税务机关根据发票管理的需要，可以按照国务院税务主管部门的规定委托其他单位代开发票。

禁止非法代开发票。

第十七条　临时到本省、自治区、直辖市以外从事经营活动的单位或者个人，应当凭所在地税务机关的证明，向经营地税务机关领购经营地的发票。

临时在本省、自治区、直辖市以内跨市、县从事经营活动领购发票的办法，由省、自治区、直辖市税务机关规定。

第十八条　税务机关对外省、自治区、直辖市来本辖区从事临时经营活动的单位和个人领购发票的，可以要求其提供保证人或者根据所领购发票的票面限额以及数量交纳不超过1万元的保证金，并限期缴销发票。

按期缴销发票的，解除保证人的担保义务或者退还保证金；未按期缴销发票的，由保证人或者以保证金承担法律责任。

税务机关收取保证金应当开具资金往来结算票据。

第四章　发票的开具和保管

第十九条　销售商品、提供服务以及从事其他经营活动的单位和个人，对外发生经营业务收取款项，收款方应当向付款方开具发票；特殊情况下，由付款方向收款方开具发票。

第二十条 所有单位和从事生产、经营活动的个人在购买商品、接受服务以及从事其他经营活动支付款项，应当向收款方取得发票。取得发票时，不得要求变更品名和金额。

第二十一条 不符合规定的发票，不得作为财务报销凭证，任何单位和个人有权拒收。

第二十二条 开具发票应当按照规定的时限、顺序、栏目，全部联次一次性如实开具，并加盖发票专用章。

任何单位和个人不得有下列虚开发票行为：

（一）为他人、为自己开具与实际经营业务情况不符的发票；

（二）让他人为自己开具与实际经营业务情况不符的发票；

（三）介绍他人开具与实际经营业务情况不符的发票。

第二十三条 安装税控装置的单位和个人，应当按照规定使用税控装置开具发票，并按期向主管税务机关报送开具发票的数据。

使用非税控电子器具开具发票的，应当将非税控电子器具使用的软件程序说明资料报主管税务机关备案，并按照规定保存、报送开具发票的数据。

国家推广使用网络发票管理系统开具发票，具体管理办法由国务院税务主管部门制定。

第二十四条 任何单位和个人应当按照发票管理规定使用发票，不得有下列行为：

（一）转借、转让、介绍他人转让发票、发票监制章和发票防伪专用品；

（二）知道或者应当知道是私自印制、伪造、变造、非法取得或者废止的发票而受让、开具、存放、携带、邮寄、运输；

（三）拆本使用发票；

（四）扩大发票使用范围；

（五）以其他凭证代替发票使用。

税务机关应当提供查询发票真伪的便捷渠道。

第二十五条 除国务院税务主管部门规定的特殊情形外，发票限于领购单位和个人在本省、自治区、直辖市内开具。

省、自治区、直辖市税务机关可以规定跨市、县开具发票的办法。

第二十六条 除国务院税务主管部门规定的特殊情形外，任何单位和个人不得跨规定的使用区域携带、邮寄、运输空白发票。

禁止携带、邮寄或者运输空白发票出入境。

第二十七条 开具发票的单位和个人应当建立发票使用登记制度，设置发票登记簿，并定期向主管税务机关报告发票使用情况。

第二十八条 开具发票的单位和个人应当在办理变更或者注销税务登记的同时，办理发票和发票领购簿的变更、缴销手续。

第二十九条 开具发票的单位和个人应当按照税务机关的规定存放和保管发票，不得擅自损毁。已经开具的发票存根联和发票登记簿，应当保存5年。保存期满，报经税务机关查验后销毁。

第五章 发票的检查

第三十条 税务机关在发票管理中有权进行下列检查：

（一）检查印制、领购、开具、取得、保管和缴销发票的情况；

（二）调出发票查验；

（三）查阅、复制与发票有关的凭证、资料；

（四）向当事各方询问与发票有关的问题和情况；

（五）在查处发票案件时，对与案件有关的情况和资料，可以记录、录音、录像、照像和复制。

第三十一条 印制、使用发票的单位和个人，必须接受税务机关依法检查，如实反映情况，提供有关资料，不得拒绝、隐瞒。

税务人员进行检查时，应当出示税务检查证。

第三十二条 税务机关需要将已开具的发票调出查验时，应当向被查验的单位和个人开具发票换票证。发票换票证与所调出查验的发票有同等的效力。被调出查验发票的单位和个人不得拒绝接受。

税务机关需要将空白发票调出查验时，应当开具收据；经查无问题的，应当及时返还。

第三十三条 单位和个人从中国境外取得的与纳税有关的发票或者凭证，

税务机关在纳税审查时有疑义的，可以要求其提供境外公证机构或者注册会计师的确认证明，经税务机关审核认可后，方可作为记账核算的凭证。

第三十四条 税务机关在发票检查中需要核对发票存根联与发票联填写情况时，可以向持有发票或者发票存根联的单位发出发票填写情况核对卡，有关单位应当如实填写，按期报回。

第六章 罚　　则

第三十五条 违反本办法的规定，有下列情形之一的，由税务机关责令改正，可以处1万元以下的罚款；有违法所得的予以没收：

（一）应当开具而未开具发票，或者未按照规定的时限、顺序、栏目，全部联次一次性开具发票，或者未加盖发票专用章的；

（二）使用税控装置开具发票，未按期向主管税务机关报送开具发票的数据的；

（三）使用非税控电子器具开具发票，未将非税控电子器具使用的软件程序说明资料报主管税务机关备案，或者未按照规定保存、报送开具发票的数据的；

（四）拆本使用发票的；

（五）扩大发票使用范围的；

（六）以其他凭证代替发票使用的；

（七）跨规定区域开具发票的；

（八）未按照规定缴销发票的；

（九）未按照规定存放和保管发票的。

第三十六条 跨规定的使用区域携带、邮寄、运输空白发票，以及携带、邮寄或者运输空白发票出入境的，由税务机关责令改正，可以处1万元以下的罚款；情节严重的，处1万元以上3万元以下的罚款；有违法所得的予以没收。

丢失发票或者擅自损毁发票的，依照前款规定处罚。

第三十七条 违反本办法第二十二条第二款的规定虚开发票的，由税务机关没收违法所得；虚开金额在1万元以下的，可以并处5万元以下的罚款；虚开金额超过1万元的，并处5万元以上50万元以下的罚款；构成犯罪的，依法追究刑事责任。

非法代开发票的，依照前款规定处罚。

第三十八条 私自印制、伪造、变造发票，非法制造发票防伪专用品，伪造发票监制章的，由税务机关没收违法所得，没收、销毁作案工具和非法物品，并处1万元以上5万元以下的罚款；情节严重的，并处5万元以上50万元以下的罚款；对印制发票的企业，可以并处吊销发票准印证；构成犯罪的，依法追究刑事责任。

前款规定的处罚，《中华人民共和国税收征收管理法》有规定的，依照其规定执行。

第三十九条 有下列情形之一的，由税务机关处1万元以上5万元以下的罚款；情节严重的，处5万元以上50万元以下的罚款；有违法所得的予以没收：

（一）转借、转让、介绍他人转让发票、发票监制章和发票防伪专用品的；

（二）知道或者应当知道是私自印制、伪造、变造、非法取得或者废止的发票而受让、开具、存放、携带、邮寄、运输的。

第四十条 对违反发票管理规定2次以上或者情节严重的单位和个人，税务机关可以向社会公告。

第四十一条 违反发票管理法规，导致其他单位或者个人未缴、少缴或者骗取税款的，由税务机关没收违法所得，可以并处未缴、少缴或者骗取的税款1倍以下的罚款。

第四十二条 当事人对税务机关的处罚决定不服的，可以依法申请行政复议或者向人民法院提起行政诉讼。

第四十三条 税务人员利用职权之便，故意刁难印制、使用发票的单位和个人，或者有违反发票管理法规行为的，依照国家有关规定给予处分；构成犯罪的，依法追究刑事责任。

第七章 附　　则

第四十四条 国务院税务主管部门可以根据有关行业特殊的经营方式和业务需求，会同国务院有关主管部门制定该行业的发票管理办法。

国务院税务主管部门可以根据增值税专用发票管理的特殊需要，制定增值税专用发票的具体管理办法。

第四十五条 本办法自发布之日起施行。财政部 1986 年发布的《全国发票管理暂行办法》和原国家税务局 1991 年发布的《关于对外商投资企业和外国企业发票管理的暂行规定》同时废止。

附四：

中华人民共和国统计法

（1983 年 12 月 8 日第六届全国人民代表大会常务委员会第三次会议通过 根据 1996 年 5 月 15 日第八届全国人民代表大会常务委员会第十九次会议《关于修改〈中华人民共和国统计法〉的决定》修正 2009 年 6 月 27 日第十一届全国人民代表大会常务委员会第九次会议修订 2009 年 6 月 27 日中华人民共和国主席令第 15 号公布 自 2010 年 1 月 1 日起施行）

第一章 总 则

第一条 为了科学、有效地组织统计工作，保障统计资料的真实性、准确性、完整性和及时性，发挥统计在了解国情国力、服务经济社会发展中的重要作用，促进社会主义现代化建设事业发展，制定本法。

第二条 本法适用于各级人民政府、县级以上人民政府统计机构和有关部门组织实施的统计活动。

统计的基本任务是对经济社会发展情况进行统计调查、统计分析，提供统计资料和统计咨询意见，实行统计监督。

第三条 国家建立集中统一的统计系统，实行统一领导、分级负责的统计管理体制。

第四条 国务院和地方各级人民政府、各有关部门应当加强对统计工作的组织领导，为统计工作提供必要的保障。

第五条 国家加强统计科学研究，健全科学的统计指标体系，不断改进统计调查方法，提高统计的科学性。

国家有计划地加强统计信息化建设，推进统计信息搜集、处理、传输、共享、存储技术和统计数据库体系的现代化。

第六条 统计机构和统计人员依照本法规定独立行使统计调查、统计报告、统计监督的职权，不受侵犯。

地方各级人民政府、政府统计机构和有关部门以及各单位的负责人，不得自行修改统计机构和统计人员依法搜集、整理的统计资料，不得以任何方式要求统计机构、统计人员及其他机构、人员伪造、篡改统计资料，不得对依法履行职责或者拒绝、抵制统计违法行为的统计人员打击报复。

第七条 国家机关、企业事业单位和其他组织以及个体工商户和个人等统计调查对象，必须依照本法和国家有关规定，真实、准确、完整、及时地提供统计调查所需的资料，不得提供不真实或者不完整的统计资料，不得迟报、拒报统计资料。

第八条 统计工作应当接受社会公众的监督。任何单位和个人有权检举统计中弄虚作假等违法行为。对检举有功的单位和个人应当给予表彰和奖励。

第九条 统计机构和统计人员对在统计工作中知悉的国家秘密、商业秘密和个人信息，应当予以保密。

第十条 任何单位和个人不得利用虚假统计资料骗取荣誉称号、物质利益或者职务晋升。

第二章 统计调查管理

第十一条 统计调查项目包括国家统计调查项目、部门统计调查项目和地方统计调查项目。

国家统计调查项目是指全国性基本情况的统计调查项目。部门统计调查项目是指国务院有关部门的专业性统计调查项目。地方统计调查项目是指县级以上地方人民政府及其部门的地方性统计调查项目。

国家统计调查项目、部门统计调查项目、地方统计调查项目应当明确分工，互相衔接，不得重复。

第十二条 国家统计调查项目由国家统计局制定，或者由国家统计局和国务院有关部门共同制定，报国务院备案；重大的国家统计调查项目报国务院审批。

部门统计调查项目由国务院有关部门制定。统计调查对象属于本部门管辖系统的，报国家统计局备案；统计调查对象超出本部门管辖系统的，报国家统计局审批。

地方统计调查项目由县级以上地方人民政府统计机构和有关部门分别制定或者共同制定。其中，由省级人民政府统计机构单独制定或者和有关部门共同制定的，报国家统计局审批；由省级以下人民政府统计机构单独制定或者和有关部门共同制定的，报省级人民政府统计机构审批；由县级以上地方人民政府有关部门制定的，报本级人民政府统计机构审批。

第十三条 统计调查项目的审批机关应当对调查项目的必要性、可行性、科学性进行审查，对符合法定条件的，作出予以批准的书面决定，并公布；对不符合法定条件的，作出不予批准的书面决定，并说明理由。

第十四条 制定统计调查项目，应当同时制定该项目的统计调查制度，并依照本法第十二条的规定一并报经审批或者备案。

统计调查制度应当对调查目的、调查内容、调查方法、调查对象、调查组织方式、调查表式、统计资料的报送和公布等作出规定。

统计调查应当按照统计调查制度组织实施。变更统计调查制度的内容，应当报经原审批机关批准或者原备案机关备案。

第十五条 统计调查表应当标明表号、制定机关、批准或者备案文号、有效期限等标志。

对未标明前款规定的标志或者超过有效期限的统计调查表，统计调查对象有权拒绝填报；县级以上人民政府统计机构应当依法责令停止有关统计调查活动。

第十六条 搜集、整理统计资料，应当以周期性普查为基础，以经常性抽样调查为主体，综合运用全面调查、重点调查等方法，并充分利用行政记录等资料。

重大国情国力普查由国务院统一领导，国务院和地方人民政府组织统计机构和有关部门共同实施。

第十七条 国家制定统一的统计标准，保障统计调查采用的指标涵义、计算方法、分类目录、调查表式和统计编码等的标准化。

国家统计标准由国家统计局制定，或者由国家统计局和国务院标准化主管部门共同制定。

国务院有关部门可以制定补充性的部门统计标准，报国家统计局审批。部门统计标准不得与国家统计标准相抵触。

第十八条 县级以上人民政府统计机构根据统计任务的需要，可以在统计调查对象中推广使用计算机网络报送统计资料。

第十九条 县级以上人民政府应当将统计工作所需经费列入财政预算。

重大国情国力普查所需经费，由国务院和地方人民政府共同负担，列入相应年度的财政预算，按时拨付，确保到位。

第三章 统计资料的管理和公布

第二十条 县级以上人民政府统计机构和有关部门以及乡、镇人民政府，应当按照国家有关规定建立统计资料的保存、管理制度，建立健全统计信息共享机制。

第二十一条 国家机关、企业事业单位和其他组织等统计调查对象，应当按照国家有关规定设置原始记录、统计台账，建立健全统计资料的审核、签署、交接、归档等管理制度。

统计资料的审核、签署人员应当对其审核、签署的统计资料的真实性、准确性和完整性负责。

第二十二条 县级以上人民政府有关部门应当及时向本级人民政府统计机构提供统计所需的行政记录资料和国民经济核算所需的财务资料、财政资料及其他资料，并按照统计调查制度的规定及时向本级人民政府统计机构报送其组织实施统计调查取得的有关资料。

县级以上人民政府统计机构应当及时向本级人民政府有关部门提供有关统计资料。

第二十三条 县级以上人民政府统计机构按照国家有关规定，定期公布统计资料。

国家统计数据以国家统计局公布的数据为准。

第二十四条 县级以上人民政府有关部门统计调查取得的统计资料，由本部门按照国家有关规定公布。

第二十五条 统计调查中获得的能够识别或者推断单个统计调查对象身份的资料，任何单位和个人不得对外提供、泄露，不得用于统计以外的目的。

第二十六条 县级以上人民政府统计机构和有关部门统计调查取得的统计资料，除依法应当保密的外，应当及时公开，供社会公众查询。

第四章 统计机构和统计人员

第二十七条 国务院设立国家统计局，依法组织领导和协调全国的统计工作。

国家统计局根据工作需要设立的派出调查机构，承担国家统计局布置的统计调查等任务。

县级以上地方人民政府设立独立的统计机构，乡、镇人民政府设置统计工作岗位，配备专职或者兼职统计人员，依法管理、开展统计工作，实施统计调查。

第二十八条 县级以上人民政府有关部门根据统计任务的需要设立统计机构，或者在有关机构中设置统计人员，并指定统计负责人，依法组织、管理本部门职责范围内的统计工作，实施统计调查，在统计业务上受本级人民政府统计机构的指导。

第二十九条 统计机构、统计人员应当依法履行职责，如实搜集、报送统计资料，不得伪造、篡改统计资料，不得以任何方式要求任何单位和个人提供不真实的统计资料，不得有其他违反本法规定的行为。

统计人员应当坚持实事求是，恪守职业道德，对其负责搜集、审核、录入的统计资料与统计调查对象报送的统计资料的一致性负责。

第三十条 统计人员进行统计调查时，有权就与统计有关的问题询问有关人员，要求其如实提供有关情况、资料并改正不真实、不准确的资料。

统计人员进行统计调查时，应当出示县级以上人民政府统计机构或者有关部门颁发的工作证件；未出示的，统计调查对象有权拒绝调查。

第三十一条 国家实行统计专业技术职务资格考试、评聘制度，提高统计人员的专业素质，保障统计队伍的稳定性。

统计人员应当具备与其从事的统计工作相适应的专业知识和业务能力。

县级以上人民政府统计机构和有关部门应当加强对统计人员的专业培训和职业道德教育。

第五章 监督检查

第三十二条 县级以上人民政府及其监察机关对下级人民政府、本级人民政府统计机构和有关部门执行本法的情况，实施监督。

第三十三条 国家统计局组织管理全国统计工作的监督检查，查处重大统计违法行为。

县级以上地方人民政府统计机构依法查处本行政区域内发生的统计违法行为。但是，国家统计局派出的调查机构组织实施的统计调查活动中发生的统计违法行为，由组织实施该项统计调查的调查机构负责查处。

法律、行政法规对有关部门查处统计违法行为另有规定的，从其规定。

第三十四条 县级以上人民政府有关部门应当积极协助本级人民政府统计机构查处统计违法行为，及时向本级人民政府统计机构移送有关统计违法案件材料。

第三十五条 县级以上人民政府统计机构在调查统计违法行为或者核查统计数据时，有权采取下列措施：

（一）发出统计检查查询书，向检查对象查询有关事项；

（二）要求检查对象提供有关原始记录和凭证、统计台账、统计调查表、会计资料及其他相关证明和资料；

（三）就与检查有关的事项询问有关人员；

（四）进入检查对象的业务场所和统计数据处理信息系统进行检查、核对；

（五）经本机构负责人批准，登记保存检查对象的有关原始记录和凭证、统计台账、统计调查表、会计资料及其他相关证明和资料；

（六）对与检查事项有关的情况和资料进行记录、录音、录像、照相和复制。

县级以上人民政府统计机构进行监督检查时，监督检查人员不得少于二人，并应当出示执法证件；未出示的，有关单位和个人有权拒绝检查。

第三十六条　县级以上人民政府统计机构履行监督检查职责时,有关单位和个人应当如实反映情况,提供相关证明和资料,不得拒绝、阻碍检查,不得转移、隐匿、篡改、毁弃原始记录和凭证、统计台账、统计调查表、会计资料及其他相关证明和资料。

第六章　法 律 责 任

第三十七条　地方人民政府、政府统计机构或者有关部门、单位的负责人有下列行为之一的,由任免机关或者监察机关依法给予处分,并由县级以上人民政府统计机构予以通报:

（一）自行修改统计资料、编造虚假统计数据的;

（二）要求统计机构、统计人员或者其他机构、人员伪造、篡改统计资料的;

（三）对依法履行职责或者拒绝、抵制统计违法行为的统计人员打击报复的;

（四）对本地方、本部门、本单位发生的严重统计违法行为失察的。

第三十八条　县级以上人民政府统计机构或者有关部门在组织实施统计调查活动中有下列行为之一的,由本级人民政府、上级人民政府统计机构或者本级人民政府统计机构责令改正,予以通报;对直接负责的主管人员和其他直接责任人员,由任免机关或者监察机关依法给予处分:

（一）未经批准擅自组织实施统计调查的;

（二）未经批准擅自变更统计调查制度的内容的;

（三）伪造、篡改统计资料的;

（四）要求统计调查对象或者其他机构、人员提供不真实的统计资料的;

（五）未按照统计调查制度的规定报送有关资料的。

统计人员有前款第三项至第五项所列行为之一的,责令改正,依法给予处分。

第三十九条　县级以上人民政府统计机构或者有关部门有下列行为之一的,对直接负责的主管人员和其他直接责任人员由任免机关或者监察机关依法给予处分:

（一）违法公布统计资料的;

（二）泄露统计调查对象的商业秘密、个人信息或者提供、泄露在统计调查中获得的能够识别或者推断单个统计调查对象身份的资料的；

（三）违反国家有关规定，造成统计资料毁损、灭失的。

统计人员有前款所列行为之一的，依法给予处分。

第四十条 统计机构、统计人员泄露国家秘密的，依法追究法律责任。

第四十一条 作为统计调查对象的国家机关、企业事业单位或者其他组织有下列行为之一的，由县级以上人民政府统计机构责令改正，给予警告，可以予以通报；其直接负责的主管人员和其他直接责任人员属于国家工作人员的，由任免机关或者监察机关依法给予处分：

（一）拒绝提供统计资料或者经催报后仍未按时提供统计资料的；

（二）提供不真实或者不完整的统计资料的；

（三）拒绝答复或者不如实答复统计检查查询书的；

（四）拒绝、阻碍统计调查、统计检查的；

（五）转移、隐匿、篡改、毁弃或者拒绝提供原始记录和凭证、统计台账、统计调查表及其他相关证明和资料的。

企业事业单位或者其他组织有前款所列行为之一的，可以并处五万元以下的罚款；情节严重的，并处五万元以上二十万元以下的罚款。

个体工商户有本条第一款所列行为之一的，由县级以上人民政府统计机构责令改正，给予警告，可以并处一万元以下的罚款。

第四十二条 作为统计调查对象的国家机关、企业事业单位或者其他组织迟报统计资料，或者未按照国家有关规定设置原始记录、统计台账的，由县级以上人民政府统计机构责令改正，给予警告。

企业事业单位或者其他组织有前款所列行为之一的，可以并处一万元以下的罚款。

个体工商户迟报统计资料的，由县级以上人民政府统计机构责令改正，给予警告，可以并处一千元以下的罚款。

第四十三条 县级以上人民政府统计机构查处统计违法行为时，认为对有关国家工作人员依法应当给予处分的，应当提出给予处分的建议；该国家工作人员的任免机关或者监察机关应当依法及时作出决定，并将结果书面通知县级以上人民政府统计机构。

第四十四条　作为统计调查对象的个人在重大国情国力普查活动中拒绝、阻碍统计调查，或者提供不真实或者不完整的普查资料的，由县级以上人民政府统计机构责令改正，予以批评教育。

第四十五条　违反本法规定，利用虚假统计资料骗取荣誉称号、物质利益或者职务晋升的，除对其编造虚假统计资料或者要求他人编造虚假统计资料的行为依法追究法律责任外，由作出有关决定的单位或者其上级单位、监察机关取消其荣誉称号，追缴获得的物质利益，撤销晋升的职务。

第四十六条　当事人对县级以上人民政府统计机构作出的行政处罚决定不服的，可以依法申请行政复议或者提起行政诉讼。其中，对国家统计局在省、自治区、直辖市派出的调查机构作出的行政处罚决定不服的，向国家统计局申请行政复议；对国家统计局派出的其他调查机构作出的行政处罚决定不服的，向国家统计局在该派出机构所在的省、自治区、直辖市派出的调查机构申请行政复议。

第四十七条　违反本法规定，构成犯罪的，依法追究刑事责任。

第七章　附　　则

第四十八条　本法所称县级以上人民政府统计机构，是指国家统计局及其派出的调查机构、县级以上地方人民政府统计机构。

第四十九条　民间统计调查活动的管理办法，由国务院制定。

中华人民共和国境外的组织、个人需要在中华人民共和国境内进行统计调查活动的，应当按照国务院的规定报请审批。

利用统计调查危害国家安全、损害社会公共利益或者进行欺诈活动的，依法追究法律责任。

第五十条　本法自 2010 年 1 月 1 日起施行。

附五：

中华人民共和国统计法实施条例

（2017年4月12日中华人民共和国国务院令第681号公布　自2017年8月1日起施行）

第一章　总　则

第一条　根据《中华人民共和国统计法》（以下简称统计法），制定本条例。

第二条　统计资料能够通过行政记录取得的，不得组织实施调查。通过抽样调查、重点调查能够满足统计需要的，不得组织实施全面调查。

第三条　县级以上人民政府统计机构和有关部门应当加强统计规律研究，健全新兴产业等统计，完善经济、社会、科技、资源和环境统计，推进互联网、大数据、云计算等现代信息技术在统计工作中的应用，满足经济社会发展需要。

第四条　地方人民政府、县级以上人民政府统计机构和有关部门应当根据国家有关规定，明确本单位防范和惩治统计造假、弄虚作假的责任主体，严格执行统计法和本条例的规定。

地方人民政府、县级以上人民政府统计机构和有关部门及其负责人应当保障统计活动依法进行，不得侵犯统计机构、统计人员独立行使统计调查、统计报告、统计监督职权，不得非法干预统计调查对象提供统计资料，不得统计造假、弄虚作假。

统计调查对象应当依照统计法和国家有关规定，真实、准确、完整、及时地提供统计资料，拒绝、抵制弄虚作假等违法行为。

第五条　县级以上人民政府统计机构和有关部门不得组织实施营利性统计调查。

国家有计划地推进县级以上人民政府统计机构和有关部门通过向社会购买服务组织实施统计调查和资料开发。

第二章 统计调查项目

第六条 部门统计调查项目、地方统计调查项目的主要内容不得与国家统计调查项目的内容重复、矛盾。

第七条 统计调查项目的制定机关（以下简称制定机关）应当就项目的必要性、可行性、科学性进行论证，征求有关地方、部门、统计调查对象和专家的意见，并由制定机关按照会议制度集体讨论决定。

重要统计调查项目应当进行试点。

第八条 制定机关申请审批统计调查项目，应当以公文形式向审批机关提交统计调查项目审批申请表、项目的统计调查制度和工作经费来源说明。

申请材料不齐全或者不符合法定形式的，审批机关应当一次性告知需要补正的全部内容，制定机关应当按照审批机关的要求予以补正。

申请材料齐全、符合法定形式的，审批机关应当受理。

第九条 统计调查项目符合下列条件的，审批机关应当作出予以批准的书面决定：

（一）具有法定依据或者确为公共管理和服务所必需；

（二）与已批准或者备案的统计调查项目的主要内容不重复、不矛盾；

（三）主要统计指标无法通过行政记录或者已有统计调查资料加工整理取得；

（四）统计调查制度符合统计法律法规规定，科学、合理、可行；

（五）采用的统计标准符合国家有关规定；

（六）制定机关具备项目执行能力。

不符合前款规定条件的，审批机关应当向制定机关提出修改意见；修改后仍不符合前款规定条件的，审批机关应当作出不予批准的书面决定并说明理由。

第十条 统计调查项目涉及其他部门职责的，审批机关应当在作出审批决定前，征求相关部门的意见。

第十一条 审批机关应当自受理统计调查项目审批申请之日起 20 日内作出决定。20 日内不能作出决定的，经审批机关负责人批准可以延长 10 日，并应当将延长审批期限的理由告知制定机关。

制定机关修改统计调查项目的时间，不计算在审批期限内。

第十二条 制定机关申请备案统计调查项目，应当以公文形式向备案机关提交统计调查项目备案申请表和项目的统计调查制度。

统计调查项目的调查对象属于制定机关管辖系统，且主要内容与已批准、备案的统计调查项目不重复、不矛盾的，备案机关应当依法给予备案文号。

第十三条 统计调查项目经批准或者备案的，审批机关或者备案机关应当及时公布统计调查项目及其统计调查制度的主要内容。涉及国家秘密的统计调查项目除外。

第十四条 统计调查项目有下列情形之一的，审批机关或者备案机关应当简化审批或者备案程序，缩短期限：

（一）发生突发事件需要迅速实施统计调查；

（二）统计调查制度内容未作变动，统计调查项目有效期届满需要延长期限。

第十五条 统计法第十七条第二款规定的国家统计标准是强制执行标准。各级人民政府、县级以上人民政府统计机构和有关部门组织实施的统计调查活动，应当执行国家统计标准。

制定国家统计标准，应当征求国务院有关部门的意见。

第三章 统计调查的组织实施

第十六条 统计机构、统计人员组织实施统计调查，应当就统计调查对象的法定填报义务、主要指标涵义和有关填报要求等，向统计调查对象作出说明。

第十七条 国家机关、企业事业单位或者其他组织等统计调查对象提供统计资料，应当由填报人员和单位负责人签字，并加盖公章。个人作为统计调查对象提供统计资料，应当由本人签字。统计调查制度规定不需要签字、加盖公章的除外。

统计调查对象使用网络提供统计资料的，按照国家有关规定执行。

第十八条 县级以上人民政府统计机构、有关部门推广使用网络报送统计资料，应当采取有效的网络安全保障措施。

第十九条 县级以上人民政府统计机构、有关部门和乡、镇统计人员，应当对统计调查对象提供的统计资料进行审核。统计资料不完整或者存在明显错误的，应当由统计调查对象依法予以补充或者改正。

第二十条 国家统计局应当建立健全统计数据质量监控和评估制度，加强对各省、自治区、直辖市重要统计数据的监控和评估。

第四章 统计资料的管理和公布

第二十一条 县级以上人民政府统计机构、有关部门和乡、镇人民政府应当妥善保管统计调查中取得的统计资料。

国家建立统计资料灾难备份系统。

第二十二条 统计调查中取得的统计调查对象的原始资料，应当至少保存2年。

汇总性统计资料应当至少保存10年，重要的汇总性统计资料应当永久保存。法律法规另有规定的，从其规定。

第二十三条 统计调查对象按照国家有关规定设置的原始记录和统计台账，应当至少保存2年。

第二十四条 国家统计局统计调查取得的全国性统计数据和分省、自治区、直辖市统计数据，由国家统计局公布或者由国家统计局授权其派出的调查机构或者省级人民政府统计机构公布。

第二十五条 国务院有关部门统计调查取得的统计数据，由国务院有关部门按照国家有关规定和已批准或者备案的统计调查制度公布。

县级以上地方人民政府有关部门公布其统计调查取得的统计数据，比照前款规定执行。

第二十六条 已公布的统计数据按照国家有关规定需要进行修订的，县级以上人民政府统计机构和有关部门应当及时公布修订后的数据，并就修订依据和情况作出说明。

第二十七条 县级以上人民政府统计机构和有关部门应当及时公布主要统计指标涵义、调查范围、调查方法、计算方法、抽样调查样本量等信息，对统计数据进行解释说明。

第二十八条 公布统计资料应当按照国家有关规定进行。公布前，任何单位和个人不得违反国家有关规定对外提供,不得利用尚未公布的统计资料谋取不正当利益。

第二十九条 统计法第二十五条规定的能够识别或者推断单个统计调查对象身份的资料包括:

(一)直接标明单个统计调查对象身份的资料;

(二)虽未直接标明单个统计调查对象身份,但是通过已标明的地址、编码等相关信息可以识别或者推断单个统计调查对象身份的资料;

(三)可以推断单个统计调查对象身份的汇总资料。

第三十条 统计调查中获得的能够识别或者推断单个统计调查对象身份的资料应当依法严格管理,除作为统计执法依据外,不得直接作为对统计调查对象实施行政许可、行政处罚等具体行政行为的依据,不得用于完成统计任务以外的目的。

第三十一条 国家建立健全统计信息共享机制,实现县级以上人民政府统计机构和有关部门统计调查取得的资料共享。制定机关共同制定的统计调查项目,可以共同使用获取的统计资料。

统计调查制度应当对统计信息共享的内容、方式、时限、渠道和责任等作出规定。

第五章 统计机构和统计人员

第三十二条 县级以上地方人民政府统计机构受本级人民政府和上级人民政府统计机构的双重领导,在统计业务上以上级人民政府统计机构的领导为主。

乡、镇人民政府应当设置统计工作岗位,配备专职或者兼职统计人员,履行统计职责,在统计业务上受上级人民政府统计机构领导。乡、镇统计人员的调动,应当征得县级人民政府统计机构的同意。

县级以上人民政府有关部门在统计业务上受本级人民政府统计机构指导。

第三十三条 县级以上人民政府统计机构和有关部门应当完成国家统计调查任务,执行国家统计调查项目的统计调查制度,组织实施本地方、本部门的统计调查活动。

第三十四条 国家机关、企业事业单位和其他组织应当加强统计基础工作,为履行法定的统计资料报送义务提供组织、人员和工作条件保障。

第三十五条　对在统计工作中做出突出贡献、取得显著成绩的单位和个人，按照国家有关规定给予表彰和奖励。

第六章　监督检查

第三十六条　县级以上人民政府统计机构从事统计执法工作的人员，应当具备必要的法律知识和统计业务知识，参加统计执法培训，并取得由国家统计局统一印制的统计执法证。

第三十七条　任何单位和个人不得拒绝、阻碍对统计工作的监督检查和对统计违法行为的查处工作，不得包庇、纵容统计违法行为。

第三十八条　任何单位和个人有权向县级以上人民政府统计机构举报统计违法行为。

县级以上人民政府统计机构应当公布举报统计违法行为的方式和途径，依法受理、核实、处理举报，并为举报人保密。

第三十九条　县级以上人民政府统计机构负责查处统计违法行为；法律、行政法规对有关部门查处统计违法行为另有规定的，从其规定。

第七章　法律责任

第四十条　下列情形属于统计法第三十七条第四项规定的对严重统计违法行为失察，对地方人民政府、政府统计机构或者有关部门、单位的负责人，由任免机关或者监察机关依法给予处分，并由县级以上人民政府统计机构予以通报：

（一）本地方、本部门、本单位大面积发生或者连续发生统计造假、弄虚作假；

（二）本地方、本部门、本单位统计数据严重失实，应当发现而未发现；

（三）发现本地方、本部门、本单位统计数据严重失实不予纠正。

第四十一条　县级以上人民政府统计机构或者有关部门组织实施营利性统计调查的，由本级人民政府、上级人民政府统计机构或者本级人民政府统计机构责令改正，予以通报；有违法所得的，没收违法所得。

第四十二条 地方各级人民政府、县级以上人民政府统计机构或者有关部门及其负责人，侵犯统计机构、统计人员独立行使统计调查、统计报告、统计监督职权，或者采用下发文件、会议布置以及其他方式授意、指使、强令统计调查对象或者其他单位、人员编造虚假统计资料的，由上级人民政府、本级人民政府、上级人民政府统计机构或者本级人民政府统计机构责令改正，予以通报。

第四十三条 县级以上人民政府统计机构或者有关部门在组织实施统计调查活动中有下列行为之一的，由本级人民政府、上级人民政府统计机构或者本级人民政府统计机构责令改正，予以通报：

（一）违法制定、审批或者备案统计调查项目；

（二）未按照规定公布经批准或者备案的统计调查项目及其统计调查制度的主要内容；

（三）未执行国家统计标准；

（四）未执行统计调查制度；

（五）自行修改单个统计调查对象的统计资料。

乡、镇统计人员有前款第三项至第五项所列行为的，责令改正，依法给予处分。

第四十四条 县级以上人民政府统计机构或者有关部门违反本条例第二十四条、第二十五条规定公布统计数据的，由本级人民政府、上级人民政府统计机构或者本级人民政府统计机构责令改正，予以通报。

第四十五条 违反国家有关规定对外提供尚未公布的统计资料或者利用尚未公布的统计资料谋取不正当利益的，由任免机关或者监察机关依法给予处分，并由县级以上人民政府统计机构予以通报。

第四十六条 统计机构及其工作人员有下列行为之一的，由本级人民政府或者上级人民政府统计机构责令改正，予以通报：

（一）拒绝、阻碍对统计工作的监督检查和对统计违法行为的查处工作；

（二）包庇、纵容统计违法行为；

（三）向有统计违法行为的单位或者个人通风报信，帮助其逃避查处；

（四）未依法受理、核实、处理对统计违法行为的举报；

（五）泄露对统计违法行为的举报情况。

第四十七条 地方各级人民政府、县级以上人民政府有关部门拒绝、阻碍统计监督检查或者转移、隐匿、篡改、毁弃原始记录和凭证、统计台账、统计调查表及其他相关证明和资料的，由上级人民政府、上级人民政府统计机构或者本级人民政府统计机构责令改正，予以通报。

第四十八条 地方各级人民政府、县级以上人民政府统计机构和有关部门有本条例第四十一条至第四十七条所列违法行为之一的，对直接负责的主管人员和其他直接责任人员，由任免机关或者监察机关依法给予处分。

第四十九条 乡、镇人民政府有统计法第三十八条第一款、第三十九条第一款所列行为之一的，依照统计法第三十八条、第三十九条的规定追究法律责任。

第五十条 下列情形属于统计法第四十一条第二款规定的情节严重行为：

（一）使用暴力或者威胁方法拒绝、阻碍统计调查、统计监督检查；

（二）拒绝、阻碍统计调查、统计监督检查，严重影响相关工作正常开展；

（三）提供不真实、不完整的统计资料，造成严重后果或者恶劣影响；

（四）有统计法第四十一条第一款所列违法行为之一，1年内被责令改正3次以上。

第五十一条 统计违法行为涉嫌犯罪的，县级以上人民政府统计机构应当将案件移送司法机关处理。

第八章 附 则

第五十二条 中华人民共和国境外的组织、个人需要在中华人民共和国境内进行统计调查活动的，应当委托中华人民共和国境内具有涉外统计调查资格的机构进行。涉外统计调查资格应当依法报经批准。统计调查范围限于省、自治区、直辖市行政区域内的，由省级人民政府统计机构审批；统计调查范围跨省、自治区、直辖市行政区域的，由国家统计局审批。

涉外社会调查项目应当依法报经批准。统计调查范围限于省、自治区、直辖市行政区域内的，由省级人民政府统计机构审批；统计调查范围跨省、自治区、直辖市行政区域的，由国家统计局审批。

第五十三条 国家统计局或者省级人民政府统计机构对涉外统计违法行为进行调查，有权采取统计法第三十五条规定的措施。

第五十四条 对违法从事涉外统计调查活动的单位、个人，由国家统计局或者省级人民政府统计机构责令改正或者责令停止调查，有违法所得的，没收违法所得；违法所得50万元以上的，并处违法所得1倍以上3倍以下的罚款；违法所得不足50万元或者没有违法所得的，处200万元以下的罚款；情节严重的，暂停或者取消涉外统计调查资格，撤销涉外社会调查项目批准决定；构成犯罪的，依法追究刑事责任。

第五十五条 本条例自2017年8月1日起施行。1987年1月19日国务院批准、1987年2月15日国家统计局公布，2000年6月2日国务院批准修订、2000年6月15日国家统计局公布，2005年12月16日国务院修订的《中华人民共和国统计法实施细则》同时废止。

第十五章 市场营销内部管理制度

销售管理工作是市场营销战略计划中的一个组成部分，其目的是执行企业的市场营销战略计划，其工作的重点是制定和执行企业的销售策略，对销售活动进行管理。完善和健全销售管理工作对提高企业的竞争力影响极大。因此，制定有效的企业销售管理制度也是非常必要的。一部合理的企业销售管理制度有利于明确企业在销售活动中事务处理的基准及手续，使其经营得以合理进行。

一、企业销售管理制度

销售管理工作是市场营销战略计划中的一个组成部分，其目的是执行企业的市场营销战略计划，其工作的重点是制定和执行企业的销售策略，对销售活动进行管理。完善和健全销售管理工作对提高企业的竞争力影响极大。因此，制定有效的企业销售管理制度也是非常必要的。一部合理的企业销售管理制度有利于明确企业在销售活动中事务处理的基准及手续，使其经营得以合理进行。

企业销售管理制度范本

第一章 总 则

第一条 为有效掌握市场信息，开发新产品，开拓市场，提高产品的市场竞争能力，沟通企业与社会，企业与用户的关系，提高经济效益，实现我公司产品销售管理的目标，特制定本制度。

第二条 本制度适用于公司所有相关销售部门及渠道的管理。

第三条 本公司应贯彻少数精锐主义的原则。精锐者即将精神或体力全力投入工作中，从而使工作具有高效率、高收益、高分配的人。

第四条 销售业务的事务范围如下：

（一）处理销售方面的事项；

（二）从定价、报价到货款回收为止的一切与销售有关的事务；

（三）因销售而发生的会计记账事务；

（四）代理店与特许经营店的管理；

（五）广告、宣传业务；

（六）开发。

第二章 市 场 预 测

第五条 了解同类产品国内外全年销售总量和同行业全年的生产总量，分析饱和程度。同时了解同行业各类产品在全国各地区市场占有率，分析开发新产品，开拓市场的新途径。

第六条 通过了解用户对产品质量的反映及技术要求，分析提高产品质量，增加品种，满足用户要求的可行性。

第七条 清楚同行业产品更新及技术质量改进的进展情况，分析产品发展的新动向，做到知己知彼，掌握信息，力求企业发展，处于领先地位。

第八条 预测国内各地区及外贸各占的销售比率，确定年销售量的总体计划。

第九条 收集国外同行业同类产品更新及技术发展情报，外贸供求趋势，国外用户对产品反映及信赖程度，确定对外市场开拓方针。

第三章 经营决策

第十条 根据公司中长期规划和生产能力状况，通过预测市场需求情况，进行全面综合分析，由销售部提出初步的年产品销售方案，报请董事会审查决策。

第十一条 经过董事会会议讨论，确定年度销售目标并作为编制年度方针目标的依据。

第十二条 销售计划在策立之前，应先就一般经济行情的预测和过去的销售实绩的分析、市场调查资料等做对照后再立案。

第四章 订 货

第十三条 受理订货的合同，原则上以文书方式，双方互相交换，如此才能使与顾客订立的契约内容确实。

第十四条 营业部已确定所有的订货时，应将接受订货的要项记入订货单里，记录项目包括生产委托、进行、检查、交货及其他经过等。

第十五条 采购部应随时调查原料及材料的进厂情况，并与采购的厂商进行交涉，做好材料进厂的预定表，交给销售部门。

第十六条 采购部应针对生产委托单及库存表进行检查，并与采购的厂商进行交涉，做好材料进厂的预定表，交给销售部门。

第十七条 销售部门须及时发出订货的出货传票，并依照规定的顺序送交各关系部门。订货的出货传票，在必要时尚须附上订货明细表、订货说明、包装细节等。出货传票的记载事项如有变更，应重新发出订正后的出货传票。

第五章 交 货

第十八条 务必严格遵守交货的日期。为达此目的，要不断与顾客、生产部门和技术部门保持密切联系，这样才能使设计迅速确定。

第十九条 当生产接近完成时，选择指定交货日前的适当日，通知交货对象。如交货有迟延之虑时，也应事先通知对方，求得其谅解。

第二十条 在进行产品的检查时，应将结果做成测试成绩表等的相关资料。

第二十一条 产品的发送是依据出货传票来进行的，每次发送货品时，应将其要项记入发送登记簿中。

账簿的记载、传票资料的发出及整理，须以互相牵制为根本，在整理方式上必须要求其统一与合理化。

第二十二条 关于不良品的退换及免收费的交货品等，遵照另行规定来进行。

第六章 报 价

第二十三条 报价分为标准产品的报价与特定产品的报价两种：

（一）标准产品的报价是指产品价格表中所列出本公司的标准规格商品的报价。

（二）特定产品的报价是指产品价格表中未列出价格或标准规格品以外的商品的报价。

一般地，产品基价由销售副总经理提报总经理或董事长裁决。对于长期客户、进货量大的客户，如报价与基价有显著差异或交易条件特殊、对日后销售有重大影响者，应由部门经理请示上级裁示后行事。

第二十四条 报价的裁决基准。标准产品和特定产品的售价以下列规定为裁决基准：

（一）产品报价在基价下浮 15%－20% 的售价，由董事长裁决。

（二）产品报价在基价下浮 10%－15% 的售价，由销售副总经理裁决。

（三）产品报价在基价下浮 5%－10% 的售价，由销售部门经理裁决。

第二十五条 如果客户没有特别指定，通常以本公司所指定的报价表来进行报价。

第七章　降价销售事务处理

第二十六条 营销人员自行判断降价与否，原则上适用于以下情况，但特定商品除外：

（一）客户支付额中未足×元的尾数；

（二）支付额达×万元以上时可以有1/100的浮动额，但让利总额不能超过××元；

（三）支付额未满×万元，但在×万元以上时可以有1/100的浮动额，但让利总额不得超过××元。

第二十七条 大量订货、特殊订货及客户降价要求超出规定限额时，营销人员须提交降价销售申请。

降价销售申请提交给业务部，由业务部转交上级审批，特殊紧急情况下可通过电话请求总经理裁决。电话申请批复时营销人员须补送降价销售申请。

降价销售申请一式两份，一份由申请者留存以作降价销售的凭证依据；另一份送交业务部审查后，经营业部长送交总经理裁决，如总经理同意，返交业务部，再由业务部转交商品管理部。

第二十八条 实施降价销售时，必须填写降价销售业务传票。

第二十九条 降价销售业务的清单处理应遵循以下条款：

（一）降价销售业务传票由营销人员保存，留作降价处理凭据之用；

（二）降价销售业务传票本传票由营销员转交给客户；

（三）降价销售通知单交财务部进行财务处理；

（四）降价销售统计单存业务部作统计资料之用。

第八章　货　款　回　收

第三十条 务必设法使产品销售后的货款顺利回收。因此，除了需尽快采取请款手续外，在货款收讫之前，必须经常留心其发展。

第三十一条 销售货款的回收事务须依照下列规定进行：

（一）当交货完毕时，销售部门须连同出库单及其他必要资料，寄出请款单，交由销售经理室依规定盖章后，提交给客户。

（二）销售经理室在收到前项的请款单时，应将内容与订货单做成查核档案后，登录请款登记簿中，然后送交销售部门经理认可盖章后，回复给销售部门。

（三）如顾客没有特别指定时，请款单则以本公司所规定的格式为准。销售部门应准备好请款单的登记簿，翔实记录。

（四）当顾客汇款进来时，销售部门应填写传票，将款项登录进款通知簿后，交给财务部。

（五）财务部为证明已确实收受进款时，应在进款通知簿的收款栏中盖上负责人员的印章，然后送交销售部门。

第三十二条　有关款项的催收是由销售部负责督促，销售部必须把相关资料记入收款预定表中。

第九章　销售合同管理

第三十三条　在销售合同号码上冠以英文字母，以表示产品销售的国家或地区。原则上需依照销售合同来进行。如果是依照订货书的话，原则上须填写订货书来代替销售合同。销售合同文本的交换发生困难时，也务必设法取得足以证明的文书。

第三十四条　销售合同若由顾客一方做成，则须注意对其记载的内容是否与本公司所提的报价内容相符，并做好详细的检核工作。若销售合同文本由本公司负责制作，由须依照另外所规定的文本格式为标准。

第三十五条　销售合同文本一概由销售部门负责保管。因此，销售部门必须备有合同登记簿，将规定的内容记入其中。

第三十六条　销售编号的使用区分。销售编号的使用区分，则另行规定。

第十章　客户管理

第三十七条　对于客户管理，则应依其分类，决定例行月份的拜访及预定次数。另外，在开拓新客户方面，应设定每月的开拓预定数，进行有计划的业务拓展活动。

第三十八条 对于旧客户及新客户的订货及估价，须迅速、秘密地探听清楚，尽早做好交涉工作。

第三十九条 对于同行业者的预估内容及出货实绩须经常探究、调查，借此总结自己在接受订货方面难易。另外，也可以此发觉自己在预估上的疏漏原因，借此修正生产技术及营业方面的缺陷。

第四十条 对于旧客户及预定客户方面的资料，则应建立客户资料卡，记录下列所规定事项，并随时注意修正其内容：

（一）资产、负债及损益；

（二）产品的种类项目、人员、设备、能力；

（三）销售情况、需求者的情况；

（四）付款实绩、信用状况；

（五）过去的客户与交易情况；

（六）电话、往来银行、代表者、负责人员；

（七）公司内部下单手续的过程；

（八）付款的手续过程；

（九）行业的景气状况；

（十）组织薪资、人员。

第四十一条 经常与旧客户保持密切的联系，探寻订货情况及其公司的需求，并设法延揽交易。关于以上各项，可于必要时召开研究会或联谊会，以促进其成。

第四十二条 交易成立时，如需提供谢礼或礼金给斡旋者或相关人员时，应事先取得总经理的认可。

第四十三条 销售部门必须不断努力掌握顾客的信用状况。尤其是对于首次交易的对象应特别慎重，如交易涉及重大的应请示销售副总经理的裁决而后行事。

第十一章 广告、宣传

第四十四条 广告、宣传的目的在于提高公司商誉及产品的知名度，以此唤起需求，帮助销售计划的推行与完成。

在实施广告或宣传时，必须依据统一的计划，重点实施，使经费能够最有效地运用。

第四十五条 在做广告时可利用下列各种方法：

（一）营业介绍；

（二）目录；

（三）报纸与杂志的报告；

（四）产品照片；

（五）广告卡；

（六）问候卡（包括贺年卡）；

（七）网络宣传文字与动画；

（八）在报纸、杂志上刊登的要闻。

在实施前项所列广告时，应于各年度终了前，制订明年的计划来执行。但营业介绍、目录及产品照片则随时视情况必要时制作。

第十二章　书信等资料管理

第四十六条 营业书信资料通常包括下列六项：

（一）书信、电子文件；

（二）估价单、订购单、请购单、规格明细单；

（三）交货单；

（四）请款单；

（五）收据；

（六）备忘记录。

第四十七条 交易上的发文资料，原则上都须复印并制成副本保存。另外，发文资料上盖契印或负责人的印章。

第四十八条 所有的书信资料，都应编列收受号码，并记入受信簿中，盖上收受日期印章。

第四十九条 处理中的文件，应依照下列方式加以分类、归档：

（一）估价文件资料：将交易客户与自己公司方面的估价资料，依照发生的顺序，归类或存档；

（二）订购资料：依照顺序将契约书、请购单归档；

（三）有档资料。

第十三章 会议、报告制度

第五十条 销售副总经理应定期召集销售部门经理，举行年度、半年度订货受理会议、月份销售会议及每月收款会议，借由讨论来制订销售计划。

第五十一条 半年度订货受理会议，于每年的1月及7月上旬召开，会议目的在于审议下年度的订货受理计划的方案。

月份销售会议，于每月上旬举行，目的在于审议销售计划的妥当性。

每月进款会议，于每月上旬举行，目的在于制订每月的收款计划，并进行审议。

第五十二条 营业部必须将每日的活动及业务处理状况记入日报表，经由经理向总经理提出。

第五十三条 销售部应根据每月及上个月订单量、转拨余额、本月接受订货的总额、本月的交货额、生产额、未收款项余额、各项接受订货的产品内容等制作成月报表，并经由经理审核后转呈报告给总经理。

第十四章 附　　则

第五十四条 本制度由有限公司负责解释。

第五十五条 本制度自公布之日起实施。

☞ 制作提示

1. 明确交代制度的制定目的和管理范围。如规定为有效掌握市场信息，开发新产品，开拓市场，提高产品的市场竞争能力，沟通企业与社会，企业与用户的关系，提高经济效益，实现我公司产品销售管理的目标，特制定本制度。参见上文第一章。

2. 明确市场预测事项。如规定通过了解用户对产品质量的反映及技术要求，分析提高产品质量，增加品种，满足用户要求的可行性。参见上文第二章。

3. 明确经营决策事项。如规定根据公司中长期规划和生产能力状况，通过预测市场需求情况，进行全面综合分析，由销售部提出初步的年产品销售方案，报请董事会审查决策。参见上文第三章。

4. 明确订货事项。如规定营业部已确定所有的订货时，应将接受订货的要项记入订货单里，记录项目包括生产委托、进行、检查、交货及其他经过等。参见上文第四章。

5. 明确交货事项。如规定务必严格遵守交货的日期。参见上文第五章。

6. 明确报价事项。如规定如果客户没有特别指定，通常以本公司所指定的报价表来进行报价。参见上文第六章。

7. 明确降价销售事务处理事项。如规定大量订货、特殊订货及客户降价要求超出规定限额时，营销人员须提交降价销售申请。参见上文第七章。

8. 明确货款回收事项。如规定务必设法使产品销售后的货款顺利回收。参见上文第八章。

9. 明确销售合同管理事项。如规定销售合同若由顾客一方做成，则须注意对其记载的内容是否与本公司所提的报价内容相符，并做好详细的检核工作。参见上文第九章。

10. 明确客户管理事项。如规定对于旧客户及新客户的订货及估价，须迅速、秘密地探听清楚，尽早做好交涉工作。参见上文第十章。

11. 明确广告、宣传事项。如规定在实施广告或宣传时，必须依据统一的计划，重点实施，使经费能够最有效地运用。参见上文第十一章。

12. 明确书信等资料管理事项。如规定所有的书信资料，都应编列收受号码，并记入受信簿中，盖上收受日期印章。参见上文第十二章。

13. 明确会议、报告制度。如规定营业部必须将每日的活动及业务处理状况记入日报表，经由经理向总经理提出。参见上文第十三章。

14. 明确制度的解释主体和施行时间。如在最后一般都要注明类似"本办法自发布之日起施行"的时间规定。参见上文第十四章。

二、销售人员管理制度

销售人员是指直接进行销售的人员，包括总经理、业务经理、市场经理、区域经理、业务代表等。销售人员素质、态度、能力、绩效的高低决定了销售工作的好坏。而企业对销售人员的管理也是至关重要的，其不仅有助于员工绩效的提高，更有助于企业利润的扩大。而建立一部完善的销售人员管理制度，对深化和完善公司对销售人员的管理工作具有重要的意义。

<h2 style="text-align:center">销售人员管理制度范本</h2>

<h3 style="text-align:center">第一章　总　则</h3>

第一条　为加强本公司销售管理，达成销售目标，提升经营绩效，将销售人员之业务活动予以制度化，特制定本制度。

第二条　凡本公司销售人员的管理，除另有规定外，均依照本制度所规范的体制管理。

第三条　在销售过程中，销售人员须遵守：

（一）注意仪态仪表，态度谦恭，以礼待人，热情周到；

（二）严守公司经营政策、产品售价折扣、销售优惠办法与奖励规定等商业秘密；

（三）不能诱导客户透支或通过不正当渠道支付货款。

第四条　除一般销售工作外，销售人员的工作范围包括：

（一）向客户讲明产品用途、使用时注意事项；

（二）向客户说明产品性能、规格的特征；

（三）处理有关产品质量问题；

（四）会同经销商收集下列信息，经整理后呈报上级主管：

1. 客户对产品质量的反映；
2. 客户对价格的反映；
3. 用户用量及市场需求量；
4. 对其他品牌的反映和销量；
5. 同行竞争对手的动态信用；
6. 新产品调查。

（五）定期调查经销商的库存、货款回收及其他经营情况；

（六）督促客户订货的进展；

（七）提出改进质量、营销方法和价格等方面的建议；

（八）退货处理。

第五条　销售人员应依照本公司《员工管理办法》之规定，办理各项出勤考核。

第二章　销 售 管 理

第六条　各销售单位应将所辖区域作适当划分，并指定专属销售人员负责客户开发、销货推广、收取货款等工作。

第七条　货品售出一律不得退货，更不准以退货抵缴货款；但变质货品可依照公司有关规定办理退货。

第八条　销售单位主管应与各销售人员共同负起客户信用考核的责任。

第九条　销售人员每年应依据公司的年度销售计划表，制订个人的年度销售计划，并编制月销售计划表，呈总经理核准后，按照计划表执行。

第十条　公司营销或企划部门应备有"客户管理卡"和"新老客户状况调查表"，供销售人员做客户管理之用。

第十一条　销售人员应将固定客户的情况填入"客户管理卡"和"客户名册"，以便自己和上级以及营销部门更好地了解客户情况，保障推销工作的顺利进行。

第十二条　销售人员每月底前提出次月客户拜访计划表，呈部门主管审核。

第十三条　销售人员在拜访客户前后相应的工作如下：

客户拜访前准备

（一）拜访前应事先与拜访单位取得联系；

（二）确定拜访对象；

（三）拜访时应携带物品的申请及准备。

拜访后续作业

（一）每日应将当日拜访的工作内容，详细填入客户拜访报告，呈部门主管；

（二）拜访过程中答应的事项或后续处理的工作应即时进行跟踪；

（三）将新开发的客户资料输入客户档案资料中。

第十四条　公司收款方式主要以汇款方式处理，遇特殊状况需收取现金或票据，销售人员应当做到以下几点：

（一）收到客户货款应当日上缴；

（二）不得以任何理由挪用货款；

（三）不得以其他支票抵缴收回之现金；

（四）不得以不同客户的支票抵缴货款；

（五）货品变质可以调换，但不得退货或以退货来抵缴货款。

第十五条 销售人员有责任协助和解决各级经销商之间的摩擦和纠纷，以促使经销商的精诚合作。如销售人员无法解决，应请公司主管出面解决。

第三章 薪资待遇

第十六条 业务员的薪资由底薪、提成组成。具体地，发放月薪＝底薪＋其他补贴＋业务提成。

第十七条 业务员底薪3000元/月。业务提成为每单生意所收钱款的4%。

第十八条 月薪发放日期为每月1日，遇节假日或公休日提前或推迟至最近的工作日发放。

第十九条 销售人员从受聘之日起至试用期结束期间，每月需完成1万元基本定量任务，销售人员完成月指标任务（以款到账为准），公司发给底薪工资，如无法完成月指标任务的，则以底薪的80%发放。

第二十条 销售人员业务所必需的费用，以实报实销为原则，但事先须提交费用预算，经批准后方可实施。

第四章 附　则

第二十一条 本管理制度的解释权归公司营销部门所有。

第二十二条 本制度自公布之日起实施。

附：

销售人员绩效考核表

销售人员绩效考核表											
考核岗位						绩效工资单位：				元（RMB）	
被考核人			职位级别			绩效薪资		考核结果		绩效系数	
考核人			职位级别			考核监督人		考核结果		绩效工资	
项目	权重	考核分	小计	考核指标		指标	实际	得分	权重	考核小计	确认
定量	0.60	0.00	0.00	A类产品销售量					0.25	0.00	
执行	0.20	0.00	0.00	B类产品销售量					0.25	0.00	
客户	0.10	0.00	0.00	C类产品销售量					0.25	0.00	
学习	0.10	0.00	0.00	D类产品销售量					0.25	0.00	
最终考核得分			0.00	定量考核合计得分					1.00	0.00	
考核项目	自评分	考评分	权重	小计		考核项目	自评分	考平分	权重	小计	
销售计划执行			0.15	0.00		客户默契度			0.30	0.00	
销售总结跟进			0.10	0.00		生动化展示			0.20	0.00	
品项布局落实			0.15	0.00		咨询及投诉处理			0.20	0.00	
计划定性任务			0.10	0.00					0.30		
临时指令任务			0.15	0.00		客户项目考核合计			1.00		
专向推广提议			0.10	0.00		考核项目	自评分	考平分	权重	小计	
政策执行结果			0.15	0.00		产品知识的更新			0.40	0.00	
纵/横向沟通			0.10	0.00		营销技能及执行提高			0.40	0.00	
流程制度违反		负项考核（按实际发生扣罚）		0.00	信息收集及分析			0.20	0.00	
执行项目考核合计得分				1.00	0.00	学习项目考核合计得分				1.00	0.00
被考评人意见						考评人评语				审核确认	

☞ 制作提示

1. 明确交代制度的制定目的和适用范围。如规定为加强本公司销售管理，达成销售目标，提升经营绩效，将销售人员之业务活动予以制度化，特制定本制度。参见上文第一、二条。

2. 明确在销售过程中，销售人员须遵守的规范。如注意仪态仪表，态度谦恭，以礼待人，热情周到。参见上文第三条。

3. 明确除一般销售工作外，销售人员的工作范围。如处理有关产品质量问题。参见上文第四、五条。

4. 明确具体的销售管理事项，如报告、拜访客户、收款等。如规定销售人员每年应依据公司的年度销售计划表，制订个人的年度销售计划，并编制月销售计划表，呈总经理核准后，按照计划表执行。参见上文第六至十五条。

5. 明确薪资待遇的相关事项。如规定月薪发放日期为每月1日，遇节假日或公休日提前或推迟至最近的工作日发放。参见上文第十六、十七、十八、十九、二十条。

6. 明确制度的解释主体和施行时间。如在最后一般都要注明类似"本办法自发布之日起施行"的时间规定。参见上文第二十一、二十二条。

三、促销活动管理办法

促销就是营销者向消费者传递有关本企业及产品的各种信息，说服或吸引消费者购买其产品，以达到扩大销售量的目的。常用的促销手段有广告、人员推销、网络营销、营业推广和公共关系。在实践中，促销活动时间越长，越容易在促销过程中出现某一环节的失控，比如活动期间断货、断礼品，广告宣传品或礼品丢失或准备不足；促销员迟到、串岗；新补充的促销员对促销活动不清楚；广告宣传品布置混乱；理货无人具体负责；出现意外事件不知如何处理；等等。基于这些情况，制定规范的促销活动制度，明确各个环节和职责，就显得十分重要了。

促销活动管理办法范本

第一条 为规范促销策划作业程序，有效管理促销活动，增进顾客对产品的熟悉感，建立顾客对产品的忠诚度和美誉度，根据公司相关管理制度，制定本规定。

第二条 本办法适用于公司所有促销方案的制订及促销活动。

第三条 各部门职责为：

（一）企划部负责撰写促销计划。

（二）采购部负责提供或确认促销活动中所需的供应商名单及供应商支持。

（三）销售部负责对各店促销活动的实施情况进行监督、检查、控制。

（四）质量管理部负责对促销活动中的商品价格及质量进行控制、监督和检查。

（五）销售部负责企划促销活动的评估总结。

第四条 企划部应把全年的销售工作与市场开发计划相结合，分清重点，对促销的资源进行初步的规划，并确定全年的促销计划与战略战术。

第五条 在策划促销活动之前，应做相关的市场调研工作，具体地，市场调研应涵盖三方面的内容：

（一）了解目标消费群体的消费行为变化，这类资料一方面可通过企业平时的客户资料积累来获得，另一方面也可通过活动前一个月的终端信息收集来获得。

（二）尽可能地打探主要竞争对手在同一促销时段将要采取的行动。

（三）注重对销售数据和前期活动数据的分析，试图找出消费变化的特点，分析市场情况，以提高促销的有效性。

第六条 促销计划的内容，应主要包括以下几点：

（一）年度促销活动的目的。

（二）年度促销活动的主题。

（三）促销活动的主要内容。

（四）促销活动的时间。

（五）促销活动的预算。

第七条 进行促销活动之前，应选好促销地点。根据不同性质的促销活动安排不同的活动区域。例如，确定节假日促销的市场区域，要根据竞争对手的情况，集中优势兵力进攻最有力的市场，同时还要从消费群体的便利、轰动效果等方面来打造一个强势的促销平台。

第八条 可以运用下列手段充分营造促销氛围：

（一）适量通过广播、平面媒体以及网络来发布促销广告，从而使促销信息有更广的受众范围，达到最佳的传播效果。

（二）充分利用一切可以宣传的方式和地点，在卖场、社区或广场进行有效的宣传。

（三）围绕活动的主题，在卖场进行生动化陈列，营造一个良好的促销氛围。

（四）在卖场或广场中进行大型的抽奖、播奖、新闻发布以及文艺演出等形式的造势，为促销活动的开展营造一个良好的氛围。

第九条 促销计划确定后，销售部负责根据主题促销计划准备相应的促销商品。配送中心负责对促销商品的优先收货及配货。

第十条 促销活动中的赠品，由采购部与供应商谈判，由供应商根据主要促销活动计划提供。

第十一条 各销售主管根据促销计划的具体内容，负责促销活动的具体实施。

第十二条 销售部负责组织销售业务人员对各区域的促销活动进行指导。

第十三条 加强对促销员的管理，明确促销员的具体职责：

（一）做好卖场内的产品陈列及 pop 等各种宣传物料的张贴，保证准确到位。

（二）维护好堆头的展示，尽可能扩大堆头及货架的陈列面积。

（三）售出产品应及时补货，做到先进先出，定期检查产品的生产日期，不允许有过期的产品。

（四）对于旺季的产品要多备货预防中间断货，做到库有柜有。

（五）检查产品的价格是否符合公司与卖场规定的价格，了解公司的定价。

（六）尽量维护堆头、货架的位置，保证当天的销量，对产品要按生动化原则进行陈列。

（七）检查产品标签和附带价签的商品有无脱落、模糊不清、移放错位等情况，如有脱落现象、不清楚的标签要及时更换；做到签有货有、货签到位、标签齐全、货架相符。

（八）时刻保持在商场的良好服务心态，与商场搞好关系，并协助业务人员做好客情维护。

（九）发现产品有质量问题，应马上停止销售并汇报公司主管。

（十）认真管理促销品，并及时捆绑，不得遗失和自行处理，并保管好促销产品。

（十一）按时交还剩余促销用品，赠出礼品的数量要与售出产品的数量相符合。

（十二）解答顾客提出的有关问题，收集顾客对产品的期望及需求建议，及时反馈给促销主管或销售代表。

（十三）掌握商场产品的销售情况、库存情况、补货要求，及时向公司促销主管或销售代表汇报。

（十四）根据记录的商品数量，清点当日商品的销售量与余数是否相符合；清点当日的促销物品和助销品（如宣传品、pop、促销礼品等）及时申请补足用品，仔细保存。

（十五）注意市场动态，更多地了解竞品的促销信息和新品的上市信息。

（十六）妥善地处理顾客投诉问题，并及时向公司促销主管或销售代表汇报。

（十七）及时反馈报告竞争品牌的活动和市场促销信息，填写规定的表格。

（十八）完成公司的销售目标及促销主管或销售代表交办的工作。

（十九）妥善处理与店方人员及竞品工作人员的合作关系，既要坚持原则，又要灵活掌握，树立良好的产品形象。

（二十）服从管理，认真执行公司和商场的有关规定。

第十四条 严格促销员的惩处规定：

（一）促销员着装、仪态要整洁得体、端庄大方，能够体现公司整体气质，不得浓妆艳抹，不得着奇装异服。若查店时发现促销员着装打扮影响公司形象，公司将给予警告处分。

（二）促销员介绍产品要热情大方，不厌其烦，不得以任何借口与顾客发生口角冲突，影响卖场秩序和公司形象，否则视情况给予警告或经济处分。

（三）促销员应遵守考勤制度，无迟到、早退、旷工现象，若发现旷工，按旷工天数的 2 倍工资给予经济处分。

（四）促销员应真实有效地填写促销报表，若发现弄虚作假按违纪处理。

（五）促销员调班调休必须经公司批准，若发现私自调班调休者按违纪处理。

（六）货架摆放整齐，规范清洁，按照垂直陈列要求，产品价牌齐全，若发现货物凌乱，灰尘满瓶，挂牌乱放，物料不按正确使用方式使用，给予警告处分。

（七）赠品不得私藏或随意赠送他人，如果需要处理客情关系需向公司申请。如发现赠品丢失或促销员私藏，第一次给予警告，第二次发现处以 50 元经济处分，拒不悔改者将予以辞退。

（八）维护好与卖场的客情关系，努力为公司争取更多的卖场支持，因与店内关系紧张造成公司工作损失者给予 100 元经济处分。

第十五条 在促销结束后，要进行相应的促销评估工作：

（一）销售部应会同企划部一起做出促销活动评估报告。

（二）信息部负责将促销活动数据信息反馈给销售部。

（三）销售部根据信息部提供的数据对促销活动进行综合分析，编制促销活动评估报告。

（四）促销活动评估报告经销售部签字确认后，报营销总监审批。

（五）促销活动评估报告经营销总监审批通过后，由相关部门存档保存。

第十六条 其他未尽事宜，参照公司营销管理制度。

第十七条 本制度由公司负责解释、修订。

第十八条 本制度自公布之日起实施。

☞ 制作提示

1. 明确制度的制定目的及适用范围。如规定为规范促销策划作业程序，有效管理促销活动，增进顾客对产品的熟悉感，制定本规定。参见上文第一、二条。

2. 明确促销活动中各部门职责。如规定采购部负责提供或确认促销活动中所需的供应商名单及供应商支持。参见上文第三、四条。

3. 明确促销前的市场调研工作事项。如规定注重对销售数据和前期活动数据的分析，试图找出消费变化的特点，分析市场情况，以提高促销的有效性。参见上文第五条。

4. 明确促销计划的内容。如规定年度促销活动的目的、主题、时间等。参见上文第六条。

5. 明确促销前的具体准备活动。如规定促销的地点选择、气氛的营造、促销品的安排、赠品的安排等。参见上文第七、八、九、十条。

6. 明确促销活动的具体实施工作。如规定促销计划确定后，销售部负责根据主题促销计划准备相应的促销商品。配送中心负责对促销商品的优先收货及配货。参见上文第九、十、十一、十二条。

7. 明确对促销人员的管理制度。如规定促销人员的具体职责和惩处规定等。参见上文第十三、十四条。

8. 明确促销活动结束后的评估工作。如规定销售部应会同企划部一起做出促销活动评估报告。参见上文第十五条。

9. 明确其他事项以及制度的解释主体和施行时间等。参见上文第十六、十七、十八条。

附：
零售商促销行为管理办法[①]

第一条 为了规范零售商的促销行为，保障消费者的合法权益，维护公平竞争秩序和社会公共利益，促进零售行业健康有序发展，根据有关法律法规，

---

① 2006年9月12日中华人民共和国商务部、中华人民共和国国家发展和改革委员会、中华人民共和国公安部、中华人民共和国国家税务总局、中华人民共和国国家工商行政管理总局2006年第18号令，自2006年10月15日起施行。

制定本办法。

第二条 零售商在中华人民共和国境内开展的促销活动适用本办法。

第三条 本办法所称零售商是指依法在工商行政管理部门[①]登记注册,直接向消费者销售商品的企业及其分支机构、个体工商户。

本办法所称促销是指零售商为吸引消费者、扩大销售而开展的营销活动。

第四条 零售商开展促销活动应当遵循合法、公平、诚实信用的原则,遵守商业道德,不得开展违反社会公德的促销活动,不得扰乱市场竞争秩序和社会公共秩序,不得侵害消费者和其他经营者的合法权益。

第五条 零售商开展促销活动应当具备相应的安全设备和管理措施,确保消防安全通道的畅通。对开业、节庆、店庆等规模较大的促销活动,零售商应当制定安全应急预案,保证良好的购物秩序,防止因促销活动造成交通拥堵、秩序混乱、疾病传播、人身伤害和财产损失。

第六条 零售商促销活动的广告和其他宣传,其内容应当真实、合法、清晰、易懂,不得使用含糊、易引起误解的语言、文字、图片或影像。不得以保留最终解释权为由,损害消费者的合法权益。

第七条 零售商开展促销活动,应当在经营场所的显著位置明示促销内容,促销内容应当包括促销原因、促销方式、促销规则、促销期限、促销商品的范围,以及相关限制性条件等。

对不参加促销活动的柜台或商品,应当明示,并不得宣称全场促销;明示例外商品、含有限制性条件、附加条件的促销规则时,其文字、图片应当醒目明确。

零售商开展促销活动后在明示期限内不得变更促销内容,因不可抗力而导致的变更除外。

第八条 零售商开展促销活动,其促销商品(包括有奖销售的奖品、赠品)应当依法纳税。

第九条 零售商开展促销活动应当建立健全内部价格管理档案,如实、准确、完整记录促销活动前、促销活动中的价格资料,妥善保存并依法接受监督

[①] 现为市场监督管理部门。

检查。

第十条　零售商开展促销活动应当明码标价，价签价目齐全、标价内容真实明确、字迹清晰、货签对位、标识醒目。不得在标价之外加价出售商品，不得收取任何未予明示的费用。

第十一条　零售商开展促销活动，不得利用虚构原价打折或者使人误解的标价形式或价格手段欺骗、诱导消费者购买商品。

第十二条　零售商开展促销活动，不得降低促销商品（包括有奖销售的奖品、赠品）的质量和售后服务水平，不得将质量不合格的物品作为奖品、赠品。

第十三条　零售商开展有奖销售活动，应当展示奖品、赠品，不得以虚构的奖品、赠品价值额或含糊的语言文字误导消费者。

第十四条　零售商开展限时促销活动的，应当保证商品在促销时段内的充足供应。

零售商开展限量促销活动的，应当明示促销商品的具体数量。连锁企业所属多家店铺同时开展限量促销活动的，应当明示各店铺促销商品的具体数量。限量促销的，促销商品售完后应即时明示。

第十五条　零售商开展积分优惠卡促销活动的，应当事先明示获得积分的方式、积分有效时间、可以获得的购物优惠等相关内容。

消费者办理积分优惠卡后，零售商不得变更已明示的前款事项；增加消费者权益的变更除外。

第十六条　零售商不得虚构清仓、拆迁、停业、歇业、转行等事由开展促销活动。

第十七条　消费者要求提供促销商品发票或购物凭证的，零售商应当即时开具，并不得要求消费者负担额外的费用。

第十八条　零售商不得以促销为由拒绝退换货或者为消费者退换货设置障碍。

第十九条　鼓励行业协会建立商业零售企业信用档案，加强自律，引导零售商开展合法、公平、诚实信用的促销活动。

第二十条　单店营业面积在3000平方米以上的零售商，以新店开业、节庆、店庆等名义开展促销活动，应当在促销活动结束后十五日内，将其明示的促销内容，向经营场所所在地的县级以上（含县级）商务主管部门备案。

第二十一条 各地商务、价格、税务、工商①等部门依照法律法规及有关规定，在各自职责范围内对促销行为进行监督管理。对涉嫌犯罪的，由公安机关依法予以查处。

第二十二条 对违反本办法规定的行为任何单位和个人均可向上述单位举报，相关单位接到举报后，应当依法予以查处。

第二十三条 零售商违反本办法规定，法律法规有规定的，从其规定；没有规定的，责令改正，有违法所得的，可处违法所得三倍以下罚款，但最高不超过三万元；没有违法所得的，可处一万元以下罚款；并可予以公告。

第二十四条 各省、自治区、直辖市可结合本地实际，制定规范促销行为的有关规定。

第二十五条 本办法由商务部、发展改革委、公安部、税务总局、工商总局②负责解释。

第二十六条 本办法自2006年10月15日起施行。

四、促销员管理制度

促销员通常也叫导购员，一般是厂家或代理商派往零售终端的销售人员。商店要有效地吸引消费者，不仅依靠店面豪华、陈列齐全、减价打折等手段，还要靠优质的服务来打动顾客的心。在当今社会激烈的市场竞争中，竞争优势将越来越多地来自无形服务，一系列微小的改善服务都能有效地征服顾客，压倒竞争对手。促销员作为商店或企业服务风格与精神面貌的代表者，其要充分了解所售商品的特性、使用方法、用途、功能、价值，以及能给顾客带来的益处，为顾客提供良好的建议和帮助。因此，制定有效的促销员管理制度，规范促销员的行为，对企业的生存与发展至关重要。

---

① 现为市场监督管理。
② 本部门已撤销，现为国家市场监督管理总局。

促销员管理制度范本

第一条 为了规范本公司对促销人员的管理，保障销售的顺畅，维护公司的形象，特制定本制度。

第二条 促销员招聘须知：

（一）业务主管根据市场和活动规模情况建议核准的促销员使用额度，并根据当地的市场情况将此额度知会部门经理。

（二）由业务主管提出招聘促销员的申请，并填写《促销员需求申请表》。

（三）递交公司部门经理核定后，由部门经理将促销员的资料传至公司人力资源部备案。

（四）新招促销员经业务主管面试合格后，由其所在业务主管填写促销员入职表，标明其入职时间（或正式入职时间），并将该促销员的相关资料交回市场部或人力资源部备案并开始计薪。

（五）由业务主管通知新招聘的促销员在公司指定的银行开设个人账户，并将账户或卡号告知公司，薪资将由公司财务部直接拨入其个人账户。

（六）由业务主管联系公司培训负责人对新进促销员进行统一培训，公司市场部会不定期举行系统培训。

（七）促销员必须提供真实、有效的个人资料，不得弄虚作假和隐瞒，否则将被列入公司信用黑名单，并予以辞退。住址、联系电话等个人资料有更改的，应及时通知管理部门的相关负责人，以免造成不必要的麻烦。

第三条 促销员一经公司聘用，就应赋予工作范围内应享有的各项权利，肯定其业绩并兑现承诺。促销人员应尽心尽责为公司服务，个人利益应服从于公司整体利益。

第四条 促销员应严格遵守公司的价格体系及相关资料的保密责任。如有违规现象，公司有权立即解聘，并追究其造成公司损失的责任。

第五条 促销员的基本职责有：

（一）做好卖场内的产品陈列及 pop 等各种宣传物料的张贴，保证准确到位。

（二）维护好堆头的展示，尽可能扩大堆头及货架的陈列面积。

（三）售出产品应及时补货，做到先进先出，定期检查产品的生产日期，不允许有过期的产品。

（四）对于旺季的产品要多备货预防中间断货，做到库有柜有。

（五）检查产品的价格是否符合公司与卖场规定的价格，了解公司的定价。

（六）尽量维护堆头、货架的位置，保证当天的销量，对产品要按生动化原则进行陈列。

（七）检查产品标签和附带价签的商品有无脱落、模糊不清、移放错位等情况，如有脱落现象、不清楚的标签要及时更换；做到签有货有、货签到位、标签齐全、货架相符。

（八）时刻保持在商场的良好服务心态，与商场搞好关系，并协助业务人员做好客情维护。

（九）发现产品有质量问题，应马上停止销售并汇报公司主管。

（十）认真管理促销品，并及时捆绑，不得遗失和自行处理，并保管好促销产品。

（十一）按时交还剩余促销用品，赠出礼品的数量要与售出产品的数量相符合。

（十二）解答顾客提出的有关问题，收集顾客对产品的期望及需求建议，及时反馈给促销主管或销售代表。

（十三）掌握商场产品的销售情况、库存情况、补货要求，及时向公司促销主管或销售代表汇报。

（十四）根据记录的商品数量，清点当日商品的销售量与佘数是否相符合；清点当日的促销物品和助销品（如宣传品、pop、促销礼品等）及时申请补足用品，仔细保存。

（十五）注意市场动态，更多地了解竞品的促销信息和新品的上市信息。

（十六）及时妥善地处理顾客投诉问题，并及时向公司促销主管或销售代表汇报。

（十七）及时反馈报告竞争品牌的活动和市场促销信息，填写规定的表格。

（十八）完成公司的销售目标及促销主管或销售代表交办的工作。

（十九）妥善处理与店方人员及竞品工作人员的合作关系，既要坚持原则，又要灵活掌握树立良好的产品形象。

（二十）服从管理，认真执行公司和商场的有关规定。

第六条 促销员的请假规定：

（一）若有事，需在事假前一天提出申请，经公司相关负责人批准后方为有效，否则按无故旷工处理。

（二）特殊情况无法正常工作，需及时与促销员负责人联系，提出请求经认可后方有效，否则按无故旷工处理。

（三）休假结束后，应及时到公司向促销主管报到，由促销主管酌情安排下一步工作。

第七条 临时（兼职）促销员管理方式为：

（一）申请条件与背景：期间促销活动繁多，如：国庆、元旦、春节等节日，或由分公司直接策划、举办的大型活动，在人手紧缺的情况下，可从"推广费用申请表"中，直接申请。

（二）工作职责：在促销现场直接向消费者介绍商品，派发传单、协助业务督导布置促销卖场等。

（三）工资计算架构：日薪＋提成。

第八条 促销员责任承担：

（一）促销员着装、仪态要整洁得体、端庄大方，能够体现公司整体气质，不得浓妆艳抹，不得着奇装异服。若查店时发现促销员着装打扮影响公司形象，公司将给予警告处分。

（二）促销员介绍产品要热情大方，不厌其烦，不得以任何借口与顾客发生口角冲突，影响卖场秩序和公司形象，一次性给予经济处分60元。

（三）促销员应遵守考勤制度，无迟到、早退、旷工现象，若发现旷工，一次性给予经济处分为旷工天数的2倍工资。

（四）促销员应真实有效地填写促销报表，若发现弄虚作假一次性给予经济处分40元。

（五）促销员调班调休必须经公司批准，若发现私自调班调休者给予经济处分40元/次。

（六）货架摆放整齐，规范清洁，按照垂直陈列要求，产品介牌齐全，若发现货物凌乱，灰尘满瓶，挂牌乱放，物料不按正确使用方式使用，给予经济处分20元/次。

（七）赠品不得私藏或随意赠送他人，如果需要处理客情关系需向公司申请。如发现赠品丢失或促销员私藏，第一次给予警告，第二次发现给予经济处分50元，拒不悔改者予以辞退。

（八）维护好与卖场的客情关系，努力为公司争取更多的卖场支持，因与店内关系紧张造成公司工作损失者给予经济处分100元。

（九）当月销售未完成基本保底量的，从工资扣除50元；第一个月内未完成基本保底量的50%的，将予以辞退。

第九条 本制度由营销部负责解释、修订。

第十条 本制度自公布之日起实施。

☞ 制作提示

1. 明确制度的制定目的。如规定为了规范本公司对促销人员的管理，保障销售的顺畅，维护公司的形象，特制定本制度。参见上文第一条。

2. 明确促销员招聘须知等事项。如规定业务主管根据市场和活动规模情况建议核准的促销员使用额度，并根据当地的市场情况将此额度知会部门经理。参见上文第二、三、四条。

3. 明确促销员的基本职责。如规定售出产品应及时补货，做到先进先出，定期检查产品的生产日期，不允许有过期的产品。参见上文第五条。

4. 明确促销员的请假规定。如规定若有事，需在事假前一天提出申请，经公司相关负责人批准后方为有效，否则按无故旷工处理。参见上文第六条。

5. 明确临时（兼职）促销员管理方式。如规定临时（兼职）促销员的工作职责为：在促销现场直接向消费者介绍商品，派发传单、协助业务督导布置促销卖场等。参见上文第七条。

6. 明确促销员的责任承担事项。如规定促销员着装、仪态要整洁得体、端庄大方，能够体现公司整体气质，不得浓妆艳抹，不得着奇装异服。若查店时发现促销员着装打扮影响公司形象，公司将给予警告处分。参见上文第八条。

7. 明确其他事项以及制度的解释主体和施行时间等。参见上文第九、十条。

五、市场调查管理制度

市场调查就是指运用科学的方法，有目的地、有系统地收集、记录、整理有关市场营销的信息和资料，分析市场情况，了解市场的现状及其发展趋势，为市场预测和营销决策提供客观的、正确的资料。建立完善的市场调查管理制度，是有效实施市场调查工作的保障。

市场调查管理制度范本

第一章 总 则

第一条 为了使本公司及时掌握市场情况，有效地实施广告宣传工作，收集和整理制订各种计划所需要的材料，展开有效而适宜的市场调查，从而保证信息的真实性、准确性和及时性，特制定本规定。

第二条 本管理制度适用于公司营销部门及其他部门的市场调查管理工作。

第三条 市场调查本着科学、全面、合理、规范的工作原则，采取一般性的电话调查、专家访谈、小范围的抽样调查与大范围的分层抽样系统调查相结合的方法。

第二章 管理体制

第四条 公司营销部门负责市场调查业务和管理工作。

第五条 公司营销部门视情况可设立下属专业市场调查机构，或市场调查主管职位，或专兼职市调员。

第六条 公司可聘请社会专业市场公司、机构、专家为公司市场调查咨询顾问，亦可委托其承担具体的市调任务。

第七条 公司每年的市场调研经费应控制在销售费用的10%以内。

第八条 制订公司市场调查总体规划和年度计划、费用预算，在公司批准后组织实施。制定公司市场调查的详细工作规程和细则，监督按程序作业。

第九条 具体负责单个市场调查项目全过程的组织、实施，提出市场调研报告，并供公司领导和有关部门参考。

第十条 筛选合格的专业调研机构，负责保持正常联络，对委托的市场调查项目进行协调、督促、验收、评价。

第十一条 由市场研究人员负责相关信息的收集、整理、分析、研究。

第十二条 由营销主管负责对实施过程进行监督考核。

第十三条 对于信息渠道来源，可以通过以下方式获得：

（一）对宏观市场信息主要通过统计年鉴（国家/省市）、国家发展白/蓝皮书等渠道的文案调查法获得；

（二）对市场需求信息主要通过实地调查法获得。

第十四条 市场调查报告书不得擅自向他公司公开和透露。市场调查报告书由市场调查科起草或撰写，具体内容如下：

（一）调查目的；

（二）调查方法；

（三）调查对象或调查对象分组情况；

（四）调查规模；

（五）调查项目；

（六）抽样调查；

（七）面谈调查；

（八）调查用表；

（九）其他与调查有关的情况与结果。

第十五条 报告书附件。由市场调查科撰写或编辑附件，附件内容不限，一式若干份，分送各分部门或分、子公司，作为研究资料。

第三章 市场调查人员及其培训

第十六条 公司规定市场调查人员应有的录用和素质标准。其基本素质为：

（一）品德素质：客观公正、忠实笃厚、勤勉耐劳、严谨认真、平易近人、开拓创新。

（二）业务素质：知识广博，有较强的信息收集、鉴别、适应环境、语言表达和写作能力。

（三）身体素质：肯吃苦、性格外向、善交际、机敏、谈吐适度。

第十七条 公司对市场调查人员进行各种素质和业务作业的培训和相关规章制度的教育。

第十八条 公司根据市场调查人员的总体和个体情况及市场调查项目的不同，制订有针对性的培训计划。

第四章 调查项目

第十九条 以过去的记录为基础，对商品的需求变动趋势进行分析比较，以指导未来的经营。需要分析研究的资料如下：

（一）营业月报；

（二）营业旬报；

（三）营业概况；

（四）收支实际情况表；

（五）经费开支报表；

（六）承兑票据明细表；

（七）未承兑票据明细表；

（八）银行往来账户明细表。

第二十条 对销售活动的调查，主要包括如下方面：

（一）对本公司在同行业中的地位进行调查；

（二）测定各地区市场潜力；

（三）测定推销能力与效率；

（四）计划各商品的销量；

（五）计算或测算目标市场容量与结构。

第二十一条 对流通渠道的调查，包括零售、批发部门，进行详细调查，研究流通渠道，及公司在流通渠道上的障碍，确定本公司的流通渠道长度与覆盖面。

第二十二条 在市场调查基础上，对各项销售开支与费用进行计算，并确定合理的费用开支额度。

第二十三条 产品与包装分析，主要有以下几方面：

（一）寻找或发现商品的新需求或新用途；

（二）寻找流通中不良品产生的原因；

（三）对消费者所喜欢的外观包装进行调查；

（四）对消费者的质量评价进行调查。

第二十四条 对消费者调查的主要方面有：

（一）消费者地域人口分布；

（二）消费者购买力情况（收入阶层情况）；

（三）消费者受教育程度；

（四）流行时尚调查。

第二十五条 在对新产品定价时，要事先进行价格调查：

（一）一般物价的涨落趋势；

（二）竞争商品的价格趋势；

（三）广告媒体的调查；

（四）收视或收阅率调查；

（五）广告效果调查；

（六）广告费用测算与评价。

第二十六条 对大宗消费，进行以下项目调查：

（一）对公司、厂家以及其他企业单位进行调查；

（二）对政府部门、社会团体等事业单位进行调查。

第二十七条 为了弄清公司内外的舆论倾向，需要对下列项目进行调查：

（一）对公司经营的评价；

（二）对公司商品销售地域的舆论进行调查；

（三）测评公司的公关工作的效果。

第二十八条 对一般消费者调查的内容包括：

（一）消费者的实际情况，包括职业、年龄构成、收入等；

（二）消费者的态度、价值观、意识以及舆论倾向；

（三）购买动机；

（四）购买方式；

（五）对广告宣传的态度，包括对各种广告宣传媒介，如电视、广播、报纸杂志的态度。

第五章　市场调查效果处理

第二十九条　调查结果分析。在对调查结果进行分析时，应注意下列问题：

（一）避免作出主观的判断，必须实事求是，以事实为依据；

（二）必须反复验证判断的正确性；

（三）必须注意有无例外情况，对可能存在的主要例外事件作出分析，避免判断失误；

（四）检查调查结果与事先假设是否一致；

（五）调查结果，包括调查资料，是否能对现实作出合理解释，与事实是否相符；

（六）不得以偏概全，随意推断，各结论都必须有可靠的事实支持。

第三十条　公司要对调查结果进行评估。

评估的主要指标为：

（一）市场调查方案设计的科学性、客观性、合理性；

（二）市场调查方案组织实施过程中控制点数量的选择和管理的有效性；

（三）信息统计分析的全面性、准确性、完整性与及时性；

（四）信息的使用效率和为单位经营决策创造价值大小。

评估的方法为：每年度作一次评估，主要通过市场调查信息（资料）为信息数据库建设、发行室经营决策的贡献大小来定性、定量评价。

第六章　附　　则

第三十一条　本管理制度由营销管理部负责解释。

第三十二条　本管理制度自颁布之日起实施。

☞ 制作提示

1. 明确交代制度的制定目的和适用范围等。如规定本管理制度适用于公司营销部门及其他部门的市场调查管理工作。参见上文第一、二、三条。

2. 明确管理体制的相关事项。如规定公司营销部门负责市场调查业务和管理工作。参见上文第四、五、六、七、八、九、十、十一、十二、十三、十四、十五条。

3. 明确市场调查人员及其培训事项。如规定公司根据市场调查人员的总体和个体情况及市场调查项目,制定有针对性的、内容和方法不同的培训计划。参见上文第十六、十七、十八条。

4. 明确调查项目。如规定对流通渠道的调查,包括零售、批发部门,进行详细调查,研究流通渠道,及公司在流通渠道上的障碍,确定本公司的流通渠道长度与覆盖面。参见上文第十九、二十、二十一、二十二、二十三、二十四、二十五、二十六、二十七、二十八条。

5. 明确市场调查效果处理事项。如规定对调查结果每年度作一次评估,主要通过市场调查信息(资料)为信息数据库建设、发行室经营决策的贡献大小来定性、定量评价。参见上文第二十九、三十条。

6. 明确制度的解释主体和施行时间。如在最后一般都要注明类似"本办法自发布之日起施行"的时间规定。参见上文第三十一、三十二条。

附:

涉外调查管理办法[①]

第一章 总 则

第一条 为了加强对涉外调查的规范和管理,维护国家安全和社会公共利益,保障调查机构和调查对象的合法权益,根据《中华人民共和国统计法》及其实施细则,制定本办法。

第二条 本办法所称涉外调查,包括:

(一) 受境外组织、个人或者境外组织在华机构委托、资助进行的市场调查和社会调查;

---

① 2004年10月13日,中华人民共和国国家统计局令第7号,自公布之日起施行。

（二）与境外组织、个人或者境外组织在华机构合作进行的市场调查和社会调查；

（三）境外组织在华机构依法进行的市场调查；

（四）将调查资料、调查结果提供给境外组织、个人或者境外组织在华机构的市场调查和社会调查。

第三条　本办法所称市场调查，是指收集整理有关商品和商业服务在市场中的表现和前景信息的活动。

本办法所称社会调查，是指市场调查之外，以问卷、访谈、观察或者其他方式，收集、整理和分析有关社会信息的活动。

本办法所称境外，是指中华人民共和国关境外；境内，是指中华人民共和国关境内。

本办法所称境外组织在华机构，是指经我国政府批准，境外组织在境内设立的分支机构和常驻代表机构。

本办法所称涉外调查机构，是指依法取得涉外调查许可证的机构。

第四条　国家统计局会同国务院有关部门负责对全国的涉外调查实施监督管理。县级以上地方各级人民政府统计机构会同同级人民政府有关部门负责对本行政区域内的涉外调查实施监督管理。

第五条　国家统计局和省级人民政府统计机构及其工作人员对在涉外调查管理中知悉的商业秘密，负有保密义务。

第六条　从事涉外调查，必须遵守我国法律、法规、规章和国家有关规定。

第七条　任何组织、个人不得进行可能导致下列后果的涉外调查：

（一）违背宪法确定的基本原则的；

（二）危害国家统一、主权和领土完整的；

（三）窃取、刺探、收买、泄露国家秘密或者情报，危害国家安全、损害国家利益的；

（四）违反国家宗教政策，破坏民族团结的；

（五）扰乱社会经济秩序，破坏社会稳定，损害社会公共利益的；

（六）宣传邪教、迷信的；

（七）进行欺诈活动，侵害他人合法权益的；

（八）法律、法规、规章和国家有关规定认定的其他情形。

第八条 国家实行涉外调查机构资格认定制度和涉外社会调查项目审批制度。

第九条 涉外市场调查必须通过涉外调查机构进行，涉外社会调查必须通过涉外调查机构报经批准后进行。

境外组织和个人不得在境内直接进行市场调查和社会调查，不得通过未取得涉外调查许可证的机构进行市场调查和社会调查。

第二章 涉外调查机构资格认定和管理

第十条 国家统计局和省、自治区、直辖市人民政府统计机构负责对申请涉外调查许可证的机构进行资格认定。

任何个人和未取得涉外调查许可证的组织，不得以任何形式进行涉外调查。

第十一条 申请涉外调查许可证的机构，应当具备下列条件：

（一）依法成立，具有法人资格；

（二）经营范围或业务范围包含市场调查或者社会调查内容；

（三）具有熟悉国家有关涉外调查管理规定的人员；

（四）具备与所从事涉外调查相适应的调查能力；

（五）在申请之日前一年内开展三项以上调查项目，或者调查营业额达到三十万元；

（六）有严格、健全的资料保密制度；

（七）在最近两年内无重大违法记录。

第十二条 业务范围中含有市场调查内容的境外组织在华机构，具备第十一条第（三）、（六）、（七）项条件的，可以申请涉外调查许可证，在境内直接进行与本机构有关的商品或者商业服务的市场调查；但是，不得从事社会调查。

第十三条 申请涉外调查许可证，应当提交下列文件：

（一）涉外调查许可证申请表；

（二）用以证明第十一条或者第十二条所列内容的其他材料。

第十四条 申请涉外调查许可证的机构，调查范围跨省、自治区、直辖市行政区域的，向国家统计局提出；调查范围限于省、自治区、直辖市行政区域内的，向所在省、自治区、直辖市人民政府统计机构提出。

国家统计局或者省、自治区、直辖市人民政府统计机构应当自受理之日起二十日内，作出批准或者不批准的决定。逾期不能作出决定的，经本行政机关负责人批准，可以延长十日，并将延长期限的理由告知申请人。决定批准的，颁发涉外调查许可证；决定不批准的，应当书面通知申请人，并说明理由。

第十五条 国家统计局颁发的涉外调查许可证，在全国范围内有效。省、自治区、直辖市人民政府统计机构颁发的涉外调查许可证，在本行政区域内有效。

第十六条 涉外调查许可证应当注明调查机构的名称、登记类型、法定代表人或者主要负责人、住所和颁发机关、颁发日期、编号、许可范围、有效期等项内容。

第十七条 涉外调查机构的名称、登记类型、法定代表人或者主要负责人、住所等发生变更的，应当向原颁发机关申请变更涉外调查许可证。

第十八条 涉外调查许可证的有效期为三年。

涉外调查机构需要延续涉外调查许可证有效期的，应当在有效期届满三十日前向原颁发机关提出申请。逾期未提出的，将不再延续涉外调查许可证的有效期。

第十九条 终止涉外调查业务的，应当在终止业务后三十日内，向原颁发机关缴回涉外调查许可证。

涉外调查许可证有效期届满的，应当在届满后三十日内，向原颁发机关缴回已过期的涉外调查许可证。

第二十条 任何组织、个人不得伪造、冒用或者转让涉外调查许可证。

第三章 涉外调查项目管理

第二十一条 国家统计局和省、自治区、直辖市人民政府统计机构负责对涉外社会调查项目的审批。

第二十二条 涉外调查机构申请批准涉外社会调查项目时，应提交下列文件：

（一）涉外社会调查项目申请表；

（二）涉外调查许可证复印件；

（三）委托、资助、合作的合同复印件；

（四）调查方案，包括调查的目的、内容、范围、时间、对象、方式等；

（五）调查问卷、表格或者访谈、观察提纲；

（六）与调查项目有关的其他背景材料。

第二十三条 涉外调查机构申请批准涉外社会调查项目，调查范围跨省、自治区、直辖市行政区域的，向国家统计局提出；调查范围限于省、自治区、直辖市行政区域内的，向所在省、自治区、直辖市人民政府统计机构提出。

国家统计局或者省、自治区、直辖市人民政府统计机构应当自受理之日起二十日内，作出批准或者不批准的决定。逾期不能作出决定的，经本行政机关负责人批准，可以延长十日，并将延长期限的理由告知申请人。决定批准的，发给涉外社会调查项目批准文件；决定不批准的，应当书面通知申请人，并说明理由。

第二十四条 经批准的涉外社会调查项目，不得擅自变更；需要变更的，涉外调查机构应当就变更部分向原批准机关提出申请。

审批机关应当依据第二十三条第二款的规定作出批准或者不批准变更的决定。

第二十五条 涉外调查应当遵循自愿的原则，调查对象有权自主决定是否接受调查，任何组织和个人不得强迫调查对象接受调查。

涉外调查机构进行涉外调查时，应当向调查对象说明调查目的，不得冒用其他机构的名义，不得进行误导。

第二十六条 经批准进行的涉外社会调查，应当在调查问卷、表格或者访谈、观察提纲首页显著位置标明并向调查对象说明下列事项：

涉外调查许可证编号；

调查项目的批准机关、批准文号；

本调查为调查对象自愿接受的调查。

第二十七条 涉外调查机构应当建立涉外调查业务档案。

第二十八条 任何组织、个人不得伪造、冒用或者转让涉外社会调查项目批准文件。

第二十九条 涉外调查机构和有关人员对在涉外调查中知悉的商业秘密和个人隐私，负有保密义务。

第四章　法　律　责　任

第三十条　违反本办法第七条规定的，依照《中华人民共和国统计法实施细则》第三十四条的规定予以处罚。

第三十一条　违反本办法规定，有下列情形之一的，由国家统计局或者省级人民政府统计机构责令改正。其调查活动属于非经营性的，可处以五百元至一千元的罚款；其调查活动属于经营性，有违法所得的，可处以相当于违法所得一至三倍但是不超过三万元的罚款；没有违法所得的，可处以三千元至一万元的罚款。构成犯罪的，依法追究刑事责任：

（一）未通过取得涉外调查许可证的机构进行涉外调查的；

（二）未取得涉外调查许可证进行涉外调查的；

（三）伪造、冒用、转让涉外调查许可证、涉外社会调查项目批准文件的；

（四）使用已超过有效期的涉外调查许可证从事涉外调查的；

（五）超出许可范围从事涉外调查的。

第三十二条　涉外调查机构和有关人员违反本办法规定，有下列情形之一的，由国家统计局或者省级人民政府统计机构责令改正。其调查活动属于非经营性的，可处以五百元至一千元的罚款。其调查活动属于经营性，有违法所得的，可处以相当于违法所得一至三倍但是不超过三万元的罚款；没有违法所得的，可处以三千元至一万元的罚款。构成犯罪的，依法追究刑事责任：

（一）未经批准，擅自进行涉外社会调查的；

（二）未经批准，擅自变更已批准的涉外社会调查项目的；

（三）泄露调查对象商业秘密和个人隐私的；

（四）强迫调查对象接受调查的；

（五）冒用其他机构名义进行涉外调查的；

（六）未建立涉外调查业务档案的；

（七）拒绝接受管理机关检查的；

（八）在接受管理机关检查时，拒绝提供情况和有关材料、提供虚假情况和材料的；

（九）未标明、未向调查对象说明第二十六条规定事项的。

第三十三条 涉外调查机构违反本办法规定，有下列情形之一的，由国家统计局或者省级人民政府统计机构责令改正，给予警告，可处以五百元至一千元的罚款：

（一）涉外调查机构的名称、登记类型、法定代表人或者主要负责人、住所等发生变更，未依法申请变更涉外调查许可证的；

（二）终止涉外调查业务，或者涉外调查许可证有效期届满后，未向原颁发机关缴回涉外调查许可证的。

第三十四条 统计机构工作人员在涉外调查管理中玩忽职守、滥用职权的，依法给予行政处分；构成犯罪的，依法追究刑事责任。

第三十五条 国家统计局和省级人民政府统计机构工作人员泄露在涉外调查管理中知悉的商业秘密，依法承担民事责任，并对负有直接责任的主管人员和其他直接责任人员依法给予行政处分。

第五章 附 则

第三十六条 我国政府与外国政府及国际组织之间的合作项目中涉及的调查，依据国家有关规定执行。

第三十七条 本办法规定的实施行政许可的期限以工作日计算，不含法定节假日。

第三十八条 本办法自公布之日起施行。1999年7月16日国家统计局公布的《涉外社会调查活动管理暂行办法》同时废止。

六、销售动态调查管理办法

企业间竞争日趋激烈，这对企业的经营管理提出了更为严格的要求。为了建立切实可行的经营方针和措施，必须尽可能详细而具体地对营销现场进行调查。而一部详尽完善的销售动态调查管理制度，在指导和调整企业销售调查方面起着至关重要的作用。

销售动态调查管理办法范本

第一条 为了实现销售调查的规范管理，特制定本办法。

第二条 调查中的注意事项：

（一）填写应实事求是，力求客观与及时。

（二）必须注明填写日期和时间。

（三）如果没有充足的时间来观察并填写，可以采用"瞬时观察法"，事先规定一个观察间隔时间，每一小时或每两小时观察一次，依据概率来推断总体情况。

（四）在填表之前，把观察和推断的具体事项，填写在表头。

第三条 调查项目说明：

（一）参考一下有关商品分类的规定，然后对现有分类规定作出分析、研究，确定某种适宜的分类办法，对顾客购买行为进行调查。

（二）对于一些难以归类的商品，可以作为例外来处理。

（三）对顾客购买行为进行观察，以1小时为一个观察期。

（四）对顾客年龄段的划分，需切合实际，粗细得当，譬如以13-18岁为一个年龄段，19-25岁为一个年龄段等。

（五）关于顾客职业划分，通常划分为"学生""女办事员""家庭主妇""蓝领阶层""白领阶层""自由职业者""无业游民""其他"。不过，分类合适与否，必须进行分析，对各类人员的内涵作出解释，尤其要结合所推销的商品进行分类以及分析。

（六）以各类顾客的总和为100%，计算各类顾客的百分率。

（七）进一步观察记录顾客的购买行为，可以与邻近的商店进行对比研究与分析，看一看同样的顾客在他店与本店的购买行为有何不同。

（八）顺便再记录一下顾客其他方面的情况，譬如顾客询问"楼梯在哪"，"厕所在哪"以及"某某商品在哪"等。

第四条 着重对下列内容进行调查：

（一）要对不同季节顾客的购买行为进行充分的调查，调查要详细、具体。

（二）根据不同的时间段来对顾客流量进行划分并进行调查，对时间段的划分尽量做到细化，从而使调查结果客观准确。

（三）根据不同的时间段对顾客类型进行综合划分和调查。

（四）调查畅销商品，把握时效性，并要对各种情况进行综合考虑。

第五条 做好顾客意见、咨询等相关记录。

第六条 本办法的解释权归公司所有。

第七条 本办法自下发之日起生效。

☞ 制作提示

1. 明确交代制度的制定目的。如规定为了实现销售调查的规范管理，特制定本办法。参见上文第一条。

2. 明确调查中的注意事项。如规定填写应实事求是，力求客观与及时。参见上文第二条。

3. 明确调查项目说明。如规定参考一下有关商品分类的规定，然后对现有分类规定作出分析、研究，确定某种适宜的分类办法，对顾客购买行为进行调查。参见上文第三条。

4. 明确着重对哪些内容进行调查。如规定要对不同季节顾客的购买行为进行充分的调查，调查要详细、具体。参见上文第四条。

5. 明确其他事项以及制度的解释主体和施行时间等。参见上文第五、六、七条。

七、个人调查实施办法

个人调查是市场营销的出发点，是提高市场营销效果的一种管理方法，经过调查分析，提出解决问题的办法，可以为公司制订产品计划，营销目标，决定分销渠道，确定营销价格，采取促进销售策略等提供科学依据，并且，在营销决策的贯彻执行中，其还可以为调整计划提供依据，起到检验和矫正的作用。

个人调查实施办法范本

第一条 调查的主要项目为：

先研究调查时间、调查目的、调查对象、调查方法等问题，然后再对具体的策略进行检查分析，有效完成收集资料的工作，最后再整理资料，形成报告书。

第二条 调查员的职责有：

（一）调查员应对问题内容加以理解并确定问题顺序。

（二）研究要调查地区的地图、交通工具、调查对象等问题，力求投入最少的时间和精力收获最大的成效。

（三）准备调查用的印刷品。

（四）在进行实际调查时，要做到不看问题也能顺利地提问。

第三条 调查员应具有下列资格：

（一）调查员必须有丰富的常识，如果缺乏常识，就不能得到满意的调查结果。

（二）调查员要有较强的判断力和理解力。

（三）调查员并不是要和对方作争论的，也不是调查对方或询问对方，而是要听对方说话，对方有时会自傲，会对调查作批判或议论，不要让对方觉得焦躁，而是要有引导对方进入主题回答问题的忍耐性。

（四）对于个人调查的实行，各调查员如果提出不关联的问题，回答者将会做各种不同想法上的判断，因此，问题的规格必须统一。

（五）调查时，其对象有可能是官方代表，有可能是公司或个人。如果以职业来区别，可能是公务员、商人、农民、打工的劳动者等，应对不同的调研对象应注意在服装上、言语上、态度上的转变。想得到正确的回答，就必须有灵活的应变能力。

第四条 在实施个人调查时的接近方法为：

（一）不能像是在审问犯人似的问问题，也就是说，要保持尊重的态度。

（二）初见面的问候，要留给人好的第一印象，并有自信。

（三）在人群当中，有配合调查的人，也有不配合的人，更有反对排斥调查的人，对于各种人要随机应变，将调查工作做好。

第五条 在实施个人调查时提问和处理问题的方式有：

（一）从第一个问题就可知道回答者对调查的问题有多少关心度或者多少知识，因此问题应该尽量平易自然。

（二）使对方在不知不觉中，进入调查的主题。

（三）不对问题的内容进行说明。

（四）按照问题书的问题顺序发问。

（五）不问与主题无关的问题。

（六）对方如果说得太离题时，应将其拉回主题上面，并注意说话技巧。

（七）不和对方作争论。

（八）当对问题做了不适当的回答时，自己应判断其说话的态度、真实性等，而移向下一个问题。

（九）"不知道"回答，在调查中大都占有10%左右，这是很普通的事，但可判断教育的普及程度、常识的程度等，不可轻率地处理。

（十）遇有模棱两可的回答时，应引导其作"在原则上同意吗"等的回答。

（十一）如果是使用卡片的情况，在对方书写时不可凝视，使对方能在正常状态下顺利地写完，并且将时间定为10分钟左右。

第六条 调查员在对记录进行处理时，应注意以下几点：

（一）一般当自己的回答被做记录时，都是比较不经思考的问题回答，也有因为被记录，而不愿作回答的人，所以向对方说明其回答是绝对保守秘密的，取得其理解。

（二）如果因记录还是拒绝回答的时候，就应该放弃记录，而将其记在脑里，离去后，速做记录。

（三）如果对做记录不反对的话，可以将问题书拿出，表示调查员并不会加入自身意见，而将其回答依样记入。

（四）选择性回答的记录处理。

（五）自由性回答的记录处理。前面的问题应向对方说明其宗旨，取得理解后，再要求回答。

（六）确实听取所说的话，并迅速作记录。

（七）避免漏掉记录。努力地要求回答，对方也很诚意地回答，却因调查员的不注意，而漏掉记录，所有努力都是白费了，造成调查的不正确，这是调查员的大失误。

（八）个人的自身事项。男女性别、职业种类、年龄、生活程度、家族关系、教育程度、财产关系等，要做好记录，并严守秘密。

（九）调查结束后，应表示谢意，占用了对方宝贵的时间，保证绝对保密，并希望将来能再协助。

第七条 调查大概终了，调查员在当天要做下列资料的整理：

（一）整理回答卷。

（二）做回答者的观察记录。

（三）整理调查对象表。

（四）做当日的报告书，向调查监督者解释。

第八条 本办法由公司负责解释、修订。

第九条 本办法自下发之日起实施。

☞ 制作提示

1. 明确调查的主要项目。如规定先研究调查时间、调查目的、调查对象、调查方法等问题，然后再将其具体的策略进行检查分析，有效完成收集资料的工作，最后再整理资料，形成报告书。参见上文第一条。

2. 明确调查员的职责。如规定调查员应对问题内容加以理解并确定问题顺序。参见上文第二条。

3. 明确调查员的资格。如规定调查员要有较强的判断力和理解力。参见上文第三条。

4. 明确在实施个人调查时的接近方法。如规定首先考虑初见面的问候，给人好的第一印象，并有自信。参见上文第四条。

5. 明确在实施个人调查时提问和处理问题的方式。如规定对方如果说得太离题时，应将其拉回主题，并注意说话技巧。参见上文第五条。

6. 明确调查员在对记录进行处理时应注意的事项。如规定如果因记录还是拒绝回答的时候，就应该放弃记录，而将其记在脑里，离去后，速做记录。参见上文第六条。

7. 明确调查大概终了时调查员在当天要做的资料整理。如规定做当日的报告书，向调查监督者解释等。参见上文第七条。

8. 明确其他事项以及制度的解释主体和施行时间等。参见上文第八、九条。

八、代理店（商）管理制度

代理是代企业打理生意，是厂家给予商家佣金额度的一种经营行为。代理商一般是指赚取企业代理佣金的商业单位。实质上，现在所称的代理商在本质上已经不是代理商了，更多具备的是经销商的性质，还有些属于二者的混同体，既是代理，有时候又需要拿钱买货。代理商其实兼备了两种性质，其主要性质很是模糊，其既有代理行为，又有销售行为。因此，公司建立相应的规章制度，加强对代理店或代理商的管理，十分必要。

代理店（商）管理制度范本

第一条 为了使代理商及加盟店有序运行，规范操作，扩大公司产品品牌的知名度，特制定本制度。

第二条 本制度适用于本公司与代理店之间的交易有关事项及对代理商的管理。

第三条 代理店可行销售的区域，依协议来决定。代理店如欲于指定以外的区域进行买卖活动，应事前与本公司联络，取得认可。在某种情况下，公司必须估计此店与其他代理店的竞争情况，做深入的调查与研究，确定无显著影响后方可予以认可。

第四条 代理店所经营的商品必须是由本公司生产、附有公司自有商标的所有产品。

第五条 代理店的每月销售责任额为××万元以上。

第六条 代理店须于每月26日之前，向本公司提出下个月份的销售预定

第七条　为更好地保护各区域代理的利益，代理应及时向公司提交必要的业务资料，如客户名单、工程名称、销售计划等留公司备案，公司保护较先备案者的利益。

第八条　代理店可在自己的责任范围内设置经销处及代办处等。但设置之前须与本公司联络，取得其认可方能实施。

第九条　代理商可预先向公司购买一定量（数量代理自定）的产品作为样品陈列，也可向公司订购样品架一个，内含各类产品。

第十条　代理将业务预先报知公司，确定价格、货款及货期，在与客户签订合同或协议后，交付定金，公司开始生产，完成后通知代理，款到发货。

第十一条　代理店须参照交易额，事前缴交一定金额给本公司，作为交易保证金，公司再发给此金额范围内的股份给代理店。

第十二条　公司对代理的供货地原则上以公司生产地为主。如代理有特别要求，公司可代办货运到指定地点。运费由代理支付。如运输过程中发生损害，由双方协商解决。

第十三条　公司原则上不予退货。但有不可归因于代理商责任的情形时，可调换产品。在产品到货后的有关事项按照下列要求执行：

（一）由于运输原因造成的产品及包装损坏，可调换产品，运费由公司负责；

（二）代理商负责处理区域内加盟店的换货事宜；

（三）代理商在收到公司提供的产品后必须于收货当天进行验收，由于质量问题（运输途中损坏的由配送公司负责）必须于验收后3天内申请退回更换，逾期公司不予更换；

（四）在知悉任何第三方可能侵犯公司权益等，或有关产品及经营所发生或可能发生的任何争议、诉讼、仲裁时，代理商均有义务立即以书面形式通知公司；

（五）代理商需按月向公司提供销售情况统计分析报表以及库存情况，以便公司制订下一步销售及活动计划；

（六）公司对代理商实行长年开通热线电话服务，以帮助解决遇到的问题。

第十四条　货款的结算原则上订货先付定金，款到发货。特殊情况双方协商解决。

第十五条 如代理不能履行付款义务，或有违约行为，公司有权中止供货。

第十六条 为了方便代理的销售活动，公司应随时为代理商提供必要的技术支持，包括方案设计、受力验算等。公司随时为代理提供人员的培训。

第十七条 公司应不断地为产品品牌做宣传工作，以及参加行业内的一些必要展览，同时公司应不断地改进产品工艺，保证产品质量。

第十八条 公司向代理提供一定量的产品说明书。

第十九条 代理商不得有下列行为：

（一）与第三方签订制作、销售与本制度第三条所规定商品相同或相类似的商品合同；

（二）低价倾销产品；

（三）在非指定区域销售；

（四）以非指定价格销售；

（五）毁损公司的名誉；

（六）将公司所送的文件、情报无正当理由提供给他人，以危害公司利益；

（七）违反管理条例进行违规操作。

第二十条 代理应严格保守公司的技术和商业秘密，不得泄露给第三方，否则公司保持依法起诉的权利。

第二十一条 公司新设代理时，必须经过认真调查，并征求该区周围已有代理的意见。新代理的设置不能损害原有代理的利益。

第二十二条 有下列各项事由时，公司将取消代理商代理资格：

（一）代理商无正当理由，不服从上述规定的；

（二）代理商的经营亏损，持续亏损六个月以上，经判断无法改善经营状况时；

（三）与其他代理商或加盟店发生经济纠纷，因而代理商的经营会遭受大的影响时；

（四）代理商如希望退出该连锁项目，而解除代理合约，应提前一个月以书面形式通告公司；

（五）代理商自己或帮助其他代理商、加盟店低价倾销产品，造成严重后果、公司收到投诉的。

第二十三条　代理合约解除后的事项，遵循以下处理规则：

（一）遵从公司指示，将经营场所内外所宣示的公司及产品的相关信息撤除；

（二）对公司或其他代理商、加盟店的债务要立即偿还；

（三）实施上列各项所需一切费用，由代理商负担；

（四）协助公司对代理区域内其他加盟店做资料移交、善后等工作；

（五）如未按照以上规定处理相关事宜，造成公司损失，公司将扣除代理服务费。

第二十四条　代理之间的纠纷，由公司出面调解。

第二十五条　公司与代理商发生的合同纠纷，应在公司所在地的仲裁机构仲裁。

第二十六条　未尽事宜参照公司其他相关制度。

第二十七条　本制度的解释、修改权归本公司所有。

第二十八条　本制度在进行修改时，应广泛征询各代理商的意见。

第二十九条　本制度自公布之日起实施。

☞ 制作提示

1. 明确制度的制定目的和适用范围。如规定为了使代理商及加盟店有序运行，规范操作，扩大公司产品品牌的知名度，特制定本制度。参见上文第一、二条。

2. 明确代理店可行销售的区域和所经销的商品。如规定代理店可行销售的区域，依协议来决定。参见上文第三、四条。

3. 明确代理店的月销售责任额和销售预定事项。如规定代理店的每月销售责任额为××万元以上。参见上文第五、六条。

4. 明确代理保护事项。如规定代理应及时向公司提交必要的业务资料，如客户名单、工程名称、销售计划等留公司备案，公司保护较先备案者的利益。参见上文第七条。

5. 明确经销处等的设置。如规定代理店可在自己的责任范围下设置经销处及代办处等。参见上文第八条。

6. 明确样品的有关规定。如规定代理商可预先向公司购买一定量（数量代理自定）的产品作为样品陈列。参见上文第九条。

7. 明确公司与代理店业务运作事项。如规定代理将业务预先报知公司，确定价格、货款及货期，在与客户签订合同或协议后，交付定金，公司开始生产，完成后通知代理，款到发货。参见上文第十、十一、十二、十四、十五条。

8. 明确退货等事项。如规定由于运输原因造成的产品及包装损坏，可调换产品，运费由公司负责。参见上文第十三条。

9. 明确公司对代理店的支持事项。如规定为了方便代理的销售活动，公司应随时地为代理提供必要的技术支持，包括方案设计、受力验算等。参见上文第十六、十七、十八条。

10. 明确代理商的禁止行为。如规定不得与第三方签订制作、销售与本制度第三条所规定商品相同或相类似的商品合同。参见上文第十九、二十条。

11. 明确新设代理规定。如规定新代理的设置不能损害原有代理的利益。参见上文第二十一条。

12. 明确代理资格的解除事项。如规定代理商的经营亏损，持续亏损六个月以上，经判断无法改善经营状况时，代理资格解除。参见上文第二十二、二十三条。

13. 明确纠纷处理事项。如规定公司与代理商发生的合同纠纷，应在公司所在地的仲裁机构仲裁。参见上文第二十四、二十五条。

14. 明确其他事项以及制度的解释主体和施行时间等。参见上文第二十六、二十七、二十八、二十九条。

九、特约店（商）管理制度

特约经销商是在某个区域内唯一的指定经销商，为了保证特约经销商的利益，在有特约经销商的区域内，厂商不再设其他代理经销商，并且所在地的二、三级批发商、商场、超市、食品店、药房等均严格执行只能从该地特约经销商进货的制度。为了加强对特约经销商的规范管理，制定相应的特约店（商）管理制度显得尤为重要。

特约店（商）管理制度范本

第一条 为了使特约店有序运行，规范操作，扩大公司产品品牌的知名度，特制定本制度。

第二条 本制度适用于本公司与特约店之间的交易有关事项及对特约商的管理。

第三条 以增进销售绩效，促进业务的合理化及经营的发展，加强会员彼此之间的亲睦关系等为原则，公司将特别开展下列五项工作：

（一）为促使销售契约成立所进行的各种磋商、协定。

（二）修订、制定特约店的规定。

（三）做各种业务上的联络，使彼此的交易得以圆满进行。

（四）举行有关销售方法、销售技术、店铺设计、经营管理、人事、事务处及其他相关的研究会、讲习会、训练会等规划，并进行指导。

（五）计划、实施各种活动来促进彼此间的亲睦。

第四条 特约店的设置依下列规划进行：

（一）A 地区每区×店。

（二）B 地区每区×店。

（三）C 地区每区×店。

前项区域划分，可因销售额的提高、人口的增加及其他等因素而变更店数。

第五条 特约店的选定原则：

（一）从以往即与本公司交易的零售店中遴选。

（二）从目前虽与本公司无交易，或交易额数小，但却极具潜力的零售店中遴选。

第六条 特约店依其过去所在区域的实力，每年要有一定的销售责任额。而此额每年得经双方协议而修正。

第七条 总公司是以协助、推展特约店业务为目的的亲睦团体。特约店须加入总公司。

第八条 特约店享有交易上的各种特别优惠条件。

第九条 特约店所经营的商品应遵循以下规定：

（一）经营商品以××××××为主体。

（二）特约店负责前项商品的批发和销售。

（三）特约店不得经手其他厂商的同种产品。

（四）今后将逐次追加其他厂商的同种产品。

第十条 交货给特约店的批价及特约店本身的售价依有关价格规定实施。

第十一条 为促进特约店的销售及奖励其付款的确实，本公司特设回扣（折扣）制度。

第十二条 货款的缴付以每月25日为截止日，若延期至次月10日须以现金缴付。如以期票缴付，则付款金额包含折扣费。关于季节性的货款缴付，另外订有特别价格。

第十三条 货物运送过程中所发生的破损等，由本公司负担。

第十四条 对于特约店，本公司将免费或以成本价提供销售用的目录、广告用册、传单、海报等。

第十五条 本公司会自行负担在报纸、杂志、传单及其他媒体上的产品宣传费用，在实行这些广告宣传之前，公司会做好实施预定表，事前与特约店联络。

第十六条 本公司会对特约店指导有关销售方法、商品说明方法及其他相关的教育，并指示销售计划。

第十七条 在开始销售新型产品时，公司会免费提供或借与各特约店该产品的样品。

第十八条 本公司对于特约店主及负责的店员进行有关产品的组合及使用方法，产品说明，销售时的应对方式等教育指导。

第十九条 本公司内部将自设模具工厂，由公司亲自经营，至于生产方面，再采取转包生产的方针。针对×××及×××各产品，本公司将设装配工程科，以付费方式将工程委托该单位。

如偏远地区的订货量增多时，可于市内及各地设转包工厂，由这些工厂来负责产品生产。

第二十条 特约商之间的纠纷，由公司出面调解。

第二十一条 公司与特约商发生的合同纠纷,应在公司所在地的仲裁机构仲裁。

第二十二条 未尽事宜参照公司其他相关制度。

第二十三条 本制度的解释、修改权归本公司所有。

第二十四条 本制度在进行修改时,应广泛征询各特约商的意见。

第二十五条 本制度自公布之日起实施。

☞ 制作提示

1. 明确制度的制定目的和适用范围。如规定本制度适用于本公司与特约店之间的交易有关事项及对特约商的管理。参见上文第一、二条。

2. 明确公司特别开展的工作。如规定举行有关销售方法,销售技术、店铺设计、经营管理、人事、事务处及其他相关的研究会、讲习会、训练会等规划,并进行指导。参见上文第三条。

3. 明确特约店的设置与选定规则。如规定特约店从以往即与本公司交易的零售店中遴选。参见上文第四、五条。

4. 明确特约店的一些义务。如规定特约店依其过去的实绩所在的区域的实力,每年要有一定的销售责任额。参见上文第六、七、八、九条。

5. 明确相关交易规定。如规定交货给特约店的批价及特约店本身的售价依有关价格规定实施。参见上文第十、十一、十二、十三条。

6. 明确公司支援销售的规定。如规定对于特约店,本公司将免费或以成本价提供销售用的目录、广告用册子、传单、海报等。参见上文第十四、十五、十六、十七、十八条。

7. 明确制造方法的有关事项。如规定针对×××及×××各产品,本公司将设装配工程科,以付费方式将工程委托该单位。参见上文第十九条。

8. 明确纠纷处理事项。如规定公司与特约商发生的合同纠纷,应在公司所在地的仲裁机构仲裁。参见上文第二十、二十一条。

9. 明确其他事项以及制度的解释主体和施行时间等。参见上文第二十二、二十三、二十四、二十五条。

十、加盟店（连锁店）管理制度

所谓的加盟，就是该企业组织，将该服务标章授权给加盟者，让加盟者可以用加盟总部的形象、品牌、声誉等，在商业的消费市场上，招揽消费者前往消费。而且加盟者在创业之前，加盟总部也会先将本身的技术等经验，教授给加盟者并且协助其创业与经营，双方都必须签订加盟合约，以达到事业之获利为共同的合作目标。在此情形下所形成的专业管理及集中规划的经营组织网络，可以利用协同效应的原理，使企业资金周转加快、议价能力加强、物流综合配套，从而取得规模效益，形成较强的市场竞争能力，促进企业的快速发展。相应地，加强和规范对加盟店的管理，对上述目标的实现有着深远的意义。

加盟店（连锁店）管理制度范本

第一章 总 则

第一条 为了使加盟店或连锁店（以下仅称加盟店）有序运行，规范操作，扩大公司产品品牌的知名度，特制定本制度。

第二条 本制度适用于本公司总部与加盟店之间的交易有关事项。

第三条 加盟店必须遵守国家的法律法规，依法经营，独立承担民事责任。

第四条 关于加盟店的加入资格，规定如下：

（一）与即加盟的会员主要商圈竞争情况为：

基准在××公里以上的离间距离（或在买卖关系，人口每×万人设一店铺）为原则，至于有无竞争关系则是由本部认定的。

（二）要具备一定限度以上的店铺规模。

销售场所面积及售货金额的最低标准为：面积：××平方米以上；每月营业额××万元以上。

（三）不得加入与本部实质上有竞争关系的其他连锁组织。

（四）加盟者本身及能代替的适任经营者，必须专心经营。

（五）做本部的加盟店要诚实经营并接受本部的经营指导和援助。

（六）对于本制度要全面赞同，并全面参加本部为加盟店所举办的共同活动。

（七）要经常提出经营合理化的意见，积极为经营合理化努力。

第五条　有前条资格者，要做加盟店的条件如下：

（一）使用"××"的统一商号、商标，在店铺安装所订的招牌、标识。

（二）加盟店应向本部缴纳加盟金××万元，此项加盟金不予退还。

（三）要接受本部的业务培训。

（四）与本部缔结加盟契约，并于契约书上盖章。

第六条　加盟店基本权利如下：

（一）使用"××"的商号商标经营店铺。

（二）使用"××"的商标做广告宣传活动。

（三）经销本部组织独自开发的商品。

（四）实施内外包装的统一，并利用共同管理方式。

（五）接受本部的经营技术指导，并按本部的指导要领营业。

（六）接受经挑选的统一商品及物品的供给，并使用约定的订货手册。

（七）参加本部统一举办的宣传广告，促进销售及其他的共同活动。

（八）接受有关店铺的新设、改装的专门技术指导。

（九）参加本部计划的教育训练。

（十）接受经营计划的策定及指导。

（十一）接受提供必要的情报。

第七条　公司总部应遵守的约束事项如下：

（一）对于加盟店所属的编制区域内，未经加盟店同意，不得再授予他人同样的权利。

（二）公司总部应定期提供免费研习机会给加盟店。如有必要收费，应先经加盟店同意。

（三）公司总部对于加盟店的经营，应聘请专家做评鉴及建议工作，努力提高加盟店的业绩。

（四）公司总部应制造或开发采购商品及营业相关物品提供加盟店，其售价应合理且在市价以内。

（五）公司总部应聘请专家策划所有连锁店的统一广告宣传活动。

第二章 岗位职责

第八条 加盟店店长的职责为：

（一）店长必须忠于职守，维护公司的统一形象，以身作则，严格遵守公司的一切制度，日常工作中无条件接受上级的督导。

（二）店长要对人事、销售、财务、仓库等工作全面负责并定期向上级汇报，并审核店铺交给上级的各项报表，签字以示负责。

（三）合理制定日、周、月工作目标，并带领全体导购员努力完成目标，在工作总结中明确完成工作情况，并分析其成败的原因，并及时地分析总结店铺的销售补充货品。

（四）及时把握店堂的商品销售及库存情况：对每日的销售进行分析做出每天的最佳销售时间，做出最畅销款式，以此来控制库存。

（五）店长要对高级导购（带班主管）的工作给予支持与引导，使高级导购更好地协助店长工作，发挥基层管理作用，培养发现和正确使用人才。

（六）每星期一对班次进行安排，注意合理安排导购员的休息时间，保证导购员工作的良好状态和工作风貌。

（七）制订每月的团队建设活动计划，组织导购员进行团体活动，促进员工的团结友爱，相互促进的良好气氛。

（八）建设和完善例会工作，调动导购员的工作积极性，使他们以最佳的精神状态投入工作。

（九）公平、合理地进行人事调动，不得将个人私情带到工作当中，新生各导购员的正确建议，促进团队精神的建设。

（十）认真执行公司总部的各项制度及工作流程，并认真督导各导购员的执行情况，同时配合公司总部领导检查工作。

（十一）店长每周二带领全体导购员进行场景调整，使店堂以全新的面貌迎来本周的黄金销售时间。

（十二）店长要认真地组织每月一次的仓库盘点和每日一次的店堂盘点工作，做到账、物、款相符。

（十三）主动与顾客沟通，听取顾客的意见，建立和完善客户服务工作。

（十四）认真督导每班的交接工作及财务交接工作。

（十五）收集销售动向，竞争店的情报，旺销商品信息，分析并反馈给上级主管。

（十六）积极配合公司总部企划部人员在店面的展示陈列工作。

第九条 导购员行为准则为：

（一）看到顾客进店时必须主动替顾客开店门，并致以问候态度要亲切自然。

（二）目视顾客选购，并随时准备提供帮助，对顾客介绍产品要实事求是，传达正确而准确的信息。

（三）要热情接待任何类型的顾客，一视同仁。

（四）在店内导购员要提醒顾客注意自己的货品安全，关心顾客。

（五）不能坐着或趴在柜台上，或抱着双肩，双手插衣袋里接待顾客。

（六）不得成堆聊天或高声谈笑。

（七）上班时间不准玩弄手机、看报纸或做其他与工作无关的事情。

（八）不准在店内抽烟、吃零食。

（九）不得冷落顾客或与顾客争吵。

（十）认真执行本公司总部所定的礼仪。

（十一）不准只专注于同顾客聊天，而忽视本职工作。

第十条 仓管员的岗位职责为：

（一）忠于职守，无条件接受上级督导。

（二）根据销售情况控制库存，降低库存成本，根据捕捉的商品信息及时调整库存和样式。

（三）认真记录日出仓单、日入仓单，以便核对。

（四）定期对仓库进行盘点，确保账物相符。

（五）在没有出入仓工作时，仓管员到店协助销售。

（六）班后及时与卖场核对出仓数。

（七）在财务的要求下，用合法的单据支账。

第十一条 收银员的岗位职责为：

（一）保持礼仪站姿，礼仪用语，维护品牌形象，协助导购员完成服务。

（二）在接收银时注意分别真假币，以防收假币，并详细加以统计，以防少找、少收、多收、多找钱的现象。

（三）接受当班主管的督导，协助导购员完成一切店务工作。

（四）接听店内电话。

（五）认真做好当班的销售记录并汇总，便于班后核对及交接工作。

第三章 商 业 运 作

第十二条 为了维护公司的声誉，树立统一的企业形象，总部对各加盟店实行标准化、专业化、程序化的统一管理。具体为：

（一）统一的店面牌匾、标志。

（二）统一的服装、员工工牌。

（三）统一的装修风格。

（四）统一的企业形象识别系统（CI 设计）。

（五）统一的员工培训。

（六）统一的企业文化。

（七）统一的经营理念。

第十三条 公司总部对加盟店的供货地原则上以公司总部生产地为主。如加盟店有特别要求，公司总部可代办货运到指定地点。运费由双方另行协商。如运输过程中发生损害，由双方协商解决。

第十四条 由本部所供给的商品及物品类，原则上不予退货。但有下列情形时，可以调换产品：

（一）本部承认的退货期限内的特定品，但退货所需的运费及其他损失，如本部无过失，其费用由加盟店负担。

（二）本部拟订销售计划指定商品的配额，在本部所承认的一定期间内不能售出时，此时也准用前项协议书的规定。

（三）前项退货商品货款的支付，按每月结算。

第十五条 为了方便加盟店的销售活动，公司总部应随时几个为其提供必要的技术支持，包括方案设计、受力验算等。具体地，总部在以下方面对加盟店进行经营管理指导和支持：

（一）加盟区域加盟代理商（加盟店）的组织管理机构设置。

（二）工作流程及检验标准。

（三）促销宣传。

（四）经营分析。

（五）服务质量。

（六）其他事宜。

另外，加盟店开业前总部将进行开业指导。

第十六条 加盟店开业前由营销中心对加盟店的经营管理人员、服务人员进行岗前培训及考核。

第四章 会 议

第十七条 总部每年召开一次由各加盟店经理参加的工作联谊会。

第十八条 总部每年不定期举办各类竞赛与联谊活动。总部是前30天将活动内容、时间、地点通知各加盟店。

第十九条 各加盟店无正当理由不应缺席，均应当参加上述会议。

第五章 惩 罚 规 则

第二十条 加盟店不得有下列行为：

（一）从本部进货商品，提供给非加盟店。

（二）加入本组织以外的同业连锁店。

（三）毁损本组织的名誉。

（四）将本部所送的文件、情报无正当理由提供他人。

第二十一条 有下列各项事由时，公司总部有权解除加盟契约：

（一）加盟店无正当理由，不服从前条的规定时。

（二）加盟店的经营亏损，连续亏损6个月以上，经判断无法改善经营状况时。

（三）加盟店或加盟店的经营者申请破产，或受强制执行或执行保全处分或拒绝往来处分时。

（四）与加盟店的经营者有关的加盟店发生经济纠纷，因而加盟店的经营会受到影响时。

（五）对本部的债务履行，虽经劝告，仍不履行时。

第二十二条 有下列事由时，本部有权将该加盟店除名：

（一）对本规定有重大违反时。

（二）明显妨碍本组织的信用时。

（三）妨碍正常的连锁营运时。

第六章 其 他

第二十三条 加盟店之间的纠纷，由公司总部出面调解。

第二十四条 公司总部与加盟店发生的合同纠纷，应在公司总部所在地的仲裁机构仲裁。

第二十五条 本制度的修改需经主管部门同意，修改后的制度不得与法律法规相抵触。

第二十六条 本制度与连锁店加盟合同发生冲突时，以合同为准。

第二十七条 本制度由公司总部订立和解释，自通过之日起生效。

☞ 制作提示

1. 明确制度的制定目的和适用范围。如为了使加盟店有序运行，规范操作，扩大公司产品品牌的知名度，特制定本制度。参见上文第一、二条。

2. 明确加盟资格和条件。如规定做本部的加盟店要诚实经营并接受本部的经营指导和援助。参见上文第三、四、五条。

3. 明确加盟店基本权利。如规定经销本部组织独自开发的商品。参见上文第六条。

4. 明确公司总部应遵守的约束事项。如规定对于加盟店所属的编制区域内，未经加盟店同意下，不得再授予他人同样的权利。参见上文第七条。

5. 明确加盟店店长的职责。如规定店长必须忠于职守，维护公司的统一形象，以身作则，严格遵守公司的一切制度，日常工作中无条件接受上级的督导。参见上文第八条。

6. 明确导购员行为准则。如规定要热情接待任何类型的顾客，一视同仁。参见上文第九条。

7. 明确仓管员的岗位职责。如规定根据销售情况控制库存，降低库存成本，根据捕捉的商品信息及时调整库存和样式。参见上文第十条。

8. 明确收银员的岗位职责。如规定保持礼仪站姿，礼仪用语，维护品牌形象，协助导购员完成服务。参见上文第十一条。

9. 明确总部对各加盟店实行标准化、专业化、程序化的统一管理模式。如规定统一的店面牌匾、标志；统一的装修风格等。参见上文第十二条。

10. 明确供货退货事项。如规定公司总部对加盟店的供货地原则上以公司总部生产地为主。如加盟店有特别要求，公司总部可代办货运到指定地点。参见上文第十三、十四条。

11. 明确公司总部对加盟店的支持。如规定加盟店开业前由营销中心对加盟店的经营管理人员、服务人员进行岗前培训及考核。参见上文第十五、十六条。

12. 明确会议制度。如规定总部每年召开一次由各加盟店经理参加的工作联谊会。参见上文第十七、十八、十九条。

13. 明确惩罚事项。如规定加盟店的经营亏损，连续亏损6个月以上，经判断无法改善经营状况时，公司总部有权解除加盟契约。参见上文第二十、二十一、二十二条。

14. 明确纠纷解决事项。如规定公司总部与加盟店发生的合同纠纷，应在公司总部所在地的仲裁机构仲裁。参见上文第二十三、二十四条。

15. 明确其他事项以及制度的解释主体和施行时间等。参见上文第二十五、二十六、二十七条。

十一、专卖店管理制度

专卖店是专门经营或授权经营某一主要品牌商品（制造商品牌和中间商品牌）为主的零售业态。专卖店一般选在繁华商业区、商店街或百货店、购物中心内；营业面积根据经营商品的特点而定；以著名品牌、大众品牌为主；销售体现量小、质优、高毛利；采取定价销售和开架面售；注重品牌名声、从业人员必须具备丰富的专业知识,并提供专业的知识性服务。建立完善的专卖店管理制度,对其经营与发展有着不可估量的作用。

专卖店管理制度范本

第一章 总 则

第一条 为加强对专卖店工作的管理,提高店面信誉与服务质量,不断创收,特制定本制度。

第二条 店长的岗位职责为:

(一)对员工进行监督和管理,包括迟到、早退、仪容仪表、待客礼节、卫生等的全面管理;

(二)帮助员工做好职业规划、职业定位,帮助员工快速成长,为其创造晋升条件;

(三)做好员工的激励工作,根据店面管理及考核制度,对员工事情进行准确评估,以鼓励先进,形成比、学、赶、帮、超的工作氛围;

(四)经常与员工沟通,协调人际关系,创造积极、兴奋的工作氛围;

(五)监督顾客资料的整理、录入及POS系统会员的分析管理;

(六)时刻检查货架上有无空白商品及试用产品是否欠缺,提示店员补上;

(七)监视促销活动的实施和进展,提示店员及时向顾客做好宣传和展示;

(八)对新员工作出相应的引导和培训;

(九)安排老员工对专业知识巩固进修;

(十)安排员工轮流在店面四周发放宣传单,吸引顾客到店(针对人流量少的店面);

(十一)监督赠品的合理赠送,时刻维护顾客关系;

(十二)随时帮助后进员工的发卖,提高后进员工的发卖能力;

(十三)激励和跟踪所有员工对自己发卖目标的完成,及时调整发卖计划;

(十四)观察每个员工的成交能力,随时分析店面的成交率及店面单笔成交金额的水平值;

（十五）时刻关注发卖与计划的差距，将情况告知员工，激励员工再接再厉，为店面总业绩目标的告竣时刻起劲；

（十六）针对空白商品再次检查并补货，提示店员严格防范产品丢失；

（十七）其他事项。

第三条 店员的岗位职责为：

（一）以饱满的精神状态、丰富的专业知识、熟练的演示技艺对顾客进行售前服务；

（二）保持展台、样机的整齐、干净、有序、完好；

（三）了解行业的发展态势，各竞争品牌的优劣势，熟悉本企业各种产品的卖点、特点，并熟练操作；

（四）树立"敬业、团队、创新"的意识，培养积极主动的学习习惯，及时了解公司的各种新品知识、特点；

（五）及时准确地汇总每日销售信息并填报"销售周报表"；

（六）关注、收集各品牌好的措施，竞争品牌各类促销活动的内容及动向。

第四条 店务管理工作由店长和店员共同完成，其主要是对店内装备、货色、账目、安全措施等进行全面管理，详细为：

（一）装备管理：对店内各类电器、收银机等装备的运作和安全情况进行检查，有问题及时解决；

（二）账目管理：做到账目清晰，钱账相符；

（三）货品管理：认真做好产品的发卖统计事情，保障合理库存，对试用产品的领用严格把关，确保无破损、丢货现象；

（四）安全管理：对门窗、电器开关进行检查后关店，消除安全隐患；

（五）每日事情做到日清日结，日结日高。

第二章 员工招聘

第五条 公司招聘员工的原则是：

（一）依据应聘者是否适合应聘岗位的素质和培养潜力，并以该职位人员应具有的实务知识和操作技能作为考核准则。

（二）应聘者的综合素质和个人理念是否与公司要求相符，是培养潜力的重要衡量标准。

（三）特殊情况下，若应聘者实际工作经验缺乏，但个人综合素质良好又具备培养潜力的，可以录用。相反，就算应聘者有一定的工作经验，但素质和培养潜力不符合公司要求的，也不可录用。

第六条 应聘者必须如实填写应聘申请表，经面试、笔试、复试考核后方可聘用。

第七条 应聘者必须在公司指定的时间到公司报到、办理入职手续，否则取消录用资格。报到时，需向公司提供以下有效证件方可办理入职：

（一）身份证、户口簿原件及复印件；

（二）学历证书、毕业证书原件及复印件；

（三）其他证件及复印件。

第八条 入职员工必须保证向公司提供的个人资料真实无误，不得隐瞒传染病。个人资料更改后必须立即通知人事部，如地址、电话、教育程度、婚姻状况等。虚报、伪造资料和隐瞒者一经公司发现立即无条件辞退。

第九条 公司对新员工进行培养训练管理。主要内容为公司企业文化、专业知识、产品知识、办事礼节、发卖技巧、顾客反对意见及疑义等。

第十条 凡新员工入职一般需经过1个月的试用期。

若新员工表现优异，其部门主管可报请公司批准，将试用期酌情缩短。必要时，也可将试用期酌情延长（但延长期不超过3个月）。

员工在试用期间表现不合公司要求的，公司有权随时辞退。

第十一条 试用期满，由员工所在部门和人事部进行考核，填写转正申请及审核表，经相关部门批准。合格员工将转为正式聘用员工，不合格者将立即辞退。

第三章 员工管理

第十二条 专卖店员工实行轮班工作制，每周工作6天。所有专卖店由店长编排每月排班表，各员工需按表上班，不得擅自更改。

任何人不得在节假日和周六、日换班休息。员工每月换班不能超过3次，店长不得与店员换班。

第十三条 专卖店营业时间为 9:00 至 22:00，专柜按商场要求执行。特殊地区的营业时间报公司批准后执行。营业时间不得擅自更改，如有调整，需服从公司安排。

第十四条 员工上下班都须签到，不得弄虚作假，不得替他人签到。

第十五条 员工应于营业时间前 15 分钟到达专卖店，穿着整齐制服，全情投入工作。

第十六条 员工每月累计迟到（早退）3 次作旷工处理。工作时还未穿着整齐制服及未能整理好个人仪容者作迟到论处。

第十七条 员工未按规定程序办理请假手续和无故不上班者，按旷工处理。

旷工 1 天扣罚 3 天工资和提成，当月累计旷工 3 天者，作自动离职处理，不予计发当月工资和提成等。

因旷工或自动离职为公司带来损失者，公司将追究其法律责任。

第十八条 员工因私而不能上班的，请事假一般不得连续超过 3 天，或累计全年超过 10 天，否则公司有权辞退。事假期间不计发工资。

第十九条 请病假须出示区级或以上医院出具的证明，因工伤休假在半个月以内的公司保留其职位并支付基本工资。其余病假不计发工资。

第二十条 员工请假在 1 天或以内的，由店长批准同意。2 天或以上的必须经区域主管或店铺督导批准同意。一周以上的必须经上级总监批准。请假单与当月考勤表一同上交人事部门。

员工因特殊事件或急病不能及时提前请假的，应在 3 小时内打电话通知上级，返回后于当天补办请假手续。

第二十一条 员工在工作时间，要注重服装仪容，具体为：

（一）头发要勤清洗、梳整齐；

（二）男士胡子每日刮修；

（三）指甲应常修剪，不可留太长；

（四）必须着统一服装，服装要洗净，并且要烫平；

（五）皮鞋常注意有无泥土，每日擦拭一次；

（六）工作时间内，必须佩戴工作牌（胸卡）。

第二十二条 员工在工作时间，不得擅自离岗，并注意以下事项：

（一）在工作区域，5米范围内的顾客，必须主动以目光或语言等向顾客打招呼；

（二）工作时间内不得背靠墙壁、展台，不得坐在展台上；

（三）工作时间内不得在展台附近挖鼻孔或随地吐痰；

（四）不得对顾客的询问漠不关心或无精打采；

（五）工作时间不在展台附近大声喧哗、嬉笑打闹；

（六）除为顾客做现场演示外，不得在上班时间玩游戏；

（七）保持展台清洁、整齐、有序，样机清洁；

（八）对顾客的物品要轻拿轻放；

（九）协助顾客细致、详尽、准确地填写顾客回执单；

（十）不得与顾客发生争执、吵闹；

（十一）不能长时间接打私人电话、玩弄手机。

第二十三条 试用期员工辞职的，需提前一周递交辞职申请表，正式员工需提前30天申请。

辞职员工在未离职前必须同样专心工作。当辞职申请按程序获得批准，并完成工作交接后方可离职。

重要岗位的员工离职时，行政部门必须在其离职当天向相关部门和单位发文，告知相关事项及职务接替人。

辞职者工资于公司规定的发薪日发放。

第二十四条 公司基于工作需要可调动任何员工的职务或工作地点，被调员工应主动配合，不得借故推诿。

奉调员工接到调任通知后，应于通知所限的时间内办妥移交手续并与新任接替者做好工作交接。奉调员工在新任者未到职前，其所遗职务可由直属主管代理负责。

第二十五条 因员工严重违反公司有关管理制度、经营理念，公司可视情况给予开除处理。因违反操作规章为公司、客户或第三方带来损失的，必须给予相应赔偿。

第二十六条 员工在试用期间明显不符合要求，或在职期间不努力工作，表现越来越差者，公司可即时予以辞退而不需作任何补偿。如因公司经营问题而需辞退员工的，公司将提前一个月通知被辞退员工，并给予一个月的工资作为补偿。

第二十七条 若员工在职期间不符合岗位知识、技能等要求，虽然努力工作但仍不见成效的，公司将规劝其辞职。

第二十八条 公司与员工签订的劳动合同到期，而任何一方无续签意向，当该员工办理清楚交接手续后，双方的雇佣关系终止。

第四章 附 则

第二十九条 本制度未尽事宜，参照公司其他有关制度执行。

第三十条 本制度的解释权归公司所有。

第三十一条 本制度自公布之日起实施。

☞ 制作提示

1. 明确制度的制定目的。如规定为加强对专卖店工作的管理，提高店面信誉与服务质量，不断创收，特制定本制度。参见上文第一条。

2. 明确店长的岗位职责。如规定对员工进行监督和管理，包括迟到、早退、仪容仪表、待客礼节、卫生等的全面管理。参见上文第二条。

3. 明确店员的岗位职责。如规定以饱满的精神状态、丰富的专业知识、熟练的演示技能对顾客进行售前服务。参见上文第三条。

4. 明确店务管理工作的执行。如规定店务管理工作由店长和店员共同完成，其主要是对店内装备、货色、账目、安全措施等进行全面管理。参见上文第四条。

5. 明确公司招聘员工的原则。如规定依据应聘者是否适合应聘岗位的素质和培养潜力，并以该职位人员应具有的实务知识和操作技能作为考核准则。参见上文第五条。

6. 明确应聘者应聘时的各种事项。如规定应聘者必须如实填写"应聘申请表"，经面试、笔试、复试考核后方可聘用。参见上文第六、七、八条。

7. 明确员工培训与试用期事项。如规定公司对新员工进行培养训练管理。主要内容为公司企业文化、专业知识、产品知识、办事礼节、发卖技巧、顾客反对意见及疑义等。参见上文第九、十、十一条。

8. 明确员工考勤管理工作。如规定员工上下班都须签到，不得弄虚作假，不得替他人签到。参见上文第十二条至第十八条。

9. 明确员工请假制度。如规定员工请假在 1 天或以内的，由店长批准同意。2 天或以上的必须经区域主管/店铺督导批准同意。参见上文第十九、二十、二十一条。

10. 明确员工在工作时间，应注重服装仪容。如规定必须着统一服装，服装要洗净，并且要烫平。参见上文第二十一条。

11. 明确员工在工作时间，不得擅自离岗，以及应当注意的事项。如规定工作时间内不得背靠墙壁、展台，不得坐在展台上。参见上文第二十二条。

12. 明确员工的离职、辞退、辞职等情形。如规定试用期员工辞职的，需提前一周递交辞职申请表，正式员工需提前 30 天申请。参见上文第二十三、二十四、二十五、二十六、二十七、二十八条。

13. 明确其他事项以及制度的解释主体和施行时间等。参见上文第二十九、三十、三十一条。

十二、客服人员管理制度

客服中心是企业与客户进行沟通、为客户提供服务及解难答疑的重要途径，是企业服务水平高低的主要衡量标尺，是企业提质升级、促进盈利的关键因素。打造优质的客服无疑是一种双赢的策略，而当前部分企业只顾引进高端先进硬件设备，忽视了提升客户服务管理这一软实力，一定程度上限制了企业的健康有序发展。因此，着力完善客服管理相关制度尤为重要，而针对客户服务的传递主体——客服人员的管理制度的建立健全则为重中之重。

客服人员管理制度范本

第一章 总 则

第一条 为强化客服人员的服务意识，规范客服人员的服务行为，明确客服人员的岗位职责，优化客服人员的管理体制，进一步提高服务质量，维护客服和公司的利益，特制定本制度。

第二条 本制度适用于公司所有客服部在职人员。

第三条 客服人员须遵守诚实守信、统一指挥、全员监督、奖优罚劣原则。

第二章 人员要求

第四条 客服人员的聘请与解聘由公司客服部主管会同人事部门共同完成。客服人员应具备以下三个基本条件：

（1）普通话标准、流利；

（2）有良好的应变和沟通能力；

（3）团队合作意识强，能够配合销售等其他部门开展工作。

第五条 新入职客服人员需接受公司统一培训，并经客服部门主管考核通过后方能正式上岗。

第三章 员工行为规范

第六条 工作时间需统一穿着工作服，并于胸前明显位置佩戴胸牌，不穿拖鞋或露脚趾鞋。

第七条 禁止佩戴夸张首饰，头发梳理整齐，不得烫染夸张发型，男性员工不得留长发。

第八条 客服人员需保持良好举止，包括但不限于以下举止规范：

（1）态度积极热情，亲和有礼貌；

（2）站姿、坐姿、走姿端正，不懒散、不扭捏，行为自然大方；

（3）爱护公共设施，保持工作环境整洁，禁止在办公场地吃东西、乱扔废弃物品。

第九条 口头沟通时保持语言流畅、清晰，语速适中（一般以每分钟100字为宜），语气缓和亲切。

第十条 自觉遵守良好的工作纪律。严格按照业务规范、流程进行操作，不得擅自离岗和人为中断服务。严格执行以下考勤制度：

（1）迟到、早退1分钟到10分钟的，每分钟扣款1元；10分钟到半小时的，扣款30元；超过半小时的按旷工半天论处。

（2）凡公务出差者，需首先填写出差申请表，经客服部主管批准，否则不予报销差旅费。

（3）因病不能正常上班的，需提前半小时通知主管部门，病假结束后立即递交相关医院证明资料，否则按事假处理。事假需提前一个工作日向主管部门申请，否则以旷工论处。

（4）无故旷工的扣发当天工资，一个月内无故旷工达两次的公司有权予以辞退。

第四章　工作内容规范

第十一条 客服人员应履行如下岗位职责：

（1）登录相关宣传平台，负责日常业务咨询，提供必要的礼仪服务。

（2）做好客户档案资料的登记管理工作。

（3）做好售前、售中、售后电话回访工作，与客户建立并保持良好关系。

（4）定期统计服务项目及服务质量评价反馈，做好工作日志、周报表、月报表，并提出初步整改优化意见。

（5）跟进处理突发性事件，如客户恶意投诉、紧急人员疏散等。

（6）参加单位组织的学习培训，深入感知公司的企业文化，并向客户宣传企业精神，提升个人综合素养。

第十二条 接听公司热线电话需严格按照以下要求进行：

（1）电话铃响3声内必须拿起电话并主动问候。

（2）及时给予客户答复，无法及时答复的，须为其建立个案，将个案发给相关负责人。获取解决方案后的1个工作日内反馈给客户。

（3）遇到难缠客户时，在不违背服务原则的前提下，换时间换客服再次致电解答。

（4）做好来电登记。

第五章 培训管理

第十三条 客服部应根据工作需求定期组织培训，一般以每季度培训一次为宜。培训项目、培训师、场地及所用材料的准备均由客服主管负责。

第十四条 培训结束后，主管部门应组织考核，评估分为未通过、通过和优秀三个等级，未能通过考核的应参加加时培训。考核结果报告将作为晋升参考依据。

第六章 其他规定

第十五条 其他未尽事宜参照公司其他相关规定。
第十六条 本制度由客服部负责解释、修订。
第十七条 本制度自公布之日起实施。

☞ 制作提示

1. 明确制度的制定目的及适用范围。如旨在规范客服人员服务行为，提高服务水平，全体客服人员需参照执行。参见上文第一条、第二条。

2. 明确制度使用基本原则。如规定服从指挥、奖优罚劣等原则。参见上文第三条。

3. 明确应聘人员基本条件。如具备良好的口语表达和沟通能力，能够接受正规的客服培训。参见上文第四条、第五条。

4. 明确员工在岗期间行为规范。如规定员工的着装、仪容、语言、举止等规范细则，参见上文第六条至第九条。

5. 明确客服部工作纪律。如规定客服人员要自觉遵守良好的工作纪律，严格履行出差、病事假手续。参见上文第十条。

6. 明确客服工作人员岗位职责具体内容。如规定接待客户、解答咨询、整理客户档案资料等职责内容，重点明确客户来电接听相关事宜。参见上文第十一条、第十二条。

7. 明确客服人员岗位培训事宜。如规定客服部根据工作需求定期组织培训，且培训后应组织考核评估。参见上文第十三条、第十四条。

8. 明确其他事项以及制度的解释、修订主体和施行时间等。参见上文第十五条、第十六条、第十七条。

第十六章　市场营销客户管理制度

在市场激烈竞争的今天，随着消费者维权意识的提高和消费观念的变化，消费者在选购产品时，不仅注意到产品实体本身，在同类产品的质量和性能相似的情况下，更加重视产品的售后服务。因此，在提供价廉物美的产品的同时，向消费者提供完善的售后服务，已成为现代企业市场竞争的新焦点。

一、售后服务管理办法

售后服务，是指生产企业、经销商把产品（或服务）销售给消费者之后，为消费者提供的一系列服务，包括产品介绍、送货、安装、调试、维修、技术培训、上门服务等。在市场激烈竞争的今天，随着消费者维权意识的提高和消费观念的变化，消费者在选购产品时，不仅注意到产品实体本身，在同类产品的质量和性能相似的情况下，更加重视产品的售后服务。因此，在提供物美价廉的产品的同时，向消费者提供完善的售后服务，已成为现代企业市场竞争的新焦点。

售后服务管理办法范本

第一条 为规范公司的售后服务工作，最大限度消除客户的不满情绪，增进公司与客户之间的沟通，提高顾客满意度，减少销售障碍，特制定本办法。

第二条 本制度适用于公司的售后服务活动。

第三条 销售部针对具体合同要求，制订出服务实施计划：

（一）销售部根据服务实施计划，会同有关责任部门按计划进行分工和实施，并将计划复印件交给责任部门；

（二）当服务工作完成后，销售部对其实施结果进行验证，以满足合同规定要求。验证方法可采用顾客验收后当场签字或回单形式，以此来衡量服务质量。

第四条 销售部指定专人负责收集、分类、整理来自顾客的反馈信息，并及时将信息汇总在顾客信息汇总表上，并报到质管部，质管部对其进行分析，属产品质量问题的按改进控制实施。

第五条 接待人员对顾客来访（或投诉者）的接待，应做到热情、礼貌周到。对顾客提出的问题，应在顾客投诉及处理记录表上做好记录，尽量解决好顾客提出的问题使顾客满意。

第六条 顾客投诉属质量问题时，接待人员将顾客反映的情况填写在顾客投诉及处理记录表上。对来函、传真、来电的质量投诉也由专人负责，并将顾客反映情况填写在顾客投诉及处理记录表上,还要制定出解决投诉的方案。

第七条 凡属产品质量问题,接待人员应在当天将顾客投诉及处理记录表和顾客投诉函件等交到质管部。质管部根据投诉内容,会同有关部门对其分析,提出采取措施意见,然后在顾客投诉及处理记录表上的处理意见栏目中填写处理意见,并将此记录交给被委派的技术人员。

第八条 被委派的技术人员或检验员应由具备相应专业技术的人担任,以保证服务质量。

第九条 被委派的技术人员和检验员回公司后,及时将顾客投诉及处理记录表交到质管部。若属本公司产品质量问题,质管部填写纠正措施通知单交给责任部门。责任部门按改进控制采取纠正措施。

第十条 公司为加强对客户的服务,并培养服务人员"顾客第一"的观念,特举办客户意见调查,将所得结果,作为改进服务措施的依据。

客户意见分为客户的建议或抱怨及对技术员的品评,除将品评资料作为技术员每月绩效考核之一部分外,对客户的建议或抱怨,服务部应特别加以重视,认真处理,以精益求精,建立本公司售后服务的良好信誉。

第十一条 本办法由营业中心提出并负责起草、解释。

第十二条 本办法经有关部门共同审定,公司批准后发布,并纳入管理制度体系。

第十三条 本办法自公布之日起执行。

☞ 制作提示

1. 明确交代制度的制定目的和管理范围。参见上文第一、二条。

2. 明确销售部的职责。如规定销售部针对具体合同要求,制订出服务实施计划。参见上文第三、四条。

3. 明确接待人员的义务、责任等。如规定接待人员对顾客来访(或投诉者)的接待,应做到热情、礼貌周到。参见上文第五、六、七条。

4. 明确被委派的技术人员和检验员的义务、职责等。如规定被委派的技术人员或检验员应由具备相应专业技术的人担任,以保证服务质量。参见上文第八、九条。

5. 明确其他相关事项。如规定公司为加强对客户的服务，并培养服务人员"顾客第一"的观念，特举办客户意见调查，将所得结果，作为改进服务措施的依据。参见上文第十条。

6. 明确办法的解释主体和施行时间。如在最后一般都要注明类似"本办法自发布之日起施行"的时间规定。参见上文第十一、十二、十三条。

二、客户投诉管理办法

公司的客户在购买、使用商品或者接受服务的过程中，可能会对某个工作环节产生不满，而向公司提出各样的想法、建议或要求。这样，对于公司本身来说，合理处理这些意见或要求是非常重要的。制定完善的客户投诉管理办法对维护公司信誉，促进品质改善与售后服务有着重要的意义。

客户投诉管理办法范本

第一条 为了对市场和顾客的需求变化能够迅速做出相应的反应，处理顾客投诉案件，加强自身控制和纠错能力，维护公司信誉，促进品质改善与售后服务，提高顾客满意度，特制定本办法。

第二条 客户投诉是指客户针对公司经营中发生或存在的服务问题，以来信、来电、来访、电子邮件等形式，直接或间接反映各种情况的行为。

第三条 客户的正当投诉范围包括：

（一）产品在质量上有缺陷。

（二）产品规格、等级、数量等与合同规定或与货物清单不符。

（三）产品技术规格超过允许误差范围。

（四）产品在运输途中受到损害。

（五）因包装不良造成损坏。

（六）存在其他质量问题或违反合同问题。

第四条 市场部所属机构职责为：

（一）确定投诉案件是否受理。

（二）迅速发出处理通知，督促尽快解决。

（三）根据有关资料，裁决有关争议事项。

（四）尽快答复客户。

（五）决定投诉处理之外的有关事项。

第五条 主管副总经理的职责为：

（一）监督投诉案件的调查、上报及责任人员的确定。

（二）投诉改善方案的审核及效果确认。

（三）主持与客户接洽投诉调查及妥善处理。

第六条 总经理的职责为：

（一）投诉内容的审核。

（二）处理方式的确定及责任归属之判定。

第七条 公司其他部门也应积极承担受理客户投诉的责任和义务。各部门接到客户来信、来电、来访提出的投诉，要积极主动受理，不得推诿、拒绝或隐瞒不报，一旦发现有拒绝或隐瞒的，按公司相关制度进行处理。本部门职责范围内能够解决的投诉问题，接待人员要予以答复及时解决；投诉问题不属本部门责任问题或需协调其他部门解决的，应主动向客户说明情况，记下投诉内容、投诉人信息或将投诉信件转交市场部，并积极协助相关责任部门解决投诉内容。

第八条 对客户投诉内容进行调查核实，投诉问题的处理，客户投诉的回复，定期汇总分析客户投诉情况，对已处理投诉客户进行调查回访，根据调查分析结果有针对性地提出加强改进工作的意见或建议。

第九条 投诉案件处理期限为自市场部受理起，国内 15 天内，国外 18 天内。

第十条 公司备有顾客意见簿，方便顾客对本公司产品的监督与投诉。必须将顾客投诉记录在案，不能有瞒报、漏报、谎报的行为。

第十一条 客户投诉责任人员处分及奖金罚扣：

（一）对于客户投诉的责任人员，凡经批示为行政处分者，经整理后送人事单位提报人事公布单并公布。

（二）相关责任的归属单位或个人在责任确定后，由总经理开立奖罚通知单并呈总经理核准后复印三份，一份自存，一份会计单位查核，一份送罚扣部门罚扣奖金。

第十二条 本制度由市场部负责解释和修订，经公司总经理办公会议通过之日起实施。

☞ 制作提示

1. 明确交代制度的制定目的和管理范围。如规定客户投诉是指客户针对公司经营中发生或存在的服务问题，以来信、来电、来访、电子邮件等形式，直接或间接反映各种情况的行为。参见上文第一、二、三条。

2. 明确各机构的职责。如规定总经理的职责为：投诉内容的审核和处理方式的确定及责任归属之判定。参见上文第四、五、六、七条。

3. 明确对客户投诉内容进行调查核实，投诉问题的处理事项等。如规定对已处理投诉客户进行调查回访，根据调查分析结果有针对性地提出加强改进工作的意见或建议。参见上文第八、九、十条。

4. 明确对责任人员的处罚规定。如规定对于客户投诉的责任人员，凡经批示为行政处分者，经整理后送人事单位提报人事公布单并公布。参见上文第十一条。

5. 明确办法的解释主体和施行时间。如在最后一般都要注明类似"本办法自发布之日起施行"的时间规定。

三、客户档案管理制度

客户档案就是有关客户情况的档案资料，是反映客户本身及与客户关系有关的流程的所有信息的总和。它包括客户的基本情况、市场潜力、发展方向、财务信用能力、竞争力等方方面面。建立客户档案的目标是缩减销售周期和销售成本，有效规避市场风险，寻求扩展业务所需的新市场和新渠道。而客户档案管理是企业营销管理的重要内容，是营销管理的重要基础。建立完善的客户档案管理系统和客户管理规程，对于提高营销效率，扩大市场占有率，与交易伙伴建立长期稳定的业务联系，具有重要的意义。

客户档案管理制度范本

第一条 客户是企业的财富,为做好客户档案资料的收集整理与管理工作,提高营销效率,扩大市场占有率,与本公司交易伙伴建立长期稳定的业务联系,特制定本制度。

第二条 企业现有客户与潜在客户、直接客户与间接客户都应纳入本制度的适用范围。

第三条 客户档案管理的基本原则为:

(一)集中管理。

针对客户资料分散化的问题,企业唯一的解决办法就是对客户档案进行集中管理。集中管理客户档案后,公司可以进行统一授信,全面跟踪,及时抑制可能出现的问题。在集中管理的模式下,企业仍然要注意加强信用管理部门的工作人员的职业道德教育,使其意识到客户档案是企业的特殊资产,也是企业商业秘密的重要内容。

(二)动态管理。

所谓动态管理,是指对于客户档案信息要不断进行更新。这是因为客户本身的情况是在不断变化的。就客户的资信报告来讲,它是一份即期的客户档案,有效期一般在三个月到一年。超出这个时间,就要对客户进行新的调查。

(三)分类管理。

对客户档案进行恰当的分类,主要是基于客户对企业的重要性和客户档案管理费用的考虑。企业客户规模的大小不一,对企业销售额的贡献程度也相应不同,理应区别对待;另外,进行客户档案管理也要考虑到成本效益原则,尽量使有限的资源发挥最大的经济效用。

第四条 客户档案管理的基本内容包括以下几项:

(一)客户基础资料。即企业所掌握的客户的最基本的原始资料,是档案管理应最先获取的第一手资料。这些资料是客户档案管理的起点和基础。客户资料的获取,主要是通过推销员进行的客户访问收集起来的。客户基础资料主要包括客户的名称、地址、电话;所有者、经营管理者、法人(这三项应包括其个人性格、爱好、家庭、学历、年龄、能力等方面）；创业时间、与本公司交易时间、企业组织形式、业种、资产等方面。

（二）客户特征。主要为服务区域、销售能力、发展潜力、经营观念、经营方针与政策、企业规模（职工人数、销售额等）、经营管理特点等。

（三）业务状况。主要包括目前及以往的销售实绩、经营管理者和业务人员的素质、与其他竞争公司的关系、与本公司的业务联系及合作态度等。

（四）交易活动现状。主要包括客户的销售活动状况、存在的问题、保持的优势、未来的对策；企业信誉与形象、信用状况、交易条件、以往出现的信用问题等。

第五条 具体的客户档案管理方法为建立客户档案卡。建立客户档案卡为客户档案管理的基础工作。采用卡的形式，主要是为了填写、保管和查阅方便。

第六条 利用所掌握的客户资料，将企业拥有的客户进行科学的分类：

（一）客户性质分类。分类的标识有多种，主要原则是便于销售业务的开展。可按客户所在行业、客户性质、客户地域、客户类型划分。

（二）客户等级分类。企业根据实际情况，确定客户等级标准，将现有客户分为不同的等级，以便于对客户进行渠道管理、销售管理和货款回收管理。

（三）客户路序分类。为便于销售代表巡回访问、外出推销和组织发货，首先将客户划分为不同的区域；然后，再将各区域内的客户按照经济合理原则划分出不同的路序。

第七条 档案管理工作具体由市场部门会同行政部门一同实施。

第八条 加强档案审批工作：

（一）客户经理在提交档案前要认真审核、校对，确保档案的真实准确性。

（二）所有客户档案均需有客户签名、经办人、直接领导审批签字方可入档。

第九条 关于档案的查阅，应按以下要求进行：

（一）每位客户经理有权随时查阅自己所负责客户的档案记录。

（二）总经理、销售部经理有权查阅所有客户的档案记录。

（三）其他客户经理或部门经理需查阅客户档案时，需有销售部经理或总经理的审批。

第十条 消费者的消费理念在不断地更新和理性化，所以档案资料也要不断地更新，以便更好地确立正确的发展方向。那么，档案的增加、修改、删除的具体要求为：

（一）档案的增加。对于客户在建档时不完善的资料进行补充，新的行业发展趋势，竞争对手的最新动态等。所有员工都有及时提供资料和完善客户档案的权利和义务。

（二）档案的修改。在建档时客户资料难免有差错，所以及时地发现并修改是极为重要的。对客户档案进行修改前要有销售部经理的同意批示，并且留存修改记录和修改原因。

（三）对错误和过时行业情报、死档进行及时的删除。删除时需有销售部经理的同意批示，删除原因。对确定删除的资料也要有一个月保留期，确定删除时再进行彻底删除，以免误删有用资料。

第十一条 销售部会同其他一线部负责人每月召开一次客户档案补充更新专题会，确定月度重点关注的客户名单。每季度召开一次消费分析会，并根据客户消费情况，对其进行各类客户档案动态转换，并做好各类客户上半年、下半年及年度消费的分析会议。

第十二条 客户档案资料作为公司最高级机密的一部分，公司所有员工有责任和义务严格遵守公司保密制度，确保其安全。

第十三条 其他未尽事宜，参照公司相关管理制度。

第十四条 本制度由公司负责解释、修订。

第十五条 本制度自公布之日起实施。

☞ 制作提示

1. 明确制度的制定目的及适用范围。如规定企业的现有客户与潜在客户、直接客户与间接客户都应纳入本制度的适用范围。参见上文第一、二条。

2. 明确客户档案管理的基本原则。如规定针对客户资料分散化的问题，企业唯一的解决办法就是对客户档案进行集中管理。参见上文第三条。

3. 明确客户档案管理的基本内容。如规定客户特征主要为服务区域、销售能力、发展潜力、经营观念、经营方针与政策、企业规模（职工人数、销售额等)、经营管理特点等。参见上文第四条。

4. 明确具体的客户档案管理方法。如规定建立客户档案卡为客户档案管理的基础工作。参见上文第五、六条。

5. 明确档案管理工作的实施事项,如档案的审批、查阅、修改、删除等。如规定消费者的消费理念在不断地更新和理性化,所以档案资料也要不断地更新,以便更好地确立正确的发展方向。参见上文第七、八、九、十、十一、十二条。

6. 明确其他事项以及制度的解释主体和施行时间等。参见上文第十三、十四、十五条。

四、客户信息管理办法

客户信息是指客户喜好、客户细分、客户需求、客户联系方式等一些关于客户的基本资料。科学的客户信息管理是凝聚客户、促进企业业务发展的重要保障。客户信息管理在各个方面的运用,已经显示出了强大的生命力。特别是在当今企业以网络营销为支撑来开展业务的情况下,由于网络信息的复杂性和多样性,开展信息管理迫在眉睫。客户信息管理已经也必将成为企业生存取胜的重要一环。通过客户信息管理,可以实现客户信息利用的最大化和最优化。而制定一部完善的客户信息管理办法,就显得十分必要。

客户信息管理办法范本

第一条 为规范公司对客户信息的管理,使公司对客户的管理规范化、有效化、长期化,提高公司经营管理水平与工作效能,特制定本办法。

第二条 本办法所称客户是指与公司有业务来往的公司或集体,或者将来有可能与公司发生业务来往的公司或集体。

第三条 客户信息管理即针对客户档案的系统化管理。

第四条 建立完善的客户档案管理系统和客户档案管理规程,有利于提高公司营销效率,扩大市场占有率,与客户建立长期稳定的业务联系。

第五条 客户档案管理工作，由公司营销部门负责，其他部门予以配合。

第六条 管理客户信息，可以按以下方式进行划分：

（一）根据时间序列划分，客户档案管理对象包括老客户、新客户和未来客户。其中应当以老客户和新客户为重点管理对象。

（二）根据交易过程划分，客户档案管理对象包括曾经有过交易业务的客户、正在进行交易的客户和未来进行交易的客户。其中，对于曾经有过交易业务的客户，不能因为交易中断而放弃对其的档案管理；对于正在进行交易的客户，应当逐步充实和完善其档案内容；对于未来进行交易的客户，档案管理的重点是全面收集和整理客户资料，为将来开展交易业务准备资料。

（三）根据客户性质划分，包括政府机构（政府采购）、与公司有特殊业务的公司、普通公司、顾客和合作伙伴等。公司应当根据客户的性质、需求特点、需求方式和需求量等的不同，实施不同特点的客户档案管理。

（四）根据交易数量和市场地位划分，包括主力客户、一般客户和零散客户。客户档案管理的重点应当放在主力客户上。

第七条 每一个新客户，都要建立客户档案户头。客户档案要规范化、标准化，了解客户的基本信息，如客户名称、法人代表、地址、电话、邮编、传真、经营范围、注册资本、联系人、联系人电话等有效信息。

第八条 客户档案要及时进行更新、修改：

（一）公司应当根据客户情况的变化，对客户档案加以调整和补充。

（二）对客户的重大变动事项、与本公司的业务交往，均须记入客户档案。

（三）积累客户年度、季度业绩和财务状况报告。

第九条 公司各部门与客户接触的重大事项，均须报告信息部（除该业务保密外），不得局限在业务人员个人范围内。

第十条 建立客户信息查阅权限制，不经许可，不得随意调阅客户档案。营销部门应当由专人负责客户档案管理，并仅限于供公司内部使用。

第十一条 要定期通过客户信息对客户构成进行分析。分析的主要内容应当包括：销售构成分析、商品构成分析、地区构成分析、客户信用分析等。

公司应当在客户信用等级分类的基础上，确定对不同客户的交易条件、信用限度和交易业务信用处理方法。

公司应当关注未来客户和潜在客户，为公司开拓新的市场提供资料。

第十二条 员工调离公司时，不得将客户资料带走，其业务部门会同信息部将其客户资料接受，整理，归档。

第十三条 本办法由信息部解释、补充，经负责人批准后颁布，修订时亦同。

☞ 制作提示

1. 明确制度的制定目的。如为规范公司对客户信息的管理，使公司对客户的管理规范化、有效化、长期化，提高公司经营管理水平与工作效能，特制定本办法。参见上文第一条。

2. 明确客户的界定。如规定客户是指与公司有业务来往的公司或集体。参见上文第二条。

3. 明确客户信息管理概念、作用及归口部门。如规定建立完善的客户档案管理系统和客户档案管理规程，有利于提高公司营销效率，扩大市场占有率。参见上文第三、四条。

4. 明确客户信息的分类。如规定根据时间序列划分，客户档案管理对象包括老客户、新客户和未来客户。参见上文第六条。

5. 明确客户档案的建立事项。如规定每一个新客户，都要建立客户档案户头。参见上文第七条。

6. 明确客户档案的更新、修改事项。如规定公司应当根据客户情况的变化，对客户档案加以调整和补充。参见上文第八条。

7. 明确客户档案的使用事项。如规定公司各部门与客户接触的重大事项，均须报告信息部（除该业务保密外），不得局限在业务人员个人范围内。参见上文第九、十、十一条。

8. 明确客户档案的保管。如规定员工调离公司时，不得将客户资料带走。参见上文第十二条。

9. 明确其他事项以及制度的解释主体和施行时间等。参见上文第十三条。

五、客户关系管理制度

客户关系管理是一个不断加强与顾客交流,不断了解顾客需求,并不断对产品及服务进行改进和提高以满足顾客的需求的连续的过程。客户关系管理注重的是与客户的交流,企业的经营是以客户为中心,而不是传统的以产品或以市场为中心。为方便与客户的沟通,客户关系管理可以为客户提供多种交流的渠道。

客户关系管理制度范本

第一条 为了全面完整真实地记录客户信息,快速、准确地满足客户需求,激励和维护老客户,提高对客户服务水平。同时为了更好地发展新客户扩大销售,特制定本管理办法。

第二条 本公司在市场上的所有客户都应纳入本制度管理系统。

第三条 客户关系管理的基本原则有:

(一)客户关系管理应根据客户情况的变化,不断加以调整,并进行跟踪记录。

(二)客户关系管理的重点不仅应放在现有客户上,而且还应更多地关注未来客户或潜在客户。

(三)将客户关系资料以灵活的方式及时全面地提供给销售经理和销售代表。同时,应利用客户资料进行更多的分析,使客户关系数据库充分发挥作用。

(四)客户关系数据库应由专人负责管理,并制订严格的查阅利用和管理制度。

第四条 新客户的选择原则有:

(一)新客户必须具备满足本企业质量要求的设备和技术要求。

(二)新客户必须具备按时供货的管理能力。

(三)新客户必须达到较高的经营水平,具有较强的财务能力和较好的信用。

(四)新客户必须具有积极的合作态度。

（五）新客户必须遵守双方在商业上和技术上的保密原则。

（六）新客户的成本管理和成本水平必须符合本公司要求。

第五条 关于开发选择认定，应遵循以下规定：

（一）提出认定申请报告。

根据一般调查和实地调查结果，向市场主管正式提出新客户选择申请报告。该报告主要包括以下项目：

1. 与新客户交易的理由及今后交易的基本方针。

2. 交易商品目录与金额。

3. 调查资料与调查结果。

（二）签订商品供应合同。

与所选定的新客户正式签订供货合同，签订合同者原则上应是本公司的总经理和新客户的法人代表。

（三）签订质量保证合同。

与供应合同同时签订的还有质量保证保同，其签订者与以上相同。

（四）设定新客户代码。

为新客户设定代码，进行有关登记准备。

（五）其他事项。

如将选定的新客户基本资料通知本企业相关部门；确定购货款的支付方式；新客户有关资料的存档。

第六条 记录合同的客户、代理产品及规格、月销量、首提、保证金、供货价、合同有效期及实际情况等关键信息。分产品类别进行专人专管，并建立合同归档制度。

第七条 各部门合同客户应进行三个月为一个周期的考核和甄别，对合同进行整理，识别有效性。识别达成客户的合同履行情况。对合同进行评估进行激励或淘汰经销客户，动态进行区域市场的重新资源整合。

第八条 对于旧客户及新客户的订货及估价，须迅速、秘密地探听清楚，尽早做好交涉工作。

第九条 对客户进行分类，决定例行月份的拜访及预定次数。

第十条 对于旧客户及预定客户方面的资料，则应建立客户资料卡，记录下列所规定事项，并随时注意修正其内容：

（一）资产、负债及损益。

（二）产品的种类项目、人员、设备、能力。

（三）销售情况、需求者的情况。

（四）付款实绩、信用状况。

（五）过去的客户与交易情况。

（六）电话、往来银行、代表者、负责人员。

（七）公司内部下单手续的过程。

（八）付款的手续过程。

（九）行业的景气状况。

（十）组织薪资。

第十一条 经常与旧客户保持密切的联系，探寻订货情况及其公司的需求，并设法延揽交易。

第十二条 交易成立时，如需提供谢礼或礼金给斡旋者或相关人员时，应事先取得常务董事的认可。

第十三条 建立客户回访制度。原则上所有优质客户、新开客户和潜在客户都应纳入回访范围。对于客户投诉的处理满意度的回访是重点，对客户的月销量的控制和掌握是每月的重点。

第十四条 销售部门必须不断努力掌握顾客的信用状况。尤其是对于首次交易的对象应特别慎重，如交易涉及重大的应请示销售副总经理的裁决后行事。

第十五条 本制度未尽事宜由营销部门讨论出草案，报总经理批准决定。

第十六条 本制度由营销部门负责解释。

第十七条 本制度自公布之日起实施。

☞ 制作提示

1. 明确交代制度的制定目的和管理范围。如规定本公司在市场上的所有客户都应纳入本制度管理系统。参见上文第一、二条。

2. 明确客户关系管理的基本原则。如规定客户关系管理应根据客户情况的变化，不断加以调整，并进行跟踪记录。参见上文第三条。

3. 明确新客户的选择原则。如规定新客户必须具备满足本企业质量要求的设备和技术要求。参见上文第四条。

4. 明确客户开发选择认定事项。如规定根据一般调查和实地调查结果，向市场主管正式提出新客户选择申请报告。参见上文第五条。

5. 明确合同管理制度。如规定记录合同的客户、代理产品及规格、月销量、首提、保证金、供货价、合同有效期及实际情况等关键信息。参见上文第六、七、八条。

6. 明确客户拜访、回访制度。如规定原则上所有优质客户、新开客户和潜在客户都应纳入回访范围。对于客户投诉的处理满意度的回访是重点，对客户的月销量的控制和掌握是每月的重点。参见上文第九、十、十一、十二、十三、十四条。

7. 明确未尽事宜的处理办法。如规定本制度未尽事宜由营销部门讨论出草案，报总经理批准决定。参见上文第十五条。

8. 明确制度的解释主体和施行时间。如在最后一般都要注明类似"本办法自发布之日起施行"的时间规定。参见上文第十六、十七条。

第十七章　企业策划管理制度

一项好的企划，可以帮助企业由小到大、由弱到强和由粗放到集约不断发展，从而不断提高企业战胜竞争对手、占有持久优势的整体功能。

一、年度销售计划管理办法

年度销售计划是指企业根据历史销售记录和已有的销售合同，综合考虑企业的发展和现实的市场情况制定的，针对部门、人员的关于任何时间范围的销售指标（数量或金额），企业以此为龙头来指导相应的生产作业计划、采购计划、资金筹措计划以及相应的其他计划安排和实施。

年度销售计划管理办法范本

第一条 为加强对本年度销售工作的管理，最大化地实现本年度的销售计划，特制定本办法。

第二条 年度销售计划的基本方针有：

（一）公司的业务机构应当持续完善、保证所有人员都能精通其业务，人心安定，能有危机意识，能有效地活动。

（二）公司要贯彻少数精锐主义，不论精神还是体力都须全力投入工作，使工作朝着高效率、高收益、高分配（高薪资）的方向发展。

（三）公司将大幅委让权限，使人员得以果断迅决有关事项，从而加强机能的敏捷、迅速化。

（四）公司将贯彻重赏重罚政策，以便为达到责任的目的及确立责任体制。

（五）公司要维护顾客的利益及对顾客的服务，最终达到服务社会的目的。

（六）公司要重视员工的幸福，重视每个人的成长，按能力高低支付薪资。

（七）公司要通过对顾客服务和增加员工的福利，求得公司成长，以求在竞争中立于不败之地。

第三条 本公司_____年度的销售目标如下：

（一）销售额目标：销售部门年销售额达_____万元以上；每位员工每月销售额达_____万元以上。

（二）利润目标：_____年度实现利润达_____万元以上。

（三）新产品的销售目标：新产品销售额达_____万元以上。

第四条 为实现销售目标，市场营销部门应采取措施，如培训、定期的经验交流等，使所有人员都能精通业务，有危机意识并能有效地工作。

交易发生要签订合同，交易双方应遵守合同约定，履行相应义务，保证合同的顺利执行。

建立销售管理体制，将原有购买者的市场转移为销售者的市场，使本公司享有控制优势。

第五条 公司要利用顾客调查卡的管理体制来确立：

（一）销售店实际工作业绩；

（二）实际销售业绩；

（三）需求预测等的统计管理工作。

第六条 公司要广泛实施广告宣传，具体为：

（一）在新产品销售方式体制确立之前，暂时先以人员的访问活动为主，把广告宣传活动作为未来规划活动。

（二）对广告媒体进行研究，达到以最低费用获得最大成果的目标，完成广告宣传计划。

（三）为完成以上两项目标，对广告、宣传技术进行充分的研究。

第七条 公司要及时确立及控制营业预算，具体为：

（一）确立营业预算与经费预算，经费预算需随营业实绩进行上下调节。

（二）预算方面的各种基准、要领等需完善并成为范本。

（三）针对各部门所做的预算与实际额的统计、比较及分析等确立对策。

（四）部门的经理应分年、季、月分别制订部门的营业方针及计划，并提交给本部门修改后定案。

第八条 公司要确立人事制度革新计划，具体为：

（一）于年初推行人事制度合理化，并综合管理员工的福利措施事项以及处理员工申诉问题。

（二）建立合理的员工奖惩制度，每月选拔优秀的员工4名，公开表扬其先进事迹，作为其他员工的榜样。

（三）离职人员分批办理离职手续，其职位通过招聘由青年新秀担任。

第九条 公司要大力开展培训工作，运用在职培训基金，设立培训教室举办培训。

培训内容主要为公司文化教育和专业技能知识。另外，公司还要利用各种聚会对各部门经理进行培训教育。

第十条 公司要完善财务部工作制度。具体为：

（一）由财务部门拟订"成本中心"制度，用以评核各部门工作效率，强化"降低成本"目标，并将其结果引导"利益中心"施行。

（二）加强物料管理，减少库存物料，以免积压资金。

（三）改进采购，以合理价格购进适合质量要求的物料。

第十一条 行政部在新的一年除要搞好以往各项工作外，还要：

（一）制订各月份设备整修计划。

（二）尽可能利用废料，以节省费用。

第十二条 公司除沿袭以往所采取的销售拓展对策外，再制定相应强化政策，从多方面着手，致力于推动拓销。

第十三条 其他未尽事宜，参照公司相关规定。如无规定可参照，由公司另行制定。

第十四条 本办法由本公司解释、修改。

第十五条 本办法自下发之日起执行。

附一：

销售计划一般程序编制：

（一）分析营销现状；

（二）确定销售目标；

（三）制定销售策略；

（四）评价和选定销售策略；

（五）综合编制销售计划；

（六）对计划加以具体说明；

（七）执行计划；

（八）检查效率，进行控制。

附二：

制订计划时，应遵循以下原则：

（一）具体化原则。把每日应做事项列成一览表，依事件的重要程度决定顺序，逐日填写。

（二）顺序优先原则。将当日的行动依序先后排列。顺序取决于事项的重要性，亦即把必须先做的事放在前面，而不是以难易程度做决定。此外也要考虑事项的类似性，将类似的事项一起处理。

（三）安排单纯化原则。掌握销售的秘诀，避免不必要的浪费。

（四）不拘泥于工作日程原则。工作一览表只是大致的准则，并非绝对性的规定。

☞ 制作提示

1. 明确交代制度的制定目的。如规定加强对本年度销售工作的管理，最大化地实现本年度的销售计划，特制定本办法。参见上文第一条。

2. 明确年度销售计划的基本方针。如规定公司要重视员工的幸福，重视每个人的成长，按能力高低支付薪资。参见上文第二条。

3. 明确公司年度销售目标。如规定销售部门年销售额达____万元以上，每位员工每月销售额达_____万元以上。参见上文第三条。

4. 明确为实现销售目标的工作事项。如规定市场营销部门应采取措施，如培训、定期的经验交流等，使所有人员都能精通业务，有危机意识并能有效地工作。参见上文第四、五条。

5. 明确广告宣传、营业预算、人事制度革新、培训工作、财务等计划的实施。如规定在人事制度方面，于年初推行人事制度合理化，并综合管理员工的福利措施事项以及处理员工申诉问题。参见上文第六至十三条。

6. 明确其他事项以及制度的解释主体和施行时间等。参见上文第十四、十五条。

二、战略企划管理制度

战略企划是在分析外部环境和内部条件的基础上，以企业全局为对象，为长远发展进行谋划、构思和设想，侧重于战略目标、战略重点和战略对策的策划。一项好的企划，可以帮助企业由小到大、由弱到强和由粗放到集约不断发展，从而不断提高企业战胜竞争对手、占有持久优势的整体功能。

战略企划管理制度范本

第一条 为了有效地运用公司现有的资源，实现目标或解决问题，最终促进公司战略目标的达成，特制定本制度。

第二条 公司相关责任部门要善于创造机会和把握战略机会，分析机会存在的依据、特征，确定把握机会的方针和行为规范，寻找新的经营机会和经营领域。还要注意有效配置公司现有资源，不断完善战略企划方案。

第三条 战略企划部在界定战略企划案主题时，应遵循以下规定：

（一）确定战略企划形象。

（二）调查并研究战略企划对象。

（三）明确战略企划主题。

（四）选择战略企划主题。

（五）勾勒战略企划轮廓。

（六）确定战略企划目标。

（七）量化战略企划目标。

第四条 战略企划案的制作，应遵循以下规定：

（一）简明具体地表现战略企划的内容。

（二）准确预测战略企划的效果与结果。

（三）战略企划创意主题明确。

（四）按预定的截止时间终止战略企划创意活动。

（五）长期战略企划需设定中期与近期目标。

第五条 战略企划案的选择要充分考虑本公司的企划意图和采用的客观标

准与方法。

第六条 战略企划案的确立，应遵循以下规定：

（一）做好准备工作。

（二）选择适当的提案时机。

（三）努力沟通各方，确立战略企划案。

第七条 负责企划工作的人员，对企划实施结果尚需仔细地予以分析、检讨并做客观的评价。

第八条 评价的主要标准为：

（一）把各目标对全公司的"重要性"作为评价标准之一。例如降低成本企划案，年度降低成本目标金额等目标。

（二）把各负责单位目标的"挑战性"高低作为评价标准之一。一般而言，各责任区虽已提报年度降低成本目标，然而因性质、背景不同，所应克服的困难及障碍大不相同，如此会影响其年终完成率。

（三）把各负责单位的目标"完成率"多寡，作为评价标准之一。各责任区的目标完成率，以完成实绩与预期目标金额的比率来表示。

此外，对目标完成率做最后判定时尚须注意，各月目标的完成分布情形也是考虑因素之一。

第九条 做好对战略企划案的修正，主要有以下几方面的工作：

（一）正确把握预测值与结果的差异。

（二）分析差异原因。

（三）找出战略企划案实施过程中的相关问题，发现反省点和改进点。

（四）针对战略企划案的不足进行改进。

（五）总结战略企划立案及实施的经验和教训。

第十条 本管理制度的解释权归公司所有。

第十一条 本制度自公布之日起实施。

☞ 制作提示

1. 明确交代制度的制定目的。如规定为了有效地运用公司现有的资源，实现目标或解决问题，最终促进公司战略目标的达成，特制定本制度。参见上文

第一条。

2. 明确公司相关责任部门的职责。如规定公司相关责任部门要善于创造机会和把握战略机会，分析机会存在的依据、特征，确定把握机会的方针和行为规范，寻找新的经营机会和经营领域。参见上文第二条。

3. 明确战略企划各个步骤的相关规定，如战略企划案主题的界定、战略企划案的制作、战略企划案的选择、战略企划案的确立等。如规定战略企划案的选择要充分考虑本公司的企划意图和采用的客观标准与方法。参见上文第三、四、五、六条。

4. 明确对企划实施结果的评价及评价标准等。如规定负责企划工作的人员，对企划实施结果尚需仔细地予以分析、检讨并做客观的评价。参见上文第七、八条。

5. 明确对战略企划案的修正工作。如规定找出战略企划案实施过程中的相关问题，发现反省点和改进点。参见上文第九条。

6. 明确办法的解释主体和施行时间。如在最后一般都要注明类似"本办法自发布之日起施行"的时间规定。参见上文第十、十一条。

三、公关企划管理制度

公关企划又称公关策划，是公共关系人员根据企业的现状和目标要求，分析现有条件，谋划并设计公关战略、专题活动和具体公关活动最佳行动方案的过程。公关策划作为提升企业形象的重要途径，对企业的生存与发展有着重要的意义。

公关企划管理制度范本

第一条 为树立公司的良好形象，提升公司的知名度和美誉度，加强对公关企划的管理，特制定本制度。

第二条 所确定的公关目标应符合以下要求：

（一）应与公司的总体目标一致。

（二）应表现为某项工作所要取得结果的具体描述，实现目标的时间必须有明确的规定。

（三）在时间限制、效果指标等问题上要切实可行。

（四）要简明扼要，一个目标只能包含一个结果。

第三条　公关信息的确定应注意以下几个问题：

（一）信息的确定要适合于实现公关目标的要求，不可泛泛而谈，或漫无目标地卖弄技巧。

（二）信息的确定要有明确的主题。在同一个公关活动中所传播的信息都要围绕一个统一的主题、统一的基调来进行宣传。

（三）对主题的表达必须清楚明了、有明显的个性特征并易于记忆。

（四）应注意平等的态度，应把公关对象视为平等的朋友。

（五）从事公益活动或赞助活动的宣传，应体现出对社会高度的责任心。

（六）信息要确保真实，不能做有意地夸大或片面地宣传。

（七）信息要尽可能适合所要利用的媒介的传播特点。

（八）信息要依据受众的特点来确定。

第四条　在制造媒体事件方面，应该就公众在这段时期内最关注的话题制造新闻；应围绕"新、奇、特"这三点去制造媒介事件；要事先制造一些热烈气氛，使公众有些心理准备；要有意识地把公司和某些权威人士或社会名流联系在一起；与传统的盛大节日或纪念日联系在一起来制造媒介事件；注意和报社、网络媒体、电台和电视台等新闻机构联合举办各种活动，增加公司在新闻媒体中出现的机会。

第五条　在确定了公关目标和对公众、信息、媒介等基本问题进行深入的分析、研究的基础上，围绕着目标，依据研究的结果，进一步着手研究编制可供实施的公关计划。

第六条　公关计划应着重解决一至两个重要问题，切忌面面俱到、平均用力，要尽可能避免把摊子铺得过大而顾此失彼。

第七条　公关计划要考虑承上启下的连续性问题。公关计划应通盘考虑以前的基础和今后的发展。

第八条　公关计划工作带有一定的预测性质，难以精确计量。在具体的活动项目完成的时间、任务指标和经费预算上都要留有一定的余地。

第九条 公关计划的制订要注意创新，要根据环境的不断变化而变化，不断推出新计划，不可因循守旧。

第十条 通常的公关计划的范畴为：

（一）筹划和监制公共关系硬性广告和软性报道；

（二）策划和举办公司周年庆典活动、客户联谊会或联谊活动；

（三）筹划和安排"制造媒体事件"活动；

（四）根据公司的实际需求筹备、策划记者招待会、社会公益赞助等活动。

第十一条 公关计划的基本类型有：

（一）某一时期的战略规划。即概括制定出总目标和达到目标的最主要的措施、条件，以及分阶段实现目标的设想等，对具体的活动作出规定。

（二）跨年度公关计划。围绕某一公关问题而特别制定规模较大的公关活动计划。计划中的各阶段、各项目的目标、内容、时间等都要求具体、明确。

（三）年度公关工作计划。围绕一年的公关工作目标而形成的具体工作计划。要求具体、明确和具有可操作性。

（四）专项公关活动的实施计划方案。专项公关活动实施的计划方案是为公关计划中的各具体项目的开展而制定的。一般地，专项计划方案所应包括的内容如下：

1. 项目名称及项目的目标。

2. 项目的负责人、实施者应履行的各自的责任。

3. 项目筹备、实施的程序设计和时间表。

4. 项目所涉及的对象及各种条件分析。

5. 项目所需的传播媒介、器材设备、外部环境等。

6. 项目的经费预算。

7. 项目的成果考核标准和考核方法。

第十二条 本制度未尽事宜参见其他公关制度。

第十三条 本制度由市场部解释、补充，经总经理批准后执行。

第十四条 本制度自公布之日起实施。

☞ 制作提示

1. 明确交代制度的制定目的。如规定为树立公司的良好形象，提升公司的知名度和美誉度，加强对公关企划的管理，特制定本制度。参见上文第一条。

2. 明确公司公关目标应符合的要求或标准。如规定所确定的公关目标应表现为某项工作所要取得结果的具体描述，实现目标的时间必须有明确的规定。参见上文第二条。

3. 明确公关信息的确定应注意的问题。如规定信息的确定要适合于实现公关目标的要求，不可泛泛而谈，或漫无目标地卖弄技巧。参见上文第三条。

4. 明确在制造媒体事件方面应注意的问题。如规定应该在"新、奇、特"这三点去制造媒介事件。参见上文第四条。

5. 明确公关计划的相关工作要求。如规定公关计划的制订要注意创新，要根据环境的不断变化而变化，不断推出新计划，不可因循守旧。参见上文第五条至第九条。

6. 明确公关计划的范畴和基本类型。如规定年度公关工作计划是围绕一年的公关工作目标而形成的具体工作计划，要求具体、明确和具有可操作性。参见上文第十、十一条。

7. 明确制度的解释主体和施行时间。如在最后一般都要注明类似"本办法自发布之日起施行"的时间规定。参见上文第十三、十四条。

四、广告宣传管理办法

广告在现代市场竞争中已经成为经营者开拓市场、促进销售的最有力的商业宣传手段和竞争工具。广告宣传是指通过网络、报刊、广播、电视、路牌、橱窗、印刷品、霓虹灯、电子显示牌、实物等广告媒介的形式，宣传和介绍商品或服务情况的行为。经营者通过广告宣传，可以客观地向购买者传递商品或服务的信息，塑造产品形象和企业形象，促进生产和消费，提高企业的竞争力。

广告宣传管理办法范本

第一条 为使本公司的广告宣传工作顺利进行，广告宣传效果达到最大化，树立公司整体社会形象，提高社会声誉，促进公司业务和机构的全面协调发展，特制定本制度。

第二条 本办法适用于公司对外形象宣传工作的管理。

第三条 广告宣传的基本原则有：

（一）善于创造和把握广告机会，分析机会存在的依据、特征，确定把握机会的线索和行为规范，寻找和创造新的经营机会和经营领域。

（二）有效配置企业现有资源，不断完善广告宣传方案。

（三）广告宣传要重视人的主观能动性和自主适应性，根据市场环境和企业现有状况，灵活地调整广告宣传活动。

第四条 本公司的广告业务由公关部负责推行。

第五条 公关部工作职责主要包括：

（一）根据公司的经营思想和方针、工作计划和重点，制定一定时期内宣传工作的指导方针和重点，下达年度宣传工作计划及费用指标。

（二）组织全公司的重点宣传工作，配合、协助各分公司做好宣传工作，检查和监督各分支机构对宣传工作计划和制度的执行情况。

（三）制订广告宣传计划方案，包括选择广告宣传的对象、方法、时间与费用等。

（四）制作广告宣传用品，包括广告张贴画、广告牌、传单等。

（五）实施广告宣传计划，与广告代理商接洽与交涉。

（六）负责接待新闻媒体采访，统一宣传报道口径，明确宣传报道纪律。

（七）有计划地组织对本单位作出突出贡献的先进集体和典型人物进行专题报道，树立先进典型的品牌。

（八）有效地开展广告宣传，进行市场调查，测定广告宣传的效果。

另外，还要建立突发事件新闻应急机制，制定新闻应急预案，对可能于公司造成负面影响的突发事件采取积极稳妥的应对，减少和避免突发事件对公司造成的不利影响和损失。

第六条 在广告宣传中，对外宣传素材的选择基准为：

（一）应充分宣传公司的经营方针和经营观念，为公司的总体发展服务。

（二）应考虑对外宣传的正作用和副作用，以有利于维护和提高公司形象为准则。

（三）在对外宣传活动时考虑与本公司保持良好关系的组织或个人的利益。

第七条 在广告宣传中，对外宣传的素材可以为但不限于以下几种：

（一）公司举办的各种活动。

（二）公司经营活动的业绩和成果，如决算和财务状况。

（三）公司确定的新的经营方针、经营计划，推出的新产品新项目。

（四）公司新工厂、新销售点、新设施的状况。

（五）公司人事组织制度的变动和高层经营者的变动情况。

（六）公司的社会公益活动，如募捐、社会公益活动。

第八条 在广告宣传中，媒体选择应遵循以下要求：

（一）必须认真分析各种媒体的特点，根据其特点，灵活、协调地组合，扬长避短，尽最大可能使广告媒体的目标对象与产品的目标对象保持一致。

（二）广告媒体的选择要与广告产品的特性、消费者的特性、广告信息的特性以及外部环境协调一致，既要站在一定的高度综观全局，又要立足现实市场认清各种情况，把握微观，正确处理广告媒体与各因素的关系。

（三）在进行媒体选择时，应认真分析了解各种能够影响广告对象的媒体的性能及特征，尽可能找到对象多、公众注意率高的传播媒体及其组合方式。

（四）应选择成本低而又能够达到广告宣传预期目标的媒体，确保广告成本费用与广告后所获得的利益成正比。

第九条 在进行广告宣传时，还要对广告媒体进行评价，其评价指标主要为：

（一）权威性。主要根据媒体的受众情况衡量广告媒体选择对广告的影响程度，应选择符合目标消费者要求的媒体。

（二）覆盖域。广告媒体的覆盖域直接关系到营销计划所针对的目标市场，广告媒体的选择要与目标市场吻合，使产品销售对象接收到广告信息，达到促销的目的。因此，广告媒体的覆盖域应与目标市场一致，以免造成资源浪费。

（三）有效到达率。用于评价某一媒体在特定广告暴露频次范围内，有多少公众知道该广告信息并了解其内容。该评价价值越高，选择的可能性也就越大。

第十条 公司组织的公关宣传活动统一由公司办公室管理，制订方案和计划报领导审批；各分支机构举办规模较大的、在社会上有一定影响的宣传活动，须事先向公司办公室申报计划和方案，经审核批准后方可举办。

第十一条 在新闻报道方面，公司严格实行新闻报道审批把关制度。凡通过社会新闻媒介宣传公司的各类新闻报道，公司方面归办公室统一发出，反映公司特别重大事件的报道，经公司总经理审批后发稿。

第十二条 电视广告由公司统一制作。各分支机构所辖地区可提出播放计划（包括广告的内容和设计标准等），报总公司办公室审批后方可执行。

第十三条 路牌广告由公司统一设计画面，公司与分支机构商定设置与否和设置的地点。设置路牌广告应报公司办公室审批后方可执行。

第十四条 其他各类户外广告和报刊广告由各分支机构提出计划和方案，报总公司办公室审批。

第十五条 公司要对广告宣传工作进行考核。考核采用两种方式进行：

（一）季度方式：结合宣传报道季度总结通报，将季度实际上完成任务数与季度建议任务数对照考核，考核结果分"完成"和"未完成"两种。

（二）年度方式：以年初下达的任务量和年终统计完成数对照考核，考核结果作为广告宣传工作年度表彰的依据。

第十六条 在宣传报道季度通报中对完成季度宣传报道任务的集体提出通报表扬，对未完成季度宣传报道任务的集体提出整改建议。

第十七条 本制度由市场中心负责解释、修改。

第十八条 本制度自发布之日起执行。

☞ 制作提示

1. 明确交代制度的制定目的。如为使本公司的广告宣传工作顺利进行，广告宣传效果达到最大化，树立公司整体社会形象，提高社会声誉，特制定本制度。参见上文第一条。

2. 明确制度的适用对象。参见上文第二条。

3. 明确广告宣传的基本原则。如规定所确定的公关目标应表现为某项工作所要取得结果的具体描述，实现目标的时间必须有明确的规定。参见上文第二条。

4. 明确公关信息的确定应注意的问题。如规定广告宣传要重视人的主观能动性和自动适应性，根据市场环境和企业现有状况，灵活地调整广告宣传活动。参见上文第三条。

5. 明确公司广告业务的归属部门及其工作职责。如规定本公司的广告业务由公关部负责推行。参见上文第四条、第五条。

6. 明确对外宣传素材的选择基准及种类。如规定对外宣传素材应充分宣传公司的经营方针和经营观念为公司的总体发展服务。参见上文第六条、第七条。

7. 明确媒体选择应遵循的要求。如规定在进行媒体选择时，应认真分析了解各种能够影响广告对象的媒体的性能及特征，尽可能找到对象多、公众注意率高的传播媒体及其组合方式。参见上文第八条。

8. 明确对广告媒体进行评价的指标。如规定广告媒体的覆盖域应与目标市场一致，以免造成资源浪费。参见上文第九条。

9. 明确各类广告宣传的具体工作要求。如规定路牌广告由公司统一设计画面，公司与分支机构商定设置与否和设置的地点。设置路牌广告应报公司办公室审批后方可执行。参见上文第十条至第十四条。

10. 明确广告宣传的考核事项。如规定公司要对广告宣传工作进行考核。考核采用两种方式进行。参见上文第十五条、第十六条。

11. 明确制度的解释主体和施行时间。如在最后一般都要注明类似"本办法自发布之日起施行"的时间规定。参见上文第十七条、第十八条。

附一：

中华人民共和国广告法

（1994 年 10 月 27 日第八届全国人民代表大会常务委员会第十次会议通过 2015 年 4 月 24 日第十二届全国人民代表大会常务委员会第十四次会议修订 根据 2018 年 10 月 26 日第十三届全国人民代表大会常务委员会第六次会议《关于修改〈中华人民共和国野生动物保护法〉等十五部法律的决定》第一次修正 根据 2021 年 4 月 29 日第十三届全国人民代表大会常务委员会第二十八次会议《关于修改〈中华人民共和国道路交通安全法〉等八部法律的决定》第二次修正）

第一章 总 则

第一条 为了规范广告活动，保护消费者的合法权益，促进广告业的健康发展，维护社会经济秩序，制定本法。

第二条 在中华人民共和国境内，商品经营者或者服务提供者通过一定媒介和形式直接或者间接地介绍自己所推销的商品或者服务的商业广告活动，适用本法。

本法所称广告主，是指为推销商品或者服务，自行或者委托他人设计、制作、发布广告的自然人、法人或者其他组织。

本法所称广告经营者，是指接受委托提供广告设计、制作、代理服务的自然人、法人或者其他组织。

本法所称广告发布者，是指为广告主或者广告主委托的广告经营者发布广告的自然人、法人或者其他组织。

本法所称广告代言人，是指广告主以外的，在广告中以自己的名义或者形象对商品、服务作推荐、证明的自然人、法人或者其他组织。

第三条 广告应当真实、合法，以健康的表现形式表达广告内容，符合社会主义精神文明建设和弘扬中华民族优秀传统文化的要求。

第四条 广告不得含有虚假或者引人误解的内容，不得欺骗、误导消费者。

广告主应当对广告内容的真实性负责。

第五条 广告主、广告经营者、广告发布者从事广告活动，应当遵守法律、法规，诚实信用，公平竞争。

第六条 国务院市场监督管理部门主管全国的广告监督管理工作，国务院有关部门在各自的职责范围内负责广告管理相关工作。

县级以上地方市场监督管理部门主管本行政区域的广告监督管理工作，县级以上地方人民政府有关部门在各自的职责范围内负责广告管理相关工作。

第七条 广告行业组织依照法律、法规和章程的规定，制定行业规范，加强行业自律，促进行业发展，引导会员依法从事广告活动，推动广告行业诚信建设。

第二章　广告内容准则

第八条 广告中对商品的性能、功能、产地、用途、质量、成分、价格、生产者、有效期限、允诺等或者对服务的内容、提供者、形式、质量、价格、允诺等有表示的，应当准确、清楚、明白。

广告中表明推销的商品或者服务附带赠送的，应当明示所附带赠送商品或者服务的品种、规格、数量、期限和方式。

法律、行政法规规定广告中应当明示的内容，应当显著、清晰表示。

第九条 广告不得有下列情形：

（一）使用或者变相使用中华人民共和国的国旗、国歌、国徽，军旗、军歌、军徽；

（二）使用或者变相使用国家机关、国家机关工作人员的名义或者形象；

（三）使用"国家级"、"最高级"、"最佳"等用语；

（四）损害国家的尊严或者利益，泄露国家秘密；

（五）妨碍社会安定，损害社会公共利益；

（六）危害人身、财产安全，泄露个人隐私；

（七）妨碍社会公共秩序或者违背社会良好风尚；

（八）含有淫秽、色情、赌博、迷信、恐怖、暴力的内容；

（九）含有民族、种族、宗教、性别歧视的内容；

（十）妨碍环境、自然资源或者文化遗产保护；

（十一）法律、行政法规规定禁止的其他情形。

第十条 广告不得损害未成年人和残疾人的身心健康。

第十一条 广告内容涉及的事项需要取得行政许可的，应当与许可的内容相符合。

广告使用数据、统计资料、调查结果、文摘、引用语等引证内容的，应当真实、准确，并表明出处。引证内容有适用范围和有效期限的，应当明确表示。

第十二条 广告中涉及专利产品或者专利方法的，应当标明专利号和专利种类。

未取得专利权的，不得在广告中谎称取得专利权。

禁止使用未授予专利权的专利申请和已经终止、撤销、无效的专利作广告。

第十三条 广告不得贬低其他生产经营者的商品或者服务。

第十四条 广告应当具有可识别性，能够使消费者辨明其为广告。

大众传播媒介不得以新闻报道形式变相发布广告。通过大众传播媒介发布的广告应当显著标明"广告"，与其他非广告信息相区别，不得使消费者产生误解。

广播电台、电视台发布广告，应当遵守国务院有关部门关于时长、方式的规定，并应当对广告时长作出明显提示。

第十五条 麻醉药品、精神药品、医疗用毒性药品、放射性药品等特殊药品，药品类易制毒化学品，以及戒毒治疗的药品、医疗器械和治疗方法，不得作广告。

前款规定以外的处方药，只能在国务院卫生行政部门和国务院药品监督管理部门共同指定的医学、药学专业刊物上作广告。

第十六条 医疗、药品、医疗器械广告不得含有下列内容：

（一）表示功效、安全性的断言或者保证；

（二）说明治愈率或者有效率；

（三）与其他药品、医疗器械的功效和安全性或者其他医疗机构比较；

（四）利用广告代言人作推荐、证明；

（五）法律、行政法规规定禁止的其他内容。

药品广告的内容不得与国务院药品监督管理部门批准的说明书不一致，并应当显著标明禁忌、不良反应。处方药广告应当显著标明"本广告仅供医学药学专业人士阅读"，非处方药广告应当显著标明"请按药品说明书或者在药师指导下购买和使用"。

推荐给个人自用的医疗器械的广告，应当显著标明"请仔细阅读产品说明书或者在医务人员的指导下购买和使用"。医疗器械产品注册证明文件中有禁忌内容、注意事项的，广告中应当显著标明"禁忌内容或者注意事项详见说明书"。

第十七条 除医疗、药品、医疗器械广告外，禁止其他任何广告涉及疾病治疗功能，并不得使用医疗用语或者易使推销的商品与药品、医疗器械相混淆的用语。

第十八条 保健食品广告不得含有下列内容：

（一）表示功效、安全性的断言或者保证；

（二）涉及疾病预防、治疗功能；

（三）声称或者暗示广告商品为保障健康所必需；

（四）与药品、其他保健食品进行比较；

（五）利用广告代言人作推荐、证明；

（六）法律、行政法规规定禁止的其他内容。

保健食品广告应当显著标明"本品不能代替药物"。

第十九条 广播电台、电视台、报刊音像出版单位、互联网信息服务提供者不得以介绍健康、养生知识等形式变相发布医疗、药品、医疗器械、保健食品广告。

第二十条 禁止在大众传播媒介或者公共场所发布声称全部或者部分替代母乳的婴儿乳制品、饮料和其他食品广告。

第二十一条 农药、兽药、饲料和饲料添加剂广告不得含有下列内容：

（一）表示功效、安全性的断言或者保证；

（二）利用科研单位、学术机构、技术推广机构、行业协会或者专业人士、用户的名义或者形象作推荐、证明；

（三）说明有效率；

（四）违反安全使用规程的文字、语言或者画面；

（五）法律、行政法规规定禁止的其他内容。

第二十二条 禁止在大众传播媒介或者公共场所、公共交通工具、户外发布烟草广告。禁止向未成年人发送任何形式的烟草广告。

禁止利用其他商品或者服务的广告、公益广告，宣传烟草制品名称、商标、包装、装潢以及类似内容。

烟草制品生产者或者销售者发布的迁址、更名、招聘等启事中，不得含有烟草制品名称、商标、包装、装潢以及类似内容。

第二十三条 酒类广告不得含有下列内容：

（一）诱导、怂恿饮酒或者宣传无节制饮酒；

（二）出现饮酒的动作；

（三）表现驾驶车、船、飞机等活动；

（四）明示或者暗示饮酒有消除紧张和焦虑、增加体力等功效。

第二十四条 教育、培训广告不得含有下列内容：

（一）对升学、通过考试、获得学位学历或者合格证书，或者对教育、培训的效果作出明示或者暗示的保证性承诺；

（二）明示或者暗示有相关考试机构或者其工作人员、考试命题人员参与教育、培训；

（三）利用科研单位、学术机构、教育机构、行业协会、专业人士、受益者的名义或者形象作推荐、证明。

第二十五条 招商等有投资回报预期的商品或者服务广告，应当对可能存在的风险以及风险责任承担有合理提示或者警示，并不得含有下列内容：

（一）对未来效果、收益或者与其相关的情况作出保证性承诺，明示或者暗示保本、无风险或者保收益等，国家另有规定的除外；

（二）利用学术机构、行业协会、专业人士、受益者的名义或者形象作推荐、证明。

第二十六条 房地产广告，房源信息应当真实，面积应当表明为建筑面积或者套内建筑面积，并不得含有下列内容：

（一）升值或者投资回报的承诺；

（二）以项目到达某一具体参照物的所需时间表示项目位置；

（三）违反国家有关价格管理的规定；

（四）对规划或者建设中的交通、商业、文化教育设施以及其他市政条件作误导宣传。

第二十七条 农作物种子、林木种子、草种子、种畜禽、水产苗种和种养殖广告关于品种名称、生产性能、生长量或者产量、品质、抗性、特殊使用价值、经济价值、适宜种植或者养殖的范围和条件等方面的表述应当真实、清楚、明白，并不得含有下列内容：

（一）作科学上无法验证的断言；

（二）表示功效的断言或者保证；

（三）对经济效益进行分析、预测或者作保证性承诺；

（四）利用科研单位、学术机构、技术推广机构、行业协会或者专业人士、用户的名义或者形象作推荐、证明。

第二十八条 广告以虚假或者引人误解的内容欺骗、误导消费者的，构成虚假广告。

广告有下列情形之一的，为虚假广告：

（一）商品或者服务不存在的；

（二）商品的性能、功能、产地、用途、质量、规格、成分、价格、生产者、有效期限、销售状况、曾获荣誉等信息，或者服务的内容、提供者、形式、质量、价格、销售状况、曾获荣誉等信息，以及与商品或者服务有关的允诺等信息与实际情况不符，对购买行为有实质性影响的；

（三）使用虚构、伪造或者无法验证的科研成果、统计资料、调查结果、文摘、引用语等信息作证明材料的；

（四）虚构使用商品或者接受服务的效果的；

（五）以虚假或者引人误解的内容欺骗、误导消费者的其他情形。

第三章　广告行为规范

第二十九条 广播电台、电视台、报刊出版单位从事广告发布业务的，应当设有专门从事广告业务的机构，配备必要的人员，具有与发布广告相适应的场所、设备。

第三十条 广告主、广告经营者、广告发布者之间在广告活动中应当依法订立书面合同。

第三十一条 广告主、广告经营者、广告发布者不得在广告活动中进行任何形式的不正当竞争。

第三十二条 广告主委托设计、制作、发布广告，应当委托具有合法经营资格的广告经营者、广告发布者。

第三十三条 广告主或者广告经营者在广告中使用他人名义或者形象的，应当事先取得其书面同意；使用无民事行为能力人、限制民事行为能力人的名义或者形象的，应当事先取得其监护人的书面同意。

第三十四条 广告经营者、广告发布者应当按照国家有关规定，建立、健全广告业务的承接登记、审核、档案管理制度。

广告经营者、广告发布者依据法律、行政法规查验有关证明文件，核对广告内容。对内容不符或者证明文件不全的广告，广告经营者不得提供设计、制作、代理服务，广告发布者不得发布。

第三十五条 广告经营者、广告发布者应当公布其收费标准和收费办法。

第三十六条 广告发布者向广告主、广告经营者提供的覆盖率、收视率、点击率、发行量等资料应当真实。

第三十七条 法律、行政法规规定禁止生产、销售的产品或者提供的服务，以及禁止发布广告的商品或者服务，任何单位或者个人不得设计、制作、代理、发布广告。

第三十八条 广告代言人在广告中对商品、服务作推荐、证明，应当依据事实，符合本法和有关法律、行政法规规定，并不得为其未使用过的商品或者未接受过的服务作推荐、证明。

不得利用不满十周岁的未成年人作为广告代言人。

对在虚假广告中作推荐、证明受到行政处罚未满三年的自然人、法人或者其他组织，不得利用其作为广告代言人。

第三十九条 不得在中小学校、幼儿园内开展广告活动，不得利用中小学生和幼儿的教材、教辅材料、练习册、文具、教具、校服、校车等发布或者变相发布广告，但公益广告除外。

第四十条 在针对未成年人的大众传播媒介上不得发布医疗、药品、保健食品、医疗器械、化妆品、酒类、美容广告，以及不利于未成年人身心健康的网络游戏广告。

针对不满十四周岁的未成年人的商品或者服务的广告不得含有下列内容：

（一）劝诱其要求家长购买广告商品或者服务；

（二）可能引发其模仿不安全行为。

第四十一条 县级以上地方人民政府应当组织有关部门加强对利用户外场所、空间、设施等发布户外广告的监督管理，制定户外广告设置规划和安全要求。

户外广告的管理办法，由地方性法规、地方政府规章规定。

第四十二条 有下列情形之一的，不得设置户外广告：

（一）利用交通安全设施、交通标志的；

（二）影响市政公共设施、交通安全设施、交通标志、消防设施、消防安全标志使用的；

（三）妨碍生产或者人民生活，损害市容市貌的；

（四）在国家机关、文物保护单位、风景名胜区等的建筑控制地带，或者县级以上地方人民政府禁止设置户外广告的区域设置的。

第四十三条 任何单位或者个人未经当事人同意或者请求，不得向其住宅、交通工具等发送广告，也不得以电子信息方式向其发送广告。

以电子信息方式发送广告的，应当明示发送者的真实身份和联系方式，并向接收者提供拒绝继续接收的方式。

第四十四条 利用互联网从事广告活动，适用本法的各项规定。

利用互联网发布、发送广告，不得影响用户正常使用网络。在互联网页面以弹出等形式发布的广告，应当显著标明关闭标志，确保一键关闭。

第四十五条 公共场所的管理者或者电信业务经营者、互联网信息服务提供者对其明知或者应知的利用其场所或者信息传输、发布平台发送、发布违法广告的，应当予以制止。

第四章 监督管理

第四十六条 发布医疗、药品、医疗器械、农药、兽药和保健食品广告，以及法律、行政法规规定应当进行审查的其他广告，应当在发布前由有关部门（以下称广告审查机关）对广告内容进行审查；未经审查，不得发布。

第四十七条 广告主申请广告审查，应当依照法律、行政法规向广告审查机关提交有关证明文件。

广告审查机关应当依照法律、行政法规规定作出审查决定，并应当将审查批准文件抄送同级市场监督管理部门。广告审查机关应当及时向社会公布批准的广告。

第四十八条 任何单位或者个人不得伪造、变造或者转让广告审查批准文件。

第四十九条 市场监督管理部门履行广告监督管理职责，可以行使下列职权：

（一）对涉嫌从事违法广告活动的场所实施现场检查；

（二）询问涉嫌违法当事人或者其法定代表人、主要负责人和其他有关人员，对有关单位或者个人进行调查；

（三）要求涉嫌违法当事人限期提供有关证明文件；

（四）查阅、复制与涉嫌违法广告有关的合同、票据、账簿、广告作品和其他有关资料；

（五）查封、扣押与涉嫌违法广告直接相关的广告物品、经营工具、设备等财物；

（六）责令暂停发布可能造成严重后果的涉嫌违法广告；

（七）法律、行政法规规定的其他职权。

市场监督管理部门应当建立健全广告监测制度，完善监测措施，及时发现和依法查处违法广告行为。

第五十条 国务院市场监督管理部门会同国务院有关部门，制定大众传播媒介广告发布行为规范。

第五十一条 市场监督管理部门依照本法规定行使职权，当事人应当协助、配合，不得拒绝、阻挠。

第五十二条 市场监督管理部门和有关部门及其工作人员对其在广告监督管理活动中知悉的商业秘密负有保密义务。

第五十三条 任何单位或者个人有权向市场监督管理部门和有关部门投诉、举报违反本法的行为。市场监督管理部门和有关部门应当向社会公开受理投诉、举报的电话、信箱或者电子邮件地址，接到投诉、举报的部门应当自收到投诉之日起七个工作日内，予以处理并告知投诉、举报人。

市场监督管理部门和有关部门不依法履行职责的，任何单位或者个人有权向其上级机关或者监察机关举报。接到举报的机关应当依法作出处理，并将处理结果及时告知举报人。

有关部门应当为投诉、举报人保密。

第五十四条 消费者协会和其他消费者组织对违反本法规定，发布虚假广告侵害消费者合法权益，以及其他损害社会公共利益的行为，依法进行社会监督。

第五章　法律责任

第五十五条 违反本法规定，发布虚假广告的，由市场监督管理部门责令停止发布广告，责令广告主在相应范围内消除影响，处广告费用三倍以上五倍以下的罚款，广告费用无法计算或者明显偏低的，处二十万元以上一百万元以下的罚款；两年内有三次以上违法行为或者有其他严重情节的，处广告费用五倍以上十倍以下的罚款，广告费用无法计算或者明显偏低的，处一百万元以上二百万元以下的罚款，可以吊销营业执照，并由广告审查机关撤销广告审查批准文件、一年内不受理其广告审查申请。

医疗机构有前款规定违法行为，情节严重的，除由市场监督管理部门依照本法处罚外，卫生行政部门可以吊销诊疗科目或者吊销医疗机构执业许可证。

广告经营者、广告发布者明知或者应知广告虚假仍设计、制作、代理、发布的，由市场监督管理部门没收广告费用，并处广告费用三倍以上五倍以下的罚款，广告费用无法计算或者明显偏低的，处二十万元以上一百万元以下的罚款；两年内有三次以上违法行为或者有其他严重情节的，处广告费用五倍以上十倍以下的罚款，广告费用无法计算或者明显偏低的，处一百万元以上二百万元以下的罚款，并可以由有关部门暂停广告发布业务、吊销营业执照。

广告主、广告经营者、广告发布者有本条第一款、第三款规定行为，构成犯罪的，依法追究刑事责任。

第五十六条 违反本法规定，发布虚假广告，欺骗、误导消费者，使购买商品或者接受服务的消费者的合法权益受到损害的，由广告主依法承担民事责任。广告经营者、广告发布者不能提供广告主的真实名称、地址和有效联系方式的，消费者可以要求广告经营者、广告发布者先行赔偿。

关系消费者生命健康的商品或者服务的虚假广告，造成消费者损害的，其广告经营者、广告发布者、广告代言人应当与广告主承担连带责任。

前款规定以外的商品或者服务的虚假广告，造成消费者损害的，其广告经营者、广告发布者、广告代言人，明知或者应知广告虚假仍设计、制作、代理、发布或者作推荐、证明的，应当与广告主承担连带责任。

第五十七条 有下列行为之一的，由市场监督管理部门责令停止发布广告，对广告主处二十万元以上一百万元以下的罚款，情节严重的，并可以吊销营业执照，由广告审查机关撤销广告审查批准文件、一年内不受理其广告审查申请；对广告经营者、广告发布者，由市场监督管理部门没收广告费用，处二十万元以上一百万元以下的罚款，情节严重的，并可以吊销营业执照：

（一）发布有本法第九条、第十条规定的禁止情形的广告的；

（二）违反本法第十五条规定发布处方药广告、药品类易制毒化学品广告、戒毒治疗的医疗器械和治疗方法广告的；

（三）违反本法第二十条规定，发布声称全部或者部分替代母乳的婴儿乳制品、饮料和其他食品广告的；

（四）违反本法第二十二条规定发布烟草广告的；

（五）违反本法第三十七条规定，利用广告推销禁止生产、销售的产品或者提供的服务，或者禁止发布广告的商品或者服务的；

（六）违反本法第四十条第一款规定，在针对未成年人的大众传播媒介上发布医疗、药品、保健食品、医疗器械、化妆品、酒类、美容广告，以及不利于未成年人身心健康的网络游戏广告的。

第五十八条 有下列行为之一的,由市场监督管理部门责令停止发布广告,责令广告主在相应范围内消除影响,处广告费用一倍以上三倍以下的罚款,广告费用无法计算或者明显偏低的,处十万元以上二十万元以下的罚款;情节严重的,处广告费用三倍以上五倍以下的罚款,广告费用无法计算或者明显偏低的,处二十万元以上一百万元以下的罚款,可以吊销营业执照,并由广告审查机关撤销广告审查批准文件、一年内不受理其广告审查申请:

(一)违反本法第十六条规定发布医疗、药品、医疗器械广告的;

(二)违反本法第十七条规定,在广告中涉及疾病治疗功能,以及使用医疗用语或者易使推销的商品与药品、医疗器械相混淆的用语的;

(三)违反本法第十八条规定发布保健食品广告的;

(四)违反本法第二十一条规定发布农药、兽药、饲料和饲料添加剂广告的;

(五)违反本法第二十三条规定发布酒类广告的;

(六)违反本法第二十四条规定发布教育、培训广告的;

(七)违反本法第二十五条规定发布招商等有投资回报预期的商品或者服务广告的;

(八)违反本法第二十六条规定发布房地产广告的;

(九)违反本法第二十七条规定发布农作物种子、林木种子、草种子、种畜禽、水产苗种和种养殖广告的;

(十)违反本法第三十八条第二款规定,利用不满十周岁的未成年人作为广告代言人的;

(十一)违反本法第三十八条第三款规定,利用自然人、法人或者其他组织作为广告代言人的;

(十二)违反本法第三十九条规定,在中小学校、幼儿园内或者利用与中小学生、幼儿有关的物品发布广告的;

(十三)违反本法第四十条第二款规定,发布针对不满十四周岁的未成年人的商品或者服务的广告的;

(十四)违反本法第四十六条规定,未经审查发布广告的。

医疗机构有前款规定违法行为,情节严重的,除由市场监督管理部门依照本法处罚外,卫生行政部门可以吊销诊疗科目或者吊销医疗机构执业许可证。

广告经营者、广告发布者明知或者应知有本条第一款规定违法行为仍设计、制作、代理、发布的,由市场监督管理部门没收广告费用,并处广告费用一倍以上三倍以下的罚款,广告费用无法计算或者明显偏低的,处十万元以上二十万元以下的罚款;情节严重的,处广告费用三倍以上五倍以下的罚款,广告费用无法计算或者明显偏低的,处二十万元以上一百万元以下的罚款,并可以由有关部门暂停广告发布业务、吊销营业执照。

第五十九条 有下列行为之一的,由市场监督管理部门责令停止发布广告,对广告主处十万元以下的罚款:

(一)广告内容违反本法第八条规定的;

(二)广告引证内容违反本法第十一条规定的;

(三)涉及专利的广告违反本法第十二条规定的;

(四)违反本法第十三条规定,广告贬低其他生产经营者的商品或者服务的。

广告经营者、广告发布者明知或者应知有前款规定违法行为仍设计、制作、代理、发布的,由市场监督管理部门处十万元以下的罚款。

广告违反本法第十四条规定,不具有可识别性的,或者违反本法第十九条规定,变相发布医疗、药品、医疗器械、保健食品广告的,由市场监督管理部门责令改正,对广告发布者处十万元以下的罚款。

第六十条 违反本法第三十四条规定,广告经营者、广告发布者未按照国家有关规定建立、健全广告业务管理制度的,或者未对广告内容进行核对的,由市场监督管理部门责令改正,可以处五万元以下的罚款。

违反本法第三十五条规定,广告经营者、广告发布者未公布其收费标准和收费办法的,由价格主管部门责令改正,可以处五万元以下的罚款。

第六十一条 广告代言人有下列情形之一的,由市场监督管理部门没收违法所得,并处违法所得一倍以上二倍以下的罚款:

(一)违反本法第十六条第一款第四项规定,在医疗、药品、医疗器械广告中作推荐、证明的;

(二)违反本法第十八条第一款第五项规定,在保健食品广告中作推荐、证明的；

（三）违反本法第三十八条第一款规定，为其未使用过的商品或者未接受过的服务作推荐、证明的；

（四）明知或者应知广告虚假仍在广告中对商品、服务作推荐、证明的。

第六十二条 违反本法第四十三条规定发送广告的，由有关部门责令停止违法行为，对广告主处五千元以上三万元以下的罚款。

违反本法第四十四条第二款规定，利用互联网发布广告，未显著标明关闭标志，确保一键关闭的，由市场监督管理部门责令改正，对广告主处五千元以上三万元以下的罚款。

第六十三条 违反本法第四十五条规定，公共场所的管理者和电信业务经营者、互联网信息服务提供者，明知或者应知广告活动违法不予制止的，由市场监督管理部门没收违法所得，违法所得五万元以上的，并处违法所得一倍以上三倍以下的罚款，违法所得不足五万元的，并处一万元以上五万元以下的罚款；情节严重的，由有关部门依法停止相关业务。

第六十四条 违反本法规定，隐瞒真实情况或者提供虚假材料申请广告审查的，广告审查机关不予受理或者不予批准，予以警告，一年内不受理该申请人的广告审查申请；以欺骗、贿赂等不正当手段取得广告审查批准的，广告审查机关予以撤销，处十万元以上二十万元以下的罚款，三年内不受理该申请人的广告审查申请。

第六十五条 违反本法规定，伪造、变造或者转让广告审查批准文件的，由市场监督管理部门没收违法所得，并处一万元以上十万元以下的罚款。

第六十六条 有本法规定的违法行为的，由市场监督管理部门记入信用档案，并依照有关法律、行政法规规定予以公示。

第六十七条 广播电台、电视台、报刊音像出版单位发布违法广告，或者以新闻报道形式变相发布广告，或者以介绍健康、养生知识等形式变相发布医疗、药品、医疗器械、保健食品广告，市场监督管理部门依照本法给予处罚的，应当通报新闻出版、广播电视主管部门以及其他有关部门。新闻出版、广播电视主管部门以及其他有关部门应当依法对负有责任的主管人员和直接责任人员给予处分；情节严重的，并可以暂停媒体的广告发布业务。

新闻出版、广播电视主管部门以及其他有关部门未依照前款规定对广播电台、电视台、报刊音像出版单位进行处理的,对负有责任的主管人员和直接责任人员,依法给予处分。

第六十八条 广告主、广告经营者、广告发布者违反本法规定,有下列侵权行为之一的,依法承担民事责任:

(一)在广告中损害未成年人或者残疾人的身心健康的;

(二)假冒他人专利的;

(三)贬低其他生产经营者的商品、服务的;

(四)在广告中未经同意使用他人名义或者形象的;

(五)其他侵犯他人合法民事权益的。

第六十九条 因发布虚假广告,或者有其他本法规定的违法行为,被吊销营业执照的公司、企业的法定代表人,对违法行为负有个人责任的,自该公司、企业被吊销营业执照之日起三年内不得担任公司、企业的董事、监事、高级管理人员。

第七十条 违反本法规定,拒绝、阻挠市场监督管理部门监督检查,或者有其他构成违反治安管理行为的,依法给予治安管理处罚;构成犯罪的,依法追究刑事责任。

第七十一条 广告审查机关对违法的广告内容作出审查批准决定的,对负有责任的主管人员和直接责任人员,由任免机关或者监察机关依法给予处分;构成犯罪的,依法追究刑事责任。

第七十二条 市场监督管理部门对在履行广告监测职责中发现的违法广告行为或者对经投诉、举报的违法广告行为,不依法予以查处的,对负有责任的主管人员和直接责任人员,依法给予处分。

市场监督管理部门和负责广告管理相关工作的有关部门的工作人员玩忽职守、滥用职权、徇私舞弊的,依法给予处分。

有前两款行为,构成犯罪的,依法追究刑事责任。

第六章 附 则

第七十三条 国家鼓励、支持开展公益广告宣传活动,传播社会主义核心价值观，倡导文明风尚。

大众传播媒介有义务发布公益广告。广播电台、电视台、报刊出版单位应当按照规定的版面、时段、时长发布公益广告。公益广告的管理办法，由国务院市场监督管理部门会同有关部门制定。

第七十四条 本法自 2015 年 9 月 1 日起施行。

五、公司提案管理制度

提案，是集中个人的智慧与经验，鼓励全体员工提出合理化建议和参与技术革新、技术开发活动，加强科技成果的管理、推广和应用，从而不断提高科技水平，推动公司科学技术发展的行为。

公司提案管理制度

第一条 为规范公司提案工作，根据上级单位有关规定，结合我公司的实际，制定本管理制度。

第二条 本制度所称合理化建议，主要是指有关改进和完善生产和经营管理等方面的办法和措施；所称技术革新、技术开发主要是指对科学技术、业务的开发和对生产设备、工具、工艺技术等方面所作的改造和挖潜。

第三条 项目的范围包括：

1. 适用于市场的新产品、新技术、新工艺、新材料、新设计。
2. 产品品质的改进及工作效率的改进或革新方法。
3. 开拓新的生产业务。
4. 精简人力的方法。
5. 各种操作方法、制造方法、生产程序、销售方法、行政效率等的改善。
6. 有关提高原料的使用效率，改用替代品原料，节约能源等。
7. 薪资制度的革新方法。
8. 发展规划的理论和方法、企业经营管理、人员培训等软科学的研究。

第四条 项目的来源包括：

1. 由上级单位下达的项目。

2. 由本公司有关部门下达的项目。

3. 各部门根据生产和管理需要提出的项目。

第五条 组织提案审查小组，委员人选由总经理提名组成。

第六条 公司成立"提案审查委员会"，由公司有关部门主管组成，并设执行秘书。

第七条 提案人或单位，应填写规定的提案表，必要时可另加书面或图表说明。

第八条 审查程序为：

1. 各提案由提案人填写提案申报表，交相关部门。

2. 各提案表均须先经提案审查小组初审并经评分通过后，方可汇报提案审查委员会。

3. 提案审查委员会在审查过程中，可视情况召开委员会会议，如需提案人或有关人员列席说明时，应通知参加。

第九条 提案主要是对提案人的思考程度、提案的价值程度、适用程度、性质范围及需要经费程度这几方面进行审查。

第十条 审查准则为提案审查项目及配合和成果审查项目及配合。

第十一条 审查后采用的提案，通知原提案人，由有关部门实施，并实施成效检查。

第十二条 审查后不采用的提案，将提案原件发还原提案人。

第十三条 审查后保留的提案，先将保留理由通知原提案人。

第十四条 奖励如下：

1. 提案奖

审核后提案被采用，凡采用者给×××元至×××元的提案奖励。

2. 成果奖励

提案采用、实施后，经定期追踪，成果显著、绩效卓越者，可核发×××元至×××元的奖金。

3. 特殊奖励

效果评审鉴定后，项目可申请专利的，对获专利的项目除按专利管理有关规定进行奖励外，公司将给予×××元至×××元的奖金。

4. 鼓励奖

对审核提案没有采用的，公司将给予×××元的奖金，予以鼓励。

第十五条 提案内容如涉及国家专利法者，其权益属本公司所有。

第十六条 本规定经公司核定后公布实施。

☞ 制作提示

1. 明确制定目的及有关概念。如规定为规范公司提案工作，根据上级单位有关规定，结合我公司的实际，制定本管理制度。参见上文第一条、第二条。

2. 明确提案项目的范围和来源。如规定项目的范围包括：适用于市场的新产品、新技术、新工艺、新材料、新设计；产品品质的改进及工作效率的改进或革新方法等。参见上文第三条、第四条。

3. 明确提案管理机构。如规定公司成立提案审查委员会，由公司有关部门主管组成，并设执行秘书。参见上文第五条、第六条。

4. 明确提案及审查程序。如规定提案主要是对提案人的思考程度，提案的价值程度、适用程度、性质范围及需要经费程度这几方面进行审查。参见上文第七条至第十三条。

5. 明确提案的相关奖励事项。如规定审核后提案被采用，凡采用者给×××元至×××元的提案奖励。参见上文第十四条。

6. 明确其他事项以及制度的施行时间等。参见上文第十五条、第十六条。

第十八章　企业活动管理制度

　　"被信仰的企业文化最终会成为一种生产力",由此可见,企业文化的建立是企业管理的精髓所在,而企业文化活动宣传又是企业文化建设的重要组成部分。企业文化活动宣传不仅仅向社会表明"我是一个什么样的企业",更重要的是使企业员工明白自己在一个怎样的企业中,促使员工了解并接受该企业的活动,使得企业文化深入每一名员工的内心,进而发挥企业文化强大的生产力作用。因此,企业应当经常组织企业文化宣传活动,并逐渐完善自己企业的文化宣传活动管理制度,以使企业文化宣传活动可以发挥其应有的作用,为企业生产和管理服务。

一、员工文体活动管理制度

为了丰富公司员工业余文化生活，提升文体活动层次和品位，将企业文化精髓渗透到经营管理的各个层面，不断增进团队意识和凝聚力，应该多多加强员工文体活动的建设。相应地，员工文体活动管理制度是规范和调整员工文体活动的有效工具。

员工文体活动管理制度

第一条 以先进文化、文明生活方式和广大员工中的热点、焦点问题的服务重点，改善青年的文明观念和生活习惯，提高文化素质，促进员工的健康发展为宗旨。

第二条 编制文体活动年度计划。

第三条 负责活动时间、活动场所及活动项目的策划布置。

第四条 负责活动项目的经费审批。

第五条 负责采购、保管活动器材和物品。

第六条 负责参赛奖品的提议及购置。

第七条 负责制作活动专栏、影像。

第八条 根据文体活动的需要，人力资源部和综合管理部相关人员应积极协助各种活动的组织管理工作。

第九条 大型文体活动主要放在每年的元旦、春节、元宵、"三八"、端午、"七一"、国庆等重大节假日前后，日常文体活动每季度不少于两次。随着活动的深入开展，结合公司实际，应逐步增加活动项目和频率。

第十条 各种文体活动应设在公司员工活动室。

第十一条 各种文体活动内容要求健康向上，形式要求多种多样，如知识竞赛、歌咏比赛、舞蹈、棋牌、球类、益智类、娱乐类等，同时要紧扣时代脉搏，推陈出新，场面欢快热烈、井然有序。

第十二条 活动遵循公开、公正、公平及人性化的原则，重点强调员工之间的"友谊第一、比赛第二"，充分利用业余时间开展，不得影响正常的工作。

第十三条 在组织好、记录好每次活动的同时，要求把活动内容进行拍照、存档，并举办展览，进行宣传。

第十四条 文体活动组织者要严密组织、分工协作、精心实施，和参与者之间相互配合，保障活动各环节的顺利完成。

第十五条 本规定的解释权归属公司行政部，本制度自公布之日起实施。

☞ 制作提示

1. 明确员工活动宗旨，如规定以先进文化、文明生活方式和广大员工中的热点、焦点问题的服务重点，改善青年的文明观念和生活习惯，提高文化素质，促进员工的健康发展。参见上文第一条。

2. 明确文体活动工作职能及工作内容。如规定负责活动时间、活动场所及活动项目的策划布置。参见上文第二条至第十四条。

3. 明确工作安排及工作目标。如规定大型文体活动主要放在每年的元旦、春节、元宵、"三八"、端午、"七一"、国庆等重大节假日前后，日常文体活动每季度不少于两次。随着活动的深入开展，结合公司实际，应逐步增加活动项目和频率。参见上文第九条。

4. 明确制度的解释主体和施行时间等。如规定本规定的解释权归属公司行政部，本制度自公布之日起实施。参加上文第十五条。

二、员工活动室管理规定

为营造良好的工作休闲环境，丰富公司员工的业余生活，促进公司企业文化建设，保证广大员工能够文明、和谐、有序地参加公司活动室内各项文体娱乐活动，应制定员工活动室管理规定。

员工活动室管理规定

第一条 员工活动室仅对本公司全体员工开放。本公司员工需持本人工作牌，经活动室管理人员核实登记后，方可入内。

第二条 员工活动室由行政部负责日常管理，其职责主要为按规定时间开关门，保持室内清洁卫生，负责设备设施的日常保养与维修。

第三条 员工活动室的开放时间为：周一至周五：12:00至14:00，18:00至20:00；节假日全天开放。活动人员必须遵守开放时间，不得随意要求提前或延长，特殊情况另行安排。

第四条 员工活动室主要为公司内部员工服务，原则上不对外开放，如需邀请外人参加，须经主管领导批准。

第五条 讲究文明礼貌，禁止在室内吸烟，禁止大声喧哗，保持室内安静。

第六条 注意公共卫生，不得吸烟，不随地吐痰，不乱丢果皮纸屑。

第七条 活动者请按照器材使用规则安全使用，爱护室内乒乓球桌、棋牌桌、健身器材等设施，如果人为损坏，照价赔偿。

第八条 乒乓球、桌球等桌面运动的相关附属配套物品（如球拍、球、球杆等）有活动室统一管理，支领、归还必须办理登记手续。

第九条 凡在活动室活动者，必须服从管理人员的安排及管理，遵守活动规则。参与活动者应本着公平、公正、公开、轮流活动的原则，共同约定符合惯例的活动规则，特殊情况由活动室管理人员最终协调裁决。

第十条 禁止在活动室内进行赌、毒、黄、酗酒、打架斗殴、迷信等活动。

第十一条 活动室内的体育器材、电器设备，非活动室管理人员不得随意挪动、拆装和调整系统数据设置。

第十二条 原则上支持公司内部各类健康良性的协会或团体开展活动，各协会或团队如要借用活动室或活动室内物品，需提前向行政部提出书面申请，获得批准后，方可使用，并在约定期限内归还。

第十三条 本规定的解释权归属公司行政部，本制度自公布之日起实施。

☞ 制作提示

1. 明确活动室服务对象。如规定为员工活动室仅对本公司员工开放。参见上文第一条。

2. 明确活动室的归属部门及主要职责。如规定员工活动室自行政部负责日常管理，其职责主要为按规定时间开关门，保持室内清洁卫生，负责设备设施的日常保养与维修。参见上文第二条。

3. 明确活动室活动时的基本要求。如规定活动室内的体育器材、电器设备,非活动室管理人员不得随意挪动、拆装和调整系统数据设置。参见上文第三条至第十二条。

4. 明确制度的解释主体和施行时间等。参见上文第十三条。

三、企业文化活动宣传管理制度

"被信仰的企业文化最终会成为一种生产力。"企业文化的建立是企业管理的精髓所在,而企业文化活动宣传又是企业文化建设的重要组成部分。企业文化活动宣传不仅仅向社会表明"我是一个什么样的企业",更重要的是使企业员工明白自己在一个怎样的企业中,促使员工了解并接受该企业的活动,使得企业文化深入每一名员工的内心,进而发挥企业文化强大的生产力作用。因此,企业应当经常组织企业文化宣传活动,并逐渐完善自己企业的文化宣传活动管理制度,以使企业文化宣传活动可以发挥其应有的作用,为企业生产和管理服务。

企业文化活动宣传管理制度

第一条 为加强本企业文化活动宣传工作,增强宣传工作的实效性、针对性、规范性,维护企业形象,提高企业的知名度,增强员工对本企业的认同感,推动企业文化活动宣传工作的规范化,依据本企业相关管理制度,特制订本制度。

第二条 本制度是企业管理性指导文件,企业集团本部、各分公司、子公司、各实体单位、各项目部开展文化活动时必须遵照执行。

第三条 企业文化活动宣传包括内部宣传和外部宣传。内部宣传载体主要有公司简报、宣传栏及各类会议宣讲等。外部宣传主要通过报纸、电台、新闻媒体、网络等方式进行。

第四条 企业文化活动宣传以展示各项工作成就,挖掘特色亮点工作,提供科学决策依据,宣传企业良好形象为宗旨。

第五条 企业文化活动宣传工作的原则与要求是：全面、准确、及时、事实就是、突出亮点。

第六条 企业文化活动宣传工作由企业党委和行政部门统一领导。

企业文化活动宣传工作主管部门为党委工作部，协助部门为企业工会、企业管理部。由主管部门组织成立企业文化活动宣传办公室，并负责日常文化活动的策划、筹备、组织以及宣传。

企业其他部门要加强对本项宣传工作的重视，设置兼职的宣传工作专员，负责将部门内部的宣传方案，宣传稿件整理、收集和报送工作。

第七条 企业在举行文化活动前以及文化活动举行完毕后，负责企业文化活动宣传的各部门应切实履行以下职责：

（一）建立健全渠道畅通、反应灵敏的宣传网络，做好新闻素材的收集、筛选、加工、传递和反馈等日常工作，保障企业文化活动的顺利开展，为其营造浓厚的舆论氛围；

（二）开展调查研究工作，针对本部门员工在企业文化活动中的新思路、新想法，及时写出有分析有见解的专题调研报告；

（三）在企业文化活动结束后，对该次文化活动的重点、特点及意义和不足进行总结、提炼，及时写出主题鲜明的报道。

第八条 企业文化活动宣传内容所反映的事件与数据应当与文化活动事实相符，禁止发布虚假不实报道。

第九条 企业鼓励每一位员工为企业文化活动宣传工作尽自己的力量，员工投稿时应如实反映企业的文化活动动态，能积极反映员工在工作和生活中的各种正面思想和意识，员工的稿件被选用的，予以现金奖励。

第十条 企业文化活动宣传办公室要及时收集和整理相关信息，将相关信息张贴、登录在企业文化活动宣传载体上。对于需要通过外部宣传方式宣传的，还应及时报送给各类媒体。

第十一条 企业各基层单位均应建立健全宣传报道网络、党建和思想政治工作研究机构，发展新闻通讯员，培养文化新闻骨干，壮大文化宣传队伍。

第十二条 本管理制度由企业党委工作部负责解释和修订。

第十三条 本制度自公布之日起开始实施。

☞ 制作提示

1. 明确制度的制定目的。如规定为加强本企业文化活动宣传工作，增强宣传工作的实效性、针对性、规范性，依据本企业相关管理制度，特制订本制度。参见上文第一条。

2. 明确制度的适用范围。如规定本制度是企业管理性指导文件，企业集团本部、各分公司、子公司、各实体单位、各项目部开展文化活动时必须遵照执行。参见上文第二条。

3. 明确企业文化活动宣传的方式及载体。如规定企业文化活动宣传包括内部宣传和外部宣传。参见上文第三条。

4. 明确企业文化活动宣传工作的宗旨、原则及要求。如规定企业文化活动宣传以展示各项工作成就，挖掘特色亮点工作，提供科学决策依据，宣传企业良好形象为宗旨。参见上文第四、五条。

5. 明确企业文化活动宣传工作的指挥、领导和工作部门。如规定企业文化活动宣传工作主管部门为党委工作部，协助部门为企业工会、企业管理部。参见上文第六条。

6. 明确企业文化活动宣传部门应当履行的具体职责。如规定企业在举行文化活动前以及文化活动举行完毕后，负责企业文化活动宣传的各部门应切实履行的职责。参见上文第七条。

7. 明确企业文化活动宣传工作的禁止性规定。如规定企业文化活动宣传内容所反映的事件与数据应当与文化活动事实相符，禁止发布虚假不实报道。参见上文第八条。

8. 明确企业员工在企业文化活动宣传中的责任。如规定企业鼓励每一位员工为企业文化活动宣传工作尽自己的力量，员工的稿件被选用的，予以现金奖励。参见上文第九条。

9. 明确企业文化活动宣传的进行方式及力量壮大方式。如规定企业各基层单位均应建立健全宣传报道网络、党建和思想政治工作研究机构，发展新闻通讯员，培养文化新闻骨干，壮大文化宣传队伍。参见上文第十、十一条。

10. 本制度的实施时间等其他事项。参见上文第十二、十三条。

第十九章 品质管理制度

质量管理是指为了实现质量目标，而进行的所有管理性质的活动。20世纪50年代以来，随着生产力的迅速发展和科学技术的日新月异，人们对产品的质量从注重产品的一般性能发展为注重产品的耐用性、可靠性、安全性、维修性和经济性等。为此，很多企业内部都纷纷建立了质量保证机制，建立这种机制的目的在于确保用户对质量的要求和消费者的利益，保证产品本身的竞争力。相应地，建立完善的产品质量管理制度，对增进产品质量管理机制具有重要的意义。

一、产品质量管理制度

质量管理是指为了实现质量目标而进行的所有管理性质的活动。20 世纪 50 年代以来，随着生产力的迅速发展和科学技术的日新月异，人们对产品的质量从注重产品的一般性能发展为注重产品的耐用性、可靠性、安全性、维修性和经济性等。为此，很多企业内部都纷纷建立了质量保证机制，建立这种机制的目的在于确保用户对质量的要求和消费者的利益，保证产品本身的竞争力。相应地，建立完善的产品质量管理制度对增进产品质量管理机制具有重要的意义。

产品质量管理制度范本

第一章 总 则

第一条 为保证本公司品质管理制度的推行，规范公司质量管理，确保及提高产品品质符合管理及市场的需要，根据《中华人民共和国产品质量法》，特制定本制度。

第二条 本制度适用于公司所有质量问题的管理。

第三条 质检部的质量监督职责如下：

（一）在分管领导的指导下，全面负责产品质量监督检查工作。

（二）协助副经理主持产品质量管理和质量保证体系的日常工作。

（三）负责产品生产全过程的工作质量监督、检查及各工序交接的质量验收工作。

（四）审查试验室所做的各种原材料的分析鉴定和配合比及其他技术指标，对检验不合格者有权拒绝使用。

（五）参加有关部门组织的质量检查方面的会议，产品采用的新技术、新工艺在施工中对其关键工序进行检查。

（六）对由于质检工作疏漏、失职造成的产品质量事故承担责任。

（七）协助主持产品内部质量审核。

第四条 各生产部门使用的仪器设备（如量规）由使用部门自行校正与保

养，由质检部不定期抽检。如有不当的使用与操作应予以纠正教导并列入作业检核扣罚。

第五条 特殊精密仪器，使用部门主管应指定专人操作与负责管理，非指定操作人员不得任意使用（经主管核准者例外）。

第二章 产品检验

第六条 加强产品检验，凡具备交检条件的，检验员应及时检查，严禁压检、错检、漏检。如是过程检的责任扣所属部门，终检员的责任扣检计处。过程检、终检员应履行各自的工作职责，在业务上属检计处领导，在问题处理上由检计处裁决。跨部门的责任处理，不得私自处理。必须通知相关部门领导，否则由所在部门承担责任。

第七条 成品检验人员应依《成品品质标准及检验规范》的规定实施品质检验，提早发现，迅速处理以确保成品品质。

第八条 每批产品出货前，品检部门应依出货检验标示的规定进行检验，并将品质与包装检验结果填报出货检验记录表（表略）呈主管批示后依综合判定执行。

第三章 产品品质确认

第九条 关于产品品质确认，生产管理人员遇有下列情况时，应将制作规范或经理批示确认的异常处理单由品质管理部门人员取样确认，并将确认项目及内容填立于品质确认表，连同确认样品送营业部门转交客户确认：

（一）批量生产前的品质确认。

（二）客户要求品质确认。

（三）客户附样与制品材质不同者。

（四）生产或品质异常致产品发生规格、物性或其他差异者。

（五）经经理或总经理指示送确认者。

第十条 对于确认样品，品质管理部人员应取样二份，一份存品质管理部，另一份连同品质确认表交由业务部送客户确认。

第十一条 关于品质确认书的开立，由品质管理部人员在取样后应即填品质确认表一式二份，编号连同样品呈经理核签并于品质确认表上加盖品质确认专用章转交研发部及生产管理人员，且在生产进度表上注明"确认日期"后转交业务部门。

第十二条　客户进厂确认需开立品质确认表品质管理人员并要求客户于确认书上签认，并呈经理核签后通知生产管理人员排制，客户确认不合格拒收时，由品质管理部人员填报异常处理单呈经理批示，并依批示办理。

第十三条　品质确认处理期限为：

营业部门接获品质管理部或研发部送来确认的样品应于 2 日内转送客户，品质确认日数规定国内客户 5 日，国外客户 10 日，但客户如需装配试验始可确认者，其确认日数为 50 日，设定日数以出厂日为基准。

第十四条　关于品质确认的追踪，品质管理部人员对于未如期完成确认者，且已逾 2 日以上者时，应以便函反映营业部门，以掌握确认动态及订单生产。

第十五条　关于品质确认的结案，品质管理部人员于接获营业部门送回经客户确认的品质确认表后，应即会经理室生产管理人员于生产进度表上注明确认完成并以安排生产，如客户不合格时应检查是否补（试）制。

第四章　产品试用

第十六条　为推广市场及服务顾客起见，本公司部分产品可应顾客的要求，作短期的试用。

第十七条　为保持产品的流通，各型产品均应依试用规定期限归还，营业部门主管的试用期限核准权限最高为 7 日，若因特殊情形而需超过此期限者，则应事先以书面表明理由及希望延长天数，报请所属副总经理核准，书面报告即日转交仓管部门作为延长试用的凭证。

第十八条　各部门主管应负随时审查在外试用的产品有无未经核准而超越期限之责，若经仓库部发现各部门的试用产品有超越期限者，则该部门主管应即追回试用产品并缴还仓库部。

第十九条　营业人员在外试用的产品不得超过 3 件，如超过 3 件，而欲再行出货时，须经仓库部门主管加签核准后始得出货。

第二十条　申请试用时，应取得经客户盖章及负责人签字的产品试用签收单并应填明客户之详细地址、电话号码以及约定的试用天数，并由仓管部门主管负责查证，若因特殊情形无法取得正式签收单时，则应于试用当天将产品试用签收单呈报部门主管签核后，交仓管部门收存，仓管部门主管应根据该签收单上所列资料派员予以查证。

第五章 产品运输

第二十一条 凡有关仓库部与各部门间的产品运输，包括运输人员、运输车辆、车辆调配、货品包装托寄、保险、索赔等，概由仓库部负责，并会同有关部门办理。

第二十二条 凡本公司库存产品的运输，除由公司备置车辆输送外，并视实际业务的需要，由仓库部会同总务部洽请托运处托运。

第二十三条 产品运输前，仓管人员应妥善处理装箱、包装、搬运等工作，以确保运输产品的安全。

第二十四条 产品交运时，仓管人员除应将交运件数详细登载于货品交运明细表上，交由运送人员持往运往部门凭以签收外，并应另行填制产品（供应品）调拨单寄往运往部门签复，同时作为其进货的入账凭证。

第二十五条 凡产品经由公司车辆运送时，有关车辆的调配等悉依《车辆管理办法》办理。

第六章 质量教育及培训

第二十六条 新员工入职前必须进行品质意识的教育和质量管理条例的学习。

第二十七条 新员工实习期间不承担质量责任，质量责任由培训辅导员承担，考试合格后上岗，并承担相应的质量职责。

第二十八条 在职职工要定期进行质量教育和质量培训。

第七章 一般员工处罚

第二十九条 现场品检人员必须严格按照控制计划和作业指导书要求做好产品品质的检查并完成相应的记录。对未按照控制计划和作业指导书要求去执行的或未及时完成相应记录的，每次给予 50 元的经济处分；因检验人员严重失职，导致重大质量事故的，给予经济处分 100—200 元，并调离检验岗位。

第三十条　由于工艺设计或制作错误造成工装、产品报废等重大损失的，对责任人给予经济处分 100—500 元。

第三十一条　操作者必须严格按工艺文件要求操作，对临时脱离工艺标准的，必须经现场工艺人员和品检人员共同确认，对违反工艺标准或规定的，每次给予 50—500 元以上的经济处分。

第三十二条　生产线应按规定把作业指导书放置在规定的位置，对生产工位未按规定放置作业指导书，每起给予 50 元以上的经济处分。

第三十三条　操作员工私自更改工艺设定或不按操作规程作业，一次罚款 300—500 元，立即下岗，造成严重后果者辞退。

第三十四条　由于采购、生产不及时或采购材料（含外购外协产品）质量不合格造成客户停线等重大损失的，给予相关责任人员经济处分 100—500 元。

第三十五条　不同产品或材料相混使用、流转、包装等，一经发现，对责任人一次给予经济处分 100—200 元，情节严重者辞退或下岗。材料、产品由于流转或存放不当造成损坏、锈蚀等，对相关人员给予经济处分 50—100 元。

第三十六条　凡出现事故（安全、操作、品质等），有关部门负责人员，必须在 10 分钟内上报公司经理，在 24 小时内写出事故分析处理报告，否则一律辞退。

第三十七条　生产管理过程中，凡有对管理人员（特别是检验员、督导员等）进行漫骂、围攻、侮辱、威胁、恐吓，甚至人身攻击之类者，不问理由，一律给予经济处分 300 元，立即下岗或辞退。

第八章　管理责任追究

第三十八条　决策责任追究制：

（一）项目经理、部门负责人要确保所定计划、方案、工作目标切实可行。

（二）对决策失误造成生产过程中质量、安全等损失的直接或主要责任人视具体情况给予记过、降职、辞退等处分，并根据造成的经济损失的严重程度追加经济处分，应包括扣除各类效益奖金。

第三十九条 项目经理、部门负责人对下述问题负领导责任：

（一）不履行或不正确履行领导责任，不以积极的态度和行动带领所属部门及员工投入生产管理工作，未给予下属正确指导、未严格把关，导致未完成公司经营管理目标，或出现重大问题、发生严重质量生产事故；

（二）对管理权责范围内的员工疏于管理，致使工作出现纰漏或造成不良影响；

（三）对突发性事件报告不及时或隐瞒、缓报、谎报，处理不及时，造成不良后果。

有上述情形之一的，对有关领导、负责人、负有责任的员工，情节较轻的给予警告或通报处分，造成严重后果的给予留用察看、撤换等处分，触犯法律的追究刑事责任。

第四十条 各部门在工作上要互相配合、互相支持，一切以完成项目制订的生产管理、质量目标为最高准则。对工作推诿拖延、敷衍塞责、玩忽职守带来的损失，将根据责任轻重，追究相应负责人和有关当事人的责任，分别给予通报批评、留用察看、撤换等处分。

第九章 奖 励

第四十一条 工作中作出重大贡献，解决了重大质量问题，经质量管理部确认后，以书面形式上报公司，一次性奖励1000—5000元，并通报表彰。

第四十二条 在质量工作中，积极认真管理，改进工艺技术，解决质量问题者，经质量管理部确认后，以书面形式上报公司，一次性奖励200—500元，并通报表彰。

第四十三条 积极参加质量改进活动，对存在的质量问题提出改进建议，经质量管理部确认后，切实有效的，以书面形式上报公司，根据成绩大小，一次性奖励200—500元，并通报表彰。

第四十四条 在生产过程中，发现工序批量质量问题，并积极报告协调处理，使质量隐患得以消除，对发现人奖励200—500元。

第四十五条 主动积极检举揭发生产过程中弄虚作假、违章违纪行为者，经查证属实，对检举人员奖励200—500元。

第十章　附　　则

第四十六条　本制度未尽事宜参见其他相关制度。

第四十七条　本制度由生产部和质检部解释、补充，经总经理批准执行。

第四十八条　本制度自公布之日起实施。

☞ 制作提示

1. 明确交代制度的制定目的及适用范围。如为保证本公司品质管理制度的推行，规范公司质量管理，确保及提高产品品质符合管理及市场的需要，根据《中华人民共和国产品质量法》，特制定本制度。参见上文第一、二条。

2. 明确质检部的质量监督职责。如协助副经理主持产品质量管理和质量保证体系的日常工作。参见上文第三条。

3. 明确仪器设备的保养与使用。如规定特殊精密仪器，使用部门主管应指定专人操作与负责管理，非指定操作人员不得任意使用（经主管核准者例外）。参见上文第四、五条。

4. 明确产品检验的相关事项。如规定加强产品检验，凡具备交检条件的，检验员应及时检查，严禁压检、错检、漏检。参见上文第六、七、八条。

5. 明确产品品质确认事项。如规定对于确认样品，品质管理部人员应取样二份，一份存品质管理部，另一份连同品质确认表交由业务部送客户确认。参见上文第九、十、十一、十二、十三、十四、十五条。

6. 明确产品试用事项。如规定为推广市场及服务顾客起见，本公司部分产品可应顾客的要求，作短期的试用。参见上文第十六、十七、十八、十九、二十条。

7. 明确产品运输事项。如规定凡本公司库存产品的运输，除由公司备置车辆输送外，并视实际业务的需要，由仓库部会同总务部洽请托运处托运。参见上文第二十一、二十二、二十三、二十四、二十五条。

8. 明确质量教育及培训事项。如规定新员工实习期间不承担质量责任，质量责任由培训辅导员承担，考试合格后上岗，并承担相应的质量职责。参见上文第二十六、二十七、二十八条。

9. 明确一般员工处分事项。如规定由于工艺设计或制作错误造成工装、产品报废等重大损失，对责任人予以经济处分100—500元。参见上文第二十九至三十七条。

10. 明确管理责任追究事项。如规定对工作推诿拖延、敷衍塞责、玩忽职守带来的损失，将根据责任轻重，追究相应负责人和有关当事人的责任，分别给予通报批评、留用察看、撤换等处分。参见上文第三十八、三十九、四十条。

11. 明确奖励事项。如规定工作中作出重大贡献，解决了重大质量问题，经质量管理部确认后，以书面形式上报公司，一次性奖励1000—5000元，并通报表彰。参见上文第四十一、四十二、四十三、四十四、四十五条。

12. 明确制度的解释主体和施行时间。如在最后一般都要注明类似"本办法自发布之日起施行"的时间规定。参见上文第四十六、四十七、四十八条。

附一：

中华人民共和国产品质量法

（1993年2月22日第七届全国人民代表大会常务委员会第三十次会议通过　根据2000年7月8日第九届全国人民代表大会常务委员会第十六次会议《关于修改〈中华人民共和国产品质量法〉的决定》第一次修正　根据2009年8月27日第十一届全国人民代表大会常务委员会第十次会议《关于修改部分法律的决定》第二次修正　根据2018年12月29日第十三届全国人民代表大会常务委员会第七次会议《关于修改〈中华人民共和国产品质量法〉等五部法律的决定》第三次修正）

第一章　总　　则

第一条　为了加强对产品质量的监督管理，提高产品质量水平，明确产品质量责任，保护消费者的合法权益，维护社会经济秩序，制定本法。

第二条　在中华人民共和国境内从事产品生产、销售活动，必须遵守本法。

本法所称产品是指经过加工、制作，用于销售的产品。

建设工程不适用本法规定；但是，建设工程使用的建筑材料、建筑构配件和设备，属于前款规定的产品范围的，适用本法规定。

第三条 生产者、销售者应当建立健全内部产品质量管理制度，严格实施岗位质量规范、质量责任以及相应的考核办法。

第四条 生产者、销售者依照本法规定承担产品质量责任。

第五条 禁止伪造或者冒用认证标志等质量标志；禁止伪造产品的产地，伪造或者冒用他人的厂名、厂址；禁止在生产、销售的产品中掺杂、掺假，以假充真，以次充好。

第六条 国家鼓励推行科学的质量管理方法，采用先进的科学技术，鼓励企业产品质量达到并且超过行业标准、国家标准和国际标准。

对产品质量管理先进和产品质量达到国际先进水平、成绩显著的单位和个人，给予奖励。

第七条 各级人民政府应当把提高产品质量纳入国民经济和社会发展规划，加强对产品质量工作的统筹规划和组织领导，引导、督促生产者、销售者加强产品质量管理，提高产品质量，组织各有关部门依法采取措施，制止产品生产、销售中违反本法规定的行为，保障本法的施行。

第八条 国务院市场监督管理部门主管全国产品质量监督工作。国务院有关部门在各自的职责范围内负责产品质量监督工作。

县级以上地方市场监督管理部门主管本行政区域内的产品质量监督工作。县级以上地方人民政府有关部门在各自的职责范围内负责产品质量监督工作。

法律对产品质量的监督部门另有规定的，依照有关法律的规定执行。

第九条 各级人民政府工作人员和其他国家机关工作人员不得滥用职权、玩忽职守或者徇私舞弊，包庇、放纵本地区、本系统发生的产品生产、销售中违反本法规定的行为，或者阻挠、干预依法对产品生产、销售中违反本法规定的行为进行查处。

各级地方人民政府和其他国家机关有包庇、放纵产品生产、销售中违反本法规定的行为的，依法追究其主要负责人的法律责任。

第十条 任何单位和个人有权对违反本法规定的行为，向市场监督管理部门或者其他有关部门检举。

市场监督管理部门和有关部门应当为检举人保密，并按照省、自治区、直辖市人民政府的规定给予奖励。

第十一条 任何单位和个人不得排斥非本地区或者非本系统企业生产的质量合格产品进入本地区、本系统。

第二章 产品质量的监督

第十二条 产品质量应当检验合格，不得以不合格产品冒充合格产品。

第十三条 可能危及人体健康和人身、财产安全的工业产品，必须符合保障人体健康和人身、财产安全的国家标准、行业标准；未制定国家标准、行业标准的，必须符合保障人体健康和人身、财产安全的要求。

禁止生产、销售不符合保障人体健康和人身、财产安全的标准和要求的工业产品。具体管理办法由国务院规定。

第十四条 国家根据国际通用的质量管理标准，推行企业质量体系认证制度。企业根据自愿原则可以向国务院市场监督管理部门认可的或者国务院市场监督管理部门授权的部门认可的认证机构申请企业质量体系认证。经认证合格的，由认证机构颁发企业质量体系认证证书。

国家参照国际先进的产品标准和技术要求，推行产品质量认证制度。企业根据自愿原则可以向国务院市场监督管理部门认可的或者国务院市场监督管理部门授权的部门认可的认证机构申请产品质量认证。经认证合格的，由认证机构颁发产品质量认证证书，准许企业在产品或者其包装上使用产品质量认证标志。

第十五条 国家对产品质量实行以抽查为主要方式的监督检查制度，对可能危及人体健康和人身、财产安全的产品，影响国计民生的重要工业产品以及消费者、有关组织反映有质量问题的产品进行抽查。抽查的样品应当在市场上或者企业成品仓库内的待销产品中随机抽取。监督抽查工作由国务院市场监督管理部门规划和组织。县级以上地方市场监督管理部门在本行政区域内也可以组织监督抽查。法律对产品质量的监督检查另有规定的，依照有关法律的规定执行。

国家监督抽查的产品，地方不得另行重复抽查；上级监督抽查的产品，下级不得另行重复抽查。

根据监督抽查的需要，可以对产品进行检验。检验抽取样品的数量不得超过检验的合理需要，并不得向被检查人收取检验费用。监督抽查所需检验费用按照国务院规定列支。

生产者、销售者对抽查检验的结果有异议的，可以自收到检验结果之日起十五日内向实施监督抽查的市场监督管理部门或者其上级市场监督管理部门申请复检，由受理复检的市场监督管理部门作出复检结论。

第十六条　对依法进行的产品质量监督检查，生产者、销售者不得拒绝。

第十七条　依照本法规定进行监督抽查的产品质量不合格的，由实施监督抽查的市场监督管理部门责令其生产者、销售者限期改正。逾期不改正的，由省级以上人民政府市场监督管理部门予以公告；公告后经复查仍不合格的，责令停业，限期整顿；整顿期满后经复查产品质量仍不合格的，吊销营业执照。

监督抽查的产品有严重质量问题的，依照本法第五章的有关规定处罚。

第十八条　县级以上市场监督管理部门根据已经取得的违法嫌疑证据或者举报，对涉嫌违反本法规定的行为进行查处时，可以行使下列职权：

（一）对当事人涉嫌从事违反本法的生产、销售活动的场所实施现场检查；

（二）向当事人的法定代表人、主要负责人和其他有关人员调查、了解与涉嫌从事违反本法的生产、销售活动有关的情况；

（三）查阅、复制当事人有关的合同、发票、帐簿以及其他有关资料；

（四）对有根据认为不符合保障人体健康和人身、财产安全的国家标准、行业标准的产品或者有其他严重质量问题的产品，以及直接用于生产、销售该项产品的原辅材料、包装物、生产工具，予以查封或者扣押。

第十九条　产品质量检验机构必须具备相应的检测条件和能力，经省级以上人民政府市场监督管理部门或者其授权的部门考核合格后，方可承担产品质量检验工作。法律、行政法规对产品质量检验机构另有规定的，依照有关法律、行政法规的规定执行。

第二十条　从事产品质量检验、认证的社会中介机构必须依法设立，不得与行政机关和其他国家机关存在隶属关系或者其他利益关系。

第二十一条　产品质量检验机构、认证机构必须依法按照有关标准，客观、公正地出具检验结果或者认证证明。

产品质量认证机构应当依照国家规定对准许使用认证标志的产品进行认证后的跟踪检查；对不符合认证标准而使用认证标志的，要求其改正；情节严重的，取消其使用认证标志的资格。

第二十二条 消费者有权就产品质量问题，向产品的生产者、销售者查询；向市场监督管理部门及有关部门申诉，接受申诉的部门应当负责处理。

第二十三条 保护消费者权益的社会组织可以就消费者反映的产品质量问题建议有关部门负责处理，支持消费者对因产品质量造成的损害向人民法院起诉。

第二十四条 国务院和省、自治区、直辖市人民政府的市场监督管理部门应当定期发布其监督抽查的产品的质量状况公告。

第二十五条 市场监督管理部门或者其他国家机关以及产品质量检验机构不得向社会推荐生产者的产品；不得以对产品进行监制、监销等方式参与产品经营活动。

第三章 生产者、销售者的产品质量责任和义务

第一节 生产者的产品质量责任和义务

第二十六条 生产者应当对其生产的产品质量负责。

产品质量应当符合下列要求：

（一）不存在危及人身、财产安全的不合理的危险，有保障人体健康和人身、财产安全的国家标准、行业标准的，应当符合该标准；

（二）具备产品应当具备的使用性能，但是，对产品存在使用性能的瑕疵作出说明的除外；

（三）符合在产品或者其包装上注明采用的产品标准，符合以产品说明、实物样品等方式表明的质量状况。

第二十七条 产品或者其包装上的标识必须真实，并符合下列要求：

（一）有产品质量检验合格证明；

（二）有中文标明的产品名称、生产厂厂名和厂址；

（三）根据产品的特点和使用要求，需要标明产品规格、等级、所含主要成

份的名称和含量的，用中文相应予以标明；需要事先让消费者知晓的，应当在外包装上标明，或者预先向消费者提供有关资料；

（四）限期使用的产品，应当在显著位置清晰地标明生产日期和安全使用期或者失效日期；

（五）使用不当，容易造成产品本身损坏或者可能危及人身、财产安全的产品，应当有警示标志或者中文警示说明。

裸装的食品和其他根据产品的特点难以附加标识的裸装产品，可以不附加产品标识。

第二十八条 易碎、易燃、易爆、有毒、有腐蚀性、有放射性等危险物品以及储运中不能倒置和其他有特殊要求的产品，其包装质量必须符合相应要求，依照国家有关规定作出警示标志或者中文警示说明，标明储运注意事项。

第二十九条 生产者不得生产国家明令淘汰的产品。

第三十条 生产者不得伪造产地，不得伪造或者冒用他人的厂名、厂址。

第三十一条 生产者不得伪造或者冒用认证标志等质量标志。

第三十二条 生产者生产产品，不得掺杂、掺假，不得以假充真、以次充好，不得以不合格产品冒充合格产品。

第二节 销售者的产品质量责任和义务

第三十三条 销售者应当建立并执行进货检查验收制度，验明产品合格证明和其他标识。

第三十四条 销售者应当采取措施，保持销售产品的质量。

第三十五条 销售者不得销售国家明令淘汰并停止销售的产品和失效、变质的产品。

第三十六条 销售者销售的产品的标识应当符合本法第二十七条的规定。

第三十七条 销售者不得伪造产地，不得伪造或者冒用他人的厂名、厂址。

第三十八条 销售者不得伪造或者冒用认证标志等质量标志。

第三十九条 销售者销售产品，不得掺杂、掺假，不得以假充真、以次充好，不得以不合格产品冒充合格产品。

第四章 损害赔偿

第四十条 售出的产品有下列情形之一的,销售者应当负责修理、更换、退货;给购买产品的消费者造成损失的,销售者应当赔偿损失:

(一)不具备产品应当具备的使用性能而事先未作说明的;

(二)不符合在产品或者其包装上注明采用的产品标准的;

(三)不符合以产品说明、实物样品等方式表明的质量状况的。

销售者依照前款规定负责修理、更换、退货、赔偿损失后,属于生产者的责任或者属于向销售者提供产品的其他销售者(以下简称供货者)的责任的,销售者有权向生产者、供货者追偿。

销售者未按照第一款规定给予修理、更换、退货或者赔偿损失的,由市场监督管理部门责令改正。

生产者之间,销售者之间,生产者与销售者之间订立的买卖合同、承揽合同有不同约定的,合同当事人按照合同约定执行。

第四十一条 因产品存在缺陷造成人身、缺陷产品以外的其他财产(以下简称他人财产)损害的,生产者应当承担赔偿责任。

生产者能够证明有下列情形之一的,不承担赔偿责任:

(一)未将产品投入流通的;

(二)产品投入流通时,引起损害的缺陷尚不存在的;

(三)将产品投入流通时的科学技术水平尚不能发现缺陷的存在的。

第四十二条 由于销售者的过错使产品存在缺陷,造成人身、他人财产损害的,销售者应当承担赔偿责任。

销售者不能指明缺陷产品的生产者也不能指明缺陷产品的供货者的,销售者应当承担赔偿责任。

第四十三条 因产品存在缺陷造成人身、他人财产损害的,受害人可以向产品的生产者要求赔偿,也可以向产品的销售者要求赔偿。属于产品的生产者的责任,产品的销售者赔偿的,产品的销售者有权向产品的生产者追偿。属于产品的销售者的责任,产品的生产者赔偿的,产品的生产者有权向产品的销售者追偿。

第四十四条 因产品存在缺陷造成受害人人身伤害的，侵害人应当赔偿医疗费、治疗期间的护理费、因误工减少的收入等费用；造成残疾的，还应当支付残疾者生活自助具费、生活补助费、残疾赔偿金以及由其扶养的人所必需的生活费等费用；造成受害人死亡的，并应当支付丧葬费、死亡赔偿金以及由死者生前扶养的人所必需的生活费等费用。

因产品存在缺陷造成受害人财产损失的，侵害人应当恢复原状或者折价赔偿。受害人因此遭受其他重大损失的，侵害人应当赔偿损失。

第四十五条 因产品存在缺陷造成损害要求赔偿的诉讼时效期间为二年，自当事人知道或者应当知道其权益受到损害时起计算。

因产品存在缺陷造成损害要求赔偿的请求权，在造成损害的缺陷产品交付最初消费者满十年丧失；但是，尚未超过明示的安全使用期的除外。

第四十六条 本法所称缺陷，是指产品存在危及人身、他人财产安全的不合理的危险；产品有保障人体健康和人身、财产安全的国家标准、行业标准的，是指不符合该标准。

第四十七条 因产品质量发生民事纠纷时，当事人可以通过协商或者调解解决。当事人不愿通过协商、调解解决或者协商、调解不成的，可以根据当事人各方的协议向仲裁机构申请仲裁；当事人各方没有达成仲裁协议或者仲裁协议无效的，可以直接向人民法院起诉。

第四十八条 仲裁机构或者人民法院可以委托本法第十九条规定的产品质量检验机构，对有关产品质量进行检验。

第五章 罚 则

第四十九条 生产、销售不符合保障人体健康和人身、财产安全的国家标准、行业标准的产品的，责令停止生产、销售，没收违法生产、销售的产品，并处违法生产、销售产品（包括已售出和未售出的产品，下同）货值金额等值以上三倍以下的罚款；有违法所得的，并处没收违法所得；情节严重的，吊销营业执照；构成犯罪的，依法追究刑事责任。

第五十条 在产品中掺杂、掺假，以假充真，以次充好，或者以不合格产品冒充合格产品的，责令停止生产、销售，没收违法生产、销售的产品，并处违法生产、销售产品货值金额百分之五十以上三倍以下的罚款；有违法所得的，并处没收违法所得；情节严重的，吊销营业执照；构成犯罪的，依法追究刑事责任。

第五十一条 生产国家明令淘汰的产品的，销售国家明令淘汰并停止销售的产品的，责令停止生产、销售，没收违法生产、销售的产品，并处违法生产、销售产品货值金额等值以下的罚款；有违法所得的，并处没收违法所得；情节严重的，吊销营业执照。

第五十二条 销售失效、变质的产品的，责令停止销售，没收违法销售的产品，并处违法销售产品货值金额二倍以下的罚款；有违法所得的，并处没收违法所得；情节严重的，吊销营业执照；构成犯罪的，依法追究刑事责任。

第五十三条 伪造产品产地的，伪造或者冒用他人厂名、厂址的，伪造或者冒用认证标志等质量标志的，责令改正，没收违法生产、销售的产品，并处违法生产、销售产品货值金额等值以下的罚款；有违法所得的，并处没收违法所得；情节严重的，吊销营业执照。

第五十四条 产品标识不符合本法第二十七条规定的，责令改正；有包装的产品标识不符合本法第二十七条第（四）项、第（五）项规定，情节严重的，责令停止生产、销售，并处违法生产、销售产品货值金额百分之三十以下的罚款；有违法所得的，并处没收违法所得。

第五十五条 销售者销售本法第四十九条至第五十三条规定禁止销售的产品，有充分证据证明其不知道该产品为禁止销售的产品并如实说明其进货来源的，可以从轻或者减轻处罚。

第五十六条 拒绝接受依法进行的产品质量监督检查的，给予警告，责令改正；拒不改正的，责令停业整顿；情节特别严重的，吊销营业执照。

第五十七条 产品质量检验机构、认证机构伪造检验结果或者出具虚假证明的，责令改正，对单位处五万元以上十万元以下的罚款，对直接负责的主管人员和其他直接责任人员处一万元以上五万元以下的罚款；有违法所得的，并处没收违法所得；情节严重的，取消其检验资格、认证资格；构成犯罪的，依法追究刑事责任。

产品质量检验机构、认证机构出具的检验结果或者证明不实，造成损失的，应当承担相应的赔偿责任；造成重大损失的，撤销其检验资格、认证资格。

产品质量认证机构违反本法第二十一条第二款的规定，对不符合认证标准而使用认证标志的产品，未依法要求其改正或者取消其使用认证标志资格的，对因产品不符合认证标准给消费者造成的损失，与产品的生产者、销售者承担连带责任；情节严重的，撤销其认证资格。

第五十八条 社会团体、社会中介机构对产品质量作出承诺、保证，而该产品又不符合其承诺、保证的质量要求，给消费者造成损失的，与产品的生产者、销售者承担连带责任。

第五十九条 在广告中对产品质量作虚假宣传，欺骗和误导消费者的，依照《中华人民共和国广告法》的规定追究法律责任。

第六十条 对生产者专门用于生产本法第四十九条、第五十一条所列的产品或者以假充真的产品的原辅材料、包装物、生产工具，应当予以没收。

第六十一条 知道或者应当知道属于本法规定禁止生产、销售的产品而为其提供运输、保管、仓储等便利条件的，或者为以假充真的产品提供制假生产技术的，没收全部运输、保管、仓储或者提供制假生产技术的收入，并处违法收入百分之五十以上三倍以下的罚款；构成犯罪的，依法追究刑事责任。

第六十二条 服务业的经营者将本法第四十九条至第五十二条规定禁止销售的产品用于经营性服务的，责令停止使用；对知道或者应当知道所使用的产品属于本法规定禁止销售的产品的，按照违法使用的产品（包括已使用和尚未使用的产品）的货值金额，依照本法对销售者的处罚规定处罚。

第六十三条 隐匿、转移、变卖、损毁被市场监督管理部门查封、扣押的物品的，处被隐匿、转移、变卖、损毁物品货值金额等值以上三倍以下的罚款；有违法所得的，并处没收违法所得。

第六十四条 违反本法规定，应当承担民事赔偿责任和缴纳罚款、罚金，其财产不足以同时支付时，先承担民事赔偿责任。

第六十五条 各级人民政府工作人员和其他国家机关工作人员有下列情形之一的，依法给予行政处分；构成犯罪的，依法追究刑事责任：

（一）包庇、放纵产品生产、销售中违反本法规定行为的；

（二）向从事违反本法规定的生产、销售活动的当事人通风报信，帮助其逃避查处的；

（三）阻挠、干预市场监督管理部门依法对产品生产、销售中违反本法规定的行为进行查处，造成严重后果的。

第六十六条 市场监督管理部门在产品质量监督抽查中超过规定的数量索取样品或者向被检查人收取检验费用的，由上级市场监督管理部门或者监察机关责令退还；情节严重的，对直接负责的主管人员和其他直接责任人员依法给予行政处分。

第六十七条 市场监督管理部门或者其他国家机关违反本法第二十五条的规定，向社会推荐生产者的产品或者以监制、监销等方式参与产品经营活动的，由其上级机关或者监察机关责令改正，消除影响，有违法收入的予以没收；情节严重的，对直接负责的主管人员和其他直接责任人员依法给予行政处分。

产品质量检验机构有前款所列违法行为的，由市场监督管理部门责令改正，消除影响，有违法收入的予以没收，可以并处违法收入一倍以下的罚款；情节严重的，撤销其质量检验资格。

第六十八条 市场监督管理部门的工作人员滥用职权、玩忽职守、徇私舞弊，构成犯罪的，依法追究刑事责任；尚不构成犯罪的，依法给予行政处分。

第六十九条 以暴力、威胁方法阻碍市场监督管理部门的工作人员依法执行职务的，依法追究刑事责任；拒绝、阻碍未使用暴力、威胁方法的，由公安机关依照治安管理处罚法的规定处罚。

第七十条 本法第四十九条至第五十七条、第六十条至第六十三条规定的行政处罚由市场监督管理部门决定。法律、行政法规对行使行政处罚权的机关另有规定的，依照有关法律、行政法规的规定执行。

第七十一条 对依照本法规定没收的产品，依照国家有关规定进行销毁或者采取其他方式处理。

第七十二条 本法第四十九条至第五十四条、第六十二条、第六十三条所规定的货值金额以违法生产、销售产品的标价计算；没有标价的，按照同类产品的市场价格计算。

第六章　附　　则

第七十三条　军工产品质量监督管理办法，由国务院、中央军事委员会另行制定。

因核设施、核产品造成损害的赔偿责任，法律、行政法规另有规定的，依照其规定。

第七十四条　本法自 1993 年 9 月 1 日起施行。

附二：

中华人民共和国食品安全法

（2009 年 2 月 28 日第十一届全国人民代表大会常务委员会第七次会议通过　2015 年 4 月 24 日第十二届全国人民代表大会常务委员会第十四次会议修订　根据 2018 年 12 月 29 日第十三届全国人民代表大会常务委员会第七次会议《关于修改〈中华人民共和国产品质量法〉等五部法律的决定》第一次修正　根据 2021 年 4 月 29 日第十三届全国人民代表大会常务委员会第二十八次会议《关于修改〈中华人民共和国道路交通安全法〉等八部法律的决定》第二次修正）

第一章　总　　则

第一条　为了保证食品安全，保障公众身体健康和生命安全，制定本法。

第二条　在中华人民共和国境内从事下列活动，应当遵守本法：

（一）食品生产和加工（以下称食品生产），食品销售和餐饮服务（以下称食品经营）；

（二）食品添加剂的生产经营；

（三）用于食品的包装材料、容器、洗涤剂、消毒剂和用于食品生产经营的工具、设备（以下称食品相关产品）的生产经营；

（四）食品生产经营者使用食品添加剂、食品相关产品；

（五）食品的贮存和运输；

（六）对食品、食品添加剂、食品相关产品的安全管理。

供食用的源于农业的初级产品（以下称食用农产品）的质量安全管理，遵守《中华人民共和国农产品质量安全法》的规定。但是，食用农产品的市场销售、有关质量安全标准的制定、有关安全信息的公布和本法对农业投入品作出规定的，应当遵守本法的规定。

第三条　食品安全工作实行预防为主、风险管理、全程控制、社会共治，建立科学、严格的监督管理制度。

第四条　食品生产经营者对其生产经营食品的安全负责。

食品生产经营者应当依照法律、法规和食品安全标准从事生产经营活动，保证食品安全，诚信自律，对社会和公众负责，接受社会监督，承担社会责任。

第五条　国务院设立食品安全委员会，其职责由国务院规定。

国务院食品安全监督管理部门依照本法和国务院规定的职责，对食品生产经营活动实施监督管理。

国务院卫生行政部门依照本法和国务院规定的职责，组织开展食品安全风险监测和风险评估，会同国务院食品安全监督管理部门制定并公布食品安全国家标准。

国务院其他有关部门依照本法和国务院规定的职责，承担有关食品安全工作。

第六条　县级以上地方人民政府对本行政区域的食品安全监督管理工作负责，统一领导、组织、协调本行政区域的食品安全监督管理工作以及食品安全突发事件应对工作，建立健全食品安全全程监督管理工作机制和信息共享机制。

县级以上地方人民政府依照本法和国务院的规定，确定本级食品安全监督管理、卫生行政部门和其他有关部门的职责。有关部门在各自职责范围内负责本行政区域的食品安全监督管理工作。

县级人民政府食品安全监督管理部门可以在乡镇或者特定区域设立派出机构。

第七条　县级以上地方人民政府实行食品安全监督管理责任制。上级人民政府负责对下一级人民政府的食品安全监督管理工作进行评议、考核。县级以上地方人民政府负责对本级食品安全监督管理部门和其他有关部门的食品安全监督管理工作进行评议、考核。

　　第八条　县级以上人民政府应当将食品安全工作纳入本级国民经济和社会发展规划，将食品安全工作经费列入本级政府财政预算，加强食品安全监督管理能力建设，为食品安全工作提供保障。

　　县级以上人民政府食品安全监督管理部门和其他有关部门应当加强沟通、密切配合，按照各自职责分工，依法行使职权，承担责任。

　　第九条　食品行业协会应当加强行业自律，按照章程建立健全行业规范和奖惩机制，提供食品安全信息、技术等服务，引导和督促食品生产经营者依法生产经营，推动行业诚信建设，宣传、普及食品安全知识。

　　消费者协会和其他消费者组织对违反本法规定，损害消费者合法权益的行为，依法进行社会监督。

　　第十条　各级人民政府应当加强食品安全的宣传教育，普及食品安全知识，鼓励社会组织、基层群众性自治组织、食品生产经营者开展食品安全法律、法规以及食品安全标准和知识的普及工作，倡导健康的饮食方式，增强消费者食品安全意识和自我保护能力。

　　新闻媒体应当开展食品安全法律、法规以及食品安全标准和知识的公益宣传，并对食品安全违法行为进行舆论监督。有关食品安全的宣传报道应当真实、公正。

　　第十一条　国家鼓励和支持开展与食品安全有关的基础研究、应用研究，鼓励和支持食品生产经营者为提高食品安全水平采用先进技术和先进管理规范。

　　国家对农药的使用实行严格的管理制度，加快淘汰剧毒、高毒、高残留农药，推动替代产品的研发和应用，鼓励使用高效低毒低残留农药。

　　第十二条　任何组织或者个人有权举报食品安全违法行为，依法向有关部门了解食品安全信息，对食品安全监督管理工作提出意见和建议。

　　第十三条　对在食品安全工作中做出突出贡献的单位和个人，按照国家有关规定给予表彰、奖励。

第二章　食品安全风险监测和评估

　　第十四条　国家建立食品安全风险监测制度，对食源性疾病、食品污染以及食品中的有害因素进行监测。

国务院卫生行政部门会同国务院食品安全监督管理等部门，制定、实施国家食品安全风险监测计划。

国务院食品安全监督管理部门和其他有关部门获知有关食品安全风险信息后，应当立即核实并向国务院卫生行政部门通报。对有关部门通报的食品安全风险信息以及医疗机构报告的食源性疾病等有关疾病信息，国务院卫生行政部门应当会同国务院有关部门分析研究，认为必要的，及时调整国家食品安全风险监测计划。

省、自治区、直辖市人民政府卫生行政部门会同同级食品安全监督管理等部门，根据国家食品安全风险监测计划，结合本行政区域的具体情况，制定、调整本行政区域的食品安全风险监测方案，报国务院卫生行政部门备案并实施。

第十五条 承担食品安全风险监测工作的技术机构应当根据食品安全风险监测计划和监测方案开展监测工作，保证监测数据真实、准确，并按照食品安全风险监测计划和监测方案的要求报送监测数据和分析结果。

食品安全风险监测工作人员有权进入相关食用农产品种植养殖、食品生产经营场所采集样品、收集相关数据。采集样品应当按照市场价格支付费用。

第十六条 食品安全风险监测结果表明可能存在食品安全隐患的，县级以上人民政府卫生行政部门应当及时将相关信息通报同级食品安全监督管理等部门，并报告本级人民政府和上级人民政府卫生行政部门。食品安全监督管理等部门应当组织开展进一步调查。

第十七条 国家建立食品安全风险评估制度，运用科学方法，根据食品安全风险监测信息、科学数据以及有关信息，对食品、食品添加剂、食品相关产品中生物性、化学性和物理性危害因素进行风险评估。

国务院卫生行政部门负责组织食品安全风险评估工作，成立由医学、农业、食品、营养、生物、环境等方面的专家组成的食品安全风险评估专家委员会进行食品安全风险评估。食品安全风险评估结果由国务院卫生行政部门公布。

对农药、肥料、兽药、饲料和饲料添加剂等的安全性评估，应当有食品安全风险评估专家委员会的专家参加。

食品安全风险评估不得向生产经营者收取费用，采集样品应当按照市场价格支付费用。

第十八条　有下列情形之一的，应当进行食品安全风险评估：

（一）通过食品安全风险监测或者接到举报发现食品、食品添加剂、食品相关产品可能存在安全隐患的；

（二）为制定或者修订食品安全国家标准提供科学依据需要进行风险评估的；

（三）为确定监督管理的重点领域、重点品种需要进行风险评估的；

（四）发现新的可能危害食品安全因素的；

（五）需要判断某一因素是否构成食品安全隐患的；

（六）国务院卫生行政部门认为需要进行风险评估的其他情形。

第十九条　国务院食品安全监督管理、农业行政等部门在监督管理工作中发现需要进行食品安全风险评估的，应当向国务院卫生行政部门提出食品安全风险评估的建议，并提供风险来源、相关检验数据和结论等信息、资料。属于本法第十八条规定情形的，国务院卫生行政部门应当及时进行食品安全风险评估，并向国务院有关部门通报评估结果。

第二十条　省级以上人民政府卫生行政、农业行政部门应当及时相互通报食品、食用农产品安全风险监测信息。

国务院卫生行政、农业行政部门应当及时相互通报食品、食用农产品安全风险评估结果等信息。

第二十一条　食品安全风险评估结果是制定、修订食品安全标准和实施食品安全监督管理的科学依据。

经食品安全风险评估，得出食品、食品添加剂、食品相关产品不安全结论的，国务院食品安全监督管理等部门应当依据各自职责立即向社会公告，告知消费者停止食用或者使用，并采取相应措施，确保该食品、食品添加剂、食品相关产品停止生产经营；需要制定、修订相关食品安全国家标准的，国务院卫生行政部门应当会同国务院食品安全监督管理部门立即制定、修订。

第二十二条　国务院食品安全监督管理部门应当会同国务院有关部门，根据食品安全风险评估结果、食品安全监督管理信息，对食品安全状况进行综合分析。对经综合分析表明可能具有较高程度安全风险的食品，国务院食品安全监督管理部门应当及时提出食品安全风险警示,并向社会公布。

第二十三条 县级以上人民政府食品安全监督管理部门和其他有关部门、食品安全风险评估专家委员会及其技术机构,应当按照科学、客观、及时、公开的原则,组织食品生产经营者、食品检验机构、认证机构、食品行业协会、消费者协会以及新闻媒体等,就食品安全风险评估信息和食品安全监督管理信息进行交流沟通。

第三章 食品安全标准

第二十四条 制定食品安全标准,应当以保障公众身体健康为宗旨,做到科学合理、安全可靠。

第二十五条 食品安全标准是强制执行的标准。除食品安全标准外,不得制定其他食品强制性标准。

第二十六条 食品安全标准应当包括下列内容:

(一)食品、食品添加剂、食品相关产品中的致病性微生物,农药残留、兽药残留、生物毒素、重金属等污染物质以及其他危害人体健康物质的限量规定;

(二)食品添加剂的品种、使用范围、用量;

(三)专供婴幼儿和其他特定人群的主辅食品的营养成分要求;

(四)对与卫生、营养等食品安全要求有关的标签、标志、说明书的要求;

(五)食品生产经营过程的卫生要求;

(六)与食品安全有关的质量要求;

(七)与食品安全有关的食品检验方法与规程;

(八)其他需要制定为食品安全标准的内容。

第二十七条 食品安全国家标准由国务院卫生行政部门会同国务院食品安全监督管理部门制定、公布,国务院标准化行政部门提供国家标准编号。

食品中农药残留、兽药残留的限量规定及其检验方法与规程由国务院卫生行政部门、国务院农业行政部门会同国务院食品安全监督管理部门制定。

屠宰畜、禽的检验规程由国务院农业行政部门会同国务院卫生行政部门制定。

第二十八条 制定食品安全国家标准,应当依据食品安全风险评估结果并充分考虑食用农产品安全风险评估结果，参照相关的国际标准和国际食品安全风险评估结果，并将食品安全国家标准草案向社会公布，广泛听取食品生产经营者、消费者、有关部门等方面的意见。

食品安全国家标准应当经国务院卫生行政部门组织的食品安全国家标准审评委员会审查通过。食品安全国家标准审评委员会由医学、农业、食品、营养、生物、环境等方面的专家以及国务院有关部门、食品行业协会、消费者协会的代表组成，对食品安全国家标准草案的科学性和实用性等进行审查。

第二十九条　对地方特色食品，没有食品安全国家标准的，省、自治区、直辖市人民政府卫生行政部门可以制定并公布食品安全地方标准，报国务院卫生行政部门备案。食品安全国家标准制定后，该地方标准即行废止。

第三十条　国家鼓励食品生产企业制定严于食品安全国家标准或者地方标准的企业标准，在本企业适用，并报省、自治区、直辖市人民政府卫生行政部门备案。

第三十一条　省级以上人民政府卫生行政部门应当在其网站上公布制定和备案的食品安全国家标准、地方标准和企业标准，供公众免费查阅、下载。

对食品安全标准执行过程中的问题，县级以上人民政府卫生行政部门应当会同有关部门及时给予指导、解答。

第三十二条　省级以上人民政府卫生行政部门应当会同同级食品安全监督管理、农业行政等部门，分别对食品安全国家标准和地方标准的执行情况进行跟踪评价，并根据评价结果及时修订食品安全标准。

省级以上人民政府食品安全监督管理、农业行政等部门应当对食品安全标准执行中存在的问题进行收集、汇总，并及时向同级卫生行政部门通报。

食品生产经营者、食品行业协会发现食品安全标准在执行中存在问题的，应当立即向卫生行政部门报告。

第四章　食品生产经营

第一节　一般规定

第三十三条　食品生产经营应当符合食品安全标准，并符合下列要求：

（一）具有与生产经营的食品品种、数量相适应的食品原料处理和食品加工、包装、贮存等场所，保持该场所环境整洁，并与有毒、有害场所以及其他污染源保持规定的距离；

（二）具有与生产经营的食品品种、数量相适应的生产经营设备或者设施，有相应的消毒、更衣、盥洗、采光、照明、通风、防腐、防尘、防蝇、防鼠、防虫、洗涤以及处理废水、存放垃圾和废弃物的设备或者设施；

（三）有专职或者兼职的食品安全专业技术人员、食品安全管理人员和保证食品安全的规章制度；

（四）具有合理的设备布局和工艺流程，防止待加工食品与直接入口食品、原料与成品交叉污染，避免食品接触有毒物、不洁物；

（五）餐具、饮具和盛放直接入口食品的容器，使用前应当洗净、消毒，炊具、用具用后应当洗净，保持清洁；

（六）贮存、运输和装卸食品的容器、工具和设备应当安全、无害，保持清洁，防止食品污染，并符合保证食品安全所需的温度、湿度等特殊要求，不得将食品与有毒、有害物品一同贮存、运输；

（七）直接入口的食品应当使用无毒、清洁的包装材料、餐具、饮具和容器；

（八）食品生产经营人员应当保持个人卫生，生产经营食品时，应当将手洗净，穿戴清洁的工作衣、帽等；销售无包装的直接入口食品时，应当使用无毒、清洁的容器、售货工具和设备；

（九）用水应当符合国家规定的生活饮用水卫生标准；

（十）使用的洗涤剂、消毒剂应当对人体安全、无害；

（十一）法律、法规规定的其他要求。

非食品生产经营者从事食品贮存、运输和装卸的，应当符合前款第六项的规定。

第三十四条 禁止生产经营下列食品、食品添加剂、食品相关产品：

（一）用非食品原料生产的食品或者添加食品添加剂以外的化学物质和其他可能危害人体健康物质的食品，或者用回收食品作为原料生产的食品；

（二）致病性微生物，农药残留、兽药残留、生物毒素、重金属等污染物质以及其他危害人体健康的物质含量超过食品安全标准限量的食品、食品添加剂、食品相关产品；

（三）用超过保质期的食品原料、食品添加剂生产的食品、食品添加剂；

（四）超范围、超限量使用食品添加剂的食品；

（五）营养成分不符合食品安全标准的专供婴幼儿和其他特定人群的主辅食品；

（六）腐败变质、油脂酸败、霉变生虫、污秽不洁、混有异物、掺假掺杂或者感官性状异常的食品、食品添加剂；

（七）病死、毒死或者死因不明的禽、畜、兽、水产动物肉类及其制品；

（八）未按规定进行检疫或者检疫不合格的肉类，或者未经检验或者检验不合格的肉类制品；

（九）被包装材料、容器、运输工具等污染的食品、食品添加剂；

（十）标注虚假生产日期、保质期或者超过保质期的食品、食品添加剂；

（十一）无标签的预包装食品、食品添加剂；

（十二）国家为防病等特殊需要明令禁止生产经营的食品；

（十三）其他不符合法律、法规或者食品安全标准的食品、食品添加剂、食品相关产品。

第三十五条 国家对食品生产经营实行许可制度。从事食品生产、食品销售、餐饮服务，应当依法取得许可。但是，销售食用农产品和仅销售预包装食品的，不需要取得许可。仅销售预包装食品的，应当报所在地县级以上地方人民政府食品安全监督管理部门备案。

县级以上地方人民政府食品安全监督管理部门应当依照《中华人民共和国行政许可法》的规定，审核申请人提交的本法第三十三条第一款第一项至第四项规定要求的相关资料，必要时对申请人的生产经营场所进行现场核查；对符合规定条件的，准予许可；对不符合规定条件的，不予许可并书面说明理由。

第三十六条 食品生产加工小作坊和食品摊贩等从事食品生产经营活动，应当符合本法规定的与其生产经营规模、条件相适应的食品安全要求，保证所生产经营的食品卫生、无毒、无害，食品安全监督管理部门应当对其加强监督管理。

县级以上地方人民政府应当对食品生产加工小作坊、食品摊贩等进行综合治理，加强服务和统一规划，改善其生产经营环境，鼓励和支持其改进生产经营条件，进入集中交易市场、店铺等固定场所经营，或者在指定的临时经营区域、时段经营。

食品生产加工小作坊和食品摊贩等的具体管理办法由省、自治区、直辖市制定。

第三十七条 利用新的食品原料生产食品，或者生产食品添加剂新品种、食品相关产品新品种，应当向国务院卫生行政部门提交相关产品的安全性评估材料。国务院卫生行政部门应当自收到申请之日起六十日内组织审查；对符合食品安全要求的，准予许可并公布；对不符合食品安全要求的，不予许可并书面说明理由。

第三十八条 生产经营的食品中不得添加药品，但是可以添加按照传统既是食品又是中药材的物质。按照传统既是食品又是中药材的物质目录由国务院卫生行政部门会同国务院食品安全监督管理部门制定、公布。

第三十九条 国家对食品添加剂生产实行许可制度。从事食品添加剂生产，应当具有与所生产食品添加剂品种相适应的场所、生产设备或者设施、专业技术人员和管理制度，并依照本法第三十五条第二款规定的程序，取得食品添加剂生产许可。

生产食品添加剂应当符合法律、法规和食品安全国家标准。

第四十条 食品添加剂应当在技术上确有必要且经过风险评估证明安全可靠，方可列入允许使用的范围；有关食品安全国家标准应当根据技术必要性和食品安全风险评估结果及时修订。

食品生产经营者应当按照食品安全国家标准使用食品添加剂。

第四十一条 生产食品相关产品应当符合法律、法规和食品安全国家标准。对直接接触食品的包装材料等具有较高风险的食品相关产品，按照国家有关工业产品生产许可证管理的规定实施生产许可。食品安全监督管理部门应当加强对食品相关产品生产活动的监督管理。

第四十二条 国家建立食品安全全程追溯制度。

食品生产经营者应当依照本法的规定，建立食品安全追溯体系，保证食品可追溯。国家鼓励食品生产经营者采用信息化手段采集、留存生产经营信息，建立食品安全追溯体系。

国务院食品安全监督管理部门会同国务院农业行政等有关部门建立食品安全全程追溯协作机制。

第四十三条 地方各级人民政府应当采取措施鼓励食品规模化生产和连锁经营、配送。

国家鼓励食品生产经营企业参加食品安全责任保险。

第二节 生产经营过程控制

第四十四条 食品生产经营企业应当建立健全食品安全管理制度，对职工进行食品安全知识培训，加强食品检验工作，依法从事生产经营活动。

食品生产经营企业的主要负责人应当落实企业食品安全管理制度，对本企业的食品安全工作全面负责。

食品生产经营企业应当配备食品安全管理人员，加强对其培训和考核。经考核不具备食品安全管理能力的，不得上岗。食品安全监督管理部门应当对企业食品安全管理人员随机进行监督抽查考核并公布考核情况。监督抽查考核不得收取费用。

第四十五条 食品生产经营者应当建立并执行从业人员健康管理制度。患有国务院卫生行政部门规定的有碍食品安全疾病的人员，不得从事接触直接入口食品的工作。

从事接触直接入口食品工作的食品生产经营人员应当每年进行健康检查，取得健康证明后方可上岗工作。

第四十六条 食品生产企业应当就下列事项制定并实施控制要求，保证所生产的食品符合食品安全标准：

（一）原料采购、原料验收、投料等原料控制；

（二）生产工序、设备、贮存、包装等生产关键环节控制；

（三）原料检验、半成品检验、成品出厂检验等检验控制；

（四）运输和交付控制。

第四十七条 食品生产经营者应当建立食品安全自查制度，定期对食品安全状况进行检查评价。生产经营条件发生变化，不再符合食品安全要求的，食品生产经营者应当立即采取整改措施；有发生食品安全事故潜在风险的，应当立即停止食品生产经营活动，并向所在地县级人民政府食品安全监督管理部门报告。

第四十八条　国家鼓励食品生产经营企业符合良好生产规范要求，实施危害分析与关键控制点体系，提高食品安全管理水平。

对通过良好生产规范、危害分析与关键控制点体系认证的食品生产经营企业，认证机构应当依法实施跟踪调查；对不再符合认证要求的企业，应当依法撤销认证，及时向县级以上人民政府食品安全监督管理部门通报，并向社会公布。认证机构实施跟踪调查不得收取费用。

第四十九条　食用农产品生产者应当按照食品安全标准和国家有关规定使用农药、肥料、兽药、饲料和饲料添加剂等农业投入品，严格执行农业投入品使用安全间隔期或者休药期的规定，不得使用国家明令禁止的农业投入品。禁止将剧毒、高毒农药用于蔬菜、瓜果、茶叶和中草药材等国家规定的农作物。

食用农产品的生产企业和农民专业合作经济组织应当建立农业投入品使用记录制度。

县级以上人民政府农业行政部门应当加强对农业投入品使用的监督管理和指导，建立健全农业投入品安全使用制度。

第五十条　食品生产者采购食品原料、食品添加剂、食品相关产品，应当查验供货者的许可证和产品合格证明；对无法提供合格证明的食品原料，应当按照食品安全标准进行检验；不得采购或者使用不符合食品安全标准的食品原料、食品添加剂、食品相关产品。

食品生产企业应当建立食品原料、食品添加剂、食品相关产品进货查验记录制度，如实记录食品原料、食品添加剂、食品相关产品的名称、规格、数量、生产日期或者生产批号、保质期、进货日期以及供货者名称、地址、联系方式等内容，并保存相关凭证。记录和凭证保存期限不得少于产品保质期满后六个月；没有明确保质期的，保存期限不得少于二年。

第五十一条　食品生产企业应当建立食品出厂检验记录制度，查验出厂食品的检验合格证和安全状况，如实记录食品的名称、规格、数量、生产日期或者生产批号、保质期、检验合格证号、销售日期以及购货者名称、地址、联系方式等内容，并保存相关凭证。记录和凭证保存期限应当符合本法第五十条第二款的规定。

第五十二条 食品、食品添加剂、食品相关产品的生产者，应当按照食品安全标准对所生产的食品、食品添加剂、食品相关产品进行检验，检验合格后方可出厂或者销售。

第五十三条 食品经营者采购食品，应当查验供货者的许可证和食品出厂检验合格证或者其他合格证明（以下称合格证明文件）。

食品经营企业应当建立食品进货查验记录制度，如实记录食品的名称、规格、数量、生产日期或者生产批号、保质期、进货日期以及供货者名称、地址、联系方式等内容，并保存相关凭证。记录和凭证保存期限应当符合本法第五十条第二款的规定。

实行统一配送经营方式的食品经营企业，可以由企业总部统一查验供货者的许可证和食品合格证明文件，进行食品进货查验记录。

从事食品批发业务的经营企业应当建立食品销售记录制度，如实记录批发食品的名称、规格、数量、生产日期或者生产批号、保质期、销售日期以及购货者名称、地址、联系方式等内容，并保存相关凭证。记录和凭证保存期限应当符合本法第五十条第二款的规定。

第五十四条 食品经营者应当按照保证食品安全的要求贮存食品，定期检查库存食品，及时清理变质或者超过保质期的食品。

食品经营者贮存散装食品，应当在贮存位置标明食品的名称、生产日期或者生产批号、保质期、生产者名称及联系方式等内容。

第五十五条 餐饮服务提供者应当制定并实施原料控制要求，不得采购不符合食品安全标准的食品原料。倡导餐饮服务提供者公开加工过程，公示食品原料及其来源等信息。

餐饮服务提供者在加工过程中应当检查待加工的食品及原料，发现有本法第三十四条第六项规定情形的，不得加工或者使用。

第五十六条 餐饮服务提供者应当定期维护食品加工、贮存、陈列等设施、设备；定期清洗、校验保温设施及冷藏、冷冻设施。

餐饮服务提供者应当按照要求对餐具、饮具进行清洗消毒，不得使用未经清洗消毒的餐具、饮具；餐饮服务提供者委托清洗消毒餐具、饮具的，应当委托符合本法规定条件的餐具、饮具集中消毒服务单位。

第五十七条 学校、托幼机构、养老机构、建筑工地等集中用餐单位的食堂应当严格遵守法律、法规和食品安全标准；从供餐单位订餐的，应当从取得食品生产经营许可的企业订购，并按照要求对订购的食品进行查验。供餐单位应当严格遵守法律、法规和食品安全标准，当餐加工，确保食品安全。

学校、托幼机构、养老机构、建筑工地等集中用餐单位的主管部门应当加强对集中用餐单位的食品安全教育和日常管理，降低食品安全风险，及时消除食品安全隐患。

第五十八条 餐具、饮具集中消毒服务单位应当具备相应的作业场所、清洗消毒设备或者设施，用水和使用的洗涤剂、消毒剂应当符合相关食品安全国家标准和其他国家标准、卫生规范。

餐具、饮具集中消毒服务单位应当对消毒餐具、饮具进行逐批检验，检验合格后方可出厂，并应当随附消毒合格证明。消毒后的餐具、饮具应当在独立包装上标注单位名称、地址、联系方式、消毒日期以及使用期限等内容。

第五十九条 食品添加剂生产者应当建立食品添加剂出厂检验记录制度，查验出厂产品的检验合格证和安全状况，如实记录食品添加剂的名称、规格、数量、生产日期或者生产批号、保质期、检验合格证号、销售日期以及购货者名称、地址、联系方式等相关内容，并保存相关凭证。记录和凭证保存期限应当符合本法第五十条第二款的规定。

第六十条 食品添加剂经营者采购食品添加剂，应当依法查验供货者的许可证和产品合格证明文件，如实记录食品添加剂的名称、规格、数量、生产日期或者生产批号、保质期、进货日期以及供货者名称、地址、联系方式等内容，并保存相关凭证。记录和凭证保存期限应当符合本法第五十条第二款的规定。

第六十一条 集中交易市场的开办者、柜台出租者和展销会举办者，应当依法审查入场食品经营者的许可证，明确其食品安全管理责任，定期对其经营环境和条件进行检查，发现其有违反本法规定行为的，应当及时制止并立即报告所在地县级人民政府食品安全监督管理部门。

第六十二条 网络食品交易第三方平台提供者应当对入网食品经营者进行实名登记，明确其食品安全管理责任；依法应当取得许可证的，还应当审查其许可证。

网络食品交易第三方平台提供者发现入网食品经营者有违反本法规定行为的，应当及时制止并立即报告所在地县级人民政府食品安全监督管理部门；发现严重违法行为的，应当立即停止提供网络交易平台服务。

第六十三条 国家建立食品召回制度。食品生产者发现其生产的食品不符合食品安全标准或者有证据证明可能危害人体健康的，应当立即停止生产，召回已经上市销售的食品，通知相关生产经营者和消费者，并记录召回和通知情况。

食品经营者发现其经营的食品有前款规定情形的，应当立即停止经营，通知相关生产经营者和消费者，并记录停止经营和通知情况。食品生产者认为应当召回的，应当立即召回。由于食品经营者的原因造成其经营的食品有前款规定情形的，食品经营者应当召回。

食品生产经营者应当对召回的食品采取无害化处理、销毁等措施，防止其再次流入市场。但是，对因标签、标志或者说明书不符合食品安全标准而被召回的食品，食品生产者在采取补救措施且能保证食品安全的情况下可以继续销售；销售时应当向消费者明示补救措施。

食品生产经营者应当将食品召回和处理情况向所在地县级人民政府食品安全监督管理部门报告；需要对召回的食品进行无害化处理、销毁的，应当提前报告时间、地点。食品安全监督管理部门认为必要的，可以实施现场监督。

食品生产经营者未依照本条规定召回或者停止经营的，县级以上人民政府食品安全监督管理部门可以责令其召回或者停止经营。

第六十四条 食用农产品批发市场应当配备检验设备和检验人员或者委托符合本法规定的食品检验机构，对进入该批发市场销售的食用农产品进行抽样检验；发现不符合食品安全标准的，应当要求销售者立即停止销售，并向食品安全监督管理部门报告。

第六十五条 食用农产品销售者应当建立食用农产品进货查验记录制度，如实记录食用农产品的名称、数量、进货日期以及供货者名称、地址、联系方式等内容，并保存相关凭证。记录和凭证保存期限不得少于六个月。

第六十六条 进入市场销售的食用农产品在包装、保鲜、贮存、运输中使用保鲜剂、防腐剂等食品添加剂和包装材料等食品相关产品，应当符合食品安全国家标准。

第三节 标签、说明书和广告

第六十七条 预包装食品的包装上应当有标签。标签应当标明下列事项：

（一）名称、规格、净含量、生产日期；

（二）成分或者配料表；

（三）生产者的名称、地址、联系方式；

（四）保质期；

（五）产品标准代号；

（六）贮存条件；

（七）所使用的食品添加剂在国家标准中的通用名称；

（八）生产许可证编号；

（九）法律、法规或者食品安全标准规定应当标明的其他事项。

专供婴幼儿和其他特定人群的主辅食品，其标签还应当标明主要营养成分及其含量。

食品安全国家标准对标签标注事项另有规定的，从其规定。

第六十八条 食品经营者销售散装食品，应当在散装食品的容器、外包装上标明食品的名称、生产日期或者生产批号、保质期以及生产经营者名称、地址、联系方式等内容。

第六十九条 生产经营转基因食品应当按照规定显著标示。

第七十条 食品添加剂应当有标签、说明书和包装。标签、说明书应当载明本法第六十七条第一款第一项至第六项、第八项、第九项规定的事项，以及食品添加剂的使用范围、用量、使用方法，并在标签上载明"食品添加剂"字样。

第七十一条 食品和食品添加剂的标签、说明书，不得含有虚假内容，不得涉及疾病预防、治疗功能。生产经营者对其提供的标签、说明书的内容负责。

食品和食品添加剂的标签、说明书应当清楚、明显，生产日期、保质期等事项应当显著标注，容易辨识。

食品和食品添加剂与其标签、说明书的内容不符的，不得上市销售。

第七十二条 食品经营者应当按照食品标签标示的警示标志、警示说明或者注意事项的要求销售食品。

第七十三条 食品广告的内容应当真实合法，不得含有虚假内容，不得涉及疾病预防、治疗功能。食品生产经营者对食品广告内容的真实性、合法性负责。

县级以上人民政府食品安全监督管理部门和其他有关部门以及食品检验机构、食品行业协会不得以广告或者其他形式向消费者推荐食品。消费者组织不得以收取费用或者其他牟取利益的方式向消费者推荐食品。

第四节 特殊食品

第七十四条 国家对保健食品、特殊医学用途配方食品和婴幼儿配方食品等特殊食品实行严格监督管理。

第七十五条 保健食品声称保健功能，应当具有科学依据，不得对人体产生急性、亚急性或者慢性危害。

保健食品原料目录和允许保健食品声称的保健功能目录，由国务院食品安全监督管理部门会同国务院卫生行政部门、国家中医药管理部门制定、调整并公布。

保健食品原料目录应当包括原料名称、用量及其对应的功效；列入保健食品原料目录的原料只能用于保健食品生产，不得用于其他食品生产。

第七十六条 使用保健食品原料目录以外原料的保健食品和首次进口的保健食品应当经国务院食品安全监督管理部门注册。但是，首次进口的保健食品中属于补充维生素、矿物质等营养物质的，应当报国务院食品安全监督管理部门备案。其他保健食品应当报省、自治区、直辖市人民政府食品安全监督管理部门备案。

进口的保健食品应当是出口国（地区）主管部门准许上市销售的产品。

第七十七条 依法应当注册的保健食品，注册时应当提交保健食品的研发报告、产品配方、生产工艺、安全性和保健功能评价、标签、说明书等材料及样品,并提供相关证明文件。国务院食品安全监督管理部门经组织技术审评,对符合安全和功能声称要求的,准予注册;对不符合要求的,不予注册并书面说明理由。对使用保健食品原料目录以外原料的保健食品作出准予注册决定的,应当及时将该原料纳入保健食品原料目录。

依法应当备案的保健食品,备案时应当提交产品配方、生产工艺、标签、说明书以及表明产品安全性和保健功能的材料。

第七十八条 保健食品的标签、说明书不得涉及疾病预防、治疗功能,内容应当真实,与注册或者备案的内容相一致,载明适宜人群、不适宜人群、功效成分或者标志性成分及其含量等,并声明"本品不能代替药物"。保健食品的功能和成分应当与标签、说明书相一致。

第七十九条 保健食品广告除应当符合本法第七十三条第一款的规定外,还应当声明"本品不能代替药物";其内容应当经生产企业所在地省、自治区、直辖市人民政府食品安全监督管理部门审查批准,取得保健食品广告批准文件。省、自治区、直辖市人民政府食品安全监督管理部门应当公布并及时更新已经批准的保健食品广告目录以及批准的广告内容。

第八十条 特殊医学用途配方食品应当经国务院食品安全监督管理部门注册。注册时,应当提交产品配方、生产工艺、标签、说明书以及表明产品安全性、营养充足性和特殊医学用途临床效果的材料。

特殊医学用途配方食品广告适用《中华人民共和国广告法》和其他法律、行政法规关于药品广告管理的规定。

第八十一条 婴幼儿配方食品生产企业应当实施从原料进厂到成品出厂的全过程质量控制,对出厂的婴幼儿配方食品实施逐批检验,保证食品安全。

生产婴幼儿配方食品使用的生鲜乳、辅料等食品原料、食品添加剂等,应当符合法律、行政法规的规定和食品安全国家标准,保证婴幼儿生长发育所需的营养成分。

婴幼儿配方食品生产企业应当将食品原料、食品添加剂、产品配方及标签等事项向省、自治区、直辖市人民政府食品安全监督管理部门备案。

婴幼儿配方乳粉的产品配方应当经国务院食品安全监督管理部门注册。注册时，应当提交配方研发报告和其他表明配方科学性、安全性的材料。

不得以分装方式生产婴幼儿配方乳粉，同一企业不得用同一配方生产不同品牌的婴幼儿配方乳粉。

第八十二条 保健食品、特殊医学用途配方食品、婴幼儿配方乳粉的注册人或者备案人应当对其提交材料的真实性负责。

省级以上人民政府食品安全监督管理部门应当及时公布注册或者备案的保健食品、特殊医学用途配方食品、婴幼儿配方乳粉目录，并对注册或者备案中获知的企业商业秘密予以保密。

保健食品、特殊医学用途配方食品、婴幼儿配方乳粉生产企业应当按照注册或者备案的产品配方、生产工艺等技术要求组织生产。

第八十三条 生产保健食品、特殊医学用途配方食品、婴幼儿配方食品和其他专供特定人群的主辅食品的企业，应当按照良好生产规范的要求建立与所生产食品相适应的生产质量管理体系，定期对该体系的运行情况进行自查，保证其有效运行，并向所在地县级人民政府食品安全监督管理部门提交自查报告。

第五章 食品检验

第八十四条 食品检验机构按照国家有关认证认可的规定取得资质认定后，方可从事食品检验活动。但是，法律另有规定的除外。

食品检验机构的资质认定条件和检验规范，由国务院食品安全监督管理部门规定。

符合本法规定的食品检验机构出具的检验报告具有同等效力。

县级以上人民政府应当整合食品检验资源，实现资源共享。

第八十五条 食品检验由食品检验机构指定的检验人独立进行。

检验人应当依照有关法律、法规的规定，并按照食品安全标准和检验规范对食品进行检验，尊重科学，恪守职业道德，保证出具的检验数据和结论客观、公正，不得出具虚假检验报告。

第八十六条 食品检验实行食品检验机构与检验人负责制。食品检验报告应当加盖食品检验机构公章，并有检验人的签名或者盖章。食品检验机构和检验人对出具的食品检验报告负责。

第八十七条 县级以上人民政府食品安全监督管理部门应当对食品进行定期或者不定期的抽样检验，并依据有关规定公布检验结果，不得免检。进行抽样检验，应当购买抽取的样品，委托符合本法规定的食品检验机构进行检验，并支付相关费用；不得向食品生产经营者收取检验费和其他费用。

第八十八条 对依照本法规定实施的检验结论有异议的，食品生产经营者可以自收到检验结论之日起七个工作日内向实施抽样检验的食品安全监督管理部门或者其上一级食品安全监督管理部门提出复检申请，由受理复检申请的食品安全监督管理部门在公布的复检机构名录中随机确定复检机构进行复检。复检机构出具的复检结论为最终检验结论。复检机构与初检机构不得为同一机构。复检机构名录由国务院认证认可监督管理、食品安全监督管理、卫生行政、农业行政等部门共同公布。

采用国家规定的快速检测方法对食用农产品进行抽查检测，被抽查人对检测结果有异议的，可以自收到检测结果时起四小时内申请复检。复检不得采用快速检测方法。

第八十九条 食品生产企业可以自行对所生产的食品进行检验，也可以委托符合本法规定的食品检验机构进行检验。

食品行业协会和消费者协会等组织、消费者需要委托食品检验机构对食品进行检验的，应当委托符合本法规定的食品检验机构进行。

第九十条 食品添加剂的检验，适用本法有关食品检验的规定。

第六章　食品进出口

第九十一条 国家出入境检验检疫部门对进出口食品安全实施监督管理。

第九十二条 进口的食品、食品添加剂、食品相关产品应当符合我国食品安全国家标准。

进口的食品、食品添加剂应当经出入境检验检疫机构依照进出口商品检验相关法律、行政法规的规定检验合格。

进口的食品、食品添加剂应当按照国家出入境检验检疫部门的要求随附合格证明材料。

第九十三条 进口尚无食品安全国家标准的食品，由境外出口商、境外生产企业或者其委托的进口商向国务院卫生行政部门提交所执行的相关国家（地区）标准或者国际标准。国务院卫生行政部门对相关标准进行审查，认为符合食品安全要求的，决定暂予适用，并及时制定相应的食品安全国家标准。进口利用新的食品原料生产的食品或者进口食品添加剂新品种、食品相关产品新品种，依照本法第三十七条的规定办理。

出入境检验检疫机构按照国务院卫生行政部门的要求，对前款规定的食品、食品添加剂、食品相关产品进行检验。检验结果应当公开。

第九十四条 境外出口商、境外生产企业应当保证向我国出口的食品、食品添加剂、食品相关产品符合本法以及我国其他有关法律、行政法规的规定和食品安全国家标准的要求，并对标签、说明书的内容负责。

进口商应当建立境外出口商、境外生产企业审核制度，重点审核前款规定的内容；审核不合格的，不得进口。

发现进口食品不符合我国食品安全国家标准或者有证据证明可能危害人体健康的，进口商应当立即停止进口，并依照本法第六十三条的规定召回。

第九十五条 境外发生的食品安全事件可能对我国境内造成影响，或者在进口食品、食品添加剂、食品相关产品中发现严重食品安全问题的，国家出入境检验检疫部门应当及时采取风险预警或者控制措施，并向国务院食品安全监督管理、卫生行政、农业行政部门通报。接到通报的部门应当及时采取相应措施。

县级以上人民政府食品安全监督管理部门对国内市场上销售的进口食品、食品添加剂实施监督管理。发现存在严重食品安全问题的，国务院食品安全监督管理部门应当及时向国家出入境检验检疫部门通报。国家出入境检验检疫部门应当及时采取相应措施。

第九十六条 向我国境内出口食品的境外出口商或者代理商、进口食品的进口商应当向国家出入境检验检疫部门备案。向我国境内出口食品的境外食品生产企业应当经国家出入境检验检疫部门注册。已经注册的境外食品生产企业提供虚假材料，或者因其自身的原因致使进口食品发生重大食品安全事故的，国家出入境检验检疫部门应当撤销注册并公告。

国家出入境检验检疫部门应当定期公布已经备案的境外出口商、代理商、进口商和已经注册的境外食品生产企业名单。

第九十七条 进口的预包装食品、食品添加剂应当有中文标签；依法应当有说明书的，还应当有中文说明书。标签、说明书应当符合本法以及我国其他有关法律、行政法规的规定和食品安全国家标准的要求，并载明食品的原产地以及境内代理商的名称、地址、联系方式。预包装食品没有中文标签、中文说明书或者标签、说明书不符合本条规定的，不得进口。

第九十八条 进口商应当建立食品、食品添加剂进口和销售记录制度，如实记录食品、食品添加剂的名称、规格、数量、生产日期、生产或者进口批号、保质期、境外出口商和购货者名称、地址及联系方式、交货日期等内容，并保存相关凭证。记录和凭证保存期限应当符合本法第五十条第二款的规定。

第九十九条 出口食品生产企业应当保证其出口食品符合进口国（地区）的标准或者合同要求。

出口食品生产企业和出口食品原料种植、养殖场应当向国家出入境检验检疫部门备案。

第一百条 国家出入境检验检疫部门应当收集、汇总下列进出口食品安全信息，并及时通报相关部门、机构和企业：

（一）出入境检验检疫机构对进出口食品实施检验检疫发现的食品安全信息；

（二）食品行业协会和消费者协会等组织、消费者反映的进口食品安全信息；

（三）国际组织、境外政府机构发布的风险预警信息及其他食品安全信息，以及境外食品行业协会等组织、消费者反映的食品安全信息；

（四）其他食品安全信息。

国家出入境检验检疫部门应当对进出口食品的进口商、出口商和出口食品生产企业实施信用管理，建立信用记录，并依法向社会公布。对有不良记录的进口商、出口商和出口食品生产企业，应当加强对其进出口食品的检验检疫。

第一百零一条 国家出入境检验检疫部门可以对向我国境内出口食品的国家（地区）的食品安全管理体系和食品安全状况进行评估和审查，并根据评估和审查结果，确定相应检验检疫要求。

第七章　食品安全事故处置

第一百零二条　国务院组织制定国家食品安全事故应急预案。

县级以上地方人民政府应当根据有关法律、法规的规定和上级人民政府的食品安全事故应急预案以及本行政区域的实际情况，制定本行政区域的食品安全事故应急预案，并报上一级人民政府备案。

食品安全事故应急预案应当对食品安全事故分级、事故处置组织指挥体系与职责、预防预警机制、处置程序、应急保障措施等作出规定。

食品生产经营企业应当制定食品安全事故处置方案，定期检查本企业各项食品安全防范措施的落实情况，及时消除事故隐患。

第一百零三条　发生食品安全事故的单位应当立即采取措施，防止事故扩大。事故单位和接收病人进行治疗的单位应当及时向事故发生地县级人民政府食品安全监督管理、卫生行政部门报告。

县级以上人民政府农业行政等部门在日常监督管理中发现食品安全事故或者接到事故举报，应当立即向同级食品安全监督管理部门通报。

发生食品安全事故，接到报告的县级人民政府食品安全监督管理部门应当按照应急预案的规定向本级人民政府和上级人民政府食品安全监督管理部门报告。县级人民政府和上级人民政府食品安全监督管理部门应当按照应急预案的规定上报。

任何单位和个人不得对食品安全事故隐瞒、谎报、缓报，不得隐匿、伪造、毁灭有关证据。

第一百零四条　医疗机构发现其接收的病人属于食源性疾病病人或者疑似病人的，应当按照规定及时将相关信息向所在地县级人民政府卫生行政部门报告。县级人民政府卫生行政部门认为与食品安全有关的，应当及时通报同级食品安全监督管理部门。

县级以上人民政府卫生行政部门在调查处理传染病或者其他突发公共卫生事件中发现与食品安全相关的信息，应当及时通报同级食品安全监督管理部门。

第一百零五条　县级以上人民政府食品安全监督管理部门接到食品安全事故的报告后，应当立即会同同级卫生行政、农业行政等部门进行调查处理，并采取下列措施，防止或者减轻社会危害：

（一）开展应急救援工作，组织救治因食品安全事故导致人身伤害的人员；

（二）封存可能导致食品安全事故的食品及其原料，并立即进行检验；对确认属于被污染的食品及其原料，责令食品生产经营者依照本法第六十三条的规定召回或者停止经营；

（三）封存被污染的食品相关产品，并责令进行清洗消毒；

（四）做好信息发布工作，依法对食品安全事故及其处理情况进行发布，并对可能产生的危害加以解释、说明。

发生食品安全事故需要启动应急预案的，县级以上人民政府应当立即成立事故处置指挥机构，启动应急预案，依照前款和应急预案的规定进行处置。

发生食品安全事故，县级以上疾病预防控制机构应当对事故现场进行卫生处理，并对与事故有关的因素开展流行病学调查，有关部门应当予以协助。县级以上疾病预防控制机构应当向同级食品安全监督管理、卫生行政部门提交流行病学调查报告。

第一百零六条 发生食品安全事故，设区的市级以上人民政府食品安全监督管理部门应当立即会同有关部门进行事故责任调查，督促有关部门履行职责，向本级人民政府和上一级人民政府食品安全监督管理部门提出事故责任调查处理报告。

涉及两个以上省、自治区、直辖市的重大食品安全事故由国务院食品安全监督管理部门依照前款规定组织事故责任调查。

第一百零七条 调查食品安全事故，应当坚持实事求是、尊重科学的原则，及时、准确查清事故性质和原因，认定事故责任，提出整改措施。

调查食品安全事故，除了查明事故单位的责任，还应当查明有关监督管理部门、食品检验机构、认证机构及其工作人员的责任。

第一百零八条 食品安全事故调查部门有权向有关单位和个人了解与事故有关的情况，并要求提供相关资料和样品。有关单位和个人应当予以配合，按照要求提供相关资料和样品，不得拒绝。

任何单位和个人不得阻挠、干涉食品安全事故的调查处理。

第八章　监督管理

第一百零九条　县级以上人民政府食品安全监督管理部门根据食品安全风险监测、风险评估结果和食品安全状况等，确定监督管理的重点、方式和频次，实施风险分级管理。

县级以上地方人民政府组织本级食品安全监督管理、农业行政等部门制定本行政区域的食品安全年度监督管理计划，向社会公布并组织实施。

食品安全年度监督管理计划应当将下列事项作为监督管理的重点：

（一）专供婴幼儿和其他特定人群的主辅食品；

（二）保健食品生产过程中的添加行为和按照注册或者备案的技术要求组织生产的情况，保健食品标签、说明书以及宣传材料中有关功能宣传的情况；

（三）发生食品安全事故风险较高的食品生产经营者；

（四）食品安全风险监测结果表明可能存在食品安全隐患的事项。

第一百一十条　县级以上人民政府食品安全监督管理部门履行食品安全监督管理职责，有权采取下列措施，对生产经营者遵守本法的情况进行监督检查：

（一）进入生产经营场所实施现场检查；

（二）对生产经营的食品、食品添加剂、食品相关产品进行抽样检验；

（三）查阅、复制有关合同、票据、账簿以及其他有关资料；

（四）查封、扣押有证据证明不符合食品安全标准或者有证据证明存在安全隐患以及用于违法生产经营的食品、食品添加剂、食品相关产品；

（五）查封违法从事生产经营活动的场所。

第一百一十一条　对食品安全风险评估结果证明食品存在安全隐患，需要制定、修订食品安全标准的，在制定、修订食品安全标准前，国务院卫生行政部门应当及时会同国务院有关部门规定食品中有害物质的临时限量值和临时检验方法，作为生产经营和监督管理的依据。

第一百一十二条　县级以上人民政府食品安全监督管理部门在食品安全监督管理工作中可以采用国家规定的快速检测方法对食品进行抽查检测。

对抽查检测结果表明可能不符合食品安全标准的食品，应当依照本法第八十七条的规定进行检验。抽查检测结果确定有关食品不符合食品安全标准的，可以作为行政处罚的依据。

第一百一十三条 县级以上人民政府食品安全监督管理部门应当建立食品生产经营者食品安全信用档案，记录许可颁发、日常监督检查结果、违法行为查处等情况，依法向社会公布并实时更新；对有不良信用记录的食品生产经营者增加监督检查频次，对违法行为情节严重的食品生产经营者，可以通报投资主管部门、证券监督管理机构和有关的金融机构。

第一百一十四条 食品生产经营过程中存在食品安全隐患，未及时采取措施消除的，县级以上人民政府食品安全监督管理部门可以对食品生产经营者的法定代表人或者主要负责人进行责任约谈。食品生产经营者应当立即采取措施，进行整改，消除隐患。责任约谈情况和整改情况应当纳入食品生产经营者食品安全信用档案。

第一百一十五条 县级以上人民政府食品安全监督管理等部门应当公布本部门的电子邮件地址或者电话，接受咨询、投诉、举报。接到咨询、投诉、举报，对属于本部门职责的，应当受理并在法定期限内及时答复、核实、处理；对不属于本部门职责的，应当移交有权处理的部门并书面通知咨询、投诉、举报人。有权处理的部门应当在法定期限内及时处理，不得推诿。对查证属实的举报，给予举报人奖励。

有关部门应当对举报人的信息予以保密，保护举报人的合法权益。举报人举报所在企业的，该企业不得以解除、变更劳动合同或者其他方式对举报人进行打击报复。

第一百一十六条 县级以上人民政府食品安全监督管理等部门应当加强对执法人员食品安全法律、法规、标准和专业知识与执法能力等的培训，并组织考核。不具备相应知识和能力的，不得从事食品安全执法工作。

食品生产经营者、食品行业协会、消费者协会等发现食品安全执法人员在执法过程中有违反法律、法规规定的行为以及不规范执法行为的，可以向本级或者上级人民政府食品安全监督管理等部门或者监察机关投诉、举报。接到投诉、举报的部门或者机关应当进行核实，并将经核实的情况向食品安全执法人员所在部门通报；涉嫌违法违纪的，按照本法和有关规定处理。

第一百一十七条 县级以上人民政府食品安全监督管理等部门未及时发现

食品安全系统性风险,未及时消除监督管理区域内的食品安全隐患的,本级人民政府可以对其主要负责人进行责任约谈。

地方人民政府未履行食品安全职责,未及时消除区域性重大食品安全隐患的,上级人民政府可以对其主要负责人进行责任约谈。

被约谈的食品安全监督管理等部门、地方人民政府应当立即采取措施,对食品安全监督管理工作进行整改。

责任约谈情况和整改情况应当纳入地方人民政府和有关部门食品安全监督管理工作评议、考核记录。

第一百一十八条 国家建立统一的食品安全信息平台,实行食品安全信息统一公布制度。国家食品安全总体情况、食品安全风险警示信息、重大食品安全事故及其调查处理信息和国务院确定需要统一公布的其他信息由国务院食品安全监督管理部门统一公布。食品安全风险警示信息和重大食品安全事故及其调查处理信息的影响限于特定区域的,也可以由有关省、自治区、直辖市人民政府食品安全监督管理部门公布。未经授权不得发布上述信息。

县级以上人民政府食品安全监督管理、农业行政部门依据各自职责公布食品安全日常监督管理信息。

公布食品安全信息,应当做到准确、及时,并进行必要的解释说明,避免误导消费者和社会舆论。

第一百一十九条 县级以上地方人民政府食品安全监督管理、卫生行政、农业行政部门获知本法规定需要统一公布的信息,应当向上级主管部门报告,由上级主管部门立即报告国务院食品安全监督管理部门;必要时,可以直接向国务院食品安全监督管理部门报告。

县级以上人民政府食品安全监督管理、卫生行政、农业行政部门应当相互通报获知的食品安全信息。

第一百二十条 任何单位和个人不得编造、散布虚假食品安全信息。

县级以上人民政府食品安全监督管理部门发现可能误导消费者和社会舆论的食品安全信息,应当立即组织有关部门、专业机构、相关食品生产经营者等进行核实、分析,并及时公布结果。

第一百二十一条 县级以上人民政府食品安全监督管理等部门发现涉嫌食

品安全犯罪的，应当按照有关规定及时将案件移送公安机关。对移送的案件，公安机关应当及时审查；认为有犯罪事实需要追究刑事责任的，应当立案侦查。

公安机关在食品安全犯罪案件侦查过程中认为没有犯罪事实，或者犯罪事实显著轻微，不需要追究刑事责任，但依法应当追究行政责任的，应当及时将案件移送食品安全监督管理等部门和监察机关，有关部门应当依法处理。

公安机关商请食品安全监督管理、生态环境等部门提供检验结论、认定意见以及对涉案物品进行无害化处理等协助的，有关部门应当及时提供，予以协助。

第九章　法律责任

第一百二十二条　违反本法规定，未取得食品生产经营许可从事食品生产经营活动，或者未取得食品添加剂生产许可从事食品添加剂生产活动的，由县级以上人民政府食品安全监督管理部门没收违法所得和违法生产经营的食品、食品添加剂以及用于违法生产经营的工具、设备、原料等物品；违法生产经营的食品、食品添加剂货值金额不足一万元的，并处五万元以上十万元以下罚款；货值金额一万元以上的，并处货值金额十倍以上二十倍以下罚款。

明知从事前款规定的违法行为，仍为其提供生产经营场所或者其他条件的，由县级以上人民政府食品安全监督管理部门责令停止违法行为，没收违法所得，并处五万元以上十万元以下罚款；使消费者的合法权益受到损害的，应当与食品、食品添加剂生产经营者承担连带责任。

第一百二十三条　违反本法规定，有下列情形之一，尚不构成犯罪的，由县级以上人民政府食品安全监督管理部门没收违法所得和违法生产经营的食品，并可以没收用于违法生产经营的工具、设备、原料等物品；违法生产经营的食品货值金额不足一万元的，并处十万元以上十五万元以下罚款；货值金额一万元以上的，并处货值金额十五倍以上三十倍以下罚款；情节严重的，吊销许可证，并可以由公安机关对其直接负责的主管人员和其他直接责任人员处五日以上十五日以下拘留：

（一）用非食品原料生产食品、在食品中添加食品添加剂以外的化学物质和其他可能危害人体健康的物质，或者用回收食品作为原料生产食品，或者经营上述食品；

（二）生产经营营养成分不符合食品安全标准的专供婴幼儿和其他特定人群的主辅食品；

（三）经营病死、毒死或者死因不明的禽、畜、兽、水产动物肉类，或者生产经营其制品；

（四）经营未按规定进行检疫或者检疫不合格的肉类，或者生产经营未经检验或者检验不合格的肉类制品；

（五）生产经营国家为防病等特殊需要明令禁止生产经营的食品；

（六）生产经营添加药品的食品。

明知从事前款规定的违法行为，仍为其提供生产经营场所或者其他条件的，由县级以上人民政府食品安全监督管理部门责令停止违法行为，没收违法所得，并处十万元以上二十万元以下罚款；使消费者的合法权益受到损害的，应当与食品生产经营者承担连带责任。

违法使用剧毒、高毒农药的，除依照有关法律、法规规定给予处罚外，可以由公安机关依照第一款规定给予拘留。

第一百二十四条 违反本法规定，有下列情形之一，尚不构成犯罪的，由县级以上人民政府食品安全监督管理部门没收违法所得和违法生产经营的食品、食品添加剂，并可以没收用于违法生产经营的工具、设备、原料等物品；违法生产经营的食品、食品添加剂货值金额不足一万元的，并处五万元以上十万元以下罚款；货值金额一万元以上的，并处货值金额十倍以上二十倍以下罚款；情节严重的，吊销许可证：

（一）生产经营致病性微生物，农药残留、兽药残留、生物毒素、重金属等污染物质以及其他危害人体健康的物质含量超过食品安全标准限量的食品、食品添加剂；

（二）用超过保质期的食品原料、食品添加剂生产食品、食品添加剂，或者经营上述食品、食品添加剂；

（三）生产经营超范围、超限量使用食品添加剂的食品；

（四）生产经营腐败变质、油脂酸败、霉变生虫、污秽不洁、混有异物、掺假掺杂或者感官性状异常的食品、食品添加剂；

（五）生产经营标注虚假生产日期、保质期或者超过保质期的食品、食品添加剂；

（六）生产经营未按规定注册的保健食品、特殊医学用途配方食品、婴幼儿配方乳粉，或者未按注册的产品配方、生产工艺等技术要求组织生产；

（七）以分装方式生产婴幼儿配方乳粉，或者同一企业以同一配方生产不同品牌的婴幼儿配方乳粉；

（八）利用新的食品原料生产食品，或者生产食品添加剂新品种，未通过安全性评估；

（九）食品生产经营者在食品安全监督管理部门责令其召回或者停止经营后，仍拒不召回或者停止经营。

除前款和本法第一百二十三条、第一百二十五条规定的情形外，生产经营不符合法律、法规或者食品安全标准的食品、食品添加剂的，依照前款规定给予处罚。

生产食品相关产品新品种，未通过安全性评估，或者生产不符合食品安全标准的食品相关产品的，由县级以上人民政府食品安全监督管理部门依照第一款规定给予处罚。

第一百二十五条 违反本法规定，有下列情形之一的，由县级以上人民政府食品安全监督管理部门没收违法所得和违法生产经营的食品、食品添加剂，并可以没收用于违法生产经营的工具、设备、原料等物品；违法生产经营的食品、食品添加剂货值金额不足一万元的，并处五千元以上五万元以下罚款；货值金额一万元以上的，并处货值金额五倍以上十倍以下罚款；情节严重的，责令停产停业，直至吊销许可证：

（一）生产经营被包装材料、容器、运输工具等污染的食品、食品添加剂；

（二）生产经营无标签的预包装食品、食品添加剂或者标签、说明书不符合本法规定的食品、食品添加剂；

（三）生产经营转基因食品未按规定进行标示；

（四）食品生产经营者采购或者使用不符合食品安全标准的食品原料、食品添加剂、食品相关产品。

生产经营的食品、食品添加剂的标签、说明书存在瑕疵但不影响食品安全且不会对消费者造成误导的,由县级以上人民政府食品安全监督管理部门责令改正;拒不改正的,处二千元以下罚款。

第一百二十六条 违反本法规定,有下列情形之一的,由县级以上人民政府食品安全监督管理部门责令改正,给予警告;拒不改正的,处五千元以上五万元以下罚款;情节严重的,责令停产停业,直至吊销许可证:

(一)食品、食品添加剂生产者未按规定对采购的食品原料和生产的食品、食品添加剂进行检验;

(二)食品生产经营企业未按规定建立食品安全管理制度,或者未按规定配备或者培训、考核食品安全管理人员;

(三)食品、食品添加剂生产经营者进货时未查验许可证和相关证明文件,或者未按规定建立并遵守进货查验记录、出厂检验记录和销售记录制度;

(四)食品生产经营企业未制定食品安全事故处置方案;

(五)餐具、饮具和盛放直接入口食品的容器,使用前未经洗净、消毒或者清洗消毒不合格,或者餐饮服务设施、设备未按规定定期维护、清洗、校验;

(六)食品生产经营者安排未取得健康证明或者患有国务院卫生行政部门规定的有碍食品安全疾病的人员从事接触直接入口食品的工作;

(七)食品经营者未按规定要求销售食品;

(八)保健食品生产企业未按规定向食品安全监督管理部门备案,或者未按备案的产品配方、生产工艺等技术要求组织生产;

(九)婴幼儿配方食品生产企业未将食品原料、食品添加剂、产品配方、标签等向食品安全监督管理部门备案;

(十)特殊食品生产企业未按规定建立生产质量管理体系并有效运行,或者未定期提交自查报告;

(十一)食品生产经营者未定期对食品安全状况进行检查评价,或者生产经营条件发生变化,未按规定处理;

(十二)学校、托幼机构、养老机构、建筑工地等集中用餐单位未按规定履行食品安全管理责任;

(十三)食品生产企业、餐饮服务提供者未按规定制定、实施生产经营过程控制要求。

餐具、饮具集中消毒服务单位违反本法规定用水,使用洗涤剂、消毒剂,或者出厂的餐具、饮具未按规定检验合格并随附消毒合格证明,或者未按规定在独立包装上标注相关内容的,由县级以上人民政府卫生行政部门依照前款规定给予处罚。

食品相关产品生产者未按规定对生产的食品相关产品进行检验的,由县级以上人民政府食品安全监督管理部门依照第一款规定给予处罚。

食用农产品销售者违反本法第六十五条规定的,由县级以上人民政府食品安全监督管理部门依照第一款规定给予处罚。

第一百二十七条 对食品生产加工小作坊、食品摊贩等的违法行为的处罚,依照省、自治区、直辖市制定的具体管理办法执行。

第一百二十八条 违反本法规定,事故单位在发生食品安全事故后未进行处置、报告的,由有关主管部门按照各自职责分工责令改正,给予警告;隐匿、伪造、毁灭有关证据的,责令停产停业,没收违法所得,并处十万元以上五十万元以下罚款;造成严重后果的,吊销许可证。

第一百二十九条 违反本法规定,有下列情形之一的,由出入境检验检疫机构依照本法第一百二十四条的规定给予处罚:

(一)提供虚假材料,进口不符合我国食品安全国家标准的食品、食品添加剂、食品相关产品;

(二)进口尚无食品安全国家标准的食品,未提交所执行的标准并经国务院卫生行政部门审查,或者进口利用新的食品原料生产的食品或者进口食品添加剂新品种、食品相关产品新品种,未通过安全性评估;

(三)未遵守本法的规定出口食品;

(四)进口商在有关主管部门责令其依照本法规定召回进口的食品后,仍拒不召回。

违反本法规定,进口商未建立并遵守食品、食品添加剂进口和销售记录制度、境外出口商或者生产企业审核制度的,由出入境检验检疫机构依照本法第一百二十六条的规定给予处罚。

第一百三十条 违反本法规定,集中交易市场的开办者、柜台出租者、展销会的举办者允许未依法取得许可的食品经营者进入市场销售食品,或者未履行检查、报告等义务的，由县级以上人民政府食品安全监督管理部门责令改正，没收违法所得，并处五万元以上二十万元以下罚款；造成严重后果的，责令停业，直至由原发证部门吊销许可证；使消费者的合法权益受到损害的，应当与食品经营者承担连带责任。

食用农产品批发市场违反本法第六十四条规定的，依照前款规定承担责任。

第一百三十一条 违反本法规定，网络食品交易第三方平台提供者未对入网食品经营者进行实名登记、审查许可证，或者未履行报告、停止提供网络交易平台服务等义务的，由县级以上人民政府食品安全监督管理部门责令改正，没收违法所得，并处五万元以上二十万元以下罚款；造成严重后果的，责令停业，直至由原发证部门吊销许可证；使消费者的合法权益受到损害的，应当与食品经营者承担连带责任。

消费者通过网络食品交易第三方平台购买食品，其合法权益受到损害的，可以向入网食品经营者或者食品生产者要求赔偿。网络食品交易第三方平台提供者不能提供入网食品经营者的真实名称、地址和有效联系方式的，由网络食品交易第三方平台提供者赔偿。网络食品交易第三方平台提供者赔偿后，有权向入网食品经营者或者食品生产者追偿。网络食品交易第三方平台提供者作出更有利于消费者承诺的，应当履行其承诺。

第一百三十二条 违反本法规定，未按要求进行食品贮存、运输和装卸的，由县级以上人民政府食品安全监督管理等部门按照各自职责分工责令改正，给予警告；拒不改正的，责令停产停业，并处一万元以上五万元以下罚款；情节严重的，吊销许可证。

第一百三十三条 违反本法规定，拒绝、阻挠、干涉有关部门、机构及其工作人员依法开展食品安全监督检查、事故调查处理、风险监测和风险评估的，由有关主管部门按照各自职责分工责令停产停业，并处二千元以上五万元以下罚款；情节严重的，吊销许可证；构成违反治安管理行为的，由公安机关依法给予治安管理处罚。

违反本法规定，对举报人以解除、变更劳动合同或者其他方式打击报复的，应当依照有关法律的规定承担责任。

第一百三十四条 食品生产经营者在一年内累计三次因违反本法规定受到

责令停产停业、吊销许可证以外处罚的，由食品安全监督管理部门责令停产停业，直至吊销许可证。

第一百三十五条 被吊销许可证的食品生产经营者及其法定代表人、直接负责的主管人员和其他直接责任人员自处罚决定作出之日起五年内不得申请食品生产经营许可，或者从事食品生产经营管理工作、担任食品生产经营企业食品安全管理人员。

因食品安全犯罪被判处有期徒刑以上刑罚的，终身不得从事食品生产经营管理工作，也不得担任食品生产经营企业食品安全管理人员。

食品生产经营者聘用人员违反前两款规定的，由县级以上人民政府食品安全监督管理部门吊销许可证。

第一百三十六条 食品经营者履行了本法规定的进货查验等义务，有充分证据证明其不知道所采购的食品不符合食品安全标准，并能如实说明其进货来源的，可以免予处罚，但应当依法没收其不符合食品安全标准的食品；造成人身、财产或者其他损害的，依法承担赔偿责任。

第一百三十七条 违反本法规定，承担食品安全风险监测、风险评估工作的技术机构、技术人员提供虚假监测、评估信息的，依法对技术机构直接负责的主管人员和技术人员给予撤职、开除处分；有执业资格的，由授予其资格的主管部门吊销执业证书。

第一百三十八条 违反本法规定，食品检验机构、食品检验人员出具虚假检验报告的，由授予其资质的主管部门或者机构撤销该食品检验机构的检验资质，没收所收取的检验费用，并处检验费用五倍以上十倍以下罚款，检验费用不足一万元的，并处五万元以上十万元以下罚款；依法对食品检验机构直接负责的主管人员和食品检验人员给予撤职或者开除处分；导致发生重大食品安全事故的，对直接负责的主管人员和食品检验人员给予开除处分。

违反本法规定，受到开除处分的食品检验机构人员，自处分决定作出之日起十年内不得从事食品检验工作；因食品安全违法行为受到刑事处罚或者因出具虚假检验报告导致发生重大食品安全事故受到开除处分的食品检验机构人员，终身不得从事食品检验工作。食品检验机构聘用不得从事食品检验工作的人员的，由授予其资质的主管部门或者机构撤销该食品检验机构的检验资质。

食品检验机构出具虚假检验报告，使消费者的合法权益受到损害的，应当与食品生产经营者承担连带责任。

第一百三十九条 违反本法规定，认证机构出具虚假认证结论，由认证认可监督管理部门没收所收取的认证费用，并处认证费用五倍以上十倍以下罚款，认证费用不足一万元的，并处五万元以上十万元以下罚款；情节严重的，责令停业，直至撤销认证机构批准文件，并向社会公布；对直接负责的主管人员和负有直接责任的认证人员，撤销其执业资格。

认证机构出具虚假认证结论，使消费者的合法权益受到损害的，应当与食品生产经营者承担连带责任。

第一百四十条 违反本法规定，在广告中对食品作虚假宣传，欺骗消费者，或者发布未取得批准文件、广告内容与批准文件不一致的保健食品广告的，依照《中华人民共和国广告法》的规定给予处罚。

广告经营者、发布者设计、制作、发布虚假食品广告，使消费者的合法权益受到损害的，应当与食品生产经营者承担连带责任。

社会团体或者其他组织、个人在虚假广告或者其他虚假宣传中向消费者推荐食品，使消费者的合法权益受到损害的，应当与食品生产经营者承担连带责任。

违反本法规定，食品安全监督管理等部门、食品检验机构、食品行业协会以广告或者其他形式向消费者推荐食品，消费者组织以收取费用或者其他牟取利益的方式向消费者推荐食品的，由有关主管部门没收违法所得，依法对直接负责的主管人员和其他直接责任人员给予记大过、降级或者撤职处分；情节严重的，给予开除处分。

对食品作虚假宣传且情节严重的，由省级以上人民政府食品安全监督管理部门决定暂停销售该食品，并向社会公布；仍然销售该食品的，由县级以上人民政府食品安全监督管理部门没收违法所得和违法销售的食品，并处二万元以上五万元以下罚款。

第一百四十一条 违反本法规定，编造、散布虚假食品安全信息，构成违反治安管理行为的，由公安机关依法给予治安管理处罚。

媒体编造、散布虚假食品安全信息的，由有关主管部门依法给予处罚，并对直接负责的主管人员和其他直接责任人员给予处分；使公民、法人或者其他组织的合法权益受到损害的，依法承担消除影响、恢复名誉、赔偿损失、赔礼道歉等民事责任。

第一百四十二条　违反本法规定，县级以上地方人民政府有下列行为之一的，对直接负责的主管人员和其他直接责任人员给予记大过处分；情节较重的，给予降级或者撤职处分；情节严重的，给予开除处分；造成严重后果的，其主要负责人还应当引咎辞职：

（一）对发生在本行政区域内的食品安全事故，未及时组织协调有关部门开展有效处置，造成不良影响或者损失；

（二）对本行政区域内涉及多环节的区域性食品安全问题，未及时组织整治，造成不良影响或者损失；

（三）隐瞒、谎报、缓报食品安全事故；

（四）本行政区域内发生特别重大食品安全事故，或者连续发生重大食品安全事故。

第一百四十三条　违反本法规定，县级以上地方人民政府有下列行为之一的，对直接负责的主管人员和其他直接责任人员给予警告、记过或者记大过处分；造成严重后果的，给予降级或者撤职处分：

（一）未确定有关部门的食品安全监督管理职责，未建立健全食品安全全程监督管理工作机制和信息共享机制，未落实食品安全监督管理责任制；

（二）未制定本行政区域的食品安全事故应急预案，或者发生食品安全事故后未按规定立即成立事故处置指挥机构、启动应急预案。

第一百四十四条　违反本法规定，县级以上人民政府食品安全监督管理、卫生行政、农业行政等部门有下列行为之一的，对直接负责的主管人员和其他直接责任人员给予记大过处分；情节较重的，给予降级或者撤职处分；情节严重的，给予开除处分；造成严重后果的，其主要负责人还应当引咎辞职：

（一）隐瞒、谎报、缓报食品安全事故；

（二）未按规定查处食品安全事故，或者接到食品安全事故报告未及时处理，造成事故扩大或者蔓延；

（三）经食品安全风险评估得出食品、食品添加剂、食品相关产品不安全结论后，未及时采取相应措施，造成食品安全事故或者不良社会影响；

（四）对不符合条件的申请人准予许可，或者超越法定职权准予许可；

（五）不履行食品安全监督管理职责，导致发生食品安全事故。

第一百四十五条 违反本法规定，县级以上人民政府食品安全监督管理、卫生行政、农业行政等部门有下列行为之一，造成不良后果的，对直接负责的主管人员和其他直接责任人员给予警告、记过或者记大过处分；情节较重的，给予降级或者撤职处分；情节严重的，给予开除处分：

（一）在获知有关食品安全信息后，未按规定向上级主管部门和本级人民政府报告，或者未按规定相互通报；

（二）未按规定公布食品安全信息；

（三）不履行法定职责，对查处食品安全违法行为不配合，或者滥用职权、玩忽职守、徇私舞弊。

第一百四十六条 食品安全监督管理等部门在履行食品安全监督管理职责过程中，违法实施检查、强制等执法措施，给生产经营者造成损失的，应当依法予以赔偿，对直接负责的主管人员和其他直接责任人员依法给予处分。

第一百四十七条 违反本法规定，造成人身、财产或者其他损害的，依法承担赔偿责任。生产经营者财产不足以同时承担民事赔偿责任和缴纳罚款、罚金时，先承担民事赔偿责任。

第一百四十八条 消费者因不符合食品安全标准的食品受到损害的，可以向经营者要求赔偿损失，也可以向生产者要求赔偿损失。接到消费者赔偿要求的生产经营者，应当实行首负责任制，先行赔付，不得推诿；属于生产者责任的，经营者赔偿后有权向生产者追偿；属于经营者责任的，生产者赔偿后有权向经营者追偿。

生产不符合食品安全标准的食品或者经营明知是不符合食品安全标准的食品，消费者除要求赔偿损失外，还可以向生产者或者经营者要求支付价款十倍或者损失三倍的赔偿金；增加赔偿的金额不足一千元的，为一千元。但是，食品的标签、说明书存在不影响食品安全且不会对消费者造成误导的瑕疵的除外。

第一百四十九条 违反本法规定，构成犯罪的，依法追究刑事责任。

第十章 附　　则

第一百五十条　本法下列用语的含义：

食品，指各种供人食用或者饮用的成品和原料以及按照传统既是食品又是中药材的物品，但是不包括以治疗为目的的物品。

食品安全，指食品无毒、无害，符合应当有的营养要求，对人体健康不造成任何急性、亚急性或者慢性危害。

预包装食品，指预先定量包装或者制作在包装材料、容器中的食品。

食品添加剂，指为改善食品品质和色、香、味以及为防腐、保鲜和加工工艺的需要而加入食品中的人工合成或者天然物质，包括营养强化剂。

用于食品的包装材料和容器，指包装、盛放食品或者食品添加剂用的纸、竹、木、金属、搪瓷、陶瓷、塑料、橡胶、天然纤维、化学纤维、玻璃等制品和直接接触食品或者食品添加剂的涂料。

用于食品生产经营的工具、设备，指在食品或者食品添加剂生产、销售、使用过程中直接接触食品或者食品添加剂的机械、管道、传送带、容器、用具、餐具等。

用于食品的洗涤剂、消毒剂，指直接用于洗涤或者消毒食品、餐具、饮具以及直接接触食品的工具、设备或者食品包装材料和容器的物质。

食品保质期，指食品在标明的贮存条件下保持品质的期限。

食源性疾病，指食品中致病因素进入人体引起的感染性、中毒性等疾病，包括食物中毒。

食品安全事故，指食源性疾病、食品污染等源于食品，对人体健康有危害或者可能有危害的事故。

第一百五十一条　转基因食品和食盐的食品安全管理，本法未作规定的，适用其他法律、行政法规的规定。

第一百五十二条　铁路、民航运营中食品安全的管理办法由国务院食品安全监督管理部门会同国务院有关部门依照本法制定。

保健食品的具体管理办法由国务院食品安全监督管理部门依照本法制定。

食品相关产品生产活动的具体管理办法由国务院食品安全监督管理部门依

照本法制定。

国境口岸食品的监督管理由出入境检验检疫机构依照本法以及有关法律、行政法规的规定实施。

军队专用食品和自供食品的食品安全管理办法由中央军事委员会依照本法制定。

第一百五十三条 国务院根据实际需要，可以对食品安全监督管理体制作出调整。

第一百五十四条 本法自 2015 年 10 月 1 日起施行。

二、质量成本管理办法

质量是企业的生命，是企业实现经济效益的保证。自我国实行市场经济体制改革以来，质量成为竞争的核心因素，企业也越来越重视质量管理。质量成本管理是对质量成本进行管理的一种应用管理技术。质量成本一般是指企业为了保证和提高产品质量或作业质量而发生的一切费用，以及因未达到质量标准而产生的一切损失或赔偿费用，其主要包括：质量成本的统计、核算、分析、考核及质量成本的计划与控制等。

质量成本管理办法范本

第一章 总 则

第一条 目的

为保证我公司产品在质量、成本和效益三者之间取得最佳的结合，提高管理水平，增加经济效益，特制定本办法。

第二条 适用范围

公司质量体系运行中所产生的一切质量成本的管理。

第三条 质量成本的定义

质量成本是指将产品质量保持在规定的质量水平上所需的费用，它包括确保满意质量所发生的费用，以及未达到满意质量而产生的有形的损失和无形的损失。

第四条 职责

（一）质量技术部

1. 负责收集、核算、汇总质量成本数据，并编制质量成本月报表。

2. 负责对质量成本进行综合分析，并且根据质量成本综合分析结果，制定相应的质量成本改进措施。

3. 及时向领导和有关部门提供分析报告和有关资料。

（二）其他部门

每月根据要求提供本部门的有关质量成本数据，定期上报质量技术部。

第二章 质量成本预测与计划

第五条 质量成本预测是制订质量成本计划的主要依据。质量成本预测分长期、中期和短期质量成本预测。

第六条 质量成本预测工作程序

（一）收集信息资料；

（二）根据信息资料和质量方针目标，确定质量成本的目标值；

（三）根据质量成本目标值制订质量改进计划，并预测改进后能获得的结果。

第七条 质量成本预测方法

（一）长期质量成本预测采用经验判断法，依据已掌握的准确可靠的信息资料，由品管和财务组织人员对预测期内质量成本有关项目进行预测和推测；

（二）中期质量成本预测采用比例测算法，由财务部根据质量成本的历史资料，预测产品产值、销售收入、利润等比例来预测质量成本；

（三）短期质量成本预测采用计算分析法，由财务部负责品管部协助采用一定的科学分析方法，对质量成本进行计算和分析预测。

第八条 质量成本计划

质量成本计划是在预测的基础上，为满足质量要求所需的费用计划。

第九条 编制质量成本计划的步骤

（一）收集资料进行预测；

（二）确定质量成本总额及降低率；

（三）编制质量成本计划；

（四）将质量成本计划目标和措施，按项目、部门展开落实。

第三章 质量成本项目

第十条 预防成本

（一）质量计划工作费，即为制定质量政策、目标，质量计划而开展一系列活动所发生的费用；

（二）设计评审费；

（三）工序能力研究费（工序能力研究包括直接产品和间接产品）；

（四）质量审核费；

（五）质量情报信息费；

（六）质量培训费（内部质量审核员培训费、专题培训费，与设计开发产品或提高产品质量有关的国内、外考察，为培训的实施所提供的培训设施、培训资料费等）；

（七）质量改进措施费；

（八）其他。

第十一条 鉴定成本

（一）进货检验费；

（二）工序检验费；

（三）成品检验费；

（四）试验材料费；

（五）其他。

第十二条 内部损失成本

内部损失成本是指交货前因产品不能满足规定要求所造成的损失。如：返工、复检、报废等。也就是说，产品在出厂前由于发生质量缺陷而造成的损失，以及处理质量故障所发生的费用之和。

内部损失成本包括以下各项：

（一）废品损失，指因产品无法修复的缺陷或在经济上不值得修复而报废所造成的损失。也包括库存物资变质报废费用；

（二）返工或返修损失，指返工或返修产品所发生的更换零部件费用和工时费用以及返工、返修后的检验费用的总和；

（三）复检费，指库存物资超过规定的贮存期的规定，在投放使用或出货前的复检费用；

（四）停工损失费，指由于产品质量问题而引起的设备停工所造成的损失费用。不包括不可抗力原因的停工或生产计划变更引起的停工，也不包括设备加工参数调整或计划维修而造成的设备停工；

（五）质量故障处理费用，指由于处理内部故障而发生的费用，它包括抽样检查不合格而进行筛选的费用；

（六）产品降级损失费，指产品质量达不到规定要求而降低等级所造成的损失费。

第十三条 外部损失成本

外部损失成本是指交货后因产品不能满足质量要求所造成的损失。如保修、保换、保退、索赔、诉讼费等，也就是指产品在用户使用中发现质量缺陷而产生的一切费用的总和。它和内部质量损失成本的区别，在于产品质量问题是发生在发货之后。

外部损失成本包括以下各项：

（一）索赔费，指由于产品质量缺陷，经用户投诉，进行索赔处理所支出的一切费用；

（二）退货损失费，指由于产品缺陷，而造成退货、换货而支出的一切费用；

（三）保修费，指在保修期间或根据合同规定对用户进行修理服务的一切费用；

（四）降价损失，指由于产品低于标准，经与顾客协商同意折价出售的损失费；

（五）诉讼费，指因产品质量问题而造成的诉讼费用；

（六）返修或挑选费，指产品不符合规定要求而退货后返工、返修或挑选的人工、材料、检验及有关设备的折旧费用之和。

第四章 质量成本的核算与分析

第十四条 每月初,质量技术部对本月质量成本数据进行统计、核算,编制《质量成本月报表》。目前,对不合格品的所产生的相关费用以 40 元/小时来算。

第十五条 质量技术部根据《质量成本月报表》,对每月不合格品所产生的费用进行分析,在做质量成本分析时,应找出每个月造成内、外部损失的主要原因,以便寻找改进的区域和措施,提出改进要求。

第十六条 第二年 1 月初,质量技术部根据每月的《质量成本月报表》对上年不合格品所产生的费用进行分析,并制定书面的《质量成本年度分析报告》,经财务部和质量技术部负责人签字以后,上报给公司总经理。

第五章 质量改进计划

第十七条 总经理在实施管理评审时,对质量成本进行评审。质量成本的评审原则上每年一次,但出现成本波动极大的情况,亦可随时追加管理评审。

第十八条 根据管理评审的结果,提出质量改进计划。由质管部制定纠正或预防措施,监督相关部门实施落实。

第十九条 当质量改进计划关系到质量管理体系文件变更时,由质管部负责组织对质量管理体系文件进行修改。

第六章 质量成本控制

第二十条 质量成本控制是质量成本管理的重点,控制是以质量成本计划所制定的目标为依据,通过各种手段达到预期效果的一项管理。

质量成本的控制,着重对预防成本和鉴定成本的控制。

第二十一条 质量成本控制措施

(一)要大力提倡和推行以预防为主的质量管理模式,提高预防成本在总的质量成本所占的比例。

(二)质量技术部根据有关规定要求有关责任部门采取措施予以改进,应采取措施的情况有：

1. 内部故障成本和外部故障成本大幅上升或连续上升。
2. 质量成本计划无法实现。

（三）质量技术部对纠正和与预防措施进行跟踪，确保其有效进行。

第七章　质量成本考核

第二十二条　建立考核体系，依据质量成本计划和质量成本指标进行考核。

第二十三条　考核内容

（一）质量成本计划指标完成情况；

（二）质量改进措施落实情况；

（三）报表准确性、及时性；

（四）其他。

第八章　附　　则

第二十四条　本办法未尽事宜参见其他相关制度。

第二十五条　本办法由本公司负责解释。

第二十六条　本办法自公布之日起实施。

相关表格：

1. 部门质量成本统计表

部门：　　　　　　　　　　　　　　　　　　　　　　（　　）月

项目		损失	
		金额（元）	工时（小时）
内部损失成本	废品损失		
	返工损失		
	复检费		
	停工损失		
	产量损失		
	质量故障处理费		
	质量降级损失		
合计			
外部损失成本	索赔费用		
	退货损失		
	保修费用		
	降价损失		
	诉讼费用		
	返修或挑选费		
	外部质量保证成本		
鉴别成本	进货检验费		
	工序检验费		
	成品检验费		
	试验设备维修费		
	试验材料及劳务费		
预防成本	质量计划工作费		
	设计评审费		
	工序能力研究费		
	质量审核费		
	质量情报信息费		
	质量培训费		
	质量改进措施费		
	质量奖		
	供货单位质量保证		
合计			

编制：　　　　　审核：　　　　　批准：　　　　　日期：

2. 公司质量成本统计核算汇总表

( )月

项　目		计算单位	质量成本汇总部分				月份费用合计
			办公室	生产部	技术部	质管部	
内部损失成本	废品损失	元					
	返工损失	元					
	复检费	元					
	停工损失	元					
	产量损失	元					
	质量故障处理费	元					
	质量降级损失	元					
合计		元					
外部损失成本	索赔费用	元					
	退货损失	元					
	保修费用	元					
	降价损失	元					
	诉讼费用	元					
	返修或挑选费	元					
	外部质量保证成本	元					
鉴别成本	进货检验费	元					
	工序检验费	元					
	成品检验费	元					
	试验设备维修费	元					
	试验材料及劳务费	元					
预防成本	质量计划工作费	元					
	设计评审费	元					
	工序能力研究费	元					
	质量审核费	元					
	质量情报信息费	元					
	质量培训费	元					
	质量改进措施费	元					
	质量奖	元					
	供货单位质量保证	元					
合计		元					

编制：　　　　审核：　　　　批准：　　　　日期：

3. 质量成本月报表

统计部门：　　　　　　　　日期：　年　月　日　　　　　　NO：1/2

质量成本类别	序号	质量活动	负责部门	目标成本费用（元）	实际成本费月（元）	增减（%）
预防成本	1	质量成本培训费	人力资源部			
	2	新产品开发和评估	技术部			
	3	产品/过程设计	技术部			
	4	可靠性试验	技术部			
	5	质量管理活动费	品质中心			
	6	供应商评估、管理与辅导	供应商管理部			
	7	质量审核成本	品质中心			
	8	质量管理人员工资与福利	品质中心			
	9	模具/检具之设计与改进	生产部/设备部			
	10	其他预防成本	相关部门			
	合　计					
鉴定成本	1	进货检验	品质部			
	2	过程检验	品质部			
	3	成品检验	品质部			
	4	材料、成品因试验而产生的损耗（即实验）	品质部			
	5	测量仪器/实验设备的维护、校正、购置及折旧	品质部			
	6	检验部门办公费	品质部			
	7	检验部门人员工资与福利	品质部			
	8	其他鉴定成本	品质部			
	合　计					

4. 质量成本月报表

统计部门： 　　　　　　日期： 　年　月　日　　　　　　NO：2/2

质量成本类别	序号	质量活动	负责部门	目标成本费用（元）	实际成本费用（元）	增减（%）
内部失效成本	1	报废	生产部			
	2	返工/返修	生产部			
	3	重新检验	品质部			
	4	停工	生产部			
	5	质量事故处理费	客户部			
	6	降级损失费	生产部			
	7	其他内部失效成本	相关部门			
	合计					
外部失效成本	1	顾客抱怨/退货分析、处理	客户部			
	2	售后服务之人工、材料费	客户部			
	3	退货损失	客户部			
	4	折价损失	客户部			
	5	保修费	客户部			
	6	延期交付之交通运输超额成本	客户部			
	7	其他外部失效成本	相关部门			
	合计					
总合计						
分析						备注
（预防成本／总合计）×100%						
（鉴定成本／总合计）×100%						
（内部失败成本／总合计）×100%						
（外部失败成本／总合计）×100%						
（预防成本＋鉴定成本）／总合计×100%						
（内部失败成本＋外部失败成本）／总合计×100%						

续 表

结　　论			
备注	质量成本的结论必须说明质量成本与销售额的比例,即质量成本所占销售额的百分比。		
审查			制表

☞ **制作提示**

1. 明确交代办法的制定目的及适用范围。如为保证我公司产品在质量、成本和效益三者之间取得最佳的结合,提高管理水平,增加经济效益,特制订本办法。参见上文第一、二条。

2. 明确质量成本的定义。如质量成本是指将产品质量保持在规定的质量水平上所需的费用,包括确保满意质量所发生的费用,以及未达到满意质量而产生的有形的损失和无形的损失。参见上文第三条。

3. 明确各部门职责。如规定质量技术部负责收集、核算、汇总质量成本数据,并编制质量成本月报表等。参见上文第四条。

4. 明确质量成本的预测。如规定质量成本预测是制订质量成本计划的主要依据。质量成本预测分长期、中期和短期质量成本预测。参见上文第五、六、七条。

5. 明确质量成本计划及其步骤。如规定质量成本计划是在预测的基础上,为满足质量要求所需的费用计划。参见上文第八、九条。

6. 明确质量成本的具体项目,如预防成本、鉴定成本、内部损失成本、外部损失成本等。如规定内部损失成本是指交货前因产品不能满足规定要求所造成的损失。如返工、复检、报废等。参见上文第十、十一、十二、十三条。

7. 明确质量成本的核算与分析情况。如规定每月初,质量技术部对本月质量成本数据进行统计、核算，编制《质量成本月报表》。参见上文第十四、十五、十六条。

8. 明确质量改进计划的提出。如规定根据管理评审的结果，提出质量改进计划。由质管部制定纠正或预防措施，监督相关部门实施落实。参见上文第十七、十八、十九条。

9. 明确质量成本的控制。如规定质量成本的控制，着重对预防成本和鉴定成本的控制。参见上文第二十、二十一条。

10. 明确质量成本的考核。如规定建立考核体系，依据质量成本计划和质量成本指标进行考核。参见上文第二十二、二十三条。

11. 明确办法的解释主体和施行时间等。参见上文第二十四、二十五、二十六条。

三、产品质量管理培训办法

产品质量管理培训是对企业员工进行的有关保证产品质量的技能、知识以及理念的培训。产品质量管理培训对提高员工的质量意识，增加其质量知识及质量管理技能，以及提高质量管理人员牢固掌握质量管理的理论与实施技巧都具有重要的意义。

产品质量管理培训办法范本

第一条 为了使员工全面了解质量管理工作的内容及方法，以保证产品的质量，充分发挥质量管理的最大效果，特制定本办法。

第二条 本办法适用于本公司所有的员工。

第三条 具体培训工作由质量管理部负责策划与执行，并由行政部协办。

第四条 由质量管理部先拟订"质量管理教育训练年度计划"，列出各阶层人员应接受的训练，经核准后，依据长期计划，拟订"质量管理培训年度计划"，列出各部门应培训人数，经核准后实施，并将计划送管理部发各单位。

第五条 新员工入职前必须进行品质意识的教育和质量管理条例的学习。

第六条 新员工实习期间不承担质量责任，质量责任由培训辅导员承担，考试合格后上岗，并承担相应的质量职责。

第七条 在职职工要定期进行质量教育和质量培训。

第八条 依培训的方式，分为以下两种：

（一）内部训练：为本公司内部自行训练，由本公司讲授或外聘讲师至内部讲授。

（二）外部训练：选派员工参加外界举办的质量管理讲座。

第九条 质量管理部应建立每位员工的质量管理培训记录卡，记录该员工已受培训的课程名称、时间、日期等。

第十条 本办法经总经理核定后实施。

☞ 制作提示

1. 明确交代办法的制定目的及适用范围。如为了使员工全面了解质量管理工作的内容及方法，以保证产品的质量，充分发挥质量管理的最大效果，特制定本办法。参见上文第一、二条。

2. 明确培训工作的归属部门。如具体培训工作由质量管理部负责策划与执行，并由行政部协办。参见上文第三条。

3. 明确具体培训工作的事项或问题，如需要培训的人员、方式等。如规定质量管理部应建立每位员工的质量管理培训记录卡，记录该员二已受培训的课程名称、时间、日期等。参见上文第四、五、六、七、八、九条。

4. 明确办法的施行时间。参见上文第十条。

四、产品检验管理制度

产品质量是企业的永恒追求，在市场竞争日益激烈的今天，产品质量更成为企业发展的首要阵地。而在人、机、料、法、环共同作用的复杂程序中，各工序的绝对稳定状态是难以保障的，随之而来的则是产品瑕疵引发的效益滑坡。因此，注重产品质量管理显得尤为重要，其中产品检验工作是确保质量的关键。坚持规范产品检验管理，真正做到劣质原材料不投产，瑕疵半成品不转段，问题零件不组装，不合格成品不出厂，用优良品质打造企业信誉，以严格的制度管理赢取最大的经济效益。

产品检验管理制度范本

第一章 总 则

第一条 为规范公司产品检验工作，明确质量检验流程，完善检验工作相关制度，进一步为产品质量提供有力保障，特制定本制度。

第二条 本制度适用于公司产品的进货检验、生产过程检验和成品检验。

第三条 质检部会同生产部依据产品标准和原材料、包装材料质量要求制订产品检验标准、检验内容和方法。检验人员应严格贯彻质量标准、严格执行检验制度，按产品图纸及相关技术文件进行检验。

第四条 质量检验工作应遵循"三不放过"原则，即不查清原因不放过、不查清责任主体不放过、不查清改进措施不放过。

坚持"预防为主"原则，做好备件检验，重视中间检验，严格完工检验，做到不合格厂品不出厂。

第二章 进货检验管理（IQC）

第五条 凡进厂原材料、零部件、外包装等必须附有合格证或质量保证书。

第六条 购销部将采购物品转送至仓库时，仓管员必须严格按照送货单验证物品名称、数量、规格、级别、产地及外观包装。

第七条 每批检验时，抽样应根据国家标准抽取，但根据检验批量大小，可适当地变更抽样方法。

第八条 各项指标与送货单所载内容不符的，仓管员不予填写入库单，转送购销部处理。

仓管员认为需要进行质量检验的，需通知质检部，由质检部安排质检员进行检验，如不符合规定应通知购销部处理。

第九条 经检验合格的产品，由质检员在检测记录表的"结论"栏目内填写相关结论。质检部主管对质检结果负责。检验报告一式四份。一份作为采购物资入库凭证之一；一份交购销部；一份报生产部；一份由质检部存档保管。

第三章 生产过程检验（IPQC）

第十条 生产环节中各检验人员，应按产品图纸，技术标准、《作业指导书》和《工序检验标准》的要求进行检验，合格产品，由检验人员签字后流入下道工序，不合格产品开具不合格品通知单并转交生产部处理。

第十一条 检验方式包括但不限于首件自检、互检、专检相结合方式、过程控制与抽检、巡检相结合方式、多道工序集中检验方式。

第四章 成品检验

第十二条 对完工后的产品需按照国家、行业及企业标准进行全面的检查与试验。检验内容包括但不限于产品的性能、精度、安全性和外观。

第十三条 检验和测试完成以后，结果符合相关规定的，由质检员出具《合格意见书》，交质检部主管审批，审批通过后由质检部统一出具产品质量证书和产品合格证。

检验合格的产品由质检员开具《成品入库单》，核对好型号、规格、等级、数量后办理入库手续。

第五章 紧急放行程序

第十四条 生产部急需使用购入的原料、半成品时，由生产部提出紧急放行申请，报送质检部主管审批。

第十五条 审批时，质检部主管应查阅供货方资质及供货记录。历次进货检验合格且产品质量稳定，可批准实施紧急放行。历次进货检验中有不合格品，产品质量不稳定或第一次供货的，不予批准。

第六章 不合格品的处理

第十六条 质检部负责不合格品的控制管理工作，负责不合格品的判定、标识和处理。

成品经检验不合格时，检验人员应及时做好标识和记录，上报生产部，在分析出不合格产生的原因后进行相应的处理。

第十七条 对于已经销售的产品出现质量问题的，由质检部负责人组织相关部门和人员进行调查原因，采取应对措施，按照《不合格品召回制度》及时召回已销售的不合格品。

第十八条 质检部定期对不合格产生原因进行数据分析和统计，将结果客观地上报企业领导，作为质量改进的参考。

对有意隐瞒不合格产品的存在，逃避责任的人员，给予严肃批评，情节严重的，给予必要的纪律处分。

第七章　其他规定

第十九条 质检部应保存产品质量检验的所有记录，时间为二年。
第二十条 其他未尽事宜参照企业其他相关规定。
第二十一条 本制度由质检部负责解释、修订。
第二十二条 本制度自公布之日起实施。

☞ 制作提示

1. 明确制度的制定目的及适用范围。如旨在规范产品检验工作，提高产品质量，进货检验、生产检验和成品检验均需参照执行。参见上文第一条、第二条。

2. 明确制度的制定和施行主体。如规定质检部会同生产部制订，检验人员具体执行。参见上文第三条。

3. 明确制度适用的基本原则。如规定检验工作应遵循"三不放过"原则、"预防为主"原则。参见上文第四条。

4. 明确进货检验转入流程。如规定具备产品合格证明的材料方能由购销部转入仓库备检。参见上文第五条、第六条。

5. 明确检验方法。如规定依据国家标准进行抽样检验，根据待检物品情况可适当调整检验方式。参见上文第七条。

6. 明确进货检验结果的处理。如从检验合格与不合格两个方面进行规定，分别列明处理结果。参见上文第八条、第九条。

7. 明确生产过程检验程序。如规定采用首检、互检、专检等检验方式，合格的由检验人员签字，流入下道工序，不合格产品开具不合格品通知单。参见上文第十条、第十一条。

8. 明确成品检验流程。如规定成品性能、精度等检验合格后，由质检部开具合格证明应准予入库。参见上文第十二条、第十三条。

9. 明确紧急放行程序。如规定紧急放行的申请和审批主体，审批参照事项及处理。参见上文第十四条、第十五条。

10. 明确不合格产品的处理。从未出厂、已出厂质量瑕疵产品的两种处理方式进行规定，分别作出不予出厂、产品召回等处理结果。参见上文第十六条、第十七条。

11. 明确对不合格品产品的改进。如规定质检部定期对不合格产生原因进行数据分析和统计，作为改进参考资料，隐瞒不报的，给予相应处分。参见上文第十八条。

12. 明确检验资料的留存。如规定检验过程中的数据资料应留存两年。参见上文第十九条。

13. 明确其他事项以及制度的解释、修订主体和施行时间等。参见上文第二十条、第二十一条、第二十二条。

图书在版编目（CIP）数据

新编常用企业管理制度全书：行政管理、财务管理、人力管理、营销管理、企划管理、品质管理：精装版／肖胜方主编．—4 版．—北京：中国法制出版社，2021.3

ISBN 978-7-5216-2463-2

Ⅰ.①新… Ⅱ.①肖… Ⅲ.①企业管理制度 Ⅳ.①F272.9

中国版本图书馆 CIP 数据核字（2022）第 013096 号

责任编辑　胡艺　　　　　　　　　　　　封面设计　周黎明

新编常用企业管理制度全书：行政管理、财务管理、人力管理、营销管理、企划管理、品质管理：精装版

XINBIAN CHANGYONG QIYE GUANLI ZHIDU QUANSHU：XINGZHENG GUANLI、CAIWU GUANLI、RENLI GUANLI、YINGXIAO GUANLI、QIHUA GUANLI、PINZHI GUANLI：JINGZHUANGBAN

主编／肖胜方
经销／新华书店
印刷／三河市紫恒印装有限公司
开本／730 毫米×1030 毫米　16 开　　　　印张／51.25　字数／576 千
版次／2022 年 3 月第 4 版　　　　　　　　2022 年 3 月第 1 次印刷

中国法制出版社出版

书号 ISBN 978-7-5216-2463-2　　　　　　　　　　　定价：198.00 元

北京市西城区西便门西里甲 16 号西便门办公区
邮政编码：100053
网址：http：//www.zgfzs.com　　　　　　　传真：010-63141600
市场营销部电话：010-63141612　　　　　　编辑部电话：010-63141817
　　　　　　　　　　　　　　　　　　　　　印务部电话：010-63141606

（如有印装质量问题，请与本社印务部联系。）